HEYNE BIOGRAPHIEN

In der Reihe »Heyne Biographien« sind bereits erschienen:

1	*Friedrich Sieburg*	Napoleon
2	*Wilfried Blunt*	Ludwig II. König von Bayern
3	*Robert Gutman*	Richard Wagner
4	*Antonia Fraser*	Maria – Königin der Schotten
5	*Egon Caesar Conte Corti*	Die Rothschilds
6	*Robert Lekachman*	John Maynard Keynes
7	*Gavin de Beer*	Hannibal
8	*H. F. Peters*	Lou Andreas-Salomé
9	*Erich Eyck*	Bismarck und das Deutsche Reich
10	*Edward Crankshaw*	Maria Theresia
11	*Friedrich Sieburg*	Robespierre
12	*G. P. Gooch*	Friedrich der Große
13	*Zoé Oldenbourg*	Katharina die Große
14	*Theodor Heuss*	Robert Bosch
15	*Werner Maser*	Adolf Hitler
16	*André Castelot*	Maria Antoinette
17	*Kurt Pahlen*	Johann Strauß
18	*Peter Brown*	Der heilige Augustinus
19	*Salvador de Madariaga*	Kolumbus
20	*Marcel Brion*	Die Medici
21	*Alfred Noyes*	Voltaire
22	*H. E. Jacob*	Mozart
23	*David Shub*	Lenin
24	*Friedrich Sieburg*	Chateaubriand
25	*Benoist-Méchin*	Kleopatra
26	*Virginia Cowles*	Wilhelm II.
27	*Fritz Hug*	Schubert
28	*Neville Williams*	Elisabeth I. von England
29	*Paul Guth*	Mazarin
30	*Ronald W. Clark*	Albert Einstein
31	*Bernard Fay*	Ludwig XVI.
32	*André Maurois*	Balzac
33	*Raoul Auernheimer*	Metternich
34	*W. H. Lewis*	Ludwig XIV.
35	*Michael Grant*	Caesar
36	*Berndt W. Wessling*	Beethoven
37	*Mary Lavater-Sloman*	Jeanne d'Arc
38	*Walter Wadepuhl*	Heinrich Heine
39	*Fritz J. Raddatz*	Karl Marx
40	*Conte Corti*	Elisabeth von Österreich
41	*Robin Lane Fox*	Alexander der Große
42	*Henry Troyat*	Tolstoi
43	*Eberhard Horst*	Friedrich II. der Staufer
44	*Jean Héritier*	Katharina von Medici
45	*William Manchester*	Krupp
46	*D. P. O'Connell*	Richelieu
47	*Ruth Jordan*	George Sand
48	*Robert Payne*	Stalin
49	*Walther Siegmund-Schultze*	Johann Sebastian Bach
50	*Edmonde Charles-Roux*	Coco Chanel
51	*Wolfgang Ritzel*	Lessing
52	*Nicholas Henderson*	Prinz Eugen
53	*Michael Grant*	Nero

Louis Madelin

FOUCHÉ

Macht und Ehrgeiz

Wilhelm Heyne Verlag
München

Titel der französischen Originalausgabe
FOUCHÉ 1759–1820
Deutsche Übersetzung von Gerhard Heller

Genehmigte, ungekürzte Taschenbuchausgabe

Printed in Germany 1978
Zeittafel und Bibliographie wurden erarbeitet von Dr. Hubert Fritz
Umschlagfoto: Archiv für Kunst und Geschichte, Berlin
Bildnachweis: Archiv für Kunst und Geschichte, Berlin
Umschlaggestaltung: Atelier Heinrichs, München
Gesamtherstellung: Presse-Druck Augsburg

ISBN 3-453-55054-4

Inhalt

ANHANG

ERSTER TEIL

Fouché de Nantes

1

Der Oratorianer

Die Revolution ist großenteils von einer Schar junger Bourgeois wenn nicht gemacht, so doch zumindest vorangetrieben worden, die meisten von ihnen konnten vor 1789 nicht als vom Schicksal und Glück Benachteiligte angesehen werden. Das trifft für Joseph Fouché zu.

Die Fouchés aus Le Pellerin, einer kleinen Gemeinde an der unteren Loire, unweit von Nantes, führten ein sorgloses Leben. Seit einem Jahrhundert waren sie, Väter wie Söhne, Kapitäne der Handelsmarine, machten zwischen Nantes und den Antillen Geschäfte und gingen zuweilen auf die Jagd; das Gewerbe war so lukrativ gewesen, daß die Familie sich auf beiden Seiten des Ozeans ein Vermögen schaffen konnte: Besitzungen bei Le Pellerin und Güter in Santo Domingo. Seefahrer hatten also Grund und Boden erworben, kleine Güter in Rouzerolle, La Martinière und Pangasserie. Als ihnen 1759, am 21. Mai, ein Sohn geboren wurde, der bei der Taufe den in der Familie traditionellen Vornamen Joseph erhielt, gehörten sie in ihrem Ort fast zu den ›Reichen‹. Zur Unterscheidung von seinem Vater, dem Kapitän Joseph Fouché, wurde der Junge in seiner Jugend Fouché de Rouzerolle genannt, nach dem Namen einer der Besitzungen.

Das Ehepaar Fouché hatte einen ersten Sohn im Kindesalter verloren und besaß zur Zeit der Geburt des späteren Herzogs von Otranto nur eine Tochter. Alle Hoffnungen der Familie ruhten nun auf dem Jungen: er sollte, wenn er erwachsen war, den Beruf seiner Väter ausüben und Seemann werden. Doch damals war das ein Beruf, der körperliche

Kraft erforderte, die aber von Geburt an dem kleinen ›Rouzerolle‹ abging. Er war schmächtig, stets blaß und im Verhältnis zu seinem frühzeitig aufgeschossenen Wuchs zu dünn und zu schmalschultrig – er hatte nichts, was notwendig war, um harte Kämpfe und große Anstrengungen zu bestehen.

Hingegen bewies er, ebenfalls frühzeitig, eine ungewöhnliche Intelligenz, die ihn zum Studium zu bestimmen schien. Von seiner kleinen Schule wechselte er zum Oratorianerkolleg in Nantes über, wo er sich sogleich hervortat. Die Lehrer stellten insbesondere eine ausgesprochene Begabung für Mathematik und Physik bei ihm fest, weniger für die humanistischen Wissenschaften. Alles in allem war er ein fleißiger Schüler, gehorsam und zugleich aufgeweckt. Pater Durif, der Direktor des Kollegs, erkannte bald, daß er für den Lehrberuf befähigt war, für naturwissenschaftliche Versuche, und leitete ihn durch seine Ratschläge auf dieses Ziel hin, das so völlig anders war als alles, was der Kapitän Fouché sich für seinen Sohn bei dessen Geburt erträumt hatte. Er mußte sich ins Unvermeidliche fügen: der Junge blieb schwächlich, anfällig für Halsbeschwerden, die bleiche Gesichtsfarbe deutete auf Blutarmut hin. Der Vater überließ den jungen Mann den Oratorianern, in der Hoffnung, er würde dieser ›Gesellschaft‹ möglicherweise Ehre machen.

Nach 1764 betätigten sich die Oratorianer fast als einzige im höheren Unterrichtswesen. Die Kongregation war im 17. Jahrhundert von Kardinal de Bérulle gegründet worden und stellte ein Jahrhundert lang für die Jesuiten eine beachtliche Konkurrenz dar: der hohe Rang einiger Lehrer, die strenge Moralauffassung aller hatten den Oratorianern das Vertrauen vieler Familien eingebracht. Die Stellung ihrer Mitglieder gegenüber den Jesuiten hatte sie zu einem gemäßigten Jansenismus geführt und zu einem leicht oppositionellen Geist, den man als einen ›Liberalismus‹ vor der Zeit bezeichnen könnte. Nach der Ausweisung der Jesuiten im Jahre 1764 waren die Oratorianer in viele der verlassenen Kollegs eingezogen und übernahmen die Stelle ihrer ehemaligen Konkurrenten; doch von nun an mußte der Rahmen des Unterrichts erweitert werden, die Priester der Gesellschaft reichten nicht mehr aus. Neben den Patres wurden Confratres zugelassen, die zwar nach dem Noviziat nur die ›niederen Weihen‹ erhielten, jedoch in derselben Soutane und unter denselben Bedingungen Unterricht gaben wie die Patres, die Priester; sie waren an die kirchlichen Orden durch kein Gelübde gebunden und konnten von einem Tag zum anderen das geistliche Gewand ablegen und sich verheiraten, ohne den geringsten Anstoß zu erregen; die jungen Confratres lebten in einer religiösen Umgebung und ließen sich im allgemeinen später zu Priestern weihen; die Schüler des Oratoriums brachten den Confratres die gleiche Achtung entgegen wie den Priestern, und so wurde Fouché in den sechs Anstalten, in denen er lehrte, ›Révérend Père Fouché‹ genannt, wie auch von ›Révérend Père Daunou‹ gesprochen wurde, einem anderen späteren Revolutionär, der alle ›höheren Weihen‹ erhalten hatte.

Pater Durif in Nantes wollte aus dem jungen Fouché vorerst einen Confrater des Oratoriums machen, und so wurde am 11. November 1781 im Seminar der Oratorianer, Rue Saint-Honoré in Paris, unter den neuen Schülern ›Joseph Fouché‹, zweiundzwanzig Jahre alt, *clerc tonsuré* [tonsurierter Priesterlehrer], der Diözese Nantes‹ eingeschrieben. Er war ein strebsamer, frommer Schüler, er wurde es mehr und mehr unter dem Einfluß eines Oratorianers von außergewöhnlicher Frömmigkeit, Pater Mérault de Bisy, an den sich nach vielen seltsamen Wandlungen der Herzog von Otranto noch in seinem Alter schwärmerisch erinnert. Am 20. April 1820 schrieb der ehemalige Seminarist der Rue Saint-Honoré: ›Seine engelhafte Seele ist in die meine eingegangen!‹ Mehr als andere Mitschüler war Joseph Fouché gläubig und fast frömmlerisch. Obwohl die ›jansenistischen‹ Grundsätze des Oratoriums den Brüdern in einem gewissen Maß die Teilnahme an den Sakramenten freistellte, beichtete und kommunizierte der Schüler von Mérault de Bisy häufig, wie einer von ihnen, die ihn damals gekannt haben, bezeugt. Weshalb nimmt er bei solcher Gemütslage nicht wie andere Schüler die höheren Weihen? Vielleicht war es etwas wie Vorsicht, das ihn davon abhielt, sich zu verpflichten, eine Vorahnung. In der Tat ist er nie Priester geworden, trotz einer Legende, die seit den Jahren umlief, da er anfing, eine öffentliche Rolle zu spielen und die so ganz anders war als jene, die Pater Mérault de Bisy von ihm erwartet hatte. Er hat sich 1792 als Prinzipal des Kollegs von Nantes noch vor dem dortigen Pfarrer verheiratet. Seine Feinde aber bezeichneten ihn hartnäckig als ›abtrünnigen Priester‹. In moralischer Hinsicht war er es wohl, da er aber nie Priester gewesen war, konnte er auch kein abtrünniger sein. An ihm, an seiner Gestalt, auf seinem Charakter sind so viele Flecken, daß man nicht noch vermeintliche hinzuzufügen braucht.

Die Laufbahn eines kleinen Lehrers führt ihn von 1782–1790 in die Kollegs Niort, Saumur, Vendôme, Juilly, Arras und Nantes; zunächst betreut er die philologischen Lehrfächer, erst in Juilly kann er seine eigentlichen Neigungen verwirklichen: er wurde ›Lehrer für exakte Wissenschaften‹. Juilly war und ist noch immer die bevorzugte Schule der Oratorianer. Der junge Mann ist dort, wie er selbst bezeugt, sehr glücklich gewesen. Der Unterricht in den exakten Wissenschaften war fakultativ in dieser Schule, die vor allem die klassischen humanistischen Wissenschaften pflegte; er versammelte in seinem bescheidenen Laboratorium nur freiwillige Schüler um sich, so daß die Beziehungen von Lehrer zu Schüler sich ohne Strenge gestalteten; deshalb kam der Lehrer, der von Natur aus freundlich war, zu einer Beliebtheit, für die er sehr empfänglich war und die er noch vergrößerte durch physikalische Experimente, mit denen er die ganze Anstalt ergötzte. Ein Schüler aus Juilly berichtet ein Beispiel.

Damals waren gerade die Montgolfieren erfunden worden, über die alle Welt staunte; der Physiklehrer wollte einen von ihm hergestellten Ballon im Hof von Juilly aufsteigen lassen; es wurde ein großes Ereignis: der Kollege von den humanistischen Wissenschaften wollte das prächtige Luftfahrzeug des Paters Fouché aber nicht in die Lüfte gehen lassen, ohne ihm ein paar eigene Verse mitzugeben. Damals wurde der junge König Ludwig XVI. von allen bewundert; der Versemacher wollte bei dieser Gelegenheit seine Ergebenheit zum Ausdruck bringen:

Seifenblasen gehört nicht mehr in unsere Zeiten;
wir ändern die Ballons, wir ändern das Vergnügen.
Möge er die erste Huldigung unserm Ludwig zufügen,
der Wind soll wehen, wie unsere Wünsche ihn geleiten.

Dieser Lehrer war zwar ein mäßiger Dichter, aber ein glühender Royalist, auch er war sehr beliebt und wurde damals in Juilly ›der gute Pater Billaud‹ genannt, aus dem später ›der Citoyen Billaud-Varenne‹ wurde, der als Königsmörder und Terrorist den ›guten Pater Fouché‹ in den düstersten Stunden der Revolution übertraf. Ihr früherer Schüler Arnault, der die Anekdote aus dem Jahr 1787 erzählt, fügte hinzu: ›Zehn Jahre später (in Wirklichkeit sechs Jahre) zeigten sich der Dichter und der Physiker dem Monarchen gegenüber weniger freundlich.‹

Zur Stunde aber war Joseph Fouché glücklich, er war umgeben von der Sympathie seiner Mitbrüder und Schüler; nur ungern verließ er die fromme und gelehrte Anstalt, er nahm eine Erinnerung mit, die, so merkwürdig es klingen mag, ihn während seines ganzen bewegten Lebens begleitete. Zu Zeiten des Terrors, in Lyon, wo er als revolutionärer Prokonsul fungierte, ›schleudert er den Blitz‹, doch plötzlich läßt er sich rühren von der verzweifelten Geste eines Geächteten, des Exoratorianers Nollet, ehemaliger Lehrer in Juilly, der sich zu ihm flüchtet; in Erinnerung an frühere Tage bewahrt er ihn vor dem Massaker. Später, als hoher Minister des Kaiserreichs, läßt er ein Denkmal des verstorbenen Kardinals de Bérulle wiederherstellen, das während des Aufruhrs zerstört worden war, und so kann man den Namen des Herzogs von Otranto in der Kapelle von Juilly lesen, wo er Beweise aufrichtiger Frömmigkeit und die Freuden eines ruhigen Gewissens erlebt hatte. Nichts deutet darauf hin, daß er damals die Rolle des Frommen nur gespielt hat. Für die Laufbahn, auf die er sich begeben hatte, brauchte er keine Doppelzüngigkeit, und nichts schien sich ändern zu sollen, als er Anfang 1788 zum Physiklehrer an das Kolleg von Arras berufen wurde.

Hier bekam sein Schicksal die Richtung: als er 1790 die Stadt Robespierres wieder verließ, war er offensichtlich vom revolutionären Fieber, dessen Herd Arras 1789 wurde, gepackt. Noch aber ist – 1788 – keine Wandlung erkennbar; ein Mann, der ihm sein ganzes Leben als Vertrauter und Ratgeber dient, sein Mitbruder Gaillard, der kurz nach ihm ins Kolleg von Arras gekommen war, machte seine Bekanntschaft, als Fouché aus dem Beichtstuhl kam und noch ganz zerknirscht aussah. Bald war er voller Bewunderung für den schmächtigen Professor, der zu jener Zeit bei den Behörden und bei den Einwohnern vorstellig wurde, um das Laboratorium der Schule zu verbessern, wo es an allem fehlte.

Auf diese Weise kam er sehr wahrscheinlich in Verbindung mit einem jungen Rechtsanwalt der Stadt, Maximilien Robespierre, der einen Sitz in den Provinzialständen des Artois innehatte; an sie richtete Pater Fouché seine dringlichsten Hilferufe, und Maximilien, der dem Kolleg durch mannigfache Beziehungen verbunden war, hat seine Schritte wohl unterstützt. Die beiden jungen Leute schlossen Freundschaft; Joseph Fouché nahm am Familienleben der Robespierres teil. Charlotte, Maximiliens Schwester, berichtet, der Oratorianer, der vermutlich die neuen Zeiten schon heraufkommen sah, habe ihr die Heirat angetragen; es scheint, das arme Mädchen war die erste, die von ihm irregeführt wurde. Fest steht, daß Maximilien, im April 1789 zum Abgeordneten des dritten Standes für die Grafschaft Artois in die Generalstände gewählt, zu jener Zeit aber mittellos, den Geldbeutel seines Freundes Fouché, der wohlhabender war als er, in Anspruch nahm, um einige Schulden zu bezahlen und die Reisekosten zu bestreiten. Inzwischen verkehrte Maximilien, der literarischen Ehrgeiz hatte, häufig in der berühmten artesischen Akademie ›Rosati‹; er nahm den jungen Oratorianer mit, der dort mit einem anderen späteren Haupt der Revolution Freundschaft schloß, mit Lazare Carnot, der als Leutnant beim Pionierkorps in Arras in Garnison stand und, da er den Musen huldigte, oft an den Sitzungen teilnahm.

Es ist eine eigenartige Vorstellung, daß sich in jener Provinzakademie, die sich der Literatur widmete, diese drei jungen Leute, Robespierre, Fouché und Carnot, häufig getroffen haben; eigenartiger noch ist es, daß das Leben nur wenige Jahre später diese drei Männer zunächst in demselben revolutionären Kreuzzug zusammenführte, zwei von ihnen dann derart gegen den dritten kehrte, daß Joseph Fouché und Lazare Carnot vor dem Thermidor des Jahres II die gefährlichsten Gegner – jeder in seiner Weise – von Maximilien Robespierre werden und seinen Kopf fordern. Das Leben hält vor allem in von Leidenschaften aufgewühlten Epochen solche Überraschungen bereit.

Jedenfalls begann Fouché – vielleicht unter dem Einfluß von Robespierre und Carnot, beide seit Ende 1788 Anhänger der neuen Ideen – in jenen Tagen des Jahres 1789 sich mit eben diesen Ideen zu beschäftigen. Die große Frage ist, ob er von ihnen jemals wirklich angerührt und gefesselt worden ist. Diese Frage muß gestellt werden an der Schwelle jener Ereignisse, die aus dem bescheidenen und friedfertigen Oratorianer einen der markantesten Apostel des Geschehens machen, das er als erster ›die integrale Revolution‹ nennt; um ihretwillen entfesselt er in zehn Départements die stärkste ›atheistische und kommunistische‹ Bewegung. Ist es möglich, daß zu einem bestimmten Augenblick der ›gute Pater Fouché‹ wirklich einen umgekehrten Weg nach Damaskus erlebt hat und daß er dann als Sklave neuer Leidenschaften und aus reinem Fanatismus bald das verbrannte, was er angebetet hatte?

Unmöglich ist es nicht, daß er, der äußerlich so kalt schien, 1789 unter den Einfluß der neuen Ideen geriet. Hat er sie sich aber so glühend zu eigen gemacht, daß sie das Leben des frommen Professors derart zu verändern vermochten? Darauf werden die späteren Ereignisse Antwort geben. Es ist denkbar, daß er sich zu Anfang einer Revolution angeschlossen hat, die er als gemäßigt betrachtete, und daß er durch all die Zwischenfälle auf den revolutionären Weg geriet, den er – sein Charakter wandelte sich vielleicht oder wurde in seiner Anlage offenbar – als den einzigen erkannte, auf dem er zur ›Macht‹ gelangen konnte. Diese Macht, die er sein Leben lang mit Ehrgeiz, mit kalter Leidenschaft erstrebte, besaß und ausübte – vom Prokonsulat in Lyon bis zum Ministerium.

Übrigens hatte es nicht den Anschein, als wollte er mit den Oratorianern brechen, indem er sich die Ideen von 1789 zu eigen machte. Es ist bekannt, mit welchem Eifer sich ein großer Teil der Geistlichkeit, vor allem in den letzten Monaten des Jahres 1788, in die Bewegung einreihte; weniger bekannt ist, daß unter den religiösen Gemeinschaften sich die Oratorianer frühzeitig im revolutionären Konzert hervortaten. Der Jansenismus – er war sehr gemäßigt – herrschte seit einem Jahrhundert in der Gemeinschaft und machte sie empfänglich für eine Revolution, die allen im Ancien régime Verfolgten – den Anhängern von Port-Royal sowohl wie den Protestanten – als die Möglichkeit einer Revanche erschien. Die älteren Mitglieder der Gemeinschaft änderten von 1789 an ihre ursprüngliche Haltung sehr schnell, doch die jungen, unter denen sich viele spätere Revolutionäre befanden – Pater Daunou, Pater Lebon, Pater Billaud, Pater Fouché –, weigerten sich, nachdem sie sich der Aktion anheimgegeben hatten, ihren ehrwürdigen Vorgesetzten auf ihrem Rückzug zu folgen; sie gingen so weit, sich gegen sie aufzulehnen und ihre eigene Haltung zu betonen. Ihr Organ, das ›Bulletin des Patriotes de l'Oratoire‹, hatte den Gedanken aufgeworfen, eine Abordnung der Gemeinschaft in die Verfassunggebende Versammlung zu schicken, um dort Ratschläge und Eingaben vorzubringen; sofort erließ das erschreckte Direktorium der Kongregation an alle Mitglieder das Verbot, sich für dieses Projekt einzusetzen. Die Jungen übergingen das Verbot, aus einem einfachen Akt von Insubordination wurde ein Akt der Rebellion. Die Abordnung mit Pater Daunou an der Spitze begab sich in die Versammlung. Es ist bewiesen, daß Fouché dabei war. Die Oberen der Oratorianer versuchten, Konsequenzen daraus zu ziehen. Das Kolleg von Arras, das als Herd der Gärung galt, wurde gesäubert. Lebon, einer der Anführer und späterer Prokonsul von Arras, wurde aus den Listen gestrichen und ›der Mitbruder Fouché de Rouzerolle ins Kolleg von Nantes versetzt, als Professor für Physik‹.

Die Stadt Nantes war – man gestatte den Neologismus – konservativ. Sie lebte zu sehr vom Handel und von der Arbeit, als daß ihr eine Revolution zusagen konnte, deren Auswirkung schon bald den Handel gefährdete und die Arbeit lähmte. Zudem wollten die Kaufleute und Reeder ihre Interessen in den überseeischen Kolonien wahren, sie fürchteten, daß die Versammlung die Sklaverei abschaffen und damit den Ruin der Pflanzungen herbeiführen würde; das war ein schwerwiegendes Problem. Die vernünftig denkende, praktische, realistische Stadt sah, wie in ihren Mauern, wie überall, alles durcheinandergeriet, und war deshalb eher geneigt, sich gegen das Neue zu stemmen als mitzutun. Dies muß gesagt werden, um Fouchés merkwürdige Haltung begreifbar zu machen, die er, aus der revolutionären Stadt Arras kommend, in Nantes einnahm: es war einer jener Gesinnungswechsel, die sich unter dem Anschein beständiger Berechnung in seinem Leben so oft wiederholten. Er beugte sich den Meinungen der konservativen Stadt verhältnismäßig leicht, weil er durch die Versetzung in sein familiäres und gesellschaftliches Milieu zurückkehrte. Der Sohn der Fouchés aus Le Pellerin war in Nantes zu Hause, völlig geneigt – sei es auch nur, um gut angesehen zu sein –, die dort herrschenden Ideen zu übernehmen, wenn sie auch noch so anders waren als jene, zu denen er sich in Arras bekannt hatte.

Es wurde offensichtlich, als er in die ›Gesellschaft der Freunde der Verfassung‹ eintrat und die ›gemäßigten‹ Ideen, die dort herrschten, so gut vertrat, daß er am 7. Februar 1791 zum Präsidenten gewählt wurde. Fouché unterwarf sich diesen Ideen derart, daß er ohne Zögern die äußerst scharfe Entschließung des Klubs gegen die – unkluge – Befreiung der Schwarzen der Verfassunggebenden Versammlung übermittelte; die Befreiung, so wurde gesagt, ruiniere die Pflanzungen in Santo Domingo, und der Sohn des Kapitäns Fouché habe persönliche Gründe, sie abzulehnen. Es ist merkwürdig, daß Fouché, der bald darauf als extremer Revolutionär auftreten sollte, die Zurechtweisungen Brissots, eines Führers der Linken in der Versammlung, einstecken mußte, Zurechtweisungen, die im Ton sehr aggressiv waren, da Brissot ›diesen Priester, einen Priester, der sich als Patriot ausgibt‹, brandmarkte, der eine ›schändliche‹ Eingabe vorgelegt habe. Trotzdem blieb die Stadt bei ihrer ablehnenden Haltung und Fouché mit ihr.

Er wurde sogar im Kolleg Zeuge der Zerrüttung, die der revolutionäre Geist überall hervorrief. Die Anarchie herrschte. Zusammen mit den anderen Kongregationen wurden die Oratorianer bald abgeschafft, sie befanden sich wie die meisten Erziehungsanstalten in völliger Disziplinlosigkeit. Die Stadt mischte sich ein und versuchte, die Disziplin auf neuen Grundlagen wiederherzustellen, wobei die alten Lehrer des Oratoriums beibehalten wurden. Fouché wurde zum ›Prinzipal‹ ernannt, er richtete sein Augenmerk darauf, die gestörte Ordnung wiederherzustellen. Auch das war eine Aufgabe, die ihn von den strengen Prinzipien der Revolution trennte. Er gab sich große Mühe und erlangte damit den Beifall seiner Landsleute.

Wenig später kam ihm das zustatten. Obwohl er von den Pflichten als ›Prinzipal‹ des Kollegs völlig in Anspruch genommen war, beschäftigte ihn ein ganz anderes Problem. Die Revolution kam mit Riesenschritten voran. Am 10. August 1792 wurde der Thron gestürzt, und es wurde ein ›Nationalkonvent‹ einberufen, der dem Land die endgültige Verfassung geben sollte. Fouché wollte als Abgeordneter seines Heimatdépartements daran teilnehmen. Seine Laufbahn als Lehrer sah er in eine Sackgasse münden, andere Möglichkeiten, die den Ereignissen entsprangen, taten sich auf. Die neue Versammlung erschien ihm als die Kampfstätte, in der sich die großen politischen Geschicke vorbereiteten. Er dachte keineswegs daran, seinen Platz bei den Jakobinern einzunehmen, weit gefehlt. Im Grunde besaß dieser Grübler ein gemäßigtes Temperament, abhold jedem Extrem, aber er konnte in seinem Département nur Wählerstimmen bekommen, wenn er einen extremen ›Moderantismus‹ bewies. Außerdem dachte er daran, seine persönliche Situation durch eine Heirat zu untermauern. Ein Gemeinschaftsleben und damit auch das Zölibat gab es für ihn nicht mehr. Sein Vater war gestorben, seine Mutter und seine Schwester lebten in Le Pellerin. Er war ein Familienmensch, brauchte ein geregeltes Leben und ein Heim, da die Ordnung der Oratorianer für ihn nicht mehr bestand. Der Präsident des Distrikts von Nantes, François Coiquaud, besaß einigen Einfluß. Die Tochter dieses Beamten, Bonne Jeanne, war ein braves Mädchen, sie war nicht schön (darin sind sich alle Zeugen einig), aber ›mit Tugend begabt‹, um den Ausdruck, den ihr Ehemann oft anwendete, zu gebrauchen. Am 16. September 1792 wurde Joseph Fouché mit ihr von Abbé Lefeuvre, dem Geistlichen von Saint-Nicolas, getraut. Sein ganzes Leben lang brachte er ihr aufrichtige Verehrung entgegen und war für sie, da er im Privatleben der moralischste der Menschen war, ein vorbildlicher Ehemann.

Einige Tage nach der Hochzeit reichte Fouché seine Demission als ›Prinzipal‹ ein, er fühlte sich nun frei von jeder Bindung an das Kolleg. Die Laufbahn als Lehrer war abgeschlossen. Der erste Schritt auf dem neuen Weg war, daß er einen Sitz als Volksvertreter im Nationalkonvent errang.

2

Die Kehrtwendung von 1793

Das Ergebnis der Wahlen im September 1792 war in der Provinz mehr von Persönlichkeiten als von Ideen bestimmt worden: klar umrissene politische Programme gab es nicht. Nirgends, außer in Paris, traten sich die Parteien, die sich bald darauf in der neuen Versammlung bekämpften, in der Arena gegenüber. Nach dem Sturz des Throns stellte sich nicht einmal die Frage nach Republik oder Monarchie. Wäre sie in Nantes gestellt worden, hätten sich aller Wahrscheinlichkeit nach Fouchés Mitbürger, und er als erster, für den Status quo der Monarchie ausgesprochen. Mit unverhohlener Bestürzung hatten die Stadt und das ganze Département die Ereignisse vom 10. August zur Kenntnis genommen: der Brief, den der Abgeordnete Coustard von seinem Sitz in der Gesetzgebenden Versammlung an ebendiesem 10. August an seine Mandanten richtete, war eine einzige erregte Klage, die in Nantes nur heftige Abwehr hervorrufen konnte. Es war gar nicht nötig; die Stadt war 1792 noch entschieden gegen demagogische Exzesse.

Die Haltung, die der ›Prinzipal‹ des Kollegs bei seiner Rückkehr nach Nantes eingenommen hatte, schien im Einklang zu stehen mit der allgemeinen Haltung, er war einer von denen, die wissen, woher der Wind weht. Er buhlte um die Stimmen der Loire-Inférieure mit Worten, die dem Geist der Wähler entsprachen; sie waren gemäß dem Wahlgesetz Bürger, große und kleine. Die verschwommene Erklärung ließ einen deutlichen Widerwillen gegen die Anarchie und jede neue revolutionäre Regelung erkennen. Mit dieser Erklärung empfahl er sich als der ideale Repräsentant für das Département: ›Die Loire-Inférieure brauchte einen Abgeordneten, der Bretone war, der von Kindesbeinen an die Sprache der Seeleute kannte, dazu ihre Sitten und Gebräuche, und imstande war, aus persönlicher Berechnung wie aus patriotischer Gesinnung ihre Interessen in die Gesetze einzuschleusen.‹ Auch sollten ›die Begabungen des künftigen Abgeordneten durch das Studium der Wissenschaften vervollkommnet sein‹. – ›Diese Angaben treffen auf Fouché junior zu. Aus einer schätzenswerten Familie stammend, denn unter denen, die zu ihr gehören, befindet sich keiner jener Schmarotzer, die nicht leben könnten, wenn nicht andere für sie arbeiten –, wäre Monsieur Fouché, Sohn eines Seemanns, selber Seemann geworden, wenn ihn seine körperliche Beschaffenheit nicht zur Arbeit am Schreibtisch verurteilt hätte. Der Anlage nach besinnlich, trat er in dem Alter, da die Vernunft ihn begabte, in das Institut der Oratorianer ein, das ohne die Unzuträglichkeiten und Übertreibungen eines Klosters dessen Vorzüge bietet und gestattet, mit den Interessen der Welt und der Anhänglichkeit an die Familie jene so notwendigen und löblichen religiösen Gefühle, sofern sie durch die Philosophie geläutert sind, zu verbinden. Monsieur Fouchés Philosophie, durch ernsthafte Lektüre und seriöses Studium unterbaut, hat im Schauspiel der jetzigen Ereignisse die Geschichte früherer Verbrechen aufgespürt: er hat erkannt, daß die Leidenschaften des Menschen sich zu allen Zeiten gleichen, daß es aber die Kunst des Politikers ist, sie dem allgemeinen Wohl nutzbar zu machen, wie die Wissenschaft des Moralisten sie zum Vorteil des einzelnen wenden soll. Man kann zur Ehre des Lehrers wie zum Lob seiner Lehre hinzufügen, daß er durch die Weitergabe dieser Lehre an seine Schüler die Zahl der Denker, der Patrioten, der Freunde der Unabhängigkeit, der Verteidiger der Rechte des Volkes und der Menschheit vermehrt hat. Das sind einige der Eigenschaften, auf die sich Monsieur Fouché in seiner Bescheidenheit keineswegs beruft, die seine Freunde aber ihren Mitbürgern in Erinnerung bringen und ihrer Dankbarkeit anempfehlen. Dies kann ihm durch eine Wahl bezeigt werden, die ihnen selber zur Ehre gereicht, sie können sich selber einen gewichtigen Dienst erweisen, wenn sie sich nicht durch eine Puppe vertreten lassen, die sie nur ersetzt, sondern durch ein anderes Selbst, das für sie handelt.‹

Die Wahlversammlung war am 2. September zusammengetreten, der Kandidat mußte indessen einige Tage warten – fünf Kandidaten waren nacheinander gewählt worden –, bis die Stimmung sich ihm zuneigte.

Am 8. September war der Name Fouché in aller Munde, er war von Meaulle, dem Erstgewählten, lanciert worden, der auch später sein Freund blieb. Im ersten Wahlgang erlangte er nur eine relative Mehrheit, im zweiten wurde er mit 266 von 405 abgegebenen Stimmen gewählt. Wie die anderen Gewählten mußte er einen Eid ablegen – in seinem Leben hat er es zehn- oder zwölfmal getan –, den er bald auf merkwürdige Weise brach. War Fouché wirklich entschlossen, ihn zu halten? Ja, gibt er später zu, ›es war nötig, mehr oder weniger mit den Wölfen zu heulen und sich den Gegebenheiten zu unterwerfen‹; am 8. September konnte er noch nicht wissen, daß die Wölfe stärker heulen würden, als man sich vorstellen konnte. Als gemäßigter Abgeordneter eines konservativen Départements verließ Fouché Nantes am 18. September.

In Paris zog er mit seiner jungen Frau in ein Haus ganz in der Nähe seines alten Seminars, in die Rue Saint-Honoré Nummer 315. Seinem Mandat getreu, nahm er im Manège, der Reitschule – dem Tagungsort des Konvents –, auf der rechten Seite Platz. Dahin zog es ihn um so mehr, als er dort zwei Männer vorfand, die er sich zum Vorbild nahm: den ehemaligen Oratorianer Daunou und den Gelehrten Condorcet, den Fouché als früherer Lehrer der Naturwissenschaften besonders bewunderte – beide waren Freunde der ›Gironde‹. Er war wahrscheinlich froh über seine Entscheidung, denn nach der Eröffnung der Versammlung wurde Pétion, einer der bemerkenswertesten Girondisten, zum Präsidenten gewählt und das Büro ausschließlich aus Freunden von

Vergniaud gebildet. Die Mehrheit schien bei den Gemäßigten zu liegen, Fouché zögerte nicht, sich ihr anzuschließen, in gehörigem Abstand zum ›Berg‹, wo Marat, Robespierre und Danton saßen, denen er sich später anschloß, die er sogar überflügelte. Seine Mandanten in der Loire-Inférieure beruhigte er in einem Brief vom 1. Oktober mit folgenden Worten: ›Eine Handvoll Männer (die jakobinischen Agitatoren) wird die Mehrheit der Nation nicht mehr beherrschen. Eure Abgeordneten sind entschlossen, nur der Mehrheit zu gehorchen.‹

Persönlich nahm er an den Debatten, bei denen seine Freunde von der rechten Seite sehr bald gegen den ›Berg‹ auftraten, nicht teil. Er selbst sagte, ›seine schwache Stimme‹ gestatte ihm nicht, die Tribüne zu besteigen, von der ihn zweifellos auch die Vorsicht fernhielt. Da er immer fleißig war, ließ er sich in die meisten der Komitees aufnehmen: die Ausschüsse der Versammlung. Damit wählte er die Rolle eines Arbeiters. Vor allem wollte er einen Platz im ›Unterrichtskomitee‹; er wurde auch aufgenommen und war von November 1792 bis März 1793 ein eifriges Mitglied. Als Berichterstatter des Dekretentwurfs über die Auflösung der früheren Lehrkongregationen schien Fouché zunächst geneigt, den früheren Mitgliedern dieser Institute ein mildes Schicksal zu bereiten. Da die Diskussion über seinen Bericht vertagt wurde, brauchte er seine Schlußanträge auf der Tribüne nicht zu vertreten. Später, im Februar 1793, vertritt er völlig andere, und obwohl die kühnsten Revolutionäre der beiden voraufgegangenen Versammlungen niemals das Unterrichtsmonopol für den Staat gefordert hatten, war er der erste, der sich zum Apostel dieses ›Privilegs‹ machte. Denn bis zum Februar 1793 hatte Fouché eine beträchtliche Entwicklung durchgemacht. Eine Tatsache, die sein ganzes Leben überschattete, hatte ihn zu dieser Wandlung gebracht und ihn von der Rechten auf den äußersten Flügel der Bergpartei geführt: die Verurteilung und die Hinrichtung Ludwigs XVI.

Zwar hatte Fouché seit dem 21. September 1792 an den Debatten nicht teilgenommen, dafür aber mit wachsender Unruhe beobachtet, welchen Verlauf sie nahmen. Er sah, daß die Partei der Girondisten in die Enge und in Verwirrung geriet; die Führer der Bergpartei, blind im Haß, aber schwach im Handeln, attackierten unterschiedslos mit rein verbaler Gewalt, prangerten ihre Gegner von rechts an als falsche Patrioten, als Verräter an der Revolution. Da den Girondisten nicht klar war, wie weit sie es kommen lassen wollten, war ihr Verhalten zögernd, und um nicht weiteren Boden zu verlieren, um sich als ›Patrioten‹ zu beweisen, stimmte ein Teil ihrer Führer für den Tod des Königs, den sie insgeheim hatten retten wollen.

Der folgenschwere Prozeß hatte am 10. Dezember begonnen, und tagelang war der Ausgang ungewiß. In Nantes wurde nicht daran gezweifelt, daß die acht Abgeordneten des Départements gegen die Todesstrafe stimmen würden, die von Robespierre und seinen Freunden gefordert wurde. Wahrscheinlich war Fouché unentschlossen. Um seine königsmörderische Stimmabgabe zu erklären, sagt er später, daß ›er getäuscht worden sei‹ durch die Berichte über das Verhalten des Königs und daß er ›nur das schreckliche Gespenst, als welches dieser dem Konvent dargestellt worden ist‹, verurteilt habe; Daunou gegenüber entschuldigte er sich mit ›der Angst‹, die über der Versammlung gelegen habe. Eine schäbige Entschuldigung! Im weiteren Verlauf seines Lebens hat er bewiesen, daß er der Angst nicht zugänglich war. Er hatte keine Angst; wenn es stimmt, daß er seine Meinung an dem Tage änderte, an dem er abstimmen mußte, so geschah es aus einem einfachen Grund: Er erkannte nach der Stimmabgabe der wichtigsten Abgeordneten der Gironde, daß die Mehrheit sich für den Tod aussprechen würde, er schloß sich dieser Mehrheit an und vergrößerte sie. Solch ein Vorgang ist häufig zu beobachten.

Mehrmals vollzog er einen Meinungswechsel, dreimal wird er von einem Mann bezeugt, der damals einer der engsten Vertrauten Fouchés war: Daunou. An einem der ersten Prozeßtage soll Fouché zu seinem früheren Mitbruder, der gegen das Todesurteil war, gesagt haben: ›Du wirst meine Meinung erfahren, wenn sie gedruckt vorliegt, und du wirst dich wundern über den Mut, den ich denen gegenüber aufbringe, die Ludwigs Tod wollen.‹

In der Tat übergab Fouché einige Stunden später, am 15. Dezember, Daunou den Text seiner Rede und bat ihn, die von ihm als nötig erachteten Verbesserungen anzubringen: Er sprach sich für Milde aus. Für diese Tatsache gibt es einen Beweis: Am Abend des 15. Dezember galt die Meinung, der König würde nicht zum Tode verurteilt werden.

Da der Druck der Klubs auf die Abgeordneten immer offensichtlicher wurde, schickten die beunruhigten Einwohner von Nantes Sotin nach Paris, um ihren Vertreter vor jeder extremen Maßnahme zu warnen. Fouché unterhielt sich mit ihm und fühlte sich in seiner Haltung bestärkt; als er jedoch sah, daß Vergniaud, die Hoffnung der Partei der Milde und Gnade, als einer der ersten sich für den Tod aussprach, ergriff ihn, dieses eine Mal, wirklich Angst: die Angst, nicht zur Mehrheit zu gehören, die sich in seinen Augen jetzt für Unerbittlichkeit zu entscheiden schien.

Die Vertretung der Loire-Inférieure wurde zur Stimmabgabe am 16. Januar 1793 aufgerufen. Daunou setzte sich, wie er es Fouché versprochen hatte, ins Zentrum, der Tribüne gegenüber. Meaulle, der Fouché zur Wahl verholfen hatte, trat als erster vor und stimmte für Tod. Aber die getreuen Lefebvre, Chaillon und Mellinet entschieden sich für Haft während des Krieges und Verbannung nach dem Friedensschluß. Villers stimmte für Tod, doch Jarry erklärte, daß seine Mandanten (es waren die gleichen wie die von Fouché) ihm keine Vollmacht gegeben hätten für ein Richteramt, und Coustard stimmte für Verbannung; nach Villers stieg Fouché auf die Tribüne. Der ›Moniteur‹ gibt nur ein Wort von ihm wieder. Mit seiner schwachen Stimme sagt er: ›La mort.‹ – Tod.

Das verhängnisvolle Wort war ausgesprochen, es war entscheidend für sein Geschick. Nie ist in einem Leben eine Wende so jäh eingetreten. Was mochte der strenge Condorcet darüber denken, der, obwohl zehnmal republikanischer als Fouché, den Tod abgelehnt hatte? Was mochte vor allem Daunou sagen, der in drei aufeinanderfolgenden Berichten sich deutlich als entschiedener Gegner dessen erwiesen hatte, was er einen ›Akt des Krieges und der Rache‹ bezeichnete? Fouché traf ihn im Halbrund der Reitschule, noch ganz entsetzt über die unheilvolle Mystifikation, deren Opfer er geworden war; auf die Vorhaltungen seines ehemaligen Mitbruders antwortete Fouché mit verlegenen Entschuldigungen: er gab vor, feige gewesen zu sein. ›Er hatte Ludwig XVI. wirklich retten wollen; am Abend zuvor wollte er es noch. Doch die vereinten Abgeordneten der Loire-Inférieure hatten aus Nantes fürchterliche Drohungen erhalten. Durch eine Botschaft war ihnen mitgeteilt worden, daß das Volk den Besitz derjenigen Deputierten verbrennen und ihren Familien Schlimmes zufügen würde, die nicht für den Tod stimmten. ‚Ich bin in großer Ratlosigkeit zu mir nach Hause gegangen', sagte der Unglückliche, ‚meine Frau wies mich darauf hin, daß meine Stimme kein großes Gewicht in der Waagschale darstelle, daß ich meine Verwandten und die ihren nicht der Gefahr einer Niedermetzelung aussetzen könnte, nur um meine persönliche Meinung durchzusetzen.'‹ Das war eine unwürdige Entschuldigung; außerdem war die Erklärung unwahrscheinlich. Drei Monate lang hatte Nantes keine Gelegenheit versäumt, seine Meinung zugunsten des Königs zu erkennen zu geben; Sotin, der Abgesandte der Stadt, war eigens beauftragt worden, die Deputierten von Nantes an ihre Pflicht zu erinnern. Wer konnte ihnen drohen? Es gab nur einen Klub: ›Die Freunde der Verfassung.‹ Fouché kannte ihn gut. Zudem hatten sich fünf von acht Deputierten gegen den Tod ausgesprochen. Einige Tage danach gab er Daunou gegenüber zu, daß er ›getäuscht worden‹ sei; doch war es unmöglich, daß er sich über die Meinung in der Stadt, die er vertrat, hatte täuschen können.

Auch war Fouchés Verhalten gleich nach dem Prozeß derart verschieden von dem, was er bis dahin an den Tag gelegt hatte, daß man zu folgendem Schluß gezwungen wird: Selbst wenn er den Tod des Königs nicht gewollt, wenn er den Königsmord nicht gewünscht hatte, wollte er die Gelegenheit benutzen, sich von kompromittierenden Nachbarn abzusetzen. Er wollte sich nicht länger mit ihnen belasten. Er war kein Vergniaud, der momentane Schwächen hatte: er war ein Mann der völligen Kehrtwendungen und nutzbringender Kapitulationen. Sein Plan war vermutlich lange überlegt worden, denn nachdem er seine Entscheidung offenbart hatte, wollte er frohgemut den Frontwechsel bis zum äußersten vollziehen, über den ›Marais‹ hinausgehen, sogar über Danton, Robespierre, Couthon hinaus, aus der Nachbarschaft Condorcets und Daunous in die Nähe von Chaumette.

Am Tag nach der Abstimmung ließ er die Rede, die er hatte halten wollen, drucken. Man las: ›Die Verbrechen des Tyrannen sind von allen Augen gesehen worden und haben alle Herzen mit Entrüstung erfüllt! ...‹

Am 17. Januar war der König zum Tode verurteilt worden. Das Wort hatten jetzt die Gewalttätigen; Fouché übertraf bald – wenigstens mit Worten – die Gewalttätigsten! Er brachte im Konvent Vorlagen ein, die das Schicksal der Emigranten erschwerten, er attackierte die Priester, die er kurz zuvor noch hatte schonen wollen, und dokumentierte damit ein Verhalten, das nicht als Evolution bezeichnet werden kann, sondern nur als Kehrtwendung, als Umfall. In Briefen an seine entsetzten Mitbürger von Nantes trotzte er der Meinung derer, die ihn gewählt hatten, rief sie auf, die Beeinflussung durch ›die egoistischen Reichen‹ nicht mehr zu dulden und zum Beweis ihres Patriotismus ›ihre Volksgesellschaft‹ zu ›säubern‹, die in seinen Augen jetzt des Mangels an Bürgertugend verdächtig sei. Und da er wußte oder fühlte, daß er in seinem Département mißbilligt wurde, wollte er mit einer Mission in sein Département geschickt werden, um die Münder durch Terror zu stopfen. Mitte März wurde Fouché auf die erste jener Missionen geschickt, die ihn berühmt und berüchtigt machten und bei denen er, in Nantes beginnend, jene ultrademagogische Politik praktizierte, deren Höhepunkt dann Nevers, Moulins und Lyon erlebten.

3

Die Missionen

Gleich zuerst erhebt sich eine Frage.

Fouchés Verhalten in Nantes, Nevers, Moulin und Lyon könnte zu Beginn seines öffentlichen Wirkens als der Ausdruck eines radikal revolutionären Geistes und eines ungewöhnlich überschwenglichen Gemüts angesehen werden. Doch betrachtet man sein Wirken im Zusammenhang, beweist er im Gegenteil ständig einen ganz ausgeglichenen Geist und ein Gemüt, das durch kühles Temperament vor jedem Überschwang bewahrt ist. In der Folgezeit erscheint er als gemäßigt von Charakter, vorsichtig bis zur Verschlagenheit, skeptisch gegenüber allem, was als unumstößliche und vor allem übertriebene Doktrin auftritt. Ist er wirklich der Mensch, der äußerst revolutionäre Erlasse unterschrieb, umwälzende Maßnahmen traf, erschreckende Briefe schrieb, die er vor allem von Lyon aus an den Wohlfahrtsausschuß richtete, um – in schwülstigem Stil – Verordnungen hochzupreisen, deren Auswirkungen in zehn Départements den sozialen und religiösen Bereich revolutioniert sowie die öffentlichen Plätze der zweitgrößten Stadt Frankreichs mit Blut getränkt haben: durch wilde Erschießungen und Hinrichtungen mit der Guillotine?

Andererseits ist man beim Lesen der Erlasse und Briefe erstaunt über das Mißverhältnis, das besteht zwischen den Taten, deren sich der Prokonsul im Jahre II dem Konvent gegenüber selber rühmt, und den Anwürfen, die ein Jahr später, als die Reaktion nach dem 18. Thermidor auf dem Höhepunkt war, von seinen Feinden und den Bewohnern der Départements, in denen er grausam geherrscht hatte, erhoben werden. Die Anschuldigungen, so schwerwiegend sie auch sind, erscheinen neben den Tatsachen, die in den Briefen Fouchés offenbar werden, recht harmlos: ›Einführung willkürlicher Steuern‹, ›eine ungesetzliche Verhaftung‹, ›Todesdrohungen‹ gegen diejenigen, die sich den Erlassen widersetzen, oder auch der vage Vorwurf, ›den Atheismus gepredigt‹ zu haben. Selbst aus Lyon, das noch feucht war von Blut, kommt damals nur die eine Anklage, zusammen mit Collot d'Herbois ›die Tribunale organisiert‹ zu haben – nichts weiter. Gegen diese Beschuldigungen, die von den Brüdern der Opfer erhoben werden, verteidigt er sich, er sagt etwa: Der Terror hat in Lyon nur so lange geherrscht, wie Collot an seiner Seite geherrscht hat, Collot, Mitglied des Großen Komitees und, stärker als Fouché selbst, Wahrer seines Gedankens und

Repräsentant seines Denkens. In der Tat hat Fouché nach dem Weggang Collots, dessen schlimmste Briefe er gegenzeichnete, versucht, die blutigen Maßnahmen aufzuhalten und die Tyrannei der örtlichen jakobinischen Komitees zu brechen. Mehr noch, auf dem Höhepunkt der Schreckensherrschaft hat er Menschenleben gerettet und auf diese Weise Verordnungen zunichte gemacht, die er selbst unterzeichnet hatte.

Man darf also dem Herzog von Otranto Glauben schenken, wenn er in seinen ›Memoiren‹ behauptet, ›daß er bei Missionen, wo er allein war, die Strenge der Dekrete des Konvents milderte‹, und erklärt, ›daß man bei seinen Missionen weniger tadelnswerte Aktionen entdecken wird als jene banalen Phrasen in der Sprache der Zeit, die in ruhigeren Zeiten Entsetzen einflößen; damals war es die landläufige und offizielle Sprache‹.

Das ist ein Versuch, sich ein allzu bequemes Alibi zu verschaffen. Es steht fest, daß Fouché im Jahre II der Republik das extremste Jakobinertum, das sich auf die Schreckensherrschaft stützte, praktiziert hat; fest steht vor allem, daß er, als die Revolution noch nicht jakobinisch war, versucht hat, auf religiösem und sozialem Gebiet die verwegensten Mitglieder des Konvents durch eine maßlose Auslegung der Doktrin zu überflügeln.

Das ist auch die Eigentümlichkeit dieser Missionen von Fouché; die Maßlosigkeit der Ideen, die er, allen anderen voraus, vorantreiben will; die Doktrin von der ›integralen Revolution‹; im religiösen Bereich die Einführung eines offiziellen Atheismus und, im sozialen Bereich, eine Art von ›Kommunismus‹ vor der Zeit, übrigens ein ziemliches Durcheinander, weil improvisiert. Eine Doktrin – und was für eine! – bei ihm, der später als der undoktrinärste aller Menschen auftritt; eine Doktrin, die jedoch aus den Erlassen des in Mission befindlichen Volksvertreters deutlich wird und die so übertrieben wirkt, daß in Paris die revolutionäre Kommune selbst starr vor Staunen und der Konvent beunruhigt ist. Was ist von dem allem zu halten?

Fouché, es wurde schon gesagt, ist jemand, der sich der Mehrheit anschließt. Als er sich in der Versammlung auf die rechte Seite setzte, hat er sich allerdings geirrt und empfindet nachträglich deswegen Angst. Jetzt sieht er, daß seine früheren Freunde der Gironde nicht nur geächtet werden, sondern daß, trotz vorläufig stiller Mißbilligung seitens Dantons und Robespierres, die Männer der Kommune triumphieren, Hébert und Chaumette im Rathaus, von wo aus sie dem Konvent das Gesetz vorschreiben, und diese Kommune predigt die fortgeschrittensten Ideen: Abschaffung des Christentums und Krieg den Besitzenden.

Daraus schließt Fouché, daß die Ideen der Kommune nicht nur übernommen, sondern nötigenfalls noch weiter vorangetrieben werden müssen, damit nichts übrigbleibt vom Verdacht eines ›Moderantismus‹, den man ihm wegen seiner Anfänge im Konvent vorwerfen könnte.
Es war kein Prokonsulat solcher Art, das ihm anvertraut wurde, als er nach Nantes ging. Die Mission war einfacher und sehr präzise: die Vendée hatte sich, ›im Namen Gottes und des Königs‹, gegen die Republik erhoben. Nantes war von Cathelineau und ›seinen Burschen‹ bedroht. Das war eine ernste Situation, denn zwischen der Bretagne und dem Anjou, die in Bewegung waren, konnte die Vendée Nantaise eine solide Bindung darstellen. Es handelte sich darum, die Verteidigung der Stadt zu organisieren und das Gebiet den ›Briganten‹ zu entreißen. Das war die einzige Aufgabe, die Fouché aufgetragen war; er aber traute der Gesinnung der Stadt nicht, die vielleicht nicht einem reinen Royalismus, zumindest aber einem ›Föderalismus‹ zuneigte; er verlangte vor allem, daß durch ›die Säuberung der Verwaltung‹ Nantes dem ›Händlergeist‹ entrissen wurde, den er für konterrevolutionär hielt. Er nahm die Generale unter seinen Befehl, weil er sie für zu zaghaft oder zu lau hielt, stellte in Nantes selbst die Nationalgarde auf und klagte die örtlichen Obrigkeiten beim Konvent der nichtstaatsbürgerlichen Haltung an. Zuerst hatte er versucht, diese Gemäßigten zur guten jakobinischen Doktrin zu bekehren ›durch die Androhung von Strafen, die für Republikaner aller Schattierungen vorgesehen sind‹ – ein Gedanke, der ihm von nun an des öfteren in den Sinn kommt. Bei Widerstand gegen seine Aktion erließ er Verordnungen, mit denen er ihn brechen wollte. In Nantes kündigte sich die Schreckensherrschaft an. Doch trotz dieser Drohungen mußte er weiter gegen die Gemäßigten einschreiten; er hatte die Unklugheit begangen, in der Stadt, die ihm als konservativ bekannt war, die sozialen Maßnahmen zu rühmen, die er später in Zentralfrankreich, in viel schärferer Form noch, durchführte. Vorerst handelte es sich aber darum, ›eine Gleichheit der Vermögen zu schaffen‹, indem ›dem unverschämt Reichen‹ erdrückende Steuern zugunsten des ›Bedürftigen‹ auferlegt wurden. Man schrie: Das ist sozialer Krieg!

Beschwerden wurden von Nantes abgeschickt, die im Konvent ein Echo fanden, da Fouché gezwungen war, sich zu verteidigen. Er tat es verbittert und schrieb am 3. Mai: ›Wenn man das gerechte System der progressiven Steuer predigt, wenn man sagt, daß derjenige, der nichts hat, etwas bekommen muß, daß derjenige, der nur das Notwendige hat, es ganz behalten soll und daß der Überfluß des Reichen die Lasten der Republik allein tragen soll, dann ist man in den Augen gewisser beschränkter und bösartiger Geister der Apostel des Agrarreformgesetzes!‹ Er beklagte sich also, verleumdet worden zu sein. Damit nahm Joseph Fouché verärgert Abschied von seiner Heimat. Er wurde abberufen. Er tat so, als sagte er nur auf Wiedersehen. Er ginge, ließ er verlauten, nach Paris zurück, um sich den Auftrag zu holen, in weit entfernten Départements Freiwillige auszuheben, die unter seiner Leitung Nantes und Umgebung gegen ›die Briganten‹ verteidigen sollten. Doch schied er voller Groll gegen seine früheren Nanteser Freunde – die den ›Händlergeist‹ unterstützten. Es war ein gefährlicher Groll, denn er setzte sich dafür ein, daß Carrier in die Stadt kam, der Mann der späteren Blutbäder an der Loire – ein wenig freundliches Geschenk eines Abgeordneten an seine Wähler, die seine Gegner geworden waren.

In Paris waren unterdessen die Girondisten zerschlagen worden, und die ›rechte Seite‹ war durch Ächtung und Verbannung zusammengeschrumpft. Robespierre, der einst von den Girondisten heftig angegriffen worden war, schien den Sieg davonzutragen. Um jedoch die Unglückseligen zu vernichten, hatte er Marat einsetzen müssen und war damit den Gewalttätigen ausgeliefert. Fouché fürchtete Robespierre; ihre einstige Freundschaft hatte sich nicht nur abgekühlt, sie hatten sich entfremdet, und es war bittere Feindschaft daraus geworden. Er zog es vor, der Arena fernzubleiben, in der sich jetzt die beiden Bergparteien gegenüberstanden: Robespierre und die Freunde von Hébert. Er wollte im Hintergrund bleiben, sich ein Alibi schaffen. Nach außen hin aber erweckte er den Eindruck, vor Wut über die ›Briganten der Vendée‹ zu kochen, bestürzt zu sein über die Fortschritte, die sie machten; er erstrebte, so sagte er, nur eine Mission: Freiwillige ausheben zu können, die er den Armeen im Westen zuführen wollte.

Am 4. Juni erschien er in Troyes, blieb dort einige Tage und ging dann nach Dijon. In beiden Städten schien er völlig in Anspruch genommen von seiner Aufgabe als oberster Werber, der Bataillone zusammenstellte, bewaffnete und in Marsch setzte. Doch war es richtig, sie nach Westen zu schicken, da nicht weit von Dijon Lyon sich unter dem Druck der ›Föderalisten‹ im Aufstand befand? Wäre es nicht besser gewesen, angesichts dieser Erhebung Maßnahmen zu ergreifen, damit die Konterrevolution in den Départements der Mitte nicht obsiegte?

Fouché erbot sich, ins Nivernais und Bourbonnais zu gehen, um dort nicht nur Legionen aufzustellen, die diesmal gegen Lyon eingesetzt werden sollten, sondern um in den Départements, die verdächtig waren, sich nicht staatsbürgerlich zu verhalten, die Revolution zu vollenden, die dort auf großen Widerstand stieß.

Damit beginnen die großen Missionen, die in Fouchés Leben eine schreckliche Rolle spielen.

Die Lage im Nivernais und Bourbonnais macht die Politik erklärlich, die der Abgesandte hier praktizieren zu müssen glaubte, zunächst eine Politik vorsichtiger Mäßigung und Schonung, dann, ins Gegenteil umschlagend, des wilden Jakobinertums, des Antichristentums und der Demagogie. Auch hier hatte er es mit einem im wesentlichen konservativen Land zu tun. Die alte Aristokratie war natürlich nicht mehr vorhanden, aber die reichen Fabrikanten, die Großbauern aus den Départements Nièvre und Allier, die momentan ohne eigentliche Überzeugung Republikaner waren, zeigten nur mäßiges Interesse für die Politik der Klubs. Die Revolution verdirbt ihre Arbeiter oder nimmt sie ihnen weg; zuweilen schicken sie sie auch selber fort; sie bekommen keine Aufträge, man weiß nicht, was mit dem angehäuften Metall, dem Gußeisen, der Bronze gemacht werden soll. Das alles ist nicht dazu angetan, aus den Unternehmern Republikaner oder gar Jakobiner zu machen. Das Volk, ausgenommen die Leiter der Klubs, drängen sie auch nicht dazu. Immer noch ist der Pfarrer allmächtig. Am 5. Juni hatte Dijannière, der Agent des Komitees, die Zentralregierung über diesen Punkt unterrichtet: die Priester hätten den Eid abgelegt, um im Amt bleiben zu können, sie wären aber ›fanatisch‹, ›intolerant‹ geblieben und weigerten sich, die Hirtenbriefe des vereidigten Bischofs zu verlesen. Ferner berichtete der Agent, daß die Prozessionen mit großer Prachtentfaltung vor sich gingen und daß das Départementsdirektorium zwar höflich die Ehre ablehne, bei diesen pompösen Feierlichkeiten zu erscheinen, dafür jedoch Kanonen und Pulver zur Verfügung stelle, um mit Salven dem Hochheiligsten Sakrament die Ehre zu erweisen! Darüber hinaus herrsche überall großes Wohlwollen der Geistlichkeit gegenüber: keine patriotische Feier, bei der man auf die Mitwirkung der Geistlichen verzichtet. Im Nivernais verschmolzen die Klänge des Tedeum mit denen der Marseillaise. Dieses Entgegenkommen seitens der Behörden ist nicht erstaunlich, denn eine Landschaft, in der merkwürdigerweise seit 1789 die Religion, anstatt abzunehmen, an Einfluß gewonnen hat, muß milde behandelt werden. Im Juni 1793 schrieb Dijannière: ›Alle Unzufriedenen, die hiergeblieben sind, waren vor der Revolution gläubig; diejenigen, die es nicht waren, sind es geworden.‹ Die Gefahr des ›Papismus‹ erschien dem Agenten sehr groß, denn er behauptete, daß in der Nièvre wie im Allier und der

Creuse ›das Volk derart fanatisch war, derart gegen die Revolution, daß es gegen die neuen Gesetze revoltiert hätte, wäre ein Führer vorhanden gewesen‹. Die Beamten, Sklaven der öffentlichen Meinung, mußten zwangsläufig mittun, sie waren willfährig gegenüber den Großgrundbesitzern, den Großindustriellen, den Priestern und den Katholiken. Fouché stellte es fest, als er eintraf. Sein Vertrauter Chaumette schrieb: ›Fouché war tatsächlich von Föderalisten, von Fanatikern umgeben, die er mit väterlicher Sorge bessern mußte.‹

In der Tat wirkte sich die Situation in diesem Landstrich sehr auf die Haltung aus, die der Abgesandte einnahm. Um die Revolution auch dort zur Vollendung zu bringen, mußte sie sozial und antireligiös sein; die einzig mögliche Politik schien ihm einerseits die Zerschlagung des Katholizismus zu sein, seinen Einfluß auszuschalten, den Gottesdienst abzuschaffen, sogar die Existenz eines Schöpfergottes zu leugnen; andererseits durch einen demagogischen Kommunismus die Wut des Volkes gegen die bürgerliche Aristokratie, gegen Grundbesitzer, Industrielle und Kaufleute aufzustacheln. Damit wich er stark von seiner Mission ab, die bis dahin ungefähr in den Grenzen blieb, die ihm gesetzt waren: so viele Soldaten wie möglich in die Vendée, die Bretagne und die Normandie zu schicken.

Unter diesem Vorwand kam er am 29. Juli auch nach Nevers. Er ließ die Verwaltung des Départements sofort wissen, daß er energisch vorgehen werde, um Freiwillige auszuheben und zu bewaffnen. Doch am gleichen Tag schrieb er an den Konvent, es erscheine ihm wenig logisch, Truppen vor die Tore von Lyon zu schicken, die in den Départements Allier und Nièvre ausgehoben worden waren, Landstrichen, die der großen aufständischen Stadt so benachbart sind. ›... Dijon und Moulins sollen alle Kräfte gegen Lyon aufsparen ... Die Aufständischen aus Lyon und aus Marseille können auf den beiden nach Paris führenden Straßen erscheinen, sie werden zurückgeschlagen werden.‹ Er fragte beim Konvent an, ob er deswegen nicht in Nevers bleiben solle. Während er auf die Antwort wartete, richtete er sich ein. Die verängstigte Stadt, die noch unter dem Eindruck der Gewaltakte der beiden vorangegangenen Prokonsuln stand, blickte voll ängstlicher Hoffnung auf den neuen Kommissar, der noch als ›gemäßigt‹ galt.

Zunächst schien er die Hoffnung zu rechtfertigen. Er schrieb später an Chaumette (um sich gegen jeden Vorwurf des Moderantismus zu verteidigen), es sei anfangs eine Politik der Milde und Schonung nötig gewesen. ›Ich stehe nicht an zu sagen, daß ich eine vorzeitige Explosion verursacht hätte, hätte ich nicht die Politik Machiavellis angewendet.‹

So erschien er gefühlvoll, lächelnd und wohlwollend am Tage nach seinem Eintreffen bei einer patriotischen Feier, die den Einwohnern von Nevers die Revolution unter den verführerischsten Aspekten vor Augen führen sollte. Der Aufruf des neuen Prokonsuls trug dazu bei. Er erklärte, daß ›die Volksjustiz kein Racheakt ist, daß sie nicht zu trennen ist von der Milde und Großmut‹. Er fließt über von Wohlwollen: Wenn der revolutionäre Sentimentalismus ihm keine Ausdrucksmöglichkeiten mehr bietet, greift der Exoratorianer auf religiöse Salbung und auf kirchliche Phrasen zurück; er verspricht den Schwachen, Verirrten und Reuigen ein ›politisches Jubelfest‹ und die Vergebung aller Sünden. Sein Wohlwollen ist so groß, daß er alles gut und richtig findet und dem Konvent mitteilt, die Geistesverfassung Mittelfrankreichs sei ausgezeichnet.

Diese ersten Wochen sind ein wahrer Honigmond! Der Prokonsul ist beliebt, man findet ihn zugänglich, bewundert und beweihräuchert ihn. Ein Kollege Fouchés berichtet, er regiere in einem Landstrich, der ›noch verkrustet ist von Aristokratie, Föderalismus und Aberglauben‹, mit Herzlichkeit, und seine Freuden seien die Freuden aller. Eine Riesenfreude wurde ihm schon in den ersten Tagen bereitet. Da er sehr an seiner Familie hing, hatte er seine Frau trotz fortgeschrittener Schwangerschaft mit sich von Paris nach Troyes, nach Dijon, nach Nevers genommen. Am 10. August wurde Jeanne Fouché von einer Tochter entbunden. Keine Prinzessin ist in ihrer Wiege mit so allgemeiner Fröhlichkeit und mit prächtigeren Feierlichkeiten begrüßt worden als diese Tochter eines Demokraten. Die Glocken wurden zwar nicht geläutet, aus dem einfachen Grunde, weil der Kommissar des Konvents sie fünf Tage zuvor hatte einschmelzen lassen, um ›Erz‹ für die Kanonen der Nation zu liefern, aber auch um die Priester zu ärgern, die von Anfang an auf dem Index standen. Doch wurde ein Fest, eine feierliche laizistische Taufe, veranstaltet. Zu dem glücklichen Vater begaben sich der Rat des Départements, alle zivilen und militärischen Körperschaften: die Nationalgarde mit dem Musikkorps an der Spitze war bereits erschienen. Die kleine jakobinische Prinzessin wurde nun den rauhen Kammerherrn anvertraut. Begleitet von einer riesigen Menschenmenge zog man zur Place de la Fédération, und am Altar des Vaterlandes, angesichts zahlloser Scharen, verkündete der Bürger Fouché, ›daß seine Gemahlin aus legitimer Ehe von einem weiblichen Kind entbunden worden sei, dem er den Namen Nièvre gegeben habe‹. Unter ›allgemeiner Fröhlichkeit‹ wurde das Kind seiner Mutter zurückgebracht.

Wenige Tage später brach Fouché nach Clamecy auf. Auch hier verhielt er sich als Allerweltsapostel. In der Stadt stritten Jakobiner gegen Girondisten. Die Aushebungen gegen Lyon gingen schlecht voran. Der Prokonsul erschien, und augenblicks ›triumphierten in den Mauern von Clamecy die Ordnung und die Freiheit, die Philosophie und die Brüderlichkeit, die Vernunft und die Natur‹. Der ganze Brief, der aus dieser Stadt datiert ist, hat diesen rührenden Ton. Im Grunde aber geschah es, um eine örtliche Unternehmung zu verschleiern: als der sentimentale Prokonsul fort war, ließen seine Trabanten auf das goldene Zeitalter das eiserne folgen. Alles, was ihm die Einwohner von Clamecy ein Jahr später vorwerfen können, ist, daß er die Schreckensherrschaft vorbereitet hat; persönlich ausgeübt hat er sie nicht. Die unbesonnenen Leute, die sich durch sein freundliches Gehabe hatten verführen lassen, gaben ihm wie einem Retter das Geleit bis zur Straße nach Nevers.

Nach zehntägiger Abwesenheit traf er am 25. August dort wieder ein. Was war in der Zwischenzeit geschehen? Hatte er aus Paris Nachrichten erhalten über die unaufhörlichen Fortschritte der Kommune, Chaumettes und der Cordeliers, die am 5. September im Konvent den Sieg errangen, was die Kapitulation der Dantonisten und Robespierristen zur Folge hatte? Hatte er neue Instruktionen vorgefunden oder strenge Verweise wegen seines untätigen Sentimentalismus einstecken müssen? Ist anzunehmen, daß von den ›Lyoneser Föderalisten‹ im Bourbonnais und Nivernais angezettelte Intrigen, wie er sagt, ihn gegen die bürgerliche Aristokratie derart aufgebracht haben? Wie es auch gewesen sein mag, er prangerte solche Machenschaften im Konvent an, er fügte hinzu, daß versucht worden sei, den Proviant in Beschlag zu nehmen; er nimmt diese Ereignisse als Vorwand, um seinen ersten Aufruf mit demagogischer Tendenz zu erlassen: ›Der Reiche hat ein mächtiges Mittel in den Händen, mit dem er das Regime der Freiheit beliebt machen kann; es ist der Überfluß. Wenn in einer Lage, wo die Bürger von allen Geißeln der Armut geplagt sind, dieser Überfluß nicht dazu verwendet wird, sie zu lindern, hat die Republik das Recht, sich seiner für diesen Zweck zu bemächtigen.‹ Dieser Aufruf vom 25. August erhielt die Zustimmung des Konvents. Der Prokonsul fühlte sich ermutigt und verstärkte seine Stimme gegen alle jene, die nur beseelt sind ›von der unersättlichen und niedrigen Gier nach Macht und Vermögen ...‹ Er schloß den Aufruf, indem er die Reichen aufforderte, mit Großherzigkeit eine Revolution zu vollenden, die die Natur der Menschen und Dinge notwendigerweise herbeiführen mußte.

Das ist von nun an das Thema aller seiner Bekanntmachungen. Am

11. September ein erneuter Ausfall gegen ›die schlechten Reichen‹; er geniert sich nicht, sich dem Konvent gegenüber der Maßnahmen zu rühmen, die er gegen sie getroffen hat: die Einführung ›des Brots für alle zu drei Sols, das Brot der Gleichheit‹. Außerdem schreibt er: ›Das Volk verhält sich ausgezeichnet; ich habe seine Kraft auf Kosten der schlechten Reichen angefacht.‹ Jedenfalls handelt es sich um eine vollständige Änderung des Verhaltens: er war gegen ein Hindernis gestoßen, den Einfluß, den die Bourgeois ausübten; von jetzt an greift er sie an, er geht noch weiter: er ruiniert sie. Zur Zeit hat er einen Ratgeber bei sich, der ihn ermuntert und ihn auf den ultrademagogischen Weg bringt: Chaumette. Er stammt aus dem Nivernais, ist Kurator der Kommune von Paris und in seine Heimat ans Krankenbett seiner alten Mutter gekommen. In Paris hat er Erfolg gehabt, hat sich an die Spitze der Bewegung gestellt, hat Hébert zu neuem Einfluß verholfen und am 11. September Robespierre gezwungen, die Tollheiten der hébertistischen Generale in der Vendée zu decken; Collot, der schreckliche Collot, ist am 6. September in den Wohlfahrtsausschuß eingetreten, mit ihm der ›linientreue‹ Billaud. Außerdem ist der Einfluß der Cordeliers so stark, daß Robespierre zur Stunde vom Rückzug zur Kapitulation übergeht. Die Vorherrschaft der Cordeliers dauert während des ganzen Monats September an.

Chaumette ist völlig auf dem laufenden über den Zustand der Dinge, an denen er mehr als jeder andere mitgewirkt hat, und unterrichtet Fouché. Er ist nur ein Anreger: er ist ein Überwacher, ein Kontrolleur. Fouché will ihn durch eine Kühnheit, die alles übertrifft, was die ›fanatische‹ Gruppe tut, in Erstaunen setzen. Der Prokonsul geht nun von der Demagogie der Worte zu der der Taten über. Am 19. September gibt Fouché einen mit Drohungen vollgestopften Erlaß heraus. Darin heißt es: ›In Anbetracht der Tatsache, daß die Gesellschaft den unglücklichen Bürgern den Lebensunterhalt sichern muß, sei es, indem sie ihnen Arbeit verschafft, sei es, indem sie denen, die nicht imstande sind zu arbeiten, die Existenz sichert ... wird in jedem Hauptort ein philanthropisches Komitee errichtet, das ermächtigt wird, von den Reichen eine Steuer zu erheben, die in jeweiliger Höhe zur Zahl der Bedürftigen steht.‹ Man kann sich vorstellen, zu welchem Mißbrauch diese offizielle Plünderungskommission Anlaß gab. In Moulins, wohin Fouché bald übersiedelt, werden sich Theorie und Tat im gleichen Geist vollziehen.

Wenn man diese humanitären Betrachtungen beiseite läßt, stellt die Einführung der philanthropischen Steuer unbestreitbar eine Amtsüberschreitung dar. Seit einigen Tagen scheint der Volksvertreter weder Zügel noch Gesetze zu kennen, er wird durch Chaumettes Gegenwart zu übertriebenem Eifer angestachelt. Schon am 1. September hatte er dringend die Abberufung seiner Kollegen, der anderen Abgesandten, gefordert, die, wie er sagte, nichts weiter taten, als ›sich gegenseitig durch widersprüchliche Maßnahmen zu ärgern‹; er will Bewegungsfreiheit haben und ein Prokonsulat reinsten Typs schaffen. Er fährt nicht nur fort Freiwillige auszuheben, die nach Lyon in Marsch gesetzt werden, präsidiert nicht nur den Festmählern, zu denen Soldaten geladen wurden, die gegen die rebellische Stadt eingesetzt wurden, sondern er will ihren Mut belohnen, verlobt sie zwangsmäßig mit jungen Mädchen aus dem Nivernais und verschafft den glücklichen Paaren eine Aussteuer ›dank freiwilliger Zuwendungen‹.

Die Beamten sind von Schrecken gepackt, er droht ihnen, stellt sie vor die Wahl ›Pflichterfüllung oder Schafott‹, und er statuiert ein Exempel, das Aufsehen erregt, weil er nach oben schlägt: aus eigener Machtvollkommenheit beruft er den Schwager des Marineministers Monge ab, den Bürger Huart, Inspekteur der Eisenwerke, der den Industriellen gegenüber zu milde ist, dann läßt er ihn festnehmen und ins Gefängnis werfen. Es gibt keinen Bereich, wo er nicht Gesetze macht, Bestimmungen erläßt und vor allem redet, atemlos predigt. Am 12. September wird ihm mitgeteilt, ›daß die Stadt La Charité in ihrem Schoß Übelgesinnte versteckt hielt, Reiche, die das Volk im Elend beließen‹, er eilt dorthin ... ›Nachdem er eine Stunde lang die Fuchtel geschwungen hatte, war es ihm gelungen, die Geister aufzuklären und die öffentliche Meinung so auszurichten, daß für die Gemäßigten Gefahr bestanden hätte, wenn sie nicht die Rolle der Sansculotten gespielt hätten.‹ Er hat dort unerfreuliche Gerüchte über die Generale und den Marineminister aufgegriffen, ›der, sofern er nicht ein Schwächling, ein Verräter ist‹. Alle diese Militärs denunziert er beim Wohlfahrtsausschuß. Am 8. kehrt er nach Nevers zurück, übernimmt wieder seine Rolle als demagogischer Prokonsul, dann geht er nach Moulins.

Am 25. kommt er dort an und läßt sogleich seinen mißtrauischen Blick über das Département Allier schweifen. Er hat den Eindruck, daß dieser Landstrich den ›Briganten von Lyon als Zuflucht dient‹. Er schreibt: ›Es war Zeit, daß die nationale Volksvertretung sich dem Volk zeigt, ohne die perfiden Mittelspersonen, die es regieren.‹ Das Volk lebt im Elend, unter den Vertretern der Obrigkeit sind alle Agenten des Königtums zu finden: ›Offiziere, die sich unter verschiedensten Vorwänden in ihre Schlösser zurückgezogen haben, bereitwillige Verteidiger der

Verbrechen des Tyrannen, Advokaten, mit Gold und Assignaten beladen, schwimmen im Überfluß und halten das Volk im Elend.‹ Bei einem Advokaten wird festgestellt, daß er ›25 000 Francs in Gold in einer Matratze versteckt hatte‹. Fouché ist entrüstet, er, der bei seinem Tode seinen Kindern fünfzehn Millionen hinterläßt. Diese Umstände verdüstern die Stimmung des Prokonsuls. Er ist nicht mehr der glattzüngige, salbungsvolle Friedensstifter der Monate Juli und August 1793. Er will die Säuberung bei den Beamten, er erläßt Bestimmungen, die ›günstige Wirkung gehabt haben, da das Volk das zweifache Joch, das des Reichen und das des Priesters, abgeschüttelt hat‹.

In Moulins wird der doppelte Charakter der Mission Fouchés deutlich.

Durch Anaxagoras Chaumettes Anwesenheit wird aus Fouché ein Demagoge, fast ein Kommunist; er ist gewillt, von der progressiven Steuer überzugehen zu den Agrarreformgesetzen, von der gesetzlichen Regelung der Löhne zu der der Ernten, von der Altersversorgung zur obligatorischen Unterstützung der Bedürftigen: alles das, um vor dem Kurator der Großen Kommune nicht geringer dazustehen als die gewählten Vertreter der Pariser Stadtgemeinde; er übertraf sie nicht nur, sondern inspirierte sie. Chaumette hat seinen ganz eigenen Kopf. Er ist der Apostel des Kultes der Vernunft, er hat bereits antideistische Tendenzen, Auffassungen, Pläne erkennen lassen, die der Deist Robespierre mit Stirnrunzeln betrachtete. Als Chaumette Ende September von Nevers nach Paris zurückkehrt, verlangt er ›die Abschaffung des Gehalts der Priester und die Gleichheit der Begräbnisse‹, drängt den schwachen Bischof von Paris, Gobel, dem Glauben abzuschwören, und bereitet für Anfang November die Abschaffung des christlichen Gottesdienstes und die Abhaltung von Festen der Vernunft vor. In seinen Unterhaltungen mit Fouché in Nevers hat er den berühmten Plan der Entchristlichung entworfen und dort auch die ersten öffentlichen, von dem Exseminaristen praktizierten Veranstaltungen gesehen.

Die zivile Taufe der Tochter des Prokonsuls war tatsächlich die erste Zeremonie des noch unfertigen Kults des Vaterlandes, in dieser durch und durch katholischen Gegend die erste Demonstration der Mißachtung, die der Vertreter des Konvents der alten Religion zuteil werden ließ. Nur während weniger Wochen konnten einige Erlasse gegen öffentliche Veranstaltungen dieses Kults bewirken, daß sich die Priester über die Absichten des Prokonsuls falschen Hoffnungen hingaben.

Schon das Fest zur Einweihung der Brutusbüste hatte in Nevers wie eine Kriegserklärung des Prokonsuls an den katholischen Kultus ausgesehen. Es bildete sich ein Umzug durch die Stadt, bei dem ›über alle

Monumente des Fanatismus und der Feudalherrschaft‹ ein Strafgericht herniederging. In der Kirche Saint-Cyr war Fouché auf die Kanzel gestiegen und hatte ›mit einer kurzen Rede, die ihm aus der Seele kam und die einfach wie die Natur war‹, die Tugenden von Brutus, ›Gott des Festes‹, gepriesen und den staatsbürgerlichen Eid der Anwesenden entgegengenommen. Danach hatte Chaumette von der Kanzel herunter ›die subalternen Tyrannen‹ gegeißelt, ›die mit Hilfe von Intrigen versuchten, sich an die Stelle der früheren Herren zu setzen‹; das Fest war mit einer Veranstaltung in der Volksgesellschaft zu Ende gegangen, wo ›mit Blumen bekränzte junge Bürgerinnen eine Hymne an die Freiheit gesungen und dem Volksvertreter den Tribut der Dankbarkeit des Départements überbracht hatten‹. Wiederum hatte Fouché das Wort ergriffen, er war abwechselnd ernst, bewegt, steif und verhieß ›die integrale Revolution‹.

Das Fest in der Kirche Saint-Cyr hatte ein Nachspiel; ehe Fouché von Nevers nach Moulins übersiedelte, hatte er einen Erlaß unterzeichnet, durch den das priesterliche Zölibat abgeschafft wurde. Der Prokonsul erklärte: ›Es ist Zeit, daß diese hochmütige Kaste zur Reinheit der Prinzipien der frühen Kirche zurückkehrt, sich wieder in die Klasse der Bürger einreiht und auf ein Leben verzichtet, das gegen die Natur ist und dem Verfall der Sitten Vorschub leistet.‹ Und er forderte, ›daß jeder Diener der Kirche, jeder Priester, der von der Nation bezahlt wird, gehalten ist, sich innerhalb eines Monats zu verheiraten oder ein Kind zu adoptieren‹ und so weiter. In Moulins wurde Fouchés Mission eingeleitet durch ein Fest des Kultes der Vernunft. Wie der Agent Dijannière berichtet, hatte sich gleich nach seiner Ankunft ›der Abgesandte in die Volksgesellschaft begeben und sich hier nachdrücklich gegen die Zeichen des Aberglaubens, die er überall in Moulins bemerkt hatte, gewandt‹; wenige Stunden später erschien er in Notre-Dame. Er stieg auf die Kanzel, wetterte gegen die Priester, mehr noch gegen die Reichen; er teilte die Gesellschaft in zwei Klassen ein, die Unterdrükker und die Unterdrückten, attackierte heftig die egoistischen Reichen, ›die Wucherer und Alleinhändler‹, er unterstrich erneut, daß ›jedes Individuum das Recht hat, auf Kosten der Gesellschaft ernährt zu werden‹. Die demagogische Politik in Moulins übertraf noch die in Nevers: die Komitees sollten eine Revision aller widerrechtlich erworbenen Vermögen vornehmen, womit dem Mißbrauch, der Gewalt Tür und Tor geöffnet wurden. Die großen Prinzipien werden auf den Grund und Boden ausgedehnt, denn das Land lebt vom Ackerbau. ›Der Volksvertreter bestimmt, daß die Gemeinden gehalten sind, den Boden unter ihrer Verantwortung zu besäen und zu bestellen, wenn möglich durch Sansculotten auf Kosten der Grundbesitzer, daß die Ernte den Sansculotten, die sie ausgesät haben, zukommen sollen.‹ Ein weiterer Erlaß bestimmte, ›daß die Reichtümer, die sich in den Händen einzelner befinden, nur ein Depot sind, über das zu verfügen die Nation ein Recht hat‹, schrieb vor, ›daß alle Bürger, die Gold- oder Silbergeld sowie Silber überhaupt, sei es in Form von Barren, Tischgeschirr oder Schmuckstücken, besitzen, gehalten sind, sie zum Überwachungskomitee ihres Distrikts zu bringen ... daß die ärmlichen Bürger auf Kosten des Überflusses der Reichen gekleidet, ernährt und logiert werden sollen ...‹

Den Komitees steht die Revolutionsarmee zur Verfügung, die Fouché in Moulins aufgestellt hat; er überläßt den Komitees das Recht, jeden zu bestrafen, der den Dekreten des Konvents oder den Erlassen des Prokonsuls nicht Folge leistet, und zwar ›durch vierstündige Zurschaustellung auf dem Schafott an einem Markttag‹. Damit schuf er in zwei Départements einen wahrhaft sozialen Terror.

Aber nichts setzte das Volk mehr in Schrecken als die religiösen Profanierungen, deren Schauplatz Moulins war. Nach der Zeremonie, die am 26. in der ihrer Bestimmung entzogenen Kathedrale stattfand und in deren Verlauf Fouché seine Erlasse gegen das Zölibat der Priester verlas, hatte sich eine richtige Prozession gebildet, die er selber anführte; sie zog durch die Stadt und zerschlug alle äußeren Wahrzeichen des christlichen Kults, Kreuze, Bildwerke, Leidensstationen Christi; man plünderte die Sakristeien, warf auf dem Cours de Bercy Meßgewänder, Chorröcke und andere heilige Ornate, sogar Nonnenhauben, auf einen Haufen, zündete ihn an und verbrannte alles, während die Bilderstürmer, der Prokonsul immer an der Spitze, einen wilden Tanz um den flammenden Mummenschanz des Aberglaubens aufführten. Der letzte und wichtigste Erfolg schließlich, den der Exseminarist errang, war die Abschwörung des Bischofs von Moulins, François Laurent, der ostentativ seine geistlichen Gewänder ablegte, was nach ihm dreißig seiner Priester ebenfalls taten. Mit Genugtuung schreibt der frühere Oratorianer an den Konvent: ›Die Priester und ihre Götzenbilder sind in ihre Tempel zurückverwiesen worden; das Auge des Republikaners wird nur noch durch die Symbole der moralischen Wiedergeburt des Volkes erfreut.‹

Völlig eingeschüchtert verbleibt das Département Allier in den Händen der ›Philanthropischen Komitees‹, vor denen Grundbesitzer, Industrielle, Priester und Beamte zittern.

Am 2. Oktober war Fouché wieder in Nevers; bald darauf bekam er vom Wohlfahrtsausschuß die Antwort auf seinen Brief aus Moulins. ›Wir vertrauen stets auf Ihre Wachsamkeit, die gegen die Freiheit gerichteten Komplotte zu vereiteln, und auf Ihren Eifer, den guten Prinzipien zum Durchbruch zu verhelfen.‹

Ein solcher Zuspruch, nach den Überschreitungen der Amtsgewalt in Moulins, zeigte, daß in Paris die Cordeliers noch immer herrschten, Hébert und Chaumette waren Herren der Situation. Fouché machte also mit dem gleichen Schwung weiter. Nach einer wütenden Rede gegen die Reichen, ›Überbleibsel von Schmutz, den die Republik schon erbrochen hat‹, erklärt er, daß alle reichen Grundbesitzer oder Pächter, die Getreide besitzen, persönlich verantwortlich sind für den Proviantmangel auf dem Markt. Dann folgt eine Reihe von despotischen Verfügungen, die gegenüber dem Unternehmer ›das Recht auf Arbeit und das Wohlergehen des Arbeiters‹ regeln. Das ist nicht alles: Während Fabrikanten und Landwirte unter dem Joch eines konfusen Kommunismus seufzen, ist der Händler betroffen von der Wertminderung der Edelmetalle. Diese Maßnahme, die in Wirklichkeit dazu dient, den Kurs der Assignaten zu begünstigen, wird bald der Lieblingsgedanke des Prokonsuls. Kisten mit Gold und Silber werden aus den Départements Mittelfrankreichs nach Paris geschickt. ›Entwerten wir Silber und Gold, ziehen wir diese Götter der Monarchie in den Schmutz‹, rief der Prokonsul aus, ›denn wir wollen den Gott der Republik anbeten und den Kult der erhabenen Tugenden der Freiheit begründen.‹ Der gleichmacherische Terror war auf dem Höhepunkt: ›Hier errötet man, wenn man reich ist‹, schrieb Fouché triumphierend am 13. Oktober. Man wurde nicht nur rot, sondern blaß. Das Geld verschwand; das Elend wurde plötzlich übergroß.

Wohin das ganze Geld floß, wird bald deutlich; große Koffer voll wurden nach Paris geschickt, sie enthielten nicht nur Haufen von Louisdors und Talern, sondern auch Kelche, Goldstoffe, Meßgewänder, Stolen, Chorröcke, Altardecken, Beute aus den Kirchen und Kapellen der Départements Nièvre und Allier. Die Politik der Entchristlichung erbrachte in dieser Hinsicht ebenso einträgliche Resultate wie die kommunistische Demagogie. Diese Politik hatte ihren Höhepunkt nach der Rückkehr des Prokonsuls in Nevers erreicht. Anscheinend hatte er sich an seinen eigenen Verkündigungen in Moulins berauscht. Wahrscheinlich aber wurde er noch mehr angestachelt durch die Nachrichten aus Paris, wo sein Freund Chaumette den Feldzug der Entchristlichung mit neuer Inbrunst aufgenommen hatte und ihm in der Kommune zum Sieg verhalf. Er wartete darauf, daß der Konvent reif wurde, was nicht mehr lange dauern sollte. Wirklich ging die Versammlung mit großen Schritten auf die Proklamation des Dogmas von der Vernunft zu. Aus

Furcht, diesen Schritten nicht schnell genug folgen zu können, machte der Prokonsul plötzlich einen Schritt voran.

Am 9. Oktober 1793 erschien der berühmte Erlaß, der in Frankreich großen Widerhall fand: ›In Anbetracht der Tatsache, daß das französische Volk keine anderen Privilegien anerkennen kann als die des Gesetzes, der Gerechtigkeit und der Freiheit, keinen anderen Kult als den der universellen Moral, kein anderes Dogma als das seiner Souveränität und seiner Allmacht; in Anbetracht der Tatsache, daß, würde allen Sektierern im Augenblick, da die Republik feierlich erklärt hat, daß sie allen Religionen bei der Ausübung ihres Kults gleichen Schutz gewährt, erlaubt, auf den Plätzen und in den Straßen die Embleme ihrer verschiedenen Sekten zu zeigen, ihre religiösen Zeremonien zu begehen, in der Stadt Verwirrung und Unordnung entstehen würden.

Erlaß

Artikel 1 – Alle Kulte der verschiedenen Religionen dürfen nur in ihren diesbezüglichen Gotteshäusern ausgeübt werden.

Artikel 2 – Da die Republik keinen vorherrschenden oder privilegierten Kult anerkennt, werden alle religiösen Embleme, die sich auf den Straßen, den Plätzen und allgemein an öffentlichen Orten befinden, getilgt.

Artikel 3 – Bei Zuchthausstrafe ist es allen Dienern der Kirche, allen Priestern verboten, in ihren Gewändern an anderen Orten als in ihren Kirchen aufzutreten.

Artikel 4 – In jeder Gemeinde werden die verstorbenen Bürger, welcher Sekte sie auch angehören, zu der Stätte gebracht, die für die gemeinsame Bestattung vorgesehen ist, bedeckt mit einem Trauerschleier, auf welchen das Symbol des Schlafs gemalt ist, begleitet von einem Beamten, umgeben von ihren Freunden in Trauerkleidung und einer Abordnung ihrer Waffengefährten.

Artikel 5 – Die gemeinsame Stätte, wo ihre Asche ruhen soll, wird freigehalten von jeder Behausung, mit Bäumen bepflanzt, in deren Schatten sich eine Statue, die den Schlaf darstellt, erhebt. Alle anderen Symbole werden zunichte gemacht.

Artikel 6 – Auf dem Tor zu diesem Gräberfeld, das aus religiöser Achtung den Manen der Toten geweiht ist, wird folgende Inschrift zu lesen sein: Der Tod ist ein ewiger Schlaf.‹

Was in diesem berühmten Erlaß, einem der merkwürdigsten Denkmäler des großen Versuchs der Entchristlichung im Jahre II, am stärksten ins Auge fällt, ist nicht nur die kühne Folgerung, die aus der Gleichheit und Freiheit der Kulte gezogen wurde und die die Republik proklamierte: der Priester, in die Kirche zurückverwiesen, aber in welche Kirche? Ein Gotteshaus, das von einem Tag auf den anderen seiner Bestimmung entzogen werden konnte, wo die Religion, die noch am Tag zuvor hier zelebriert wurde, durch den Volksvertreter verhöhnt wird, der auf der Kanzel von Saint-Cyr in Nevers, von Notre-Dame in Moulins stand! Was vor allem erstaunte, war die fast dogmatische Festlegung, war die feierliche, in ihrer Bündigkeit unbedingte Verkündung eines Materialismus, dem der mit der Mission beauftragte Volksvertreter offiziellen Charakter verlieh: Der Tod ist ein ewiger Schlaf.

Die Neuheit, die Ungewöhnlichkeit des Erlasses mußte überraschen. Zwar hatte Chaumette in Paris schon im September vorbereitende Maßnahmen zur Verkündung des offiziellen Atheismus getroffen, aber die feierliche Proklamation erfolgte erst im November. Die Kodifizierung der Zwangsmaßnahmen in kurzen und pathetischen Artikeln verschaffte Fouché Ansehen. Der Erlaß vom 9. wurde überall veröffentlicht, verbreitet und fast wie ein Dekret des Konvents anerkannt. Von diesem Erlaß ließen sich die meisten Kommissare im Süden und Südwesten inspirieren, wenn sie die antichristliche Bewegung zu propagieren versuchten. Einige geben diese Vaterschaft offen zu: Cavaignac und Dartigoeyte benutzen den Exoratorianer als Schutzpatron bei den antichristlichen Maßnahmen, die sie in der Gascogne durchführen: ›In Anbetracht der Tatsache, daß der Erlaß von Fouché den großen Prinzipien des Republikanismus und der universellen Moral folgt‹, und so weiter.

In stolzer Genugtuung wendet sich Fouché an Chaumette, zeigt mit ausladender Handbewegung auf das katholische Land, das, wenigstens nach außen hin, keinen Gottesdienst mehr hat. Einige Wochen später schreibt er ihm: ›Die Dinge sind so weit gediehen, daß das Land, in dem der Aberglaube am meisten verbreitet war, dem Reisenden auch nicht mehr ein einziges Wahrzeichen einer vorherrschenden Religion darbietet‹; und an den Wohlfahrtsausschuß schreibt er etwas weniger selbstzufrieden: ›Der Fanatismus ist zerschmettert!‹

Zerschmettert hieß, er wurde für tot gehalten, und es war Zeit, das herrliche Erbe anzutreten. Maßnahmen gleichmacherischer Philanthropie, staatlicher Wirtschaft, jakobinischer Beschlagnahmungen und religiöser Bilderstürmerei ergaben das gleiche Resultat. Am 11. September überreichte der Volksvertreter erstmals dem Konvent hunderttausend Mark in Gold, Ergebnis dieser Auspressung. Am 13. Oktober kündigt Fouché die Übersendung des gesamten Goldes und Silbers der beiden Départements an, mit dem ›unsere Tresore schon angefüllt sind‹. Am

18. brachte er tausendeinundachtzig Mark, zehn Unzen Silber und tausendzweihundert Pfund in Gold auf den Weg, ›Ergebnisse der ‚Opfergaben‘ der Aristokratie, mit denen sie sich kurz vor dem Tod von ihren Verbrechen loszukaufen sucht‹. Weitere Sendungen sollen folgen. Diese Heldentaten und Versprechungen riefen im Konvent Begeisterung hervor. Fouchés Brief wird am 20. in der Versammlung vorgelesen und mit starkem Beifall bedacht. Am folgenden Tag veröffentlichte der ›Mercure universel‹ die Mitteilung, daß im Namen des Volksvertreters drei Koffer voller Silber unter ›lebhaftem Beifall‹ vor dem Büro des Präsidenten abgestellt worden seien.

Unterdes erließ der Prokonsul Verfügungen, Dekrete, er organisierte, schuf Institutionen und Gesetze, und unter ihm waren seine Komitees tätig, sie säten Terror: willkürliche Festnahmen und Beschlagnahmen, widerrechtliche Besteuerungen, Zurschaustellung am Schandpfahl oder auf dem Schafott, unter nichtigsten Vorwänden; durch die Einführung der ›Überwachungskomitees‹ wurden in Nevers, Clamecy, Moulins, Gannat, Montluçon, La Charité demagogische Instinkte entfesselt, Rachegelüste geschürt und gestillt und Begierden erweckt. Die Vertreter des Prokonsuls verbreiten Schrecken; ein Jahr später werden sie ihm zur Last gelegt, er protestiert, wäscht seine Hände in Unschuld. Er ist in der Tat, wenn er von der Tribüne oder der Kanzel heruntergestiegen ist, wenn er seine Verfügungen, die Hunderte von Vermögen, zehn Verwaltungen und eine ganze Kirche zu Fall bringen, unterzeichnet hat, ein höflicher, sanfter, im Umgang angenehmer Mann. In dieser regionalen Diktatur ist jede Handlung ein Amtsmißbrauch. Mit äußerster Ungeniertheit gegenüber dem Gesetz verlobt der Prokonsul die Bürger, verheiratet, trennt, wiederverheiratet sie; er hält Gericht, spricht Urteile aus, bald in der ersten, bald in der Berufungsinstanz, schickt Verbrecher aufs Schafott, ohne deren Recht auf Revision zu beachten; er macht Gesetze, seine Bestimmungen und Erlasse sind ausnahmslos offenkundige, widerrechtliche Beugungen der gesetzlichen Macht, und einige sind sogar ausgesprochen subversiv im Hinblick auf die etablierte Ordnung.

Fouché erstrebte eine große Apotheose. Sie wurde ihm zuteil durch ein ›Fest der Tüchtigkeit und der Sitten‹, das am 21. Oktober auf den Feldern von Plagny stattfand. Am gleichen Tag taufte er Städte und Dörfer um. So wurde zum Beispiel aus Decize auf einmal Roche-la-Montagne und so weiter. Und als letzten Akt seiner höchsten Machtvollkommenheit ließ er den Exherzog von Nivernais, aus dem der Bürger Mancini-Mazarini geworden war, verhaften und konfiszierte seinen fürstlichen Besitz. Wiederum war er weitergegangen als der Konvent und erntete Bewunderung dafür: der Wohlfahrtsausschuß überhäufte ihn mit Zuspruch und Glückwünschen für ›seine Wachsamkeit, die gegen die Freiheit gerichteten Komplotte zu vereiteln‹. Unterstrichen wurde das alles durch den Beifall des gesamten Konvents, der bei den Sitzungen am 20. und 31. Oktober 1793 die Beute feierte, die Fouché ihm geschickt hatte.

Der Prokonsul von Nevers und Moulins hatte in der Versammlung große Bewunderer, Dantonisten und Hébertisten. Am 7. Oktober schrieb Legendre, ein Freund Dantons: ›Endlich wird in den Départements Nièvre und Allier die staatsbürgerliche Gesinnung offenbar. Sie waren bisher verkrustet von Aristokratie, Föderalismus und Aberglaube: die Härte der Maßnahmen wird dem Republikanismus zum Sieg verhelfen und den Feinden der Freiheit und Gleichheit jede Hoffnung rauben.‹ Und Chaumette: ›Der Bürger Fouché hat Wunderwerke vollbracht: das Alter wird geehrt, Krankheit gelindert, Unglück geachtet, Fanatismus ausgerottet, Föderalismus vernichtet, die Eisengewinnung wird gefördert, verdächtige Personen werden festgenommen, Verbrechen exemplarisch bestraft, Wucherer verfolgt und eingekerkert – das ist die Übersicht über die Arbeiten des Volksvertreters Fouché.‹

Diese rückhaltlose Rechtfertigung kam im geeigneten Augenblick, denn der Prokonsul wollte für eine andere, wichtigere Mission kandidieren. Er sprach wohl davon, sich abberufen zu lassen, klagte stets über seine schwächliche Gesundheit, die unter der vielen Arbeit litt; doch im Grunde zögerte er wahrscheinlich, nach Paris zurückzugehen. Er wußte sehr genau, welche Gefahren ihm dort drohten, trotz oder, um es präziser zu sagen, wegen seiner aufsehenerregenden Erfolge.

Legendre, der treue Dantonist, und Chaumette, der alle Cordeliers hinter sich hatte, lobten zwar Fouché übermäßig, es saß aber im Konvent und im Wohlfahrtsausschuß ein Mann, der in dieses Loblied nicht einstimmte: Maximilien Robespierre. Später wird deutlich werden, was die beiden Männer voneinander unterschied: Erinnerungen und Befürchtungen, Temperament und Politik. Jetzt soll nur gesagt werden, daß Robespierre das System, dem Fouché bisher gehuldigt hatte, mit Mißmut betrachtete. Dieser gepuderte und gepflegte Bourgeois, der konservativer war als viele seiner Gegner von rechts und der mit einiger Verachtung die demagogischen Machenschaften verurteilte, vermochte nicht ohne Entsetzen, ohne Abscheu die unheimlichen kommunistischen ›Carmagnolen‹ des Prokonsuls in Mittelfrankreich mit anzusehen. Diese ganze Zurschaustellung des am Fuß der Tribüne ausgepackten Goldes und Silbers konnte nur ein bitteres Lächeln auf die Lippen des ›Unbestechlichen‹ zaubern; auch hielt sich ein Gerücht, daß Fouché und sein Freunde sich ihren Lohn im voraus nahmen. Man kann sich vorstellen, wie Robespierre diese vermutlich zutreffenden Gerüchte aufnahm. In seinem mißtrauischen Kopf wälzte er bereits den Plan, Chabot sowohl wie Danton der Unterschlagung und des Raubes anzuklagen und damit zu Fall zu bringen. Was ihn jedoch vor allem außer sich brachte, war der Anblick der Meßgewänder und Kelche. Solche Schauspiele brachten alle Deisten in der Umgebung des großen Mannes in Harnisch.

Robespierre war Deist aus Veranlagung und Tradition, auch aus politischer Überzeugung, da er mehr als jeder andere in Gott den Gendarmen sah und der Religion des Gehorsams huldigte. Die ›Carmagnolen‹ von Nevers und Moulins verletzten nicht nur seine Gefühle, sondern, was für diesen Taktiker noch schlimmer war, sie durchkreuzten seine Überlegungen, störten seine Pläne. Unglücklicherweise traf er auf seinem Wege immer wieder als Stein des Anstoßes auf Fouché, den er persönlich verabscheute. Im Ausschuß redeten Collot und Billaud, seine gefährlichen Gegner, unaufhörlich von Fouché, machten ihn zu einem der Ihren; Hébertisten und Dantonisten nahmen ihn ebenfalls für sich in Anspruch, je nachdem ob er als Mann der Maßlosigkeit oder als Mann der Milde erschien, und er war beides.

Die Geschehnisse in Lyon verstärkten noch den Haß Robespierres und seiner Kamarilla gegen den Exoratorianer. Die Stadt war am 9. Oktober von Dubois-Crancé genommen worden, Robespierres Partei hatte Couthon dorthin abgeordnet; er war Robespierres Alter ego. Auf einmal schien Couthon – ganz Frankreich war erstaunt darüber – in dieser rebellischen und niedergeworfenen Stadt nicht nur eine Politik der Mäßigung, sondern eine Politik der Nachsicht praktizieren zu wollen. Er galt als Mann Robespierres, und diese Tatsache erregte großes Aufsehen: Collot d'Herbois setzte dieser Politik eine andere entgegen, er formulierte das berühmte Dekret: ›Lyon hat Krieg geführt gegen die Republik, Lyon ist nicht mehr.‹

Das war offenkundig die Rache für die Hinrichtung des Bürgermeisters Chalier, der in den ersten Tagen des Aufstands auf die Guillotine geschleppt wurde; damit ging eine ganze Stadt zugrunde, die zweitgrößte in Frankreich, die Bevölkerung wurde niedergemacht. Das war die Rache für die Lyoneser Jakobiner, die früher dort gelebt hatten. Und weil Robespierre, wie es schien, Couthon beeinflußt hatte, stellten sich alle seine Widersacher gegen ihn. Das Dekret wurde angenommen: Robespierre war besiegt worden, und, was noch schlimmer war, er hatte kapitulieren müssen aus Furcht, für nachgiebig gehalten zu werden; er war verbittert darüber. Es kam noch schlimmer, als der Ausschuß gezwungen wurde, Couthon, ›Unterdrücker der Patrioten‹, abzuberufen und für ihn Collot nach Lyon zu schicken, den Verfasser des Dekrets, den Mann der Cordeliers. Die Koalition ging noch einen Schritt weiter. Unbeabsichtigt oder nicht, schien sie Robespierre in noch größere Bitterkeit stürzen zu wollen: sie schlug Fouché vor, den Robespierre von allen Konventsmitgliedern am meisten haßte. Die ganze Partei empfand es als einen Schock. Couthon nahm seinen Sitz im Wohlfahrtsausschuß wieder ein, und obwohl er manchmal mit den neuen Kommissaren in Lyon übereinzustimmen schien, denn hinter dem großen Politiker war die Partei oft schwankend und gespalten, blieb der abberufene Prokonsul, an Robespierres Seite, der Vertreter der Lyoneser Interessen, die von Collot und Fouché grausam unterdrückt wurden. Robespierres Grimm steigerte sich von Tag zu Tag, und während der viermonatigen Dauer von Fouchés Mission kam noch eine Fülle von Unmut und Mißbehagen hinzu. Je mehr die Versammlung während der ersten Wochen durch Beschlüsse und Taten der Politik zu folgen schien, die Fouché in Nevers und Moulins praktiziert hatte, um so stärker fühlt der Unbestechliche seinen Haß gegen Fouché wachsen. Couthon und hinter ihm Robespierre verspüren alle Schläge, die in Lyon der Politik der Mäßigung versetzt werden, wie persönliche Verwundungen. Nicht immer wagen sie zu protestieren, tun es jedoch manchmal. Ingrimmig hält Couthon den Jakobinern seine Mission vor und vergleicht sie mit der seiner Nachfolger; er geißelt diejenigen, die das höchste Wesen ›durch lächerliche und gewaltsame Feierlichkeiten‹ schmähen. Doch das war der Protest eines Oppositionellen. Robespierre hat seine Diktatur noch nicht aufgerichtet. Noch regieren Hébert und Chaumette, und Fouché folgt ihnen. Doch kann er sich nicht verheimlichen, daß ihn im Ausschuß jemand genau überwacht. Fühlte er sich nicht durch Collot d'Herbois' Anwesenheit weitgehend gedeckt, würde er wahrscheinlich zittern. Einzig und allein Nachgiebigkeit ist gefährlich an der Seite dieses Volksvertreters im Wohlfahrtsausschuß, dieses Angehörigen der extremen Partei. Fouché ist entschlossen. Die Erschießungen in Lyon beginnen.

4

Die Salven von Lyon

Am 9. Brumaire des Jahres II (30. Oktober 1793) wurde Fouché Collot d'Herbois beigeordnet; er ging in der Eigenschaft eines Kommissars des Konvents nach Ville-Affranchie – Lyon wurde ›Befreite Stadt‹ genannt. Ein persönlich an Fouché gerichtetes Schreiben besagte: ›Die Dienste, die Du geleistet hast, sind die Bürgschaft für jene, die Du noch leisten wirst!‹

Am 7. November nahm er in Nevers den Postwagen nach Lyon und traf am 10. bei Collot ein, der bereits am Werk war.

Die Stadt zitterte. Nach schwerer Belagerung war die ›rebellische Stadt‹ am 8. Oktober gefallen und hatte nun alle Schrecken von den ›Rächern Chaliers‹ zu erwarten. Groß war die Überraschung gewesen, als die ersten abgesandten Volksvertreter, Couthon an der Spitze, eine gemäßigte Haltung an den Tag legten. Die Wut der ›patriotischen Freunde Chaliers‹ – so nannten sich die extremistischen Jakobiner in Lyon – hatte sich bald entladen. Ihre Vorwürfe wurden erhört, Couthon wurde aus Lyon abberufen.

Collot war unmittelbar darauf eingetroffen. Er war beauftragt, das berüchtigte Dekret: ›Die Stadt Lyon soll zerstört werden ...‹ mit ganzer Härte durchzuführen, das Dekret, das Couthon nach einer zum Schein vorgenommenen Exekution einstweilen auf sich beruhen ließ. Collot hingegen versprach, es buchstabengetreu zu befolgen und zudem durch grausame Maßnahmen ›Chalier zu rächen‹.

Er sah rot und war für Fouché ein schrecklicher Kompagnon. Ein auffälliger Gegensatz bestand übrigens zwischen den beiden Konventsmitgliedern. Collot war früher Schauspieler gewesen und hatte die Eigenschaft eitler Selbstgefälligkeit, die man Menschen seines Gewerbes oft zuschreibt, nicht abgelegt. Ein mittelmäßiger Komödiant auf einer Bühne, die ihn faszinierte: es ist keine alltägliche Aufgabe, eine Stadt von zweihunderttausend Einwohnern zu zerstören und ein Zehntel der Bevölkerung zu töten. Außerdem war er ungebildet, gewöhnlich, brutal; er trank, aß, amüsierte sich, und in Lyon wurden seine üblen Gewohnheiten noch gefördert durch die bequemen Möglichkeiten, die seine Stellung ihm bot. Schon 1789 hatte sich Collot in die Reihe der Gewalttätigen gestellt. Es war eine einfache Rolle, die zudem seiner Schauspielernatur und seiner unermüdlichen Kehle entgegenkam. Die Ironie des Schicksals wollte es, daß dieser Mime in der entsetzlichen

Lyoneser Tragödie an der Seite des klugen, geschmeidigen und ernsthaften früheren Lehrers stand. Nach beendetem grausigem Werk ging der eine täglich zu seinen Völlereien, der andere in seine Familie zu Frau und Kind. Dadurch erschien Fouché den Lyonesern fast sympathisch im Vergleich zu dem anderen, der offensichtlich berauscht war von Alkohol und Blut. Warum war später die Stimmung in Lyon weniger ablehnend Fouché als Collot gegenüber? War es der merkwürdige Gegensatz in ihrem Wesen? War es die Geschicklichkeit, mit der Fouché die laute und auffallende Rolle Collot überließ, dem Mitglied des allmächtigen Wohlfahrtsausschusses? War es die Politik, die Fouché nach dem Abgang des brutalen Kompagnons einschlug? Wie auch immer, die öffentliche Meinung ging, selbst während des Rückschlags nach dem Thermidor, viel weniger streng mit dem geschickten Mann um, den, zwanzig Jahre später, die Pamphletisten mit den Massakern belasten. Auch die Lyoneser, die ihm die größten Vorwürfe machten, nannten ihn – obwohl die beiden Männer die gleichen Machtbefugnisse hatten – nie anders als den ›Komplicen von Collot‹.

Die Ausgangsidee war, aus dem Mord an Chalier eine Vergeltung ohne gleichen abzuleiten. Damit wurde sofort begonnen; die Prokonsuln beschlossen, ein quasi religiöses Fest abzuhalten, ›zu Ehren der Manen Chalier, des für die Sansculotten gestorbenen Erlösers‹. Ein solches Fest stimmte mit Fouchés Vorstellungen, denen er in Nevers und Moulins schon Gestalt gegeben hatte, völlig überein: an die Stelle der Feiern des alten Kults neue Feiern mit einem weltlichen Kult treten zu lassen. Lyon sollte wissen, daß ein neuer Gott auf den alten Altären verehrt wurde.

Es wurde ein aufsehenerregendes Ereignis. Die beiden Prokonsuln gingen aufs Ganze. Vor der eigentlichen Feierlichkeit, als Vorspiel, das der Exoratorianer angeordnet hatte, zogen die beiden durch die Stadt, begleitet von einer mit Beilen und Hacken bewaffneten Kohorte: sie zerschlugen, wie in Nevers und Moulins, Kreuze und Heiligenbilder, drangen in sämtliche Kirchen ein, verjagten die Geistlichkeit und plünderten die Sakristeien. Nachdem der alte Kult mit seinen Sinnbildern vernichtet war, tauchten die des neuen Kults auf. Chaliers Büste wurde auf einem blau-weiß-roten Palankin herumgetragen, mit einer Urne, in der sich die Asche des Märtyrers befinden sollte. Der Zug setzte sich inmitten einer Horde von Menschen in Bewegung, es hallten durch das entsetzte Lyon die Rufe: ›A bas les aristos! Vive la République! Vive la guillotine!‹ ›Patrioten‹ folgten dem Zug, trugen Meßgefäße, Kelche und Monstranzen, die aus den Sakristeien stammten, dahinter trottete ein Esel, dem man ein Meßgewand übergeworfen und eine Bischofsmitra aufgesetzt hatte, an seinem Schwanz baumelte ein Kruzifix, die Bibel und das Evangelium. Die drei damals in Lyon anwesenden Abgeordneten, Collot, Laporte und Fouché, waren zugegen und verliehen der gottlosen Maskerade einen offiziellen Anstrich. Der Zug durchquerte die große katholische Stadt und machte auf der Place des Terreaux halt. Die Abgeordneten verbeugten sich tief vor der Büste des Märtyrers, dann hielten sie eine Rede. Collot, pompös und aufgeblasen, tat feierlich Abbitte, Fouché in klagendem Ton: ›Chalier, du bist nicht mehr! Märtyrer der Freiheit, Schurken haben dich hingeopfert. Chalier, Chalier, wir schwören vor deinem heiligen Bild, dein Martyrium zu rächen! Ja, das Blut der Aristokraten soll dein Weihrauch sein.‹ Nach diesen schwülstigen Reden wurde ein Scheiterhaufen angesteckt und ein Kruzifix sowie ein Evangelium verbrannt. Es wird berichtet, der Esel habe aus einem heiligen Kelch getrunken.

Von dieser Zeremonie noch ganz begeistert, schworen Collot und Fouché in einem flammenden Brief an den Konvent, sich nicht mit einem solchen platonischen Akt zufriedengeben zu wollen. Einige Tage später bewiesen sie eine Grausamkeit, die den absurden ›Moderantismus‹ Couthons bloßstellen sollte. ›Wir hüten uns vor den Tränen der Reue. Nichts kann unsere Härte mildern ... Wir müssen es sagen, Bürger, Kollegen, Nachgiebigkeit ist eine gefährliche Schwäche, die geeignet ist, verbrecherische Hoffnungen zu erwecken in dem Augenblick, da sie vernichtet werden müssen. Die Zerstörungen kommen zu langsam voran: wir brauchen schnellere Mittel, um der republikanischen Ungeduld Genüge zu verschaffen. Die Explosion der Mine und die verzehrende Kraft der Flamme können der Allmacht des Volkes allein Ausdruck geben. Sein Wille kann nicht aufgehalten werden wie der der Tyrannen: er muß die Wirkung des Donners haben.‹

In einer von den beiden Prokonsuln Collot und Fouché unterzeichneten ›Instruktion‹, einem ungeheuren Projekt, wurde die Rechtfertigung der ›integralen Revolution‹ ausgesprochen: sie stellte den Einwohnern vor Augen, daß die Revolution, würde sie in ihrem Vormarsch aufgehalten, umsonst gewesen wäre, daß eine neue Aristokratie an die Stelle der alten treten würde, die Bourgeoisie an die Stelle des Adels. Die Schlußfolgerung war, daß durch ein System von Steuern und Entnahmen die Anhäufung von Reichtümern und das Heraufkommen der Plutokratie verhindert werden müsse. In Briefen an den Konvent wurden Zerstörung und Tod angekündigt; die Zeremonie vom 10. November war der Auftakt gewesen für die völlige Entchristlichung und die Instruktion für die soziale Revolution. Die Aufgabe war gewaltig:

Collot wollte säubern, einkerkern, die Bevölkerung dezimieren; Fouché hatte es auf die Seele abgesehen, auf die innersten Gefühle dieser Bevölkerung: in der vielleicht katholischsten Stadt des Landes wollte er, zusammen mit dem Kommunismus, dem offiziellen Atheismus zum Sieg verhelfen.

Die beiden Männer riegelten sich in ihren Dienstzimmern ab, sie hielten die Tür verschlossen vor Beschwerden, Protesten und Gesuchen, machten sie aber amtlich auf für die Denunziation. Nur Bürger im Besitz eines Bürgerausweises bekamen die Genehmigung, das Haus zu betreten, das die beiden Kommissare als Domizil erwählt hatten. Direkt mit ihnen zu sprechen wurde nur den Angehörigen der verfassungsmäßigen Behörden und den Mitgliedern der ›Société Populaire‹ gewährt, unter der Bedingung, daß sie ›den Gegenstand ihres Gesuchs vorher schriftlich bekanntgaben‹. Diese Abriegelung ist ungeheuerlich. Die Tätigkeit der Volksvertreter nach außen hin wird durch die ›Vorläufige Überwachungskommission‹ ausgeübt, deren Hauptfigur eine Kreatur Fouchés ist, ein gewisser Vedel, den er aus Nevers mitgebracht hat.

Alle Verfügungen und Bekanntmachungen kommen aus diesem geheimnisvollen, abgeschlossenen Haus, sie säen Schrecken und Tod. Am 20. Brumaire (10. November), dem Tag des Eintreffens Fouchés, wird die von Dubois-Crancé eingeführte, von Couthon abgeschaffte Beschlagnahme der Vermögen von Verdächtigen wieder eingeführt. Am 23. Brumaire erfolgt der Erlaß über die systematische Zerstörung: ›Alle von der Acht betroffenen Gebäude, die durch die Sprengmine und das Feuer vernichtet werden können, werden unverzüglich bezeichnet, und ihre Zerstörung wird sofort vorgenommen.‹

Die Feierlichkeit zu Ehren Chaliers hatte Fouché angereizt, für den Monat Frimaire eine noch bedeutendere Zeremonie vorzubereiten: die Einführung des Kults der Vernunft. Durch den Beifall des Konvents war dieser ersehnte Kult endlich offiziell geworden, Chaumette hatte ihn mit großem Pomp am 20. Brumaire in Notre-Dame von Paris zelebriert. Fouché wollte nicht zurückstehen und beschloß, die Vernunft auch in Lyon zu feiern. In der ›Instruktion‹ vom 26. Brumaire (16. November) wiederholte er mit unerhörter Schärfe die Angriffe gegen die Priester: ›Sie sind es, die seit dreizehnhundert Jahren stufenweise das Gebäude unserer Sklaverei aufgerichtet und es mit dem ganzen heiligen Tand ausgeschmückt haben, der dem Auge der Vernunft und der Hippe der Philosophie alle Mängel verbarg. Sie sind es, die mit ihren törichten Vorurteilen den menschlichen Geist unterdrückt und die, um die

Schmach vollzumachen, den Irrtümern, mit denen sie die Jahrhunderte berauschten, durch ihre Lügereien gehuldigt haben. Es ist klar, daß die Revolution, die den Sieg der Aufklärung darstellt, die schon zu lange währende Agonie dieser Handvoll Lügner nur mit Verachtung ansehen kann. Ihre Herrschaft geht zu Ende, sie macht Platz dem Reich des gesunden Menschenverstands und der Vernunft ...‹ Ferner besagte die ›Instruktion‹: ›Der Republikaner hat keine andere Gottheit als sein Vaterland. Alle Gemeinden werden unverzüglich Paris nacheifern, das auf den Ruinen einer gotischen Kirche einen Tempel der Vernunft errichtet hat.‹ Wie schon gesagt, war die ›Instruktion‹ vom Exoratorianer Fouché mitunterzeichnet; sie sollte als Auftakt dienen für das Fest, das mit großem Aufwand in der Kathedrale Saint-Jean vorbereitet wurde. Doch wurde zu Beginn des Monats Frimaire Robespierres Zorn über die atheistische Abstimmung am 8. November bekannt, auch seine Ablehnung des Festes am 10., seine Ausfälle gegen Chaumette und die neue Abstimmung in der Versammlung; Couthon hat vor allem die Kirchenschändungen in Lyon verurteilt. Am 12. Dezember (22. Frimaire) hat Robespierre vor den Jakobinern die Priester verteidigt. Chaumette stürzte; Fouché, der ihn einige Monate später verleugnete, glaubte, Einhalt gebieten zu müssen: der Plan für das Fest in Lyon wurde aufgegeben.

Nun wandte sich Fouché dem sozialen Teil seines Programms zu. Sein sentimentaler Kommunismus war in einer Verfügung vom 24. Brumaire zum Ausdruck gekommen, die großes Echo fand, der Kommune von Paris übermittelt, von ihr beifällig aufgenommen und angenommen wurde. Die Volksvertreter sagten: ›Alle Bürger haben ein gleiches Recht an den Vergünstigungen der Gesellschaft; ihr Lebensgenuß muß im Verhältnis zu ihrer Arbeit, ihrem Fleiß und ihrem Eifer stehen, mit dem sie sich dem Dienst am Vaterland anheimgeben ...‹ Vor allem aber wurden die Artikel 8 und 9 beachtet: ›Reichtum und Armut müssen gleicherweise aus dem Regime der Gleichheit verschwinden. Es wird kein Brot aus feinem Mehl für die Reichen und kein Brot aus Kleie mehr für die Armen gebacken.‹ Ferner: ›Alle Bäcker sind bei Kerkerstrafe verpflichtet, eine einzige und gute Sorte Brot herzustellen: das Brot der Gleichheit.‹ Diese Bestimmung wurde als gültig für elf Départements des Südostens erklärt, am 3. Frimaire von der Kommune in Paris gelesen und angenommen; die Bürger Collot und Fouché galten von jetzt an als die Vorkämpfer der ›philanthropischen‹ Politik. Allerdings kann wegen der Analogie ähnlicher Maßnahmen einige Monate zuvor in Nevers Fouché die ausschließliche Vaterschaft zugeschrieben werden. Er fuhr fort, den Reichen Schläge zu versetzen.

Der andere war völlig mit seiner ›republikanischen Rache‹ beschäftigt. Unter Hackenschlägen und Sprengladungen stürzte Lyon zusammen, und aus den überfüllten Gefängnissen wurden die langen Kolonnen der Unglückseligen – sie stammten aus allen Ständen – zur Guillotine oder zum Zusammenkartätschen geführt. Mit den unglaublichen Briefen, in denen die Prokonsuln sich selbst der Massaker rühmten und über die Qualen frohlockten, haben sie eine grausige Seite in der Geschichte der Revolution geschrieben, Briefe, auf denen neben Collots Unterschrift immer die von Fouché steht.

Die beiden machen den Eindruck von Geistesgestörten, berauscht vom Blut, das in Strömen fließt. Wieder und wie stets beruft sich Fouché auf den ›Märtyrer Chalier‹, als er vom 16. Brumaire an Hinrichtungen forderte, wie sie noch nie vorgenommen worden waren: Massenhinrichtungen.

Sie ›organisierten‹ die Schreckensherrschaft. Am 3. Frimaire war die Revolutionsarmee in Lyon eingetroffen, sie wurde ein schreckliches Werkzeug des Todes. Auch hatten die Prokonsuln am 7. Frimaire die ›Kommission der Sieben‹ eingesetzt, ein Sondergericht, das in wenigen Wochen mehr als zweitausend Lyoneser zum Tode verurteilte. Zum Präsidenten ernannten sie Parein, einen Mann ihres Vertrauens. Der Erlaß, mit dem diese summarische Rechtsprechung etabliert wurde, schrieb dem Gericht das Verhalten vor: er ging von dem Grundsatz aus, daß alle, die in den Gefängnissen der Stadt säßen, die Abschaffung der Republik und die Niedermetzelung der Patrioten geplant hätten und deshalb als gesetzlos zu betrachten seien: das bedeutete, die berüchtigte ›summarische Rechtsprechung‹ wurde im voraus gerechtfertigt und sogar vorgeschrieben. Es handelte sich nur darum, die überfüllten Gefängnisse zu ›säubern‹.

Gleich nach der Ankunft der Prokonsuln, die ›abgesandt waren, um das Glück aller zu gewährleisten‹, war die Guillotine in Tätigkeit getreten; sie arbeitete ihnen zu langsam: kaum hundert Personen waren seit dem 20. Brumaire hingerichtet worden. Sie verlangten, daß ›es schneller ginge‹, und ordneten die ›Mitrailladen‹ an. Wie stets unterschrieb Fouché neben Collot.

Am 14. Frimaire wurde das Horror-Schauspiel zum erstenmal aufgeführt: Auf den Feldern von Brotteaux wurden zwischen zwei parallellaufenden Gräben – zum Massengrab bestimmt – vierundsechzig junge Leute, in Paaren zu zweit aneinandergefesselt, aufgestellt. Ihnen gegenüber standen die Kanonen der Revolutionsarmee, deren Rohre auf sie gerichtet waren. Die Opfer stimmten den herrlichen ›Chant du départ‹ an; es war, als schmetterten sie den Henkern den Nachhall der letzten

Töne entgegen, die einst in der Kehle Vergniauds von der Guillotine abgewürgt worden waren. Auf ein Zeichen von der Tribüne her, wo die beiden Abgesandten saßen, wurde die Lunte an die Kanonen gelegt, und die Salve mähte mit einem Schlag die Schar der Märtyrer nieder. Einige Minuten danach ging der Gesang in fürchterliches Schreien über, das von den Unglücklichen ausgestoßen wurde. Die meisten waren nur verwundet, einige Verstümmelte atmeten noch, versuchten sich aufzurichten. Die Soldaten gaben ihnen mit Säbelhieben den Tod.

Schrecken breitete sich in Lyon aus. Auf die Vorwürfe antworteten die Prokonsuln, indem sie herausfordernd schrieben: ›Ein paar individuelle Austilgungen, ein paar Ruinen dürfen von demjenigen nicht wahrgenommen werden, der in der Revolution die Befreiung der Völker der Erde und das universelle Glück der Nachwelt erblickt! . . . Soll nicht auf den Aschen der Feinde des Volkes, seiner Mörder, auf der Asche alles dessen, was unrein ist, die allgemeine Harmonie, der Frieden und das Glück für alle errichtet werden? Die Volksvertreter werden unerschütterlich die Mission weiterführen, die ihnen anvertraut ist; das Volk hat den Donner der Rache in ihre Hände gelegt, und sie werden ihn erst wieder hergeben, wenn alle Volksfeinde zerschmettert sind. Sie haben den Mut und die Kraft, über die Gräber der Verschwörer und über die Ruinen hinwegzuschreiten, um zum Glück der Nation und zur Wiedergeburt der Welt zu gelangen.‹

Dieser vom Blut der Lyoneser Jugend triefende Brief ist von allen Volksvertretern unterzeichnet.

Man kann sich vorstellen, mit welch blindem Eifer der unheimliche Parein und seine Beisitzer unter solchen Vorgesetzten Gericht hielten und verurteilten. Die Zahl der Toten wuchs. Gegen das, was folgte, war die Exekution am 14. Frimaire harmlos zu nennen. Am 25. waren es nicht nur vierundsechzig, sondern zweihundertneun Lyoneser, die vor die Kanonen gestellt wurden. Ein fürchterliches Hinschlachten; es wurde niedergesäbelt, mit der Spitzhacke, dem Spaten, der Axt erschlagen, wer von der Salve verschont geblieben war. Am gleichen Tag hatten die Prokonsuln in ›Ville-Affranchie‹ einen humanitären Aufruf erlassen. Andererseits schrieben sie: ›Die blutigen Leichen, die in die Rhône geworfen werden, sollen auf beiden Ufern, an ihrer Mündung, unter den Mauern des niederträchtigen Toulon, den Augen der feigen und schnöden Engländer den Eindruck des Schreckens und das Bild von der Allmacht des Volkes vermitteln.‹ Und in einem weiteren Brief: ›Wir empfinden insgeheim Genugtuung, ein wirkliches Wohlbehagen; die Natur tritt wieder in ihre Rechte ein, das Menschengeschlecht erscheint uns gerächt, das Vaterland erlöst und die Republik gerettet.

Sie ruht auf echten Fundamenten, auf der Asche ihrer schändlichen Unterdrücker.‹

Eigentlich müßte dies alles wiedergeben werden, da ist kein Wort, das nicht von Zynismus oder Pharisäertum trieft, nicht ein Buchstabe, der nicht unerträglich schwer auf dem Gedächtnis des Mannes lastet, der seinen Namen neben Collot unter solche Sendschreiben gesetzt hat.

Es wird weiter eingekerkert und getötet.

Die Erbitterung stieg auf den Höhepunkt: es war zu viel geworden. Aus der gemarterten Stadt erhob sich ein ungeheurer Klageschrei. Lyon triefte von Blut, es lebte in einer Atmosphäre von Verwesung und Tod. Eine Abordnung der Stadt erschien im Konvent. Sie durfte sprechen, wurde angehört und von den Anhängern Robespierres, die schon den Tag der Rache für Couthon kommen sahen, ermuntert und mit Beifall bedacht. Die Prokonsuln haben wahrscheinlich gezittert, als ein Brief des Wohlfahrtsausschusses bei ihnen eintraf, der Collot zur Rechtfertigung nach Paris berief.

Er erschien, malte das Schreckgespenst des wiederauflebenden Föderalismus an die Wand, womit er die Versammlung in Angst versetzte, die Lyoneser Abordnung zermalmte und indirekt auch deren Gönner. Am 21. Dezember (1. Nivôse) trat Collot als Sieger vor den Konvent; er brüstete sich und dachte nicht daran, sich zu entschuldigen; er ließ sein Verhalten billigen. Aus der Ferne unterstützte ihn Fouché und lieferte ihm Argumente. Am 20. Dezember hatte er ihm geschrieben, daß er, um die Einnahme von Toulon zu feiern, zweihundertdreizehn ›Rebellen ins Feuer des Blitzes‹ geschickt habe. ›Mit Tränen der Freude‹ schätzte er sich glücklich, an der Seite Collots bei der Rückeroberung von Toulon mitgewirkt zu haben, ›indem sie Schrecken unter den Elenden, die sich dort eingenistet hatten, verbreiteten und indem sie Tausende von Leichen ihrer Komplicen ihrem Anblick darboten.‹

Für Fouché, den Mann, der stets mit der Mehrheit ging, bedeutete der Sieg seines Partners eine besondere Ermunterung. Mehr vielleicht als die Grausamkeit verstärkte er seinen Zynismus. Collot saß jetzt wieder im Wohlfahrtsausschuß, von dort aus hielt er die Augen auf Lyon gerichtet und war wahrscheinlich imstande, die geringste Schwäche zu ahnden. Andererseits, gab es eine bessere Absicherung für die Zukunft im Falle eines Umschwungs als ›den Willen des Konvents‹? Geschickt machte er sich die Gelegenheit zunutze; er schrieb am 7. Nivôse: ›Ja, wir wagen es zu gestehen, wir lassen viel unreines Blut fließen, doch es geschieht aus Menschlichkeit, aus Pflicht. Vertreter des

Volkes sind wir, wir werden seinem Willen nicht untreu werden.‹ Jetzt hatte er für seine Zukunft eine Antwort bereit, er glaubte, von der ganzen Versammlung gedeckt zu sein.

Es war auch Zeit, daß Fouché sich Deckung verschaffte. Denn Robespierre schien nach langem Zögern und manchen Zugeständnissen entschlossen, den Kampf mit der Gruppe Hébert aufzunehmen. Es war Ende Dezember. Das schreckliche Jahr 1794 sollte beginnen, in dessen Verlauf sich die Führer der Bergpartei gegenseitig zerfleischen, verbannen und umbringen: Hébert, Danton, Desmoulins, Chaumette, Robespierre, Couthon, Saint-Just, sie sollten Vergniauds und Prissots Schicksal teilen.

Der Kampf war schon Ende November zwischen Robespierre und dem äußersten Flügel der Bergpartei auf religiösem Gebiet ausgebrochen. Wie schon berichtet, hatte Robespierre Chaumette angegriffen, hatte ihn von Hébert getrennt und ausgeschaltet. Bis zum 13. März, als Hébert und sein Stab sich im Netz verfingen, wurde der Kampf vor allem in der Provinz ausgetragen, wo sich die in Mission befindlichen Abgeordneten und die persönlichen Agenten Robespierres gegenüberstanden. Diese vertraten, mehr als ihr Herr und Gebieter es selbst wünschte, die Nachgiebigkeit; es war ein unerbittlicher Kampf, der sich zwischen ihnen und den Kommissaren abspielte, ein Kampf bis aufs Messer, in dessen Verlauf Robespierre oder Hébert indirekt durch ihre Agenten getroffen werden sollten. In den Südwesten, der gänzlich dem Einfluß und der Macht der Kommissare von Lyon ausgesetzt war, hatte Robespierre Gouly als Aufpasser gesandt. Er sollte eine Untersuchung gegen Javogues in Gang setzen, den vielleicht wildesten der Abgeordneten, einen unflätigen Demagogen, der im Département Ain residierte und herzliche Beziehungen zu dem Prokonsul von Lyon unterhielt. Fouché ahnte, daß man ihn indirekt durch Javogues treffen wollte. Er drehte den Spieß um und klagte Gouly, von dem er wußte, daß er der Agent Robespierres war, heftig an, sagte, ›er führe im Ain einen konterrevolutionären und freiheitsmörderischen Plan aus‹. Er ließ sogar verlauten, er wolle ihn festnehmen. Er verließ sich auf Collots Protektion im Wohlfahrtsausschuß. Und er behielt recht. Gouly wurde am 19. Nivôse (8. Januar 1794) abberufen. Solche Vorfälle verschafften Fouché ungemein viel Autorität. Ihm wurde sogar im Namen des Konvents Zustimmung ausgedrückt. Billaud schrieb an ihn: ›Der Wohlfahrtsausschuß geht bei allen Unternehmungen von den gleichen Prinzipien aus; das soll heißen, daß er die Ihren verfolgt, mit Ihnen handelt, mit allen denen, deren männliche Bemühungen den Erfolg der Revolution vorantreiben.‹

Sechs Tage später erhält der Prokonsul neuen Zuspruch, diesmal von Collot, auch wieder im Namen des Ausschusses.

Indes, Fouché selbst bekam allmählich zwar nicht Skrupel, aber Zweifel. Er wurde nachdenklich: in vielem war man zu weit gegangen, hatte zu hart gehandelt, das Seil war zu stark gespannt, es konnte zerreißen. In Paris war der Hébertismus fragwürdig geworden; Hébert, von Furcht befallen, verleugnete feige Chaumette, den Atheismus, den Kommunismus. Danton ließ Widerwillen erkennen, mehr als zuvor neigte der Konvent in seiner Mehrheit Danton zu, der Nachgiebigkeit, die von Desmoulins gepredigt wurde. Es war vielleicht doch richtig, dachte Fouché, sich allmählich zu zügeln.

Die demagogische Welle in Lyon war ungeheuer. Die Lyoneser Jakobiner, die berüchtigten ›Patrioten, Freunde Chaliers‹, störten die Ordnung, säten Gewalt. Fouché, der stets zwei Eisen im Feuer hat, versetzt ihnen einen Schlag: Unter dem Vorwand, den Komitees und Verwaltungen reines jakobinisches Blut zuzuführen, ruft er ihm ergebene Freunde aus Paris herbei, um so gegen den Klüngel des robespierristischen Bürgermeisters Bertrand vorgehen zu können und einen Ausgleich zu schaffen. Zwar redete er noch davon, das Fest der Vernunft abhalten zu wollen, er tat es jedoch weniger laut, und wenn auch die Gefängnisse weiterhin voll, die Guillotine und die Kanonen weiterhin in Tätigkeit waren, klagte er jetzt heimlich darüber und schob alles gern auf die Komitees und das Sondergericht. Wahrscheinlich glaubte er mehr an einen Erfolg Dantons als an einen Erfolg Robespierres, denn gegen ihn kämpfte er weiterhin heimlich, aber auch offen. Gegen ihn unterstützt er Dorfeuille, den Präsidenten des Tribunals, der die Robespierristen öffentlich eine ›infame Clique‹ genannt hat; gegen ihn steht er Javogues bei, beeinflußt ihn, als dieser Couthon, der als Scharlatan und Heuchler bezeichnet wird, anklagt; trotz seines Zögerns und seines Willens, die Mäßigung eher zu praktizieren als laut zu verkünden, schließt er sich der Kampagne des Kommissars des Départements Ain an gegen ›die Clique Gouly, Gauthier und die Moderantisten‹. Als der jüngere Robespierre auf dem Rückweg aus dem Süden nach Lyon kommt, findet er verschlossene Türen vor. Verärgert attackiert er die Kommissare und schreibt: ›In Lyon existiert ein System, mit dem das Volk dazu gebracht werden soll, alles zu nivellieren. Wenn man nicht achtgibt, wird alles untergraben.‹

Unterdessen war Méaulle in Lyon eingetroffen, ein alter Freund Fouchés und ihm jetzt als neuer Kommissar beigeordnet. Ihn erschreckten die Klagen, die gegen die Ausschreitungen der Schreckensherrschaft erhoben wurden. Fouché machte sich Sorgen, er beschloß, allmählich einen anderen Kurs einzuschlagen. Noch während er die vorhin zitierten tollen Phrasen in Briefen an den Konvent von sich gab, begann er in Lyon, sich von den Exekutionen und den Exzessen reinzuwaschen. Er ließ Parein, Dorfeuille und die anderen weitermachen, zuckte aber, wenn er unter Freunden war, manchmal die Schultern, ließ einfließen, das seien besessene Narren. Hierzu wird eine Anekdote berichtet.

Als die Erschießungen auf dem Höhepunkt waren, hatte sich ein Verdächtiger zu ihm geflüchtet. Er hieß Nollet und war im Oratorianer-Kolleg in Juilly Physiklehrer gewesen: der Verfolgte hatte sich kühn in die Höhle des Löwen begeben. Fouché hatte ihn aufgenommen und ihm versprochen, ihn zu retten. Plötzlich fragte er ihn: ›Trauern Sie Juilly nach? Ich habe mehr Gründe als Sie, es zu tun.‹ Der Prokonsul hatte sich merkwürdig verbittert gezeigt und Nollet sein Herz ausgeschüttet: ›Die Agenten der Revolution waren Verrückte oder Erbärmliche, ich war mehr ihr Sklave als ihr Herr.‹ Einen Geächteten zu schützen ist ein schweres Delikt. Fouché scheint sich wenig darum zu kümmern, er läßt Nollet mit seiner eigenen Frau spazierengehen, sie kommen zu den Feldern von Brotteaux, wo der Boden blutdurchtränkt ist. Nollet ist erregt: Jeanne Fouché fragt ihren Mann nach dem Grund. Fouché sagt: ›Laß ihn nur sein Gesicht verziehen, sprich nicht mit ihm.‹ Doch er benutzt Nollet, um die Geächteten, die Denunzierten zu warnen, insbesondere den Priestern anzuraten, sich nicht zu zeigen, sich nicht zu rühren, und er versprach, sie nicht festnehmen zu lassen, wenn sie sich nicht regten. Hier zeigt sich bereits der Fouché des Kaiserreichs.

Nach der Abberufung Collots hatte er sich wie befreit gefühlt: Zwar nahm er an den Metzeleien noch als Zuschauer teil und wiederholte stets aufs neue den ewigen Refrain, den er von dem Schauspieler gelernt hatte: ›Der Blitz, das Feuer, die Geschwindigkeit des Blitzes, die Allmacht des Volkes‹ und so weiter, doch er schleudert den Blitz nicht mehr; fast hätte er ihn im Monat Nivôse ganz verlöschen lassen. Er läßt die Dinge laufen. Dann plötzlich vollzieht er eine richtige Kehrtwendung. Am 18. Pluviôse (6. Februar) gibt er den Befehl, die Salven einzustellen; als Ausgleich wird zwar noch guillotiniert, innerhalb von sechs Wochen sechsundneunzig Personen – vom 11. Februar bis zum 25. März –, doch war das wenig im Vergleich zu den Exekutionen zur Zeit Collots. Am 14. Pluviôse erlassen die Kommissare eine Verfügung, durch die in Zukunft jede Festnahme verboten wird, sofern es sich nicht um ›neue Delikte‹ handelt (das war die Amnestie für alles Vergangene, die in Lyon sehnlichst erwartet wurde). Alle anständigen

Leute atmeten auf, hingegen beklagten sich die ›Patrioten, die Freunde Chaliers‹, bitter, sie würden unterdrückt. Sie konnten um so lauter schreien, als Robespierre, mit dem Ziel, Hébert zu beseitigen, ohne den Vorwurf der Konterrevolution auf sich zu nehmen, sich auf einmal an die Spitze der Terrorbewegung stellte; die Rede von Saint-Just am 26. Februar vor dem Konvent zeigt deutlich die Neuorientierung der Gruppe, deren ungestümster Anführer er war. Wie bei einem Chassé-croisé wurde Fouché merkwürdigerweise zu der Stunde ein Gemäßigter, als Robespierre sich zum Protektor der Schreckensmänner machte. Fouché mag der Auffassung sein, er sei, wenn Robespierre siegt, verloren, was er auch unternimmt, oder er setzt noch Vertrauen in den Sieg Dantons und der ›Nachgiebigen‹, auf jeden Fall unterstützt er die Gegenbewegung gegen die Lyoneser Schreckensmänner. Trotz all seiner Bemühungen führen sich die Freunde Chaliers, die jetzt von Robespierre protegiert werden, in zweiunddreißig Komitees und in den Volksgesellschaften als Schreihälse auf, sie üben jeden Tag Druck aus auf die Départementsverwaltung, um Festnahmen zu erwirken, und auf das Tribunal, um Verurteilungen zu erreichen, sie kritisieren und beschuldigen in einem ununterbrochenen Briefwechsel mit Robespierre und Couthon die jetzt verdächtig gewordenen Kommissare. Fouché und Méaulle zaudern nicht länger.

Sie verübten eine Art Staatsstreich, der durch vier Erlasse und einige zusätzliche Maßnahmen die Jakobiner in Lyon lähmte, in Schrecken versetzte und entmachtete. Am 26. Ventôse (16. März) erschien eine Verfügung: durch sie wurden mit einem Federstrich die zweiunddreißig Komitees, die Fouché als ›politisches Krebsgeschwür‹ bezeichnete, auf neun reduziert, womit ›verhindert wird, daß die Anarchie sich verewigt‹, wie der Bericht des Prokonsuls in der Hauptsache besagt.

Am 4. Germinal wurden die Ereignisse, die sich in Paris abgespielt hatten, in Lyon bekannt. Robespierre, gestützt auf das Zentrum und einen Teil der Anhänger Dantons, hatte am 23. Ventôse (13. März) Héberts und am 28. (18. März) Chaumettes Verhaftung erwirkt, doch es war noch nicht abzusehen, ob nicht Robespierre selbst durch die Gegenbewegung Schiffbruch erleiden würde: am 29. Ventôse (19. März) wäre er im Konvent fast in die Minderheit geraten. War es nicht möglich, daß er bald wie Hébert aufs Schafott steigen müßte? Hébert war am 4. Germinal (24. März) enthauptet worden.

In Lyon mußte durch eine aufsehenerregende Maßnahme die neue Strömung des Gegenterrorismus unterstrichen werden, es war notwendig, sich offen von Hébert abzusetzen und Danton schon jetzt auf dem

Weg des Moderantismus voranzugehen. Am 6. Germinal wurde durch eine Verfügung der Prokonsuln – es war ein örtlicher Staatsstreich – die ›Société Populaire‹ aufgelöst. Fouché nannte sie einen ›Tummelplatz von Hungerleidern, der Anarchie und des Aufruhrs‹. Kühn fügte er hinzu, sie habe unter dem Einfluß ›der schurkischen Freunde Héberts‹ gestanden. Er lästerte Hébert, beglückwünschte die Versammlung für den Eifer, mit dem sie die ›falschen Republikaner‹ aufspürte. Zugleich ließ er im ›Républicain Lyonnais‹ einen Artikel erscheinen, mit dem er Hébert anklagte, jedoch die Extremisten der aufgelösten ›Société‹ treffen wollte. Doch gaben sich deren Mitglieder noch nicht geschlagen. Die Widersprüchlichkeit des früheren Freundes von Chaumette regte sie auf. Sie schrieben nach Paris, vor allem an Robespierre und seine Freunde. Fouché hatte es vorausgesehen; er hatte die Briefe abfangen lassen, sogar die der persönlichen Agenten Robespierres. Das war ein Akt unerhörter Kühnheit, der zeigt, wie sehr Fouché an den bevorstehenden Sturz Robespierres und an den Sieg der Ideen Dantons glaubte. Was er nicht voraussehen konnte, war, daß Robespierre in der Nacht vom 10. auf den 11. Germinal im Wohlfahrtsausschuß den Befehl zur Festnahme Dantons erwirkte und dadurch zur Ausübung jener Diktatur über die Geister gelangte, deren Opfer, und zwar eines der ersten, Fouché zu werden schien.

Er blieb darüber nicht lange im Zweifel. Am 12. Germinal erhielt er einen Erlaß des Wohlfahrtsausschusses, der ihn nach Paris zurückberief, ›um hier notwendige Aufklärungen über die Vorgänge in Lyon zu geben‹. Und damit kein Irrtum entstehen konnte, verfügte der Erlaß, daß ›alle Verfolgungen, die gegen die ‚Société Populaire' und die unter der Herrschaft der Föderalisten verfolgten Patrioten beabsichtigt waren‹, eingestellt werden müßten. Fouché wurde – darüber konnte er sich keiner Illusion hingeben – unter der unerwarteten und schrecklichen Anschuldigung des Moderantismus und der Konterrevolution nach Paris gerufen.

Hatte er sich verrechnet? Einen Augenblick schien es so. Wahrscheinlich machte er sich in tausend Ängsten auf den Weg nach Paris, wo soeben Dantons Kopf gefallen war.

5

Thermidor

Fouché war indessen fest entschlossen, seinen Standpunkt zu verteidigen. Er erschien am Tag nach seiner Ankunft im Konvent, rechnete damit, ohne Verzug eine Abstimmung zu seinen Gunsten zu erlangen, um gedeckt zu sein gegen die Auswirkungen der Gehässigkeiten Robespierres.

Nach Dantons Tod schien Robespierre zum alles beherrschenden Mann zu werden. Seitdem er den ›Titan‹ niedergerungen hatte, zitterten die Mitglieder des Konvents vor ihm. Nicht einer war seines Lebens sicher; allein die Angst unterdrückte ihren Willen zum Widerstand. Hundert Abgeordnete fürchten um ihren Kopf. Sie sind aber durch gegenseitige Ränke und lähmendes Mißtrauen gespalten, sie haben keinen Führer von Format mehr, der sie gegen den gemeinsamen Feind sammeln könnte. Vielleicht würde ein geschickter ›Anführer‹ genügen. Als Fouché am 11. Germinal des Jahres II in den Wandelgängen der Versammlung erscheint, ist der Anführer gefunden.

Von allen Bedrohten fühlte sich niemand mehr gefährdet als der Mann aus Lyon. Persönliche Feindseligkeiten und politische Konflikte, uralte Antipathie und neue Meinungsverschiedenheiten, der völlige Gegensatz ihres Temperaments und ihrer geistigen Einstellung, kurzum, aus all diesen Gründen wurden die beiden früheren Freunde aus Arras jetzt Gegner. Robespierre war ein fürchterlicher ›früherer Freund‹; Brissot, seinen Kollegen aus der Anwaltskammer, hatte er aufs Schafott gebracht, auch seinen ›lieben‹ Mitschüler aus dem Collège Saint-Louis, Camille Desmoulins, und das gleiche tat er unbedenklich mit der armen Lucile, deren Trauzeuge er gewesen war. Fouché hatte 1789 dem jungen, damals armen Advokaten in Arras Geld geliehen; aber oft hatte er sein Verhalten verhöhnt, Dinge, die eine leicht empfindliche Seele nicht verzeiht. Zudem waren sie in ihrem Wesen so verschieden – in Fehlern und Qualitäten –, daß kein größerer Gegensatz zu denken war. Robespierre, hochmütig, aufgeblasen, stolz, hatte wahrscheinlich schon in Arras das spöttische Lächeln, die kalte und schneidende Ironie Fouchés gehaßt. Eigensinnig, dogmatisch und streng wie er war, fühlte er sich berechtigt, den bald geschmeidigen, bald erstaunlich trotzigen Charakter Fouchés zu verachten und zu fürchten. In seiner Geradlinigkeit war er fassungslos über die Kehrtwendungen dieses unglaublichen Opportunisten. Sogar in ihrer Kleidung zeigte sich der Gegensatz. Der Exoratorianer war einfach, streng und nachlässig angezogen, was gewissermaßen ein Protest gegen die Jabots aus Musselin, den himmelblauen Gehrock und die gepuderten Haare von Maximilien Robespierre war, der durch seine Aufmachung zu einer einzigartigen Erscheinung im Konvent wurde; auch Fouchés Physiognomie verursachte ihm Widerwillen, so daß er seinem Feind sogar sein körperliches Aussehen vorwarf. In seiner ›Unbestechlichkeit‹ – sie war genauso berühmt wie Vadiers ›dreißig Jahre Anständigkeit‹ – geriet er außer sich über die Gerüchte, die über Fouché in Umlauf waren. Flüsternd wurde erzählt, er sei ein Mann, der in Nevers, Moulins und Lyon die Bevölkerung bis aufs letzte gerupft habe. Nicht ohne Groll hatte er die von Gold und Silber überquellenden Kisten gesehen, die aus Nevers nach Paris kamen. Dieser Goldregen hatte genügt, um die von Fouché verfolgte Politik in seinen Augen zu diskriminieren, wenn er sie nicht schon in allen Punkten für schlecht hielt, seinen Vorstellungen, Leitsätzen und Plänen entgegengesetzt. Bei ihm gab es keine Spur von ›integraler Revolution‹: Fouchés kommunistische Erlasse kränkten ihn, erzürnten ihn – allerdings nicht so sehr wie jene Erlasse, die sich auf den Gottesdienst bezogen; auf dem religiösen Gebiet prallten sie wirklich aufeinander. Es ist eine wenig bekannte Tatsache, daß der 9. Thermidor das folgenschwere Ergebnis eines religiösen Kampfes, eines Konflikts zweier Sekten darstellt: Vernunft und höchstes Wesen.

Die Vernunft hatte ihre glorreiche Zeit unter Chaumette, mit der Konventssitzung am 8. November, mit dem Fest der Vernunft in Notre-Dame. Nachdem Chaumette festgenommen und bald darauf hingerichtet worden war, stand Fouché allein da als Apostel und anerkannter Befürworter dieser atheistischen Religion. Robespierre hat gegen ›diesen Kult des Nichts‹ stets Verachtung und Widerwillen, fast Wut bezeigt. Schon am 1. Frimaire des Jahres II hatte er Couthon aufgestachelt gegen ›die falschen Philosophen‹, die das höchste Wesen ›durch lächerliche und gekünstelte Feiern‹ schändlich beleidigen. Er selbst unterstrich die noch vorhandene ›Popularität‹ der Vorstellung von Gott und ›das Possenspiel der Anhänger des Atheismus‹. Zwei Wochen später erreichte er im Konvent, der sozusagen in ein Konzil umgewandelt war, die Verurteilung dieser ›Possenspiele des Philosophismus‹. Als ein Mann Gottes zeigte er sich offen beim Fest am 20. Prairial. An jenem Tag geißelt er – er nennt fast den Namen – den Mann der gotteslästerlichen Zeremonien in Nevers und Lyon; doch erst von Germinal an wird jener Satz aus der Anklageakte, die seinen Freund Chaumette und den Exbischof Gobel zu Fall brachte, für Fouché eine wirkliche Bedrohung. Diese beiden Männer waren angeklagt worden, ›sich zusammengetan zu haben, um jegliche Gottesvorstellung auszurotten und die französische Regierung auf den Atheismus zu gründen‹. Hatten sie in dieser Hinsicht mehr verbrochen als der Prokonsul, der Inspirator und Held der Feste von Brutus und Scaevola in den entweihten Kathedralen von Nevers und Moulins?

Als hätte alles sich verschworen, diesen Konflikt zwischen zwei Charakteren und Grundsätzen zu vertiefen, hatte dieser fünf Monate währende Kampf ein Ergebnis, das Robespierre schwer verwinden konnte: eine Folge von Demütigungen und Niederlagen. Man stelle sich vor, was fünf oder sechs Niederlagen für einen Mann bedeuten, dessen überspitzte Eigenliebe nicht eine einzige vertragen konnte. Fouché muß jetzt alles befürchten, um so mehr, als auch Robespierre vor seinem früheren Freund aus Arras stärker als vor jedem anderen Angst hat. Fouchés Annäherungsversuche hält er für Fallgruben oder für ein Eingeständnis von Feigheit; er vermag nicht zu glauben, daß Fouché ihm je die plötzliche und für ihn gefährliche Abberufung verzeihen könne. Er versteift sich, in ihm ›den Anführer der großen Verschwörung zu sehen‹, die sich vom Augenblick der Rückkehr Fouchés an ihre Schlingen legt; infolge dieses Mißverständnisses wird Fouché tatsächlich zwar nicht der Anführer, aber doch die treibende Kraft.

Wahrscheinlich wußte Fouché noch nicht, wie stark Robespierres Macht bereits war, denn er unterließ es – was sonst sein erster Schritt war –, sich der Macht des Tages zu verbünden. Er setzte noch Hoffnungen in den Konvent gegen Robespierre. Er nahm an, er stünde bei der Versammlung in Ansehen, und stieg gleich nach seiner Ankunft auf die Tribüne mit der Erklärung, er wolle seinen Rechtfertigungsbericht über die Vorgänge in Lyon vorlesen. Damit wollte er dem Wohlfahrtsausschuß, den er noch unter dem Einfluß Robespierres wähnte, einen Streich spielen, da er vom Ausschuß zurückbeordert worden war. Der Konvent aber erschrak über diese Kühnheit und überwies auf Antrag von Bourdon de l'Oise den Bericht an den Ausschuß. Diese Niederlage hat dem Exprokonsul schnell die Augen geöffnet. Die Versammlung schien von den Komitees beherrscht zu sein, und Fouché konnte nicht wissen, daß sie ganz im Gegenteil Robespierre langsam entglitten. Er meinte, diesen Mißerfolg nur wettmachen zu können durch eine Annäherung an den Mann des Tages.

In den Abendstunden begab er sich deshalb zu seinem Nachbarn in der Rue Saint-Honoré, wie ein Freund, der einem alten Freund einen Besuch abstattet. Vermutlich lag es an jenem Tag nur an Robespierre, daß Fouché nicht wieder einmal umfiel. Doch war Fouché durch die

Niederlage am Morgen in den Augen des ›Diktators‹ so gesunken, daß er seine Freundschaft nicht mehr für förderlich hielt. Zudem befand sich Robespierre schon in der Periode der Verblendung; sein Stolz erlaubte es ihm nicht einmal mehr, die gespielte Leutseligkeit zu zeigen, von der sich Hébert, Danton und Desmoulins hatten verleiten lassen. Deshalb wurde der Prokonsul von Lyon sehr schlecht empfangen: er ließ ihn lange im Vorzimmer warten und überschüttete ihn, als er dann vor ihm stand, mit den gröbsten Schmähungen wegen der in Lyon verfolgten Politik. Fouché fühlte sich gedemütigt, fassungslos, stotterte und wurde schließlich mit einer drohenden Handbewegung entlassen. Nie wieder ging er in die Maison Duplay.

Er hätte Grund gehabt, entmutigt zu sein. Der Konvent verweigerte sich ihm, Robespierre stieß ihn zurück. Sein Schicksal schien besiegelt: auf allen Listen künftiger Ächtungen wechselten die Namen, drei aber standen unabänderlich auf ihnen: Barras, Tallien und Fouché. Man würde indes Fouché falsch einschätzen, wenn man eine auch nur momentane Verzweiflung bei ihm annähme. Seine scharfe Intelligenz, die sich in Krisenzeiten noch stärker bewies als sonst, gab ihm zwei Möglichkeiten ein, zwei Wege: Unterschlupf zu suchen in dem Bereich, der Robespierre zu gehören schien, und den damals allmächtigen, großen Jakobinerklub seinem Einfluß zu entziehen, sich auf die zu stützen, die gegen ihn waren – oder, wenn dieser unglaublich kühne Plan nicht gelingen sollte, als letzte Möglichkeit, den Konvent und die Komitees durch äußerste Angst aufzuwiegeln gegen den Ächter und Verbanner von gestern und von morgen.

Bei den Jakobinern war Fouché beliebt: immer wieder hatte er sich während seines Aufenthalts in Lyon an die große Gesellschaft gewandt. Sie hatte er dringend ersucht, ›gute Patrioten‹ zu schicken, um gegen den Einfluß der ›Freunde Chaliers‹ in Lyon ein Gegengewicht zu schaffen. Zudem beabsichtigte er, mit einer schmeichelhaften Geste zu beginnen. Der Konvent hatte es abgelehnt, seinen Bericht anzuhören, er war an den Ausschuß überwiesen worden. Jetzt sollte, ehe er in den Ausschuß ging, die große Gesellschaft den Vortritt und die Ehre haben.

Er erschien dort unerschrocken am 19. Germinal, am Tag nach seiner Zusammenkunft mit Robespierre, der selbst im Klub anwesend war. Fouché zauderte nicht. Mit fester Stimme verlas er eine vorschriftsmäßige Rechtfertigung; sie begann mit einer verwegenen Erklärung: ›Meine Wesensart vermochte den stets sich ändernden Bewegungen der Meinung zu gehorchen‹; er sei weder ein extremer Schreckensmann noch ein Reaktionär gewesen: beide Anschuldigungen seien falsch. Er sprach von oben herab, und um sich von jedem ›Moderantismus‹ reinzuwaschen, versicherte er, daß ›die Republik in den Gewitterstürmen, die von der Menge der Abtrünnigen hervorgerufen werden, nur durch die Energie der revolutionären Regierung gehalten werden könne‹. Er wandte sich gegen alle ›Klüngel‹, beschimpfte Brissot, sprach verächtlich über Hébert. Er warnte die Patrioten vor denen, die die Abgesandten, die in den Départements festen Willen und starke Entschlußkraft bewiesen hatten, als fürchterliche Unterdrücker hinstellten. Er forderte schließlich, den Anschuldigungen keinen Glauben zu schenken, und beendete seine Rede mit den Worten: ›Das Verbrechen geht zu Ende, die Tugend beginnt ihre Bahn, die Republik ist unsterblich.‹

Er hatte großen Erfolg; ein von Robespierre herbeigeholter Lyoneser Patriot wollte sprechen, doch der Unbestechliche begriff, daß er selber das Wort ergreifen mußte, er tat es, befleißigte sich allerdings vorsichtiger Mäßigung. Fouchés Bericht war geschickt abgefaßt. Robespierre bezeichnete ihn lediglich als unvollständig. Er rühmte Fouché, seinen Patriotismus, aber auch den seiner Ankläger. Er forderte den Lyoneser Bürger, der sprechen wollte, auf, ›jegliche Bitterkeit beiseite zu lassen, die Tatsachen darzustellen und von alldem Kenntnis zu geben, was er für erforderlich halte‹. Doch der Lyoneser räumte das Feld, der Boden war ihm zu unsicher, in drohendem Ton sagte er: ›Ihr werdet später alle Tatsachen erfahren, die Wahrheit wird alle Wolken durchstoßen. Ich ziehe mich zurück.‹ Alles in allem war dieses erste Scharmützel ein Erfolg für Fouché. Im Ausschuß, vor dem er sich danach verteidigte, ging er von der Defensive zur Offensive über, beschuldigte Robespierre des Durcheinanders in Lyon und erschreckte, wie er selber sagt, durch diese Verwegenheit seine Kollegen: Carnot habe ihn, behauptet Fouché, umarmt, ihm dabei aber angekündigt, es würde ihn vermutlich den Kopf kosten.

Nun war der Kampf entbrannt, es verging indes ein ganzer Monat mit ›hinterlistigen Intrigen‹, wie Barras sagt. Robespierre riß die Offensive wieder an sich. In der berühmten Rede vom 18. Floréal sprach er über ›das Verhältnis der religiösen und sittlichen Idee zu den republikanischen Prinzipien‹, er begnügte sich nicht damit, die Bejahung der geistlichen Grundprinzipien dem Schwulst und den atheistischen Demonstrationen in Nevers gegenüberzustellen. Er wandte sich mit dieser heftigen Rede persönlich an Fouché: ›Sag uns, wer hat dir den Auftrag erteilt, dem Volk zu verkünden, daß die Gottheit nicht existiert?‹

Fouché war nicht zu erschüttern. Sein Einfluß bei den Jakobinern schien zu wachsen – er, der schon als Gegner Robespierres galt, wurde am 18. Prairial sogar zum Präsidenten der Gesellschaft gewählt. Der Vorgang war in den Augen vieler Leute eine Ohrfeige für Robespierre und die erste Niederlage, die er seit einem Monat einstecken mußte, seit dem Moment, da die Diktatur sich überall und vollständig etablierte. Robespierre bekam es fast mit der Angst; er wußte aus dem Bericht seines Geheimagenten Guérin, daß Fouché bei heimlichen Zusammenkünften Leconte, Courtois, Barras, Fréron, Tallien und Rovère traf und sie zum Handeln drängte; und jetzt machte ihm der Hetzer auch die Jakobiner abspenstig. Mehr noch: er forderte von seinem Sessel her Robespierre förmlich heraus. Am Abend des 20. Prairial, als Robespierre sich feiern ließ, beendete Fouché als Präsident äußerst verwegen eine Rede an die Bürger mit den Drohworten: ›Brutus erwies dem höchsten Wesen würdig seine Ehrerbietung dadurch, daß er einen Dolch in das Herz eines Tyrannen bohrte; eifert ihm nach!‹

Robespierre schluckte diese schimpfliche Drohung nicht. Es schien, als sollte am Abend des 23. Prairial die Auseinandersetzung ihren Höhepunkt erreichen. Da die Lyoneser Anklage am 19. Germinal vor der Gesellschaft nicht stattgefunden hatte, schob Robespierre Leute aus Nevers vor; einer stieg auf die Tribüne und klagte den Prokonsul an, ›ein Freund des Schurken Chaumette‹ zu sein. Fouché erhob sich aus seinem Sessel, und da er auf die zahllosen Vorwürfe nichts zu antworten wußte, trat er mit Dreistigkeit auf und lieferte einen Beweis seiner üblichen Widersprüchlichkeit. Er verleugnete Chaumette; er ging noch weiter: er versuchte, mit dessen ›unreinem Schatten‹ die Ankläger selbst zu erledigen. Nach dieser verblüffenden Kapriole stürzte er sich in vage Ausführungen und in eine obskure Phraseologie.

Darauf hatte Robespierre gewartet. Der Riß im Panzer war entdeckt, es war Chaumette. Nun stieg Maximilien Robespierre auf die Tribüne, verbreitete sich in bitteren und schneidenden Worten über die Verschwommenheit und Undeutlichkeit der Entgegnung, schmähte in heftigen Ausdrücken die Freundschaft Fouchés mit Chaumette. Fouché bot ihm Widerpart. Er vergaß jede Scham, zog jetzt seinen früheren Ratgeber in den Schmutz. Wieder trat Robespierre auf und rief: ›Gegenwärtig handelt es sich nicht darum, Dreck auf Chaumettes Grab zu werfen, da dieses Ungeheuer auf dem Schafott geendet hat. Vor seinem Tode mußte er bekämpft werden.‹ Dann wandte er sich brüsk an Fouché: ›Die Feinde der Freiheit haben noch immer dieselbe Unverfrorenheit: sie wollen nicht den Anschein erwecken, als unterschieden sie sich von den Patrioten; sie täuschen sie, und sie schmeicheln ihnen;

ihrem Munde entschlüpfen sogar Verwünschungen gegen die Tyrannen (eine deutliche Anspielung auf die am 20. von Fouché gehaltene Rede), und sie konspirieren in eigener Sache! Ihren Freunden, den Verschwörern, billigen sie die Bezeichnung Patrioten zu und bezeichnen sie als Aristokraten. Sie befassen sich mit dem Wohlfahrtsausschuß und den Volksvertretern nur, um Intrigen zu spinnen und auf diese Weise die Revolution zunichte zu machen.‹ Schließlich wandte er sich an die Patrioten, ermahnte sie, sich nicht täuschen zu lassen und auf das Wohl der Republik bedacht zu sein.

Die Rede wurde mit Beifall aufgenommen. Zu allem Mißgeschick war Fouchés Entgegnung unbeholfen; er war kein Redner, weniger noch ein Improvisator. Nach der verschwommenen und hinhaltenden Erwiderung schloß er die Sitzung. Er verließ bestürzt den Raum.

Die Sache stand schlecht: Robespierres Freunde triumphierten. Am 24. unternahm Couthon einen offensiven Vorstoß wegen des Gesetzes vom 22. Prairial, was wiederum Robespierres Intervention nach sich zog, der erklärte: ›Die Intriganten, die Schurken, sind nicht bei der Bergpartei.‹

›Wo sind sie? Nennen Sie ihre Namen!‹ wurde von allen Seiten gerufen.

›Ich werde ihre Namen nennen, wenn es soweit ist.‹

Allgemeine Erregung breitete sich aus. Barère und Billaud unterstützten ihren Kollegen nur lässig gegen Bourdon und Tallien. Dieser flehte Robespierre um Nachsicht und Vergebung an, Barras und Fréron ebenfalls. Bourdon, völlig niedergeschmettert, legte sich krank vor Angst ins Bett. In den Wandelgängen sprach Robespierre davon, Tallien, Dubois-Crancé, Bourdon, Fouché und viele andere noch festnehmen zu lassen. Der Schrecken wuchs: die Deputierten wagten nicht mehr, im Konvent zu erscheinen; sie versteckten sich, wie Garnier es ausdrückte, ›in den unzugänglichsten Höhlen der Hauptstadt‹.

Fouché war nicht der letzte, der sich nicht mehr sehen ließ. Er hatte die erste Runde verloren. Jetzt schienen ihm die Jakobiner zu entgleiten. Aber eine nächste Runde konnte gewonnen werden, nicht nur bei den Jakobinern, sondern im Wohlfahrtsausschuß und in der Versammlung. Derselbe Terror, den Robespierre verbreitete, weil er ihn für nötig hielt, konnte gegen ihn ausgewertet werden. Die uneinigen Antirobespierristen mußten miteinander ausgesöhnt, der Haß angefacht, die Angst geschürt und Haß und Angst gekoppelt werden. Dann mußte mit einem Schlag die so geschaffene Armee zum Angriff übergehen, während er, wenn nötig, bei der Nachhut blieb, da die Rolle des Avantgardisten dem Aufwiegler nicht gut bekommen war.

Fouché ging in den Untergrund. Er verließ seine Wohnung in der Rue Saint-Honoré, versteckte sich, niemand wußte wo, wechselte ständig sein Quartier, ließ sich nicht mehr bei den Jakobinern sehen und selten in der Versammlung. Abends erschien er mal bei dem einen, mal bei dem anderen mit dem ständig wiederholten Satz im Munde: ›Sie stehen auch auf der Liste!‹ Barras suchte ihn auf, auch Tallien und Billaud; man brauchte ihn. ›Morgen kommen Sie um, wenn er nicht umkommt‹, sagte er bald zu einem Anhänger der Gironde, der wie durch ein Wunder davongekommen war, bald zu einem Mitglied der Bergpartei, das bei Robespierre verhaßt war oder es zu sein glaubte. Ihm wurde Gehör geschenkt.

Die erste Hälfte des Monats Messidor verging mit diesen Machenschaften. Robespierre war dadurch mehr beunruhigt als durch den Kampf bei den Jakobinern. Er setzte seinen besten Spion auf Fouché an, den Agenten Guérin. Am 14. meldete dieser eine Zusammenkunft Fouchés mit Thuriot, Bourdon, Gaston und Bréard in den Wandelgängen des Konvents, wo er trotz allem manchmal auftauchte. Fouché glaubte, das Gelände sei schon so gut vorbereitet, daß er am 25. sogar auf die Tribüne stieg. Am Abend zuvor hatte Robespierre ihn bei den Jakobinern endgültig erledigt. Er hatte die Anklagen der Lyoneser wieder hervorgeholt und ihn mit den bekannten Anschuldigungen belastet. Er tat erstaunt über Fouchés Abwesenheit und ließ über einen Antrag abstimmen, durch den der Expräsident aufgefordert wurde, sich vor der Gesellschaft zu rechtfertigen. Es war eine Falle, in die Fouché nicht zu gehen gedachte. Er begab sich nicht zu den Jakobinern, er tat das Gegenteil von dem, was er im Germinal getan hatte, und stellte sich dem Konvent, vor dem er sich über die gegen ihn in Umlauf gesetzten Verleumdungen beklagte und vom Ausschuß den Bericht anforderte, der ihn reinwusch. Den Jakobinern schrieb er nur, ersuchte sie, das Urteil über ihn aufzuschieben, bis der Bericht veröffentlicht sei.

Robespierre hatte gemeint, er habe seinen Feind schon bezwungen und könne ihm bald den Gnadenstoß versetzen. Das Wiederauftauchen Fouchés im Konvent, seine Zusammenkünfte mit den vom Spion Guérin bezeichneten Feinden Robespierres hatten dessen Haß und Angst aufs äußerste gesteigert. Haß und Angst waren aus der erregten, maßlosen Rede herauszuhören, mit der er den Abwesenden zerschmettern wollte, dann brach alles offen aus ihm heraus. Es war wie eine Explosion von abertausend Antipathien, er ging so weit, dem Exoratorianer sein Äußeres vorzuwerfen. ›Ich beginne meine Ausführungen mit der Feststellung, daß die Person Fouché mich überhaupt nicht interessiert. Ich bin mit ihm befreundet gewesen, weil ich ihn für einen Patrioten hielt. Als ich ihn hier anklagte, geschah es weniger wegen seiner Verbrechen, als deshalb, weil er sich versteckte, um weitere zu begehen, und weil ich ihn als das Haupt der Verschwörung ansehe, die wir vereiteln müssen.‹

In einer erneuten Aufwallung von Grimm erinnerte er daran, wie Fouché es fertiggebracht hatte, nach den Anschuldigungen durch die Einwohner von Nevers Zuflucht auf einem Sessel bei den Jakobinern zu finden: ›Er wurde aufgenommen, weil er in dieser Gesellschaft Agenten hatte, die mit ihm in ‚Commune-Affranchie' gewesen waren.‹ Gallig fügte er hinzu: ›Es ist erstaunlich, daß er, der zu der Zeit, von der ich spreche, um die Zustimmung der Gesellschaft buhlte, sie jetzt aber, da er angeklagt ist, meidet, und daß er sozusagen um die Hilfe des Konvents gegen die Jakobiner bettelt. Fürchtet er die Augen und Ohren des Volkes?‹ Und dann platzte der mit Gehässigkeit prall gefüllte Sack: ›Fürchtet er, daß seine traurige Figur zu offensichtlich das Verbrechen verkörpert, daß sechstausend auf ihn gerichtete Blicke in seinen Augen sein eigentliches Wesen entdecken und daß in ihnen, obwohl sie von der Natur in tiefen Augenhöhlen versteckt wurden, seine Gedanken zu lesen sind? Fürchtet er, daß sein Reden die Verwirrung und die Widersprüche eines Schuldigen verrät?‹

Dann sagte er noch: ›Hiermit rufe ich Fouché ins Gericht; er möge antworten und sagen, wer – er oder wir – die Rechte der Volksvertreter würdiger verfochten und mutiger alle Cliquen vernichtet hat.‹ Er erhielt Beifall.

Um Fouché schien es schlecht zu stehen; ein Bürger aus Lyon (es war stets einer zur Hand) sprach noch über ›seine Verbrechen‹. Fouché bekam den Rest – in Worten. Die Jakobiner erklärten den Bürger Fouché de Nantes aus ihren Reihen ausgeschlossen.

Seine Freunde waren bestürzt. Der Spion Guérin, der sich unter sie mischte, berichtete Robespierre am 29. Messidor, sie hätten geäußert, ›man müsse tätig werden, die Lyoneser Clique vernichten, und es sei Fouchés Meinung, man müsse sich zusammentun.‹ Jetzt breitete sich Bestürzung auf allen Seiten aus.

Richtig gesehen, konnte die Sitzung am 26. für den Expräsidenten der Jakobiner keine große Überraschung sein: seit Ende Prairial wußte er, daß sein Spiel in der Gesellschaft verloren war. Er mußte seine Aktivität verdoppeln und innerhalb von zwei Wochen alles geschafft haben. Daran arbeitete er. In erster Linie versöhnte er die Anführer der beiden Anti-Robespierre-Parteien, Billaud und Tallien, miteinander und bildete mit Tallien und Barras zusammen ein regelrechtes Triumvirat, das unglaubliche, erdachte Listen in Umlauf setzte, womit alle, die sich von Robespierre bedroht fühlten, in Schrecken versetzt und gegen ihn aufgebracht werden sollten. Schließlich traf er sich mit Billaud, Collot und Carnot, durch sie verschaffte er sich Rückhalt im Ausschuß. Tallien zufolge berichtete er täglich den Häuptern der ›Verschwörung‹, was in den Tuilerien vor sich ging.

Seine Kaltblütigkeit war bewunderungswürdig, ebenso sein Selbstvertrauen. Es ist die Frage, ob sein Verhalten nur gespielt war; am 27. Messidor, einen Tag nach dem Ausschluß aus der Gesellschaft der Jakobiner, schrieb er an seine Schwester, die Bürgerin Broband, nach Nantes: ›Von Maximilien Robespierres Verleumdungen habe ich nichts zu befürchten ... Die Gesellschaft der Jakobiner hat mich aufgefordert, mich in einer Sitzung zu rechtfertigen: Ich bin nicht hingegangen, weil Robespierre dort als Gebieter schaltet und waltet. Diese Gesellschaft ist sein Gerichtshof geworden. In Kürze werdet Ihr erfahren, wie diese Sache ausgegangen ist, die, wie ich hoffe, sich zum Nutzen der Republik wenden wird.‹

Der Abgeordnete Bô, in Mission in Nantes, fing den Brief ab und schickte ihn am 3. Thermidor an Robespierre. Dessen Antwort ließ nicht auf sich warten. Wie Barère berichtet, verlangte Saint-Just am 5. als Unterpfand einer Versöhnung zwischen den Mitgliedern des Ausschusses ein Gutachten gegen Fouché, das ihn in die Conciergerie und aufs Schafott hätte bringen können. Barras lehnte ab, indem er erklärte, der Abgeordnete von Nantes setze unerschütterliches Vertrauen in den Ausschuß. Am 30. Messidor schrieb er noch an Freunde in Nantes: ›Beunruhigt Euch nicht über die schrecklichen Verleumdungen, die gegen mich erhoben werden. Gegen ihre Urheber kann ich nichts sagen, sie haben mir den Mund verschlossen. Doch die Regierung wird bald ein Urteil über sie und mich verkünden. Baut auf Moral und Gerechtigkeit.‹

Die fast heitere Gelassenheit in diesem Augenblick ist wirklich erstaunlich. Eine neue Welle von Verzagtheit erfaßte Robespierres Feinde: Bourdon, Lecointre, die am meisten kompromittiert waren, verloren den Kopf, sie unternahmen nichts. Der Wohlfahrtsausschuß bot weniger Sicherheit, als man meinte, Collot beschimpfte Robespierre, dann umarmte er ihn wieder und war erbötig, Fouché zu desavouieren. Carnot war Robespierre zwar feindlich gesinnt, aber von Skrupeln geplagt und nicht fähig, dauernd Intrigen zu spinnen. Barère, wendig und unterwürfig, schlug sich stets auf die Seite dessen, der im Augenblick oben war. Seit dem 26. Messidor war Fouché ein Geächteter, von allen der am meisten Betroffene, der einzige, dessen Name von Robespierre öffentlich genannt worden war. Von allen Seiten, von allen Freunden wurde Robespierre gedrängt, sich unbedingt des Mannes zu entledigen, dessen ›verbrecherische Machenschaften vereitelt und bestraft‹ werden müßten, wie Bô an den Ausschuß schrieb.

Unter der Wucht solcher Gehässigkeiten irrte der unglückliche Fouché von Haus zu Haus, er durfte sich nicht mehr zeigen. Zu allem Elend kam noch, daß seine kleine Tochter, die er zärtlich liebte, sterbenskrank war. Am 3. Thermidor schrieb er: ›Unsere arme Kleine ist noch immer von besorgniserregender Mattheit. Wir haben jedoch die Hoffnung, sie durch unsere Pflege retten zu können.‹ Sie wurde ihnen genommen. Ein Mann, der Stunden erlebt hat, da alles sich gegen ihn zu verschwören schien, um ihn zu Boden zu zwingen, der gesiegt hat, weil er nicht eine Minute verzweifelte, ein solcher Mann wird allem und jedem Trotz bieten können. Am 3. schrieb er weiter: ›Über meine Angelegenheit, die die Angelegenheit aller Patrioten ist, habe ich nichts zu sagen; man hat erkannt, daß man meine Moral nicht hat beugen können.‹ Und am 5. Thermidor: ›Bruder und Freund, sei unbesorgt, der Patriotismus wird über die Tyrannei siegen und über alle niedrigen und niederträchtigen Leidenschaften, die sich verbünden, um ihn in Fesseln zu legen. Wenige Tage noch, und die Schurken, die Schufte werden erkannt sein, und die Redlichkeit der unbescholtenen Männer wird triumphieren. Heute schon werden wir vielleicht den Verrätern die Maske vom Gesicht reißen.‹

In Wahrheit wußte er, daß er dem Tode näher war als Hébert und Danton am Tage vor ihrer Hinrichtung.

Er blieb indessen zuversichtlich, so zuversichtlich, daß er später behauptet, er habe am 7. Thermidor den Gedanken an eine Aussöhnung mit Robespierre gar nicht aufkommen lassen. Im Konvent ließ er sich nicht mehr sehen. Er schickte die Leute in den Kampf, blieb selber in der Kulisse. An den beiden historischen Sitzungen am 8. und 9. Thermidor nahm er nicht teil. Gleichwohl entzündete sich die Schlacht des 8. an seinem Namen. An jenem Tag forderte Panis Robespierre auf, sich über die Ausstoßungen, die er den Jakobinern suggeriert hatte, und über den Fall Fouché zu äußern. Die Aufforderung wurde mit Beifall angenommen. Robespierre konnte Fouché ins Verderben stürzen, indem er ihn belastete, ihn seinen Freunden entfremdete, was diese im Grunde vielleicht ersehnten. Collot schämte sich bereits, ihn zu kennen. Kann es sein, daß der Diktator eine Annäherung ins Auge gefaßt hatte? Er antwortete ausweichend: er wolle nichts widerrufen, er habe niemanden verleumdet und so weiter. ›Und Fouché?‹ rief Panis noch einmal. Der Redner entgegnete: ›Man fragt mich nach Fouché. Ich möchte mich gegenwärtig nicht mit ihm beschäftigen; ich halte mich von alldem fern. Ich höre nur auf die Stimme der Pflicht ...‹

Noch in den frühen Morgenstunden des 9. Thermidor wurde über den Exprokonsul gestritten. Um fünf Uhr beschlossen die Mitglieder des Ausschusses, um sicherzugehen, ihn vorzuladen.

Am Tag zuvor hatte Fouché Barras und Tallien gesprochen und kaltblütig erklärt: ›Morgen muß zugeschlagen werden!‹ Er fühlte sich so sicher, daß er nicht zögerte, der Vorladung Folge zu leisten; er erschien im Pavillon de Flore der Tuilerien, wo der Ausschuß tagte, zwischen 9 und 11 Uhr, und äußerte sich ruhig, aber nicht ohne Bitterkeit zu den Vorwürfen, die Collot ihm machte; er sei kein Freund des Tyrannen. Zu dieser Stunde durfte er es auch nicht sein, denn als er das Gebäude der Tuilerien verließ, konnte er die ersten Tumulte vernehmen, die sich aus dem Sitzungssaal des Konvents gegen Robespierre erhoben. Die Sitzung des 9. Thermidor hatte begonnen.

Es soll hier nicht die aufregende Sitzung geschildert werden: die phrasenhaft dunkle Rede Saint-Justs, der plötzlich zum Angriff überging; das Hereinströmen sämtlicher Mitglieder des Ausschusses, den Fouché gerade verlassen hatte; die geschickte und heftige Rede Billauds; die leidenschaftliche Ansprache Talliens und, trotz des Ablenkungsversuchs des stets schwankenden Barère und des läppischen Vadier, der die Versammlung zum Lachen bringt, das großartige nochmalige Auftreten Talliens; die Schreie, die Zwischenrufe der hitzigen, gespaltenen Bergpartei; die zunächst bitteren, dann heftigen Proteste Robespierres gegenüber der kühlen Haltung der Bänke im ›Marais‹. Das alles begleitet von der Glocke des Präsidenten Collot d'Herbois, dann seines Nachfolgers Thuriot, und endlich die Festnahme von Maximilien und Augustin Robespierre, von Couthon, von Saint-Just und von Lebas. Das war der Erfolg der geduldigen Arbeit des Mannes, der sich fernhielt von den Tuilerien. Der geschickt unterminierte Boden stürzte ein, riß den Feind mit, und es war ersichtlich, daß der Boden überall wirklich geschickt vorbereitet worden war, denn am Abend dieses Tages waren die Jakobiner gespalten, verwirrt und gelähmt durch ihre Mißhelligkeiten: Das war die Frucht der Wahl Fouchés im Monat Prairial.

Fouché erfuhr von der Festnahme seines Gegners am Abend, und gleich danach, Schlag auf Schlag, von der Befreiung der Gefangenen durch die Kommune, vom Aufstandsversuch der Kommune in den Stadtvierteln, von der ihn selber betreffenden Erklärung der Rechtlosigkeit durch Bürgermeister Fleuriot-Lescot; er stand auf derselben Liste wie Collot, Bourdon, Fréron, Tallien, Dubois-Crancé, Vadier und andere, ›um den

Konvent von der Unterdrückung, die sie auf ihn ausübten, zu befreien‹. Der Aufruf des Bürgermeisters, mit dem die Rechtlosigkeit veröffentlicht und die Verhaftung Fouchés und seiner Freunde verfügt wurde, beschuldigte sie, ›mehr gewagt zu haben als Ludwig XVI., da sie die besten Bürger hatten festnehmen lassen‹.

So wurde die Ächtung Robespierres in den Tuilerien vom Rathaus mit der Ächtung Fouchés beantwortet. Hätte Robespierre, der nach zweitägigem Kampf ermattet und durch seinen Sturz völlig mutlos war, mehr Energie gezeigt, wäre Henriot nicht betrunken und der Gendarm weniger forsch gewesen, dann wäre nicht Robespierre am Tag darauf, dem 10. Thermidor, aufs Schafott gestiegen: es wäre mit Collot, Tallien, Billaud, Barras der Mann gewesen, der sie alle vereint, beraten, geleitet und zum Handeln gezwungen hatte: der Bürger Fouché de Nantes.

Er hatte gesiegt, und dieser Sieg war später stets eine seiner stolzesten Erinnerungen. Als ihm im Jahre 1815 die möglichen Folgen eines Zorns von Napoleon vor Augen geführt werden, antwortet er nur: ›Damals hatte Robespierre gesagt: In weniger als zwei Wochen wird entweder Fouchés Kopf oder meiner auf dem Schafott fallen. Es war der seine, der fiel!‹

6

Die Zeit nach dem Thermidor

Es ist nicht nötig, hier noch einmal darzulegen, wie durch ein enormes Mißverständnis aus dem Sturz Robespierres das Ende der Schreckensherrschaft wurde und bald darauf das Signal zur sogenannten nachthermidorischen Reaktion. Die Sieger spalteten sich: während Collot, Billaud und Vadier, die ›das nicht gewollt‹ hatten, versuchten, die gegenrevolutionäre Bewegung aufzuhalten, stellten sich Tallien, Barras und Fréron, die sich früher genauso mit Blut befleckt hatten wie die anderen, kühn an die Spitze der Reaktion. Es ist erstaunlich, daß Fouché, anstatt sich ihnen anzuschließen, starr in seiner Haltung als Angehöriger der Bergpartei verharrt und sie sogar betont. Man darf ihn nicht zu den ›letzten Römern‹ zählen, aber vor der Reaktion fürchtete er sich, selbst wenn sie in den Händen von Tallien und Barras blieb. Diese beiden konnten in der Tat plötzlich fortgeschwemmt werden, und dann würde die frühere Rechte, die konterrevolutionäre Ideen vertrat, wieder an die Oberfläche kommen; und dann würden Boissy d'Anglas und Durand de Maillane den früheren Prokonsul ihre mit unerbittlicher Verachtung gemischte Antipathie spüren lassen.

Er stellt sich im Gegenteil auf die Seite derer, die der Reaktion am heftigsten Widerstand leisten. In jenen Tagen hatte Gracchus Babeuf, ein Publizist, der vom Jakobinertum zu einer Art Kommunismus übergegangen war, seinen ›Tribun du peuple‹ gegründet, in dem er egalitäre Lehren vom ›gemeinschaftlichen Glück‹ verkündete, dessen Sieg die Vollendung der Revolution bedeuten würde, bis jetzt war sie zu bürgerlich geblieben. Babeuf war guten Willens, doch war er auch ein überspannter Träumer; Fouché trat in Verbindung zu ihm, um durch ihn seine Angriffe gegen die Reaktion zu führen. Vor allem setzte er den bissigen Babeuf auf Tallien an. Ein Flugblatt hat Fouché, wie er selbst zugibt, eigenhändig korrigiert.

Tallien erkannte gleich, daß hinter dem ungestümen Tribun Fouché stand. Er wollte das Geschwür aufstechen und beschuldigte am 10. Pluviose im Konvent denjenigen, der Babeuf beeinflußte und mit ihm ›den Bürgerkrieg anzetteln wollte‹. Er wendet sich Fouché zu, der noch immer auf der Bank der Bergpartei sitzt: ›Dieser Mann [Babeuf] ist nur eine vorgeschobene Puppe, und hier ist eine Person zugegen, die mit ihm gesprochen, die eigenhändig den Abzug eines Werkes von Babeuf korrigiert hat. Diese Person ist hier, sie hört mich, das genügt.‹

›Nennen Sie ihn!‹ wird gerufen.

›Es ist Fouché!‹

Er will Fouché, indem er die Ereignisse in Lyon heraufbeschwört, vernichten. Dieser gibt seine Beziehungen zum ›Tribun du peuple‹ offen zu, bietet dem Angreifer kühn die Stirn und kann das Gespenst der Vergangenheit gegen Tallien – den Exprokonsul der Schreckensherrschaft in Bordeaux – richten, er spricht von den Ausschweifungen, die an den Ufern der Gironde Ärgernis erregt hatten, ›von den Männern, die sich früher strafbarer Genüsse schuldig gemacht haben und heute uns anschuldigen, uns spalten wollen, um Straflosigkeit zu erringen‹. Der Berg zollte Beifall, ebenso die Zuschauertribünen, während die Freunde Talliens eingeschüchtert waren; der Zwischenfall wurde als erledigt erklärt. Gleichwohl blieb die Situation Fouchés in der Versammlung äußerst schwierig; die Versammlung hatte nämlich gegen Fouchés ausdrücklichen Rat die dreiundsiebzig Mitglieder der Rechten, die nach der Ächtung der Gironde ausgeschlossen worden waren, in ihrer Mitte wieder aufgenommen.

Er kreuzte jetzt durch eine klippenreiche Enge. Wich er der Charybdis aus, konnte er an der Scylla zerschellen. Da seine Feinde ihm gegenwärtig nichts anhaben konnten, hielten sie ihm unentwegt die Phantome der Vergangenheit vor. Die Anschuldigungen wurden erneuert, gesammelt, angehäuft. Fouché wartete nicht, bis diese Lawine ihn überrollte, er wollte den Anklagen zuvorkommen, sie durch ein vorheriges Plädoyer pro domo entkräften. Am 23. Germinal (12. April) richtete er an den ›Moniteur‹ einen Brief als Erwiderung auf die recht vagen von den Lyonesern gegen ihn vorgebrachten Bezichtigungen. Er verleugnete den ›Tribun du peuple‹, wies aber vor allem ›die widerlichen Lügen‹ zurück, die über seine Missionen verbreitet wurden. Der Zeitabschnitt, um den es ging, war stürmisch gewesen: er hatte strenge Maßnahmen, die die Umstände und die Dekrete dringend erforderten, angeordnet. Die Aussagen über die Vorgänge in Lyon konnte er verhältnismäßig leicht entkräften, indem er Robespierres Vorwürfe, ›die Patrioten unterdrückt und mit der Aristokratie einen Vergleich geschlossen zu haben‹, als Waffe benutzte. Er sagte: ›Das alles habe ich getan, um solche Verleumdungen als Belohnung zu erhalten; meine Protokolle sind veröffentlicht, sie sind von meinen Kollegen Laporte und Méaulle unterzeichnet, sie sind gedruckt und im Nationalkonvent verteilt worden: sie sind in die Herzen der Bürger von Lyon eingegraben.‹ Er habe nur die Feinde der Freiheit, welcher Partei sie auch angehörten, treffen wollen: ›Ein blutdürstiger Tyrann wollte aus Lyon einen riesigen Sarg machen, die blutigen Trümmer unter seine niederträchtigen Trabanten verteilen; in seinen allmächtigen Händen habe ich das Instrument des Todes zerbrochen, ich habe die Schande des Schafotts auf mich genommen aus Liebe zur Menschheit und zur Gerechtigkeit.‹

Hatte dieses Plädoyer Erfolg, oder waren es die Schritte, die Fouché zu jenem Zeitpunkt unternahm? Es steht fest, daß Lyon merkwürdigerweise das am wenigsten geeignete Terrain war, um ihm beizukommen, da die ausgleichenden Aktionen, die er im Monat Nivôse im Jahr II der Lyoneser Schreckensherrschaft gegenüber vorgenommen hatte, für die Erschießungen als Deckung dienten; die Salven wurden einzig und allein Collot zugeschrieben. Dieser wurde verhaftet, geächtet, ins Bagno geschickt. Er allein trug die Last dieser fürchterlichen Hinrichtungen. Während Billaud und Collot auf dem Wege nach Cayenne waren, blieb Fouché auf seiner Bank im Konvent sitzen.

Nicht für lange. Der blutige Aufruhr vom 1. Prairial (20. Mai), die letzte Zuckung der Bergpartei, entfesselte erneut Haß und Anklagen gegen Fouché. Listig wie immer, hatte er sich an dem Tage nicht bloßgestellt; er ließ die erbitterten und unglücklichen Überlebenden des Berges, der völlig dezimiert war, wie die Helden Plutarchs zugrunde gehen. Fouché las Plutarch nicht, er studierte Machiavelli! Die revolutionäre Gruppe schmolz dahin, wehrlos war sie dem Haß der Reaktion ausgeliefert. Der Angriff gegen Fouché wurde fortgesetzt. Da die Lyoneser erfolglos gewesen waren, wurden Leute aus Nevers, Moulins, Clamecy und Gannat herbeigeholt, die ihn mit ihren Anwürfen belasteten.

Fouché, noch immer ungebrochen, bereitete seine Verteidigung vor und übergab sie dem Wohlfahrtsausschuß. Sie war in einem verschwommenen, phrasenhaften Stil abgefaßt, teils stolz und hochmütig, teils klagend und Mitleid heischend: ›Möge derjenige, der sich in all den Gewitterstürmen besser auf den Wegen der Weisheit, der Vernunft und der Wahrheit gehalten, der mehr Mut und mehr Hingabe gezeigt, der ein redlicheres, strengeres und arbeitssameres Leben geführt hat, sich erheben und mich anklagen!‹ Er wollte ›seine ganze Seele‹ vor den Augen des Konvents ausbreiten und behauptete, daß diese Seele rein sei, mehr noch: ruhmreich sei: ›Es gibt nicht eine Tat während meiner Missionen, die nicht den Stempel des guten Glaubens und des reinen Gewissens trägt, die nicht bedacht war auf die soziale Vervollkommnung des Glücks.‹ Da er von beiden Parteien nacheinander als Gemäßigter und Extremer behandelt worden war, müsse sein Weg der richtige gewesen sein, ließ er durchblicken. Er erinnerte daran, welcher Art seine letzten Handlungen in Lyon gewesen waren, die ihm durch den Tyrannen Robespierre die Anschuldigung eingetragen hätten, der Reaktion anzugehören. Geschickt benutzte er die Nennung dieses Namens und berief sich darauf, daß er großen Anteil an der Thermidorrevolution gehabt habe, als er, fast allein, gewagt hatte, dem Tyrannen zu trotzen, ihm sogar im Klub Widerstand zu leisten, ihn zu stürzen. Daher sei er, sagte er von sich selbst, angesichts so vieler ›Verleumdungen‹ völlig erschöpft: ›Ach, es wäre besser, sich an den Busen der Natur zu flüchten, da es unser Schicksal ist, nacheinander das Spielzeug und das Opfer aller Parteiungen zu werden, die uns verschlingen, und nur für das Nichts, die Tyrannei und das Verbrechen zu arbeiten.‹

Diese Aufwallung starken Abscheus war nicht völlig geheuchelt. Hinter den großartigen Worten verbarg sich wirklicher Schrecken. Vor der Flut der Anschuldigungen begann Fouché zu verzweifeln; er war traurig, niedergeschlagen: seine kleine Tochter war gestorben, nichts vermochte ihn, der stets ein zärtlich väterliches Herz gehabt hat, härter zu treffen. Er suchte Zuflucht in brüderlicher Zuneigung, bat seine Schwester, ihm beizustehen und ›gemeinsam mit ihm zu weinen‹. Er fühlte sich bedroht, vielleicht stand er an der Schwelle, über die Chaumette aufs Schafott, Collot und Billaud ins Bagno gegangen waren.

Zwei Jahre später schrieb er an Barras: ›Ich war geächtet, und die Natur, die sich als ebenso barbarisch erwies wie die Tyrannen, raffte meine Kinder dahin.‹ Er blickte düster in die Zukunft. ›Wir werden noch viele Stürme zu überstehen, viele Parteien zu bekämpfen haben, um der Republik festen Boden zu verschaffen.‹

Er war weiterhin sehr gefährdet, die öffentliche Meinung war gegen ihn, die Royalisten verglichen ihn mit Carrier und Lebon. 1795 rechnete ihn der nach London emigrierte Publizist Peltier zu den ›Erzrevolutionären, Menschenfressern, Menschenblutsäufern‹. Von jetzt an wußte er, was ihn im Falle einer Restauration erwartete. Die Rechte im Konvent beschimpfte ihn. Daunou und seine Freunde, die ›dreiundsiebzig Zurückgekommenen‹, vergaßen ihm nicht, daß er ihre Wiederzulassung im Konvent hatte verhindern wollen. Boissy d'Anglas machte ihm sogar den Ruhm streitig, beim Sturz Robespierres eine Rolle gespielt zu haben; Tallien, der vor der Reaktion Angst bekam, näherte sich ihm, Barras hingegen, der ihn als unbequem empfand, rückte von ihm ab. Der Bericht des Ausschusses für Gesetzgebung, gestützt auf ein halbes Dutzend Anzeigen, war für ihn gefährlich. Die Bürger von Nevers, Moulins, Clamecy, Lyon, Dijon und Nantes wurden aufgerufen, gegen ihn auszusagen; der Haß gegen ihn war so groß, daß Anzeigen gegen den Mann, der die Salven von Lyon und die Abwürgung einer Stadt zu verantworten hatte, bezahlt wurden.

Mit bohrender Angst wartete Fouché auf die Sitzung am 22. Thermidor des Jahres III, auf der sein Fall behandelt werden sollte. Die Sitzung dauerte endlos lange. Die erschöpfte Versammlung vertagte sich um sieben Uhr. In einer Nachtsitzung sollte also über das Schicksal des Angeklagten entschieden werden.

Der Berichterstatter des Ausschusses stieg auf die Tribüne und las die gegen den Bürger Fouché de Nantes gerichteten Anklagen vor. Er zitierte Beweisstücke und wirklich kompromittierende Auszüge aus seinem Briefwechsel mit dem Ausschuß. Es war, weiß Gott, nicht schwer, stark belastende zu finden. Von den Erschießungen selbst, die seinerzeit vom Konvent gebilligt und mit Beifall bedacht worden waren, wagte der Berichterstatter jedoch nicht zu sprechen; hingegen wurde die Geschichte von einer auf den Rat Fouchés hin nicht bezahlten Entschädigung eines Pächters vorgebracht, die Angelegenheit der Steuern und die Tatsache einer einzigen Verhaftung. Es muß daran erinnert werden, daß die Versammlung, die über solche fast nichtigen Vergehen urteilen sollte, in ihrer Mitte einen Barras, einen Tallien beherbergte, Tyrannen, die zugleich Wüstlinge waren; einen Rovère, der lauter schrie als die anderen, weil er geschwindelt, gestohlen und guillotiniert hatte; und unter den Ehrenwerten einen Carnot, Lindet und Prieur; ferner zehn andere frühere Mitglieder dieser Ausschüsse, die den Prokonsul zu den schlimmsten Übergriffen getrieben und mit ihren Unterschriften alles gedeckt hatten; ihnen zur Seite die am meisten Kompromittierten, zweihundert an der Zahl, die auf ihren Gewissen sämtliche Regelwidrigkeiten, jeglichen Amtsmißbrauch, alle Schindereien hatten, von Nord bis Süd, in einem terrorisierten Land.

Es ist begreiflich, daß diese seltsame und harmlose Anklagerede kühl und verlegen aufgenommen wurde. Der Berichterstatter antwortete selbst darauf, indem er loyal die Erwiderungen vorlas, die Fouché diesen bereits bekannten Vorwürfen entgegenhielt. Auf manchen Bänken haben gewiß einige gezittert, als Fouché durch den Mund des Berichterstatters zum Beispiel den Vorwurf höhnisch zurückwies, er habe die Bürger gezwungen, ihr Gold gegen Assignaten einzutauschen, ›als im ganzen Land die Bürger eingekerkert und auf vollen Karren zum Schafott gefahren wurden‹.

Diese Worte waren dazu angetan, Tallien einzuschüchtern. Für Grégroire bestimmt war sicherlich der Satz, ›er habe sich gut verstanden mit den Priestern, die auf die Verfassung geschworen hatten, er habe sie keineswegs verfolgt‹. Für alle bestimmt war die Zurückweisung der Tatsachen, einer nach der anderen; er widerlegte alle Anklagen und sagte: ›Ich habe die Schreckensherrschaft nicht unterstützt, sondern bin ihr Gegner gewesen.‹ Er habe in Lyon einen Freund Chaliers verhaften lassen, der vielleicht ein Patriot gewesen sei, bestimmt aber ein Dieb und ein Freund Robespierres, und so weiter, und so fort.

Der Berichterstatter hatte aufgehört zu sprechen; über der Versammlung lag düstere Stimmung.

Tallien und Legendre eröffneten die Aussprache, sie traten für Fouché ein. Tallien selber hatte jetzt Angst vor der Reaktion, er überging die Zusammenarbeit Fouchés mit Babeuf, strich nur heraus, was sich im Thermidor ereignet hatte, aber die Vorwürfe, die die Provinz gegen den damaligen Kommissar erhob, waren ihm peinlich: Wohin konnte das führen? Würden nicht eines Tages Bürger aus Bordeaux erscheinen und die dortigen Hinrichtungen in Erinnerung bringen, die Unterschlagungen, die Laster des Geliebten der Dame Cabarrus? Legendre hatte nicht so persönliche Beweggründe, wollte aber den Mann, der sie im Thermidor gerettet hatte, indem er ihnen Kraft und Mut gegen den Tyrannen einflößte, nicht verurteilen lassen. ›Ich habe Fouchés Eintritt in den

Klub der Jakobiner miterlebt; er war von all den Männern umgeben, die vor dem 9. Thermidor diesen großen Tag mit vorbereitet hatten ... Ich erkläre, daß ich Fouché als ein Element des 9. Thermidor betrachte ... Ich beantrage über seine Festnahme zur Tagesordnung überzugehen.‹ Tallien leistete ihm Beistand; drei Monate zuvor hatte er Fouché zwar angegriffen, hielt es aber für seine Pflicht, die ihm bekannten Tatsachen zu bestätigen: ›Fouché wurde von Robespierre geächtet, weil er in Lyon die von Collot getroffenen Maßnahmen vereitelt hat.‹ Und er fügte hinzu: ›Fouché hat Robespierre mutig die Maske vom Gesicht gerissen und erklärt, er würde, und sollte es seinen Kopf kosten, vor dem Volk diesen Diktator bloßstellen.‹ Auch er verlangte, zur Tagesordnung überzugehen.

Die Gegner waren ziemlich aus der Fassung gebracht und ließen dieses Argument fallen, sie bestanden aber darauf, daß die Briefe und Erlasse Fouchés aus Lyon verlesen würden. Es ist bekannt, daß der Prokonsul sich eines hochtrabenden, manchmal scharfen Stils bedient hatte. Der Abgeordnete Lesage nahm das zum Anlaß, nach der Lesung zu erklären, es spiele keine Rolle, ob die Anzeige Erstattenden bezahlt worden seien oder nicht, es sei alles genügend geklärt. Auch Fouchés Rolle im Thermidor habe wenig zu bedeuten, er habe einfach nur seinen Kopf retten wollen. Das stimmte, aber es traf für alle zu. Lesage fuhr fort: ›Ihr habt Fouchés Erlasse zur Kenntnis genommen. Ihr dürft gegen keinen der Räuber von der alten Bergpartei Gnade walten lassen. Ihr müßt verhindern, daß sie in die Gesetzgebende Körperschaft aufgenommen werden, die eure Nachfolge antreten wird. Deshalb verlange ich Fouchés Verhaftung.‹

Die Erlasse waren in der Tat mißlich: die Rechte, die Mitte, die alte Bergpartei sogar schätzten die einzelnen Artikel mit dem kommunistischen Anstrich und den amtlichen Atheismus keineswegs. Die Rechte war entrüstet. Boissy d'Anglas, der durch die Ereignisse im Prairial einer der ›Führer‹ der Rechten geworden war, allerdings am 9. Thermidor bis zur letzten Stunde mit seinen Freunden zwischen Robespierre und Tallien geschwankt hatte, gab kraft seiner Stellung folgende erstaunliche Erklärung ab: ›Fouché hat überhaupt keinen Anteil am 9. Thermidor: dieser Tag war zu schön, als daß er durch seine Hilfe hätte entehrt werden können.‹

Fouchés Niederlage kündigte sich an. Bion machte sie komplett: Unter allgemeiner, starker Erregung griff er die Anklagepunkte des Départements Nièvre wieder auf, erging sich in Mitleid für die Unterdrückten und forderte nicht mehr nur die Anklageerhebung, auch nicht den Ausschluß, sondern die sofortige Verhaftung.

Es wurde abgestimmt. Zu fortgeschrittener nächtlicher Stunde, bei ständig wachsender Erregung, verkündete der Präsident, daß sich eine große Mehrheit für die Verhaftung des Bürgers Fouché de Nantes ausgesprochen habe. Unverzüglich wurden die Siegel auf seine Papiere gesetzt; er mußte damit rechnen, in die Conciergerie gebracht zu werden, um dort auf den Gang zur Guillotine zu warten. Alles schien verloren. Doch nichts war jemals verloren, wenn es sich um Fouché handelte.

Er wurde nicht festgenommen. Hatte er es Barras oder Tallien zu verdanken? Oder vielleicht Méaulle, seinem Freund, Kollegen und Beschützer, der damals Mitglied des Sicherheitsausschusses war? Am 25. richtete Fouché an den Konvent einen Brief, in dem er nicht als Angeklagter, sondern als Ankläger auftrat. Er beklagte sich bitter, daß ein Erlaß gegen ihn ergangen sei, ›den er eigentlich nur von Tyrannen erwartet hätte‹. Er allein habe Robespierre die Stirn geboten: ›Ganz Frankreich hat folgendes nicht vergessen: Während Ihr Eure Sklavenköpfe senktet vor den erfolgreichen Verbrechen Robespierres und seiner wilden und mörderischen Tyrannei die würdeloseste Ehrerbietung zolltet (das war ein Hieb gegen Boissy d'Anglas), habe ich in Lyon sein Würgewerk bekämpft, habe meinen Kopf dem Schafott dargeboten, um die Köpfe vieler Tausender von Opfern zu retten; ich habe ihn in den Ausschüssen und in der Gesellschaft der Jakobiner Aug in Auge angegriffen.‹ Und mit einer wirklich bemerkenswerten Äußerung schloß er: ›Meine Feinde sind die Euren: sie schmieden für Euch keine bessere Zukunft.‹ Dieser erschreckende Gedanke, gepaart mit dem hochmütigen Ton und diesem kühnen Ausfall, machte Eindruck auf die Versammlung, vor allem, da Fouché sich damit nicht begnügte, weitere Briefe schrieb und von der Verteidigung zur Rechtfertigung überging.

Sie hatten alle Angst. Dieser unheimliche Angeklagte blieb in Freiheit. Um seinen Rückzug zu decken, ersuchte er am 20. Fructidor sehr würdig um einen Aufschub und ließ sich während der nächsten Wochen nicht sehen. Er erwartete alles von einer Konterreaktion, die sich ereignen konnte. Er behielt recht, seine Hoffnung bewahrheitete sich am 13. Vendémiaire. Als der junge General Napoleon Buonaparte sein bescheidenes Mansardenzimmer verließ, in dem er während der Zeit der Ungnade saß, um dem Bruch zwischen der Reaktion und dem Konvent ein Ende zu bereiten, indem er die Royalisten niederkartätschte, kroch der Bürger Fouché aus seinem ›Loch‹ in der Rue Saint-Honoré, ging zu Barras, der sich damals als Diktator fühlte, und arbeitete mit ihm als Sieger des Tages an dem Bericht mit, den Barras frohlockend der Versammlung vorlegen wollte. Barras leugnet zwar seine Mitarbeit, bestätigt jedoch die ›heimliche‹ Mitwirkung seines Komplicen im Thermidor bei der Repression im Vendémiaire. Dieser Tag gab dem Angeklagten des Monats Messidor – die Worte stehen in den ›Mémoiren‹ Fouchés – ›die Freiheit und die Ehre‹ wieder. Napoleons Kanonen retteten den späteren Herzog von Otranto.

Sie gaben auch das Signal für die Auflösung des Nationalkonvents. Die Zeit der Versammlung war vorüber. Am 4. Brumaire sprach der Präsident die banale Schlußformel, verlieh den Geschehnissen seit dem 22. September 1792 jedoch mit seinen Worten eine grandiose Feierlichkeit.

In dieser Sitzung beschloß der Konvent noch einen Gnadenakt. Er berief die angeklagten Abgeordneten in seine Reihen zurück und sprach eine Amnestie aus. Fouché war unter ihnen. Er hatte diese Amnestie nicht nötig und kümmerte sich wahrscheinlich wenig darum: er war nicht mehr Abgeordneter von Nantes. Man kann sich vorstellen, wie genau seine Wähler von 1792 die Bahn verfolgten, die ihn innerhalb von drei Jahren von Condorcet zu Chaumette geführt hatte, von Chaumette zu Danton, von Danton zu Barras, von Barras zu Babeuf; die Kehrtwendung, die aus dem Vertreter der bürgerlichen und katholischen Stadt einen Apostel und Agenten der ›integralen‹ sozialen und religiösen Revolution gemacht hatte.

Nach der langen und schlimmen Agonie, in der er sich seit dem Thermidor befand, verschwand jetzt Fouché von der politischen Bühne, er fiel in den tiefen Brunnen des Vergessens, er war ein Politiker ohne Mandat, ein Prinzipal ohne Kolleg, ein Professor ohne Lehrstuhl, ein Bourgeois ohne Vermögen und zweifellos dazu verurteilt, den schlechten Leumund von Carrier und Lebon zu teilen, zumindest aber das Schicksal von Dumont und Legendre, die völlig im Dunkel verschwunden waren.

7

Die Jahre der Misere

›An die Stelle des Bürgers Trouvé, bevollmächtigter Gesandter in Mailand, tritt der Bürger Fouché de Nantes‹, war im ›Moniteur‹ vom 15. Vendémiaire des Jahres VII (6. Oktober 1798) zu lesen. Das Erstaunen in Paris war groß, auch in Mailand, genauso groß das Entsetzen, als dieser Name, der als unheilvoll galt, plötzlich wieder auftauchte. Was war aus diesem Gespenst seit dem Tag, da es im Dunkel verschwunden war, geworden? Er hatte kärglich gelebt, von Zuwendungen, von geschickt ausgebeutetem Mitleid, hatte bescheiden politisiert, viel spekuliert und erschien eines Tages durch einen jener Glückszufälle, an denen sein Leben reich ist, wieder im Licht des Tages als Botschafter der Republik.

Nach dem Vendémiaire des Jahres IV hatte er sich im wahrsten Sinne des Wortes in die Vergessenheit eingegraben; aus der Zeit des Thermidor blieb nur eine wichtige Freundschaft übrig, die mit Barras, der ein einflußreiches Mitglied des neuen Direktoriums geworden war. Fouché begab sich in die Vorzimmer des Direktors, der damals auf dem Gipfel seiner Macht stand, und erbat eine Stellung, ›die ihm die Möglichkeit gäbe, nicht Hungers zu sterben‹. Eines Tages war er aus der Rue de la Convention, wo er Wohnung genommen hatte, verschwunden. Niemand wußte, wo er war. Man kümmerte sich auch wenig darum: ›Eine Mission in die Pyrenäen, deren Ziel nie bekanntgeworden ist‹, hatte ihn entführt, so schrieb Fabre de l'Aude.

Diese Mission schien nicht zur Zufriedenheit des Direktoriums ausgefallen zu sein. Kaum war er zurück, wurde der unverbesserliche Jakobiner aufgefordert, sich nicht länger in Paris aufzuhalten. Er zog ins Tal von Montmorency. Die Mitglieder des Direktoriums Carnot und Barras kannten diesen gefährlichen Geist, der stets in Bewegung und auf Unternehmungen aus war: Man schämte sich, ihn zu verwenden, man fürchtete aber auch, ihn unbeschäftigt, unzufrieden und mutlos leben zu lassen, vor allem, weil gerade ein Schlag gegen die Babouvisten, die Anhänger Babeufs, geführt werden sollte, deren eifrigster Ratgeber er gewesen war und die er noch immer zu Komplotten und zum Widerstand anzustacheln vermochte.

Vielleicht wollte Barras sich ganz einfach einen lästigen Bittsteller vom Leibe halten, der ein ›Plätzchen‹ sucht, um seinen Lebensunterhalt bestreiten zu können. Solch demütigendes Verhalten weist Fouché zurück, er drückt es in einem recht würdigen Brief aus dem Prairial des Jahres V aus, in dem er sagt, er habe nie etwas von der Direktoriumsregierung verlangt. Diese Zurückhaltung war durchaus löblich, denn der Unglückliche befand sich in wirklicher Verlegenheit. Durch den Aufstand der Schwarzen, 1792, waren ihm die Besitzungen in San Domingo verlorengegangen; die Schuldforderungen aus den abhanden gekommenen Gütern, mit denen er seine Schwester unterhielt, brachten jetzt nichts anderes als vage Hoffnungen ein. Auch die Besitzungen in Le Pellerin befanden sich in einem äußerst schlechten Zustand, die unheilvollen Ereignisse in der Vendée waren schuld daran. Die Missionen im Jahre 1793 hatten ihm, was auch immer gesagt werden mag, keinen Reichtum eingebracht, denn am 27. Floréal des Jahres III erklärte er, er sei zu seinem größten Bedauern nicht in der Lage, verstaatlichte Güter, die er gern erworben hätte, selbst zu einem niedrigen Preis zu kaufen, da er nur über ›das Notwendigste‹ verfüge. Als seine Mission zu Ende war, hatte er sich mit seiner Frau und dem einzigen Kind, das ihnen geblieben war, in eine Art Dachkammer verkrochen. Er, der später Herzog von Otranto wurde, lebte, so scheint es, von Zuwendungen des Direktoriums, für das er geheime Polizeidienste verrichtete; Barras erzählt davon in seinen ›Memoiren‹.

Wurde er, um diese Spioniererei zu unterbinden, die möglicherweise auf Kosten von Barras' Kollegen ging, oder aus Gründen, die schon angedeutet wurden, nach Montmorency abgeschoben? Er war in Ungnade gefallen. Am 10. Nivôse machte er sich in verbitterter Stimmung auf den Weg. Es war eine der seltenen Krisen der Verzweiflung im Leben dieses zähen, ehrgeizigen Mannes. Er befand sich wirklich in einer Sackgasse: die Anschuldigungen der Départements, die Tatsache, daß er eine Zeitlang die Deportation fürchten mußte, hatten ihn vermutlich weniger deprimiert als die feindselige Gleichgültigkeit, das nicht zu überwindende Mißtrauen und vor allem das Versinken in völlige Vergessenheit. Um das Maß vollzumachen, wurde dieser Mann grausam getroffen. Er verlor sein zweites Kind, seinen ›Wölfling‹, wie Barras sagte. Fouché schrieb am 9. Thermidor des Jahres IV einen verzweifelten Brief an ihn: ›Ich bin geächtet und verliere nun auch noch das einzige Kind, das mir verblieben war, um mich über die Ungerechtigkeiten und Schlechtigkeiten der Menschen zu trösten. Es steht also geschrieben, daß ich dazu bestimmt bin, ewig zu weinen.‹

Barras ließ sich rühren: Ende 1796 ist Fouché wieder in Paris. Fürchtete Barras die rapiden Fortschritte der royalistischen Reaktion, die sich dann bei den Wahlen im Mai 1797 zeigten, und dachte er schon daran, sich auf die Jakobiner zu stützen, sie zumindest zu schonen? Wie dem auch sei, er konnte Fouché nicht offiziell verwenden (die anderen Direktoren waren dagegen), hatte aber bei General Scherer für ihn Lieferungen für die Englandarmee durchgesetzt, eine fette Pfründe, die Fouché ein Vermögen einbringen konnte. Er hatte die Misere am eigenen Leibe verspürt, er wünschte nichts sehnlicher als Reichtum, zumindest als Mittel, um damit an die Macht zu kommen. Auch hier wieder erwies er sich als Mann, der sich allen Umständen anzupassen vermag: er brauchte nur um sich zu blicken, um festzustellen, daß auf das Zeitalter der großen Prinzipien, der heroischen Kämpfe und blutigen Unterdrückungen jetzt, wie stets, das Zeitalter der großen Geschäfte und nutzbringenden Spekulationen folgte. Durch Geschäfte kam er mit Réal in Verbindung, in der ›Société de Saint-Ouen‹, wiederum einer Gesellschaft für militärische Lieferungen. In seinem Entschluß, das Glück zu zwingen, wurde er noch dadurch bestärkt, daß ihm am 7. Germinal des Jahres v (27. März 1797) ein Sohn geboren wurde, den er Joseph-Liberté nannte – das Ereignis war ein neuer Ansporn für seinen hartnäckigen Kampf gegen das widrige Geschick.

Er wollte diesen Kampf auf allen Gebieten betreiben: die finanziellen Spekulationen jeglicher Art beanspruchten ihn nicht völlig, mit scharfem Auge verfolgte er die Vorgänge und die Menschen in der Politik. Anscheinend hat Barras aus dem früheren Abgeordneten 1797 einen aktiven und dauernd beschäftigten Agenten der Geheimpolizei gemacht. In dieser Funktion konnte er, auch für eigene Rechnung, die umlaufenden Ansichten und Meinungen erforschen. Bei den Wahlen im Mai 1797 hatten die Royalisten Erfolg; die ›Fünfhundert‹, in der Mehrheit der Reaktion angehörig, schickten ihren Gesinnungsgenossen, den Royalisten Barthélemy, ins Direktorium. Ludwig XVIII. war sehr nahe an den Thron herangerückt. Einem Zeitgenossen zufolge, der behauptete, persönlich genau über alle Zusammenhänge unterrichtet gewesen zu sein, war Fouché sehr erregt. Seine ›republikanischen Grundsätze‹ waren damals nicht mehr ganz unerschüttert, und Barras bewies, daß er ihn gut kannte, als er, trotz der Jakobiner-Rolle, die sein Polizist spielte, zu einem Freund sagte: ›Sie kennen Fouché schlecht, es gibt kein Konventsmitglied, das seinem früheren Delirium jetzt ferner steht. Vor allem gibt es keines, das stärker überzeugt ist von der Unmöglichkeit der Existenz der Republik.‹

Fouché hat, wie Fabre de l'Aude feststellt, diese Meinung über ihn gerechtfertigt; er habe dreist versucht, mit royalistischen Agenten in Verbindung zu treten, in der Absicht, die früheren Revolutionäre bei der Restauration mitarbeiten zu lassen, es wäre ein sicheres Mittel gewesen, die Restauration später aufzuweichen. Wahrscheinlich war er als Person zu sehr gehaßt oder zu ohnmächtig; der Abbé de Montesquiou, Wortführer Ludwigs XVIII. in Frankreich, wies entrüstet und in harten Ausdrücken die von Fouché angebotenen Dienste zurück. Ein merkwürdiger Zusammenhang: Der gleiche Abbé Montesquiou drängte im März 1815 den von Bonaparte bedrohten Ludwig XVIII. dazu, Fouché, den Königsmörder, zum Minister zu machen, der 1796 selbst als niedriger Agent abgewiesen worden war. Im Messidor des Jahres v war man der Auffassung, die Restauration wäre durch legale Mittel möglich; weder Barras und noch viel weniger Fouché waren notwendig.

Und doch wäre es vielleicht klug gewesen, sich eine solche Mitarbeit zu sichern. Es war gefährlich, die Fähigen der Jakobinerpartei zum

Äußersten zu treiben, die auf dem Feld der bedrohten Republik zu allem entschlossen waren.

Die Ablehnung, die ›dem hassenswerten Königsmörder‹ widerfuhr, mußte seine Furcht vor Repressalien noch verstärken und daher seine feindliche Haltung jedweder Restauration gegenüber. Fouché trieb willentlich und wissentlich Barras zum Staatsstreich am 18. Fructidor.

An jenem Tag vollendete – das war Fouchés Glück – Augereaus Säbel, was Bonapartes Kanone am 13. Vendémiaire begonnen hatte. Die Republikaner, die dem Anschein nach der jakobinischen Idee treu geblieben waren, waren wieder auf dem Plan erschienen und forderten jetzt die Haut der besiegten Partei. Fouché de Nantes, offiziell zwar nicht angestellt, wurde jetzt zumindest offen von Barras empfangen. Dieser machte sich zu seinem tatkräftigen Beschützer, empfahl ihn Tag für Tag der Aufmerksamkeit der Direktoren und erlangte schließlich am 14. Vendémiaire des Jahres VII seine Ernennung zum Gesandten in Mailand.

Aus dieser Mission und der darauffolgenden in Holland verschaffte sich Fouché für seine Person und für die Zukunft große Vorteile. In Mailand befand er sich in einer Republik, in der fanatische Demagogen, italienische Jakobiner, herrschten. Und da sie die Politik der französischen Jakobiner noch überspitzten, schadeten sie durch diese verbohrte Haltung dem Wohl ihres Landes. Fouché will und muß jetzt gegen jene arbeiten, die sich anfänglich über sein Kommen gefreut hatten. Die vernünftigen Leute hatte zunächst Entsetzen gepackt. Der Mailänder Dichter Monti schrieb damals: ›Wenn das Gerücht wahr ist, so ist er einer der Kommissare in Lyon gewesen, als dort die Kanonen am Werk waren, um die Guillotine abzulösen. Er ist Priester gewesen und hat jetzt eine Frau, sie ist aber sehr häßlich [ma brutta].‹ Hingegen wurde er mit ausgesprochener Hochachtung von der ›Jakobinerie‹ aufgenommen sowie von der Regierung aufgeregter Demagogen, die General Brune mit Gewalt eingesetzt hatte. Fouché akzeptierte dieses von den Militärs aufgezwungene Direktorium, hütete sich aber, sich zu stark zu binden; er wollte mit dem Gewaltstreich, dem diese Regierung ihr Bestehen verdankte, nichts zu tun haben, er sah mit scheelem Auge zu, wie die zisalpinen Angelegenheiten gesteuert wurden – es konnte nicht schlimmer sein. Diese Regierung aber berief sich ausgerechnet auf die quasikommunistischen Maßnahmen, die Fouché seinerzeit in Nevers und Moulins angewandt hatte, und hetzte die Klubs gegen die ›Aristokraten‹. Es handelte sich um die reichen Bourgeois und die in Mailand zahlreichen Priester, womit zwischen den Parteien und Klassen des jungen Staatsgebildes Gräben aufgerissen wurden, die gefährlich werden konnten, da der bevorstehende Einfall der Österreicher in Italien genau das Gegenteil erforderte: Einigkeit und Eintracht. Fouché begann, sich Gedanken zu machen, als er seine ›trunkenen Heloten‹ in Mailand sah; er ahnte, daß sie schwankten. Barras hatte gesagt, ›es gebe kein Konventsmitglied, das seinem früheren Delirium jetzt ferner steht‹. Jeden Tag rückte Fouché von dem ›Delirium‹ etwas mehr ab, als er die berüchtigten zisalpinen ›Demokraten‹ erlebte. Ehe er sich durch einen neuen Staatsstreich dieser Wahnwitzigen zu entledigen vermochte, tat er alles, um sie zu zügeln, denn dieser Weg, sagte er, führe zur Anarchie und zum Ruin. Sobald der rüde General Brune, ihr Protektor, auf einen anderen Posten versetzt worden war, begann der Gesandte Frankreichs, in Übereinstimmung mit General Joubert, dem Nachfolger Brunes, die ›Jakobinerie‹ zu bändigen und die Spitzen der Bewegung abzusetzen. Die Kühle, mit der er sie behandelte, entging ihnen nicht. Sie trugen ihre Klagen in Paris vor, sie waren von dem Verhalten des früheren Schreckensmanns grausam enttäuscht. Sie wurden erhört, und am 5. Frimaire mußte Fouché seinen Platz für einen Nachfolger frei machen.

Er verließ Mailand, begab sich aber nicht zurück nach Paris, sondern nach Turin, an die Seite General Jouberts, der sein Freund geworden war; von der Nachbarstadt aus kritisierte er alle Maßnahmen seines Nachfolgers in Mailand, er spielte nicht so sehr die Rolle eines in Ungnade gefallenen Beamten als die eines Prätendenten, der bereit ist, in Mailand wieder zu erscheinen, um dort die Zügel erneut in die Hand zu nehmen. Joubert deckte ihn; in Paris erregte die freundschaftliche Verbindung der beiden Männer Mißfallen, denn Joubert galt als einer jener im Rang hochstehenden Soldaten, auf die während Bonapartes Abwesenheit die Blicke zahlreicher Politiker gerichtet waren. Unterdessen befaßte Fouché sich damit, durch Joubert als Mittelsmann, die ärgerniserregenden Demokraten in Mailand abzusetzen. Wiederum war man in Paris der Meinung, es wäre besser, diesen Mann nicht unbeschäftigt zu lassen. Sein Weggang aus Italien wurde nur dadurch erreicht, daß man ihm eine neue Mission, diesmal in Holland, vorschlug.

Die batavische Republik war, wie die zisalpine, in den Händen französischer Beamter. In Paris herrschte jedoch die Meinung, die dortige Regierung sei noch zu unabhängig. Hingegen verlangte die Lage eine völlige Übereinstimmung der Gesichtspunkte. Die zweite Koalition bedrohte das gesamte weitere Vorgehen Frankreichs. Während die Österreicher in Norditalien einfielen, bereiteten sich die Engländer auf ein

Eindringen in die Niederlande vor. Die Verteidigung mußte energisch in Angriff genommen werden, und die batavischen Streitkräfte unter dem Befehl von General Daendel mußten uneingeschränkte zur Verfügung General Brunes stehen, der ebenfalls von Italien nach Holland beordert worden war.

Doch das ›Direktorium‹ in Den Haag war besetzt mit Aristokraten, die von den ›Demokraten‹ des heimlichen Einverständnisses mit dem Feind bezichtigt und unverzüglich bei Fouché angezeigt wurden. Er allerdings wollte sich der Demokraten in Den Haag ebensowenig bedienen wie vorher in Mailand. Nachdem er sich persönlich mit Daendels ins Einvernehmen gesetzt hatte, wandte er sich unumwunden an die ›aristokratische‹ Regierung und erreichte allein durch seine Überzeugungskraft die Fusion der beiden Armeen. Das alles in wenigen Tagen. Nie hatte eine Mission ein so rasches und gutes Ergebnis. Fouché schloß daraus, daß es augenscheinlich besser sei, sich auf eine vernünftige Regierung zu stützen als auf überspitzte Agitatoren. Kaum war er einen Monat in Den Haag, erreichte ihn plötzlich eine Nachricht, die mit einemmal alle seine Wünsche zufriedenstellte. Das Direktorium hatte am 2. Thermidor des Jahres VII den Bürger Fouché de Nantes zum Minister der allgemeinen Polizei ernannt. Schon zwei Tage darauf nahm er die Post nach Paris, wo er am 11. eintraf, fest entschlossen, jetzt endlich die wichtige Rolle zu spielen, die ihm das Schicksal bisher vorenthalten hatte.

ZWEITER TEIL

Der Minister Fouché

8

Brumaire

Die völlig unerwartete Ernennung Fouchés war das gemeinsame Werk zweier Männer, die sich im Thermidor des Jahres VII in der Regierung vielleicht am meisten haßten: Barras und Sieyès.

Die Zeit des Direktoriums ging zu Ende. Es hatte jetzt, nach fünf Jahren einer ›schnaubenden Tyrannei‹, alle politischen Parteien von der Rechten bis zur äußersten Linken gegen sich und konnte sich nur durch rigoroses Vorgehen behaupten; man meinte, damit ›die Republik zu retten‹, richtete sie aber dadurch zugrunde.

Barras, der allein alle Anschläge überlebt hatte, war zu klug, um den Abgrund, dem das Regime entgegenging, nicht zu sehen. Fünf Jahre hatte er sich, indem er nach und nach alle Kollegen geopfert hatte, an der Macht gehalten, jetzt war er auf einmal bereit, insgeheim mit dem Comte de Lille, Ludwig XVIII., der damals in Mitau residierte, zu verhandeln und ihm für ein ›Begnadigungs‹-Schreiben (er gehörte zu denen, die für den Tod Ludwigs XVI. gestimmt hatten) und einige Millionen die Republik auszuliefern.

Sieyès hatte andere Pläne. Die einzige Möglichkeit, dem Regime ein Ende zu setzen, sah er darin, einem volkstümlichen Soldaten den Zugang zur Macht zu verschaffen, unter der Bedingung, daß dieser Soldat ohne politische Vorstellungen und Gedanken und ohne politischen Anspruch aus seinen Händen die neue Verfassung entgegennähme und von ihm abhängig bliebe.

Beide, Barras und Sieyès, sahen bei der Verwirklichung ihrer geheimen und verschiedenartigen Hoffnungen nur ein Hindernis: die Partei der extremen Jakobiner. Diese hatten bei den letzten Wahlen in den Räten genügend Sitze errungen, um ihrer Politik in den Versammlungen, vor allem bei den ›Fünfhundert‹, Nachdruck zu verleihen. Sie hatten sich die Doktrinen des verstorbenen Babeuf zu eigen gemacht und den Räten ›die Zwangsanleihe bei den Reichen‹ aufoktroyiert, wodurch alle Besitzenden einschließlich der Käufer nationaler Güter der Republik entfremdet wurden. Die Neojakobiner bezogen sich auf die Traditionen der Schreckensherrschaft und forderten außerdem die Wiedereinführung des Regimes der öffentlichen Wohlfahrt; auch hatten sie in der Zwischenzeit durch Abstimmung das ›Geisel-Gesetz‹ eingeführt, das noch schrecklicher war als das ›Verdächtigen-Gesetz‹ aus dem Jahre 1793; es hatte zur Folge, daß fünfzehn Départements in Aufruhr gerieten, vor allem die frühere ›Vendée‹. Sie stützten sich auf ihre Abgeordneten und einige hohe Militärs, die glühende Revolutionäre geblieben waren, vor allem auf Jourdan und Bernadotte, der damals Kriegsminister war, sie schüchterten die Räte ein und erzwangen sogar die Genehmigung, den neugegründeten Klub der Jakobiner – fünf Jahre lang hatte er nicht bestanden – in der Reitbahn unterzubringen, wo die großen revolutionären Versammlungen getagt hatten. Auf Ersuchen von Sieyès, der den Neojakobinern feindlicher gesinnt war als irgendein anderer, wurden sie aus der Reitbahn vertrieben und hielten von nun an ihre Versammlungen in der säkularisierten Kirche Saint-Thomas-d'Aquin – ›Tempel des Friedens‹ – ab, wo jeden Abend die unvernünftigsten Anträge abgefaßt und sogleich durch Zuruf angenommen wurden. Überall hatte die Partei Beziehungen, und überall fand sie Entgegenkommen. Ihre Mitglieder saßen in den Verwaltungsbehörden und, was am schlimmsten war, auch in der Polizei. Dadurch wurde die von Barras wie von Sieyès angestrebte Bekämpfung der Partei gelähmt. Der schüchterne Bourguignon, der als Polizeiminister fungierte, ›beklagte‹ die Übergriffe der Jakobiner, war aber unfähig, sie zu verhindern. Ein anderer mußte an seine Stelle treten. An Kandidaten war kein Mangel, doch hob sich plötzlich ein einziger Name heraus: Fouché de Nantes. Merkwürdigerweise sprachen ihn Barras und Sieyès, die seit Monaten über alles sonst entgegengesetzter Meinung waren, gleichzeitig aus.

Barras hatte Fouché stets protegiert. Er hielt ihn für ›seinen Mann‹. Als wäre Fouché je fähig gewesen, jemandem die Treue zu halten! Barras hatte seinen Werdegang genau verfolgt und hielt ihn, wie gesagt, für jemand, der seiner früheren Meinung abgeschworen hatte; auf der anderen Seite kam dem früheren Prokonsul sein Ruf, ein beharrlicher extremer Republikaner zu sein, zugute, und als Barras sich anschickte, die Republik heimlich ›au roy‹, dem König, auszuliefern, benötigte er vorübergehend eine jakobinische Maske als Deckung. Aber gerade dieses ›Jakobinertum‹ Fouchés fürchtete Sieyès, dessen Opposition wiederum Barras fürchtete.

Er war im Irrtum, der andere hatte seine eigenen Gründe, Fouché ins Ministerium zu bringen; Talleyrand, der häufig mit Sieyès zusammenkam und ihn beriet, hatte ihm Fouché anempfohlen. Talleyrand war Minister für die auswärtigen Beziehungen und hatte interessiert, fast amüsiert, die Entwicklung Fouchés in Mailand und Den Haag verfolgt; er hielt ihn, mehr noch als Barras, für jemand, der seine frühere Gesinnung geändert hatte. Um die neojakobinische Partei zu zähmen, war niemand mehr geeignet als der frühere Freund Chaumettes. Sieyès hatte sich von seinem Ratgeber überzeugen lassen, so daß Barras, nachdem er ziemlich schüchtern den Namen Fouché genannt hatte, zu seiner größten Überraschung erlebte, daß Sieyès ihm zustimmte und Fouché den drei anderen verblüfften Direktoren aufzwang.

Am folgenden Tag wurde die Ernennung im ›Moniteur‹ veröffentlicht, und die politische Welt erfuhr mit Erstaunen und wahrscheinlich nicht ohne Erschrecken die Einsetzung von ›Fouché de Nantes‹. Niemand wußte genau, ob er sich, im Hinblick auf Fouchés Vergangenheit und seine beiden Bürgen Barras und Sieyès, freuen oder ob er um das künftige Schicksal seiner Partei bangen sollte.

Wie sah es zu jenem Augenblick im Kopf des Mannes wirklich aus, der an die Spitze des gefürchteten Polizeiministeriums gestellt wurde? Die Atmosphäre war voll von Gerüchten über Revolution und Restauration, Staatsstreiche und gefährliche politische Attentate.

Welche Absichten wälzt der neue Minister auf dem Weg von Den Haag nach Paris in seinem Hirn? Niemand vermag es zu sagen. Doch ist es nicht schwer zu erraten, welche allgemeinen Vorstellungen und Ideen er über die Lage hat.

Fouché war ein Revolutionär aus Zufall, sein Schicksal ist jedoch mit dem der Revolution verknüpft: zwar nicht durch solide Grundsätze, jedoch durch ein alles beherrschendes Interesse, das jetzt als unverrückbares Fundament für seine ganze Politik angesehen werden kann. Was er am meisten fürchtet, ist eine Restauration, mehr noch vielleicht eine Reaktion, unter welchem Regime sie sich auch äußern mag. Die Abstimmung über das Schicksal des Königs am 16. Januar 1793 liegt wie eine schwere Last auf seinem Leben und seinem Denken. Die Restauration würde sich ganz sicher als Konterrevolution erweisen, eine Reaktion, vielleicht gefährlich für das Land ... und für Fouché. Die Restauration darf also nicht stattfinden.

Ist damit gesagt, daß die Revolution weitergehen oder wieder beginnen soll? So denkt er nicht. Für ihn ist die Französische Revolution mit einem Federstrich durch das Dekret, das ihn zum Minister macht, abgeschlossen. Die verkündeten Prinzipien, die durchgeführten Reformen müssen erhalten bleiben, vor allem müssen die Männer, die die Revolution hervorgebracht hat oder die durch die Revolution kompromittiert worden sind, geschützt, verwendet und in hohe Stellungen gebracht werden in einem Regime, das seiner Herkunft nach revolutionär, in seiner Politik aber konservativ ist: diese Vorstellungen hat Fouché auf seinem Weg nach Damaskus entwickelt, es ist der Weg, der ihn ins Ministeramt führt. Zu jener Stunde ist der Prokonsul von 1793 ein Konservativer im genauen Sinn des Worts. Das Jakobinertum ist ihm besonders verhaßt. Ihm mußte er 1793 sein Gewissen und, was noch härter ist, sogar seinen Charakter opfern. Denn die wahren Jakobiner sind grundverschieden von ihm, sie können ihm nicht sympathisch sein, sie schaffen sich Gegner durch ihre Eigenmächtigkeiten, es sind einseitige Geister, sie sind radikal, unnachgiebig, und sie schmücken sich noch mit ihren Prinzipien, denen sie allerdings durch ihre Gewalttätigkeit Abbruch tun. In Mailand hat er mißbilligend die Übergriffe dieser unbändigen Leute verfolgt; er hat sie getadelt und oft zurechtgewiesen; in Den Haag hat er sie kurz und bündig entmachtet; er hat sie kaltblütig verurteilt und verdammt. Im Thermidor des Jahres VII haben die Jakobiner zudem, Fouchés Ansicht nach, etwas völlig Falsches getan: sie hatten sich einzig als aufsässige Verlierer erwiesen und durch ihre Übergriffe das Land und die Revolution sinnlos der Reaktion, der Konterrevolution ausgesetzt. Er fürchtet sie; sie müssen wehrlos gemacht werden, es muß schnell und nachdrücklich und überraschend zugeschlagen werden. Es besteht aber die Gefahr, daß damit vielleicht der ebenso gefürchteten Reaktion Vorschub geleistet wird; auch diese Partei, die der Reaktion, muß vernichtet, zumindest aber energisch eingedämmt werden; zuallererst aber müssen die Royalisten, die gerade Mut und Hoffnung geschöpft hatten, überall unterdrückt werden.

Zweifellos eine Gleichgewichtspolitik, die sich aber abhebt von der Schaukelpolitik, die kurze Zeit zuvor das Direktorium praktizierte, in dem es von einem Extrem ins andere fiel und plötzlich eine Partei zugunsten einer anderen verfolgte, ächtete und vernichtete. Es liegt nicht in Fouchés Absicht, dieser Regierung, die, wie er meint, schon zum Abtreten verurteilt ist, die Aufgabe anzuvertrauen, den Ideen der Revolution für ewig und immer, unter einem dauerhaften Regime, festen Bestand zu verleihen, die Anhänger der Revolution zu stützen, die Menschen allgemein für sie zu begeistern. Ein führender Kopf ist vonnöten: Fouché hat ihn schon auserkoren. Joubert soll es sein, zu dessen vielen guten Eigenschaften sich eine gesellt, die unzweifelhaft für den vorausplanenden Politiker die schätzenswerteste ist: sein persönlicher Freund zu sein. Sollte Joubert nicht willens sein, müßte ein anderer gefunden werden, der Erfolg haben könnte, wenn er ihn, Fouché, als Komplicen annimmt.

Die wichtigsten Punkte seines Programms sind: die Auflösung der kompromittierenden und hinderlichen Jakobinerpartei, um der Reaktion den Wind aus den Segeln zu nehmen, die scharfe Überwachung der Reaktionspartei selbst, die Vernichtung der Royalistenpartei, die Machtübernahme durch einen befreundeten General, um auf diese Weise und besser, als die aufrichtigsten Republikaner es vermocht hätten, der gefährlichen royalistischen Restauration den Weg zu versperren und ihn damit zugleich für Fouchés Wirken zu ebnen; der neue Minister hat die Notwendigkeit dieses Programms klar vor Augen, und die Verwirklichung dieses Programms geht so prompt und reibungslos vonstatten, daß Fouché zwanzig Jahre später mit berechtigtem Stolz, eine kühne Konzeption völlig realisiert zu haben, auf diese drei Monate als Minister zurückblicken kann.

Der neue Minister traf am 11. Thermidor in Paris ein und unterrichtete unverzüglich das Direktorium von seiner Ankunft. Die Regierung berief ihn für vier Uhr ins Palais Luxembourg. Nach einer kurzen Konferenz begab sich Fouché in das ehemalige Hôtel de Juigné am Quai Voltaire. Er war auf seinem Platz und fest entschlossen, dort Anker zu werfen.

Er wollte durch eine auffällige Demonstration jeden Verdacht einer Abhängigkeit abschütteln. Wie ein kommandierender General, wenn er sich an die Spitze seiner Armee stellt, wie ein Staatschef, wenn er das höchste Amt übernimmt, wagte es dieser einfache Minister, einen Aufruf zu erlassen, der von ihm unterzeichnet war und dem Direktorium nicht vorgelegen hatte – ein verwegener und kaum glaublicher selbständiger Akt zu einer Zeit, als nur die Militärs das große Wort führten. Am 16. Thermidor erließ er, in Tausenden von Exemplaren gedruckt, die ›Proklamation des Ministers der allgemeinen Polizei an die französischen Bürger‹: ›Ich habe die Verantwortung dafür übernommen, den inneren Frieden wiederherzustellen, den Metzeleien sowohl wie der Unterdrückung der Republikaner ein Ende zu machen, Verschwörungen von Verrätern zu unterbinden und dem Ausland sogar die Hoffnung auf einen Helfershelfer zu nehmen.‹

Das Direktorium war jedoch weniger überrascht von dieser Proklamation als von dem wirklich selbständigen persönlichen Verhalten, das der Neuankömmling bei der Führung der Geschäfte an den Tag legte.

Bei seinem Eintreffen und offiziell in der Sitzung vom 14. hatten ihm Sieyès und Barras den Auftrag erteilt, die Geister durch Dämpfung oder Ausschaltung der Jakobiner zu beruhigen. Daher war die Verblüffung des Direktoriums groß, als, anläßlich der Sitzung vom 15., über die Maßnahmen, die er zu treffen gedachte, befragt, der neue Minister seelenruhig den Entwurf eines Erlasses auf den Tisch legte, der in eine völlig andere Richtung zielte! Dieser Erlaß war ein Schlag nach rechts. Er stellte die Abgeordneten, die sich im Fructidor des Jahres v der Deportation durch Flucht entzogen hatten, den Emigranten gleich. Dieser Antrag schien allerdings eher dazu bestimmt zu sein, Schrecken einzujagen, als einen wirklichen Schlag auszuteilen. Sieyès glaubte sich hintergangen. Der Minister lächelte über die allgemeine Verwirrung. Dann machte er das Ziel seines Antrags klar: es sollte eine einfache Vorsichtsmaßnahme sein; diese übrigens ganz platonische Verfügung sollte ihm erlauben, die ›anarchistischen‹ Agitatoren zu treffen, ohne den Anwürfen, es handele sich um Reaktion und Konterrevolution, die Flanke zu bieten. Er sagte: ›Man muß seine Popularität stärken, um sich zunächst mit den Jakobinern zu messen, dann die Rädelsführer aussondern, was wahrhaft patriotisch ist.‹

Am nächsten Tag, dem 15. Thermidor, erschien der Polizeiminister tatsächlich mit einem umfangreichen Bericht über die ›Sociétés populaires‹, den er den Direktoren unterbreitete. War es Vorsicht, war es Diplomatie, Fouché brachte uneingeschränkte Bewunderung für die ›Patrioten‹ zum Ausdruck, als Ruhmestitel führte er die Verfolgung auf, unter denen er viele Jahre gelitten hatte, weil er bis zuletzt diesen Brüdern und Freunden geholfen und sie verteidigt hatte. Nach dieser vorsichtigen rednerischen Einleitung kam der Minister zum Gegenstand seines Berichts. Er sagte, die Volksgesellschaften, die am 30. Prairial wiedererstanden waren, hätten sich zunächst weiser Zurückhaltung befleißigt und nur dem lange Zeit unterdrückten Patriotismus gehuldigt, bald wäre ein völliger Verfall eingetreten. ›Was bei den ersten Abweichungen an Nachgiebigkeit gewährt werden mußte, ist gewährt worden; die Klugheit gebietet für die Zukunft jedoch Strenge.‹ Er setzte hinzu, ein Gesetz müsse erlassen werden, das die Gesellschaften nicht straft, sondern sie reglementiert.

Der Bericht, der mehr für die gesetzgebende Körperschaft und das Land bestimmt war als für das Direktorium, wurde als unbestreitbar geschickt beurteilt: die Regierung war völlig einverstanden, sie beschloß den Druck und die Veröffentlichung des Berichts, der ein Gesetz stützen sollte, das das Direktorium in einer unverzüglich abgefaßten Botschaft vom Rat der Alten forderte.

Im Lager der Jakobiner war man aufs höchste empört. Am Abend herrschte im Klub, der noch immer ›Club du Manège‹ hieß, obwohl er jetzt in der Rue du Bac zusammentrat, eine erregte Stimmung wie zu Zeiten der alten Jakobiner. Felix Lepelletier führte einen stürmischen Angriff gegen den Minister, den Verräter an der Demokratie. ›Fouché hat ganz Frankreich hintergangen; er hat Verleumdungen über viele Bürger verbreitet, die sich nur zusammengefunden haben, um auf den Appell der Volksvertreter, auf den Appell des Vaterlandes in Gefahr zu antworten.‹

Der Rat der Alten hatte den Gesetzentwurf und den Bericht auf der Stelle an die ›Fünfhundert‹ weitergeleitet, die jakobinische Opposition hatte hier nicht weniger großen Lärm gemacht. Bestimmte Abschnitte des Berichts wurden von dumpfem Murmeln begleitet, andere mit Rufen unterbrochen: ›Das ist nicht wahr! Das ist falsch!‹

Die Diskussion lebte mit noch größerer Lautstärke in der Sitzung am 18. wieder auf. Der Abgeordnete Bertrand entfesselte einen Sturm, als er die Weitergabe an die Kommission forderte, Garrau (aus dem Département Gironde) schrie, es handele sich um einen organisierten Anschlag auf die Republikaner, und Briot brachte vor, es sei eine royalistische Verschwörung im Gange, der sich Fouché höchstwahrscheinlich als Helfer oder Verbündeter zur Verfügung gestellt habe.

Völlig gelassen ließ der Minister dieses Gewitter über sich ergehen. In seiner Umgebung war man ängstlich. Sehr viel später (in einem Brief aus dem Jahre 1817) beschreibt er, mit welcher Eindringlichkeit er über seine Haltung befragt worden sei, die er gegenüber dem Klub der Jakobiner, die sich offen gegen ihn auflehnten, einzunehmen gedachte. Kaltblütig habe er geantwortet: ›Das ist eine ganz einfache Sache: ich würde ihn auflösen.‹ Unter den Direktoren waren große Zweifel aufgekommen. Der Klub stellte eine Macht dar; seit einem Jahr zitterte die Regierung vor ihm; er war die Festung der Jakobinerpartei, die in den Räten noch stark war. Der Kriegsminister Bernadotte, der Gouverneur von Paris, Marbot, der General Jourdan, der an der Spitze des Rats der Fünfhundert stand, unterstützten die gefährdete Partei in aller Öffentlichkeit.

Fouché ließ Bernadotte rufen und sagte zu ihm: ›Du Narr, wohin willst du, und was willst du tun? Im Jahre 93, ja: da war alles zu erreichen, da konnte alles auseinandergenommen und wieder zusammengesetzt werden ...‹ Und da sein Kollege, der Kriegsminister (der noch nicht wußte, daß er eines Tages auf einem Thron sitzen würde), sich in seinem Jakobinertum versteifte, fuhr Fouché kaltblütig fort: ›Denke daran, daß ich mich morgen schon mit deinem Klub beschäftigen kann; wenn ich an der Spitze deinen Kopf finde, wird er dir von den Schultern fallen. Darauf gebe ich dir mein Wort, und ich werde es halten.‹ Schreckliche Worte im Munde des Kartätschers von Lyon, Worte, die den hitzigen, aus dem Béarn stammenden Mann zum Nachdenken zwangen. Der spätere König von Schweden gab nach, und er tat gut daran: vielleicht hat der Exprokonsul an jenem Tag ihm eine noch in weiter Ferne liegende Krone gesichert.

Fouché ging unerschrocken voran. Am 26. Thermidor schlug er dem Direktorium vor, die Türen der Jakobinergesellschaft, die sich auch ›Société constitutionelle‹ nannte, ganz einfach zuzumachen. Nach langer Beratung wurde dem Minister die Genehmigung erteilt, den Klub zu schließen.

Am 27., am Tag darauf, erschien der ehemalige Präsident der Jakobiner selber im Saal der Rue du Bac, als wäre er ein simpler Polizeikommissar. Auf der Tribüne des Klubs stand Tissot und forderte die Säuberung unter den Beamten, während Felix Lepelletier einen Antrag einbrachte, mit dem ›die Wiederherstellung des demokratischen Geistes‹ gefordert wurde. Der Minister war darauf nach vorn gegangen und hatte die Versammlung aufgelöst; man ging, ohne Schwierigkeiten zu machen, auseinander, so überrascht und verblüfft waren die Mitglieder. Fouché ließ die Türen zusperren, steckte die Schlüssel in seine Tasche und legte sie dann, ganz heiter und gelassen, auf den Tisch des höchst erstaunten Direktoriums. Klug wie immer bestand er außerdem darauf, die Regierung solle ›die Säuberung als einen milden und versöhnlichen Vorgang darstellen, denn jene Patrioten, die betrübt und sogar aufgeregt sind, müßten besänftigt werden, es müsse gesagt werden, daß die Royalisten sich mächtig täuschten, wenn sie meinten, sich irgendeinen Vorteil verschaffen zu können, daß das von Grund auf republikanische Direktorium mit der Republik gehe und sich nicht von ihr lösen würde‹. Und um von den Worten zu Taten überzugehen, ließ der Minister bereits am anderen Tag vom Direktorium nach einem ungestümen Bericht eine Petition verwerfen, mit der die Rückkehr der Opfer des Fructidor und der deportierten Priester gefordert wurde. Da Sieyès ärgerlich zu sein schien, setzte der listige Fouché hinzu, ›daß man die Jakobiner aufreizen würde, spräche man sich offen gegen sie aus, und damit würde man den Royalisten Vorschub leisten, die sich schon in allen Teilen Frankreichs hervorwagten‹.

Vielleicht war es die Tatsache, daß von harten Maßnahmen Abstand genommen wurde, vielleicht war es auch der noch immer wirkende Einfluß des ehemaligen Präsidenten der Jakobiner auf einen Teil der Exterroristen, dieser kleine Staatsstreich jedenfalls rief am 27. Thermidor nicht einmal einen Versuch zum Aufruhr hervor.

Dieses undramatische Ende der Jakobinerpartei beeindruckte nicht nur die Opposition, es hob in den Augen der politischen Welt den wagemutigen Minister in eine Höhe, die man bisher nur dem jetzt zerschlagenen Jakobinertum zugemessen hatte. Fouché war der wieder sicher gewordenen Bourgeoisie recht und angenehm wie auch fast allen konservativen Parteien. Er ging stärker aus der Machtprobe hervor, er richtete sich endgültig im Ministerium ein, er war nicht mehr die Kreatur eines Barras oder eines Sieyès, sondern der starke Mann in der Regierung, gefürchtet von den einen, begrüßt von den anderen, bewundert von allen.

Er setzte den begonnenen Kampf fort. Nachdem die Volksgesellschaften zum Schweigen gebracht wurden, sollte jetzt die jakobinische Oppositionspresse geknebelt werden. Zwei Wochen wurde davon gesprochen. Am 17. Fructidor platzte die Bombe: Ein Antrag des Direktoriums, der ganz von Fouché formuliert war, forderte von den Räten ein Gesetz gegen die schrankenlosen Übertreibungen im allgemeinen und der jakobinischen Organe im besonderen; unterzeichnet war er von dem Mann, der früher der Freund der revolutionären Zeitung ›Le Père Duchêne‹ war. Die Verlesung dieses Berichts wurde im Rat der Fünfhundert mit lautem Protest aufgenommen: Briot gab seiner Empörung Ausdruck über die Botschaft einer Regierung, die sich republikanisch nannte, vor allem aber über den konterrevolutionären Verräter an der Republik: ›Was ist das für eine Moral, frage ich, die dieser vor dem 9. Thermidor ultrarevolutionäre Minister der Republik aufdrängt, ein Minister, der durch sein Auftreten im Département Nièvre bekannt geworden ist und der heute Terror schreit?‹

Diesem Ausfall wurde stark applaudiert. Einige Tage später antwortete Fouché auf den Vorwurf der Konterrevolution durch einen Artikel im ›Moniteur‹, in dem er ein Bekenntnis der uneingeschränkten Hingabe an die Republik und an die Revolution ablegte und hinwies auf die von ihm geleisteten Dienste und die seit acht Jahren für die Sache der Demokratie erlittenen Verfolgungen.

Doch wollte er nicht nur durch die Schließung der Klubs, durch die

Knebelung der Presse, durch die Vernichtung der Jakobinerpartei der Politik die konterrevolutionäre Richtung geben, er tat es auch, trotz der laut verkündeten Gleichgewichtspolitik, indem er gegenüber den Rechtsparteien eine recht sanfte, wenn auch feste und vorsichtige Politik praktizierte.

Gleich zu Beginn seiner Amtsübernahme hatte er Lacretelle zu sich beordert, einen der führenden Köpfe der im Frucidor aufgelösten royalistischen Partei; er saß seit drei Jahren im Gefängnis La Force. Aus dem Kerker wurde der royalistische Journalist ins Polizeiministerium gebracht; er zitterte, als er es betrat, verließ es begeistert und tief beeindruckt. Fouché hatte ihn wissen lassen, daß er einen neuen politischen Weg einschlagen wolle und daß er als Unterpfand seiner Gutwilligkeit die Entlassung Lacretelles zusammen mit vier oder fünf seiner politischen Freunde und Kerkergenossen verfügt habe.

Lacretelle verschaffte dem Minister Freunde unter den Leuten seiner Gruppe. Man wurde mutig, ging, wie ein Zeitgenosse berichtet, zum Minister ›wie zu einem Tiger‹ und kehrte mit der Überzeugung zurück, ›mit einer Taube zu tun gehabt zu haben‹. Man brachte Bittgesuche ein für die Opfer des Fructidor, dann für die kirchentreuen Priester und schließlich sogar für die Emigranten. Stets lächelte der Minister, versprach und gewährte alles mit großer Gutmütigkeit und Höflichkeit. Die Emigranten waren überrascht von dieser Kehrtwendung. Doch ließ sich Fouché merkwürdigerweise von der Sympathie, die ihm entgegengebracht wurde, nicht berauschen. Zwar richtete sich seine Politik im Augenblick gegen das Jakobinertum, er war aber nicht bereit, den neuen und plötzlich entstandenen Freundschaften weder seine demokratischen Absichten noch ›seine republikanische Entschlossenheit‹ zu opfern.

In einem anderen Bereich schien er indes nicht völlig der Konterrevolution verfallen, deren ihn die Opposition der ›Fünfhundert‹ bezichtigte. Die Vendée, die von Hoche für eine Weile zur Ruhe gebracht worden war, geriet von neuem in Bewegung. Die Situation im Westen gab Anlaß zu einem Bericht, in dem der alte Fouché de Nantes wiederzuerkennen war; am 5. Fructidor faßte er ihn ab. Er wollte den Beamten der Republik Respekt verschaffen und die Aufkäufer nationaler Güter gegen die ›Chouans‹ schützen, die jeden Tag dreister wurden; er wollte den Drohungen und Attentaten ein Ende machen und die ›Partisanen von Thron und Altar‹ für immer zur Strecke bringen. Er forderte, über die Provinzen des Westens den Belagerungszustand zu verhängen, und beabsichtigte, diese Maßnahme auf den Süden auszudehnen, wo ähnliche Unruhen ausbrachen. Zugleich überschwemmte er den Westen mit seinen Geheimagenten – Balzac hat mit dem Corentin seines Romans ›Les Chouans‹ das Bild dieser Leute verewigt –, sie sollten Uneinigkeit säen, alle Bewegungen melden, die Schwachen kaufen und die Tapferen mutlos machen. Das hieß die gesamte royalistische Aktion schwächen und somit besser als durch Verfolgungen, Truppenentsendungen und laut tönende Verhandlungen die baldige Befriedung vorbereiten.

In Paris verfährt Fouché nicht viel milder mit der royalistischen Partei. Ende Fructidor läßt der Minister die royalistischen Zeitungen und Broschüren beschlagnahmen, dazu die Rundschreiben der Führer der Partei sowie die Proklamation Ludwigs XVIII., mit der Frankreich zur Wiedererrichtung des Throns aufgerufen wurde. Am 17. hatte er, ganz im Stil des Jahres 93, die große royalistische Konspiration aufgedeckt und sich von der Regierung die Genehmigung zur Verhaftung der Komplicen erteilen lassen.

Innerhalb von drei Monaten hatte er also mit bemerkenswerter Energie und großer Geschicklichkeit den ersten Teil seines Programms verwirklicht. Die Jakobinerpartei war so gut wie vernichtet, die Klubs waren geschlossen, die Zeitungen verboten und die Abgeordneten gebändigt, ohne daß das republikanische Prestige des Ministers Einbuße erlitten hätte; die royalistische Partei wurde in Paris im Zaum gehalten, ihre gewalttätigen Unternehmungen wurden verfolgt, es wurden heimliche Intrigen um sie gesponnen, während auf der anderen Seite der frühere Terrorist Fouché durch sein bemerkenswert geschicktes Verhalten die Sympathie und Anerkennung der Parteien der Ordnung gewann. Im Vendemiaire schien das Werk bereits auf dem besten Weg zu sein.

Doch er sah das Direktorium aus zu großer Nähe, er konnte nicht auf die dem Verfall anheimgegebene Regierung bauen, um auf diesem Weg mit Energie und Vorsicht zugleich voranzukommen. Barras war ein Verräter: er selbst hatte Fouché in seine Pläne hinsichtlich einer Übereinkunft mit den Bourbonen eingeweiht. Die Direktoren Gohier und Moulin wurden von ihm hintergangen. Sieyès, der den Advokaten Roger Ducos fest in der Hand hatte, arbeitete autoritäre Verfassungsentwürfe aus, er träumte unentwegt seinen Cäsarentraum; und da Joubert tot war – er wurde am 28. Thermidor des Jahres VII in Novi umgebracht –, suchte er ›andere Schwerter‹. Nur eine starke, beliebte, ihrer selbst und der öffentlichen Meinung sichere Regierung konnte das in eine Regierungsordnung umwandeln, was bisher die Politik eines zwar starken Ministers war, der aber durch Feindseligkeit, Mißtrauen oder

Eifersucht seitens dreier von fünf Direktoren jederzeit abgesetzt werden konnte. So kam es, daß im Ministerium am Quai Voltaire die gleichen oder fast gleichen Pläne geschmiedet wurden wie bei Sieyès im Luxembourg. Wohl nie ist eine Regierung von den eigenen Mitgliedern schlimmer hintergangen worden.

Drei Monate lang wies der Minister klarblickend auf die Gefahren hin, die der Regierung der Republik durch ›Anarchie‹ und ›Royalismus‹ drohten, und bekämpfte sie mit großem Getue; vor der eigentlichen Gefahr, die unmittelbar drohte, verschloß er die Augen: die Komplotte der Parteigänger des Cäsarentums.

Durch den Tod von Joubert wurden seine Pläne der Inszenierung eines militärischen Staatsstreichs nicht verändert. Das Haus Orléans, das eine Zeitlang von Sieyès ins Auge gefaßt worden war, hatte er verworfen. Es mußte eine andere Lösung gefunden werden, und zweifellos hatte er recht, als er an Barras schrieb: ›Wir brauchen einen Mann.‹

Der Mann erschien, noch war er in weiter Ferne, gleichwohl gegenwärtig dank einer ehrgeizigen Familie, die nur darauf wartete, ihn herbeizurufen, sobald der Boden genügend vorbereitet war. Es gab ein Haus in Paris, das Fouché, ohne sich den Direktoren gegenüber damit zu brüsten, schärfer überwachen ließ als alle Jakobinerklubs und alle Chouanschlupfwinkel: ein herrschaftliches Gebäude in der Rue de la Victoire, die vor der Revolution Rue Chantereine hieß, wo eine hübsche Witwe – ohne Zeichen von Ungeduld – auf die Rückkehr eines Abwesenden wartete.

Seinerzeit als Barras' Vertrauter, dann als Minister des Direktoriums, war es Fouché ein leichtes gewesen, in den Salons des Luxembourg die schöne und leichtsinnige Kreolin kennenzulernen, die jetzt sorglos und unbeschwert den ruhmreichen Namen Bonaparte trug. Sofort dachte er daran, die Frau des Generals Bonaparte zu umgarnen. Es war nicht schwer. Die vierzigtausend Francs, die ihr zur Verfügung standen, genügten ihr anscheinend nicht. Das unglaubliche Abenteuer ist nur verständlich, wenn man den völligen Mangel an Moral berücksichtigt, der die reizvolle Frau charakterisierte: die Frau eines Helden verkauft sich für ein paar Louisdor an einen zahlungskräftigen Minister! Durch Joséphine erfuhr er alle Neuigkeiten, Joséphine war eine wertvolle Freundin, die bei dem späteren Diktator nützlich werden konnte.

Da er stets darauf bedacht war, zwei Eisen im Feuer zu haben, traf er häufig mit den Brüdern des Generals, Lucien und Joseph, zusammen. Die beiden brauchten nicht gekauft zu werden: sie waren unsagbar ehrgeizig und machten dem Minister, um ihn für sich zu gewinnen, den Hof. Das waren nützliche Vermittler, die er verwendete, um kaum ver-

hüllte Ermutigungen anzubringen. Auf diese Weise wurde er, ohne sich gänzlich bloßzustellen, die Hoffnung der Familie Bonaparte. Am 17. Vendémiaire wurde bekannt, daß der General in Fréjus gelandet war, seine Ankunft in Paris stand unmittelbar bevor.
War Fouché entschlossen, aus diesem Soldaten mit dem herrischen Wesen den erträumten Cäsar zu machen? War er gesonnen, seine Stellung zu gefährden, um den ehrgeizigen Mann an die Macht zu bringen? Noch war die Sache zweifelhaft. Die Rolle Fouchés im Brumaire bestand vor allem darin, die Dinge stillschweigend geschehen zu lassen. Frédéric Masson schrieb: ›Unter den Ministern des Direktoriums ist ein einziger wichtig: der der Polizei, Fouché, wir haben ihn.‹ Man hatte ihn, wie Napoleon ihn kurz vor dem 20. März hatte und Ludwig XVIII. im Jahre 1815. Man glaubte, ihn zu haben. Fouché war nur auf Erfolg bedacht; bis zum Ende war jedoch der Erfolg zweifelhaft, die Unternehmung hatte noch viele Schwierigkeiten zu überwinden. Er ist behilflich, er berät, ermutigt, ist aber willens, im Falle des Scheiterns mit verschränkten Armen untätig zuzusehen. Wenn er gewollt hätte, wäre wahrscheinlich alles gescheitert. Doch Fouché hatte Versprechungen von Bonaparte erhalten: im Hintergrund beteiligte er sich an der Verschwörung, durch die die Republik zu Fall gebracht werden soll; eine solche Haltung war schon eine sehr enge Komplicenschaft. Sie wird von allen Zeitgenossen bestätigt: Fouché ist ›einer der Anführer des Komplotts‹ gewesen, sagt später Gohier, der dem Direktorium angehörte, und von ihm angeführte Tatsachen stützen diese wohl nicht übertriebene Behauptung. Sollte es noch eines weiteren Beweises außer diesen einstimmigen Zeugnissen bedürfen, so kann auf den in vielfacher Hinsicht unbegreiflichen Einfluß hingewiesen werden, den Fouché auf Napoleon ausgeübt hat. Auf diese merkwürdige Tatsache soll später noch zurückgegriffen werden, sie wird im Grunde nur erklärlich durch die Dienste, die Fouché im Brumaire Bonaparte erwiesen hat, und die unwahrscheinliche Gewandtheit, mit der dieser Mann seine Rolle gespielt hat in Zeiten und unter Umständen, als Wirrnis, Unbesonnenheit und Entschlußlosigkeit an der Tagesordnung waren.

Bonaparte kannte Fouché nicht: Ägypten war weit entfernt von der Rue du Bac, wo der Jakobinerklub getagt hatte, das Echo von den jüngsten Taten des Ministers war nicht bis an die Ufer des Nils gedrungen. Der General hatte von den Dingen und Personen keine Ahnung, er hatte bei seinem Eintreffen nur die Idee, möglichst viele Menschen für sich zu gewinnen, vor allem unter den Generalen. Er wußte nicht, welche Stellung die Ereignisse der letzten Zeit dem Polizeiminister in der politischen Welt eingetragen hatten. Seine Freunde unterrichteten ihn.

Als Réal, einer der tätigsten Agenten der Verschwörung während der ersten Tage im Brumaire, mit dem künftigen Cäsar konferierte, wurde gemeldet, daß draußen in einem Salon der Polizeiminister, Bürger Fouché, seit einer Stunde warte; er war erschienen, um den Befehlshaber der Ägyptenarmee zu begrüßen. Wert und Einfluß des Mannes waren Réal bereits bekannt, er konnte die Bedeutung dieses Schritts abschätzen und war deshalb überrascht, als er sah, mit welchem Mißtrauen und mit welcher Mißachtung Bonaparte den wichtigen Politiker antichambrieren ließ. ›Das ist ein Mann, der in einer solchen Angelegenheit unbedingt benötigt wird‹, sagte er. ›Übrigens weiß er alles. Ich sage es Ihnen offen, ich habe ihn in alles eingeweiht.‹

Fouché wurde hereingeführt: es war das erste Zusammentreffen der beiden Männer. Bonaparte brauchte über Menschen, deren er sich zu bedienen gedachte, nichts zu wissen, er durchschaute sie sofort. Von diesem Kopf war er begeistert: Fouché war exakt und forsch zugleich, imstande, von großen Zusammenhängen unmittelbar zu minuziösen Einzelheiten der Ausführung überzugehen. Wahrscheinlich wurden zu jener Stunde Dienste angeboten und angenommen, Bedingungen gestellt und akzeptiert.

Von dem Tage an stand Fouché in enger Verbindung mit Bonaparte. Kurz darauf wurden die Beziehungen publik. Fouché erschien auf einem Fest, das der General am 15. gab und zu dem die gesamte ›bonapartistische‹ Kamarilla geladen war. Pikant an der Geschichte war, daß auch Gohier, damals Präsident des Direktoriums, ein aufrechter und argloser Mann, ebenfalls gebeten worden war; er war bezaubert von den schönen Augen der Hausherrin. Spät erst traf der Minister ein und ging flugs auf den Diwan zu, auf dem Joséphine saß und die Huldigung und Aufmerksamkeiten des Direktors entgegennahm. Es entspann sich ein Gespräch, das von einem Zeitgenossen geschildert wird – eine der merkwürdigen Szenen dieser Tragikomödie:

›Was gibt es Neues, Bürger Minister?‹ fragte Gohier.
›Neues‹, erwiderte der Minister, ›nichts, wirklich nichts.‹
›Und sonst?‹
›Immer das gleiche Geschwätz!‹
›Welches?‹
›Immer wieder Verschwörung!‹
›Verschwörung‹, rief Joséphine aus.

›Ja‹, sagte Fouché, ›Verschwörung, aber ich weiß, woran ich bin, ich sehe klar, Bürger Direktor. Verlassen Sie sich auf mich, mich täuscht man nicht. Hätte es seit der Zeit, da man davon spricht, eine Verschwörung gegeben, so hätte ich auf der Place de la Révolution oder auf dem Feld von Grenelle den Beweis dafür geliefert.‹

Bei diesen Andeutungen schien Joséphine von Entsetzen gepackt zu werden. Gohier beruhigte sie in freundlichem Ton: ›Der Minister spricht wie jemand, der Bescheid weiß; wenn solche Dinge hier vor uns gesagt werden, ist es der Beweis dafür, daß sie nicht geschehen werden. Machen Sie es wie die Regierung, seien Sie nicht beunruhigt über diese Gerüchte, schlafen Sie unbesorgt.‹ Der Polizeiminister hat sich an jenem Abend wahrscheinlich gut amüsiert.

Der weniger mit Blindheit geschlagene Barras verhielt sich zögernd. Am gleichen Tag hatte es der Polizeiminister gewagt, mit Joseph Bonaparte, Réal und Talleyrand, den hauptsächlichsten Komplicen, zu ihm zu kommen, um mit ihm zu sprechen. Alle vier drangen in den Direktor, sich dem Vorhaben anzuschließen. Barras dachte noch immer an eine Wiederaufrichtung der bourbonischen Lilie. Er gab eine hinhaltende Antwort. Von nun an trennte sich Fouché von ihm, da er nicht willens war, sein Schicksal noch länger an das eines verbrauchten Politikers zu binden, der außerdem kompromittiert und unentschlossen war; er wandte sich endgültig Sieyès zu, der nun das Haupt der Unternehmung war, mit Roger Ducos als Komplicen. Gohier und Moulin wurden nicht unterrichtet, sie wurden getäuscht und von der Polizei in Sicherheit gewiegt.

Die entscheidenden Stunden rückten heran. Der 17. Brumaire, ein Tag voller Erwartung und Unruhe, verstrich allerdings in Unschlüssigkeit. Fouché begriff das nicht. Der ehemalige Schulmeister mußte an jenem Tag den Sieger von Rivoli zur Entscheidung drängen. Der Minister des Direktoriums sprach von Staatsstreich und der aufsässige General von ›Legalität‹. Der Polizeichef versprach hoch und heilig, das Vorhaben zu unterstützen: er unternahm am Abend des 17. einen äußersten Schritt; Fabre de l'Aude traf ihn in Bonapartes Vorzimmer. Bei dieser Unterredung ist vermutlich alles besprochen worden.

Am folgenden Morgen, dem 18. Brumaire, lag Fouché noch im Bett, als Arnault und Regnaud, zwei der ›Verschwörer‹, sich bei ihm einfanden und ihn mit ihren Nachrichten glaubten überraschen zu können. Der Rat der Alten hatte, dem Begehren der Verschwörer folgend, die Verlegung der Räte nach Saint-Cloud beschlossen und das Kommando über die Truppen von Paris General Bonaparte übertragen. Fouché heuchelte Überraschung, ›er sei‹, sagte einer der beiden Besucher, ›bestrebt gewesen, nicht Stellung zu nehmen, sich so die Möglichkeit vorzubehalten, den glücklichen Gewinnern zu Diensten zu sein oder die unglücklichen Verlierer zu vernichten‹. Er äußerte Bedenken, stand auf, sagte, das Direktorium müsse von diesem überraschenden Ereignis unterrichtet werden. Er ging ins Luxembourg, um hier die Verblüffungskomödie vorzuspielen. Gohier war ärgerlich und empfing ihn ungnädig: ›Durch welch seltsamen Vorgang ist aus einem Minister des Direktoriums ein Bote der Alten geworden?‹

›Ich habe geglaubt‹, antwortete kühl der Minister, ›es sei meine Pflicht, Sie von einem so bedeutungsvollen Umschwung in Kenntnis zu setzen und Ihre Befehle entgegenzunehmen.‹

›Ihre Pflicht‹, entgegnete scharf der Direktor, ›war es, uns vor diesem Umschwung zu warnen, der wahrscheinlich nur der Auftakt ist zu weiteren, die in den geheimen Versammlungen, die Ihre Polizei Ihnen hätte melden müssen, beschlossen worden sind. Wenn das Direktorium Befehle zu geben hat, wird es sie Männern übertragen, die seines Vertrauens würdig sind.‹ In diesem Ton durfte man nie mit Fouché sprechen: Robespierre hatte es büßen müssen, und auch Napoleon sollte einige Jahre später diese Erfahrung machen. Wenige Stunden danach hatte Barras seine Demission unterzeichnet, und Gohier und Moulin waren Gefangene im Luxembourg.

Fouché hatte die feste Absicht, alles zu tun, um den Erfolg zu sichern. Geld war nötig: unbedenklich nahm er neunhunderttausend Pfund aus den Kassen der Polizei. Es mußte Entschlossenheit gezeigt werden, er ließ verbreiten, daß er über Paris wachen würde, während in Saint-Cloud das ausgeführt wurde, was geplant war; es hatte den Anschein, als würden die ›Fünfhundert‹ Widerstand leisten.

Vielleicht war Fouché weniger sicher, als er vorgab. Einige Wochen zuvor hatte er schon hart und listig auf die ›Fünfhundert‹ einwirken müssen, um von der republikanischen Versammlung die Auflösung der Jakobinerpartei zu erzwingen; zu welchen Mitteln würden diese Männer greifen, um die bedrohte Republik zu verteidigen? Fraglos war ein Gewaltakt nötig, doch waren die Bedenken und das Zögern des Generals ein gutes Omen? Fouché hatte guten Grund, ängstlich oder zumindest vorsichtig zu sein, denn nur Lucien Bonapartes Verwegenheit – er war der Präsident der ›Fünfhundert‹ – und dem rücksichtslosen Eingreifen der beiden späteren Schwäger des Generals, Leclerc und Murat, war es zu verdanken, daß das Vorhaben gelang. Hätten diese drei Männer, Lucien, Leclerc und Murat, bei der Durchführung der Aktion Schwäche gezeigt, wäre der Staatsstreich gescheitert, der General wahrscheinlich für rechtlos erklärt worden. Und wäre er dann auf Paris marschiert, hätte er sicherlich vor heruntergelassenen Schlagbäumen gestanden und hinter ihnen Fouché erblickt, entschlossen, den gescheiterten Diktator den Fehlschlag teuer bezahlen zu lassen.

Fouché hatte tatsächlich alle Vorsichtsmaßnahmen getroffen. Sein Schwert besaß zwei Schneiden. Am Morgen des 18. hatte er Arnault und Regnaud ausdrücklich versprochen, ›jeden in den Fluß zu werfen, der sich in Paris rühren würde‹, worunter er fraglos verstand, dieses harte Wort auf die besiegte Seite, wer es auch sein sollte, anzuwenden. Am folgenden Morgen gab der Polizeiminister plötzlich den Befehl, die Schlagbäume zu schließen: die Regierung von morgen befand sich in Saint-Cloud, die von gestern war im Luxembourg gefangen.

Einige Stunden lang war der Minister absoluter Herrscher über die Hauptstadt. Um Zeit für Entschlüsse und zum Handeln zu gewinnen, erließ er eine strenge Anordnung: Kein Bote außer den seinen durfte die Schlagbäume passieren, weder nach Paris hinein noch aus Paris heraus. Selbst die Familie Bonaparte wußte den ganzen Tag über nicht, was in Saint-Cloud vor sich ging. Im Falle eines Fehlschlags hätte Fouché wahrscheinlich den Staatsstreich für sich ausgemünzt, hätte Generale und Advokaten, Gohier und Bonaparte, Sieyès und Barras alle zusammen festgesetzt und eine neue Regierung gebildet, in der er einen wichtigen Platz eingenommen hätte. In späteren Jahren hielt der Kaiser seinem Minister diese Möglichkeit scherzend vor Augen, ohne darin einen Grund für Groll oder Geringschätzung zu finden.

Noch ehe die neuen provisorischen Konsuln Bonaparte, Sieyès und Roger Ducos im Luxembourg zusammengetreten waren, benahm sich der Minister des gestürzten Direktoriums so, als wäre er schon einer der Minister der siegreichen Konsularregierung. Er setzt sich in Positur, frohlockt, spielt den Sieger. Das französische Volk erfährt durch einen Aufruf, daß es den Herrn gewechselt hat, der Aufruf ist aber weder von Bonaparte noch von Sieyès unterzeichnet, sondern von Fouché.

Es wäre interessant zu wissen, was er für den Fall vorbereitet hatte, daß die Verschwörung scheiterte. Den Theaterleitern war am Abend des 19. eine Bekanntmachung zugeleitet worden, die vor den Vorstellungen verlesen werden sollte. Sie stellte die Ereignisse des Tages im günstigsten Licht dar: ›... Der Minister der allgemeinen Polizei gibt seinen Mitbürgern bekannt, daß die Räte in Saint-Cloud zusammengetreten waren, um über das Wohl der Republik und der Freiheit zu beraten, als General Bonaparte, der sich zum Rat der Fünfhundert begeben hatte, um die revolutionären Manöver anzuprangern, fast das Opfer eines Anschlags geworden wäre. Der Genius der Republik hat den General gerettet ...‹ Der Aufruf, der am nächsten Tag im ›Moniteur‹ erschien, hatte den Zweck, den Umschwung von Saint-Cloud mit dem gleichen Schleier der Legalität zu umhüllen, man sagte, es sei ein Sieg der gefährdeten Republik. ›Bürger, die Republik war von baldiger Auflösung bedroht. Die gesetzgebende Körperschaft hat die Freiheit vom Rande des Abgrunds zurückgerissen, um sie auf unerschütterliche Fundamente zu setzen. Die Schwachen mögen beruhigt sein, die Starken sind mit ihnen, gehe jeder ohne Sorge seinen Geschäften und seinen häuslichen Gewohnheiten nach. Nur jene haben etwas zu fürchten und müssen innehalten, die Unruhe stiften, die Geister verwirren und Unordnung säen. Alle Maßnahmen dagegen sind getroffen: die Unruhestifter, die Agenten des Königtums, alle, die sich an der öffentlichen Sicherheit oder an der Sicherheit der Person vergreifen, werden verhaftet und der Justiz ausgeliefert.‹

Bonaparte hielt zu Fouché, er setzte durch, daß er im Ministerium am Quai Voltaire verblieb. Sieyès, der Fouché mißtraute, wollte ihn absetzen und gab diesem Verlangen schon in der ersten Sitzung der Konsuln Ausdruck: es war verhängnisvoll für ihn selbst. Nur wenige Tage später war es Sieyès, der auf der Strecke blieb.

Man muß dem Minister die Gerechtigkeit widerfahren lassen, daß er nach dem Brumaire eine beschwichtigende Politik in die Wege geleitet hat; er war nicht der letzte, der sie Bonaparte angeraten und manchmal auch aufgezwungen hat. Der ›Achtzehnte Brumaire‹ war fraglos ein bedeutendes Ereignis, das aber an Fouchés Plänen nichts änderte; einen verwirklichte er. Der Exjakobiner wollte unter Bonaparte mehr noch als unter Barras verhindern, daß die der ›Anarchie‹ zugefügten Schläge der Reaktion zugute kämen. Als erstes beabsichtigte er daher, im Namen der Freiheit, der Ordnung, der Vernunft und der erwiesenen Dienste gegen jede Reaktion vorzugehen. Bei der Verfolgung seiner Ziele unternimmt er, auch später, stets die gleichen Maßnahmen: er läßt einige bekannte Gegner verhaften, einige auch deportieren, vor allem aber verfügt er Freilassungen. Größere Mäßigung ist nach einer Revolution nie bewiesen worden. Dafür schreibt er sich den Ruhm zu und erinnert ein Jahr später die Konsuln daran – er hatte die jakobinische Faktion zum Schweigen gebracht –, daß ›er sich geweigert habe, die Mitglieder zu ächten, was nur dazu geführt hätte, diese Faktion interessant zu machen, und ihr vielleicht zum Wiederaufleben verholfen hätte‹.

Der Minister machte sich die Verhältnisse zunutze und schloß die letzten Klubs in der Provinz, reduzierte die Anzahl der Zeitungen und besiegelte überall das Ende der ›übertriebenen‹ Partei.

9

Gleichgewichtspolitik

Im ›Moniteur‹ vom 26. Frimaire des Jahres VIII wurde ein neuer Aufruf des Ministers der allgemeinen Polizei veröffentlicht; er betraf die Abstimmung über die Verfassung und die endgültige Bildung der Konsularregierung; darin hieß es: ›Die revolutionären Bestrebungen sind in einer starken und machtvollen Regierung verankert.‹

Die Worte waren gut abgewogen: da die revolutionären Bestrebungen ›verankert‹ waren, gab es in den Augen Fouchés keine Gefahr von links mehr; ›Stärke und Macht‹ der neuen Regierung sollten auf einer anderen Seite wirksam werden.

Gefahr sieht er nur noch auf der Rechten, er sieht sie zweifach: Versuch einer bourbonischen Restauration mit Hilfe der etablierten Regierung, oder reaktionäre Unternehmung, in der Regierung selbst, gegen die Ideen, die Institutionen und die Menschen der Revolution.

Seine Einstellung in dieser Hinsicht bleibt stets die gleiche. Er bringt alle Vorhaben der royalistischen Partei zum Scheitern, ob es sich um die Umtriebe handelt, die darauf abzielten, aus Bonaparte den ›Monk‹ zu machen, von dem in der Umgebung ›Ludwigs XVIII.‹ im Exil geträumt wird, oder um das Wiederaufleben des Aufruhrs im Westen oder die Anzettelung von Verschwörungen in Paris; wohingegen er andererseits der Rechten eine gewisse Genugtuung verschafft, indem er für die Rückkehr der Emigranten eintritt und sie auch für viele erwirkt.

Diese Rückkehr kann aber auch große Unzuträglichkeiten mit sich bringen, denn diese Menschen werden sich zwar nach außen hin dem neuen Regime beugen, ihm sogar zustimmen, aber gewiß nicht ihre konterrevolutionären Ideen aufgeben; sie werden die Partei vergrößern (es handelt sich um hundertvierzigtausend Emigranten), die nur dem Anschein nach von einer Restauration des Königtums absieht, und versuchen, ihre Konzeption von einem Konsularregime durchzusetzen; denn im Gegensatz zu Fouché wollen viele Leute eine Gefahr nur in den ›revolutionären Bestrebungen‹ – so ›verankert‹ sie auch sein mögen – sehen, und sie beabsichtigen, wie Fontanes und Roederer, den Ersten Konsul dahin bringen, gegen die Idee wie auch die Einrichtungen und die Männer der Revolution, die sie verabscheuen, vorzugehen.

Gegen jede Reaktion, unter welchem Gewand sie auch auftritt, zu kämpfen ist stets und ständig das Grundprinzip der Politik Fouchés gewesen, mit der er nach drei Jahren Schiffbruch erleidet, die er aber, nachdem er kurze Zeit in Ungnade war, fortführt; er paßt sich den

Umständen und Verhältnissen an, diesmal im Schatten eines wiederaufgerichteten Thrones. Um dieser Politik ihre Berechtigung zu geben und um sich unentbehrlich zu machen, bemüht er sich vor allem, sich als Mann der Ordnung Geltung zu verschaffen in einem Land, das für lange Zeit unruhig bleibt. So bringt er die öffentliche Meinung auf seine Seite und beeindruckt dadurch den Mann, der schon jetzt der neue Herr genannt werden kann.

Die Hauptaufgabe war der Aufbau des Ministeriums, das die Konsuln ihm aufs neue anvertrauten und das bis jetzt ohne Ansehen und Wirkung gewesen war.

Zur Zeit, als das Direktorium ihn an die Spitze dieser noch verhältnismäßig jungen Verwaltungsbehörde berufen hatte, litt sie an einer zweifachen Schwäche. Von Anfang an hatte sie den Argwohn der obersten Gewalt selbst und die heftige Abneigung der Öffentlichkeit gegen sich. Das Direktorium hatte sich vor Fouchés Erscheinen die politische Polizei direkt unterstellt und den örtlichen Behörden die administrative Polizei überlassen. Es mußte also tatsächlich ein Ministerium der allgemeinen Polizei geschaffen werden.

Die politische Polizei war die Geheimpolizei, die Fouché in seine Gewalt bekommen wollte, die in seiner Hand aber ein gefährliches Instrument war. Sie war denkbar schlecht zusammengesetzt, befand sich zudem in einem völligen Durcheinander, es fehlte jeglicher Rahmen einer seriösen Organisation.

Fouché hatte während der fünf Monate seines Wirkens in dem Haus am Quai Voltaire schon Zeit genug gehabt, diese zweifache Schwäche zu erkennen, und zweifellos hatte er über die umfassende Reform nachgedacht, die er nach den Ereignissen im Brumaire beim Aufbau seines Amtsbereichs vornehmen wollte.

›Die mißgünstigen Vorurteile, die über die Polizei im Umlauf waren, auszumerzen‹, das war der wichtigste Punkt des Programms. Das Unternehmen war schwierig, der Minister mußte selbst feststellen, ›daß es kaum eine Nation gibt, die nicht den großen Nutzen der Polizeidienste anerkennt, die sie nicht kauft und oft hoch bezahlt, aber es gibt auch keine, die der Polizei große Sympathie entgegenbringt‹. ›Es ist wohl so‹, sagte der Minister, ›daß in dem hohen Preis, den man für ihre Dienste zahlt, jeweils die Entschädigung für einen gewissen Mißkredit einbegriffen ist.‹ Die Franzosen mußten also zu der Auffassung bekehrt werden, daß ›die Polizei nur die Aufrechterhaltung der gesellschaftlichen Ordnung zum Ziel hat‹, eine gute Formulierung, die von nun an in allen Rundschreiben verwendet und weiterentwickelt wurde. Er mußte einige in Verruf geratene Agenten opfern. Gewisse Säuberungsmaßnahmen waren dazu bestimmt, die öffentliche Meinung zu beruhigen, der Polizei Vertrauen und Achtung zu verschaffen und, gemäß einem kühnen Ausspruch des Ministers, sie ›sogar zum Freund der Freiheit zu machen‹.

Diese ungestüm ausgedrückten Meinungen standen auch in einem Brief an den Ersten Konsul, den Fouché einige Monate nach dem 18. Brumaire schrieb: ›Die Polizei, wie ich sie auffasse, muß so beschaffen sein, daß sie Delikten zuvorkommt und sie verhindert, daß sie Delikte, die nicht in den Gesetzbüchern stehen, in Grenzen hält und völlig tilgt.‹ Er wollte eine Polizei der Vorsorge und nicht der Unterdrückung schaffen.

Insbesondere erstrebte er für seine Polizei eine bessere Information. Er schuf im Ministerium eine Sonderabteilung der Geheimpolizei, die dem berühmten Polizisten Desmarest anvertraut wurde. Sie rekrutierte sich aus den verschiedensten Kreisen und wurde vor allem in Paris zahlenmäßig verstärkt; im ersten Jahr seines Ministeramts wurde sie nach Aussage eines royalistischen Gegenagenten um mehr als dreihundert Köpfe vergrößert.

Das aber war die irreguläre Armee der Polizei: Fouché wollte eine andere, reguläre, disziplinierte schaffen, mit einer wohlorganisierten Rangordnung. Die Einrichtung der Polizeipräfektur des Départements Seine (am 17. Ventôse des Jahres VIII) und der Polizeigeneralkommissare (am 5. Brumaire des Jahres IX) lieferte ihm die höheren Kader für diese andere Armee und begründete die große Verwaltungsbehörde der allgemeinen Polizei.

An die Spitze des Zentralbüros wurde ein einziger höherer Beamter, der Polizeipräfekt, gestellt. Sicherlich konnte die Existenz dieses Beamten, der doch ein kleiner Polizeiminister war, den Büros des Ministeriums gefährlich erscheinen, doch Fouché wollte ihm auf jeden Fall die politische Polizei abnehmen und sich selbst durch einen Beamten seiner Wahl von der Überwachung ›der Dirnen, Diebe und Straßenlaternen‹ befreien. Die Administratoren in den Départements erschienen ihm nur als mittelmäßige Agenten. Sie waren von ihrer Hauptaufgabe so in Anspruch genommen, daß sie der Polizei nur begrenzte Zeit widmen konnten; ihren Untergebenen brachten sie ein gewisses nachsichtiges Wohlwollen entgegen und waren deshalb, was Überwachung und Unterdrückung angeht, recht schwache Vertreter.

Paris sowohl wie die Provinz wurden also nacheinander mit ihrer Polizei ausgerüstet.

Am 17. Ventôse des Jahres VIII (8. März 1800) erschien das Dekret, das den Aufbau der Polizeipräfektur verkündete. Der neue Beamte wurde den Befehlen des Ministers unmittelbar unterstellt und stand mit ihm in Verbindung.

Paris hatte bald eine starke Polizei, die Provinz mußte mit ihrem Aufbau noch ein Jahr warten. Bestimmt war es Fouchés Wunsch, den lokalen Verwaltungen die politische Polizei aus den Händen zu nehmen. Er erachtete eine unabhängige, hierarchisch aufgebaute Verwaltung für nötig, die ausschließlich dem Ministerium unterstand. Man weiß nicht, ob der Erste Konsul davor zurückscheute, ein solches Monstrum in die Welt zu setzen. Vielleicht hatte auch Fouché Überlegungen angestellt und herausgefunden, daß die Situation, wie sie war, Vorteile mit sich brachte, da sie dem Polizeiminister erlaubte, die Ernennung der Präfekten, Unterpräfekten und Bürgermeister zu kontrollieren und sie möglicherweise zu beeinflussen. Wie dem auch sei, die Maßnahme wurde nicht gründlich durchgeführt: diese Beamten behielten die allgemeine Polizei ihrer Verwaltungsbezirke unter der Kontrolle, Leitung und Zustimmung des Polizeiministeriums; anscheinend aber benötigten die wichtigen Städte wie Lyon, Toulouse oder Straßburg, Grenzstädte wie Nizza, Perpignan, Bayonne, Ostende, Köln, Mainz, Genf, Hafen- und Küstenstädte wie Toulon, Marseille, Bordeaux, Rochefort, Paimbœuf, Lorient, Brest, Saint-Malo, Cherbourg, Le Havre, Boulogne und Antwerpen, alles Zentren, die besonders überwacht werden mußten, eine weniger väterliche und von jeder anderen Befugnis befreite Polizei.

Es schien angebracht, in diesen Städten höhere Polizeibeamte einzusetzen, die theoretisch vom Präfekten des Départements abhängig waren, die aber direkt mit dem Polizeiminister in Verbindung standen und ausschließlich von ihm ernannt wurden; sie waren in der Tat dessen scharfsichtige und aktive Vertreter.

Dieser Apparat wurde vervollständigt durch die Einsetzung von Sonderkommissaren, das heißt Agenten, die vom Minister bei kurzfristigen Angelegenheiten eingesetzt wurden, beweglichere und persönlichere Agenten als die allgemeinen Kommissare. Der bedeutendste Sonderkommissar war der von Boulogne, dem Tor an der Meerenge, das vor allem zu überwachen war wegen der ausländischen Agenten, der deportierten Priester, der von England zurückkommenden Emigranten, der Emissäre der auf die andere Seite des Kanals geflüchteten Prinzen, der Schmuggler und der Schiffe der Unterhändler. Eine besondere Verfügung zwang jeden Franzosen, der von England zurückkam, in Boulogne nach Ostende unterstand. Auf den Posten kam Mangaud, einer der aktivsten Agenten des Ministeriums, den Fouché scherzhaft seine

›schärfste Dogge‹ nannte; er wurde der am weitesten vorgeschobene der aktivsten Agenten des Ministeriums, den Fouché scherzhaft ›seine schärfste Dogge‹ nannte; er wurde der am weitesten vorgeschobene und am besten plazierte Wachtposten dieser von nun an organisierten Polizeiarmee.

Die eigentliche Armee war aber die Gendarmerie. In seinem Bericht des Jahres IX bezeichnete Fouché sie als Polizeiarmee. Damit war ein wichtiger Gedanke der Herrschaft Fouchés unter dem Konsulat verwirklicht: die amtlich anerkannte Unterstellung der Gendarmerie unter das Polizeiministerium.

Die Fundamente für das furchterregende Gebäude der Polizei des Kaiserreichs waren somit geschaffen; Fouché baute es 1804 aus diesen Elementen zusammen. Schon jetzt war die Polizei eine Macht, sie sollte später noch eine größere Ausdehnung und allgemeinere Verwendung finden. Fouché konnte schon 1801 mit der Tätigkeit, der Wachsamkeit, dem leichten und sicheren Einsatz seiner kleinen Armee zufrieden sein. ›Es ist möglich, es ist sogar sicher‹, sagte er in einem Bericht an die Konsuln, ›daß einige Feinde unserer Freiheit und unserer Gesetze sich noch in Frankreich verstecken; aber es ist ihnen nicht möglich, an vielen Orten verwegen und ungestraft tätig zu sein. Ihre Schritte, ihre Worte, ihr Tun, ihre geheimsten Absichten, alles ist von Blicken umstellt, um sie zu durchschauen, und von Armen, um sie festzunehmen; der Polizei fehlt es an keinem Mittel der Überwachung, und ihre Vaterlandsliebe macht sie noch stärker, schneller und unfehlbarer.‹ Der Minister übertrieb nicht: damals schrieb ein Agent der royalistischen Gegenpolizei, der überall auf Hindernisse stieß, die es bei der Polizei des Direktoriums nicht gegeben hatte, daß die Polizei seit einigen Monaten ›mit viel größerer Sicherheit und viel größerem Eifer auftrete‹, und er fügte hinzu: ›Für jemand, der steckbrieflich verfolgt wird, ist es fast unmöglich, sich der Überwachung zu entziehen.‹ Überdies ist anzunehmen, daß die Reform der allgemeinen Polizei allein nicht ausgereicht hätte, dem Minister schnell genug das Vertrauen des Volkes zu verschaffen, hätte er sich nicht dieses Instruments bei einer günstigen Gelegenheit bedienen können. Die gemäßigte Politik, die er in seinen Rundschreiben und Berichten – sie wurden im ›Moniteur‹ veröffentlicht – kundtat, setzte er sichtbar und spürbar in Taten um. Er hatte nach dem Brumaire die jetzt ohnmächtige ›anarchistische‹ Partei vor jeder Ächtung bewahrt und gleich darauf einen Entwurf ausarbeiten lassen, der den Opfern einer wirklichen Ächtung, die auf die Dauer unmöglich aufrechterhalten werden konnte, zugute kommen sollte. Gemeint sind die Emigranten.

Das Verhalten des Ministers, wiewohl seine Berichte an die Konsuln den Männern des ›Moniteur‹ vorlagen, ist lange Zeit verkannt worden. Es wurde behauptet, weil es glaubhaft schien, daß die Gnadenmaßnahmen vom ›Konsul der Wiedergutmachung‹ herrührten und daß sein Minister, der frühere Jakobiner, gegen sie gewesen wäre. In der Tat, es war durchaus möglich, nichts aber entspricht weniger der Wahrheit.

Zwar war Bonaparte zu jeglicher Wiedergutmachung und Versöhnung bereit, nach dem Brumaire jedoch widersetzte er sich zunächst der Rückkehr der Emigranten. Fern von der Politik hat er in seinen Feldlagern gelebt, in der Lombardei, im Orient, in Syrien: überall ist er auf Emigranten gestoßen, die ihr früheres Vaterland aktiv befehdeten. Er mag sie nicht, er verachtet sie, spricht in harten Worten über sie. Daher ist es nicht unwahrscheinlich, daß er während der ersten Monate des Konsulats die Idee einer Amnestie in großen ›Kategorien‹, die sein Minister ihm vorschlug, für gefährlich hielt; damit wären, wenn auch nicht auf einmal, so doch in beträchtlichen Schüben, diejenigen, die er ›schlechte Bürger, Gegner ihres Vaterlandes‹ nannte, wieder in ihre Titel und Rechte als Franzosen eingesetzt worden.

Bei Fouché gibt es solche Sentiments und Ressentiments nicht. Längst hat Fouché de Nantes vergessen, daß er einer der ersten Verbanner war; auch er ist in Italien auf Emigranten gestoßen, aber er hat sie verwendet, hat sie als Spione gegen ihre Freunde von gestern, die Österreicher, benutzt und sie durch die Hintertür wieder ins Land gelassen. Er hat gesehen, welchen Schaden die verbitterten Geächteten dem Lande zufügen konnten und wie leicht es andererseits war, sie zurückzugewinnen. Als Minister konnte er diese Erfahrung gut verwenden. Die im Ausland gefährlichen Emigranten bleiben, sind sie wieder zu Hause, nur gefährlich, wenn sie nicht scharf überwacht und von öffentlichen Ämtern ferngehalten werden. Im Ministerium hat er von Anfang an einzelne Löschungen von der Liste der Geächteten unterstützt, ihnen zugestimmt, sie, wenn nötig, sogar erzwungen. Die Emigranten fühlten sich ermutigt – fast alle waren dem Elend und der Mißachtung anheimgegeben –, sie richteten an den Minister Gesuch um Gesuch oder ließen sie ihm vorlegen. Unter dieser Flut von Bittschriften erstickt Fouché und wehrt ab; er schreibt: ›In Paris sind sämtliche Senatoren, Mitglieder der Gesetzgebenden Versammlung, Tribunen und Generale bereits beflissene Advokaten, die mehr oder weniger mit Bittschriften solcher Art befaßt sind.‹ Und stets landen die Tausende von Gesuchen im Ministerium am Quai Voltaire: ›Dergestalt, daß mein Ministerium, hätte es nur diese einzige Aufgabe zu bewältigen und wäre es mit der doppelten Zahl von Beamten bestückt, nicht ausreichen würde.‹ Es gibt mehr als hundertdreißigtausend Emigranten, und es gibt nicht einen auf fünf, der Löschung nicht erbittet oder zu verdienen meint.

Deshalb möchte Fouché ein anderes System eingeführt wissen, ›die Rückkehr in Kategorien‹. Dieses System schien ihm günstig: es erleichterte die Aufgabe des Ministeriums, entsprach der Rechtspflege, und es war nicht so gefährlich wie die allgemeine Amnestie, die später allerdings dann wirklich durch Bonaparte erlassen wird. Durch die allgemeine Amnestie, die den Zurückgekehrten nur einen vagen Treueid abverlangte, wäre auf einmal ein zu starker Zuzug von früheren Angehörigen des Ancien Régime erfolgt, die sich durch die umfassende, allgemeine Maßnahme, deren sie teilhaftig wurden, jeglicher Dankbarkeit enthoben glaubten. Hingegen erlaubte die Amnestie in Kategorien eine stufenweise Rückkehr, eine Kontrolle, bei der die Emigranten gezwungen waren, ihre Dokumente und Papiere vorzulegen, und die somit die Regierung, die natürlich durch den Polizeiminister vertreten wurde, in den Stand setzte, alsbald über die ›Rückkehrer‹ eine unumgängliche und umfassende Überwachung auszuüben.

Bis er diesem System zum Sieg verhelfen konnte, schürte der Minister in den aristokratischen Kreisen seine Popularität, indem er die Bittgesuche noch freundlicher entgegennahm als vor dem Brumaire. Am 20. Brumaire tat Madame de Chatenay den ersten Schritt: sie erbat die Löschung von Casimir de La Guiche, einem hochstehenden Adligen; Fouché übermittelte das Gesuch dem Ersten Konsul, der es abwies: eine prächtige Gelegenheit für den Minister, seine Protektion, sein Wohlwollen ins rechte Licht zu stellen im Gegensatz zur Härte des Gebieters. Fouché kam auf den Fall zurück und erreichte sein Ziel. Madame de Chatenay und Madame de Staël erwirkten Löschung auf Löschung. Leute mit weniger Protektion schreiben direkt an den Minister, den sie persönlich nicht kennen, der aber stets zustimmt. Der Kartätscher von Lyon ist zum Schutzengel der Emigration geworden. Er gefällt sich in dieser Rolle, die ihm eine paradoxe Popularität einträgt. Manchmal fordert er sogar zu Bittgesuchen auf. Am 6. Frimaire läßt er eine Notiz im ›Moniteur‹ erscheinen, in der es heißt: ›Es verlautet, daß die Konsuln dem Polizeiminister das Recht zur endgültigen Löschung übertragen haben.‹ Er hat freie Hand, er ist der Inspirator und der oberste Direktor einer dreiköpfigen Kommission, die er an Stelle der bisherigen ›Abteilung für Emigranten‹ im Ministerium schafft und deren einflußreichstes Mitglied der Generalsekretär der Polizei, sein bester Freund Lombard Taradeau, ist. Aber die Beliebtheit, die Fouché mit dieser Rolle gewinnt, erscheint dem Ersten Konsul bald gefährlich: am 9. Ventôse entzieht ihm der argwöhnische Bonaparte das angenehme und gefällige Vorrecht der Löschungen und überträgt es dem Justizminister. Der Polizeiminister bleibt allerdings allein befugt, seinem Kollegen die Gesuche weiterzuleiten, sie zu befürworten oder abzulehnen, was immerhin noch ein bedeutendes Privileg darstellt. Außerdem bleibt ihm großer Einfluß in der Kommission vorbehalten, die zur selben Zeit geschaffen wird, um die vor dem 4. Nivôse des Jahres VIII eingereichten Reklamationen zu prüfen; denn die dreißig ihr angehörenden Mitglieder werden vom Ersten Konsul lediglich aus einer Liste ausgewählt, die nur sechzig Namen umfaßt und allein von Fouché zusammengestellt ist. In Wirklichkeit beherrschte Fouché weiterhin das Terrain. Da er jedoch der Vorteile beraubt war, die ihm das Privileg verschafft und das er sieben Monate lang genossen hatte, drängte er um so mehr darauf, einen Beschluß über das System der Rückkehr in Kategorien herbeizuführen.

Es wird ersichtlich, welch sonderbaren, aber wichtigen Platz Fouché im Hoffen und in der Sympathie der Aristokratie einnahm. Die ›fructidorisierten‹ Abgeordneten und Journalisten andererseits kamen auf Vorschlag des Polizeiministers zurück. Diese Rückkehrer bezeigten dem Minister gegenüber weniger Dankbarkeit, weil ihre Auffassungen und Erwartungen alsbald in Konflikt mit den Interessen und demzufolge den ›Prinzipien‹ Fouchés gerieten. Die Neuankömmlinge verstärkten natürlich die Partei der Reaktion. Sie gaben unumwunden ihrem Vertrauen zu Bonaparte Ausdruck, schrieben ihm teils die Rolle Cäsars, teils die Rolle Monks zu. Nach außen hin blieb Fouché den Emigranten und ihren Freunden gewogen, machte sich aber unermüdlich daran, die Hoffnungen der beiden Klüngel der reaktionären Partei zu zerstören.

Am 26. Fructidor des Jahres VIII richtete er an alle Präfekten ein seit langem vorbereitetes, ausführliches Rundschreiben, mit dem er alle Illusionen zunichte machte und ›die Lüge‹ derjenigen aufdeckte, die, aus welchem Beweggrund auch immer, ›das Gerücht verbreiteten, daß die Regierung selbst eine Änderung der Regierungsform vorbereite‹. Er wies solche Gerüchte energisch zurück. ›Die republikanische Regierung‹ habe nur ein Ziel, behauptete er, nämlich die Ordnung dauerhaft zu etablieren, um so die Freiheit besser schützen zu können. Er benutzte die Gelegenheit, um den Konsuln ein großartiges Programm zu skizzieren, das jeglichen Gedanken von Despotismus und Reaktion ausschloß.

Das Rundschreiben zielte deutlich auf die von einigen Agenten der

Bourbonen bei Bonaparte unternommenen Schritte ab. Sie schienen zu glauben, der Erste Konsul könnte die Rolle übernehmen und weiterspielen, in der sowohl Dumouriez wie Pichegru und Barras gescheitert waren. Ludwig XVIII. hatte gerade den bemerkenswerten Brief an Bonaparte gerichtet, mit dem er die Unterstützung des Generals ›Vendémiaire‹ erbat. Und die hochmütige Antwort des Ersten Konsuls hatte anscheinend die Hoffnungen der verblendeten Royalisten nicht zunichte machen können, denn einige Monate danach wurde versucht, den Ersten Konsul zu überlisten, anfangs durch Abbé de Montesquiou, der ein royalistischer Agent war, durch den Dritten Konsul Lebrun und schließlich durch Joséphine selbst, die von der Herzogin von Guiche beeinflußt war. Fouché war nicht gesonnen, eine Restauration ohne seine Mitwirkung zuzulassen. Man wagte noch nicht, ihn einzuweihen, man wollte es auch noch nicht. Wiewohl er fraglos eine Thronbesteigung Ludwigs XVIII. nie ins Auge gefaßt hat, ist es immerhin möglich, daß er diese Versuche günstiger beurteilt hätte, wenn er von vornherein als Vermittler genannt worden wäre. Das geht aus den Unterhaltungen hervor, die er mit der Herzogin von Guiche geführt hat. Als die Herzogin in Paris eintrifft, wird ihr einstimmig eines mitgeteilt: ihre Schritte könnten nur Erfolg haben, wenn sie den damals schon allmächtigen Polizeiminister für ihre Sache gewinnt; sie sucht ihn also auf. Er empfängt sie recht ungezwungen, fragt nach den Prinzen, nach ihrer Umgebung, spricht in strengen Worten über den Hof im Exil, geht so weit, die Bourbonen zu tadeln, sie hätten sich nicht genug hervorgetan, und setzt die Herzogin – sie ist wie die Prinzen selbst nicht sehr im Bilde über die unglaubliche Wandlung, die der Königsmörder durchgemacht hat – in Erstaunen durch die hochmütige Art und Weise, in der er ein bißchen spöttisch, aber alles in allem recht höflich über die Restaurationspläne spricht: ›Wenn Bonaparte Ludwig XVIII. wieder auf den Thron setzen wollte, er könnte es nicht; er und ich müßten es wollen, aber denken Sie daran, daß das nicht möglich ist.‹ Und als die Herzogin, trotz dieses doppelsinnigen Bescheids – Aufforderung oder Drohung – sich in den Kopf setzt, in Paris zu bleiben, macht der Minister der ganzen Intrige brüsk ein Ende, indem er der adligen Abgesandten den Befehl erteilt, Frankreich innerhalb von zwei Tagen zu verlassen.

Auf einem anderen Feld ging der Minister wie ein Friedensstifter vor, worüber sich manche Anhänger des Throns nicht zu beklagen hatten. Es geschah im Westen und Süden. Denn der Minister mußte seine Augen überall haben. Doch die Vielfalt der Aufgaben, die ihn beschäftigten, vermochte einen so aktiven Kopf nicht mutlos zu machen; er besaß eine unermüdliche Arbeitskraft und unbegrenzte Hilfsmittel. Diese Aufgaben waren Elemente eines und desselben komplexen und komplizierten Problems, das unaufhörlich ein anderes Verhalten, einen neuen Plan verlangte und nicht zuließ, dieselben Praktiken, dieselbe Linie sowohl in Paris wie in der Bretagne, in den Tuilerien wie am Quai Voltaire einzuhalten, und den Minister daher zu dauernden notwendigen Stellungswechseln zwang. In der Angelegenheit der Emigranten war er den Anhängern der Rechten wohlgesinnt erschienen, bei den Restaurationsversuchen hingegen nicht; im Westen und im Süden ging er mit der gleichen Mischung von Entschlossenheit und Mäßigung, Strenge und Wohlwollen vor, die ihm den Ruf eines ›politischen Proteus‹ einträgt.

Zur Zeit, da Fouché durch das Vertrauen des Direktoriums an die Macht kam, stand der Westen wieder einmal in Waffen. Die Epoche der heldischen Kriege war zwar vorüber, doch flackerte der Kampf in der Heide immer wieder auf, und das Krebsgeschwür, dem eine Zeitlang Einhalt geboten worden war, breitete sich wieder aus und vergrößerte die immer noch offene Wunde an Frankreichs Flanke. Es wurden Banden gemeldet, die sich bis in die Touraine vorwagten. Verwegene Unternehmungen säten Schrecken und Mutlosigkeit unter das Volk. Am 28. Vendémiaire des Jahres VIII hatte Châtillon die Stadt Nantes überfallen und fünfzehn royalistische Gefangene befreit. Andere Chouans hatten sich für eine Weile zum Herrn von Redon gemacht, und Bourmont hatte drei Tage lang Le Mans besetzt gehalten.

Als Minister des Direktoriums hatte Fouché die Lage durchaus als ernst angesehen, hatte sich im allgemeinen damit begnügt, durch untergründige Machenschaften die Bemühungen der Bourbonen und Georges Cadoudals, die Zeit der Kämpfe in der Vendée wieder aufflakkern zu lassen, zu lähmen. Nachdem er den Aufstand im Kern unterminiert hatte, war es ihm gelungen, beim Direktorium die Entsendung des Generals Hédouville in den Westen durchzusetzen, wo dieser durch Vermittlung von Madame Turpin de Crissé unverzüglich Verhandlungen mit den Führern aufnahm.

Die Dame verheimlichte dem republikanischen General nicht, daß das verhaßte Geiselgesetz allein schuld sei an dem neuen Waffengang. Hédouville hatte diese Aussage an den Minister weitergemeldet, denn am 22. Brumaire legte Fouché den provisorischen Konsuln einen Bericht vor, der ganz auf Befriedung abgestellt war und die Abschaffung dieses ungerechten Gesetzes forderte, das, wie er schrieb, ›Anlaß gebe zu jeglicher Zwietracht, die sich in den Départements des Westens ausbreite‹, es sei ›ein Werkzeug des Hasses und der Rache geworden‹.

Und er, der im März 1793 in der Vendée drakonische Maßnahmen durchgeführt hatte, gebrauchte energische Worte, um dieses ›von Leidenschaften eingegebene‹ Gesetz zu geißeln, das, bestände es noch länger, ›die Zivilisation um mehrere Jahrhunderte zurückwerfen würde‹. Nur ein starkes und aufgeklärtes Recht‹, fügte der Minister hinzu, ›kann die Schäden, die das Gesetz verursacht hat, wiedergutmachen.‹

Damit nahm er den Rebellen den Hauptvorwand und das wichtigste Motiv für den Aufstand und brachte das Recht auf die Seite der Regierung. Da der Minister jedoch niemals nur ein Verfahren anwendete, schrieb er an Hédouville, er solle energisch vorgehen. Dieser besprach sich von neuem mit Madame Turpin de Crissé und mit dem Abbé Bernier. Der Abbé wurde im Auftrag der Rebellen nach Paris gesandt, traf den Polizeiminister und verließ dessen Amtssitz wie auch die Tuilerien in der festen Entschlossenheit, die Befriedung zu erwirken. Ein wichtiger Führer ließ sich dafür gewinnen: Bourmont. Er gehörte nicht zur heroischen Gattung der Cathelineau und Georges. Am 4. Pluviôse hatte er sich ergeben, war nach Paris gegangen, hatte Fouché aufgesucht und war in seinen Händen ein zwar unsicherer, gefährlicher, doch zuweilen nützlicher Verbündeter geworden. Fouché hatte ihn in den Westen geschickt in einer undurchsichtig gebliebenen Mission, die er anscheinend in einer Art Doppelspiel erledigte, die aber alles in allem dazu führte, das letzte Aufbäumen der noch nicht unterworfenen Führer der Vendée zu lähmen. Georges, der gehetzt und verfolgt wurde, dem Fouchés Spione und Meuchelmörder auf den Fersen waren, entschloß sich blutenden Herzens, Frankreich zu verlassen. Der Westen war unterworfen: es steht außer Zweifel, daß die geduldige Politik des Polizeiministers mit unaufhörlichen, hartnäckigen Verhandlungen nicht wenig dazu beigetragen hatte; in seinem Bericht an die Konsuln scheute er sich nicht, sich das Verdienst daran zuzuschreiben. Außerdem hatte er dabei, was für ihn ein Erfolg mehr und eine Sorge weniger war, Achtung seitens der Besiegten selbst gewonnen, die in der Befriedungspolitik Fouchés manchmal einen Hoffnungsschimmer erblickten. Es wird gesagt, daß Bourmont im Monat Ventôse des Jahres VIII sich in der Bretagne rühmte, Fouché gewonnen zu haben. Das war zur gleichen Zeit, da der Minister in den Tuilerien sich schmeichelte, den Chouan bekehrt zu haben.

Der Süden verursachte weniger Sorgen; gleichwohl war Fouché der Auffassung gewesen, er müsse sich mit jenem Landstrich beschäftigen; die geringste Regung konnte plötzlich großes Ausmaß annehmen in einem Land, wo, zufolge eines prophetischen Worts des Ministers, Aktionen und Reaktionen wegen des Klimas aufbrausender und schrecklicher als in jeder anderen Region waren. Dort war keiner der Führer zu gewinnen, waren keine Armeen aufzulösen, dort herrschte ein Brigantentum, das Schrecken verbreitete und die Anarchie förderte. General Férino erhielt den Auftrag, den Präfekten des Südens bei der Wiederherstellung der Ordnung zu helfen.

Die ungeheure Ausdehnung, die das Brigantentum seit mehreren Jahren im ganzen Land genommen hatte – eine Frucht sowohl des Bürgerkriegs wie des auswärtigen Kriegs –, verlangte allgemeine Maßnahmen; am Rhein und an der Maas, im Tal der Garonne, an den Ufern der Rhône, in der Vendée, in der Bretagne und in der Normandie, sogar in der Touraine, in sechsundvierzig Départements, verwüsteten die Banden die Besitzungen der Aufkäufer von Nationalgütern, plünderten die Häuser, verbrannten die Eigentümer, griffen die Postwagen an, raubten die Staatskassen, meistens im Namen des Königs Ludwig XVIII. und der heiligen Sache. In den ersten Monaten des Jahres VIII begann der Minister einen Kampf gegen diese Banden, der sich zwar von Tag zu Tag glücklicher anließ, jedoch während der Zeit des Kaiserreichs andauerte und nie ganz zu Ende ging. Als Fouché das Ministerium verlassen mußte, bestand das Bandenunwesen immer noch, hatte aber keinen politischen Charakter mehr.

Durch solche Dienste wurde Fouché nicht nur dem Regierungschef, sondern dem ganzen Land unentbehrlich. Der erste Teil seiner Aufgabe war gelöst: seine Mitarbeit an dem gewaltigen Befriedungs- und Wiederaufbauwerk. Er spielt noch eine andere Rolle, mitten unter tausend Intrigen, die auf der Pariser Bühne aufgeführt werden.

10

Gegen die Reaktion

Die ehemals aufständischen Provinzen waren allem Anschein nach befriedet, jede bedenkliche Regung auf diesem Felde war der royalistischen Partei unmöglich gemacht. Durchaus wahrscheinlich war es – nach Fouchés Meinung –, daß die Partei sich anderen Hoffnungen zuwenden würde: die Wiedereroberung Frankreichs durch eine massenhafte, unkontrollierte Rückkehr der früheren Aristokratie oder die Wiedereroberung der Macht durch ein von den Agenten des Königs selbst vorbereitetes Attentat in Paris. Der Minister sieht diese beiden Gefahren deutlich und trifft Vorkehrungen, sie abzuwenden. Ganz offenkundig verstärkt Fouché in den letzten Monaten des Jahres VIII seine Politik gegen die Royalisten, auf der anderen Seite scheint er sich gerade hierin zu widersprechen: in der ewigen Frage der Rückkehr der Emigranten.

Im Laufe des Jahres VIII hatte er ihnen in seinen Rundschreiben einige Hoffnung gemacht, doch nie ohne ausdrückliche und immer wiederholte Einschränkungen. Und die bereits zurückgekehrten Emigranten? Er ließ sich im Messidor des Jahres VIII die Überwachung ihres Verhaltens übertragen, insbesondere hinsichtlich der Ansprüche auf die konfiszierten Vermögen; hierüber wachte er mit äußerster Unnachsichtigkeit.

Diese Unnachsichtigkeit – auch der Erste Konsul trat dafür ein – war durchaus gerechtfertigt, weil in Paris eine royalistische Verschwörung aufgedeckt wurde, angezettelt von einer Gruppe, die Fouché später als ›englische Agentur‹ bezeichnet hat. Erst im Pluviôse des Jahres VIII gibt er sie bekannt, wiewohl er schon seit einigen Wochen auf dem laufenden war. An der Spitze der ›Agentur‹ stand dem Namen nach der Chevalier de Coigny, der offizielle Vertreter Ludwigs XVIII., doch war der eigentliche Drahtzieher ein gewisser ›Chevalier Joubert‹. Sein Plan bestand darin, Bonaparte auf der Straße nach Malmaison zu überfallen und ihn niederzumachen – in den abgefangenen Briefen wurde dies als ›der wesentliche Schlag‹ bezeichnet: dann sollte ›die kleine Armee‹, eine Gruppe tatkräftiger Männer, unter Anführung von Hyde de Neuville eine Regierungsänderung zugunsten des Königs bewirken. Hyde de Neuville befand sich in England; der Minister wartete, um einen großen Fang zu machen, auf seine Rückkehr. Im Monat Floréal wollte Fouché nach rechts zuschlagen, er deckte das ganze Komplott auf. Sein Bericht an die Konsuln wurde im ›Moniteur‹ veröffentlicht. Chevalier de Coigny und Chevalier Joubert wurden festgesetzt, der letztere bald darauf erschossen. Bei der Durchsicht der Papiere kam der Plan einer regelrechten Konterrevolution zutage: ›die Prinzen‹ sollten an der Küste landen; man rechnete damit, daß Brest ihnen zufallen würde; am gleichen Tag sollte Bonaparte ›ergriffen‹ und Kuriere in alle Teile Frankreichs entsandt werden, um dem Land die Proklamationen Ludwigs XVIII. bekanntzugeben. Rigorose Gegenmaßnahmen wurden auf der Stelle vorgenommen.

Auf der anderen Seite war Fouché anscheinend mehr denn je geneigt, die Rolle des Beschützers der ›republikanischen‹ Partei zu spielen – der Erste Konsul sprach von der ›anarchistischen‹ Partei; er war nicht geneigt, ihr Schonung zuzubilligen.

Die den unbeugsamen Jakobinern offensichtlich gewährte Gunst – die Ursachen dafür blieben der politischen Welt verborgen (es war im

Ludwig XVI. drei Tage vor seiner Hinrichtung; Porträt von Ducreux

Carnot,

Collot d'Herbois,

Tallien,

St. Just,

Barras,

Billaud-Varenne;
Alle nach Porträtstichen von
Auguste Raffet

Maximiliên Robespierre; anonymes Gemälde

Oben: Revolutionstribunal während der Schreckensherrschaft
Stich von Berthault nach A. E. Fragonard

Unten: Die Schließung des Jakobinerklosters, am 11. November 1794;
Stich von Duplessis-Berteaux

Frühling 1800, und die Affäre der englischen Agentur war nur Fouché bekannt) –, diese Gunst brachte die reaktionäre Partei in Harnisch, die seit Wochen die Person des ›Königsmörders‹ ebenso hinderlich wie verachtenswert fand. Diese Partei hatte sich, mangels anderer Möglichkeiten, hinter Lucien Bonaparte gestellt, der damals Innenminister war und seinen Bruder drängte, die Diktatur auf Lebenszeit einzurichten, was, wie er gern sagte, die einzige Garantie für die Dauerhaftigkeit und daher für die Wirksamkeit der Institutionen des Konsularregimes sei. Der Klüngel, der hinter Lucien stand und ihn beeinflußte, machte sich die Vorstellung zu eigen, daß die Errichtung eines Konsulats auf Lebenszeit den Sieger von Rivoli zu einer umfassenden Restauration der Ordnung und vielleicht zu einer ausgesprochenen Reaktion bringen könnte; Lucien trat dem Polizeiminister, der von jetzt an ein Gegner der Diktatur auf Lebenszeit und jeder Veränderung der Institutionen war, offen feindselig gegenüber. Man gab sich der Hoffnung hin, Bonaparte würde, ehe er nach Italien aufbrach, um gegen die Österreicher zu kämpfen, sich eines unangenehmen Ratgebers entledigen, der, worauf manches hinwies, auch nicht mehr sein ganzes Vertrauen genoß. Deshalb hatte Fouché es für notwendig gehalten, einige Tage vor dem Aufbruch des Regierungschefs die Verschwörung, die er seit Wochen für eine besondere Gelegenheit in Reserve hielt, aufzudecken. Vor allem wies er in seinem Bericht auf den Umstand und die Bedeutung des jetzt erstickten Komplotts hin und auf den Dienst, den er dem Staat, der Republik und dem persönlich bedrohten Ersten Konsul erwiesen hatte.

Bonaparte hatte keineswegs die Absicht, sich seiner zu entledigen. Er schätzte seine Arbeit und seine Begabung, wiewohl er, ohne ein Hehl daraus zu machen, seinen Intrigen mißtraute. Aber auch dieses Mißtrauen schien sich angesichts der Aufdeckung des royalistischen Komplotts zu verflüchtigen; im Gegenteil, das Vertrauen des Konsuls zu dem Mann, dem er bei seinem Aufbruch am 6. Mai 1800 an der Spitze der Polizei beließ, war noch gewachsen. Ein klarer Beweis dafür findet sich in den Briefen, die er aus dem Hauptquartier an seinen Minister schrieb. Am 14. Floréal lobte er ihn aufs höchste für die Maßnahmen, die er getroffen hatte, um die Ruhe in der großen Stadt aufrechtzuerhalten. ›Meine Dankbarkeit für die vielen Dienste, die Sie der Republik geleistet haben, ist noch größer geworden durch die Entdeckung des englischen Komitees‹, schrieb der Regierungschef. Und kurz darauf, als er von der Kampagne, die die reaktionäre Partei gegen den Minister unternahm, erfahren hatte: ›Die Antwort auf alle Intrigen, auf alle Kabalen, auf alle Denunzierungen wird immer die folgende sein: Paris ist während des Monats, da ich abwesend war, völlig ruhig gewesen.

Angesichts solcher Dienste steht man über jeder Verleumdung, und ich hätte dieses Beweises nicht bedurft, denn nichts vermag das volle Vertrauen, das ich in Sie setze, noch zu verstärken.‹

Gegen einen Minister, der so großartige Lobschreiben empfing und sie gewiß nicht in der Schublade ließ, war nichts zu machen. Die Gegner waren entwaffnet. Das war die Situation dieses Mannes, der – nach Meinung aller Parteien – durch schreckliche Erinnerungen an frühere und neuerliche Treuebrüche kompromittiert war und jetzt manchen als der einzige Garant für den republikanischen Geist erschien, anderen als die wichtigste Stütze der Konsularregierung und allen, für den Fall, daß irgendein Ereignis eintreten könnte, als der notwendige Schiedsrichter über alle Parteien. In Wirklichkeit konnte er niemandem etwas vormachen. Seine Bindung an den Ersten Konsul war zwar echt, aber den Umständen untergeordnet: die jüngsten Ereignisse hatten ihm gezeigt, wie verwegen, wie stark auch die royalistische Partei war; er war der Auffassung, daß das Regime so viel wert war, wie der Mann taugte, der an der Spitze stand, und der Mann selbst war nur so viel wert wie seine Erfolge, die ihn wie eine Aureole umgaben. Ein lebender, aber besiegter und somit geschmälerter Bonaparte (die besten Generale der Republik waren in Italien geschlagen worden) hätte weder das nötige Prestige noch die Kraft gehabt, die Rolle zu spielen, für die Fouché ihn vorgesehen hatte. Die Nachfolge war also durchaus offen. Diese beiden Möglichkeiten faßte Fouché vom Jahre VIII an stets ins Auge, später, vor jedem Feldzug, vor Austerlitz, Jena, Eylau, Somo-Sierra, Wagram und Moskau. Fraglos war er nicht der einzige, der die Dinge in dieser Weise ansah. Mancher Politiker dachte genauso, und im Frühling 1800 wartete jede Partei ungeduldig auf Nachrichten aus Italien, wo die Schlacht unmittelbar bevorstand; alle schickten sich an, im Falle einer Niederlage sich in den Tuilerien einzunisten.

So stand es, als am 20. Juni zwei Kuriere eintrafen mit der Kunde, daß der Erste Konsul am 14. Juni auf den Feldern von Marengo geschlagen worden sei und daß er sich auf dem Rückzug befinde. Die Sache war verloren.

Die eigentlichen Pläne Fouchés und welche Rolle er bei diesen Gegebenheiten spielte, ist keineswegs klar. Kein Abschnitt im Leben Fouchés liegt so im Dunkel wie dieser. Es wird behauptet, er habe die Bildung eines Triumvirats mit Talleyrand und dem Senator Clément de Ris vorbereitet, während Joseph Bonaparte versucht habe, La Fayette und Carnot auf seine Seite zu bringen.

Am nächsten Tag wurde bekannt, daß die Schlacht bis fünf Uhr als verloren gegolten habe, schließlich aber gewonnen worden sei, und daß der Sieger Bonaparte jetzt Herr über die gesamte Lombardei war. Zwei Wochen danach war er wieder in Paris, umdüstert und verärgert, und obgleich er Carnot zum Sündenbock machte, blieb er äußerst mißtrauisch der Haltung Fouchés gegenüber. Dieser rechtfertigte sich, konnte aber das unumschränkte Vertrauen, das Bonaparte ihm wenige Wochen zuvor ausgesprochen hatte, nicht wiedererlangen.

Jetzt hoben die Gegner des Ministers die Köpfe, und es begann der Kampf zwischen dem ›Mann der Jakobiner‹ und dem reaktionären Klüngel, der sich hinter Lucien verschanzte. Der Streit nahm scharfe Formen an, als er auf das religiöse Gebiet übergriff, auf dem Fouché klar Stellung bezogen hatte.

Seit dem Brumaire waren seine Beziehungen zur staatstreuen Geistlichkeit, die er früher in Nevers und Moulins hart verfolgt hatte, recht freundlich. Der Wiedereinführung des ›römischen Kults‹ stand er ablehnend gegenüber, er erachtete ihn als revolutionsfeindlich und näherte sich deshalb den Freunden des Abbé Grégoire. Das Konkordat mit Rom war ein Punkt des Programms der Reaktion, weshalb der Minister es für wichtig hielt, sich die Unterstützung der natürlichen Gegner des ›Papismus‹ zu sichern, die Mitglieder der staatstreuen Geistlichkeit. Ein versöhnliches Rundschreiben, das großes Aufsehen erregte, hatte der Exoratorianer gleich nach dem Brumaire an die Bischöfe der abtrünnigen Kirche gerichtet.

Sein Wohlwollen schenkte er den Freunden Grégoires, die er stets sehr wirksam in Schutz nahm gegen ihre unvereidigten Amtsbrüder; einem Ausspruch des Bischofs Le Coz zufolge ermutigte er die staatstreue Geistlichkeit in einer Weise, daß sie ihrem Untergang entgegenging. Der fanatische Anhänger der Vernunft machte sich am Ende des Jahres VIII zum Beschützer der ›Kirche der Revolution‹ gegen die Parteigänger, die die Rückkehr in die römische Kirche forderten.

Dieses Verhalten des Ministers schürte den Haß der reaktionären Partei gegen ihn: einige katholische Publizisten, wie der Abbé de Boulogne, ein ständiger Gegner Fouchés, vereinigten sich in ihren Bemühungen mit Lucien und Roederer: sie wollten den Ersten Konsul dazu bringen, sich von diesem unverbesserlichen Jakobiner zu trennen.

In den ersten Oktobertagen wurde in den Tuilerien ein republikanisches Komplott angezeigt. Wurde wirklich ein Komplott geschmiedet? Fouché hat es stets abgestritten. Einige vage Drohungen, die geschickt ausgenutzt wurden, viel Groll, der von den Agents provocateurs der Sonderpolizei Bonapartes übertrieben wurde: das sollte die ›Konspiration Arena-Ceracchi‹ sein, die Bonaparte zu einem ungeheuren Ereignis aufbauschte. Er glaubte, seinen Minister in flagranti bei einer Nachlässigkeit ertappt zu haben. Fouché zuckte nur mit den Schultern: dieses angebliche Komplott kannte er seit langem; da man eines brauchte, hatte man jetzt eines. Die Polizei stellte den Unglücklichen eine Falle, sie wurden am 19. Vendémiaire (10. Oktober) in der Oper verhaftet, weil sie Dolche trugen. Es waren bedürftige und verbitterte Republikaner, der Maler Topino Lebrun, Arena, Ceracchi und Demerville, ehemaliges Mitglied des Wohlfahrtsausschusses.

Es wurde viel Lärm gemacht um dieses Komplott. Bonaparte geriet in Wut, echte oder gespielte, gegen diese ›September-Gespenster‹, er erklärte sie als eine gefährliche Partei. Fouché konnte diesen Wirbel nicht verhindern und schrieb sich seelenruhig in einem Artikel im ›Moniteur‹ das Verdienst zu, einen Anschlag aufgedeckt zu haben, der im Grunde gegen ihn gerichtet war; er erinnerte angesichts dieses republikanischen Komplotts geschickt an die kürzlich unterdrückten Machenschaften der anglo-royalistischen Agentur, die ebenfalls gefährlich gewesen war. Einige Wochen nach dem Scheitern des Komplotts Arena-Ceracchi deckte Fouché ein viel ernsteres auf, das er selber den Republikanern zuschrieb: der Jakobiner Chevalier wurde am 18. Brumaire des Jahres IX (8. November) bei der Herstellung einer Höllenmaschine verhaftet. Diesmal fiel das Verdienst der Aufdeckung ganz dem Minister zu; er glaubte, hiermit einen Beweis nicht nur seiner Wachsamkeit, sondern auch seiner Unabhängigkeit jeder Partei gegenüber geben zu müssen.

Überdies beteuerte er fortgesetzt, das alles sei nicht schlimm, denn niemals sei die Republik sicherer gewesen, insbesondere hob er während des ganzen Vendémiaire und Brumaire des Jahres IX in Meldungen im ›Moniteur‹ die vollkommene Ruhe in der Bretagne, in der Vendée, in Bordeaux und im Süden hervor. Bis auf weiteres schien die royalistische Partei in der Tat zunichte gemacht oder befriedet zu sein. Stets und ständig verfolgte Fouché von ferne oder von nahem alle Regungen der öffentlichen Meinung, die damals eher der Rechten zuneigte, er kam jetzt anscheinend auf die Politik zurück, die er während der ersten Monate seiner Amtszeit verfolgt hatte. Am 5. Brumaire des Jahres IX setzte er Polizeigeneralkommissare ein und konnte nun, da diese Einrichtung die allgemeine Polizei komplettierte, der Rückkehr der Institution zustimmen; ohne Gefahr vermochte er jetzt politische und menschliche Gefühle zu befriedigen. Die Gesuche um Löschung von der Emigrantenliste liefen weiterhin in großer Zahl ein: der Polizeiminister war umsonst von dem drückenden Vorrecht, sie anzunehmen oder sie zurückzuweisen, entbunden worden, immer wieder wandte man sich an Fouché und seine Beamten. Andererseits führte die schlecht organisierte, schlecht überwachte Rückkehr der Emigranten zu Mißständen; einige bestochene Beamte stellten falsche Bescheinigungen aus. Am 16. Brumaire wies der Minister auf die Angelegenheit hin, es mußte endlich Schluß gemacht werden mit dieser unglaublichen Liste, sie mußte beträchtlich gekürzt werden, Irrtümer mußten ausgemerzt, Ungerechtigkeiten korrigiert werden, und schließlich und endlich mußten ›Kategorien‹ geschaffen werden – sein lang gehegter Plan –, die denjenigen die legale Rückkehr erlaubten, die in die Kategorien aufgenommen wurden, während den anderen die Türen des Landes offiziell verschlossen blieben ... bis zu einer partiellen Amnestie.

In einem neuen Bericht prüfte Fouché die Lage und stellte sie mit äußerster Genauigkeit dar. Die Emigrantenlisten, so wie sie gedruckt vorlagen, wiesen die Namen von hundertfünfundvierzigtausend Personen auf; sie waren aus partiellen Listen zusammengesetzt, die von den örtlichen Behörden aufgestellt worden waren. Der Minister bezeichnete die Kategorien von Bürgern, deren Löschung der einfache Menschenverstand und die Billigkeit forderten: die Vertreter, Erben und Kinder der Emigranten, die absurderweise unter das Gesetz der Ächtung fielen, die Handwerker und Bauern, irregeführte Leute, die nicht als wirkliche Emigranten betrachtet werden konnten, die Frauen, die im Augenblick der Emigration von ihrem Mann abhängig waren, die Emigranten, die unter die Kapitulation von Malta fielen, die Leute, die von lokalen Verwaltungen und von der zu diesem Zweck eingesetzten Kommission gestrichen worden waren, endlich zwei weitere Kategorien von Personen, die durch ungeheuerliche Ungerechtigkeit auf den Listen standen: die auf Grund der revolutionären Gesetze deportierten Priester und die unglücklichen Opfer der revolutionären Gerichtshöfe, die rehabilitiert werden und deren Vermögen den Erben zurückerstattet werden sollte.

Der lange Bericht war klar, maßvoll und menschlich. Auch die Konsuln sahen ihn so an und erließen eine Verfügung in dem beabsichtigten Sinn. Während des ganzen Jahres IX ließ Fouché die amtliche Liste bearbeiten, von der dreitausenddreihundertdreiundsiebzig Namen gestrichen wurden. Durch diese Maßnahmen verschaffte er sich die Unterstützung einiger Gruppen, denn der Kampf zwischen ihm und Lucien wurde ernst.

Seit Brumaire war das Verhältnis zwischen Lucien und Fouché gespannt, und der Kampf war von Anfang an so heftig, daß im Januar 1800 gesagt wurde, ›der Bruch zwischen dem Innenminister und dem Polizeiminister hat den letzten Grad der Schärfe erreicht‹. Am 30. Januar sagte ein Agent: ›Lucien macht alles, was er nur kann, um bei seinem Bruder den Einfluß, den Fouché über ihn gewonnen hat, zu untergraben.‹ Alle Gegner Fouchés lagen auf der Lauer und stellten sich bei diesem Streit hinter Lucien. Fouché versuchte seit einigen Monaten, diese Kamarilla, die stets nur darauf wartete, ihn anzugreifen, am Haupt zu treffen; die Gelegenheit bot sich ausgangs des Jahres 1800.

Zu jener Zeit hatte die letzte ›jakobinische Verschwörung‹ von Arena und Ceracchi zu einer für den Ersten Konsul günstigen Stimmung geführt; es wurde gesagt, sein Leben sei in Gefahr gewesen. Der cäsarischen Gefolgschaft schien die Gelegenheit günstig, um das Ziel aller Bemühungen zu erreichen: Bonaparte Titel und Befugnisse eines Konsuls auf Lebenszeit zuzuerkennen. Dieser zögerte noch, sich in dieses Abenteuer einzulassen, doch wollte man seine Einwilligung erzwingen. Im November 1800 erschien die berühmte Broschüre ›Parallelen zwischen Cäsar, Cromwell, Monk und Bonaparte‹. Sie war von Fontanes abgefaßt worden, dem Schriftsteller der reaktionären Clique, doch von Lucien stark beeinflußt. Der Erste Konsul wurde darin glorifiziert und mit Cäsar verglichen. Der Innenminister, der Inspirator dieses – wie Fouché es bezeichnete – gefährlichen Pamphlets, ließ es überdies paketweise jedem Präfekten zusenden. Das Unternehmen war verfrüht; die Wirkung war ungünstig. Mit einem Blick hatte Fouché die Tragweite und die möglichen Folgen erkannt. Obwohl er wußte, daß die Broschüre dem Ersten Konsul vorgelegen hatte, ließ er ohne zu zögern die Packen, die in Paris verblieben waren, beschlagnahmen und begab sich in die Tuilerien. Dort warteten Fontanes und Lucien darauf, daß Bonaparte aufstand; Fouché nahm das ihm zugebilligte Vorrecht in Anspruch, ging in das Zimmer des Regierungschefs und malte ihm mit beredten Worten aus, welches Unheil das Pamphlet anrichten könnte und welche demagogische Reaktion es entfesseln würde, wenn es nicht sogleich mißbilligt würde. Nachdem er den Widerruf vom Ersten Konsul erlangt hatte, zog er sich zurück, traf Lucien im Vorzimmer und unterrichtete ihn über seinen Schritt.

Es folgte ein heftiger Auftritt zwischen den beiden Ministern. Am Abend des gleichen Tages sandte der Polizeiminister im Vollgefühl seines Sieges ein kurzes Schreiben verächtlichen Inhalts an die Präfekten: ›Ich beauftrage Sie, Präfekten, den Vertrieb eines Pamphlets einzustellen, das den Titel führt ‚Parallelen zwischen Cäsar, Cromwell, Monk und Bonaparte'. Ich weiß, daß es Ihnen in großen Mengen zugesandt worden ist und daß die Verfasser dieses Erzeugnisses beabsichtigt haben, Sie, indem sie es Ihnen schickten, zu Verteilern zu machen. Betrachten Sie es, wie es ihm zukommt: als die Frucht einer Intrige.‹ Dieser an die direkten Untergebenen des Innenministers gerichtete Brief brachte diesem nicht wiedergutzumachenden Mißkredit ein. Lucien wurde unmöglich. Joséphine und Moreau gelang es, den unseligen Inspirator der ›Parallelen‹ beim Ersten Konsul so in Verruf zu bringen, daß er am folgenden Tag sein Ministerium und Frankreich verließ, um an die Botschaft in Madrid zu gehen. Fouché hatte gesiegt.

Zwar hatte sich Fouché auf diese Weise eines gefährlichen Kollegen entledigen können, doch hatte die Ungnade, in die Lucien gefallen war, die Clique dazu angestachelt, einen Gegenschlag vorzubereiten, zu dem sich bei der stets schwierigen Lage des Polizeiministers sicherlich eine Gelegenheit bieten würde. Sie trat eher ein, als man gedacht hatte.

Lucien hatte das Ministerium Ende Brumaire des Jahres IX verlassen. Fünf Wochen danach, am 3. Nivôse, wurde der Erste Konsul das Ziel eines der tückischsten Attentate, die bisher gegen einen Machthaber geplant worden waren: die berühmte Höllenmaschine der Rue Saint-Nicaise. Als der Regierungschef am 3. Nivôse (24. Dezember 1800) auf dem Wege in die Oper durch die Rue Saint-Nicaise fuhr, ereignete sich eine ungeheure Explosion. Eine Höllenmaschine war explodiert, jedoch einige Sekunden zu spät, so daß nur der Wagen des Ersten Konsuls auseinanderbarst und Personen seines Gefolges und Passanten getötet oder verletzt wurden. Bonaparte blieb unverletzt. Er ließ sich in der Oper sehen, fuhr dann aber sofort in die Tuilerien zurück, wo Fouché auf ihn wartete, in äußerst mißlicher Lage.

Fouché hatte sich an den Ort des Attentats begeben, war dann in die Tuilerien gefahren, wo er von allen mehr als kühl empfangen wurde: ein allgemeines Zetergeschrei erhob sich, das von seinen Gegnern und seinen persönlichen Feinden geschürt wurde. Das Attentat sei, rief man, das Werk der Jakobiner, daran sei nicht zu zweifeln. Sie hätten bestimmt ihre Hand im Spiel, denn wenige Wochen zuvor wäre der Jakobiner Chevalier bei der Herstellung einer ähnlichen Maschine ertappt worden. Es wäre übrigens auch gar nicht erstaunlich; diese Leute würden von ihrem politischen Gesinnungsgenossen, dem Polizeiminister, geschützt, unterstützt; wenig fehlte, und man hätte gesagt: angestiftet worden. Gegen diese Elenden müsse man vorgehen, vor allem aber müsse der gefährliche Minister abgesetzt werden, der sie anstachele, anstatt sie zu überwachen.

Bonaparte traf ein; während er sich in der Oper zur Ruhe gezwungen hatte, brauste er jetzt auf. Es kam zu einer aufgeregten Szene: der Erste Konsul beschuldigte in aller Form und in heftigen, erregten Worten die Jakobiner des Attentats, stieß wüste Drohungen gegen sie aus, und als einige Freunde Fouchés (er selber verharrte schweigend und kühl) inmitten der allgemeinen Vorwürfe anzudeuten versuchten, daß es sich möglicherweise um eine Tat der Chouans handele, schrie Bonaparte sie an: ›Ich lasse mich nicht irreführen, hier gibt es keine Chouans, keine Emigranten, keine früheren Adeligen und keine früheren Priester. Ich kenne die Urheber, ich werde sie fassen und sie exemplarisch bestrafen.‹ Während dieser Nacht galt es als gewiß, daß Fouché seines Amtes enthoben werden würde.

Am folgenden Tag, im Beisein hoher Beamter, die gekommen waren, um den Konsul zu beglückwünschen, am übernächsten Tag, im Staatsrat, wo ein Deportationsgesetz gegen ehemalige Schreckensmänner verlangt wurde, erging sich der Erste Konsul wieder in heftigen Ausbrüchen gegen ›die September-Gespenster‹ und erklärte angesichts des Zögerns der Juristen im Rat, die in der Mehrheit jedoch seiner Meinung waren, angesichts der mutigen Haltung des Admirals Truguet noch einmal, man wolle ihn irreführen, ihn dazu bringen, ungefährliche Royalisten zu treffen, ›während nur die Septembristen eine Gefahr darstellten‹.

Fouchés Lage schien aussichtslos zu sein. Er wurde rücksichtslos angegriffen; in der Öffentlichkeit sagte Bonaparte keine Wort über ihn, in kleinem Kreis gab er jedoch die Zurückhaltung auf und machte ihn verantwortlich für die Untaten der Jakobiner. ›Ist er nicht einer ihrer Führer gewesen? Ich weiß doch, was er in Lyon und an der Loire getan hat. Ja, die Loire und Lyon machen mir Fouchés Verhalten klar.‹ In den Tuilerien, im Staatsrat wurde er von Höflingen, Ministern und hohen Beamten schwer beschuldigt. Seine Feinde ließen die Maske fallen; Roederer rief: ›Ich erkläre öffentlich, der Feind Fouchés zu sein. Seine Verbindungen zu den Männern der Schreckensherrschaft, die Schonung, mit der er sie stets behandelt, und die Stellungen, die er ihnen verschafft hat, haben sie ermutigt, dieses Attentat zu begehen!‹ Und am 6., in der zweiten Sitzung des Staatsrats bei der Beratung über das Verdächtigengesetz, versuchte Roederer die Unterschriften seiner Kollegen für eine Erklärung zu gewinnen, in der das Attentat vom 3. Fouchés Politik zugeschrieben und vom Ersten Konsul die Abberufung des Ministers verlangt wurde.

In diesem Sturm zeigte Fouché eine Ruhe, die seine Gegner erstaunte. Die Situation war äußerst prekär: er wurde nicht mehr um seine Meinung befragt, man unterrichtete ihn kaum noch von den Sitzungen des Rats; in seiner Gegenwart wurde über seine Verantwortung, sein Verschulden, seinen bevorstehenden Sturz gesprochen. Manchmal lächelte er spöttisch oder geringschätzig; ihn zu verteidigen überließ er einigen Freunden; Joséphine tat es mit Hingabe, sie stand fast allein. Andere beschworen ihn, sich zu rechtfertigen, die Jakobiner zu verleugnen. Er selber dachte an ganz etwas anderes: ›Laßt sie reden: ich möchte die Staatssicherheit nicht gefährden, ich werde sprechen, wenn es Zeit dazu ist ... wer zuletzt lacht, lacht am besten.‹

Unabdingbar stand für ihn eines fest: Die berüchtigten Jakobiner, Zielscheibe so vieler Anwürfe, hatten mit dem Attentat nichts zu tun. Allein die Royalisten hatten den Schlag geführt.

Nach dem totalen Mißerfolg der englischen Agentur im Oktober 1800 hatte Georges seine verwegensten Mordgesellen nach Frankreich geschickt; einige waren bis nach Paris gelangt: Limoélan, Carbon und Saint-Régent. Fouché hatte Vorsichtsmaßnahmen getroffen: kaum waren die beiden letzten Chouans gelandet, wurden sie beschattet und überwacht, ihre Spur ging aber durch die Unachtsamkeit zweier Agenten verloren. Sie hatten dann das Attentat in der Rue Saint-Nicaise vorbereitet und ausgeführt; danach hielten sie sich in Paris versteckt. Fouché war ganz sicher, daß sie sich in Paris aufhielten; am 13. Nivôse unterrichtete er den Polizeipräfekten Dubois von seiner Vermutung. Seit November hatte Saint-Régent den Anschlag vorbereitet, er hatte ihn auch ausgeführt.

Wie aber sollte er es seinen Gegnern sagen und sie von ihrem Irrtum überzeugen, ohne Namen anzugeben, wodurch die Schuldigen gewarnt worden wären? Das erklärt die geheimnisvollen Worte, die Fouché gebrauchte, als er sich entschloß zu sprechen. Ihm war alles klar. Während in den Tuilerien und im Staatsrat Gesetze gegen die früheren Schrekkensmänner ausgearbeitet wurden, während unaufhörlich über die Ungnade des Ministers gesprochen wurde und während der Polizeipräfekt in seinem offiziellen Bericht (der Minister schien nicht mehr vorhanden zu sein) das Attentat ganz offen den Anarchisten in die Schuhe schob, waren Fouché und sein Generalstab am Quai Voltaire jeden Tag mehr davon überzeugt, daß nur Georges' Agenten die Schuldigen sein könnten.

Am 6. Nivôse gab der Getreidehändler Lambel an, er habe in dem Karren, der im ›Moniteur‹ beschrieben war, den erkannt, den er kürzlich einem ambulanten Händler verkauft habe; die Beschreibung, die er von diesem gab, entsprach genau dem Aussehen von Carbon, dem einen der beiden royalistischen Agenten, die beschattet worden waren. Hinzu kamen weitere Zeugenaussagen, die geschickt hervorgelockt und von Fouché selbst, der nicht mehr schlief, sinnreich in Zusammenhang gebracht wurden. Carbon hat eine Schwester in Paris, bei ihr entdeckt man Gegenstände, die dem angeblichen Händler verkauft worden sind; das Haus wird umstellt, und als Carbon am 18. Nivôse zu seiner Schwester kommt, wird er verhaftet. Auch Saint-Régent wird aufgestöbert, verfolgt und gehetzt, kann aber erst am 7. Pluviôse festgenommen werden. Bonaparte jedoch bezeichnete die Beteiligung der beiden an dem Attentat weiterhin als Märchen. Da er beim Staatsrat das Ächtungsgesetz nicht durchsetzen konnte, entwarf er es selber, er fertigte eine lange Liste an, auf der in buntem Durcheinander Namen von Revolutionären standen, von denen seit einem Jahr keiner an einem Attentat beteiligt gewesen war. Einhundertdreißig Personen, die sozusagen Terroristen waren, wurden für Vergehen von vor sechs oder zehn Jahren ohne Gerichtsurteil zur Deportation verurteilt. Am 4. Januar (14. Nivôse) wurde die Liste fertiggestellt; am 5. Januar erklärte der Senat, die Maßnahme diene der Aufrechterhaltung der Verfassung. Natürlich war sie Fouché zur Unterschrift vorgelegt worden. Ihm war klar, daß eine Weigerung gleichbedeutend mit Rücktritt gewesen wäre und daß, wenn er blieb, er in wenigen Stunden Sieger sein würde: am 14. Nivôse konnte er Carbon tatsächlich einkreisen, er würde ihn des Attentats überführen. Fouché zögerte nicht, er unterschrieb. Fouché de Nantes unterzeichnete die Ächtung von einhundertdreißig Unglücklichen, die für ›Schreckenstaten‹ von 1792–1795 büßen sollten. Er unterschrieb, er blieb. Vier Tage danach konnte er frohlocken.

Am 18. Nivôse legte Carbon das Geständnis ab, daß die Royalisten das Attentat in der Rue de Saint-Nicaise allein verübt hätten, worauf die Regierung den Polizeiminister ermächtigte, sämtliche royalistischen Führer in Paris festzunehmen. In den letzten Tagen des Monats wurden bei einer Razzia achtzig Royalisten und Chouans verhaftet und ins Temple-Gefängnis gebracht, wo bereits Bourmont saß, bei dem der Minister belastende Dokumente beschlagnahmt hatte. Um die Oberhand zu gewinnen, hätte Fouché nicht einmal die Festnahme von Saint-Régent benötigt, die indes am 7. Pluviôse erfolgte. Er hatte gesiegt.

Sein Sieg war um so eklatanter, als die Angriffe gegen ihn wütend, die Anwürfe hitzig gewesen, seine Politik beschimpft oder lächerlich gemacht, seine Befähigung in Zweifel gezogen, sein Scharfblick bestritten worden waren. Mit einem Schlag hatte er seine Reputation wiederhergestellt, sie sogar bemerkenswert gesteigert. Mit einem Schlag hatte er trotz der Klagen und Anklagen seinen Weitblick, seinen Scharfsinn, seine Kaltblütigkeit und seinen Verstand bewiesen. Er allein hatte vermocht klarzusehen, zu überlegen, den Zornanwandlungen und Beschuldigungen zu widerstehen. Bonaparte war in der Tat ›belehrt‹, die Ereignisse des Monats Nivôse, bei denen Fouché recht behalten hatte, gegen ihn – und nebenbei gegen alle –, bleiben auch später unauslöschlich in Napoleons Erinnerung: der Minister scheut sich in späteren Jahren nicht, wenn er sich in bedrohlicher Lage befindet, diese Vorgänge wachzurufen, und er bekommt recht.

Bonaparte war nicht engstirnig, Überlegenheit erkannte er an, selbst wenn sie sich einmal gegen ihn richtete. Da er sich selber für scharfsichtig und weitblickend hielt, mußte er den Mann zu schätzen wissen, der bei dieser denkwürdigen Gelegenheit stärker, scharfsichtiger und weitblickender als er gewesen war.
Fouché kostete zunächst seinen Triumph zurückhaltend aus, wollte sich jedoch die Umstände zunutze machen, um gründlich mit einer Bande von Chouans aufzuräumen, die er auf seiner Seite geglaubt – allerdings aus eigennützigen Gründen –, die aber versucht hatten, ihn zu verraten.

In einem anderen Bereich schien der Minister entschlossen, der Verteidiger der Traditionen, der Prinzipien und der Männer der Revolution zu bleiben: im religiösen Bereich. Er hatte sich, wie bekannt, in den ersten Monaten seiner Amtszeit bereits gemäßigt und äußerst tolerant gegenüber der Geistlichkeit gezeigt, hatte indes seine Gunst und seine Protektion dem staatstreuen Klerus vorbehalten. Am Vorabend des Konkordats, über das mit Rom verhandelt wurde, schien es ihm richtig, eine noch bestimmtere Haltung einzunehmen, wobei er hoffte, Einfluß auf die Verhandlungen zu nehmen, sie womöglich zum Scheitern bringen, zumindest aber der revolutionären Priesterschaft einen bedeutenden Platz in der neu zu schaffenden Kirche einräumen zu können. Seine Beziehungen zu Bischof Périer erlaubten ihm, der staatstreuen Kirche Ratschläge und Verhaltungsmaßregeln zukommen zu lassen.

Als Minister war er über den Verlauf der Verhandlungen über das Konkordat unterrichtet, er informierte getreulich Grégoire; und so kam es, mit Ermunterung durch den Minister, im Juli 1801 zum ›Konzil der gallikanischen Kirche‹. Die Priester, die sich zu diesem Konzil zusammenfanden, hatten großes Vertrauen zu den ehemaligen Anhängern des Kultes der Vernunft. Und er rechtfertigte dieses Vertrauen; die Zeitungen, die ungünstig über das Konzil berichtet hatten, brachte er zum Schweigen, er untersagte sogar die konzilfeindlichen ›Annales religieuses‹ und versuchte, den Redakteur, Abbé de Boulogne, verhaften zu lassen. Im Konzil unterstützte er die Unbeugsamen; trotz aller Schwierigkeiten nimmt er es auf sich, sie mit Bonaparte zusammenzubringen, damit sie vor ihm die Sache der revolutionären Geistlichkeit vertreten können.

Nachdem das Konkordat unterzeichnet war, streckte der Minister, der sich den Umständen anzupassen verstand, nicht die Waffen. Er nimmt Einfluß auf die Wahl der Bischöfe, sorgt dafür, daß sein Agent Périer und viele andere in den Episkopat aufgenommen werden, und stellt als Grundsatz auf: ›Die Neuordnung der Kulte ist für die Kirche das, was der 18. Brumaire für den Staat gewesen ist; es handelt sich nicht um den Sieg irgendeiner Partei, sondern um die Vereinigung aller im Geist der Republik und der Kirche.‹ Diesen Grundsatz vertritt er auch in den Schreiben, die er unter dem Deckmantel ›Polizei der Kulte‹ am 18. Prairial des Jahres x (7. Juni 1802) an die neuen Bischöfe und Präfekten richtet.

Wer sollte diesem geschickten und zuvorkommenden Mann gram sein? Griff er die Führer einer Partei an, lächelte er zur gleichen Zeit den Anhängern zu; niemals gab er irgendeiner Richtung ausschließlich den Vorzug. Um sich die Freundschaft der Rechtsparteien zu bewahren oder sie wiederzugewinnen, benutzte er stets das gleiche Werkzeug: die Löschung der Namen von Emigranten. Während des ganzen Jahres IX (1800–1801) wurde der Erlaß der Konsuln vom Vendémiaire des Jahres IX in den Händen des Ministers zu einem weiteren Mittel, sich persönliche Beliebtheit, Einfluß und Macht zu verschaffen. Die Kategorien wurden so großzügig gehandhabt, daß von einhundertfünfundvierzigtausend Namen auf der Liste schließlich nur noch eintausenddreihundertneunundsiebzig übrigblieben. Das war im Grunde eine Amnestie, aber eine ministerielle Amnestie, mit der die Macht des Polizeichefs durch ein lückenloses Überwachungssystem über einhundertzwanzigtausend wiederaufgenommene Bürger – es waren nicht die unbedeutendsten – geschaffen wurde. In einer bemerkenswerten Vorlage, die er am 14. Vendémiaire des Jahres x (5. Oktober 1802) den drei Konsuln unterbreitete, stellte er die Notwendigkeit einer permanenten Polizeikontrolle über die ›Rückkehrer‹ heraus.

Wenn auch menschliche Regungen bei dieser Amnestie mitspielten, deren Vorzüge die Vorlage pries, wenn diese Maßnahme auch einer großzügigen Politik zuzurechnen war, die Operation wirkte doch wie ein persönliches Manöver, vor allem wegen der Vorsichtsmaßregeln, die der Minister traf. Wahrscheinlich war das der Grund, weshalb der Erste Konsul den Vorschlag durch seine Kollegen ablehnen ließ.

Die Enttäuschung und Besorgnis des Ministers wuchsen, als er Kenntnis davon erhielt, daß die Konsuln ein völlig anderes Projekt zu verfolgen gedachten. Der neue Plan sah folgendes vor: Anstatt beträchtliche Kategorien von Emigranten auf Grund von Begnadigungen und aus politischen Erwägungen zu löschen, sollte eine neue Kommission eingesetzt werden mit dem Auftrag, die Ansprüche zu prüfen, die geltend gemacht wurden, um eine Löschung ›auf Grund des Rechts‹ zu erwirken. Unverzüglich legte er Protest ein. In einer Vorlage vom 16. Brumaire (der dritten in einem Monat) griff er den neuen Entwurf heftig an; diese Maßnahme würde, sagte er nicht zu Unrecht, gegen das Ziel, das man sich gesetzt hatte, verstoßen, denn vor allem ›trüge sie dazu bei, das umfangreiche Gewerbe der Hersteller falscher Zertifikate und Bescheinigungen fortbestehen und florieren zu lassen‹, und für die Mehrzahl der Emigranten ergäbe sich daraus ›eine neue Zwangsläufigkeit, Zuflucht zu nehmen zu Mitleid und Korruption, zu Lüge und zu Protektion, und für die Polizei selbst die Zwangsläufigkeit, ungerecht im Verfahren und willkürlich in der Auswahl zu sein‹.

Zu diesem Zeitpunkt dachte der Regierungschef außerdem an eine umfassende Amnestie auf Grund eines einfachen Treueschwurs, der von den zurückkehrenden Emigranten gefordert werden sollte. Das ist der Gegenstand des Senatsbeschlusses vom 10. Floréal des Jahres x. Mehr als jeder andere hatte Fouché daran gearbeitet, den Wiedergutmachungsakt vorzubereiten, Wirklichkeit werden zu lassen und zu beschleunigen. Um kein Mißverständnis aufkommen zu lassen, verpaßte er keine Gelegenheit, die Käufer von Nationalgütern zu beruhigen, ›jene Bürgerschicht, die es als erste gewagt hat, sich dem Genius der Republik anzuvertrauen, als Gewitterstürme sie von allen Seiten schüttelten, und die ihr Vermögen an das noch ungewisse Geschick der Republik banden‹. Über diesen Gunstbeweis hinaus gab der Minister der Republik seinen Untergebenen den Befehl, jeden Übergriff seitens der zurückgekehrten Emigranten zu verhindern: ›mit unbeugsamer Strenge‹ sollte ›jeder Versuch des Ungehorsams und der unrechtmäßigen Inbesitznahme‹ unterdrückt werden.

Doch hinderte dies alles nicht, daß der jakobinische Minister weiterhin ausgezeichnete Verbindungen hatte zur royalistischen Aristokratie und sogar zu einigen Chouans. Richtige Freundschaft verband den Republikaner jetzt mit Madame de Vaudémont und Madame de Custine; aus einfachen Beziehungen von Dankbaren zum Beschützer waren bald fast vertraute Bindungen geworden. Die Salons der beiden großen Damen, die in aristokratischen Kreisen sehr angesehen waren, hatten Fouché in seiner Politik hervorragend unterstützt. Auch bei Madame Récamier und bei Madame de Rémusat traf er mit vielen Rückkehrern zusammen und schuf sich eine wahrhaft paradoxe Beliebtheit. Die Bewunderung für ihn war so groß, daß selbst militante Royalisten sich beeindrucken ließen; man sagte, die Herzogin von Guiche sei nur gescheitert, weil man ›Monsieur Fouché‹ nicht ganz offen ins Vertrauen gezogen hätte. Der Abbé de Pradt, der damals dem Regime feindlich gegenüberstand, dachte Fouché die Rolle zu, die Bonaparte nicht hatte annehmen wollen. Anfangs habe er den Gedanken einer Restauration verworfen, bei ihrer dritten Zusammenkunft jedoch ihm zugestimmt. Er habe sich bitter über Bonaparte geäußert, was übrigens erklärlich ist, weil er wußte, daß ihm die Ungnade bevorstand, und er habe in mitleidigem Ton über den ›unglücklichen Ludwig XVI.‹ geklagt. Es verhielt sich wohl so, daß Fouché seinen royalistischen Gesprächspartner nicht rundweg abweisen wollte, aber er hat bestimmt nicht daran gedacht, das Regime zu verraten. Im Gegenteil, er verteidigte es gegen alle und jeden, sogar gegen seinen eigenen Chef. Er ging so weit, daß er für diesen hartnäckigen Widerstand mit seinem Portefeuille zahlte, es war das letzte Geschenk des Bürgers Fouché de Nantes an die im Sinken begriffene Republik.

11

Erste Ungnade

Bonaparte hat den Gipfel seiner Popularität erreicht. Die öffentliche Meinung neigt nach den zahlreichen Wiedergutmachungen und nach dem Friedensschluß von Amiens dazu, dem Urheber solcher Wohltaten das lebenslängliche, ja erbliche Staatsamt zuzubilligen, das eine aktive Clique seit drei Jahren für ihn begehrt und ihn anstachelt, es zu fordern. Mit aller Kraft kämpft Fouché gegen die Restauration der persönlichen Macht. Ist es für ihn eine Grundsatzfrage? Wohl nicht, eher eine politische Frage. Die Royalisten sind zur Ruhe gekommen; ihre Königstreue findet sich mit dem Konsularregime ab, das sie für vorübergehend und vergänglich halten. Wird Bonaparte zum Diktator auf Lebenszeit proklamiert, würde auf dieser Seite Ärgernis und Wut entstehen: er würde den Attentaten von Georges und seinen Männern, von denen Fouché weiß, daß sie zu neuen Taten bereit sind, noch stärker ausgesetzt sein. Und die Republikaner? Würden sie diesen letzten gegen die Republik gerichteten Schlag ohne Aufruhr hinnehmen? Und schließlich fürchtet Fouché wie immer die Reaktion; das Konsulat auf Lebenszeit würde den Reaktionären, seinen persönlichen Feinden von Roederer bis Fontanes, zum Sieg verhelfen. Allein das genügt, um ihn dagegen einzunehmen.

Er kämpft mit aller Energie gegen den Plan. Wird der Strom, gegen den er sich stellt, unaufhaltsam, hofft er, mit List arbeiten zu können. Durch Sieyès, Grégoire, Garat und einige andere hat er Zugang zum Senat; er läßt sich im Luxembourg sehen und tritt als der Vertraute der Konsuln auf: er behauptet, der Erste Konsul habe nie etwas anderes im Sinn gehabt als eine einfache ›Mehrung der Macht‹; würde man ihm das Konsulat auf Lebenszeit anbieten oder verleihen, so wäre er bestimmt peinlich berührt. Vergebens eilt Roederer in den Senat, um Fouché zu widerlegen. Die Abstimmung hat gerade stattgefunden.

Jetzt ereignen sich Zwischenfälle in schneller Folge: Der irregeführte Senat hält es für sehr großzügig, dem Ersten Konsul zehn Jahre Machtbefugnis anzubieten, dieser aber hat Besseres erwartet, reagiert kühl, weist der Abordnung die Tür und läßt sich den erträumten Titel durch eine Volksabstimmung verleihen. Er weiß, wer den Senat gegen ihn beeinflußt hat. Fouché soll für alle zahlen. Anscheinend beunruhigt ihn das nicht, er scherzt mit Bonaparte, als Abgeordnete und Tribunen ihm ihre Glückwünsche bringen, er will wohl der drohenden Ungnade zuvorkommen. Vielleicht ist ihm diese Ungnade nicht einmal unangenehm. Er hat seinen Einfluß auf Bonaparte bereits erprobt, es war eine merkwürdige Faszination, und der Erste Konsul, der schon ganz autoritär, ganz selbstherrlich handelt, bringt dem Minister mit unendlicher Sorgfalt seine bevorstehende Entlassung bei. Das ganze Polizeiministerium, das nach dem Frieden mit England überflüssig geworden sei, wie Bonaparte sagt, soll abgeschafft werden: Fouché heuchelt Zustimmung, er gibt aber zu bedenken, daß man die Auflösung nur nach und nach betreiben könne, sie wird für das Jahr XII festgesetzt; der Minister hat nichts dagegen, mit gespielter Gutwilligkeit stimmt er zu. Ein letztes Mal wird Bonaparte bestürmt; er begibt sich am 26. Fructidor nach Mortefontaine, wohin Joseph ihn gebeten hat; er trifft dort auch Lucien an und entschließt sich unter dem inständigen Drängen seiner beiden Brüder, die von Talleyrand und Lebrun unterstützt werden, die Auflösungsverfügung zu unterzeichnen. Seine Scheu Fouché gegenüber ist aber so groß – im Grunde unverständlich bei seinem Charakter –, daß er am nächsten Tag, als der Minister nach Malmaison kommt, um mit dem Ersten Konsul zu arbeiten, dieser nicht wagt, ihm die Entscheidung bekanntzugeben. Erst als er wieder im Ministerium am Quai Voltaire ist, kommt der Konsul Cambacérès und teilt ihm, sehr verlegen, mit, daß der Rat die unverzügliche Aufhebung des Ministeriums beschlossen habe.

Noch nie ist jemand, der in Ungnade gefallen war, mit so viel Förmlichkeiten, Entschädigungen und Höflichkeitsbezeigungen umgeben worden.

Persönlich war der Minister nicht abgeschoben worden: ein Portefeuille, das nicht mehr bestand, konnte man ihm nicht nehmen. Sollte das Ministerium je wieder eingerichtet werden, würde kein anderer als er es wieder übernehmen. Offensichtlich machte sich Bonaparte Gedanken über die Unzufriedenheit und Mißstimmung, in die der Minister durch den Vorgang versetzt wurde. Die öffentliche Meinung war eindeutig gegen die Ungnade.

Der Exminister wird zum Senatsmitglied ernannt; er bekommt eine reiche Senatorendotation, die Dotation von Aix, eine fette Pfründe, einen hohen Titel. Außerdem richtet Bonaparte an die Mitglieder des Senats am 28. Fructidor eine Botschaft und schreibt: ›Der Bürger Fouché hat als Polizeiminister in schwierigen Zeiten durch seine Fähigkeiten und durch seine Arbeit, durch seine Treue zur Regierung alles gemeistert und erfüllt, was die Umstände von ihm forderten. Sollten die Verhältnisse die Wiedereinsetzung eines Polizeiministers verlangen, würde die Regierung keinen ihres Vertrauens Würdigeren finden als den, der jetzt seinen Sitz im Senat hat.‹ Der Minister wurde nicht nur mit Blumen zugedeckt, ihm wurde eine mögliche Rückkehr in Aussicht gestellt – ein unkluges Versprechen, denn dadurch bleibt Fouché mit den Geschicken der Konsularregierung verbunden.

Um einen der geheimen Wünsche des Exministers sogleich zu stillen. macht ihm Bonaparte ein königliches Geschenk. Als sich Fouché am 28. Fructidor nach Malmaison begibt, um den Ersten Konsul den letzten Rapport und den Kassenbestand der Polizei – zwei Millionen vierhunderttausend Francs – zu überbringen, erhält er von ihm die Hälfte der Summe als Gratifikation. Bonaparte versichert ihm, daß er ihm Hochachtung, Zuneigung und Dankbarkeit bewahren, daß er mit Vergnügen seine Ratschläge und Informationen entgegennehmen werde. Damit fühlt sich Fouché autorisiert, alles zu unternehmen und alles zu wagen. Er wird zu einer Kraft, die Bonaparte halbamtlich und heimlich verwendet, die ihm häufig aber auch Schwierigkeiten einträgt. Kurzum, dank dieser fruchtbaren Ungnade schlägt ihm alles zum Vorteil aus.

In der politischen Welt mochte niemand daran glauben, daß seine Laufbahn damit abgeschlossen sei, man wandte die Augen nicht ab von diesem so geschätzten und gefürchteten Mann: um ihn ohne große Demütigung verabschieden zu können, mußte das ganze Ministerium aufgelöst werden. Nur er selber glaubte zunächst, seine öffentliche Rolle sei zu Ende.

Joseph Fouché hat wie kaum ein anderer zu erkennen gegeben, daß er, jedesmal, wenn er zu einem Rücktritt gezwungen wurde, den Ruhestand genoß und die Macht verachtete. Er sagt von sich selber, er sei ein einfacher Mann, ohne Ehrgeiz, ohne Eitelkeit, ohne große Bedürfnisse, der sich stets unsagbar erleichtert gefühlt habe, wenn Verantwortung und Ehren von ihm genommen worden seien. Aber dies Verhalten täuschte: seine Feinde fühlten sich sicher, sie glaubten, er würde ganz im Ruhestand versinken. Alle waren dieser Meinung, denn er war wirklich ein häuslicher Mensch, ein glücklicher Ehemann, ein zärtlicher Vater, ohne besondere Neigungen und Lüste, und er brauchte seine Lebensart kaum zu ändern, als er am 28. Fructidor des Jahres x (15. September 1802) das vornehme Hôtel de Juigné räumte und ein kleines Haus in der Rue Basse-du-Rempart, Nummer 333, bezog, das er einige Monate später wiederum vertauschte gegen eine Wohnung in der Rue du Bac, Nummer 264. Auf jeden Fall tat er so, als mache ihm der Verzicht auf öffentliche Aufgaben nichts aus, er widmete sich ganz und gar seiner Familie.

Fouché war damals dreiundvierzig Jahre alt, seine Frau achtunddreißig. Von Jeanne Fouché hat der ungalante Barras ein nicht sehr schmeichelhaftes Bild gezeichnet; sie ist in der Tat keine Schönheit gewesen, doch war sie eine ehrenwerte Frau, eine gute Hausfrau und gute Mutter. Uneingeschränkt lobt sie ihr Mann bei jeder Gelegenheit, er hat sie stets aufrichtig geliebt: ›Sie war ein Vorbild und Beispiel ihres Geschlechts‹, schreibt er später und fügt für seine Kinder hinzu, er wünsche, ›sie prägten sich die hervorragenden Tugenden ihrer Mutter ein‹. Weiter sagt er: ›Sie hatte einen aufgeklärten Geist‹; ihr Mann holte sich oft bei ihr Rat, sie hatte regen Anteil an seinem Leben: ›Meine Arbeit, meine Lektüre, meine Spaziergänge, meine Ruhe, mein Schlaf, alles hatte ich gemein mit ihr.‹

Zu den dunkelsten Stunden ihres Lebens gehörte in den Jahren 1794–1796 der Tod dreier Kinder im zarten Alter. Andere Geburten folgten: Joseph, der jetzt fünf Jahre alt war, Armand zwei Jahre und Athanase nur wenige Monate; eine Tochter wurde ihnen am 25. Juni 1803, neun Monate, nachdem der Vater in Ungnade gefallen war, geschenkt; sie erhielt den Namen Joséphine

Im Ministerium war das Leben bescheiden gewesen. Jeanne Fouché liebte die Zurückgezogenheit. Der einzige Kreis, der sich um die Fouchés bildete, bestand aus einer alten Verwandten der Coiquauds, dem

Sekretär des Ministers, Maillochau, ein paar früheren Oratorianern wie Gaillard und Le Comte, einigen ehemaligen Kollegen aus dem Nationalkonvent, Thibaudeau und Daunou und dem Generalsekretär des Ministeriums, Lombard. Die Abende verbrachte man im Hause, es wurde das Kartenspiel Boston gespielt. Die Kinder liefen im Zimmer umher, man machte Scherze mit ihnen, über die der Vater Tränen lachte. Er ging zu den Kartenspielern, sah dem Spiel zu (selber spielte er nur in anderen Bereichen, und dann sehr hoch), verleitete einen der Spieler zum Mogeln und ging um zehn Uhr schlafen. Er schlief im gleichen Zimmer wie seine Frau und seine drei Söhne. Diese Lebensart wurde in der Rue Basse-du-Rempart und dann in der Rue du Bac fortgesetzt.

Er schien völlig in den Hintergrund getreten zu sein; ein royalistischer Agent schrieb aus Paris nach London: ›Von Fouché ist nicht mehr die Rede.‹

Das war ein Irrtum. Alle, die ihm nahestanden, waren überrascht, wie felsenfest er mit seiner baldigen Rückkehr ins Ministerium rechnete. Bourrienne, Bonapartes Sekretär, besuchte den Exminister des öfteren in der Rue du Bac oder in seinem Landhaus in Ferrières im Département Seine-et-Marne, das er erworben hatte und wo er den Sommer verbrachte. Stets fand er ihn zuversichtlich im Hinblick auf seine Wiedereinsetzung ins Amt.

Außerdem hatte er seinen Sitz im Senat, wo er zusehends an Einfluß gewann, er besaß dort Freunde und Verbündete. Trotz des Stillschweigens, das er sich auferlegte, wurde er innerhalb von zwei Jahren zu einem der angesehensten Mitglieder dieser Versammlung, vor allem durch einen persönlichen Einsatz bei einer bemerkenswerten Gelegenheit. Es ist also nicht erstaunlich, daß er mit drei Kollegen mit einer Sondermission beauftragt wurde. Am 13. Frimaire des Jahres XI (3. Dezember 1803) gehörte er der Delegation an, die in Paris mit den Abgeordneten des Schweizer Volkes über die ›Vermittlung‹ des Ersten Konsuls verhandelten, um die die Helvetische Republik gebeten hatte. Fouché hatte tätigen Anteil daran.

Auch später hat sich Napoleon gern der Dienste von Männern versichert, die er für klug und kompetent hielt. Das trifft auf Talleyrand zu und für die Jahre 1802–1804 auch für Fouché. Von dem Tage an, da Bonaparte ihn in die vergoldete Ungnade versetzt hatte, glaubte er, seine polizeilichen Befähigungen, seinen Scharfblick und seinen Einfluß ohne Bedenken und Gefahr ausbeuten zu können. Es war durchaus verständlich, denn die Polizei befand sich in einem Zustand von

Anarchie, jeder befaßte sich mit der Polizei, außer dem Minister Régnier, ›Großrichter‹, Justizminister, der sich um sie kümmern sollte.

Die offiziellen Leiter der Polizei waren der Polizeipräfekt Réal, Dubois und der Chef der Sicherheitspolizei Desmarest; jeder aber arbeitete auf eigene Faust. Ihre verschiedenen Polizeieinheiten kollidierten öfters mit der offiziösen Polizei des ehemaligen Ministers. Fouché hatte alle Fäden in der Hand behalten, und da er mit allen Parteien persönlich in Verbindung stand, war es ihm ein leichtes, Intrigen aufzudecken, und zwar mit einer Genauigkeit, die sämtliche Berichte Réals, Dubois' und anderer in den Schatten stellte.

Schon in den ersten Monaten nach Fouchés Abgang trafen in den Tuilerien täglich von ihm stammende Lageberichte ein: die Fehler und Irrtümer der Polizei wurden schadenfroh herausgestrichen, viele Nachrichten mit einer Genauigkeit widerlegt, die nur dadurch zu erklären ist, daß im Ministerium Agenten saßen, die mit dem Minister von gestern . . . und von morgen in Verbindung geblieben waren. Selbst Réal war kein sicherer Gefolgsmann Régniers. In der unmittelbaren Umgebung des Ersten Konsuls wußte man, daß Fouché ihn weiterhin beriet; der englische Botschafter Withworth führte im März 1803 darüber Klage.

Doch wurde die Unfähigkeit der Polizeichefs so lange nicht ruchbar, als die Ruhe nicht gestört wurde, für die Fouché gesorgt hatte. Erst ernste Ereignisse brachten es zutage, daß es im Grunde überhaupt keine Polizei mehr gab, daß seit Fouchés Abgang jede politische Ausrichtung fehlte. Es kam zu der Verschwörung von Moreau, Pichegru und Georges und dann zur Affäre des Duc d'Enghien.

Hat Fouché zu den Anstiftern dieser Affären gehört, die so ungeschickt angezettelt wurden und so tragisch zu Ende gingen und die ihm persönlich so zustatten gekommen sind? Es ist gesagt, aber nie bewiesen worden. Er kannte seinen Landsmann Moreau gut, er hatte ihn im Jahre 1800 gebraucht, um Luciens Abberufung zu erwirken. Seitdem war der Sieger von Hohenlinden (mit dem Ersten Konsul hatte er sich gänzlich überworfen) häufig mit dem in Ungnade gefallenen Minister – jedenfalls galt er als solcher – zusammen und nahm begierig alle Nachrichten über die Opposition auf. 1804 war er, alle wußten es, mit ihm befreundet.

Es ist indes nicht wahrscheinlich, daß Fouché je daran gedacht hat, Moreau zum Nachfolger von Bonaparte zu machen. Vermutlich hat er sich nichts Schlimmeres vorstellen können, als aus diesem Offizier seinen Gebieter zu machen, denn Moreau war kalt, eigensinnig, sein politisches

Können war mittelmäßig, aber von jener sich brüstenden Mittelmäßigkeit, die schwieriger zu manipulieren ist als manche Überlegenheit.

Sollte Fouché, wie Savary behauptet, Moreau tatsächlich zur Intrige angestachelt haben, so kann er es nur in der vagen Hoffnung getan haben, damit Umstände herbeizuführen, die die Wiederherstellung des Polizeiministeriums mit dem obligaten Minister an seiner Spitze erforderten.

Die Ereignisse nahmen ihren Lauf. Vom Ausland aus überzogen die englischen Agenten ganz Frankreich mit einem Netz von aufwieglerischen Machenschaften; es sollte ein neuer Vendée-Aufstand vorbereitet werden. Im Innern drangen die royalistischen Agenten bis zu Moreau vor, der als reiner Republikaner galt; sie wollten sich seinen Haß auf den Ersten Konsul zunutze machen, kompromittierten ihn aber mehr, als daß sie ihn in eine Verschwörung verwickelten, deren Ziel es war, den General die Rolle des Engländers Monk, als Königsmacher, spielen zu lassen, die Bonaparte nicht übernommen hatte.

Zunächst aber mußte Bonaparte umgebracht werden. Nur einer war fähig, den ersten, grausigsten Teil des Planes auszuführen: Georges, der ungestraft nach Frankreich hatte zurückkehren können und der sich zwei Monate in Paris aufgehalten hatte, um das Attentat auf den Ersten Konsul vorzubereiten. Es wurden Verbindungen hergestellt zwischen Georges und Moreau, durch Vermittlung Fresnières, des Sekretärs von Moreau und Freundes von Fouché, ferner zwischen Moreau und Pichegru, der seit langem schon mit der royalistischen Partei sympathisierte. Moreau, der die Republik nicht verraten wollte, hatte jedoch durchblicken lassen, daß er gern seine Hand dazu hergeben würde, ›Bonaparte zu vernichten‹; sein früherer Adjutant namens Lajolais – ebenfalls ein Freund Fouchés – war aber von den Royalisten überredet worden und hatte alles daran gesetzt, den General für die Sache der königlichen Prinzen zu gewinnen.

Die Angelegenheit schien auf dem besten Wege zu sein; Fouché hatte eine ganze Reihe von hochgestellten Emigranten, die Polignac, Rivière und andere, nach Paris rufen lassen, um hier für den Schlag bereit zu sein. Moreau jedoch war bedenklich geblieben, er zauderte, war nicht geneigt, bei der Wiederherstellung der Monarchie mitzutun. Das alles begab sich im Dezember 1803 und Januar 1804.

Wahrscheinlich durch Fouché gewarnt, gab der Erste Konsul bei seiner eigenen Polizei Alarm, kurzum, das Komplott wurde aufgedeckt. Ein Komplice von Georges, Bouvet de Lozier, der mit mehreren royalistischen Agenten festgenommen worden war, legte am 14. Februar ein Geständnis ab und gab die Verschwörung preis, die sechs Monate lang zwischen dem gefürchteten royalistischen Anführer, einer Gruppe bedeutender Emigranten und zwei der berühmtesten Generale der Republik gesponnen worden war.

Am 14. berief Bonaparte in den Tuilerien einen engsten Rat zusammen, zu dem außer den beiden Konsuln und den Ministern Fouché erschien. Aus nächster Nähe erlebte er, völlig unbewegt, die Fehlhandlungen, die seine Nachfolger begingen: der immer noch populäre und den Republikanern teure Moreau war verhaftet und dem Gericht unter Ausschaltung der Geschworenen überstellt worden, was in den militärischen Stäben Mißstimmung hervorrief; Pichegru und Georges wurden in ganz Paris gesucht, anfänglich erfolglos, dann wurden sie aufgegriffen und wie Polignac und Rivière zum Tode verurteilt; die illegale und ungerechte Festnahme des Herzogs von Enghien im badischen Ettenheim, die auf Grund teilweise falscher Polizeiberichte verfügt worden war, und die Hinrichtung des jungen Herzogs in den Festungsgräben von Vincennes am 20. März, eine Tragödie, für die Savarys unkluge Übereile und Réals unbegreifliche Fahrlässigkeit verantwortlich zu machen ist; Pichegrus Selbstmord, der Quasifreispruch des Generals Moreau und schließlich Georges' mutiger Tod auf dem Schafott: das war die Serie von Vorgängen, die durch Leichtsinn und Gewalttätigkeit gekennzeichnet waren.

Gewiß hatte auch Bonaparte schuld an den begangenen Fehlern: doch war er nie so schlecht unterrichtet, so schlecht beraten, so schlecht gezügelt worden wie jetzt. Fouché war sich darüber im klaren; die Fehlhandlungen seiner Nachfolger hätten allein genügt, ihn wieder auf den Podest zu heben. Zudem hatte er bei den Ereignissen eine Haltung eingenommen, die sichtlich im Gegensatz zur Meinung der Leiter der öffentlichen Polizei stand. Bereits in den ersten Tagen, als Régniers Polizei nichts wußte, nichts ahnte, hatte der Exminister an Bonaparte geschrieben: ›Die Luft ist voller Dolche.‹ Er stand mit Fresnière und Lajolais in Verbindung, er wußte alles, gab Hinweise, ohne Tatsachen und Namen zu nennen. Als man von grenzenloser Sorglosigkeit zu vernunftloser Aufgeregtheit überging, als Festnahme auf Festnahme erfolgte, hatte Fouché von Gewalttätigkeit abgeraten. Der plötzliche, unbesonnen vollzogene Bruch zwischen Moreau und Bonaparte war seiner Meinung nach höchst unklug: er hatte ihn mißbilligt und später, zu spät, versucht, sie miteinander zu versöhnen. Nach dem Prozeß gegen Moreau sagte Bonaparte: ›Fouché hätte mich nicht in diese unangenehme Lage gebracht.‹ Es wird gesagt, er habe ihn zur Hinrichtung des Herzogs von Enghien gedrängt, aber das ist und bleibt eine Hypothese. Allerdings brachte sie ihm einen beachtlichen Vorteil ein: Bonaparte konnte ihm nicht mehr, wie er es sonst häufig tat, sein Votum vom 21. Januar 1793 vorwerfen, und der ehemalige Königsmörder war mit einemmal sicher, daß Bonaparte die Monk-Rolle, die man ihm eine Zeitlang zugedacht hatte, nicht spielen würde. Da der Mord an dem Herzog günstig für Fouché war, wurde, trotz gegenteiliger Zeugnisse, immer wieder behauptet, er habe ihn angeraten. Am Tag nach der Erschießung schien es nicht so zu sein: ›Das ist mehr als ein Verbrechen, das ist ein Fehler‹, soll er der Legende nach gesagt haben. Die Worte: ›Das ist ein unnütz abgefeuerter Schuß‹, legt ihm der royalistische Publizist Lewis Goldsmith in den Mund. Er hatte vielleicht einigen Grund, ihn ›nützlich‹ zu finden.

Nach diesen Ereignissen nahm man an, das Polizeiministerium wäre wiederhergestellt worden. Ganz offen verwies Bonaparte die Leute seiner offiziellen Polizei an Fouché. ›Gehen Sie zu Fouché‹, schreibt er im März 1804 an Réal, und dieser Ratschlag wird häufig wiederholt. In keiner Weise machte der Erste Konsul ein Hehl daraus, daß Fouché wieder in Gnade stand.

Noch einen Dienst erwies Fouché Bonaparte und krönte damit die neuerrungene Gunst.

Auf die Verschwörung, die darauf abgezielt hatte, den Ersten Konsul zu beseitigen, um entweder Moreau oder Ludwig XVIII. an seine Stelle zu setzen, mußte nach Meinung der Anhänger der Konsularregierung eine Antwort erteilt werden. In Form einer weiteren Umgestaltung der Machtbefugnisse, die Bonaparte im Jahre VIII übertragen und die im Jahre X bestätigt und bekräftigt worden waren. Das Kaisertum! Im Grunde war es keine große Steigerung nach der Zuerkennung des Konsulats auf Lebenszeit, der lebenslangen Alleinherrschaft, die noch dazu erblich sein sollte. Doch bedeutete das Konsulat auf Lebenszeit immer noch, daß die Republik erhalten blieb. Es war zu befürchten, daß viele Republikaner, vor allem jene, die seit der Festnahme Moreaus sehr aufgebracht waren, der Umwandlung ebenso großen Widerstand entgegensetzen würden wie dem Konsulat auf Lebenszeit, zumindest aber unangenehme und störende Opposition betreiben würden. Die endgültige Begründung der cäsarischen Macht hätte allerdings allgemeiner Zustimmung bedurft, vor allem aber der Duldung großer Teile der Linken.

Dazu waren sie nur zu bewegen, wenn bestimmte Männer der Revolution die Initiative für diese entscheidende Maßnahme trafen. Hierfür war Fouchés Mithilfe äußerst wertvoll. Er wie kein anderer vermochte der neuen Institution den eindeutigen Verteidigungscharakter gegen die Machenschaften der Konterrevolution zu geben. Hatte der frühere Mann des Konvents, der jakobinische Minister, so fragte man, nicht sein Ministeramt aufgeben müssen wegen seines Widerstands gegen die Errichtung des Konsulats auf Lebenszeit?

Jetzt war Fouché, der sich 1802 gegen die Errichtung der persönlichen Macht ausgesprochen hatte, offenkundig bereit, eine Gesetzesänderung zu unterstützen, durch die sie definitiv herbeigeführt werden sollte. Er war überzeugt, daß er in keiner Weise gegen seine Prinzipien verstieß, wenn er seine eigenen Interessen förderte. Jedenfalls trieb er den Respekt vor den Prinzipien nicht bis zum Respekt vor den Fassaden. Allein die republikanische Fassade war übriggeblieben. Wenn Fouché auf den Grund der Dinge ging, mußte er sich eingestehen, daß das Kaisertum seit 1802 de facto bestand. Er hatte sich gegen seinen Willen und trotz aller Anstrengungen damit abgefunden, aber er hatte sich damit abgefunden. Warum sollte der bestehenden Tatsache die Bezeichnung vorenthalten werden! Seiner Meinung nach hatte er 1802 seine Ablehnung deutlich genug gezeigt. Die Zeit war weitergegangen: er erwies dem Fait accompli die Anerkennung, die er in solchen Fällen nie verweigerte. In einer bestimmten Hinsicht konnte er jetzt auch beruhigt sein. 1802 stand zu befürchten, daß die Errichtung des Konsulats auf Lebenszeit, damals das Werk der konterrevolutionären Partei, die Machtergreifung jener Clique zur Folge haben und zugleich das Signal für die Reaktion sein könnte. Solche Besorgnis war jetzt überflüssig. Die Erschießung des Herzogs von Enghien sowie die Festnahme und Inhaftierung mit der Aussicht auf Todesstrafe der Vertreter der adligen Familien Frankreichs schufen zwischen der konterrevolutionären Partei und Bonaparte einen unüberbrückbaren Graben, den ein kluger Minister, nahm er die Leitung der Innenpolitik des Kaiserreichs in die Hand, noch verbreitern konnte.

Wie gewöhnlich drängte er, hatte er einmal einen Entschluß gefaßt, schnell auf die Ausführung; der ehemalige Minister setzte den Senat durch seinen Bekehrungseifer in Erstaunen. Wie kein anderer verfocht er nicht nur in der Nationalversammlung, der die Initiative in dieser Angelegenheit zufiel, sondern auch in den revolutionären Kreisen die Notwendigkeit einer Restauration der Monarchie, die nicht unwidersprochen hingenommen wurde und Widerstand bei Beamten wie Réal und Thibaudeau auslöste. Sein Eifer trat auch offiziell zutage. Als die Senatskommission, der er angehörte, zusammentrat – man war entschlossen, dem Senat lediglich eine Glückwunschadresse an den Ersten Konsul vorzuschlagen –, forderte der frühere jakobinische Prokonsul energisch ›Institutionen, die die Hoffnung der Verschwörer zunichte machen und den Fortbestand der Regierung über die Lebenszeit ihres Hauptes hinaus sichern‹. So wurde er ganz öffentlich der Inspirator der berühmten Demarche vom 6. Germinal des Jahres XII, mit der der Senat Bonaparte bat, ›sein Werk zu vollenden, indem er es unsterblich mache‹.

Es ging noch weiter. Bonaparte hatte für den 3. Floréal einen geheimen Rat einberufen, der über den vom Tribun Curée vorgebrachten Wunsch nach Errichtung des Kaiserreichs beraten sollte. Fouché wurde hinzugezogen, und nur er sowie Régnier stimmten vorbehaltlos dem Gedanken einer unkontrollierten Machtbefugnis zu, während Talleyrand, Fontanes, Portalis, Regnaud de Saint-Jean d'Angely und andere zum größten Mißvergnügen des Ersten Konsuls darauf beharrten, die neue Monarchie müsse einen liberalen und ›parlamentarischen‹ Charakter haben. So trat Fouché fast von Rechts wegen in die Kommission der Zehn ein, die den Senatsbeschluß forderte und über ihn abstimmen ließ, durch den am 28. Floréal des Jahres XII die kaiserliche Monarchie begründet wurde. Allein Grégoire, Lambrechts und Garat sprachen sich dagegen aus, ebenso wie Carnot im Tribunat, doch wurde fast mit der Unterschrift, auf jeden Fall mit der offenen und aktiven Teilnahme Fouchés de Nantes – er war schon weit entfernt von Nantes und Otranto sehr nahe – am 18. Mai 1804 der Thron in den Tuilerien wiedererrichtet. Die Entwicklung, die das Land vom 10. August 1792 bis zum 18. Mai 1804 durchgemacht hatte, war derart, daß Fouché in den Augen nur sehr weniger Leute als Verräter seiner früheren Prinzipien erschien, indem er mithalf, dem Mann eine Krone aufs Haupt zu setzen, der durch die Hinrichtung in Vincennes gewissermaßen der Partner des Königsmörders von der Place de la Révolution wurde.

Allgemein wurde nach der letzten Verschwörung die Wiederherstellung des Polizeiministeriums gewünscht: die Errichtung des Kaiserreichs konnte da und dort auf Widerstand stoßen und machte deshalb die Wiederherstellung erforderlich. Da nun das Ministerium wieder bestand, gemäß der Botschaft des Ersten Konsuls an den Senat vom 28. Fructidor des Jahres X, war Fouché wieder Minister. Die öffentliche Meinung stand hinter ihm. Ein Berichterstatter schrieb am 11. Juli 1804 an d'Antraigues, der Kaiser ›sei verhängnisvollerweise in Fouchés Arme gestoßen worden‹. Hingegen stellen Bourrienne, Savary und Pasquier, die alle gegen ihn waren, fest, daß kein anderer Polizeiminister möglich war. Sogar die Royalisten waren für Fouché, sie hätten alle den Brief ihres Gesinnungsgenossen Chevalier de Larue unterschrieben, mit dem Fouché Glückwünsche dafür übermittelt wurden, daß er ein Ministerium wieder übernehmen könne, ›aus dem man Seine Exzellenz mit großem Bedauern habe scheiden sehen‹, in der Hoffnung, ›daß Seine Exzellenz die Prinzipien der Gerechtigkeit, die Sie immer geleitet hätten, fortsetzen würde‹. Die Politik seines früheren Ministeramts trug jetzt Früchte: man war so eingenommen von ihm, daß der Titel Polizeiminister zu bescheiden klang; in der wiederhergestellten Monarchie brauchte man einen ›Premier Ministre‹, und es wurden weder Cambacérès noch Talleyrand dafür genannt, sondern der im Fructidor des Jahres VIII in Ungnade gefallene Fouché. ›In der Öffentlichkeit wird stets der Herr Senator Fouché als der Mann bezeichnet, der Premierminister werden müsse‹, schrieb am 17. Messidor des Jahres XII, vielleicht in tückischer Absicht, der Polizeipräfekt an den Kaiser.

Fouché hatte Paris verlassen und sich nach Ferrières begeben, nahe genug, um beim ersten Zeichen herbeieilen zu können, weit genug, um für alle Welt den Schritt, der unternommen werden würde, deutlich und aus jedem Zeichen eine Aufforderung zu machen.

Der Kaiser indes zögerte noch. Es waren die letzten Tage des Monats Messidor im Jahre XII. Am 21. begab sich Napoleon in das Schloß La Houssaye, zum Marschall Augereau. Am Abend zuvor hatte der soeben gekürte Souverän den früheren Polizeiminister zu dem Fest einladen lassen, das bei dem Marschall stattfand. Als er aus dem Wagen stieg, erblickte er Fouché und nahm ihn ohne alle Umstände und ohne einen Augenblick zu verlieren mit in das Appartement, das für ihn bereitgehalten wurde. Er konferierte lange mit ihm. Noch vor Beginn des Festes wurde im Schloß davon geredet, daß Fouché das Ministerium bestimmt wieder übernehmen würde. Es war spät, als er vom Kaiser verabschiedet wurde, er rief nach seinem Wagen und fuhr unverzüglich nach Ferrières zurück: er war wieder Polizeiminister.

Das Gerücht von seiner Ernennung war ihm vorausgeeilt. In Ferrières fand er den Präfekten des Départements Seine-et-Marne vor, der als kluger Beamter als erster den am politischen Horizont wieder auftauchenden Stern begrüßen wollte. Am nächsten Tag tat der ›Moniteur‹ Paris, Frankreich, Europa kund, daß das Polizeiministerium des Kaiserreichs wiedererrichtet und daß der Senator Fouché an seine Spitze berufen worden sei. ›Son Excellence Monseigneur le Senateur-Ministre‹ leistete am Morgen des 22. Messidor dem neuen Kaiser den fünften Treueschwur seines Lebens und erschien am gleichen Tag im Ministerium am Quai Voltaire, gegenüber den Tuilerien, wo die mit seiner Hilfe wiedererrichtete Monarchie sich neu entfaltete. Fouchés große Ministerzeit begann.

12

Fouché

Jedesmal, wenn Fouché wieder auf der Bühne erschien, fragten sich alle, die ihn aufs neue agieren sahen, neugierig: ›Wer ist dieser Mann eigentlich? Was denkt er? Was will er?‹ Ihn mit einem Wort zu charakterisieren, hieße sich großen Irrtümern aussetzen; er war ein wandelndes Rätsel; er hatte in sich zwei, wenn nicht drei Seelen und war deshalb unerforschlich. Um die Frage ›Wer war er?‹ zu beantworten, genügt es nicht, ein Bild von ihm zu malen, er muß enträtselt werden.

Als er am 22. Messidor des Jahres XII die Amtsgeschäfte wieder in die Hand nahm, war er fünfundvierzig Jahre alt. Er war groß, sehr mager, knochig, schon ein wenig gebeugt, sein Kopf war länglich, sein Gesicht eingefallen, der Hals lang und die Schultern schmal, seine Haut war auffällig blaß; das blutlose Gesicht, das anscheinend weder zu erröten noch zu erbleichen vermochte, versetzte jeden in Erstaunen und manchmal in Schrecken; alles an ihm war, dem allgemeinen Urteil zufolge, einförmig, eintönig, vor allem seitdem seine blonden Haare vorzeitig grau geworden waren; seine Augen waren rot gerändert, sie schienen geschlossen zu sein, so erloschen wirkten sie; von Robespierre stammt die Bemerkung – er regte sich auf angesichts dieser verschlossenen Physiognomie: ›Diese Augen, die die Natur verborgen hat, um diesem Mann zu gestatten, seine Seele hinter einem undurchdringlichen Schleier zu verstecken.‹ So war er geblieben. Doch zuweilen waren seine Gesichtszüge belebt und unverstellt; der Ausdruck ironischer Kälte wich plötzlich einer gutmütigen, etwas spöttischen Miene. Dieses Aussehen trägt er zu Hause, in der Familie und im engsten Kreise zur Schau, so hatte er bei den Oratorianern als beliebter Lehrer, der er auch sein wollte, ausgesehen.

Aus der Zeit bei den Oratorianern hatte er sich einen einfachen Geschmack und eine schlichte Kleidung bewahrt. Er ging meist dunkel und nach klassischem Schnitt gekleidet und übertrieb die Mißachtung in dieser Hinsicht bis zur Nachlässigkeit. Selbst auf der Höhe seiner Laufbahn änderte er sich in diesem Punkt nicht, auch nicht, als er ein Vermögen zusammengetragen hatte, das aus ihm einen der reichsten Kapitalisten des Landes machte. Sein Familienerbe, es wurde früher schon gesagt, verlor er in den ersten Jahren der Revolution, er hatte fast vor dem Nichts gestanden. Dann hatte er sich erneut ein Vermögen geschaffen, ein zunächst mittelmäßiges, das aber rasch wuchs, so daß er am Ende des Konsulats Besitzer der bedeutenden Domäne Pontcarré und des Schlosses von Ferrières war; im Kaiserreich erwarb er ein sehr schönes Haus in der Rue Ceruti (der heutigen Rue Laffitte) und beträchtliche Kapitalien, die er nicht schlummern läßt. Zu seinen großen Einkünften als Minister gesellen sich die Geldzuwendungen Napoleons, später die umfangreichen Schenkungen und noch das, was er aus der ›Spielpacht‹, die der Polizei zukam, erlöste, so daß der Herzog von Otranto im Jahr 1814 ein Vermögen von fünfzehn bis zwanzig Millionen sein eigen genannt haben soll. ›Brot, Eisen und vierzig Taler Einkommen genügen den Republikanern‹, hatte er 1793 in Nevers verkündet. ›Entwerten wir Gold und Silber, ziehen wir diese Götter der Monarchie in den Schmutz!‹ Lange ehe der Thron wiederaufgerichtet wurde, waren allerdings ›die Götter der Monarchie‹ wiederaufgerichtet worden.

Schon vor seiner Rückkehr in die Staatsgeschäfte war er also sehr reich, und er trieb keine Verschwendung. Sein Wesen war einfach, er liebte weder Feste noch üppige Tafeln, auch die Frauen nicht, außer der seinen. Das geregelte Leben, das er bei den Oratorianern geführt hatte, behielt er bei, ohne eingeengt zu sein (denn geizig war er nicht); auch die ›Moral‹ im Privatleben, die alle anerkannten, war ihm von daher geblieben: in seiner Ehe gab es keinen Riß; seiner Frau war er zärtlich zugetan und somit auch gefeit gegen weibliche Einflüsse, denen viele Staatsmänner erlegen sind, er gehorchte keinem anderen als einem ganz natürlichen Gefühl für ein geregeltes Leben: zwei Kinder hatte er verloren und besaß jetzt vier, die, seinen Briefen zufolge, ›sein ganzer Stolz waren‹ und die ihn offenkundig noch stärker an den häuslichen Herd fesselten. Er versäumte auch nicht in Briefen an seine Neffen stets zu moralisieren und, allerdings unauffällig, seinen Puritanismus einzuschleusen. Er prahlte auch nicht mit seinem Familienleben, ersparte seiner Frau, im Rahmen des Möglichen, gesellschaftliche Veranstaltungen, auch als er wieder Minister geworden war, opferte er Empfängen nur wenig Zeit.

Gleichwohl war er in einigen Salons – und nicht in den unbedeutendsten – anzutreffen. Erstaunlicherweise verkehrte er zum Beispiel freundschaftlich mit der Princesse de Vaudémont und der Marquise de Custine; er war für die adligen Damen so etwas wie ein Ratgeber und Vertrauter geworden; das befriedigte nicht nur seine Eitelkeit: diese Salons standen dem Napoleonischen Regime nicht gerade feindlich gegenüber, bekannten sich aber auch nicht zu ihm; hier hatte er ein sehr nützliches persönliches Betätigungsfeld, er konnte Beziehungen anknüpfen, die wichtig für ihn werden sollten. Hingegen war er selten in den Kreisen der Tuilerien anzutreffen, er ließ sich in seinem blauen,

goldbestickten Frack nur sehen, wenn er dazu verpflichtet war, und blieb niemals sehr lange.
Allein die Arbeit hätte ihn von einem gesellschaftlichen Leben, das er nicht schätzte, schon ferngehalten. Sein Arbeitseifer war während der drei Jahre, der er der Regierung angehörte, unermüdlich gewesen; er war der erste und der letzte in den Räumen seines Ministeriums, und er verschwendete nicht eine Minute Zeit. Sein Geist war ständig in Bewegung, seinen angeborenen Forschungsdrang befriedigte er durch das aufmerksame Studium der Akten, er verließ sich nur auf sich selbst, um Schlüsse und Nutzen daraus zu ziehen. Die Tätigkeit, die er seinem Gehirn abverlangte, beschränkte sich jedoch nie ausschließlich auf die allein schon schwere Verantwortung für die allgemeine Polizei; er überschritt gern seine Funktionen, und es gibt keinen Minister Napoleons, der wie er – mit oder ohne Zustimmung des obersten Herrn – in alle Bereiche der kaiserlichen Verwaltung eingegriffen hat. Er hat nichts von einem Beamten, der sich, wie viele seiner Kollegen, an die ihm gestellte Aufgabe klammert; er ist bestrebt, an alles und jedes zu rühren, und er entwickelt diese Neigung immer mehr. ›Der Polizeiminister‹, sagte Talleyrand, ›ist ein Mann, der sich zunächst mit dem befaßt, was ihn angeht, und dann mit dem, was ihn nicht angeht.‹

Allgemein war man damit einverstanden, daß er die gesamte Politik, die auswärtige eingeschlossen, beeinflußte. Man hielt ihn für einen der gescheitesten Männer des Kaiserreichs, der die Intelligenz mit großer Listigkeit verband, weswegen er natürlich auch gefürchtet wurde. Niemand hat von ihm gesagt, er sei ein bösartiger Mensch gewesen. Er war im Gegenteil seiner Natur nach hilfsbereit, und es machte ihm Freude, Freude zu bereiten, insofern seine Hilfsbereitschaft nicht im Gegensatz zu seinen Plänen stand. Napoleon riet er, gelinden Maßnahmen den Vorzug vor gewaltsamen zu geben, was seiner Meinung nach die glücklichere Politik war. ›Kluge Mäßigung‹, schreibt später Metternich über Fouchés Politik, er hat ihn jahrelang genau beobachtet. Auch persönliche Beleidigungen hat Fouché leicht verschmerzt, er erinnere sich, schrieb er, sozusagen lächelnd, ›an den Geist des Evangeliums‹. Er hat sich auch nicht für die Angriffe gerächt, denen er mehr als jeder andere seit Jahren ausgesetzt war; behinderte ihn jedoch in einer laufenden Angelegenheit jemand ernstlich, zögerte er nicht, ihn auszuschalten.

Diese Gleichgültigkeit Beleidigungen gegenüber hatte ihre Ursache weniger im ›evangelischen Geist der Oratorianer‹ als in der unsagbaren Verachtung, die er den Menschen gegenüber an den Tag legte. Talleyrand spöttelte darüber: ›Diese Verachtung rührt daher, daß Monsieur Fouché sich selbst genau beobachtet hat.‹ Es ist so, daß er sein

Leben lang stärker als irgendein anderer menschliche Niederträchtigkeit durchschaut hat. ›Ich kenne die Menschen und die schändlichen Leidenschaften, die sie beseelen‹, schreibt er 1817. Er hätte es schon 1804 schreiben können, nach zehn Jahren nationaler Umwälzungen und drei Jahren Regierungsarbeit. Er hatte sämtliche Spielarten von Feigheit, Niedrigkeit und Verrat erfahren, und auf diese Erfahrung beruft er sich, wenn er sich als ›ehrenwerter Mann‹ ausgibt, als er selbst grausam im Stich gelassen, verleugnet und schlecht behandelt wird von jenen, die ihn für ihre Zwecke benutzt hatten.

Die Menschenverachtung hatte den früheren Oratorianerbruder stark verwandelt. Ein Zeitgenosse schreibt, er habe eine gewisse ›Schroffheit‹ besessen, aber seinerzeit war er doch ein liebenswürdiger Lehrer gewesen. Der Ausdruck ist erstaunlich. Und oft ist Fouché als der Typus des ›verschlagenen‹ Mannes bezeichnet worden. Manche Zeugnisse stellen ihn auch als einen ›nörgelnden‹ Geist dar. Eine Frau schrieb: ›Wie ein richtiger Bretone nörgelte er an Geschäften herum, die nicht die seinen waren.‹ François Guizot, einer von jenen Männern, die ihn während der letzten Jahre der Regierungsarbeit gekannt haben, sagt, ›aus den langen Monaten des revolutionären Prokonsulats habe er sich eine gewisse verwegene Unabhängigkeit bewahrt‹. Keine noch so schwierige Situation vermochte ihn einzuschüchtern, eher hätte er die Verwegenheit bis zur Waghalsigkeit getrieben. In seinen Beziehungen zum Kaiser wird das deutlich. Napoleon stößt mehr als einmal mit dem unternehmerischen Geist seines Ministers zusammen, und er klagt darüber; doch da er mehr, als man glaubt, an anderen ›die Persönlichkeit‹ bewundert, interessiert ihn die ›verwegene Unabhängigkeit‹; er nennt ihn sogar – ein weiterer erstaunlicher Ausdruck – ein ›überspanntes Gehirn‹. Durchkreuzte jemand seine Absichten, war er durchaus fähig, alles zu zerschlagen. Fouché schreibt: ›Ich bin besessen von dem Willen, der Herr zu sein, wenn ich am Steuer stehe.‹

Die ›Schroffheit‹ war jedoch im allgemeinen nicht zu bemerken. Zwar konnte die Hand mit den langen knochigen Fingern aus Eisen sein, doch zog sie gern den berühmten ›Samthandschuh‹ über. Es lag ihm nichts daran, alles mit einem unumstößlichen Akt zu beenden. Vermutlich hätte er, wäre er in den ersten Monaten des Jahres 1804 noch oder wieder Minister gewesen, Napoleon gegen die Hinrichtung des Herzogs von Enghien gewarnt. Er hat, wie bereits zitiert, den Ausspruch getan: ›Es ist mehr als ein Verbrechen, es ist ein Fehler!‹ Nach 1804 ist er nicht immer vor Exekutionen zurückgeschreckt, wenn er sie für ›heilsame Exempel‹ hielt; seine Vergangenheit als Schreckensmann

zeigt deutlich, daß er Härte anwandte, um nicht noch mehr zu sagen; doch mit Gewalt zu regieren stand seinem Wesen entgegen. Deshalb könnte gesagt werden, daß Fouché in den revolutionären Jahren eine Maske getragen hat – eine schreckliche Vorstellung, denn nicht einen Augenblick kann angenommen werden, er sei wirklich von einem Blutrausch befallen gewesen. Später ist seine Politik von seinem ›gemäßigten‹ Temperament bestimmt worden – von der ›klugen Mäßigung‹, von der Metternich spricht. Letztlich war bei ihm alles Wendigkeit, aber die Wendigkeit stand im Dienst einer Leidenschaft, einer heftigen Leidenschaft: des persönlichen Ehrgeizes.
Seit 1792 hat er davon geträumt, eine Rolle – gleich welche – in dem Drama zu spielen, das von 1789 bis 1815 vor seinen Augen abrollt. Er ist ein Vierteljahrhundert lang geleitet von dem Gedanken an sein politisches Schicksal.

Er hat es in den verschiedenen Epochen ganz verschieden aufgefaßt. 1792 wechselte er aus dem Lager der Gemäßigten in das der Ultrarevolutionäre über; den Fehler, in ihm verweilt zu haben, hätte er beinahe teuer bezahlt, er erkannte als gescheiter Kopf den Fehler und zog seine Konsequenzen. Nur ist er nicht mehr in der Lage, die Wege frei zu wählen. Am 17. Januar 1793 ist er auf die Bühne des Nationalkonvents gestiegen und hat ein einziges Wort ausgesprochen: ›La mort!‹ Das Wort war ein Verrat an seinem eigenen Gewissen, und das Wort hat lebenslang wie eine Last auf ihm gelegen. Ein Wort! Eine Minute! Ein ganzer Lebensweg ist damit gekennzeichnet. Durch seine Stellung als Prokonsul 1793, durch die Salven von Lyon hat er ganz offensichtlich seinen Weg schwer belastet, aber merkwürdigerweise sind die schrecklichen Monate des Jahres I der Republik von allen leichter vergessen worden als der ›Königsmord‹. Der Königsmord schnürt ihn ein wie ein Nessushemd. In seiner Politik ist nur eines spürbar: Er fürchtet die ›Vergeltung der Royalisten‹, sollten sie je wieder Herren der Lage werden. Lange Zeit gibt es für ihn nur eine Lösung: Es muß um jeden Preis verhindert werden, daß die Bourbonen wieder an die Macht kommen; er hat erlebt, daß die Schreckensherrschaft zu Ende ging, er muß dieser Zwangsvorstellung noch mehr Überlegung widmen. Er hat das Direktorium am Werk gesehen und mußte die Hoffnung aufgeben, mit ihm ein Bollwerk gegen die mögliche Restauration der abgesetzten Dynastie schaffen zu können; von da an hat er von einer starken Regierung geträumt, als Mauer gegen diese Restauration; deshalb hat er – übrigens nicht unbestritten – am 18. Brumaire mitgewirkt; daher hat er vier Jahre später teilgenommen an der Einsetzung einer neuen Monarchie. Unter dem Konsulat hat er vor allem jeder Reaktion den Weg ver-

bauen wollen, und er hat das Kaisertum nur gesehen als das ›Erbe der Revolution‹, als Verteidiger des Geistes und Beschützer der Männer der Revolution. Daher rührt die beständige feindselige Haltung gegen jede Regung, die zugunsten von Gruppen der Rechten ausschlagen könnte.
Indes wird er die Gruppen der Rechten, die er an der Seite des Ersten Konsuls bekämpft hat und die er an der Seite des Kaisers weiterhin bekämpft, durch persönliche Beziehungen pflegen, wie wenn ein unbewußter Plan ihn zu diesem doppelgleisigen Verhalten zwinge. Gewiß, im Jahre 1804 konnte ein Mann wie Fouché sich nicht im entferntesten vorstellen, daß das Votum vom Januar 1793 später einmal durch den Bruder Ludwigs XVI. Nachsicht und Schonung erfahren würde. Als er 1815 Minister Ludwigs XVIII. geworden ist und dem König den Treueschwur leistet, hat er eine Traumvorstellung verwirklicht, die nach und nach immer stärker geworden war. 1804 jedoch war diese Traumvorstellung dem Königsmörder noch untersagt; er weiß, daß, wie schon unter dem Konsulat, sogar an der Seite Napoleons alles, was auf Konterrevolution abzielt, für ihn gefährlich ist und zur Ungnade führen kann; die Kampagne gegen den Königsmörder läßt nicht einen Augenblick nach. Deshalb unternimmt er es, sich im Lager der Royalisten selbst Sympathien zu schaffen, die ihn eines Tages vielleicht vor der gefürchteten ›Vergeltung‹ bewahren könnten. So macht er sich daran, die Salons des Faubourg Saint-Germain zu erobern. Das ist eine der ungewöhnlichsten Leistungen Fouchés; ein Erfolg, der im Juli 1815 alle erstaunt, als die unbeugsamsten Royalisten aus dem Kreis um den Grafen von Artois Ludwig XVIII. bitten, dem Herzog von Otranto ein Ministerportefeuille zu übertragen und diese erstaunliche ›Konzession‹ vom Bruder Ludwig XVI. auch erhalten. An jenem Tag konnte Fouché wirklich der Meinung sein, daß sein Schicksal wie durch ein ungeheuerliches Wunder gekrönt sei. Von 1804 an macht er sich für alle Fälle bei allen beliebt, daher rührt die Doppelgleisigkeit, die den Lebensweg dieses erstaunlichen Mannes kennzeichnet.
Daß diese Zielsetzung ins Auge gefaßt und jahrelang erfolgreich betrieben worden ist, zeigt ausreichend, welche Schliche und Listen dieses Gehirn in sich schloß. Seine gesamten Fähigkeiten standen im Dienst seiner berühmten ›politischen Fortüne‹. Erstaunlich ist es, daß der Kaiser einen Mann, der so schwankend war, in seinem Dienst litt. Wenn er ihn auch nicht für treu aus innerster Überzeugung oder aufrichtiger Sympathie hielt, so glaubte er, er sei treu aus einer Zwangslage heraus. Napoleon hat das königsmörderische Votum Fouchés stets angesehen als einen unüberbrückbaren Abgrund zwischen den Bourbonen und ihm, nicht nur als eine einfache Schranke. Deshalb versäumt er

keine Gelegenheit, ihn selbst immer wieder an den 17. Januar 1793 zu erinnern. ›Sie haben doch für den Tod des Königs gestimmt, Fouché‹, sagte er eines Tages vor Zeugen zu ihm, und der stets schlagfertige Fouché antwortete mit scheinbarer Ruhe: ›Ja, Sire, und das war der erste Dienst, den ich Eurer Majestät zu leisten imstande war.‹ Doch empfindet der Minister diesen Hinweis, den Napoleon zuweilen für notwendig erachtet, als grausam. Immer aber hat der Kaiser einen neuen Grund, um Fouché an der Macht zu halten. Napoleon schätzt – es ist ein merkwürdiger Charakterzug von ihm – die Intelligenz bis zum Übermaß, so könnte man sagen. Im Laufe der Zeit wächst seine Achtung noch, gewiß nicht wegen des Charakters von Fouché, sondern wegen ›seiner Tüchtigkeit‹. Es steht fest, daß diese in den Dienst der kaiserlichen Politik gestellte Intelligenz – sie war bemerkenswert ausgebildet – dem Regime und seinem Oberhaupt sehr zustatten kommt. Die Tätigkeit, die Fouché entfaltet, insbesondere während der Zeiten langer Abwesenheit des Kaisers, wird von diesem bald als unabdingbare Notwendigkeit für die Sicherheit des Kaiserreichs gewertet. Schon während des Konsulats hatten sich enge Beziehungen zwischen den beiden Männern ergeben, Fouchés große Chance erblühte aber während seiner Ungnade im Jahre 1802 bei den unheilvollen Ereignissen, die damals eintraten. Aus diesen Ereignissen zog Napoleon den Schluß, daß es falsch gewesen war, den einzigen Mann zu verabschieden, der seiner Meinung und den gemachten Erfahrungen nach die Sicherheit des Regimes garantieren konnte. Sieben Jahre lang kann Fouché aus dieser Tatsache Nutzen ziehen. Häufig denkt der Kaiser daran, sich von ihm zu trennen, und immer wieder schreckt er davor zurück ... Augenzeugen berichten alle von jener Art ›Charme‹ – ein Ausdruck von Sekretär Méneval –, der Napoleon fesselt und ihn fast beherrscht. Er empfindet für Fouché instinktiv Antipathie, die aber nicht so stark ist, daß sie ›die Bewunderung‹, die ihm die Tüchtigkeit des Mannes abringt, zu erschüttern vermag.

Abschließend sei gesagt, daß es die ungewöhnliche Tüchtigkeit und die Fähigkeiten Fouchés sind, die nicht nur Napoleon, sondern alle beeindrucken. Als Talleyrand in Ungnade fällt, ist er der ›bedeutendste‹ Diener des Regimes, und sogar seine Gegner müssen zugeben, daß er unersetzlich ist. Aus dem Polizeiministerium macht er ein unvergleichliches Instrument der Macht, und allen wird bald bewußt, daß nur er diese gewaltige Maschine mit den gleicherweisen schrecklichen und zarten Mechanismen zu handhaben versteht. So ist Fouché im Jahre 1804 gerüstet, um den heikelsten Situationen und den gefährlichsten Ereignissen zu begegnen.

13

Die Verteidigung der Revolution

Am 22. Messidor (11. Juli) zieht Fouché wieder in das Gebäude der allgemeinen Polizei ein, fest entschlossen, sich jetzt gegen jeden und gegen alle zu behaupten; von seinem Amtszimmer aus hält er sechs Jahre lang die Fäden der Polizei und sehr häufig die Fäden der gesamten inneren Politik des neuen Kaiserreichs in seiner festen und zugleich geschmeidigen Hand.

Die Situation war indes sehr viel heikler als zur Zeit seiner damaligen Entlassung. Die Ausrufung des Kaiserreichs hatte die Gemüter der Royalisten stark erregt. Im Westen rührten sie sich von neuem, und der Minister fand, als er seinen Sessel wieder einnahm, Berichte vor, die ihn auf die Spur gefährlicher Agitatoren brachte; sie waren achtzehn Monate lang ohne Überwachung gewesen. Es waren die Mitglieder einer verzweigten Vereinigung, die als ›Englische Agentur von Bordeaux‹ bezeichnet wurde (die Verschwörung wurde durch britische Fonds unterstützt) und die sich von den Pyrenäen bis in die Normandie erstreckte; ihr Zentrum war die Stadt an der Gironde. Ein Handelsgeschäft mit Blei – dazu bestimmt, Tausende von Kugeln daraus zu schmelzen – hatte den Alarm ausgelöst. Die Angelegenheit war bisher unachtsam behandelt worden, und die Anführer waren entkommen. Fouché hatte unverzüglich versucht, wenigstens die Fäden der Organisation aufzuspüren; es gelang ihm auch, da er in der Behandlung solcher Dinge im Westen Erfahrung hatte. Mit einem Schlag zerriß er das Netz und brachte das royalistische Vorhaben zum Scheitern, ehe es sein Ziel erreicht hatte: einen neuen Aufstand ›aller Vendées‹ zu einem Zeitpunkt, da der Kaiser gezwungen war, weit von Frankreich entfernt die Koalition zu bekämpfen, die sich in Europa bildete. Die getroffenen Maßnahmen machten den Royalisten klar, daß Fouché de Nantes von nun an das Steuer fest in der Hand hielt, daß er entschlossen war, auch während Napoleons Abwesenheit den Frieden im Innern des Landes aufrechtzuerhalten. Damit wurde auch bestätigt, daß Fouché beabsichtigte, allen konterrevolutionären Bestrebungen besondere Aufmerksamkeit zuzuwenden, gemäß den Gedanken, die er seit dem Brumaire zu verwirklichen gedachte.

Im Bereich der religiösen Angelegenheiten zeigte sich sein Widerstand gegen jede konterrevolutionäre Bestrebung besonders deutlich.

Er sandte ein im Stil arrogant abgefaßtes Rundschreiben an die Bischöfe, in dem er seine Entschlossenheit, an die fundamentalen Prinzipien der Revolution nicht rühren zu lassen, zum Ausdruck brachte. Wiederum sagte er, das imperiale Regime sei aus der Revolution hervorgegangen, und ihr wolle er treu bleiben. Das Zirkular begann mit den unverfrorenen Worten: ›Zwischen Ihren und meinen Funktionen besteht mehr als eine Beziehung‹, und um diese kühne Behauptung zu erläutern, fuhr er fort: ›Es ist unser Ziel, eine Moral zu vertreten, die, wenn sie befolgt wird, die beste soziale Ordnung schafft.‹ Bei genauem Hinsehen wird deutlich, daß ›die Moral‹ die Bischöfe und die Geistlichkeit veranlassen sollte, nur die Unterwerfung unter den Geist des Konkordats zu predigen und demzufolge unter die Leitideen des imperialen Regimes. Die Bischöfe antworteten rasch und beteuerten ihre uneingeschränkte Regierungstreue; Fouché aber ging weiter und ließ sich durch seine Agenten jeden Angriff, der von der Kanzel herab vom bescheidensten Prediger gegen den Geist der Revolution geführt wurde, melden. Und um zu gewährleisten, daß das Predigen den Weltgeistlichen überlassen blieb, die leichter zu beaufsichtigen waren, wachte er streng darüber, daß die religiösen Kongregationen sich nicht neu formierten, insbesondere die ›Pères de la Foi‹, die er als ›verkappte Jesuiten‹ bezeichnete.

Es ist erklärlich, daß diese Haltung gegenüber bestimmten Gruppierungen der Rechten die Unzufriedenheit jenes Klüngels hervorrief, der seinerzeit schon alles getan hatte, um den früheren Prokonsul in Ungnade zu stürzen. Der aktivste Kämpfer dieser Gruppe war der Publizist Fiévée, der sich im ›Mercure‹ als erklärter, zuweilen heftiger Gegner der Revolution, der ›Republikaner‹ und der ›Philosophen‹ erwies. Obwohl Fouché wußte, daß Fiévée mit dem Kaiser in Verbindung stand, ging er gegen den ›Mercure‹ und dessen Redakteur vor, als ein Artikel über Bailly und Mirabeau erschien, in dem die ersten Akteure der Revolution verunglimpft wurden. Zu derselben Zeit ergriff er Maßnahmen gegen Artikel im ›Journal des Débats‹, einem anderen Organ der Konterrevolution, die im gleichen Geist abgefaßt waren.

Kurz gesagt bedeutete das: Es sollte in allen Bereichen – gegen die Royalisten, die schlechtgesinnten Priester und die reaktionären Journalisten – deutlich gemacht werden, daß das Regime, aus der Revolution hervorgegangen, nicht daran dachte, seine Herkunft zu verleugnen, daß mit Hilfe des früheren Citoyen Fouché de Nantes die Revolution unter dem Kaiserreich fortwirkte und daß einzig und allein der Geist von 1789 die neue Monarchie beseelte.

Doch ging seine Aktivität noch weiter. Ihm war bekannt, daß einer der heißesten Herde, aus dem die Komplotte in Frankreich gespeist wurden, sich seit langem in Hamburg befand. Eine Emigrantengruppe unter dem Einfluß und den Weisungen des englischen Konsuls Rumbold war hier so tatkräftig am Werk, daß man Spuren ihrer Aktionen bis in die Bretagne und in die Vendée hinein fand. Fouché stellte dem Kaiser die Situation vor Augen und erreichte, daß Rumbold von einer Abteilung französischer Truppen, die in der Nähe der Hafenstadt lagen, ganz einfach entführt wurde. Der englische Agent wurde festgenommen, nach Paris gebracht und der Verschwörung überführt. Ihm schien das Schlimmste zu drohen. Fouché aber war im Grunde nicht dafür, den Bogen zu überspannen. Der verängstigte Engländer gab alle Geheimnisse preis und wurde freigelassen; die Hamburger Gruppe zerstreute sich aus Angst und gab jede Agitation auf. Die Niederlage der Konterrevolution war jetzt besiegelt. Nur vier Monate hatte der Minister gebraucht, um sie auf allen Ebenen zu schlagen.

Der Kaiser billigte Fouchés tatkräftiges Vorgehen, wenngleich er öfters zu erkennen gab, daß er sich von seinem Minister nicht gängeln ließ. Am 23. Pluviôse des Jahres XII (11. Februar 1805) wurde Fouché mit dem Großen Adler der Légion d'honneur ausgezeichnet und empfing wiederholt Beweise äußerster Zufriedenheit und persönlicher Zuneigung Napoleons. Dieser mußte, wahrscheinlich für mehrere Monate, Frankreich verlassen. Er wollte die Ergebenheit seines Ministers vertiefen, und Fouché rechtfertigte sein Vertrauen, als er, während seiner Abwesenheit, einen neuen Aufstandsversuch im Keim erstickte.

Im Floréal des Jahres XII (April–Mai 1805) war er einem Komplott auf die Spur gekommen, das auf den Süden abzielte, und hatte durch verschiedene Festnahmen die royalistische Organisation in den konterrevolutionären südlichen Provinzen zerschlagen. So meinte er das Vertrauen, das der Kaiser in ihn und seine Haltung setzte, verstärken zu können.

Nichtsdestoweniger machte Fouché dem Kaiser Sorge; er verheimlichte es nicht. Nachdem die Royalisten im Westen und im Süden gelähmt waren und nichts mehr unternehmen konnten, schien der Minister, befriedigt darüber, die aufkeimenden Verschwörungen vereitelt zu haben, eher geneigt, die zusammengeschrumpfte Partei zu schonen, als ihr den Gnadenstoß zu versetzen. Der Kaiser erging sich in bitteren Klagen über die ›Schwäche‹ der Polizei. Ein vager Verdacht, es könne Verrat vorliegen, ist schon in seinem Brief vom 29. August zu entdekken. Wahrscheinlich hatte er nicht ganz unrecht. Während Fouché auf der einen Seite die Royalisten bekämpfte, verdoppelte er seine Gefälligkeiten dem vornehmen Faubourg Saint-Germain gegenüber, seine Rücksichtnahmen waren derart, daß man auf dieser Seite anfing, Hoffnungen auf diesen merkwürdigen und undurchschaubaren Politiker zu setzen. Vermutlich wußte Napoleon alles über diese gefährlichen Hoffnungen, denn er war durch seine persönliche Polizei, vor allem durch den Polizeipräfekten Dubois, gut unterrichtet. Wie dem auch sei, zu jener Zeit schrieb einer der aktivsten Agenten Ludwigs XVIII., Fauche-Borel, an Lord Grenville, er rate den Royalisten, ›auf Fouché zu bauen‹. Fauche-Borel, ein wirrer und unklarer Geist, nannte als mögliche Verschwörer gegen das Kaiserreich zusammen mit Lajuinais, Boissy d'Anglas, Brune, Lecourbe und Jourdan auch Menschen, deren Treue erprobt war, wie Pontécoulant, Lebrun und Macdonald. Aus diesen Namen zimmerte Fauche-Borel eine Verschwörung zusammen, an deren Spitze vorgeblich Fouché treten sollte. Seine Mitwirkung schien unerläßlich. Wie Fiévée in seinen Briefen an den Kaiser, stellte Fauche-Borel in seinen Berichten an die englischen Minister Fouché als einen Mann dar, der Einfluß habe auf die beiden Oppositionsparteien, die royalistische und die jakobinische. Der Royalist schrieb: ›Fouché kennt die Absichten des Königs, er hat, trotz gegenteiligen Anscheins, die wahren Anhänger der Sache des Königs gerettet und rettet sie noch.‹ Er führte Fälle an, bei denen die geschickte Nachsicht des Ministers in der Tat so aussehen konnte, als entspränge sie kluger Berechnung. Auf jeden Fall verbreitete sich diese Meinung allmählich in London, in den royalistischen Kreisen und sogar im Kabinett von Saint-James.

War dieses Gerede reine Phantasie? War Fouché darüber im Bilde? Hatte er dem Anerbieten der royalistischen Agenten sein Ohr geliehen? Es ist bekannt, daß er zugänglich war, daß er die Pflichten eines loyalen Ministers nicht sehr genau nahm; es kann aber unterstellt werden, daß er damals skeptisch war und persönlich keinen Vorteil darin erblickte, Napoleon zu stürzen zugunsten des Bruders Ludwigs XVI., daß er auf jeden Fall zu geschickt war, um eine eindeutige Antwort zu geben. Sicherlich hatte er zugehört und gelächelt: das war seine Gewohnheit. Die geächteten Parteien verloren, obwohl sie ständig geschlagen wurden, ihre zählebigen Illusionen nicht; mehr brauchte es anscheinend nicht, um im Kopf von Leuten wie Fauche und d'Andigné die sonderbare Idee aufkommen zu lassen, der Mann von Lyon könne umgewandelt werden, er könne der Neubegründer der legitimen Monarchie werden.

Ob Fouché gegen ein aufkommendes Mißtrauen kämpfen oder seinen Herrn kompromittieren wollte, es steht fest, daß er dem Kaiser weiterhin Unerbittlichkeit gegenüber der royalistischen Partei, soweit sie als Gruppierung auftrat, anempfahl. D'Hauterive berichtet, daß er Ende 1805 beharrlich ›mit den wieder ausgesöhnten Jakobinern verkehrte‹, während er beim Kaiser sowohl die Salons, als Herd übelgesinnter Reden, als auch die Untaten einiger Briganten in der bretonischen Heide anschwärzte und strenge Maßnahmen forderte.

Napoleon, der nicht in Paris war, hatte seinem Minister gegenüber andere Motive für seine Unzufriedenheit; sie bezog sich auf Fouchés Kampagne zugunsten des Friedens.

Um sich persönlich beliebt zu machen und anscheinend ohne den Zorn des Kaisers zu fürchten, redete Fouché mutig vom Frieden. Die schwere finanzielle Krise, gegen die sein Kollege Barbé-Marbois ankämpfte, hatte keine andere Ursache als den Krieg. Deshalb mußte der Krieg beendet werden. Der Polizeiminister machte aus seiner Meinung kein Hehl. Auf den Bühnen wurden Friedenscouplets gesungen, und in der nichtamtlichen Presse war der gleiche Refrain zu hören. ›Und dabei‹, schrieb Fiévée darüber an den Kaiser, ›ist doch die Meinungsfreiheit bei uns nicht so groß, daß man sich solch eine Ungehörigkeit erlauben könnte, ohne dazu ermächtigt zu sein.‹ Die Feinde des Ministers fragten sich, weshalb er so emsig für den Frieden plädiere. ›Er fürchtete, der Kaiser könne durch seine Siege plötzlich aus der Vormundschaft, die die revolutionäre Partei über ihn zu haben behauptet, ausbrechen‹, meint Fiévée und fügt hinzu, der Minister ›rühmte sich nicht damit, für die revolutionäre Partei verantwortlich zu sein; damit gab er zu, daß er über sie verfügte‹.

So stand es, als der Kaiser am 26. Januar wieder in die Tuilerien zurückkehrte. Fouché mußte mit seinem Zorn rechnen. Glücklicherweise entlud sich das Gewitter über Barbé-Marbois, der für die finanzielle Krise verantwortlich gemacht wurde und der sein Portefeuille verlor. Der Polizeiminister, der ebenfalls in Gefahr schwebte, blieb verschont. Vermutlich hatte er sich gut verteidigt und letztlich den Faubourg Saint-Germain belastet: das ›Geschwätz‹ in den Salons war an allem schuld, die Feindseligkeit den Taten des Kaisers gegenüber stammte von dorther; Fouché konnte, als die Unterredung zu Ende war, einen Doppeltreffer verbuchen: er hatte sich von jeder Schuld frei gemacht und außerdem vermocht, Maßnahmen gegen einige Mitglieder der Aristokratie zu veranlassen, durch die allein der Kaiser sich verhaßt machte – ein ausgezeichnetes Mittel, die Annäherung der Freunde des Königs an Cäsar für ein oder zwei Jahre hinauszuschieben. ›In Durchführung der Befehle Seiner Majestät‹, wie Fouché nachdrücklich betonte, ließ er am 2. Februar ein Dutzend hochstehender Aristokraten festnehmen und bedeutete ihnen, stets ›in Durchführung der

Befehle Seiner Majestät‹, daß sie sich nur außerhalb einer Zone von hundert Meilen um die Hauptstadt aufhalten dürften. Die gleiche Maßnahme traf einige Tage später Abbé de Damas und Abbé de Dillon. ›Diese Verbannungen‹, sagte der Minister wohlgefällig, ›haben die Anhänger der Bourbonen in Schrecken versetzt.‹ Und zur gleichen Zeit zeigte er Mitgefühl mit dem Kummer und Zorn der ›Opfer Bonapartes‹, nahm Bittgesuche von den Damen de Custine und de Vaudémont entgegen, erlangte beim Kaiser einige Begnadigungen, ließ sich dafür feiern und schlug Nutzen daraus im Faubourg Saint-Germain.

Als der Kaiser eine weniger rigorose Politik den Royalisten gegenüber anwenden will, tritt ein Ereignis ein, das alle Warnungen Fouchés bestätigt und wieder einmal zeigt, daß die Gefahr von rechts kommt. Im August 1806 meldet der Minister dem Kaiser den merkwürdigen Zwischenfall, der sich in der Bretagne ereignet hat. Der tollkühne Chouan Lahaie Saint-Hilaire gab sich als Statthalter des Königs und des Grafen von Artois aus, er hatte eine Anzahl weniger wichtiger ›Briganten‹ um sich geschart und krönte am 23. August seine Taten durch einen unglaublichen Akt. Am hellichten Tage entführte er Pancemont, den Bischof von Vannes, der seinen Diözesanen verhaßt war wegen ›seiner Willfährigkeit gegenüber der kaiserlichen Gewalt‹, wie sie es nannten. Er gab ihn erst wieder frei nach Zahlung eines Lösegelds und hatte so einen Prälaten gedemütigt und verhöhnt, dessen Anhänglichkeit an den Kaiser ihm unerträglich war. Fouché verlangte unverzüglich energische Maßnahmen, die er von dem aufgebrachten Kaiser mühelos bewilligt erhielt. Es wurde ein ›fliegendes Lager‹ mit fünfzehnhundert Mann in Pontivy geschaffen, unter dem Oberbefehl von General Boyer; dieser unterstand der allgemeinen Polizei und führte auf Anweisung und nach den Angaben des Ministers selbst eine Jagd auf Chouans durch, die im Oktober, November und Dezember 1806 das Ministerium vollauf beschäftigte. Fouché lähmte durch die Festnahme der Anführer Du Bouays, Policarro und Cécilion die bretonische Bewegung und ließ Lahaie Saint-Hilaire weiterhin verfolgen, der irgendwann in seine Hände fallen mußte. Er wurde im September 1807 gefangengenommen, und die Durchsicht der bei ihm gefundenen Papiere erbrachte den Beweis, daß durch die Verhängung des Belagerungszustandes im Westen ein wirklich gefährlicher Aufstand im Keim erstickt worden war. Das Kabinett von Saint-James, das die Erhebung vorbereitet hatte, wollte damit den Zaren dazu bringen, den Krieg weiterzuführen, während die Engländer selbst in der Bretagne landen wollten, und zwar in dem Moment, da der Kaiser in Deutschland gegen Preußen im Kriege stand.

Seit September 1806 war Napoleon nicht mehr in Paris und, einem umlaufenden Wort zufolge, war im Winter 1805 die Polizei ›die eigentliche Regentin des Kaiserreichs‹. Diese neuerliche Abwesenheit des Souveräns, nötig geworden wegen des Angriffs der Preußen, mußte den Aufstandsversuchen in Frankreich Vorschub leisten. Fouché verdoppelte die Wachsamkeit, er hatte es aber mit Leuten zu tun, die unerhört geschickt waren.

Kaum hatte der Kaiser die Hauptstadt verlassen, erschien ein junger Chouan, Armand Le Chevalier, verwegen bis zur Tollkühnheit. In Paris selbst versuchte er Fäden zu knüpfen mit hochstehenden Persönlichkeiten, Senatoren und Generalen, die ihm, zu Recht oder Unrecht, als ›Unzufriedene‹ genannt worden waren. Da er nichts erreichen konnte, war er in die Normandie gegangen, hatte sich dort mit einem seit langem tätigen Aufrührer, dem Grafen von Aché, zusammengetan und vom Schloß Toursnebut aus eine Erhebung der Provinz vorbereitet; hier war man sowohl London wie Paris näher als in jeder anderen Provinz des Westens und konnte der englischen Landung die Wege ebnen. Le Chevalier konnte wochenlang seiner Untergrundarbeit nachgehen.

Fouché war nämlich mit den Ereignissen in der Bretagne beschäftigt, die seine ganze Aufmerksamkeit erforderten. Das Lager von Pontivy setzte zwar die Provinz in Schrecken, schreckte aber die royalistischen Agenten nicht ab. Diese wurden jetzt an der nördlichen Küste durch die ›Agentur von Jersey‹ geleitet, die nicht zu fassen war; in der Region Côtes-du-Nord war der ›Brigant‹ Prigent, ein gefürchteter Abenteurer, mit seinem Adjutanten Bouchard wieder aufgetaucht. Mit Hilfe von Guyon-Vaucoleurs und Armand de Chateaubriand, ebenfalls der Agentur zugehörig, die der Graf von Puisaye in Jersey leitete, wurden sie an die Küste gebracht. Im November 1806 kam ihnen Fouché auf die Spur und hetzte den Präfekten von Ille-et-Vilaine auf sie: Nachrichten aus London hatten ihn bestärkt in der Annahme, daß die Engländer einen Handstreich in der Bretagne planten; er hoffte, daß Puisaye selbst, der eigentliche Chef, auftauchen würde. Am 5. April meldete der Generalkommissar von Brest, daß Prigent in der Nähe von Saint-Brieux gelandet war, und zur gleichen Zeit wurde Fouché heimlich davon unterrichtet, daß Bertrand Saint-Hubert, ein weiterer Agent, im Morbihan gesichtet worden war, wo er sich mit dem nicht zu greifenden Lahaie Saint-Hilaire zusammenschloß. Da überdies in den Départements Mayenne, Loire-Inférieure, Sarthe, Orne und Maine-et-Loire viele Banden ihr Unwesen trieben, zog Fouché die Schlußfolgerung, daß es sich hier um den Beginn eines neuen Aufstands handele, der durch die

Festnahme oder wenigstens die Vertreibung Prigents vereitelt werden müsse. Emsige Tätigkeit wurde entfaltet: alle Verstecke wurden durchstöbert, alle Mittel und Wege, die Puisaye benutzen konnten, wurden im voraus lahmgelegt, und sogar die Priester wurden auf dem hierarchischen Weg aufgefordert, bei der Verfolgung mitzuwirken. Prigent konnte nicht gefaßt werden, aber, was wichtig war, er konnte vorübergehend außer Gefecht gesetzt werden; überstürzt verließ er das Festland, schiffte sich nach Jersey ein und setzte somit die gesamte Polizei in den Stand, sich auf Lahaie Saint-Hilaire zu konzentrieren, der im September 1807 ergriffen und am 7. Oktober, zusammen mit einem anderen ›Briganten‹, Jean Billy, hingerichtet wurde.

Fouché hatte den Ausgang dieser Ereignisse nicht abgewartet, sondern hatte sich bereits der Normandie zugewandt. Seit Ende 1806 war hier Le Chevalier als Verschwörer am Werk. Um seine Verfolger irrezuführen, war der verwegene Chouan zurück nach Paris gegangen. Fouché war allerdings nicht zu täuschen: er ließ ihn streng überwachen, während er um und über die Normandie ein festes Netz spannte. Als er genügend Beweise in der Hand hatte, gab er den Befehl, den Chouan festzunehmen, was am 20. Juli geschah: ein Agent Le Chevaliers mit Namen Fierlée, der in der Normandie verhaftet und nach Paris gebracht worden war, wurde unter der Fuchtel des Ministers zum großen Denunzianten der normannischen Verschwörung. Zahllose Verhaftungen erfolgten, die ganze Bande wurde festgesetzt, außer Aché, nach dem man weiterhin suchte. Le Chevalier und seine Komplicen mußten mit ihrem Kopf bezahlen, und so war auch die Normandie befriedet.

Die Bretagne und die Normandie waren im Zaum gehalten worden, während der Kaiser und die Armee durch die Feldzüge in Preußen und Polen sich immer weiter von Paris entfernten.

Unterdessen trieb der Minister mit unerschütterlicher Beharrlichkeit die doppelzüngige Politik weiter, die den Faubourg Saint-Germain dem Kaiser und den Kaiser dem Faubourg entfremdete, indem er dem Souverän die winzigsten feindlichen Regungen, die geringfügigsten verletzenden Äußerungen der Aristokratie mitteilte, indem er die Präfekten, wie den von Indre-et-Loire, denunzierte, die ›die Royalisten aus Haß gegen die Republikaner begünstigten‹ und sich des öfteren das Recht übertragen ließen, ›im Namen des Gebieters‹ die übelgesinnten Adligen zu ›jagen‹ oder sie auf ihren Besitzungen zu überwachen. Diese Politik veranlaßte die genarrte Aristokratie zu einer zornigen, aber ohnmächtigen Opposition, sie schadete aber dem Ansehen nicht, das der geschickte Politiker in den unversöhnlichsten Kreisen genoß.

Man baute in den Londoner royalistischen Zirkeln tatsächlich weiter auf Fouché. Dem Kaiser wurden vom Polizeipräfekten – dessen Feindseligkeit dem Minister gegenüber von Tag zu Tag wuchs – einige ›Enthüllungen‹ zugetragen. Napoleon aber war von ihnen weniger beeindruckt, als anzunehmen war, im Gegenteil, er empfand etwas wie Bewunderung für diesen Fouché, der – als Königsmörder und Schrekkensmann – Hoffnungen bei einer ganzen Gruppe von Agenten der königlichen Prinzen erweckte und ihre Sympathie gewann.

Fouché selber fühlte sich in Anbetracht dieser Situation noch stärker. So wagte er auch von jetzt an, immer lauter über den Frieden und über den Krieg zu sprechen. Zwar hatte dieser Krieg mit dem großartigen Sieg von Jena begonnen, er zog sich aber endlos hin durch den mühevollen Feldzug in Polen. Der Sieg von Eylau war umstritten – auf jeden Fall war er teuer erkauft. Fouché begann, sich um das Leben des Kaisers Sorgen zu machen und demzufolge um das Schicksal des Regimes. Frankreich murrte, niemand wußte es besser als der Polizeiminister.

Alle Klagen teilte er dem Kaiser mit und erregte damit seinen Unwillen. Aber er hatte noch mehr getan: eine Senatsabordnung war auf Anregung des Senators Fouché nach Berlin gefahren, um den Kaiser zu bitten, Frieden zu schließen. Damit wollte Fouché sich zum Friedensengel machen, sich auf Kosten des Souveräns, des ›unverbesserlichen Kriegers‹, billige Popularität verschaffen. Napoleon durchschaute das Manöver und geriet außer sich. Savary sagt, seine Erregung wäre derart gewesen, daß alle geglaubt hätten, jetzt sei der Minister am Boden. Doch freute sich Savary zu früh. Fouché hatte treue Freunde im Generalstab; Murat und Lannes sprachen für ihn, und der Kaiser beruhigte sich. Der Minister, dem diese Vorgänge bestimmt bekannt waren, schien sich wenig darum zu kümmern. Er blieb weiterhin kühn, schrieb dem Kaiser weiterhin Briefe, in denen er, manchmal mit äußerster Verwegenheit, vom Frieden sprach: ›Für jemand, der aufmerksam alle Schattierungen der öffentlichen Meinung verfolgt, ist es offensichtlich, daß der Kaiser von allen Schichten gesegnet wird, solange man glaubt, daß sein Schwert in der Scheide bleibt.‹ Dem Mann, dessen Degen nie in der Scheide stak, mußten diese Worte wie eine Unverschämtheit vorkommen. In der Umgebung des Kaisers meinte man, Fouché sei verrückt geworden; als Napoleon nach dem Friedensschluß von Tilsit sich nach Paris auf den Weg machte, wurde Fouchés Sturz prophezeit.

Am 27. Juli war er wieder in Saint-Cloud. Seine Stimmung war ausgezeichnet, da das russische Bündnisversprechen ihn auf den Höhepunkt der Macht geführt hatte. Dieser Zustand kam Fouché zustatten. Zwar wurde in vielen Berichten auf seine ›Intrigen‹ aufmerksam gemacht, doch hatte sich der Minister während der zehnmonatigen Abwesenheit Napoleons um das Empire sehr verdient gemacht. Ihn jetzt in Ungnade zu versetzen, wäre ungerecht gewesen; mehr noch, es wäre unklug gewesen, denn der wendige Mann hatte sich bei einem großen Teil der Öffentlichkeit nachhaltigen Kredit verschafft. Schließlich hatte der Minister die beiden Aufstände in der Bretagne und Normandie niedergeschlagen. Bei der Rückkehr Napoleons im Juli 1807 kam es zum erstenmal nicht zu einer ungestümen Auseinandersetzung zwischen ihm und Fouché.

Die folgenden acht Monate von August 1807 bis April 1808 stellten tatsächlich den Gipfelpunkt der Ministerkarriere Fouchés im Kaiserreich dar, seiner Gunst und seiner Macht.

Nach großen Mühen war die Ruhe in den westlichen Provinzen gesichert. In Frankreich hatte Fouché die royalistische Bewegung gelähmt, er wußte aber, daß nach den letzten Zwischenfällen ihn manche Royalisten in London als einen möglichen Verbündeten betrachteten, was ihm für die Zukunft mutmaßlich erfreuliche Aussichten eröffnete. Der Kaiser setzte großes Vertrauen in ihn, es schien, als sei er von seiner Kühnheit ebenso beeindruckt wie von seiner Tüchtigkeit überzeugt. Die reaktionäre Partei gab für den Moment jede Hoffnung auf, den wirklich äußerst mächtigen Minister zu stürzen.

Nicht daß er dieser Partei irgendein Versprechen gegeben hätte, im Gegenteil, er führte seine harte Politik der ›Verteidigung der Revolution‹ fort. Im Winter 1807 und 1808 ließ er alle Werke, die in irgendeiner Weise der Revolution, ihren Führern, ihren Institutionen entgegenarbeiteten, beschlagnahmen und einstampfen. Er tadelte aufs heftigste die Beamten, die, wie Monsieur de Carné, durch ihren Umgang und ihre Reden bei den Käufern nationaler Güter Verdacht erregten, und er wies jede ›Einmischung‹ der Geistlichkeit zurück, er nannte sie widerrechtlich.

Der Kaiser hatte Fouché in den Rat für kirchliche Angelegenheiten berufen. In den letzten Monaten des Jahres 1807 schickte der Minister seinem Kollegen vom Kultusministerium aggressive Berichte über die ›Pères de la Foi‹, die Väter des Glaubens. Diese Gesellschaft versuchte jedoch, ihn für sich zu gewinnen. Der Leiter, Pater Varin, bat um eine Unterredung. Das Gespräch zwischen dem Oberen dieser ›verkappten Jesuiten‹ und dem ehemaligen Oratorianer verlief in höflicher Form; Fouché war kein Freund von lauten Zerwürfnissen. Beide Seiten versuchten, den Gegner zu täuschen. Kaum hatte Pater Varin das Gebäude des Ministeriums verlassen, richtete Fouché ein Schreiben an den Kaiser, mit dem er ihn bat, ›den Feind nicht in die Festung‹ hineinzulassen. Pater Varin hingegen errichtete weiter Häuser und Schulen, so daß Fouché im Jahr darauf, am 8. November 1808, den Entschluß faßte, ihn kurzerhand festnehmen und ausweisen zu lassen.

Damit ließ es der Minister nicht bewenden. Neben der alten Antipathie des Exoratorianers gegen die Jesuiten stand die nicht ganz so alte Unerbittlichkeit des Exkonventsmitglieds; im Winter 1807 auf 1808 wurden dem Kultusminister zahlreiche Fälle von Untreue der Geistlichkeit gemeldet. Die Bischöfe wurden gescholten, die Priester ihrer Pfarreien enthoben, ein Vikar, der in der Predigt gegen ›den Geist des Konkordats‹ verstoßen hatte, wurde auf Fouchés Befehl festgenommen. Bei dieser Gelegenheit beauftragte er die Präfekten, jedermann zur Kenntnis zu bringen, ›daß die Regierung mit ihrer ganzen Autorität die Priester schütze, die den Geist des Evangeliums predigten, daß sie aber jene unerbittlich bestrafe, die ihr Amt mißbrauchten und Gefühle des Hasses und der Rache einflößten und Parteiengeist verbreiteten in einem Augenblick, da er, der Minister der Polizei, sich bemühe, auch die winzigsten Spuren der alten Spaltungen auszulöschen‹.

Im Westen mußte der rastlose Minister sich wiederum mit der Bretagne befassen. Die Hoffnung, Puisaye oder wenigstens Prigent, wenn er wiederauftauchte, ergreifen zu können, war nicht aufgegeben worden. Nun hatte die Polizei, dank einer Reihe von geschickten Ermittlungen, klugen Kombinationen und direkten Überwachungen – ein Musterbeispiel polizeilichen Vorgehens –, den Beweis erbracht, daß der verwegene royalistische Agent wieder auf dem Kontinent war: die Aussagen des Marquis de Puisaye des Joncherets, des Bruders des royalistischen Aufwieglers, den Fouché für sich gewonnen hatte, erlaubten die Annahme, daß Prigent nur in den Westen gekommen sei, um einen Aufstand vorzubereiten, der in Zusammenhang mit neuen auswärtigen Verwicklungen, die London voraussah, erfolgen sollte. In der Tat war Puisayes Agent, von Jersey kommend, am 20. Januar gelandet und hatte sich in der Heide mit Bouchard, seinem Adjutanten, festgesetzt. Mit ungewöhnlichem Eifer machte sich die Polizei daran, sie aufzuspüren. Fouché wandte seine ganze Geschicklichkeit auf; der Kaiser selbst interessierte sich brennend für den Vorgang. Ihm lag daran, daß jede Erhebung verhindert wurde, denn er mußte Paris von neuem verlassen, um sich nach Bayonne zu begeben, wohin ihn die spanischen Angelegenheiten riefen.

Während Napoleon sich sechs Monate lang in den Pyrenäen aufhielt, betrieb der Minister die Verfolgung der Unglückseligen. Von seinem Amtszimmer aus ließ er sie hetzen und trieb sie in eine Mausefalle, denn die Küste wurde so gewissenhaft überwacht, daß sie sich auf dem Seeweg nicht wieder absetzen konnten. Für die beiden Agenten, ohne Zuflucht, ohne Hilfsmittel, gab es keinen Ausweg. Am 5. Juni wurde Bouchard gefangengenommen. Er erbot sich, seinen schlafenden Kameraden auszuliefern. Prigent wurde nach kurzem und heftigem Widerstand überwältigt. Triumphierend ließ Fouché Puisayes Agenten, an Händen und Füßen gefesselt, nach Paris bringen, er hoffte, wertvolle Auskünfte über die royalistische Partei aus ihm herauszuholen.

Diese Festnahme war ungeheuer wichtig: Prigent war wirklich der letzte verwegene ›Brigant‹, seine Hinrichtung sollte im Westen ein heilsames Echo finden, und seine Aussagen über die Jersey-Agentur dem Minister erlauben, auf ewig und immer die anglo-royalistische Bewegung zu zersplittern. Achtzehn Monate lang hatte der Kaiser ungeduldig auf diesen Tag gewartet. Überschwenglich dankte er dem Minister. Mit der Festnahme Prigents war die Ära des aktiven Royalismus abgeschlossen, die seit vier Jahren von dem beharrlichen Gegner der Konterrevolution praktizierte Politik von Erfolg gekrönt.

14

Die ersten Intrigen

Zweifellos ist Fouché durch die Gefangennahme des royalistischen Agenten vor einer Ungnade bewahrt worden. Er steht bei dem Kaiser gerade in dem Augenblick in Gunst, da er es sehr nötig hat: Eine dumme Affäre kompromittiert ihn vorübergehend in den Augen des Gebieters, was von allen Feinden des Ministers eifrig ausgenützt wird. Es handelt sich um die Affäre Malet, die erste Affäre Malet.

In dem Augenblick, da die royalistische Verschwörung im Westen aufgedeckt worden war und Fouché sich in seinem Ruhm sonnte, wurde er am 17. Juni 1808 von der Meldung überrascht, daß der ihm unterstellte Polizeipräfekt Dubois, neidisch auf seine Lorbeeren, in aller Heimlichkeit einem gefährlichen Komplott auf die Spur gekommen sei, diesmal einem republikanischen, in das frühere Konventsmitglieder, Generale, Senatoren und hohe Beamte verwickelt waren. Ohne dem Minister etwas zu sagen, hatte der Polizeipräfekt die wichtigsten Mitwisser festnehmen lassen. Fraglos hielt er mit der letzten Maßnahme, der Bloßstellung der hochgestellten Anstifter, unter die er auch seinen Vorgesetzten einreihte, noch zurück.

Dubois war ein Dummkopf, in dieser Lage allerdings ein gefährlicher. Er war maßlos eitel, seine Intelligenz mäßig, und er verdankte der regen Fürsprache Fouchés und Réals seine Stellung an der Spitze des Amtes, das durch die Verfügung vom 17. Ventôse des Jahres VIII geschaffen worden war. Allerdings hatte Fouché seine Funktionen beschnitten, konnte ihm aber nicht alle politischen Befugnisse entziehen; mit fester Hand schob er ihn immer wieder in ›die Administration der Dirnen, Diebe und Straßenlaternen‹. Während des Konsulats hatte sich Dubois mehr oder weniger mit dieser Rolle abgefunden, doch die Interimszeit von 1802–1804 im Polizeiministerium hatte außer anderen Unannehmlichkeiten die mit sich gebracht, daß der Polizeipräfekt quasi unabhängig war; er berauschte sich an seiner Selbständigkeit. Bei seiner Rückkehr ins Ministerium hatte Fouché die Überheblichkeit seines Untergebenen gedämpft, bald durch trockene Bemerkungen, bald durch beißenden Spott. Die Umgebung des Ministers verfuhr nicht zaghaft mit dem armen Präfekten. Am Quai Voltaire wurde er beinahe wie ein Tölpel behandelt. Daraus war bei Dubois ein regelrechter Haß gegen den Minister und seine Mitarbeiter entstanden. So war es für die reaktionäre Partei nicht schwierig, aus dem verbitterten Beamten ein Werkzeug für ihre Zwecke zu machen. Er war aus Abneigung gegen seinen Minister auf einmal ein Gegner des Geistes und der Männer der Revolution geworden. Da er ein mißtrauischer und argwöhnischer Polizeimann war, sah er überall Komplotte und Gefahren. Er hatte nur einen Wunsch: ganz allein eine gefährliche Verschwörung aufzudekken. Im Ministerium sagte man spöttisch lächelnd, er bitte jeden Morgen Gott in seinem Gebet darum. Seine Berichte waren gespickt mit grimmigen Bemerkungen über die ›Anarchisten‹, die ›Jakobiner‹, mit diesen Beinamen belegte der frühere Gerichtsbeamte der Schreckensherrschaft jene Republikaner, die in der vergoldeten Knechtschaft nichts hatten werden können oder sie nicht hatten auf sich nehmen wollen. Insbesondere richtete sich sein Mißtrauen gegen die Senatoren, die er für ›Republikaner‹, also für Feinde hielt.

Eine solche Verschwörung – die indes noch nicht fertig geschmiedet war, glaubte er entdeckt zu haben: das Komplott des Generals Malet.

Malet, ein begeisterter Republikaner, war keineswegs ein Narr, wie gemeinhin gesagt wird, er war ein freier Mann. Er haßte den ›Despotismus‹ aus ganzer Seele. Seiner Meinung nach mußte ›Bonaparte‹ gestürzt werden; der allgemeinen Zustimmung könnte man danach sicher sein. Vor einem Attentat schreckte er sicherlich zurück: es war sein Traum, wie es Fauche-Borels Traum in London war, die Unzufriedenen zu sammeln, jedoch nicht, um die Bourbonen wieder auf den Thron zu setzen, wie der Royalist es wollte, sondern um die Republik wiederherzustellen. Unzufriedene befanden sich im Senat, in der Armee, in den hohen Verwaltungsstellen und sogar in den Ministerien. Er war sicher, daß sie an dem Tag, an dem man zur Tat überging, mittun würden. Er meinte, daß die in goldverzierten Uniformen stekkenden Leute bereit sein würden, die begonnene Revolution aus seinen Händen zu übernehmen und sie zu ihrem Nutzen zu vollenden; und unter diesen sah er sogar Fouché, den Fauche-Borel in London zu den möglichen Royalisten rechnete.

Der General war 1804 nach Demonstrationen gegen die Errichtung des Kaiserreichs in Ungnade gefallen und 1807 abgesetzt worden. Er hatte seine Division in Angoulême verlassen und war nach Paris gegangen, wo er in schlechter Gesellschaft, mit ›Anarchisten‹, verkehrte, wie Dubois sich ausdrückte. Bald aber begann er wirklich zu konspirieren.

Er stand in Verbindung mit den letzten Trümmern der unbezwinglichen jakobinischen Partei. Ihr Führer war ein früherer Mitarbeiter Robespierres, Eve Demaillot, der mit dem Ziel, einen Regierungswechsel herbeizuführen, ein Komitee gebildet hatte, dem frühere Mitglieder des Nationalkonvents wie Ricord und Florent Guyot, der Extribun Jacquemont, Kabinettschef im Innenministerium, einen seriösen Anstrich gaben. Demaillot hoffte, ihnen Generale und Senatoren an die Seite stellen zu können. Hatte er aus einigen unvorsichtigen Worten des Senators Garat eine Zustimmung herausgehört, die auch für frühere Konventsmitglieder im Senat galt? Auf jeden Fall gelang es Demaillot, einige Generale für seine Sache zu gewinnen, da er versicherte, Garat, Sieyès, Lanjuinais und andere Senatoren seien bereit; Malet verschaffte ihm zwei alte, in Ungnade gefallene und unzufriedene Soldaten der Revolution, die Generale Guillet und Guillaume. Folgender Plan wurde ausgearbeitet: Sobald der Kaiser nach Bayonne aufgebrochen und die verschiedenen Armeen auseinandergezogen waren, sollte Jacquemont sich endgültig der Teilnahme der genannten Senatoren versichern, Demaillot und seine Freunde glaubten, einen Senatsbeschluß herbeiführen zu können, der das Kaiserreich abschaffte und die Bürger aufrief, eine Nationalversammlung zu wählen. Inzwischen sollte eine provisorische Regierung eingesetzt werden. Ihr sollten La Fayette, Malet, Admiral Truguet, Moreau, die Senatoren Lambrecht und Lanjuinais angehören. Cambacérès, offizieller Regierungschef während der Abwesenheit des Kaisers, sollte als erster verhaftet werden.

Um den Polizeiminister kümmerte man sich anscheinend nicht. Das Schweigen war aufschlußreich, es barg in sich ein berechtigtes oder nicht berechtigtes Vertrauen auf seine Mittäterschaft oder, wenn nicht gerade das, so doch auf seine nachsichtige Neutralität, wie seinerzeit im Brumaire des Jahres VIII.

Am 9. Juni zeigte General Lemoine, der in die Pläne eingeweiht worden war, um seine Teilnahme zu erwirken, die Verschwörung dem Polizeipräfekten an.

Dubois hat wahrscheinlich vor Freude gejubelt. Das war eine Verschwörung, und was für eine! Republikanische Generale, mehrere Konventsmitglieder, La Fayette, Moreau, Freunde des Polizeiministers aus dem Senat und – ging man den Dingen auf den Grund – vielleicht der Minister selber! Der Gedanke, der Minister könne beteiligt sein, brachte Dubois darauf, zuzuschlagen, ohne Fouché vorher zu benachrichtigen. In aller Heimlichkeit ließ der Polizeipräfekt am 16. Juni Demaillot, Florent Guyot, Ricord, die Generale Guillaume, Guillet und Malet und schließlich Jacquemont verhaften und nach oberflächlichen, schnellen und ungeordneten Verhören ins Gefängnis La Force einliefern.

Als Fouché davon erfuhr, fiel er aus allen Wolken oder gab zumindest vor, äußerst überrascht zu sein. Er hörte Dubois an, der über seine Entdeckung furchtbar aufgeregt war und unendlich geschwätzig darüber redete. Als Dubois ihn aber in erster Linie auf die Mittäterschaft der Senatoren hinwies, wurde ihm bewußt, daß für seine Freunde und für das politische Gleichgewicht, das er vertrat, wirkliche Gefahr bestand. Sollte etwas Wahres an der Sache sein, wollte er alles vertuschen. Deshalb trug er dem Präfekten auf, unverzüglich jede weitere Entscheidung aufzuschieben und jede Unternehmung einzustellen. Dubois bekam Angst, man wolle ihm seine Verschwörung stehlen. Kaum hatte er den Befehl des Ministers erhalten, schrieb er, ohne sich um den Befehl zu kümmern, einen langen und romanhaften Bericht an den Kaiser, der gestützt war auf die ganz flüchtigen Verhöre, und übermittelte ihm, ohne Fouché in Kenntnis zu setzen, einunddreißig Beweisstücke, Niederschriften von Verhören und Briefe. Dieser Bericht sollte beweisen, daß ein weitverzweigtes Komplott bestand. Man wollte die Verfassung des Jahres VIII wieder in Kraft setzen: die Republik. Zwölf Senatoren waren als Komplicen dabei, unter ihnen vor allem der Senator Garat, der, wie der Bericht behauptete, Aufrufe verfaßt habe; La Fayette war dabei, und so weiter. Um das Maß vollzumachen, forderte der Polizeipräfekt nichts weniger, als daß die Schuldigen so bald wie möglich vor den Obersten Gerichtshof gestellt würden und die Eröffnung einer aufsehenerregenden Verhandlung.

Wie war es möglich, daß Napoleon dieser abenteuerlichen Geschichte anfänglich so viel Bedeutung beimaß? Er war von Natur aus argwöhnisch. Auch stieß er auf Namen, die ihm verhaßt waren, wie La Fayette, Lanjuinais, liberale Senatoren, von Malet ganz zu schweigen; vielleicht waren auch Fouché und Talleyrand beteiligt. Und er ertappte Fouché bei einer Nachlässigkeit, möglicherweise sogar bei einer Begünstigung. Er war froh darüber, denn seiner Ansicht nach spielte der Minister zu stark den Unfehlbaren. Er übertrieb deshalb vielleicht seine Unzufriedenheit über die ›Fahrlässigkeit‹ des Ministers und vor allem über die Leichtfertigkeit, mit der dieser das Komplott behandelte.

Zweifellos verhielt sich Fouché in dieser Angelegenheit nicht ganz geschickt. Er war wütend auf Dubois, wollte ihn in aller Augen herabsetzen, indem er die Affäre ins Lächerliche zog; da er sie bagatellisierte und vertuschen wollte, gab er dem Gerücht Nahrung, er sei persönlich in sie verwickelt. Es war unklug, das ganze Komplott zu leugnen, denn das Komplott existierte. Dubois hatte es nur maßlos übertrieben; eine Verschwörung bestand. Und Malet war zweifellos ein gefährlicher Mann, denn 1812, unter sehr viel schwierigeren Bedingungen, schien das Unterfangen, von dem er 1808 träumte, zu gelingen.

Es war also von Fouché als Polizeichef unklug, sich der Verschwörung gegenüber ironisch und gleichgültig zu verhalten. Zu Recht fragte man sich, ob sein Verhalten seinem Ärger und seiner Verachtung Dubois gegenüber entsprang und ob der Minister nicht doch irgendwie an den Vorgängen beteiligt war und dies unter dem Mantel der Lächerlichkeit und Geringschätzung ersticken wollte.

Die Briefe Fouchés, die der Kaiser in Bayonne erhielt, hatten eine ungünstige Wirkung. Er ließ Dubois durch Cambacérès lebhaft beglückwünschen, erlaubte ihm, über das, was er noch entdecken sollte, direkt Bericht zu erstatten und sich auf diese Weise der Kontrolle des Polizeiministers zu entziehen. Außerdem beauftragte Napoleon Cambarcérès, der damals mit Fouché verfeindet war, eine zusätzliche Ermittlung anzustellen über die Verbindungen des verhafteten Jacquemont mit dem Senat und eine weitere über die Offiziere außer Dienst. Am 17. Juni richtete er heftige Vorwürfe an den Minister, er schloß die Überbleibsel der liberalen Partei in die Affäre mit ein, stieß Drohungen aus gegen Benjamin Constant, ›die Kanaille, die in Paris unentwegt geschützt wird‹ (Fouché tat es), über Garat, ›einen Schwachkopf‹, und über La Fayette. Er schloß: ›Ich bin dem Polizeipräfekten dankbar, daß er diese Angelegenheit verfolgt.‹

Fouché hüllte sich in unerschütterliche Verachtung, er zuckte nur die

Schultern. Als jedoch die Geschwätzigkeit des Präfekten anfing, ihn wirklich zu verärgern, prangerte er dessen vorschnelle und unbedachte Äußerungen an. Es wurde nur noch davon gesprochen, ›den Senat zu verkleinern‹. Seine Mitglieder wurden unruhig und fühlten sich bedroht; einer von ihnen bezeugt später, daß Fouché damals der einzige war, der den Senat vor einer Säuberung bewahrt hat. Der Minister selbst wollte allen Verdächtigungen zuvorkommen und berichtete dem Kaiser über die absurden oder gehässigen Gerüchte, die über ihn, Fouché, in Umlauf gesetzt wurden; man behauptete, ›er wolle sich bei einem Regierungswechsel an die Spitze stellen‹ und so weiter und so fort. Das alles sei, versicherte er, die Schuld des Polizeipräfekten, ›der einen Riesenbrand vortäuschte, um dann als der zu gelten, der ihn gelöscht habe‹. Die Protektion, die Dubois beim Kaiser genoß, schien den Minister nicht zu beeindrucken, denn er richtete am 24. Juni eine im Ton sehr scharfe Note an den Polizeipräfekten. Er bezeichnete ›die Aussagen der Verhafteten als unpräzis und oberflächlich‹ und gab ihm zu verstehen, ›daß die Wahrheit nur durch genaue Verhöre ermittelt werden könne‹. In bitteren Worten kritisierte er die stattgehabte Untersuchung, überwies die Affäre einem neuerlichen Prüfungsausschuß und übertrug die Leitung den drei Staatsräten, die zu seinem Ministerium gehörten. Doch bevor diese neue Untersuchung begann, hatte Fouché durch Desmarets die Behauptungen des Präfekten widerlegen lassen; Desmarets' Bericht gab dem Bedauern Ausdruck, daß ›die Aussagen der Verschwörer nicht mit größerer Sorgfalt behandelt worden seien‹, und tadelte in strengen Worten die überstürzte Art und Weise, in der die Untersuchung geführt worden sei.

Der Kaiser war verärgert. Er ließ sich nichts vormachen und mißbilligte am 29. Juli die Einsetzung dieser Untersuchungskommission; er bekräftigte erneut das Vertrauen, das er in Dubois und seine ›Entdeckung‹ setzte. Sein Mißtrauen Fouché gegenüber war derart gewachsen, daß er den Erzkanzler beauftragte, die beiden Staatsräte Pelet und Réal vor ›dem Druck‹ des Ministers zu warnen; Dubois solle unterstützt und es solle ihm seine Hochachtung übermittelt werden. Dieses Schreiben an Cambarcérès bewies, daß der Kaiser jetzt gegen Fouchés Vorstellungen und gegen die Politik, die er ihm angeraten hatte, war; er habe die ›Anarchisten‹ zu nachsichtig behandelt, die seit dem Jahre VIII ›ständig an einer heimlichen Verschwörung webten‹.

Indes merkte Napoleon selbst, daß er sich in einer prekären Situation befand. In der Tat stellten Réal und Pelet bei ihrer Untersuchung fest, daß das Komplott ohne jede Bedeutung sei, sie stimmten den Schlußfolgerungen Desmarets' zu. Das Schlimmste war, daß Dubois seine

Unterschrift unter den Bericht neben die der anderen setzen mußte, womit er sein grobes Versehen eingestand. Der Kaiser war Paris zu fern, als daß er sich eine klare Meinung hätte bilden können. So blieb ihm nur die Wahl zwischen zwei gleicherweise ärgerlichen Rollen: entweder war er das Opfer des Versehens des Präfekten oder der listigen Schläue Fouchés.

Napoleon war gereizter Stimmung, er blieb dabei – sogar gegen Dubois selbst –, daß Dubois recht gehabt habe; er wollte nie zugeben, daß er sich hatte irren können. Sein Brief vom 13. Juni zeigt, wie erregt er war: ›Ich erhalte Ihren Brief vom 9. Juni‹, schrieb er an den Minister, ›und ich begreife nicht mehr, was in Ihrem Kopf vorgeht! Ist es dieses Jahr zu heiß in Paris? Ich beauftrage den Erzkanzler, mir diese ganzen Worträtsel zu erklären. Alles, was ich daraus entnehme, ist erbärmlich: Seien Sie Polizeiminister, halten Sie die Wirrköpfe in Schach, und seien Sie selber keiner. Beruhigen Sie die öffentliche Meinung, anstatt Fackeln der Zwietracht hineinzuschleudern. Seien Sie der Vorgesetzte und nicht der Rivale Ihrer Untergebenen. In kurzen Worten, machen Sie allein mir nicht so viel Arbeit wie die ganze Polizei des Kaiserreichs zusammengenommen.‹

Am gleichen Tag beauftragte der Kaiser den Erzkanzler, den Minister zu beruhigen, ihn mit Dubois zu versöhnen; er war über die Verstimmung Fouchés beunruhigt. ›Wem zürnt er eigentlich?‹ schrieb er. ›Niemand greift an, niemand greift den Senat an ... Allmählich verstehe ich das Benehmen dieses Ministers nicht mehr ... Sein Neid gegen den Polizeipräfekten kann ihn doch nicht zu solchen Übertreibungen führen!‹ Die Beunruhigung des Kaisers sprach aus diesen Worten. Bald wurde sie so stark, daß sie umschlug in die Vorstellung, es wäre doch ein Verrat möglich. Am 17. Juli gab er seiner Befürchtung in einem weiteren Brief an Cambarcérès Ausdruck: ›Nach und nach fürchte ich, daß in Fouché schlimme Dinge vorgehen, daß er die Hitzköpfe begünstigt, die er sich zunutze machen will, und jene Leute nicht entmutigen will, die auf Umstände bauen, die den Tod mit sich bringen oder ungewöhnliche Ereignisse ... Die Schlüsse seines Berichts sind zu unsinnig. Daß Malet, Florent Guyot und selbst Jacquement gefährlich sind, geht aus ihnen nicht hervor; der Polizeipräfekt hat konspiriert. Monsieur Fouché hält mich doch für zu töricht ...‹ Wie stark der Groll des Herrn gegen seinen Minister geworden war, ist aus diesen Worten zu ermessen.

Cambarcérès schrieb dem Kaiser, um ihn zu beruhigen, er sei nicht auf dem richtigen Wege. In Paris wären fast alle für Fouché. Dubois' Lage – er hatte seine eigenen Behauptungen widerrufen – war kläglich.

Um ihn nicht völlig bloßzustellen, ließ man Malet, Jacquemont und Florent Guyot noch im Gefängnis; die anderen wurden von Fouché geschützt. Der Kaiser hatte seine Gründe, Fouché auf seinem Posten zu belassen, und da er ihn nicht absetzen konnte, schien es ihm nützlich, den schwierigen Mann nicht zum Äußersten zu treiben. Er ließ durchblicken, daß er der zweiten Untersuchung Glauben schenke. Als er Réal traf, nahm er ihn beiseite und sagte: ›Sie sind wohl sehr stolz, meine Herren, und sehr zufrieden, nicht wahr? Sie haben sich den Spaß erlaubt, den armen Dubois unterschreiben zu lassen, damit er als Dummkopf dasteht.‹ Réal antwortete: ›Sire, er hat es selbst gesagt und geschrieben. Wir haben ihm nicht die Hand geführt.‹

›Haben Sie ihn mir nicht aufgedrängt?‹

›Ja, Sire, um die Dirnen, die Diebe und die Straßenlaternen zu überwachen, eine Stellung, die er großartig ausfüllt; ich hätte mich aber sehr gehütet, ihn Eurer Majestät für irgend etwas anderes vorzuschlagen!‹

Der Präfekt wurde in seinem Amt belassen, aber damit hatte Fouché von nun an einen unversöhnlichen Feind in der Polizeipräfektur.

Es war nicht die einzige ernste Folge, die die ›Verschwörung‹ Malet für den Minister hatte. Des Kaisers Mißtrauen war geweckt und blieb wach, was diese Affäre und was im allgemeinen Fouchés Verhalten anbetraf. Das wird an jenem Tag im Jahre 1810 offenbar, als Savary ins Polizeiministerium einzieht und Napoleon ihm unerwartet den Befehl erteilt, die Akte Malet erneut zu prüfen und ihm einen neuen Bericht vorzulegen. Es kam nichts heraus, was nicht bereits bekannt war. Fouché war in das ›Komplott Malet‹ in keiner Weise verwickelt, aber eines war doch erwiesen: Alle Elemente, die dem Empire feindlich gegenüberstanden, setzten ihr Vertrauen in Fouché. Fouché allerdings machte sich die gegen den Kaiser gerichteten Bestrebungen zunutze; er beeindruckte Napoleon selbst damit.

Fouché sollte sich auf einem anderen Gebiet als wichtig und unentbehrlich beweisen. Er hatte aus eigenem Antrieb eine neue Rolle übernommen: er war der entschiedene Befürworter der Scheidung des kaiserlichen Paares geworden. Dieser Tatsache hat er es sicherlich zu verdanken, daß sein Ministeramt im Jahre 1808 für zwei Jahre verlängert wurde. Die Scheidung war notwendig, um den Fortbestand der kaiserlichen Familie zu sichern, ein Erbe wurde gebraucht für die Fortdauer des Regimes, das nach Meinung des Ministers einzig und allein imstande war, die Männer von 1793 mit den Prinzipien von 1789 gegen die Reaktion zu schützen.

Das hieß die Dinge auf weite Sicht und von hoher Warte aus betrachten. Gewiß, es lag kein unmittelbares Interesse vor, das Fouché zu dieser Haltung zwang, es war die Stunde gekommen, da ein ganz offensichtliches und ganz unmittelbares Interesse – die Freundschaft der Kaiserin und ihrer Anhängerschaft – größeren Gesichtspunkten geopfert werden mußte.

Das Kaiserreich war mit der Zustimmung Fouchés, man könnte sagen auf seine Initiative hin, geschaffen worden; als logischer und kühler Geist blickte er der Situation klar ins Auge; das hat er immer getan. Bourrienne zufolge hat er schon 1805 dem Sekretär Napoleons seine Ideen darüber mit erschreckender Deutlichkeit vorgetragen.

›Es wäre wünschenswert, daß die Kaiserin bald stirbt, dadurch würden viele Schwierigkeiten aus dem Wege geräumt. Früher oder später muß er eine Frau nehmen, die Kinder bekommt. Denn solange keine direkten Erben da sind, steht zu befürchten, daß sein Tod zum Signal der Auflösung wird. Seine Brüder sind von erschütternder Untauglichkeit, es würde eine neue Partei zugunsten der Bourbonen entstehen, und dem muß zuvorgekommen werden.‹

Ob er Bourrienne diese offenherzige Mitteilung gemacht hat oder nicht, sie gibt auf jeden Fall seine Ansicht über dieses Problem wieder. Beständig kreisten also seine Gedanken um die Scheidung, aber erst 1807 ließ er sie laut werden.

Warum das Datum 1807? Wahrscheinlich hatte Fouché auf Grund einer gewichtigen Überlegung bis dahin gezögert. Es war klar, daß der Kaiser nach der Scheidung unverzüglich um die Hand einer Prinzessin aus einer der regierenden Familien anhalten würde. Die Wahl einer solchen Prinzessin konnte auf die allgemeine Politik des Kaiserreichs und demzufolge auf Fouchés Ministerkarriere beträchtlichen Einfluß haben. Die Romanoffs, von 1805–1807 in offener Feindschaft gegenüber Frankreich, kamen nicht in Betracht. Nur zwei Höfe kamen von jetzt an in Frage: Sachsen und Österreich, der eine mit dem Kaiser verbündet, der andere mit ihm ausgesöhnt. Aber gerade Sachsen und Österreich wollte Fouché nicht; beide Häuser standen in dem Ruf, das ›Ancien régime‹ in Europa am reinsten zu verkörpern; der König von Sachsen war durch zehn Verwandtschaften ein naher Vetter des Grafen von Lille, und der Kaiser von Österreich war der Neffe Ludwigs XVI. gewesen. Der Einzug einer Prinzessin von Sachsen oder Österreich in die Tuilerien hätte ein Signal für die Reaktion sein können, zumindest aber eine Ermunterung für diejenigen, die ihr Vorschub leisteten, was sich 1810 auch bewahrheitet. Der Frieden von Tilsit änderte die Situation: jetzt rückten die Romanoffs in die erste Reihe vor. Mit allen Kräften wollte Fouché die russische Heirat fördern; diese Dynastie, die nicht verwandt mit den Bourbonen war und keine Bindungen mit dem Ancien régime hatte, die ohne genau festgelegte politische Grundsätze und schließlich durch ihre Andersgläubigkeit dem katholischen Einfluß entzogen war, schien ihm dazu bestimmt zu sein, dem neuen Kaiserreich die gewünschte Herrscherin zu bescheren. Von dem Tage an war Joséphine unwiderruflich verdammt, die Kampagne begann gleich nach dem Friedensschluß von Tilsit.

Um zur Tat zu schreiten, brauchte der Minister auch nicht länger zu zögern, denn es gehörte nicht viel Scharfsinn dazu, festzustellen, daß er den Wünschen Napoleons entgegenkam, wenn er ihn um des Wohls des Kaiserreichs willen zur Scheidung drängte. Fouché hatte Napoleons geheimen Wunsch vermutlich erraten, und so schritt er zur Tat.

In den Zeitungen erschienen nach und nach versteckte Andeutungen über eine mögliche Scheidung, und in den Salons, in denen der Polizeiminister verkehrte, waren merkwürdige Äußerungen darüber zu hören. Der Minister nahm das zum Anlaß, um dem Kaiser eine Aufzeichnung zu überreichen, die zwar vertraulich sein sollte, aber überall verbreitet wurde. Und auf einmal ging er mit erstaunlicher Kühnheit, unter Vermeidung aller Umwege, die er sonst anwandte, geradewegs auf sein Ziel zu. Zur größten Überraschung und Verblüffung des gesamten Hofs in den Tuilerien unternahm er einen unerhörten Schritt, er bat um eine Unterredung mit Joséphine, bei der er die Kaiserin dazu bringen wollte, in die Scheidung einzuwilligen, sie sogar zu erbitten.

Joséphine befand sich in Fontainebleau, der Minister begab sich dorthin zur Audienz und erklärte ihr nach einer kurzen Einleitung, ›daß das Staatswohl, vor allem die Konsolidierung der gegenwärtigen Dynastie, verlange, daß der Kaiser Kinder habe. Sie möge an den Senat den Wunsch richten, er solle sich an ihre Seite stellen und bei ihrem Gemahl das Gesuch unterstützen, das für ihr Herz das schmerzlichste Opfer bedeute‹. Die Herrscherin war niedergeschmettert, dann nahm sie sich zusammen und fragte, ob der Schritt ihm vom Kaiser befohlen worden sei. Auf die verneinende Antwort des Ministers übermannte sie der Zorn, sie sagte in heftigem Ton, in diesem Punkt würde sie nur den Befehlen ihres Mannes gehorchen. Gleichwohl meinte Fouché einige Tage später in einem Brief an die Kaiserin, noch einmal vorstellig werden zu müssen. Er ist irgendwie bekanntgeworden, denn Metternich erzählte, dieser Brief sei ein Meisterwerk an Sprachkunst und Überzeugungskraft gewesen. Die Kaiserin war fassungslos, sie überschüttete den Kaiser mit bitteren Klagen. Napoleon heuchelte Erstaunen, sogar Entrüstung.

Im Grunde aber ließ sich niemand, Joséphine zu allerletzt, durch seinen vorgeblichen Zorn täuschen. Im November 1807 schrieb Metternich: ›Kein Minister wagt hier, etwas zu tun, was ihm nicht vom Kaiser befohlen ist; vor allem würde keiner eine Wiederholung riskieren.‹ Doch bei Fouché war das nicht sicher. Und er ließ sich auch nicht leicht entmutigen. Wahrscheinlich nahm er Napoleons strenge Rüge mit respektvollem Schweigen entgegen, drehte sich dann auf dem Absatz um und verfaßte weitere, für die Kaiserin sehr unangenehme Papiere. Er konnte von Joséphine nichts Gutes mehr erwarten, denn unter den Royalisten lief das Gerede um, daß ›Madame Bonaparte, die Fouché früher gestützt habe, ihm nicht verzeihe, daß er ihr die Scheidung angeraten habe‹, und daß sie seine Ungnade bewirken wolle.

Am 17. November gab er Napoleon selbstzufrieden die Gerüchte zur Kenntnis – ›günstig aufgenommene‹, bemerkte er –, die über die Scheidung umliefen, und seine Absicht, eine Schwester des Zaren zu heiraten. ›Diese Nachricht‹, fügte er hinzu, ›ist der Gesprächsstoff von ganz Paris geworden, und es gibt wirklich niemanden, der sie nicht als eine Bürgschaft für baldigen Frieden und für eine ruhige Fortdauer des Staates aufgenommen habe.‹ In allen Kreisen in Paris gebe es nur eine Meinung: nur Kinder des Kaisers könnten den Bestand des Regimes sichern. Dieser Bericht brachte dem Minister eine neue und sehr grobe Antwort ein. Sie kam aus Venedig, vom 30. November datiert: ›Ich habe Ihnen bereits meine Meinung über die Torheit des Schrittes, den Sie in Fontainebleau im Zusammenhang mit meinen persönlichen Angelegenheiten unternommen haben, mitgeteilt. Wenn Sie sich so verhalten, leiten Sie die Öffentlichkeit fehl und verlassen den Weg, auf dem jeder ehrenwerte Mann bleiben muß.‹

Sicherlich hat der Minister gelächelt; er nahm wiederum die Feder in die Hand und ließ einen Regen von bissigen Worten über die Kaiserin herniedergehen. ›Die Freunde der Kaiserin behaupten zu wissen, daß die Unfruchtbarkeit der Kaiserin nicht ihr als Schuld zugeschoben werden kann, daß der Kaiser nie Kinder gehabt habe, daß die Liaisons, die Seine Majestät mit verschiedenen Frauen gehabt habe, niemals von Erfolg gekrönt worden seien, während diese Frauen, sobald sie sich verheiratet hätten, schwanger wurden ...‹

Fouché stellt sich vor, wie Napoleon beim Lesen dieser tückischen Nachricht wütend aufspringt. Durch Maret läßt der Kaiser ihn zurechtweisen; Fouché beschließt, die Angriffe vorerst einzustellen, und deckt seinen Rückzug: ›Über die Scheidung wird nicht mehr gesprochen, nicht nur aus Respekt, sondern weil man glaubt, sie sei beschlossene Sache.‹

Napoleon fand, die Sache sei noch nicht reif; er ließ es Fouché gegenüber durchblicken, der einen Monat lang schwieg. Im Januar 1808 begann er von neuem: ›Unser augenblickliches Wohlergehen ist keine feste Garantie; man würde sich davon überzeugen können, wenn der Kaiser unglücklicherweise krank würde und gezwungen wäre, einige Tage lang das Bett zu hüten. Schon bei der bloßen Nachricht, er breche nach Spanien auf, sinken die Staatspapiere; sie werden, wenn er in Spanien ist, noch weiter fallen. In Frankreich sowohl wie im Ausland, in Paris sowohl wie in London werden dieselben Berechnungen angestellt, wenn auch aus anderen Beweggründen‹. ›Der Salon des Ministers ist zum Mittelpunkt einer wahren Bewegung zugunsten der Scheidung geworden. Napoleon bat Cambacérès, Fouché deswegen erneut Vorstellungen zu machen; in Savarys Beisein bricht er in Zorn aus und erweckt so bei den Feinden des Ministers den Anschein, als zöge die Scheidungsangelegenheit stärker als die Affäre Malet die kaiserlichen Blitze auf ihn herab. Weit gefehlt, der Minister war keineswegs überrascht, daß er im Juni 1808 nicht in Ungnade fiel. Trotz aller Spiegelfechtereien war der Kaiser zur Scheidung entschlossen und baute ganz im Gegenteil auf seinen Minister, daß er die Öffentlichkeit darauf vorbereite.

Niemals war Fouché so wichtig gewesen. Vielleicht dachte Napoleon daran, seine Macht zu beschneiden, denn im August 1808 wollte er ihm durch den Staatsrat die Zensur entziehen lassen, zusammen mit der Verwaltung der Druckerei, doch er hat nie weniger daran gedacht, ihn zu entlassen.

Es gab noch andere Gründe, ihn im Amt zu halten. Die Festnahme Prigents hatte ihn außerordentlich befriedigt, sie hatte viel dazu beigetragen, die Auswirkung der Affäre Malet beim Kaiser zu dämpfen. Er schrieb: ›Diese anarchistischen Komplotte sind nichts gegenüber der Ergreifung Prigents.‹ Man erhoffte sich weitgehende Aussagen von Prigent über die anglo-royalistische Partei und wollte vermöge dieser wertvollen Hinweise eine endgültige Razzia unter den Agenten der Prinzen in Paris und im Westen vornehmen. Prigent war am 5. Juni gefangengenommen worden, am 10. Juni wurde er auf Befehl des Ministers schnellstens von Rennes nach Paris gebracht. Beim Verhör des spitzfindigen Desmaret brach der Gefangene zusammen und versprach, alles auszusagen. Ermutigt durch Gnadenverheißungen, gab Prigent tatsächlich alles preis, sagte alles, Wahres und Falsches. Im Polizeiministerium war nun der Aufbau des royalistischen Komitees in London bekannt, die Zusammensetzung der Agentur in Jersey, die Situation der Prinzen und ihres Anhangs. Der Gefangene gab die Stellen möglicher Landungen von Agenten aus Jersey an, wies auf Mittel und Wege hin, auf der Insel eine Gegenagentur zu schaffen, und bot an, diese Aufgabe selber zu übernehmen. Schließlich und endlich denunzierte er alle Leute, die in der Bretagne dem Grafen von Puisaye als Mittelsperson gedient hatten.

Er ging noch weiter, er übertrieb, er sprach von einer baldigen Landung der Engländer und der Prinzen. Diese weitgehenden Enthüllungen gefielen dem Kaiser; Fouché wollte vor allem und für immer die Agentur von Jersey erledigen. Durch die Ergreifung Prigents und Bouchards verlor die Agentur ihre verwegensten Vertreter; doch der Minister brauchte noch die beiden anderen Agenten, Guyon-Vaucouleurs und Chateaubriand. Dazu wurde Bouchard verwendet; er kehrte nach Jersey zurück, verheimlichte alles, was in Paris geschehen war, ließ sich vom Gouverneur Dokumente und englische Zeitungen geben und lockte Guyon-Vaucouleurs in die Bretagne, wo er an der Küste von dort postierten Gendarmen ergriffen wurde. Auch Chateaubriand wollte man bald fangen. Fouché richtete einen geschickt abgefaßten Bericht an den Kaiser, in dem Prigents Gefangennahme besonders herausgestrichen wurde; dadurch sei ein neuer Aufstandsplan vereitelt und die Bretagne gesäubert worden; man habe nicht nur die Agenten, die dort unterwegs waren, gefaßt, sondern auch ihre Komplicen, Seeleute, Quartiergeber, Beauftragte, die ins Gefängnis geworfen oder unter Überwachung gestellt wurden. Die ganze Gruppe wurde vor einen Kriegsrat gestellt, von fündunddreißig Angeklagten wurden sieben zum Tode verurteilt, unter ihnen Prigent und Bouchard, die am 11. Oktober 1808 erschossen wurden.

Im September 1808 befand sich Fouché also, nach großen Schwierigkeiten und Gefahren, in einer glänzenden Position. Die Affäre Malet, durch die seine Feinde ihn hatten stürzen wollen, hatte ihn im Gegenteil nur gestärkt: denn obwohl die Verschwörung sich letztlich als falsch herausgestellt hatte, war im Gegensatz zu der Unfähigkeit Dubois' bei diesen Vorgängen die Scharfsichtigkeit und ruhige Mäßigung des Ministers allen offenbar geworden. Hätte sie den Sturz des Kaisers und die Wiederherstellung der Republik mit der Unterstützung des Ministers wirklich zum Ziel gehabt, wäre dieser seinem Herrn gefährlich, den anderen aber um so beachtenswerter geworden. Wie man zu den beiden Vermutungen auch stehen mag, der Vorgang hatte für Fouché zur Folge, daß die Parteien der Linken ihm stärker als zuvor zugetan waren. Wie andere Umstände und Gegebenheiten die widersprüchliche Sympathie des Faubourg Saint-Germain für Fouché stärkten, wie Ludwig XVIII. und seine Leute, wie auch ausländische Regierungen auf ihn zählen zu können glaubten, so mußte Fouché dem Kaiser als eine Persönlichkeit erscheinen, die all denen enorm überlegen war, die er verwendete, sich unterordnete und verwarf, wie es ihm paßte. Die von den Parteien unabhängige öffentliche Meinung sah jetzt in diesem Mann von so freiem Gebaren, der ein Freund der Opposition und ein Anhänger des Friedens war, so etwas wie einen bestallten Verteidiger der Interessen der Nation. Und er genoß jetzt auch bei den eifrigsten Dienern des Empires eine wirkliche Beliebtheit, auf die er bei den unversöhnlichen Parteien schon seit langem zählen konnte.

Obwohl gefährlich – wegen dieser einzigartigen Stellung, die der Kaiser bei jeder Rückkehr nach Paris stärker geworden vorfand –, blieb der Minister doch unersetzlich: Er sollte die Befriedung der Westprovinzen zu Ende führen und die Scheidungsangelegenheit ebenfalls. Schließlich wäre es, wenige Monate nach dem Bruch mit der römischen Kirche, der Anlaß zur Unruhe gab unter jenen Geistlichen, die der Kaiser sich nicht hatte dienstbar machen können, sinnvoll gewesen, auf die Dienste eines Ministers zu verzichten, der der Geistlichkeit gegenüber stets mit einer Festigkeit aufgetreten war, die zuweilen bis zur Strenge ging, ohne daß er dabei eine überlegte persönliche Höflichkeit aufgab, durch die diese Härte noch stärker wirkte. Aus all diesen Gründen konnte Fouché furchtlos auf Napoleons Rückkehr warten.

Der Kaiser kam am 18. August von Bayonne nach Paris zurück und empfing seinen Minister unendlich viel gnädiger, als es Savary und Fiévée recht war. Vergeblich versuchte der letztere das frühere Konventsmitglied anzuschwärzen, indem er ihn als ›Gefangenen der Jakobiner‹ bezeichnete, ihn beschuldigte, Sympathien für die spanischen Aufständischen zu haben ›wie alle ehemaligen konvertierten Revolutionäre‹. und ihn schließlich hinsichtlich der Scheidungsgerüchte belastete. In einer Unterredung mit dem Kaiser rechtfertigte Fouché sich gegen alle Vorwürfe und bekam sogar in den meisten Konflikten, die er mit seinen Kollegen hatte, recht. Er schien jetzt mächtiger denn je zu sein. Der Kaiser begab sich nach Spanien, er überließ die ›Regentschaft‹ der Polizei, und Fouché konnte der Zukunft mit unerschütterlicher Zuversicht entgegensehen.

Tag für Tag konnte er seine Hauptaufgabe, die vollständige Befriedung der Westprovinzen, ihrer Lösung näherbringen. Lahaie Saint-Hilaire war unterlegen und mit ihm das aktive Bandentum, ebenso wie die politische Chouannerie mit Le Chevalier, der Einfluß der Londoner Komitees mit Prigent und die Aktionen der Agentur von Jersey mit Guyon-Vaucouleurs. Ein Letztes mußte unternommen werden: die Festnahme des Agenten Chateaubriand, den Puisaye dem Minotaurus als weiteres Opfer vorwerfen wollte; er hoffte, die durch den spanischen Aufstand hervorgerufene Verwirrung könne den Versuch einer Erhebung im Westen oder einen Staatsstreich in Paris begünstigen. In London hatte man Henry Larivière zur Mitarbeit gewonnen, ein früheres Konventsmitglied, der im Fructidor durch die Ächtung der Reaktion in die Arme gefallen war. Vielleicht vermochte er durch alte Beziehungen in Paris neue Intrigen zu knüpfen; er gab Chateaubriand, der im September 1808 in die Bretagne ging, Briefe mit. Doch diesem wurde bald klar, daß seine Mission scheitern mußte. Er wollte unverzüglich nach London zurückkehren, um dort seine Beobachtungen bekanntzugeben. Ein Sturm kam der Polizei zu Hilfe: Chateaubriand wurde von den Wellen wieder an die Küste zurückgeworfen. Der Unglückliche wurde ergriffen, nach Paris gebracht, im Polizeiministerium verhört, überführt, zum Geständnis gezwungen. Seine Komplicen wurden festgenommen, alle zusammen wurden sie am 20. Februar 1809 vor eine Militärkommission gestellt, zum Tode verurteilt und trotz eines Vermittlungsversuchs des großen Schriftstellers Chateaubriand, einem Vetter des Verhafteten, erschossen. Diese Hinrichtung, nur wenige Monate nach der so vieler anderer Agenten, brachte die ständige und gefährliche Konspiration ins Wanken, die seit Georges' Tod die Londoner Komitees im Westen schürten, vom Calvados bis an die Garonne, vom Morbihan an die Mayenne. Zu Beginn des Jahres 1808 hatte es den Anschein, als seien der Hydra sämtliche Köpfe abgeschlagen worden. Fouché rühmte sich dieses Erfolgs ungemein, er brachte ihm seitens des Kaisers wärmste Glückwünsche ein.

Für den Minister war diese Nachfolge-Chouannerie in der Tat ein großes Glück, denn sie machte ihn nicht nur unentbehrlich, sondern brachte ihm jedesmal, wenn Aufstände erstickt worden waren, Glückwünsche ein und, wenn es not tat, Nachsichtigkeit. So war es auch im Jahre 1809 mit der Festnahme Chateaubriands, die, wie Fouché sagte, für die Chouans das Merkmal der völligen Niederlage war, ihn selber aber aus einer schlimmen Lage rettete, in die ihn neue und ärgere Intrigen gebracht hatten.

Der Kaiser war am 29. Oktober 1808 nach Spanien aufgebrochen, um das aufständische Land niederzuringen. Niemals hatte seine Abreise bewegtere Kommentare ausgelöst. Niemals war ein Krieg von der Öffentlichkeit schlechter beurteilt worden. Napoleon wagte sich in ein Land, das durch seinen Patriotismus, gepaart mit religiösem Fanatismus, bis zur Weißglut erhitzt war; in der Umgebung des Kaisers fürchtete man die ›Kugel des Guerillero‹. Fouché machte sich Gedanken darüber. Niemals war der Kaiser den Gefahren mehr ausgesetzt. Es mußte ein möglicher Nachfolger gefunden werden. Einer seiner Brüder kam nicht in Betracht. Ein Marschall des Empires, ein angesehener und hervorragender Soldat der Revolution, der Fouchés Direktiven befolgt hätte, konnte vielleicht für die Nachfolge des Kaisers vorgesehen werden. Zwei Namen boten sich an: Murat und Bernadotte. Letzterer, ein liebenswürdiger und populärer Mann, hatte dem Kaiser gegenüber stets eine gewisse Unabhängigkeit bewiesen, die bis zur Indisziplin ging; doch Fouché war mit ihm noch nicht so eng befreundet, wie es einige Monate später der Fall war. Außerdem befand sich Bernadotte in Deutschland, er kämpfte gegen die Schweden und verschaffte sich sogar Ansehen bei ihnen; er konnte seinen Posten nicht aufgeben. Günstiger war Murat; da er der Schwager des Kaisers war, besaß er sozusagen eine Legitimität und als König von Neapel größere Handlungsfreiheit. Hinter einem brillanten Äußeren verbarg sich ein schwacher Charakter; er ließ seine Frau, Caroline Bonaparte, regieren. Sie war eine Freundin Fouchés, und Fouché selbst war bei vielen Gelegenheiten der Ratgeber und Vertraute des Königs von Neapel. Dieser Mann, der ein besserer Reiter als Herrscher war, würde ihm weniger zu schaffen machen als Bonaparte. Aber Murat hatte keine Anhänger, sie mußten erst geschaffen werden. Fouché wußte, daß er noch nicht stark genug war, um allein handeln zu können. Durch die feindselige Haltung seiner Kollegen wurde er in die Arme des einzigen Mannes geworfen, der unter diesen Umständen wichtig für ihn war: Talleyrand, Fürst von Benevent.

Die beiden Männer mochten sich nicht. Unter dem Konsulat waren sie Konkurrenten gewesen hinsichtlich des Einflusses, den sie ausübten, und Gegner hinsichtlich ihrer Gedanken und Pläne. Daraus war eine gegenseitige Antipathie entstanden. Ihr Wesen hatte manchen gemeinsamen Zug: sie waren rücksichtslos in der Politik, sie waren Menschenverächter und standen Bonapartes Benehmen mit ruhiger und spöttischer Geringschätzung gegenüber. Doch im Privatleben trat bei diesen beiden früheren Kirchenmännern der Gegensatz deutlich zutage, der am Vorabend der Revolution die Geistlichkeit in zwei Lager geteilt hatte: Talleyrand war als Grandseigneur träge, hochmütig, arrogant; ein Freund des Wohllebens, der guten Tafel, prächtiger Feste und ein Schürzenjäger, er war der – extreme – Typus jener Geistlichen, derentwegen seinerzeit Kardinal de Bérulle sein frommes Oratorium gegründet hatte. Fouché, bürgerlicher Herkunft, ein Mann, der fleißig studierte und daher eine solide Bildung besaß, von strengen Sitten, die er aus dem Oratorianerkolleg ins patriarchalische Heim der Familie mitnahm, war ein Angehöriger des dritten Standes, und er blieb dem adligen Talleyrand gegenüber, dem arroganten und genußsüchtigen Prälaten, trotz allem der einfache Oratorianer. Daher jene gegenseitige Antipathie, die nicht verheimlicht werden konnte. Die Gegensätzlichkeit der beiden Charaktere belustigte die Galerie und beruhigte den Kaiser. Zu Unrecht: sie waren beide zu klug, als daß sie ihre persönlichen Abneigungen Oberhand hätten gewinnen lassen über ihre eigenen Interessen. Aber gerade entgegengesetzte Interessen hatten sie bisher entzweit: Ob gerechtfertigt oder nicht, Talleyrand galt von 1800 an als ein Führer des reaktionären Klüngels, als Anhänger der Aussöhnung mit der Aristokratie, des Konsulats auf Lebenszeit, das Europa beeindrucken und die Rückkehr zu den Manieren der guten alten Zeit begünstigen sollte. Außerdem hatte er eine Verachtung, einen Haß, einen unausrottbaren Groll gegen die miserablen ›Jakobiner‹ an den Tag gelegt. Für ihn waren sie Leute aus schlechter Gesellschaft und von niederer Herkunft, die nach Blut rochen und die tief gesunken waren. Fouché rechnete er dazu, und er behandelte ihn dementsprechend schlecht, denn er sah in ihm eine Gefahr. Nach 1800 waren Fouché und Talleyrand unbestreitbar die beiden einzigen wirklichen Staatsmänner des Konsularregimes, später der kaiserlichen Regierung. Die beiden Männer mußten sich bekämpfen. Es kam zu einem ständigen Intrigenspiel zwischen ihnen; haßerfüllt stellten sie sich tausend Fallen in ihren amtlichen Bereichen, und die Unzahl von beißenden Anwürfen und ebenso beißenden Entgegnungen fand ihren Niederschlag in den ›Memoiren‹ jener Epoche. Ihre Beziehungen waren 1807 auf dem Tiefpunkt angelangt, obwohl die halbe Ungnade, in die der Fürst von Benevent gefallen war, Fouchés Neid hätte mindern müssen. Aber die Öffentlichkeit, die sich über diese Gegnerschaft – Abstammung, Lebensweise, Temperament, Politik und Auftreten – amüsierte, übertrieb sie zugleich.

Groß war daher die Verwunderung der bei Talleyrand zusammengekommenen Gesellschaft, als eines Abends im Dezember 1808 der Polizeiminister, der seit langem die Schwelle des Palais nicht überschritten hatte, am Arm des Hausherrn erschien, er plauderte freundlich und liebenswürdig mit ihm, und der Fürst erwiderte gnädig und verbindlich sein Lächeln. ›Keiner glaubte seinen Augen zu trauen‹, schrieb ein Zeuge des Auftritts. Der Gang durch die großen Salons des Fürsten erschien allen Anwesenden, Freunden und Feinden des Empires, als die wichtigste politische Demonstration seit langem. Die Annäherung war indes schon einige Wochen zuvor erfolgt. Sie war durch die äußeren Umstände bewirkt worden, denen die beiden Männer stets Auge und Ohr liehen.

Metternich gab seinem Hof am 4. September davon Kenntnis, er war kaum erstaunt: ›In Frankreich stehen zur Zeit zwei Männer, sowohl in der öffentlichen Meinung wie durch den Einfluß, den sie ausüben, im Vordergrund: die Herren de Talleyrand und Fouché. Früher durch ihre Anschauungen und ihre persönlichen Interessen verfeindet, sind sie durch äußere Umstände einander nähergekommen.‹ Er fand diese politische Gemeinsamkeit ›den Wünschen einer bis zum Übermaß erschöpften Nation gemäß‹. Die beiden Männer hatten zunächst einen befreundeten Salon aufgesucht; die Prinzessin von Vaudémont empfing sie in Suresnes, aber die eigentliche Verbindung stellte der Graf von Hauterive her. Auch er ein alter Oratorianer; er war Talleyrands rechte Hand geworden und hatte andererseits aus der Vergangenheit herzliche Beziehungen zu seinem früheren Mitbruder bewahrt. Mehr als Fouché war Talleyrand imstande, alten Groll zu begraben, außerdem war er zur Zeit nicht im Amt, er brauchte, um den Kaiser matt zu setzen, einen einflußreichen, aktiven und ehrgeizigen Mann. Er bat Hauterive, ihn mit Fouché zusammenzubringen. Auch dieser brauchte den Fürsten; er stimmte einem Zusammentreffen zu. Es fand bei Hauterive in Bagneux statt. Talleyrand streckte als erster dem Minister die Hand hin, der sie ergriff, und die beiden Staatsmänner führten ein langes Gespräch, bei dem weittragende Fragen mit äußerstem Scharfblick behandelt wurden.

Welche Gesichtspunkte mögen die beiden, die Metternich ›die beiden Verschworenen‹ genannt hat, im Monat Oktober 1808 erörtert haben? Der österreichische Diplomat versichert, daß sie nichts Aufrührerisches noch Revolutionäres an sich hatten. Im Gegenteil, man wollte ›den neuen Zustand konsolidieren, die Blicke des Kaisers wieder auf die inneren Angelegenheiten lenken und an einer allgemeinen Befriedung arbeiten.‹ Auch ist nichts weniger wahrscheinlich als eine Art von Übereinkunft im Hinblick auf einen möglichen Tod des Herrschers. Wahrscheinlich wäre Murat der Erwählte gewesen; es liegt darüber keine genaue Unterlage vor, nur die Ondit in Paris. Ein Gerücht besagte – Fouché selbst bestätigt es –, er habe zwischen Neapel und Paris neue Relaisstationen eingerichtet, ›um im Fall dringender Notwendigkeit den König von Neapel auf schnellstem Wege‹ in die Tuilerien kommen zu lassen. Einige Wochen später wandte sich der Polizeiminister gegen diese Gerüchte. Über seine angebliche Vertrautheit mit dem Fürsten von Benevent sagte er, daß ›die intelligenten Leute richtig vermutet hätten, daß die beiden Staatsmänner sich nur zusammengefunden hätten, um des eigentlichen Wohls der Dynastie Bonaparte willen‹, eine Beteuerung, die in gewisser Hinsicht ein Geständnis einschließt.

Das Einverständnis zwischen ihnen war auf jeden Fall nicht zu leugnen. Pasquier zufolge ließen sie es offenbar werden, was ihnen ihre Klug-

heit hätte verbieten müssen. Pasquier glaubte auch zu wissen oder wußte wie jedermann, daß Murat der Erwählte dieser zeitgenössischen Warwicks war. Caroline, die ehrgeiziger und fähiger war als ihr Mann, hatte sie getroffen. Sie war mit Fouché wirklich befreundet, es war jedem bekannt. Pasquier meint, die Königin von Neapel, die damals in Paris war, hatte Kenntnis von dem berühmten ›Komplott Fouché-Talleyrand‹. Der König von Neapel wurde benachrichtigt. Eugène soll den Brief entgegengenommen und ihn an den Kaiser gesandt haben. Polizeiberichte besagen, Joséphine selber habe von verdächtigen Gesprächen erfahren und sie Napoleon zur Kenntnis gebracht. Die Anhängerschaft der Kaiserin hoffte inständig, daß Fouché darüber straucheln würde.
Das war auch anzunehmen, denn plötzlich und unerwartet erschien der Kaiser in Paris. Am 17. Januar war er noch in Valladolid, nichts deutete darauf hin, daß der spanische Feldzug abgeschlossen war. Seit mehreren Tagen war er offensichtlich besorgt und äußerst reizbar; seine Unruhe wurde durch einen Kurier aus Paris auf den Höhepunkt getrieben. Er verkündete sogleich, er würde nach Frankreich zurückkehren, am 18. war er in Burgos, am 19. in Bayonne, denn er hielt sich nirgends auf, und traf am 22. in den Tuilerien ein, worüber nicht einmal Cambacérès unterrichtet worden war. Der Erzkanzler wurde unverzüglich herbeizitiert, er traf den Kaiser wütend und tobend an: Talleyrand und Fouché seien Verräter, die nur durch die schlimmsten Absichten zusammengeführt worden seien; Cambacérès hatte indes den Eindruck, daß der Kaiser dem Komplott selbst nur geringe Wichtigkeit beimaß; er hielt es für kindisch, auch war nicht bewiesen, daß die Ausführung erst nach seinem Tod erfolgen sollte, und der Kaiser, nur an sich selbst denkend, kümmerte sich wenig darum, ob Joseph oder Murat nach seinem Tod an seine Stelle treten sollten. Hingegen war er außer sich über das, was Talleyrand über den spanischen Feldzug gesagt hatte. Dem Erzkanzler gegenüber, der vor Ratlosigkeit verstummt war, erging er sich in harten Worten über den Fürsten von Benevent; Cambacérès ahnte sogleich, daß der Kaiser Talleyrand zum Sündenbock für das Komplott machen würde. Was sich in der Tat ereignete. Am nächsten Tag, dem 23., fand im Beisein von vier Ministern – Fouché unter ihnen – jener denkwürdige und in gewisser Hinsicht entscheidende Auftritt statt, der aus Talleyrand den Todfeind des Kaisers machte. Kurz danach war Talleyrand seiner Ämter als Großkämmerer ledig.

Fouché muß äußerst betroffen gewesen sein; zwar war das Gewitter unerwartet über seinem ›Komplicen‹ niedergegangen, er hatte aber einen starken Guß abbekommen: ›Merken Sie sich‹, hatte der Kaiser gesagt und die beiden Männer mit einem einzigen Blick angesehen, ›daß bei einer neuen Revolution Sie als die ersten zermalmt werden würden, wo Sie auch gefaßt werden.‹

Alle Welt glaubte, der Polizeiminister sei in Ungnade gefallen; seine Feinde ergingen sich in tendenziösen, scharfen Äußerungen über ihn. Die ›Verschwörung‹ wurde mit einemmal besprochen, übertrieben, schwarz gemalt. In seinem eigenen Salon verbreitete der Erzkanzler über Fouché mißfällige Reden, die weitergetragen und in einigen Kreisen der Tuilerien freudig aufgenommen wurden. Wie gewöhnlich blieb Fouché ganz ruhig, setzte eine spöttische Miene auf und baute auf den Beistand des Herrschers. Am 30. Januar schrieb er an ihn: ›Dieses ganze Geschwätz beweist, daß die nützlichsten Dinge verpestet werden können, daß die Stellung des Polizeiministers schwierig ist und für ihn gefährlich werden könnte, wenn er im Herzen des Kaisers nicht versichert wäre.‹ Er verteidigte sich gut. Jeden Gegner nahm er sich persönlich vor und wiederholte dem Kaiser gegenüber alle Äußerungen mit betonter Geringschätzung: ›Es wird gesagt, der Kaiser habe das Portefeuille des Polizeiministers zurückgefordert. General Savary versichert, der Kaiser sei unzufrieden mit seinem Minister, er habe seiner Unzufriedenheit in Valladolid über seine Verbindungen zum Fürsten von Benevent und zum Faubourg Saint-Germain Ausdruck gegeben. Ferner hat der General gesagt, der Polizeiminister besitze nicht mehr den Charakter, den er am 3. Nivôse besessen habe. Es ist der General, der seine Ansicht über den Vorgang am 3. Nivôse geändert hat; er wird sie sicherlich über die heutigen ebenfalls ändern.‹ Eine geschickte Andeutung auf jene Angelegenheit, die Fouchés Austerlitz genannt werden kann.

Die Kampagne gegen ihn ging weiter. Über die eventuelle Abberufung schrieb Fouché an den Kaiser: ›In der Umgebung des Herrn Erzkanzlers wird dieses Gerücht durchaus bestätigt, so daß es im Augenblick zum Gesprächsstoff für sämtliche Beamte des Ministeriums geworden ist.‹ Er benutzte diese sonderbare Chronik als wirksames Hilfsmittel für seine Zwecke, er schreibt sie selber in seiner dünnen und spitzen Handschrift und heftet sie von da an täglich, achtzehn Monate lang, an das amtliche Bulletin der Polizei. Es ist, vorgelegt als Rapport über die Ondit, ein ausgezeichnetes Plädoyer. Sehr oft geht er von der Verteidigung zum Angriff über; in diesen Monaten werden alle seine Feinde aufgespießt, verspottet, bloßgestellt, schlechtgemacht, zuweilen in ätzender Art und Weise, er beschäftigt sich mit ihrer Vergangenheit, ihrer politischen Vergangenheit, mit ihrem Privatleben und sogar mit ihren galanten Abenteuern und ihren ehelichen Mißgeschikken.

So viel Mühe brauchte Fouché sich nicht zu geben. Napoleon wollte seinen Sturz gar nicht. Die Verschwörung, die alles in allem mehr gegen seine legitimen Erben als gegen ihn selbst gerichtet war, hatte er nicht sehr tragisch genommen. Wie hätte er ohne solche Erwägungen Fouché noch achtzehn Monate im Polizeiministerium belassen, ihn mit dem Titel eines Herzogs von Otranto belehnt und ihm neuerlich eine Rente von einer Million ausgesetzt, einem Mann, der, wie manche Ratgeber ihm einflüsterten, sich der Majestätsbeleidigung schuldig gemacht hatte? Fouché behielt Napoleons Achtung, wenn auch nicht sein Vertrauen. Mehr noch, Napoleon behandelte ihn vorsichtig, was eine Seltenheit bei ihm war. Es ist einem Briefentwurf vom 27. Januar zu entnehmen, in dem er einen für Fouché zu verletzenden Satz ausstrich. Abgesehen von einigen Feinden – von Neidern –, hat Fouché eigentlich zu allen ausgezeichnete Beziehungen. Napoleon hat an einem Todfeind genug: an Talleyrand. Wozu der Opposition noch ein weiteres Haupt verschaffen, einen Mann, der tatkräftiger ist als der indolente Fürst von Benevent? Der Kaiser sieht, daß diese Opposition sich bildet; in der Gesetzgebenden Versammlung hat sie sich als stark erwiesen, denn die Regierung mußte einen Gesetzentwurf zurückziehen, und am 30. Januar verschafft sich Fouché in den Augen des Kaisers ein Verdienst, weil er in dieser Versammlung nicht nach Verbündeten gesucht hat, die er vermutlich leicht gefunden hätte. Hinzu kam, daß der Krieg mit Österreich unmittelbar bevorstand; dieser ewige Krieg ist wie der Felsblock des Sisyphus, er beeinflußt alle Entschlüsse des Kaisers. Er konnte am Vorabend eines gefährlichen, vielleicht langen Krieges die Polizei nicht schwächen, indem er ihr den erfahrenen Chef nahm. Denn für den Kaiser ist es klar: Entweder behält er Fouché als wichtigsten, fast herrschenden Minister, oder dieser wird zum Haupt einer hinderlichen Opposition, und das während seiner Abwesenheit, möglicherweise in einer großen Krise. Fouché sieht und begreift die Situation, er, der immer für den Frieden eingetreten ist, drängt diesmal zum Krieg, der ihn retten soll.

Er hatte einen Wechsel seiner Politik vorgenommen, hatte vor allem versucht, sich mit Metternich zu verständigen. Deshalb hatte er diesem noch einmal seinen Wunsch nach Frieden, seine Friedenspolitik, bekräftigt. ›Ich finde‹, hatte er erklärt, ›daß dieser Krieg mit Ihnen nicht nur, wie jeder Krieg, ein Unglück wäre, er würde diesmal so beschaffen sein, daß er das Universum ins Uferlose stürzen würde, denn wo sind die Grenzen dieser Plage? Wenn der Krieg mit Ihnen vorüber ist, bleibt Rußland und dann China. Kurzum, ich verabscheue den Krieg ...‹ Er wollte den europäischen Kabinetten als der einzige Staatsmann dieser

Regierung hoher Beamter gelten und vielleicht als der heimliche Verbündete Europas am Hof des Kaisers. Das war im Juni 1808. Metternich konsultierte ihn damals gern und berichtete seinem Hof günstig über ihn. Fouché war stolz auf diese diplomatischen Unterredungen. Er sah sich schon als Außenminister, dieses Amt zu bekleiden war sein ganzer Ehrgeiz. Der Kaiser versuchte, ihn mit einem strengen Wort in die Schranken seines Ministeriums zu verweisen; er schrieb ihm am 20. Mai 1809: ›Ihre Polizeiberichte sind nichts anderes als Berichte über die auswärtigen Beziehungen.‹ Die anderen europäischen Kabinette hätten ihn vermutlich gern als Außenminister an Stelle von Champagny gesehen; er galt als leidenschaftlicher Anhänger des Friedens.

Und doch drängte er den Kaiser am 13. März 1809 zu diesem ›unvermeidlichen und politischen‹ Krieg; er hatte seine Gründe dafür. Das Wesentliche darüber ist schon gesagt worden. Der Krieg beendete den Kleinkrieg der Vorzimmer und Salons gegen ihn, der zu einer Ungnade führen konnte.

Zu dem Zeitpunkt, da der Kaiser mit der Armee aufbrach, war Fouché ein allmächtiger Minister, aber er war nicht mehr der Mann, der zwischen 1804 und 1808 sich darum bemüht hatte, der Revolution im Kaiserreich Geltung zu verschaffen und die Ordnung im Lande aufrechtzuerhalten. Der Polizeiminister hatte eine Stellung inne, die mehr war als die eines Innenministers; doch in seinem Kopf – er war nicht mehr mit dem Unwesen der Chouans im Westen und den royalistischen Agenten beschäftigt – kreisten bereits Pläne, die über die polizeilichen Belange hinausgingen. Ebenso wie von der Politik Napoleons wurde jetzt ständig von ›der Politik Monsieur Fouchés‹ gesprochen.

15

Die Krise von 1809

Das Jahr 1809 brachte gewissermaßen die volle Entfaltung der Politik Fouchés, es war aber auch eines der schwierigsten Jahre der Herrschaft Napoleons. Der Kaiser hatte eine Krise zu überwinden, in der, vor allem nach der Schlacht von Eßling, sein Stern zu sinken schien. Sie zeigte seinen Anhängern und seinen Feinden, wie unglaublich leicht verwundbar dieser Mann, diese Dynastie, die anscheinend so mächtige Regierung waren.

Zufolge seiner Ämter wie seiner persönlichen Stellung sollte Fouché, was immer auch geschah, eine bedeutende Rolle bei diesen Ereignissen spielen.

Der Kaiser war am 16. April in Stuttgart eingetroffen und hatte sich an die Spitze der Armeen gestellt. Die Siege von Abensberg am 20., von Eckmühl am 22., die Einnahme von Regensburg am 23. und schließlich die von Wien am 12. Mai hatten bei denen, die den offiziellen Siegesmeldungen Glauben schenkten, große Hoffnungen erweckt. Für den aber, der den Dingen auf den Grund ging, waren es unheilvolle Anzeichen. Die Kämpfe waren zäh und mörderisch gewesen; sie hatten in Frankreich einen schmerzlichen Widerhall gefunden, in Europa aber, trotz der scheinbaren Erfolge, ein Gefühl der Hoffnung erweckt, wie die Römer es nach den Siegen von Pyrrhus empfunden hatten. Ein schlimmer Zwischenfall bedrückte die Freunde des Kaisers: in Regensburg war Napoleon von einer matten Kugel getroffen worden, und man hatte die Tatsache nicht verheimlichen können. Frankreichs Schicksal hing also von einem mehr oder weniger gut in Stellung gebrachten Gewehr ab. Fouché hatte nicht erst auf diesen Zwischenfall gewartet, um die Aspekte zu prüfen, die sich daraus ergaben; aber die Kugel von Regensburg bestärkte alle seine Besorgnisse. Sie wurden besonders ernst, als er als einer der ersten in Paris erfuhr, daß der Kaiser auf das linke Donau-Ufer hatte übersetzen wollen, am 22. Mai aber in Eßling unter schweren Verlusten zurückgeschlagen worden war. Er mußte auf der Insel Lobau bleiben, von der aus er den Gegenschlag vorbereitete. Er befand sich in einer kritischen Lage, es handelte sich um eine regelrechte Niederlage, die durch hochtönende Bulletins in einen Sieg umgewandelt wurde. Allgemeine Bestürzung breitete sich aus.

Der Minister war durch seine auswärtigen Agenten mit ganz Europa in Verbindung, er konnte deshalb jede Situation von allen Seiten beurteilen – doch wohin er auch blickte, er sah nur beunruhigende Tatsachen. In Paris wuchs die Opposition, der Finanzmarkt war äußerst schwach, der Faubourg Saint-Germain übertrieb den Fehlschlag des Kaisers; die Aussöhnung mit dieser Gesellschaft erlitt einen fühlbaren Schlag.

Wenn in Frankreich die Unruhe schon groß war, wenn Aufruhr schwelte, was konnte in Europa geschehen? Der Aufstand in Spanien machte Schule, er war das Signal des Widerstands der Völker gegen die napoleonische Tyrannei. Die Rebellion unter Andreas Hofer in Tirol war genauso gefährlich wie der Krieg der Banditen und Mönche auf der italienischen Halbinsel. Piemont und das Königreich Neapel werden von österreichischen Agenten aufgestachelt, ebenso Belgien und die

Länder rechts und links vom Rhein, während Deutschland vor Haß bebt und die Freischaren von Schill und des Herzogs von Braunschweig das Land durchziehen. Die Exkommunikation, die der vertriebene Papst Pius VII. gegen das Haupt des Kaiserreichs verfügt, bewirkt weitere feindselige Handlungen. In Frankreich dient sie der politisch-religiösen Agitation, bei der sich besonders der hitzige Alexis de Noailles hervortut, als Vorwand, ebenso den Reden mancher Prediger. Doch vor allem gibt ›der Druck des Heiligen Vaters‹ dem Fanatismus der aufrührerischen Bevölkerung Tirols, Neapels und Spaniens neue Nahrung, auch das katholische Belgien und die religiöse Vendée werden davon ergriffen. Die Österreicher schlachten die Agitation in allen Bereichen gegen den ›Antichrist‹ aus, die Engländer scheinen endlich die gefürchtete Landung unternehmen zu wollen. Fouché weiß, daß in den englischen Häfen ein Feldzug vorbereitet wird, dessen Ziel im dunklen bleibt. ›Nur ein Mißerfolg ist nötig, um den gegenwärtigen Stand der Dinge gänzlich zu verändern‹, hatte Barras im April 1809 gesagt. Fouché, dem die Äußerung hinterbracht wird, muß ihm beinahe recht geben.

Der Mißerfolg ist Eßling. Als die Belgier erfahren, daß der Kaiser geschlagen worden ist, brechen sie in ›unziemliche Freude‹ aus; das gleiche geschieht in mehreren anderen Provinzen. Die Chouans, die als unterdrückt galten, rühren sich wieder in der Vendée; die ›Marquis de Versailles‹, die Kriegshelden des Faubourg Saint-Germain, nehmen kein Blatt vor den Mund. Von Paris bis Rom, von Brest bis Brüssel erzittert das Kaiserreich in einem lauernden und feindlichen Europa. Diese Situation muß man sich vor Augen führen, um die Rolle zu begreifen, die der Polizeiminister mit einemmal spielt. Er sitzt im Zentrum dieses aufgewühlten Imperiums, Hunderte von Meilen entfernt von dem in der Donau gefangenen Souverän, er hat jegliche moralische und tatsächliche Handlungsfreiheit. Was mag er denken? Was wird er tun?

Der Kaiser ist angeschlagen, aber er kann sich wieder erholen. Doch der Stern ist blaß geworden. Was würde geschehen, wenn er erlischt? Eine entscheidende Niederlage, Gefangenschaft, schwere Verwundung – eine österreichische Kugel oder ein deutscher Dolch –, alles muß befürchtet werden; es handelt sich nicht mehr um hypothetische Furcht, es werden Mutmaßungen angestellt von allen, sie werden überall diskutiert.

Hat Fouché eine Katastrophe herbeigesehnt? Das ist kaum glaubhaft. Hat er sie beschleunigen wollen? Das auch nicht.

Eine loyale Politik konnte jetzt noch die beste sein. Napoleon hatte

Fouché einen neuen Vertrauensbeweis geliefert, indem er ihm interimistisch das Portefeuille des Inneren übertrug.

Cretet war krank geworden und hatte dieses Ministerium abgegeben, zumindest vorübergehend. Am 29. Juni betraute der Kaiser interimistisch den Polizeiminister mit dem Portefeuille des Inneren, womit er bezeigte, daß Fouché nicht mehr in Ungnade stand, und womit er ihn immer enger an die Zukunft und das Geschick des Regimes band. Ein gewagtes Spiel, denn mit einem Schlag war Fouché jetzt zweifacher Gebieter über die Präfekten, er stand an der Spitze gewaltiger Verwaltungsapparate, die bisher dem Innenminister unterstanden. Er hält jetzt die Bewilligung der ›Lizenzen‹, der Ausfuhrgenehmigungen während der Blockade in der Hand, womit er über gewaltigen Einfluß verfügt, womit er manchen gewinnen und andere im Zaum halten kann. Ebenso bekommt er die Nationalgarde in die Hand, eine Streitmacht, die in den Anfängen steckt, die aber auf ein Zeichen des Ministers hin eine plötzliche Entwicklung durchmachen kann und die, wie sich bald herausstellen wird, eine gewaltige Armee im Inneren darstellt.

Da Fouché zu den Menschen gehörte, die sich hingebungsvoll um das kümmern, womit sie beauftragt sind, sah er das neue Portefeuille nicht wie eine Sinekure an. Er hielt die Zusammenlegung der beiden Ministerien für nützlich, er wollte seine Auffassung durchsetzen und die Umwandlung des Provisoriums in einen endgültigen Zustand erreichen. Kein anderer Innenminister des Kaiserreichs hat eine größere Aktivität an den Tag gelegt. Dieses Doppelministerium, das ihm vorübergehend anvertraut wurde, interessiert ihn sehr; er begnügt sich nie damit, einen Titel ohne Amt zu haben, und will immer und überall ›der richtige Mann auf dem richtigen Platz‹ sein.

Die Leitung des Innenministeriums beanspruchte ihn nicht völlig. Im Polizeiministerium am Quai Voltaire ist er nie so tätig gewesen wie jetzt; er setzt seine ganze Energie ein, die angesichts unendlich vieler Überlegungen, Vorgänge und Widerstände bis zum Ausbruch im August 1809 über die Maßen angespannt ist. Es handelt sich bei ihm um einen Fall von Größenwahn, der sich in hochfahrenden Tönen und Allüren äußert, die seit 1793 an ihm nicht zu bemerken waren. Die Beamten seiner beiden Ämter werden unaufhörlich zur Ordnung gerufen, die Präfekten und Bürgermeister zur Entschlossenheit ermahnt, die Bischöfe zur Zusammenarbeit, die Marine- und Zollbeamten zur Folgsamkeit gegenüber dem Polizeiministerium, als ob dieses eine unbestreitbare Oberhoheit über die anderen hätte und alle anderen beherrschte.

Diese Souveränität erstreckte sich auf alles und jedes, es muß aber anerkannt werden, daß sie ausgeübt wurde zur Aufrechterhaltung der Ordnung und zum Besten des Kaiserreichs.

Die erste nach dem Mißerfolg von Eßling abzuwendende Gefahr ist das erschreckende Fallen der Effekten auf dem Geldmarkt. Fouché fürchtet eine Amtsüberschreitung gegenüber dem Schatzminister nicht und nimmt auch diese Angelegenheit in die Hand. Sein persönlicher Einfluß erlaubt ihm, nach anstrengender Arbeit während der Monate Juni und Juli, den Kredit wiederherzustellen. Er ruft unaufhörlich die Makler ins Ministerium, macht ihnen klar, daß es in ihrem eigenen Interesse liegt, die Baisse aufzuhalten, und er gibt den Auftrag, in seinem Namen für zwanzigtausend Pfund Rentenscheine zu kaufen. ›Dieser Auftrag ist im Handumdrehen bekanntgeworden und hat große Wirkung gehabt‹, schrieb der Minister.

Man hatte die Baisse dem Gerede in den Salons zugeschrieben. Fouché wollte ihm ein Ende machen. Zwar wird der Faubourg Saint-Germain in Paris noch geschont, aber in der Provinz werden die aristokratischen Zirkel geschlossen und aufgelöst.

Die gleiche strenge Haltung nimmt Fouché der Geistlichkeit gegenüber ein, die aufgeregt ist über das Unrecht, das dem Heiligen Vater zugefügt worden ist. Den Priestern wird äußerste Zurückhaltung auferlegt. Fouché läßt noch immer eine gewisse Abneigung gegen Gewaltmaßnahmen erkennen, er bemüht sich, die harten Befehle des Kaisers in verhältnismäßig verbindlicher Art auszuführen, er ist sogar geneigt, die Kundgebungen zugunsten Pius' VII. zu dulden. Andererseits ist er sehr viel weniger geneigt, seine unnachsichtige Haltung gegenüber den Eingriffen in die Gewissensfreiheit und die Gleichheit der Konfession zu lockern. Im Jahre 1809 macht er seinen Kollegen vom Kultusministerium darauf aufmerksam, daß der Erzbischof von Rouen, de Cambarérès, und der Bischof von Gent, de Broglie, die Intoleranz fördern. Die Generalkommissare der Polizei melden unentwegt ›fanatische‹ Priester, die der Minister unter Sonderbewachung stellt und in Seminare einweist. Den Präfekten, ›die die Gegner karessieren‹, erteilt er einen Tadel. Vor allem aber verfolgt er die ›Missionen‹. Schließlich verbietet er sie.

Kardinal Fesch, jetzt zugegebenermaßen das Haupt der opponierenden Geistlichkeit, beklagt sich über den Minister bei Napoleon, er bekämpft ihn wegen des Verbots der Missionen und der anderen harten Maßnahmen, er sieht in Fouché einen Ratgeber, auf den der Kaiser nicht zu sehr hören sollte. ›Man könnte sagen, daß der Polizeiminister sich die Umstände zu eigen gemacht hat, um seinen Prozeß zu gewinnen‹, schreibt er am 30. September. Auf diese Intervention von hoher Stelle antwortet Fouché kühn mit einem Rundschreiben vom 1. Oktober 1809 an alle Generalkommissare und Präfekten. Er verbietet jegliche Mission, er verfolgt jeden Missionar.

Dabei läßt Fouché es nicht bewenden: die politisch-religiöse Unruhe, die Alexis de Noailles geschürt hat, wird unterdrückt; besonders überwacht werden Lyon als ausgesprochen katholische Stadt und Bordeaux als royalistische Stadt, wo junge Leute sich zu Vereinigungen zusammengeschlossen haben, in denen fromme Exerzitien als Vorwand für politische Versammlungen dienen. Diese wiederauflebenden ›Kongregationen‹ werden aufgelöst, und schließlich wird ihr Führer, Alexis de Noailles, festgenommen und eingekerkert.

Aber noch andere Sorgen hat der unermüdliche Minister. Der als unterworfen geltende Westen des Landes rührt sich von neuem, eine Folge der allgemeinen Unruhe. Es geht das Gerücht, daß einer der letzten Überlebenden zahlloser Verfolgungen, der Chouan Bertrand Saint Hubert, einen neuen Aufstand in der Vendée vorbereitet und daß England, nach Eßling, erneut darauf baut. Réal war darüber beunruhigt, er sah neuen Aufruhr voraus und schlug deshalb vor, eine Art Prokonsulat im Anjou und in der Vendée einzurichten und einen Kommissar mit unumschränkter Vollmacht zu ernennen. Der Gedanke leuchtete Fouché ein. Er war entschlossen, hart durchzugreifen. Bis das Prokonsulat aufgebaut war, wurde das Kommando über die Infanterieabteilungen in den unruhigen Départements dem Befehlshaber der Gendarmerie, Oberst Henry, übertragen. Der Oberst begann sogleich mit der Jagd: am 4. Juni meldet er dem Polizeiminister die Festnahme zahlreicher ›Briganten‹, die bei den Verhören äußerst wichtige Mitteilungen gemacht hatten. Fouché ermutigt ihn zu weiterem Vorgehen, er versichert ihm, daß damit schlimmere Unruhen verhindert werden. Von Saint-Malo bis Bordeaux wurde eine umfassende Razzia durchgeführt, bei der alle, die sich seit fünfzehn Jahren in irgendeiner Weise bei den Vorgängen im Westen kompromittiert hatten, erfaßt wurden. Die Anweisungen, die Fouché dem Obersten Henry gibt, bezeugen sein Talent als Polizeiminister: alles ist vorbedacht, in Zusammenhang gebracht, nichts entgeht seinem scharfen Auge. Henry führt die Befehle schonungslos durch, und diesmal wird der Westen wirklich unterworfen. Die ständig auf der Lauer liegenden Engländer können landen, sie finden niemanden mehr vor, auf den sie sich stützen können. Der Aufstand, von dem Marschall Moncey sagte, ›er hätte ernste Folgen haben können‹, findet nicht statt.

Alles in allem hatte die Aktivität des Ministers im Juli 1809 so viel

Erfolg, daß er als die stärkste Stütze des Regimes galt, obwohl man ihn im geheimen beschuldigte, dem Regime zu schaden. Die Ereignisse gaben ihm wieder einmal recht gegen seine Ankläger, was ihm zu großen Ehren verhalf. Der Kaiser hatte am 6. Juli die Schlacht bei Wagram gewonnen und am 11. einen Waffenstillstand geschlossen, als Einleitung zum endgültigen Friedensschluß, der ihn, noch vor Ablauf eines Monats, als triumphierenden und allmächtigen Sieger in seine Hauptstadt zurückbringen sollte. Jedoch hielten ihn die Verhandlungen bis Oktober in Österreich zurück.

Der Kaiser schien in dieser Zeit die feste Entschlossenheit, mit der Fouché die beiden Ministerien führte, dankbar anzuerkennen, er machte kein Hehl aus seiner Zufriedenheit. Aber das höchste Lob, auf das Fouché hoffen konnte, das alle seine Wünsche verwirklichte, wurde ihm am 15. August 1809 zuteil. An diesem Tag wird Joseph Fouché, Minister der allgemeinen Polizei, durch ein in Schönbrunn erlassenes Dekret zum Herzog von Otranto ernannt, zum Grafen des Kaiserreichs war er bereits am 24. April 1808 geadelt worden. Er ist berechtigt, sein Wappen – ›auf blauem Grund eine goldene Säule, um die sich eine Schlange derselben Farbe windet, der Grund mit fünf silbernen Hermelinen in der Anordnung 2, 2, 1 bestückt‹ – im oberen Drittel mit dem Zeichen der Herzöge des Kaiserreichs zu versehen. Demzufolge erhält er eine Rente von sechzigtausend neuen Pfund aus dem Vermögen und Besitz des früheren Königreichs beider Sizilien. Er ist mithin Senator, zweifacher Minister, Herzog von Otranto und kann des Glaubens sein, auf dem Gipfel zu stehen, so hoch, daß ihm der Bürger Fouché de Nantes erscheinen könnte wie ein alter kompromittierender Freund, dem man lieber nicht mehr begegnet. Doch war der Tarpejische Fels ganz nahe.

Schwerwiegende Ereignisse, die im Leben Fouchés einen der merkwürdigsten Abschnitte darstellen, brachten ihm bald nach dieser aufsehenerregenden Beförderung in recht kurzer Zeit eine noch aufsehenerregendere Ungnade ein.

Im April 1809 hatten die Engländer zwar keine Landung, aber doch ein Scheinmanöver zur See vor der Vendée-Küste bei Rochefort unternommen. Dabei konnte es nicht bleiben; in den englischen Häfen wurde eine kriegerische Expedition vorbereitet, die die Berichte als gefährlich hinstellten. Das Ziel war nicht bekannt, wahrscheinlich Belgien oder Holland. Fouché dachte sofort an die Insel Walcheren, der Kaiser ebenfalls. Dieser unterrichtete General Clarke, während der Polizeiminister dem Generalkommissar von Antwerpen die Anweisung gab, die Stimmung in jenem Gebiet aufmerksam zu beobachten.

Am 8. Juli erfuhr Fouché von diesem Generalkommissar, daß die Landung nahe bevorstünde und daß die Zahl der Schiffe recht erheblich wäre.

In den letzten Julitagen wurde in Paris bekannt, daß die englische Flotte am 25. die Segel gesetzt habe; am 29. kam sie vor Seeland in Sicht, sie schickte sich an, in die Schelde einzufahren, was eine Bedrohung für Antwerpen bedeutete, noch mehr aber für die Insel Walcheren, die Stadt Vlissingen und die in der Schelde liegende französische Flotte. Der Marineminister vertrat den Standpunkt, daß es sich um ein Manöver, dem von Rochefort ähnlich, handele. Der Kriegsminister Clarke wagte nicht, die Bataillone, die er nach Deutschland schicken mußte, in das ernsthaft bedrohte Gebiet umzuleiten. So blieben die beiden Minister der nationalen Verteidigung untätig. Der Gouverneur von Vlissingen, General Monnet, an der Spitze von nur dreitausend Mann, konnte die Landung nicht verhindern, Walcheren wurde eingenommen, Antwerpen war bedroht.

Die Nachricht von der Besetzung der Insel traf in Paris am Abend des 29. ein. Der Polizeiminister war darauf vorbereitet gewesen, doch war er, oder schien jedenfalls, sehr betroffen. Die englische Expedition bedeutete eine Gefahr, eine unmittelbare Bedrohung für Holland, Belgien und den Norden Frankreichs, daher mußte sich die gesamte Regierung damit befassen. Der Polizeiminister aber wußte besser als jeder andere, wie aufrührerisch die Geister in Belgien nach den Vorgängen in Rom, der Vertreibung des Papstes, geworden waren. Das würde genügen, die unheimliche Aktivität zu erklären, die Fouché dem bestürzten Frankreich vorführte. Es muß aber gefragt werden, ob hinter diesem patriotischen Eifer nicht auch persönliche Absichten steckten. Wollte er sich wieder einmal die Umstände zunutze machen und eine Rolle spielen, die seinen Namen und seine Person, unter dem Vorwand, dem Kaiserreich zu dienen, noch stärker in den Vordergrund rückte?

Wie dem auch sei, er war, als er am 31. Juli im Ministerrat erschien, zum Handeln entschlossen. Er hatte folgenden Plan gefaßt: Da weder das Kriegs- noch das Marineministerium eine Armee zusammengebracht hatten, mußte seiner Meinung nach in der ganzen bedrohten Region die Aushebung der Nationalgarde erfolgen. Die Nationalgarde unterstand ihm als Innenminister; sie ersetzte in den Garnisonen die regulären Truppen und die Gendarmerie und konnte gegen die Engländer verwendet werden. Doch war das nur ein Anfang. Diesem von den Engländern nur wenige Tagesmärsche von der Hauptstadt des Kaiserreichs entfernt unternommenen Angriff mußten nicht nur materielle Streitkräfte entgegengestellt werden, die in der Lage waren, den Angriff aufzuhalten, sondern, als flammende Antwort auf diese Herausforderung, auch moralische Kräfte. Die Bewegung sollte sich ausbreiten, Empörung in den Gemütern hervorrufen, es sollten überall, von Nord bis Süd, die Nationalgarden ausgehoben werden und durch den Zusammenschluß aller Bürger zur Verteidigung des Landes die Geisteshaltung in den schwankenden Provinzen wieder gestärkt, die wehrfähigen Männer erfaßt und eingesetzt werden.

Auf diese Weise wurde eine regelrechte Armee des Inneren aufgestellt (sie konnte schnell auf eine Million Soldaten gebracht werden), die sich in den Händen des Ministers der allgemeinen Polizei und des Innern befand. An die Spitze dieser gewaltigen Bürgerwehr sollte ein ihm befreundeter Führer gestellt werden, dessen Ansehen unbestritten und dessen Unabhängigkeit unzweifelhaft war. Aus einer nationalen Verteidigungsmaßnahme wurde so ein Werkzeug, das persönlichem Interesse und vielleicht geschickter politischer Taktik dienen konnte. Nebenbei konnte dem Erzkanzler Schach geboten werden, der ihn nicht mochte, und ebenso dem Kriegsminister, der ihm feindlich gesinnt war. Im Ministerrat würde er für immer einen ausschlaggebenden Platz einnehmen. Vermutlich waren das die Gedanken, die, neben den ›patriotischen‹, in Fouchés Kopf kreisten, und vielleicht nahmen sie die erste Stelle ein.

Er wußte, welches Mißtrauen ihm die Mehrzahl der Mitglieder des Ministerrats entgegenbrachten, allen voran der Erzkanzler Cambacérès. Deshalb drängte er Admiral Decrès, der durch die Ereignisse stark mitgenommen war, die Vorschläge zu formulieren, die er, Fouché, durchbringen wollte. Der Marineminister vertrat sie mit großer Eindringlichkeit. Er forderte ›unverzüglich eine Proklamation, die alles, was in den Départements an ehemaligen Militärs vorhanden war, nach Antwerpen berief‹, die Aushebung von zehntausend Arbeitern in Paris und die Berufung Bernadottes als Oberkommandierenden. Der auf seine Autorität bedachte Clarke erwiderte, daß die Aushebung der Nationalgarde vom Kaiser wahrscheinlich nicht gutgeheißen würde, noch weniger die Berufung des Marschalls Bernadotte, der in Ungnade stand, und daß er als Kriegsminister zudem über ungefähr dreißigtausend Mann verfügte, was gegen die Engländer völlig ausreichen würde. Auch der stets zaudernde Cambacérès riet von außergewöhnlichen Maßnahmen ab. In einer zweiten Sitzung nahm Fouché das Wort, er erklärte, es müsse gehandelt werden, was ihm die bezeichnende Antwort des Erzkanzlers eintrug: ›Monsieur Fouché, ich für meine Person möchte nicht abgesetzt werden.‹ Diese Zitterer, diese Schwätzer flößten dem Polizeiminister nur Mitleid ein; er war entschlossen, so vorzugehen, wie es ihm richtig schien.

Er ließ Clarke seine kleine Armee zusammenstückeln, schrieb aber selber am 2. August an die Präfekten der fünfzehn nördlichen Départements, um sie ›im Namen des Kaisers‹ aufzufordern, die Nationalgarden auszuheben. Das Schreiben war nicht im üblichen Verwaltungsstil abgefaßt; in seiner echten oder vorgeblichen Erregung verfiel er in den Stil, den er 1793 als Prokonsul angewendet hatte. ›Sie werden sich nicht mit dem Ruhm zufriedengeben, die Engländer verjagt zu haben: es muß verhindert werden, daß sie wieder auf ihre Schiffe kommen. Es wäre eine Schande, wenn diese Handvoll Inselbewohner landen könnte und Ihrer Tapferkeit und Ihren zahlreichen Bataillonen entkäme ... Sie werden mich Tag für Tag genauestens über den Verlauf der Operationen unterrichten und mir die Namen der Männer nennen, deren Kampfeseifer und Tapferkeit es verdienen, dem Kaiser besonders vor Augen geführt zu werden.‹

Das war ein durchaus ungewöhnlicher Ton bei einem Minister Napoleons. Die Präfekten überboten sich vor Eifer. Das Département Lys lieferte sechstausend Mann, Nord achttausendfünfhundert, Pas-de-Calais sechstausendvierhundert, Oise tausendachthundert, Schelde dreitausend. Die gesamte nordöstliche Region war wie von Fieber gepackt. Das hatte der Minister erreichen wollen; er selber schien von Fieber befallen zu sein, die Rundschreiben, Bekanntmachungen und vertraulichen Briefe mehrten sich: er schrieb am 3., 4., 5. und 6. August. Er ging noch weiter, er redete mit seinen Kollegen von oben herab, als übe er eine Diktatur aus, die ihm Gewalt über alle verliehe.

Eine Zeitlang war der Ministerrat sprachlos gegenüber der Verwegenheit, die ein Mitglied des Rats an den Tag legte. General Clarke war außer sich, er gab bereits vage Drohungen gegen die ›dreckigen Jakobiner von 93‹ von sich. Er schrieb an Napoleon und gab seiner Besorgnis über die Massenaushebungen Ausdruck, ›die Schrecken in die betroffenen Provinzen bringen und alles lähmen‹. Cambacérès und Clarke waren bestürzt, ihre Bestürzung wuchs, als am 3. August Marschall Bernadotte beim Kriegsminister erschien und der Regierung seinen Degen zum Dienst anbot.

Bernadotte lebte zurückgezogen in seinem Landhaus in Lieursaint, nachdem er aus der Deutschlandarmee entlassen worden und in völlige Ungnade gefallen war. Stets hatte er sich dem Kaiser gegenüber eine gewisse Unabhängigkeit bewahrt. 1799 gehörte er zu den Jakobinern, den 18. Brumaire hatte er begrüßt, weil er die ›Advokaten‹ des Palais Luxembourg nicht leiden konnte, doch hatte er die Oberherrschaft eines Soldaten, den er als Gleichgestellten, als Nebenbuhler empfand, nie gänzlich anerkannt. Er war mit Moreau befreundet, war oft mit ihm zusammengetroffen und teilte dessen Gefühle und Ansichten. Durch seine Fähigkeiten hatte er den Kaiser beeindruckt und war von ihm mit einem fürstlichen Titel ausgezeichnet worden, als Fürst von Pontecorvo. Der Gascogner hatte den Titel angenommen, ohne seine Meinung und Haltung zu ändern. Er drängte stets nach vorn, er wollte nicht im Rang hinter dem Herrn und Gebieter stehen, was ihm eine im Zorn verhängte Ungnade eintrug. Am Tag nach der Schlacht von Wagram, bei der er das sächsische Korps befehligte, hatte er an seine Soldaten einen Tagesbefehl gerichtet, in dem er ihnen unrechtmäßigerweise den Löwenanteil am Sieg zusprach. Dieser Vorgang war so ungewöhnlich, daß Napoleon vor Wut fast erstickte. Er hatte Bernadotte seines Postens enthoben und nach Frankreich zurückgeschickt. Fouché hingegen hatte unmittelbar nach dem Alarm an der Küste die Kandidatur des Fürsten von Pontecorvo auf den Oberbefehl über die neue Armee aufgestellt. Cambacérès und Clarke waren jeder Meinungsäußerung ausgewichen, doch der Marschall, dessen hervorragendste Eigenschaft die Bescheidenheit war, erschien selber und bot sich an, fraglos im Einvernehmen mit dem Polizeiminister. Am 3. August begab er sich zuerst zu Clarke, dann zu Cambacérès und erklärte, daß, ›gäbe es auch nur eine Kompanie von Veteranen, um die Engländer zu bekämpfen, er nicht zögern würde, die Führung zu übernehmen‹. Trotz der hinhaltenden Antwort der beiden Männer erklärte der Marschall, daß er aus reinem Patriotismus darauf verzichte, seine Badekur zu unternehmen; er ließ sich für zwei Wochen in Paris nieder. In ihrer Verlegenheit erstatteten Cambacérès und Clarke dem Kaiser darüber Bericht. Es schien ihnen nicht zweifelhaft, welche Antwort sie erhalten würden. Die Massenaushebung würde mit Vorwürfen rückgängig gemacht, der Polizeiminister gescholten, vielleicht mit Ungnade bedacht werden, schließlich würde Bernadotte in seine Badekur und die Nationalgarden nach Hause geschickt werden.

Die Minister fielen aus allen Wolken, als am 12. die Briefe des Kaisers eintrafen. Napoleon war selbst zu sehr ein Mann der Tat, als daß er nicht die wichtigste Eigenschaft eines Staatsmannes überall, wo er sie antraf, rückhaltslos bewunderte: die Entschlußkraft. Und Entschlußkraft sowie Kaltblütigkeit und Intelligenz hatte einzig und allein Fouché bewiesen. Der Kaiser stimmte voll und ganz den Maßnahmen zu, die Fouché getroffen hatte. Am 8. August, als er von den Ereignissen unterrichtet wurde, hatte er ein Dekret unterzeichnet, daß diese Maßnahmen bestätigte und legalisierte. Er befahl die Aushebung von dreißigtausend Nationalgarden und ernannte den Fürsten von Pontecorvo zum Befehlshaber über diese Armee. Diese Entschlüsse waren zudem mit einem Begleittext versehen, der keinen Zweifel ließ über die Ansichten des Kaisers. ›Ich bin verärgert darüber‹, schrieb er an den Erzkanzler, ›daß Sie im Ministerrat am 1. August nicht darauf gekommen sind, die Nationalgarden aufzurufen. Sie mißtrauen ihnen zu Unrecht ... Es müssen vor allem und auf der Stelle achtzigtausend Mann aufgestellt werden, die Nation muß stark gemacht werden, damit sie sich beweisen kann, zunächst um die Engländer von ihren Angriffen abzubringen und ihnen zu zeigen, daß die französische Nation stets bereit ist, die Waffen zu ergreifen, dann um die Insel Walcheren zurückzuerobern ...‹ Auf Clarkes Klagen antwortete er kühl: ›Monsieur Fouché hat das unternommen, was Sie selbst nicht getan haben. Natürlich war es die Aufgabe des Kriegsministeriums, diese Maßnahmen zu ergreifen und zu legalisieren. Doch ist es ganz in der Ordnung, daß der Polizeiminister, überzeugt, daß die englische Expedition fünfundzwanzigtausend Mann umfaßte, ihr sechzig- bis achtzigtausend Mann Truppen gegenüberstellen wollte und daher Vorbereitungen in dieser Richtung angeordnet hat.‹ In einem zweiten Brief an Cambacérès drückte er sich noch deutlicher aus: ›Ich bin ungehalten darüber, daß Sie bei diesen außergewöhnlichen Vorgängen so wenig Gebrauch gemacht haben von den Vollmachten, die ich Ihnen übertragen habe. Rufen Sie den Ministerrat häufiger zusammen. Lassen Sie sich von den Engländern nicht in Ihrem Bett überraschen. Beim ersten Anzeichen einer Landung hätten Sie zwanzigtausend, vierzigtausend, sechzigtausend Nationalgarden ausheben müssen. Das Verhalten in dieser Situation ist demütigend und schandbar, und es wird die Engländer anreizen, ähnliche Expeditionen zu wiederholen.‹ Am 11. August schrieb er noch einmal an Clarke: ›Der einzige, der getan hat, was er konnte, der begriffen hat, daß es gefährlich und unehrenhaft gewesen wäre, in Untätigkeit zu verharren, ist Monsieur Fouché.‹ Um den Stolz des Polizeiministers nicht über die Maßen anschwellen zu lassen, schickte er ihm nur ein kurzes Zeugnis seiner Genugtuung: ›Sie haben gut daran getan, die Präfekten aufzufordern, Nationalgarden zur Verfügung zu stellen.‹ Fouché frohlockte, und wahrscheinlich keimte in diesem Augenblick in seinem Kopf der Gedanke, die Maßnahme, der eine so vollständige Zustimmung zuteil geworden war, auf ganz Frankreich auszudehnen und das Wort des Kaisers, die Nation stark zu machen, nicht nur für fünfzehn Départements gelten zu lassen.

Dazu war jetzt eine hervorragende Gelegenheit vorhanden. Wenn die Engländer in Schrecken versetzt und zurückgetrieben werden mußten, war es leicht zu beweisen, daß sie nicht nur Antwerpen bedrohten, sondern daß ihre Schiffe auch ständig vor Boulogne, Brest, Rochefort, Marseille, Toulon und Genua kreuzten.

Um den vorgefaßten Plan zu rechtfertigen, übermittelte Fouché gewissenhaft und getreu die Berichte seiner Agenten, in denen die englischen Kreuzfahrten nicht nur als bedrohlich für die Nordsee, sondern auch für das Mittelmeer dargestellt waren. Am 30. August schrieb er an den Präfekten des Départements Bouches-du-Rhône, er solle die Kader der Nationalgarde so vorbereiten, daß die Aushebung innerhalb von vierundzwanzig Stunden erfolgen könne, falls der Feind eine Landung beabsichtige.

Dabei beließ es der Polizeiminister nicht. Am 7. September begann er, die Maßnahme zu verallgemeinern. Der Staatsrat des dritten Arrondissements (Süden) bekam die Anweisung, in den ihm unterstellten Départements die Aufstellung der Nationalgarde zur Verteidigung der mittelmeerischen Küsten vorzubereiten. Zunächst sollten zwölf Départements zu den Waffen gerufen werden. Aushebungen fanden statt im Languedoc, in der Provence, in Piemont, und von Flandern und dem Artois aus sollte die Bewegung übergreifen auf die Normandie und die Bretagne. Auf diese Weise schuf der Minister ›diese allgemeine Angst, die auf ganz Frankreich lastete, und entfachte damit die republikanische Kraft des Jahres 1793‹ (der Satz stammt von Balzac). Er scheute vor nichts mehr zurück und brach alle Widerstände, ohne daß seine an die Wand gedrückten Kollegen die Möglichkeit hatten, etwas dagegen zu unternehmen. Allenthalben begann man sich zu fragen, ob Fouché vom Quai Voltaire in die Tuilerien umgezogen sei.

In Paris hatte die Maßnahme in allen Köpfen große Aufregung hervorgerufen; die Aushebung verursachte bei den einen lebhaften Zorn, bei den anderen größte Begeisterung. Die Bourgeoisie war dankbar für das Vertrauen, das ihr bezeigt wurde. Hingegen waren die hohen Pariser Beamten, die unter dem Einfluß der anderen Minister standen, ablehnend und nicht sehr diensteifrig. Der Präfekt Frochot rief die Bürgermeister zusammen, sie faßten ihre Bedenken schriftlich ab und übermittelten sie dem Minister am 16. August. Jetzt lernte man einen Fouché kennen, wie ihn die Beamten des Kaiserreichs noch nicht erlebt hatten. Barsch, überheblich, herausfordernd antwortete der Polizeiminister dem Präfekten, daß er sich mit den Bürgermeistern in keine Diskussion einlasse und daß ›Seine Exzellenz die Nationalgarde mit Trommelwirbel selbst ausheben würde‹, wenn diese Beamten sich nicht unverzüglich mit der Aufgabe beschäftigten. Wie ein Schatten tauchte hinter dem neuernannten Herzog von Otranto der Prokonsul von Troyes wieder auf. Alle zitterten. ›Die Bürgermeister‹, schrieb der Minister, ›sind durch diese Antwort dermaßen erhitzt (man lese: in Schrekken versetzt) worden, daß sie versprochen haben, sich keine Ruhe zu gönnen, bis die vom Minister befohlenen Maßnahmen gänzlich durchgeführt worden sind.‹ In einem kurzen Nachsatz fügte Fouché hinzu: ›Die Bürgermeister werden ihr Wort halten, weil sie wissen, daß ich mein Wort halte.‹ In Wirklichkeit gingen die Beamten, da sie sich beugen mußten, mit ausgesprochenem Unwillen ans Werk, Äußerungen gegen die ›unpopuläre‹ Maßnahme wurden überall laut. Der Minister verwahrte sich gegen dieses Verhalten und schrieb am 23. an zwei Präfekten: ›Es ist unmöglich, daß Paris bei der allgemeinen Bewegung, die die Départements beseelt, unbeteiligt bleibt; es ist unmöglich, daß die Stadt sich freiwillig in den Augen seines Souveräns und in den Augen der Nation in Schande bringt. Was mich angeht, so werde ich nicht zulassen, daß die erste Stadt der Welt einem solchen Schimpf ausgesetzt wird ...‹ Und mit feurigen Worten stachelte er dann noch den Eifer der Gemeinderäte an.

Paris befand sich bald in Gärung und Fieber. Die Regierung war stark beunruhigt, man traute dem Minister jetzt alles zu. Angesichts der Kader dieser Bürgerarmee wurden viele Anhänger der kaiserlichen Regierung in Besorgnis versetzt. Unerschrocken maßte sich Fouché das Recht an, den Generalstab der Pariser Garde nach seinem Belieben zu besetzen. Und wen berief er? Bankiers, Advokaten, Notare, einige dem Regime nicht zugetane Adlige, alles Leute, die man für Gegner des Kaisers hielt. Dieser jedoch stand mit seinem Minister immer noch in gutem Einvernehmen. Der Bankier Thornton, ein alter Freund von Moreau und bekannt für seine Abneigung gegen das Kaiserreich, war ins Ministerium am Quai Voltaire berufen und beauftragt worden, ›im Namen der Nation‹ die Kavallerie aufzustellen. Die erste Tat dieser neuen Truppe bestand darin, Stanislas de Girardin als ihren Obersten zu fordern, einen liberalen Aristokraten, der sich oft als Frondeur erwiesen hatte. Fouché gab seine Zustimmung. Alles, was seit zehn Jahren in heimlicher Opposition gegen das Kaiserreich gestanden hatte, fand sich bald in den Reihen und vor allem in den Stäben dieser Allerweltsarmee wieder. Die Pariser Nationalgarde bestand zunächst aus sechstausend Mann, wurde dann auf zwölftausend verstärkt, auf vierundzwanzigtausend und erreichte bald die Zahl von dreißigtausend Mann. Den Erfolg schrieb Fouché sich selbst zu. Es fehlte nicht viel, und er hätte Paraden abgenommen. Zu den Pferderennen begab er sich, eskortiert von einer

Schwadron Chevaulégers, ein Privileg, das den Ministern des Kaiserreichs unbekannt war. Was diesem ungewöhnlichen Aufzug einen besonders ernsten Anstrich gab, war, daß er trotz der Proteste des Militärgouverneurs von Paris, Hulin, und des Kriegsministers erfolgt war. Der über den Verstoß erbitterte Hulin schrieb an Clarke: ›Ich kann diese Ordnungswidrigkeit nur der Unwissenheit zuschreiben, in der sich die Nationalgarde und die Chevaulégers über die Erlasse und Polizeireglements befinden.‹ Und der Kriegsminister wies in einem äußerst scharfen Bericht an den Kaiser darauf hin, ›daß es gefährlich wäre, wenn die zivile Autorität sich berechtigt glaubte, irgendeiner bewaffneten Truppe ohne die Zustimmung der militärischen Autorität Befehle geben zu können. Der wütende Hulin sprach die Drohung aus, er würde seinen Wachen den Befehl geben, auf die Patrouillen der ‚Bürgerarmee' zu schießen.‹

Man kann sich vorstellen, daß Clarkes Unmut, der in seinen Briefen an den Kaiser zutage trat, im Ministerrat noch stärker zum Ausdruck kam. In Gegenwart des Erzkanzlers, der aus Furcht vor dem Kaiser kein Wort sagte, griff er Fouché heftig an, er fluchte, er wetterte, er sagte, daß ›nur ein dreckiger Jakobiner von 1793 auf die Idee gekommen sein könne, in Paris eine Nationalgarde auszuheben und zu bewaffnen‹. Was aber konnte er tun, nachdem er vom Kaiser getadelt worden war? Clarke war zornig und niedergeschlagen. ›Sie sehen, was vor sich geht‹, sagte er zu Ségur. ›Fouché hat in Paris dreißigtausend Mann ausgehoben, er bewaffnet das Volk und sogar die Domestiken. Er will eine Aushebung wie die von 1793 in die Hand bekommen, er bereitet sich auf eine große Rolle vor, die er gegebenenfalls spielen will, wenn der Kaiser von einer schweren Krankheit betroffen wird oder eine ernstere Verwundung als die bei Regensburg erleidet oder bei einem noch stärkeren Mißerfolg als dem bei Eßling. Dreißigtausend bewaffnete Männer in Paris! Wir benötigen eine Armee, um uns vor dieser Garde zu schützen! Und er setzt, trotz unserer Einwände, den Aufbau fort, er hat die Offiziere ernannt ... Seine Absicht ist klar, es handelt sich um Verrat, aber ich überwache ihn.‹

Die Bürgermeister begannen wieder zu protestieren, sie fühlten sich heimlich unterstützt. Es wurde von 1793 gesprochen. ›Seit langem hat man uns eingeredet, daß die Revolution beendet sei. War das eine Illusion? Oder wird eine neue beginnen?‹ Fiévée hatte wieder zur Feder gegriffen. ›Die Aushebung der Nationalgarde‹, schrieb er an den Kaiser, ›ist eine absolut revolutionäre Maßnahme mit dem alleinigen Ziel, den Rest monarchistischen Geistes, der in Frankreich übriggeblieben ist, zusammenschmelzen zu lassen‹; man zittert, ›wenn man sieht, daß der Anstoß dazu gegeben wird von einem Kopf, der noch zu sehr von den Ideen der Revolution vernebelt ist, um imstande zu sein, den Unterschied zu erkennen, der durch die neuen Institutionen zwischen der Vergangenheit und der Gegenwart entstanden ist.‹ Clarke überbot ihn noch, er schrieb: ›Es gibt nichts, womit man schneller Mißbrauch treiben, Aufruhr und sogar eine Spaltung im Staat herbeiführen kann.‹ Der Kaiser wurde mit Klagen überschüttet. In der Tat wich die Unternehmung von ihrem ursprünglichen Ziel ab. Weder die feinen Herren, die Chevaulégers, noch die Geldmakler, die sich hinter Thornton stellten, hatten Lust, Antwerpen zu verteidigen. Was sollte daraus werden?

Was andererseits beträchtlich zur Unruhe beitrug, war die Haltung, die der Fürst von Pontecorvo im Einvernehmen mit Fouché an den Tag legte. Er war am 15. August in Antwerpen eingetroffen und hatte sich sofort als Retter aufgespielt, als der Mann, der gebraucht wurde, wie ein Prokonsul. Es bestand ein großer Unterschied zwischen der im Grunde recht bescheidenen Rolle, die der Kaiser ihm aufgetragen hatte, und der regionalen Diktatur, die der draufgängerische Marschall sich spontan anmaßte. Den empfangenen Befehlen gemäß hatte er die Truppen zu Lande und zu Wasser, Matrosen, Soldaten, Gendarmen, Zöllner und Nationalgarden, unter seinen Oberbefehl gestellt und erließ natürlich hochtönende Tagesbefehle. Doch damit begnügte er sich nicht. Der spätere König von Schweden hatte gemeint, hier seine Lehrzeit als Staatsmann absolvieren zu können. Der Polizeigeneralkommissar von Antwerpen, den der Minister ihm unterstellt hatte, war für ihn eine Art kleiner Minister geworden, und seine Agenten schienen dem Fürsten direkt untergeordnet zu sein. Er schuf sich eine eigene Polizei, die er von Belgien aus auch auf Holland ausdehnte. Wenn es um Verwaltungsmaßnahmen ging, wandte sich der Oberbefehlshaber, über den Generalkommissar, mit Plänen und Berichten über die Verfassung der Truppe an den Polizeiminister, auf den er sich, wie er sagte, ›stützte‹ und dem er ›die Aufgabe überließ, mit der Zentralregierung zu korrespondieren‹. Von jetzt an übermittelt der Polizeiminister dem Kriegsminister die Wünsche und Nöte des außergewöhnlichen Truppenchefs. Selbstverständlich wurden Napoleon die engen Beziehungen des Marschalls zu Fouché hinterbracht.

Es muß indes gesagt werden, daß der Marschall ein intelligenter und energischer Führer war und sich mit äußerster Sorgfalt und Eile um die Verteidigung kümmerte. Entgegen den optimistischen Voraussagen des Kaisers hatte Vlissingen am 16. vor den Engländern kapituliert. Bernadotte stand mit einem ziemlich zusammengewürfelten Armeekorps jetzt einem Feind gegenüber, der Antwerpen ernsthaft bedrohte. Der Marschall versetzte die große Stadt in den Verteidigungszustand, er organisierte seine Armee, schmolz sie zu einer homogenen Truppe zusammen und übertrug auf sie sein Selbstvertrauen; er war stets fröhlich, zugänglich, und er war beliebt. Er hatte bei den Engländern durch bestimmte Kunstgriffe die Vorstellung erweckt, es stünden ihnen mehr als vierzigtausend Mann gegenüber. Angesichts einer solchen Verteidigungsmacht wurden sie, die an einen Überraschungserfolg geglaubt hatten, schwankend. Hinzu kam noch, daß in Vlissingen die Pest ausbrach. Für Bernadotte war die Seuche ein wertvoller Verbündeter. Mit der ihm eigenen Selbstzufriedenheit ließ er verbreiten, er habe den Feind eingeschüchtert, und da er auf das Lob des Kaisers nicht mehr rechnen konnte, sprach er es sich zu, und zwar in einem Tagesbefehl, den er in jenem überschwenglichen Ton abfaßte, der ihm nach der Schlacht von Wagram so viel Mißgunst eingetragen hatte.

Wollte Fouché, im Einvernehmen mit Bernadotte, unter dem Vorwand der nationalen Mobilisation wirklich einen gewaltigen Handstreich vorbereiten für den Fall, daß der Kaiser eines Tages nicht mehr da wäre? (Er war gerade einem Attentat entgangen.) Recht glaubhaft ist es nicht.

Von einer ›Verschwörung‹ kann, zumindest zu Anfang, nicht die Rede sein. Allerdings haben einige Zeitgenossen daran geglaubt, Fauche-Borel im royalistischen Lager, Savary in der Umgebung des Kaisers. Möglicherweise hat der Plan nach und nach und dem Gang der Ereignisse folgend Formen angenommen, doch selbst die Feinde des Ministers in Paris haben den Verdacht wahrscheinlich nicht so weit getrieben. Neiderfüllt sahen sie nur, wie der frisch gebackene Herzog von Otranto immer und immer größer wurde, und instinktiv wurden sie in ihrer echten Ergebenheit dem Kaiser gegenüber durch diese übermäßige Macht beunruhigt. Es war nicht einmal nötig, beim Kaiser vorstellig zu werden, um den Minister in den Verdacht eines Verrats zu bringen: Mißbrauch der Amtsgewalt, Amtsanmaßung, Überschreitung der Machtvollkommenheit – das genügte, um Napoleon zu einer Sinnesänderung über Fouché zu veranlassen.

Von Anfang August an war der Kaiser in seinen Briefen, bei aller Anerkennung der Entschlußkraft des Ministers, mit Belobigungen zurückhaltender geworden. Am 16. hatte er versucht, Fouchés übermäßigen Eifer zu dämpfen und seine Bedeutung zu mindern, indem er ihm die Sinnlosigkeit und den verhängnisvollen Mißerfolg der englischen Expedition vor Augen führte. Er hatte ihn sogar gebeten, diese Bemerkungen im ›Moniteur‹ abzudrucken. Dann hatte er seiner Verwunderung über die bis nach Piemont ausgedehnte Mobilisation Ausdruck gegeben, man habe das Kaiserreich ›grundlos alarmiert‹, wobei er vergaß, daß er zwei Tage zuvor den Plan selber entworfen hatte, den sein Minister nur angedeutet hatte. Am 24. September schrieb er an Fouché: ›Eine solche Maßnahme kann ohne meinen ausdrücklichen Befehl nicht ergriffen werden. Setzen Sie Ihre ganze Sorgfalt darein, die Bürger zu beruhigen, das Volk soll in seinem üblichen Tageslauf nicht gestört werden.‹

Zu diesem Zeitpunkt wurde der Kaiser in Schönbrunn mit Klagen und Anschuldigungen überschwemmt. Jetzt wurde er hellhörig: ›Eine Art Schwindel erfaßt die Köpfe in Frankreich‹, schrieb er am 26. an den Minister. ›Alle mir zugehenden Berichte sprechen davon, daß in Piemont, im Languedoc, in der Provence und in der Dauphiné Nationalgarden ausgehoben werden. Was, zum Teufel, soll das alles, da doch keine dringende Notwendigkeit vorliegt und da dies ohne meinen Befehl nicht hätte geschehen dürfen? Da diese Maßnahmen die Ministervollmacht überschreiten, mußten sie vom Ministerrat genehmigt werden. Aber ein Protokoll darüber habe ich nicht bekommen ... Der geringste Zwischenfall kann eine Krise auslösen.‹

Ihm war mitgeteilt worden, daß in der Umgebung von Paris ›sämtliche kleinen Gemeinden Wache beziehen, wie bei einer Revolution‹. Der Kaiser kam immer wieder darauf zurück. ›Ich will keine Nationalgarden außer denen, die ich aufgestellt habe, und nach reiflicher Überlegung will ich auch keine Offiziere, die ich nicht kenne.‹ Seinem Argwohn freien Lauf lassend, fügte er hinzu: ›Damit würde man dem Volk Führer vorsetzen, die ein anderes Anliegen als das Volk haben (der Kaiser hätte auch sagen können: als ich), vor allem im Fall einer Krise.‹ Napoleon forderte seinen Minister auf, von nun an innerhalb seiner Befugnisse zu bleiben. Er befahl, daß in Paris die alte Ordnung wiederhergestellt würde, daß nur die fünf Divisionen Nationalgarde in den Départements, in denen er sie aufgestellt hatte, beibehalten blieben, daß die Gendarmerie zurückgerufen und Frankreich nicht weiter in ›hellen Aufruhr‹ versetzt würde. In seinen Briefen vom 30. September und 2. Oktober kam seine Unzufriedenheit über ›einen Minister, der in seinem Verhalten nie Legalität erkennen läßt‹, noch stärker zum Ausdruck.

Solange hatte jedoch der Kaiser nicht gewartet, um Bernadotte das Kommando über die Nordarmee zu entziehen. Durch die Berichte, die er aus Paris erhalten hatte und durch den Tagesbefehl, in dem Bernadotte sich selbst glorifizierte, war der Kaiser gegen ihn aufgebracht, sein alter Groll gegen die ›Eitelkeit‹ des Marschalls war wieder aufgelebt. Napoleons Briefe waren regelrechte Anklageschriften, die eine baldige

Absetzung ahnen ließen. Tatsächlich wurde Marschall Bessières nach Antwerpen beordert, der Fürst von Pontecorvo nach Paris zurückberufen und von dort in die Badekur geschickt. ›Ich bin der Intrigen überdrüssig‹, schrieb der Kaiser, ›und ich bin verärgert darüber, daß ein Mann, den ich mit Wohltaten überschüttet habe, elenden Leuten das Ohr leiht, die zu seinem Bekanntenkreis gehören und die er schätzt.‹

Bessières war am 16. September in Antwerpen eingetroffen und hatte das Kommando aus den Händen Bernadottes übernommen. Bernadotte benahm sich zunächst spöttisch, war dann wütend geworden und begab sich nach Paris. Hier traf er Fouché, der seinen Zorn gewiß nicht besänftigt hat. Bessières in Antwerpen konnte mit gekreuzten Armen auf den Abzug der Engländer warten; sie waren durch das Fieber dezimiert worden und stachen am 22. November in See.

Was geschah mit der Nationalgarde in Paris? Napoleon befahl ihre Entwaffnung und Auflösung. Clarke teilte Fouché in triumphierendem Ton am 30. September mit, daß der Kaiser die Auflösung angeordnet habe und daß General Hulin am nächsten Tag um die Mittagsstunde alle Stellungen der Nationalgarde durch reguläre Truppen besetzen lassen würde. Das bedeutete für den Kriegsminister eine tiefe Genugtuung. Doch Fouché schien durch die Anordnungen weder gekränkt noch beunruhigt zu sein. Im Gegenteil, er schätzte sich glücklich, so gehandelt zu haben. Seiner Meinung nach hatte die englische Expedition bewirkt, daß ›eine neue Armee geschaffen werden konnte, daß das Volk mit der Einrichtung der Nationalgarde vertraut gemacht wurde, daß in schlagender Weise ganz Europa vor Augen geführt wurde, wie stark die Franzosen an ihrem Souverän und an der Monarchie hingen‹.

Am 21. Oktober unterstrich er in einer Note an den Kaiser die Ergebnisse, die erreicht worden waren: ›Diese Operation bestätigt die Anhänglichkeit der Franzosen an ihren Kaiser und beweist allen Regierungen in Europa, die noch daran zu zweifeln scheinen, welcher Energie die Nation in Zeiten der Not fähig ist.‹ Der folgende Satz war fast eine Herausforderung an seine Gegner: ›Die Ordnung und die Ruhe, die während der Operation herrschten, beweisen die Klugheit und die Mäßigung jener, die sie unternommen haben.‹ Allenthalben verkündete der Minister, welch gewaltigen Dienst er dem Kaiser erwiesen habe. Am 4. Oktober schrieb er an Murat: ›In London ist man verblüfft über die Volksbewegung, die sich in Frankreich ereignet hat. Die Aushebung der Nationalgarden hat die Engländer um so mehr in Erstaunen versetzt, als sie meinten und überall bekanntmachten, daß unser Kaiser nur in seiner Armee über Kraft verfüge, daß er den letzten Rest des Phlogistons (sic) der Revolution verbraucht habe. Diesen Verleumdungen haben wir ein Dementi entgegengesetzt, und wir haben bewiesen, daß der Kaiser über ganz Frankreich als Armee verfügen kann.‹ In sämtlichen Salons trug er diese gespielte oder echte Genugtuung zur Schau. ›Die Aushebung der Nationalgarden‹, pflegte er zu sagen, ›hat dem Kaiser festeren Boden verschafft als die Krönung. Früher war er Kaiser nur durch die militärische Macht, jetzt hat er Anerkennung durch die zivile Macht erhalten.‹ Fouché besaß die geheime Kraft, durch kühne Behauptungen die öffentliche Meinung sowohl wie den Kaiser zu beeinflussen.

Fouchés Gegner jedoch hofften, er würde diesmal nicht so leicht davonkommen. In den Salons des Erzkanzlers, im Kriegsministerium, in der Polizeipräfektur hielt man die Ungnade, die dem Polizeiminister drohte, für eine abgemachte Sache.

Es rief mithin kaum Erstaunen hervor, als in Paris bekannt wurde, daß den Herzog von Otranto eine erste Ungnade traf. Am 7. Oktober wurde ihm das Innenministerium, das er interimistisch geleitet hatte, plötzlich entzogen. An seine Stelle trat Montalivet, der Leiter des Amtes für Brücken und Straßen. In seiner üblichen Unverfrorenheit tat Fouché so, als sei er froh darüber. Dieses Portefeuille laste schon seit langem auf ihm, hörte man ihn sagen. Molé, der zum neuen Leiter der Brükken und Straßen ernannt worden war, traf ihn bei einem Besuch in völlig ruhiger und zufriedener Verfassung an. Ausführlich sprach er über das Ministerium, das er abgab, über Reformen, die vorgenommen werden müßten, so daß Molé, der geglaubt hatte, einen gebrochenen Mann vorzufinden, völlig verblüfft war. Und es war nicht einmal Verstellung. Fouché war wirklich nicht beunruhigt, er bedauerte und bereute nichts. Der Kaiser selbst schien sich mit dieser Maßnahme zufriedenzugeben und beantwortete Fouchés Rechtfertigung am 21. Oktober folgendermaßen: ›Sie sind wie Don Quichotte, Sie kämpfen gegen Windmühlen. Überall höre ich nur Gutes über Sie. Die Vorwürfe, die ich Ihnen gemacht habe, entstammten meinen Anschauungen, denn ich möchte, daß alle Operationen meiner Minister legal sind ... doch damit wird das Verdienst nicht geschmälert, das Sie sich in meinen Diensten erworben haben.‹

Fouché hatte also durchaus Grund, der Rückkehr des Kaisers ohne Beklemmung entgegenzusehen und auf die Prophezeiungen seiner Gegner ironisch zu antworten. Das waren aber Leute, die nicht so leicht etwas aufgaben. Als der Kaiser am 26. Oktober in Fontainebleau eintraf, sah er als ersten den Erzkanzler, dem er sein Mißfallen über alles, was in den sechs Monaten geschehen war, zum Ausdruck brachte. Es läßt sich denken, daß Cambacérès nicht zögerte, den Polizeiminister mit allen Sünden zu belasten. Wie wäre sonst der Stimmungsumschwung zu erklären, der offenbar wird, wenn man an den Brief vom 21. denkt und an die fürchterliche Szene, die Napoleon Fouché am 27. machte? Bekannt ist, daß der Kaiser auf der Stelle Ségur nach Fontainebleau kommen ließ, der im September an den Verhandlungen beteiligt war, die zur Aufstellung der Nationalgarden geführt hatten. Ségur gehörte zu den aufrichtig ›Ausgesöhnten‹, dessen aristokratisch gebliebene Prinzipien ihn gegenüber dem ›jakobinischen‹ Minister nicht günstig stimmten. Er verhehlte nicht, daß die ergebensten Diener des Kaiserreichs angesichts der ungewöhnlichen Rekrutierung der Nationalgarde höchlichst erstaunt gewesen waren. Der Kaiser vermochte seine Erregung nicht zu verbergen und empfing in dieser Stimmung am 27. Fouché in Fontainebleau. Zu allem Überfluß hatte Napoleon Clarke eine Audienz gewährt, dem Fouché im Vorzimmer, von dieser Unterredung noch stark erregt, begegnete. Von dem langen und, wie es heißt, heftigen Auftritt, den der Kaiser dem Polizeiminister machte, drang fast nichts an die Öffentlichkeit. Vermutlich hat er neben den Vorwürfen über die augenblickliche Situation verletzende Andeutungen über die Ereignisse des Jahres 1793 gemacht, mit denen er ihn früher schon gequält hatte. Das war zumindest Ségurs Meinung, der den Herzog von Otranto sichtlich erschüttert aus dem Kabinett des Souveräns kommen sah. Als Fouché Ségur bemerkte, von dem er wußte, daß er ihm feindlich gesinnt war, ging er geradewegs auf ihn zu und nahm ihn zu dessen größtem Erstaunen mit zu einem Spaziergang durch den Wald. Dabei widerlegte er in einem langen Monolog die Vorwürfe des Kaisers, ließ vor dem verblüfften Begleiter seinen ganzen Lebenslauf abrollen, versuchte alles zu begründen und zu rechtfertigen: seine Teilnahme an der Revolution von 1789, seine Zustimmung zur Republik 1792, seine Stimmabgabe im Januar 1793, seine schrecklichen Missionen im Jahre II, die Rolle, die er am 9. Thermidor gespielt hatte und bei der Unterdrückung der Jakobiner unter dem Direktorium sowie beim Staatsstreich im Brumaire und bei der Errichtung des Kaiserreichs; das alles in ungestümer und ungewohnter Art und Weise.

Ségur war davon überzeugt, daß Fouchés letzte Tage als Minister gekommen waren. War die Ernennungsurkunde, mit der am 14. Oktober dem früheren Mitglied des Nationalkonvents der Titel eines Herzogs von Otranto zuerkannt wurde, eher ein Trostpreis als eine Belohnung? In den politischen Kreisen der Hauptstadt war man dieser Auffassung, und jeder erwartete die unvermeidliche Ungnade mit großer Neugier, allerdings mit unterschiedlichen Gefühlen.

16

Zweite Ungnade

Zur Überraschung seiner Gegner und ihnen zum Trotz wurde Fouché nicht verabschiedet. Napoleon war unter den gegebenen Umständen bestimmten Überlegungen gefolgt. Sicherlich schätzte er die erwiesenen Dienste hoch ein, sie wogen indes weniger als die, die er von ihm in naher Zukunft erwartete.

Der Herrscher war aus Österreich mit dem festen Vorsatz zurückgekehrt, sich scheiden zu lassen, und es schien ihm angebracht, die Öffentlichkeit darauf vorzubereiten. Fouché, der sich seit zwei Jahren spontan dafür eingesetzt hatte, schien der geeignete Mann zu sein, die Angelegenheit zu Ende zu bringen.

Fouché stellte sich gern dafür zur Verfügung, denn seit dem Schritt, den er seinerzeit bei der Kaiserin unternommen hatte, war er von Joséphines Freunden schlecht behandelt worden. Er machte die Scheidung zu einem persönlichen Anliegen, und es bestand kein Zweifel, daß er sie emsig und hartnäckig verfolgen würde. Er tat es durch schriftliche Vermerke, deren Herkunft jeder kannte, und durch mündliche Äußerungen, die der Kaiser jetzt nicht mehr tadelte – ganz im Gegenteil.

Allerdings brachte die Affäre für das ehemalige Konventsmitglied ein gewisses Risiko mit sich. Der Kaiser wollte sich scheiden lassen, um dann eine fürstliche Ehe einzugehen. Er schwankte zwischen einer russischen und einer österreichischen Prinzessin – der Erzherzogin Marie-Louise. Die Parteien bezogen ganz eindeutig Stellung. Alle, die gegen den Geist der Revolution waren, entschieden sich für die österreichische Hochzeit, mit der eine Großnichte Ludwigs XVI. und Marie-Antoinettes Herrscherin in Frankreich werden würde. Alle, die am Geist der Revolution festhielten, von Cambacérès bis Murat, sprachen sich natürlich für die russische Hochzeit aus. Fouché warf sich ins Kampfgetümmel. In geheimen Aufzeichnungen für den Kaiser stellte er die mögliche Wahl einer Prinzessin des Ancien régime als gänzlich unpopulär hin. Doch er ließ es bei dieser heimlichen Aktion bewenden; denn im Ministerrat, bei dem der Kaiser das vorbrachte, was er ›seine Unschlüssigkeit‹ nannte, verhielt er sich still, wenn Cambacérès und Murat für die russische Heirat – also gegen die österreichische – sprachen.

Aber dank seiner Beziehungen zu Metternich hatte er sich Rückversicherungen verschafft. Als die Entscheidung zugunsten Marie-Louises fiel, legte er größte Ruhe an den Tag, und wirklich wurde der Herzog von Otranto vom Fürsten Esterhazy, der Marie-Louise auf ihrer

Reise nach Frankreich begleitete, und vom Fürsten Schwarzenberg, dem neuen österreichischen Botschafter, wohlwollend aufgenommen, was er dem Kaiser natürlich sogleich mitteilte. Es hatte also den Anschein, als habe der geschickte Mann wieder einmal heimlich auf alle Felder gesetzt und gewonnen.

Das hieß aber die unausweichlichen Folgen nicht einkalkulieren, die die Heirat Napoleons mit der Großnichte Ludwigs XVI. in bestimmten Kreisen hatte. Durch diese Verbindung wurde die konterrevolutionäre Gesellschaft gestärkt, und es kam am kaiserlichen Hof folgerichtig zu einer kleinen Krise des Regimes. Bis dahin war ein neuer Personenkreis, bestehend aus Verfechtern der Konterrevolution, tröpfchenweise in die Verwaltungen eingesickert, jetzt aber, auf den gebieterischen Ruf des Kaisers hin, stellte man sich mehr und mehr dem Hof zur Verfügung. Der Herzog von Otranto kann sich jetzt nicht zum Kaiser begeben, ohne zahlreiche Adlige zu treffen, deren Väter, Mütter, Brüder oder Freunde seinerzeit unter dem Fallbeil ihr Leben lassen mußten. Wenn auch der Herzog von Otranto davon wenig beeindruckt schien, ist der Ex-Fouché von Nantes, der ja auch der Fouché von Lyon ist, zumindest ein wenig verlegen und spürt wohl, daß sein Geschick sich vollzieht.

Die wildesten Gerüchte gehen um, man redet sogar von einer ›Revision des Prozesses' Ludwigs XVI.‹ und von einer Verbannung der damaligen ›Stimmabgeber‹. Man spöttelte, daß für den neuen Herzog der Verbannungsort schon gefunden sei, ›Monsieur Fouché sollte man nach Otranto schicken‹.

Er tat so, als störten ihn die Angriffe nicht, er wich von seiner Linie der Politik des Widerstandes gegen die Reaktion nicht ab, was unter den gegebenen Umständen beinahe zu einer Politik der Herausforderung wurde: jetzt, da die Reaktion am Zuge und der Graf von Montalivet Innenminister ist, fordert der Polizeiminister einen Wechsel in den Ämtern der Präfekturen mit dem Ziel, Präfekten, die den ›alten Ordnungen‹, der Geistlichkeit und dem Adel zu freundlich gesinnt sind, zu versetzen oder zu ersetzen. Damit verstärkt er natürlich die Feindseligkeit jener Anhänger der ›alten Ordnungen‹, die jetzt den kaiserlichen Thron umgeben.

Der Kaiser allerdings schien dem Druck, der von dieser Seite auf ihn ausgeübt wurde, nicht nachzugeben. Vor seiner Heirat und gleich danach verkündete er immer wieder, daß sie keinen Einfluß auf seine Innenpolitik haben würde. ›Als die Kaiserin hier ankam‹, sagte Napoleon, ›hat sie ihre erste Whistpartie mit zwei Königsmördern gespielt, mit Monsieur Cambacérès und Monsieur Fouché.‹ Ungewollt jedoch geriet er unter den Einfluß der Entwicklung. Die Vorgänge, derentwegen Fouché in Bälde seinen Abschied erhält, haben an sich mit der gegenrevolutionären Bewegung nichts zu tun. Einige Leute schätzen das falsch ein. Doch Girardin, der an den Ereignissen beteiligt war, sieht die Dinge klar. Er schreibt ein paar Tage, nachdem der Minister in Ungnade gefallen ist: ›Fouché hat für den Tod Ludwigs XVI. gestimmt, das macht die Ungnade erklärlich. Je mehr der Kaiser sich von den Grundsätzen der Revolution entfernt, desto mehr wird er sich von jenen lossagen, die als die Urheber der Revolution anzusehen sind.‹

In der Tat war der Minister, der von allen Seiten bespitzelt, angegriffen, und gegen den beim Kaiser intrigiert wurde, im Mai 1810 nur noch wie durch ein Wunder auf seinem Posten. Im Hinblick auf seine eigene Karriere glaubte Fouché jedoch auf politischem Gebiet durchaus an ein Wunder. Daher war er bei abenteuerlichen Affären, die dem Kaiser als Vorwand zur Entlassung dienen konnten, nicht vorsichtig genug.

Es ist kaum vorstellbar, welchen Grad der Selbstgefälligkeit und Kühnheit der Herzog von Otranto im Mai 1810 erreicht hatte. Den Folgen der Krise im August und September 1809, denen jeder andere Minister Napoleons erlegen wäre, war er entkommen, auch die Auswirkungen der konterrevolutionären Reaktion als verhängnisvolle Folge der Heirat des Kaisers konnten ihm nichts anhaben; er war der festen Überzeugung, vor allen Überraschungen, allen Angriffen, allen Ungnaden gefeit zu sein. Alle anderen beugen sich vor dem Herrscher, der jetzt ein zügelloser Despot ist, dessen Argwohn immer wach und dessen Zorn fürchterlich ist, oder sie werden zerbrochen. Einzig Fouché lebt in der Illusion, er könne darauf hoffen, seinen Platz zu behaupten. Da ihm bisher durch Verwegenheit, mehr als den anderen durch Kriecherei, alles gelungen ist, warum sollte er sich nicht noch weiter hervorwagen? Da er im August 1809 Bataillone hat ausheben und sich an Frankreich in der Sprache von 1793 hat wenden können, warum sollte er, der Krieg gemacht hat, nicht Frieden schaffen, sich damit die Dankbarkeit der Nation erwerben und den Kaiser selbst beeindrucken können? Die Polizei gibt ihm zwar noch zu tun, aber der Westen ist befriedet, die antidynastischen Parteien sind augenscheinlich verschwunden, wozu ist er noch nütze? Um unentbehrlich zu bleiben, braucht er ein weiteres Feld, andere Aufgaben und andere Erfolge. Er faßt jetzt den Plan, seinen Feldzug für den Frieden damit zu krönen, daß er England in die Arme des Kaisers führt, der durch die Verbindung mit Österreich und die Allianz mit Rußland auf der Höhe seiner Macht steht.

Seit 1804 hatte Fouché vor allem den Frieden mit England herbeigesehnt. Als Innenminister hatte er erlebt, wie nachteilig die Blockade für den Handel war. Seine Briefe über die Ausfuhrgenehmigungen sind in dieser Hinsicht höchst aufschlußreich. Da er in enger Beziehung zu Börsenkreisen stand, konnte er mit Schrecken die fallende Tendenz des Geldmarkts erkennen, den Stillstand der Geschäfte, den Ruin der Banken und der Wechselkontore. Als Polizeiminister schließlich war er es überdrüssig, stets und ständig gegen die dauernde Infiltration englischer Agenten anzukämpfen. Von der scheinbaren Ruhe im Westen ließ er sich nicht täuschen: London war noch übervoll von Chouans, man wartete nur auf eine neue Gelegenheit zu heimlichen Missionen, bei denen Leute wie Lahaie Saint-Hilaire, Prigent und Chateaubriand umgekommen waren, die aber den Westen weiterhin in nervöser Spannung hielten, das Unbehagen unentwegt schürten und damit einen unterminierten Boden schufen, der bei der geringsten Krise in die Luft gehen konnte. Der Frieden mit England mußte unbedingt zuwege gebracht werden.

Aber er hielt einen Frieden nicht für möglich, wenn er ohne ihn verhandelt würde. Die maßlose Eitelkeit, die ihn von Jahr zu Jahr mehr dazu trieb, sich mit allem und jedem zu befassen, gab ihm gelegentlich das Richtige ein. Der Kaiser war zu eigenmächtig in seinen Forderungen, der Minister Champagny zu fügsam gegenüber dem kaiserlichen Willen und nicht fähig, die Härten auszugleichen, die Engländer zu mißtrauisch und noch zu kampfeslustig, zu stolz, um arrogant vorgebrachte Bedingungen anzunehmen. Bei den ersten Begegnungen der beiden Parteien, die für das Selbstgefühl des einen wie des anderen stets peinlich sind, mußte vorsichtig vorgegangen werden: England mußten die vom Kaiser erlangten beträchtlichen Vorteile klargemacht werden, es durfte aber nicht so aussehen, als kämen diese Erklärungen direkt aus dem Pariser Kabinett, was für ›Albion‹ demütigend gewesen wäre. Das Kabinett von Saint-James sollte so zu Konzessionen und freiwilligen Opfern bewogen werden, dann sollte der in dieser Weise vorbereitete Frieden, nachdem alle Konfliktstoffe ausgeräumt und alle Debatten von Zündstoff befreit waren, als zu drei Viertel abgeschlossen präsentiert werden. Wenn ein derartiges Vorgehen zum allgemeinen Frieden führte, wuchs das Ansehen des Herzogs von Otranto und seine Fortune ins Grenzenlose. Würde ihm dieser gewaltige Dienst, den er erwies, nicht das erstrebte Portefeuille der Auswärtigen Beziehungen einbringen?

Wahrscheinlich gingen ihm solche Gedanken durch den Kopf, da er seit 1804 mehrfach versucht hatte, in persönliche Verbindung mit der britischen Regierung zu kommen. Er gehörte zu den wenigen Männern, selbst unter Napoleons Ministern, die in der Lage gewesen wären, die doppelte Mauer zu durchbrechen, die vom gegenseitigen Haß der beiden Regierungen immer wieder errichtet wurde. Ein erstes und wertvolles Mittel bestand in den Verhandlungen, die in Abständen auf den Schiffen mit Unterhändlern über den Austausch der Gefangenen geführt wurden, deren Überwachung dem Polizeiminister oblag. Sie waren jedoch weniger wertvoll als die in London unterhaltene Geheimpolizei, deren Emissäre den Minister nicht nur über das Tun und Lassen der Emigranten, der Chouans und der Prinzen, sondern auch über die englische Regierung auf dem laufenden hielten. Schon immer hatte er versucht, die Engländer zu beeindrucken, teilweise war es ihm gelungen. In London war man der Meinung, daß Fouchés Teilnahme an allen Angelegenheiten notwendig sei.

Seit dem Kampf um Walcheren stand Fouchés Entschluß fest. Hatte ihm General Boyer, Kommandeur der Gendarmerie im Westen, nicht geschrieben, daß die vollständige Befriedung dieser Region ›unmöglich‹ wäre, solange England unaufhörlich und zu jeder Zeit neue ›Briganten schicke‹? Zum anderen hatte ihm ein von London kommender Agent mitgeteilt, England ersehne den Frieden. Fouché war der Meinung, auch den Kaiser ›umstimmen‹ zu müssen: er hielt ihm vor Augen, daß auch Frankreich den Frieden ersehne. Schon auf das Gerücht hin, daß eine Verhandlung mit England im Gange sei, waren an der Börse plötzlich die Kurse gestiegen; die gleiche Hausse war auf anderen Märkten bei der allerdings falschen Nachricht zu verzeichnen, daß der Fürst von Benevent, Talleyrand, auf dem Wege nach London sei. Offiziell hatte er sich bei Napoleon darum bemüht, den englischen Emissär Mackenzie, der wegen eines einfachen Gefangenenaustausches nach Morlaix gekommen war, zur Verhandlung wichtigerer Probleme nach Paris kommen zu lassen. Dadurch konnte der Kaiser getäuscht und die seit einiger Zeit in London im geheimen vor sich gehende Verhandlung bemäntelt werden. Denn es beginnt die Zeit des großen Imbroglios.

Anfang November 1809 bekam ein ehemaliger Emigrant namens Fagan, früher Hauptmann im Regiment Dillon, dessen Vater in London wohnte, den Besuch eines Freundes, Hennecart, der ihm im Verlauf der Unterhaltung vorschlug, ihn Seiner Exzellenz, dem Herzog von Otranto, vorzustellen. Er ließ durchblicken, daß die Audienz vorteilhafte Folgen für ihn haben würde. Solche Ouvertüren waren nichts Seltenes. Fagan akzeptierte; zwei oder drei Tage später wurde er am

Quai Voltaire vom Minister empfangen. Dieser schien ihn sehr gut zu kennen, denn er sprach mit ihm in ganz selbstverständlichem Ton über die Situation seines Vaters in London und die freundschaftlichen Beziehungen, die diesen mit dem Minister Lord Yarmouth verbanden. Plötzlich unterbrach er das Gespräch und bat Fagan, ein anderes Mal wiederzukommen. So geschah es, und auch dieses Mal fragte Fouché ihn eingehend über England aus. Er deutete an, daß es vielleicht möglich wäre, eine Entente zwischen den beiden Ländern herzustellen. Bei einer dritten Unterhaltung ließ er endlich die Maske fallen und fragte Fagan, ob er etwas dagegen habe, sich nach England zu begeben. Der ehemalige Hauptmann zeigte sich über diese Eröffnung hocherfreut. Jetzt sprach der Herzog von Otranto lange und ernsthaft auf ihn ein: in Anbetracht der ungeheuren Stärke Seiner Majestät in Europa und der Möglichkeiten, die feindliche Nation zu bezwingen, läge es im Interesse Englands, auf der Stelle in Verhandlungen einzutreten; bei weiterem Zuwarten könnten sich noch viel ungünstigere Umstände ergeben. Der Minister führte diese Überlegungen des längeren aus. Fagan sollte Lord Wellesley aufsuchen, bei ihm sondieren und dem Herzog von Otranto die Antwort überbringen. Am 30. November machte sich Fagan mit einem gültigen Paß versehen auf den Weg von Paris nach Boulogne, wo der Generalkommissar de Villiers du Terrage für eine unbemerkte Einschiffung sorgte. In London traf er am 20. Januar 1810 Lord Yarmouth, der ihm einen Brief für Culling-Smith, Unterstaatssekretär im Foreign Office und Schwager des Marquis von Wellesley, gab. Als Wellesley Gouverneur in Indien war, hatte die Familie Fagan mit ihm verkehrt. Deshalb wurde der Sendbote des Herzogs von Otranto vom englischen Minister freundlich aufgenommen, der zu jener Zeit aber Fouché gegenüber zurückhaltend war, zumindest war er enttäuscht, als er sah, daß Fagan nicht von Champagny beauftragt war, sondern von Fouché. ›Sie sind nicht auf dem richtigen Weg gekommen‹, sagte er zu ihm. Jedenfalls berichtete Fagan diese Worte einige Monate später. Es wurde über Spanien gesprochen, Fagan stellte es hin als eine Eroberung Napoleons, was Wellesley bestritt. Dieser erklärte, Spanien sei keineswegs unterworfen, und seiner Kenntnis nach würde es auch niemals zu unterwerfen sein; außerdem sei England entschlossen, seinen letzten Mann und seinen letzten Penny zu opfern, um Spanien zu retten. Er fragte: ›Wenn wir von Napoleon verlangten, er solle Frankreichs wichtigste Festung hergeben, was würde er dazu sagen?‹

Bei einer zweiten Unterredung ließ ihn der Lord wissen, daß keine Übereinstimmung möglich sei, solange hinsichtlich Spaniens keine Einigung zu erzielen wäre. Zudem habe er gerade erfahren, daß Napoleon einen Teil Hollands besetzt hatte, was ein schlechtes Licht auf seine versöhnlichen Absichten werfe. Jedoch unterzeichnete Wellesley eine Note, von der Fagan eine Abschrift anfertigte. Im Kern besagte sie, daß die englische Regierung geneigt sei, jedem Vorschlag, der zu einer Annäherung führen könnte, Gehör zu schenken, vorausgesetzt, daß auch ›Englands Verbündete und vor allem Spanien‹ miteinbezogen würden. Am 10. März war Fagan wieder in Paris, er traf den Polizeiminister und übergab ihm, mit dem Bericht über seine Mission, die Schreiben des Unterstaatssekretärs und die Note Lord Wellesleys. Fouché gab seiner Zufriedenheit Ausdruck.

Doch hat er es dabei nicht bewenden lassen. Wellesleys Wort: ›Sie sind nicht auf dem richtigen Weg gekommen‹ deutete darauf hin, daß das englische Kabinett einem einfachen Emissär des Polizeiministers keine große Bedeutung beimessen konnte. Anscheinend bestand die Absicht, die Sache auf sich beruhen zu lassen, wenn nicht ein vom Kaiser direkt oder indirekt akkreditierter Unterhändler die Verhandlungen weiterführte. Fouché mußte mithin Napoleon zu einer Demarche bewegen, ohne jedoch die Leitung der Angelegenheit aus der Hand zu geben. Denn er wollte die persönlichen Vorteile, die er sich erhoffte, nicht fahren lassen. Als er über die möglichen Wege nachdachte, erfuhr er durch König Louis von Holland, daß der Herrscher den Plan hatte, beim englischen Kabinett vorzufühlen. Ende 1809 hatte der Minister eine Vermittlerrolle zwischen dem Kaiser und seinem Bruder, die damals schlecht miteinander standen, gespielt. Es war ihm gelungen, sie für eine Weile zu versöhnen, und er hatte dem König von Holland gegenüber seine Dienste so ins Licht gerückt, daß dieser ihn als Vertrauten behandelte. Durch Louis erfuhr er, daß das wiederhergestellte Einvernehmen zwischen den beiden Brüdern einen Versuch halbamtlicher Verhandlungen mit England zur Folge haben sollte – holländische Minister sollten vom Kaiser damit betraut werden. Napoleon war zwar einer Demarche der Holländer in London günstig gesinnt, hatte König Louis jedoch nur beauftragt, Drohungen aussprechen zu lassen: sollte es nicht zum Frieden kommen, würde der Kaiser die Engländer in Spanien ins Meer werfen, Sizilien erobern, ganz Holland besetzen und so weiter.

Gerade diese wenig diplomatische Einstellung des Kaisers beunruhigte den Polizeiminister. Er hielt es für unbedingt notwendig, Einfluß auf die Verhandlungen zu nehmen, die Drohungen abzuschwächen, den Fortgang zu beobachten, den Erfolg zu sichern – und ihn zum eigenen Nutzen auszumünzen. Die größte Schwierigkeit bestand darin, daß Napoleon glaubte oder so tat, als glaube er, England gegenüber riesige Vorteile zu haben. Er war fest entschlossen, nichts von dem herzugeben, was er besaß. Fouché hatte einen ziemlich nebulösen Plan aufgestellt, demzufolge der Kaiser den Engländern mit ihren Forderungen etwas gewähren sollte, das er gar nicht hatte. Die spanischen Bourbonen, hinter denen das Foreign Office stand, sollten einen eigens für sie errichteten Thron in Mexiko besteigen, Frankreich würde England bei der Rückeroberung Nordamerikas helfen, und schließlich sollte bis zum endgültigen Friedensschluß eine vorläufige Übereinkunft für ein Jahr die Häfen ganz Europas dem englischen Markt öffnen. Die Engländer, so meinte er, würden, um angefangene Geschäfte weiterführen zu können, zum endgültigen Friedensschluß bereit sein.

Der Plan entstammte der lebhaften Phantasie des Finanzmannes Ouvrard, zu dem Fouché stets beste Beziehungen unterhalten hatte. Dieser Mann war peinlicher Affären wegen am 15. Juni 1809 in Sainte-Pélagie eingesperrt worden; der Kaiser verfolgte ihn seit langem mit Antipathie, was Ouvrard des öfteren zu spüren bekommen hatte. Er wollte diesen Zustand ändern, gab sich Mühe, Gefallen zu erregen, und baute auf den Herzog von Otranto, der nach einiger Zeit tatsächlich seine Freilassung erlangte. Ouvrard genügte das nicht, er hatte weitgehende finanzielle und kommerzielle Projekte im Sinn, die auf der Annahme des schönen Plans, den er Fouché unterbreitet hatte, beruhten. Hatte er schon Ende 1809, im Hinblick auf künftige Verhandlungen, dem Herzog von Otranto den Geschäftsmann Labouchère aus Amsterdam vorgestellt, einen aktiven, intelligenten, weitaus angeseheneren Mann als Ouvrard, der dazu den unschätzbaren Vorteil hatte, der Schwiegersohn und Sozius Barings zu sein, des Chefs eines der ersten Bankhäuser Englands. Als König Louis auf der Suche nach einem geeigneten Unterhändler war, befand sich Labouchère in Paris, und Fouché schlug ihn dem Bruder des Kaisers und dem Kaiser selbst vor. Der Kaiser war einverstanden. Somit fiel es dem Polizeimeister leicht, die Verhandlungen zu überwachen und bald auch ihren Gang zu beeinflussen. Labouchère schiffte sich, nachdem er den Herzog von Otranto aufgesucht hatte, in Brielle heimlich nach England ein.

Mühelos bekam Labouchère durch seinen Schwiegervater Baring, der mit dem englischen Minister befreundet war, Zugang zu Wellesley. In die Eröffnungsgespräche ging Wellesley mit einigem Wohlwollen, er befand sich in einer schwierigen Lage, weil manche seiner Kollegen nicht gesonnen waren, die Waffen niederzulegen, während er persönlich für den Frieden war. Jedenfalls mußte er seiner Regierung eine ernsthafte und solide Verhandlungsgrundlage präsentieren. Denn Fagans Mission hatte Argwohn in ihm erregt. Kam Labouchère im Namen und mit Vollmacht des französischen Kabinetts? Er verheimlichte

Labouchère nicht, daß Vorbesprechungen bereits stattgefunden hatten, worüber Labouchère vermutlich erstaunt war. Wellesley legte keinen Wert auf eine weitere geheime Mission und zeigte sich den Befürchtungen Labouchères gegenüber, im Falle eines Scheiterns der Verhandlungen würde ganz Holland von den Franzosen besetzt werden, gleichgültig. Eine offizielle Persönlichkeit, die im Namen der französischen Regierung käme, würde sehr willkommen sein. Bei einer Unterredung mit Baring wiederholte Wellesley diese Feststellung. Der englische Minister war wohl der Auffassung, es handele sich um eine Falle, einfach darum, durch eine fingierte Verhandlung die öffentliche Meinung aufzuputschen. Außerdem ließ er erkennen, daß die Engländer Sizilien niemals Murat, Spanien niemals Joseph überlassen würden. Dieses Ultimatum überbrachte der englische Bankier seinem Schwiegersohn. Daraufhin begab sich Labouchère zurück nach Amsterdam und teilte von dort aus König Louis, der in Paris war, das Resultat seiner Demarche mit. Als der Kaiser von diesem Ergebnis unterrichtet wurde, diktierte er unverzüglich eine Note an das Kabinett von Saint-James, in der er erklärte, daß Frankreich unter dem Krieg weniger leide als England und er daher keinen Grund sähe, seine Brüder zu entthronen, nur um dem englischen Kabinett einen Gefallen zu tun. Allein Sizilien und Portugal ständen zur Diskussion; diese beiden Länder, Hannover, die Hansestädte und die spanischen Kolonien könnten allerdings Gegenstand weiterer Verhandlungen sein. Labouchère wurde beauftragt, diese Note durch Baring an Wellesley weiterreichen zu lassen; er wurde zu einer zweiten Reise nach England autorisiert.

Fouché hielt diese neue Mission für sinnlos. Es waren fast possenhafte Vorschläge, die der Kaiser England unterbreitete, denn er bot etwas an, das er nie gehabt oder das er verloren hatte. Andererseits war klar, daß gegen die formellen Erklärungen Napoleons hinsichtlich Spaniens nichts zu machen war. Was nun? Der Herzog von Otranto griff das Projekt Ouvrard wieder auf und arbeitete es um. Ein Krieg zwischen den Vereinigten Staaten und England schien unmittelbar bevorzustehen. Es sollte England bei der Wiedereroberung Amerikas Hilfe angeboten werden, wobei Fouché jedoch daran dachte, es könne in der Neuen Welt für die französischen Bourbonen wie für die spanischen ein Königreich geschaffen werden. Damit wollte er sich den Prinzen gegenüber decken oder sich ihrer ein für allemal entledigen.

Fouché und Ouvrard trafen wieder zusammen; der Bankier war gekommen, um eine Reisegenehmigung nach Amsterdam zu erhalten, wo er Geschäfte erledigen wollte. In einem Verhör, dem er sich einige Wochen später unterziehen mußte, behauptete er – auch in seinen ›Memoiren‹ wiederholt er es –, daß Fouché ihm versprochen habe, ihm zur Aussöhnung mit dem Kaiser zu verhelfen, wenn er sich bereit erkläre, sein Vermittler und Agent bei Labouchère zu sein. Ouvrard behauptet auch, er habe bestimmt angenommen, der Herrscher sei über den Vorgang unterrichtet gewesen, eine weitere Unwahrscheinlichkeit.

Labouchère war überzeugt, er handele im Auftrag des Kaisers, indem er als Vermittler von Ouvrard und Fouché an seinen Schwiegervater Baring schrieb und ihm ausführlichere Direktiven zukommen ließ als einige Wochen zuvor. Diese Instruktionen sollten nach Meinung der ›Verschworenen‹ den schlechten Eindruck der schroffen Erklärung Napoleons mildern und eine Fortsetzung der Verhandlungen gewährleisten. Vielleicht ereignete sich inzwischen irgend etwas, das eine Abtretung ermöglichte, vielleicht trat auch ein anderes Ereignis im gegnerischen Lager ein – etwa der Bruch zwischen England und den Vereinigten Staaten –, wodurch das britische Klima entgegenkommender werden könnte. Fouché war sich im klaren, daß viel von den Umständen abhing und daß es darauf ankam, sie zu begünstigen, zumindest aber auf sie zu warten und sie auszunützen. Die Dinge zogen sich mithin in die Länge. Lord Wellesley nahm augenscheinlich das Baring übertragene Mandat ernst. Am 6. April besprach er mit seinem Kollegen Canning die vorgeschlagenen Bedingungen und hatte eine Woche lang mehrere grundlegende Gespräche mit Baring. Zumindest wurden zwei Punkte zur Diskussion gestellt: die mögliche Kooperation gegen die Vereinigten Staaten und, vor allem, die ›baldige Öffnung‹ der Blockade, die Ouvrard so sehr am Herzen lag. (Es muß darauf hingewiesen werden, daß dies nur durch die, übrigens fragwürdigen, Briefe des Bankiers bekanntgeworden ist.) Am 15. April ließ Ouvrard dem englischen Minister durch Labouchère und Baring eine weitere Note übermitteln. Sie handelte von der Errichtung eines Reiches für Ferdinand VII. in Südamerika. Der Lord schien nicht abgeneigt. Ouvrards Briefen zufolge nahm alles einen glücklichen und günstigen Verlauf: die Verhandlung war eingeleitet, der englische Minister nahm sie ernst. Es waren noch Fragen genug zu erörtern, so daß die Verbindungen bis zum Eintreten des ersehnten Zwischenfalls gehalten werden konnten. Labouchère hoffte auf die Wiederaufnahme seiner Geschäfte mit London, Ouvrard auf die Vorteile und Gewinne, die ihm die ›baldige Öffnung‹ verschaffen würde, ganz zu schweigen von seiner Aussöhnung mit dem Kaiser. Der Herzog von Otranto seinerseits hoffte, daß ein so bedeutendes Ereignis wie der Frieden mit England oder auch nur eine bloße Annäherung zwischen den beiden Ländern seinem Namen neuen Glanz verleihen würde. Doch stürzte plötzlich das Luftschloß, das so geschickt und sinnreich aufgebaut worden war, unter dem mächtigen und wütenden Wind, den der Kaiser entfachte, zusammen.

Allgemein wird angenommen, daß Napoleon Ende April unvermutet und durch einen reinen Zufall von der Verhandlung erfuhr, die insgeheim geführt wurde, und die ihn in die Arme seines ältesten Feindes werfen sollte. Am 27. befand sich der Kaiser mit Marie-Louise auf der Reise durch die belgischen Provinzen in Antwerpen. An jenem Tage traf er mit dem König von Holland zusammen, der nicht genau wußte, was vor sich ging, und ihm beiläufig erzählte, daß er Ouvrard getroffen habe. Er wäre auf dem Weg von Amsterdam nach Paris gewesen, um sich vom Herzog von Otranto neue Instruktionen für die große Verhandlung zwischen Labouchère und dem englischen Kabinett zu holen. Napoleon war äußerst überrascht. Was hatte Ouvrard, was hatte der Herzog von Otranto selbst mit dieser Verhandlung zu tun, von der er überdies seit einem Monat keine Nachricht mehr erhalten hatte und die vielleicht schon begraben war? Sogleich untersagte er Labouchère jegliche Verbindung mit Ouvrard und forderte von ihm die gesamte, seit einem Monat zwischen London und Amsterdam gewechselte Korrespondenz. Da Labouchère immer noch glaubte, Ouvrard sei der Agent des Kaisers und dieser sei über alles auf dem laufenden, nahm er an, der Kaiser wolle nur Aufschluß über irgend etwas haben, und übergab arglos alles, was er besaß. In dem Aktenstück fehlte lediglich die Korrespondenz zwischen dem Herzog von Otranto und Ouvrard. Doch was vorlag, reichte aus, um Napoleon vor Augen zu führen, was sich vorbereitete. Auch der gutwilligste Herrscher wäre darüber bestürzt gewesen. Was aber mochte dieser Despot, dieser Mann, der eifersüchtig über seine geringsten Vorrechte wachte, über einen Minister denken, der ohne seine Zustimmung und ohne ihn zu unterrichten über Krieg und Frieden verhandelte? Vor seinem Bruder Louis bekam er einen Zornausbruch; dieser bekam Angst um Fouché und benachrichtigte ihn. Zum Wesen Napoleons gehörte es, den Zorn, war der erste Anfall vorüber, zu verschleiern, um ihn, wenn alle Beweise in seinen Händen waren, um so unnachsichtiger wieder aufflammen zu lassen. Ohnehin wollte er Fouché seine Gunst nicht entziehen, solange er unterwegs war. Erst am 1. Juni wollte er wieder in Saint-Cloud sein. Jedoch war er jetzt fest entschlossen, sich von dem Minister zu trennen, der sich berechtigt glaubte, seine Gunst mit unbegreiflicher Ungeniertheit mißbrauchen zu können.

Verhältnismäßig ruhig sah Fouché der Rückkehr des Kaisers entgegen. Sein Selbstvertrauen war grenzenlos. Er machte kaum ein Geheimnis aus seinen Projekten hinsichtlich Englands. Schon Ende April

hatte er mit dem Schatzminister Mollien darüber gesprochen, er wollte ihn für seine ›Politik‹ gewinnen: ›Uns beiden, Ihnen und mir, muß es gelingen, den Frieden mit England zustande zu bringen, wir müssen dem Kaiser und Frankreich diesen Dienst erweisen ... In diesem Augenblick, da ich mit Ihnen spreche, ist vielleicht die erste Verhandlung im Gange.‹ Als er von König Louis die Warnung erhielt, setzte er alles auf eine Karte und versuchte, die genehmigte und die heimliche Verhandlung miteinander zu verquicken. Er war überzeugt, daß der Kaiser ihn nicht in Ungnade versetzen könne, und rechnete offensichtlich damit, die Affäre zu ersticken, indem er Ouvrard preisgab. Diesen schönen Plan hat der Kaiser sicherlich geahnt, er wollte schnell und gut zuschlagen.
Am 1. Juni traf Napoleon in Saint-Cloud ein, für den nächsten Tag war der Ministerrat ins Schloß berufen worden. In scharfem Ton befragte der Kaiser den Herzog von Otranto: ›Machen Sie jetzt Krieg und Frieden?‹ Fouché antwortete gelassen und wie unbeteiligt: er habe, wie es mit Seiner Majestät verabredet war, die Haltung des englischen Kabinetts zu ergründen versucht. Nun warf der Kaiser den Namen Ouvrard in die Diskussion. Hatte der Bankier sich im Auftrag des Ministers nach Amsterdam begeben und unbeschreibliche Intrigen angezettelt? Fouchés Ruhe blieb unerschüttert. Vor den Augen seiner gespannt dasitzenden Kollegen – die einen waren zweifellos entsetzt, die anderen erfreut über den Vorfall –, vor den Augen des nicht nur gereizten, sondern, was schlimmer war, offenbar entschlossenen Kaisers trat er rigoros und verwegen auf: mit einer Handbewegung ließ er Ouvrard fallen, er sei ein elender Intrigant, der sein Vertrauen mißbraucht habe. Das würde man sehen, erwiderte der Kaiser, Ouvrard solle festgenommen und verhört werden. Zutiefst erschrocken erhob Fouché Einspruch und weigerte sich, diese Festnahme durchzuführen. Napoleon tobte. ›Sie müßten Ihren Kopf aufs Schafott legen‹, rief er. In der Tat verlor der Herzog von Otranto den Boden unter den Füßen.

Der Kaiser wollte Zeit gewinnen, er entließ den Ministerrat nicht. Fouché durfte Saint-Cloud nicht verlassen, ehe Ouvrard hinter Schloß und Riegel saß. Savary, der immer alles tun mußte, bekam den Befehl, den Bankier zu verhaften und Hand auf alle seine Papiere zu legen. Er fand ihn bei Madame Hamelin, einer gemeinsamen Bekannten, und ließ ihn festnehmen. Innerhalb kurzer Zeit war Ouvrard in Vincennes, seine Schriftstücke wurden beschlagnahmt. Eine kurze Prüfung ergab bereits grosso modo den Beweis für ein strafbares Einvernehmen mit Fouché in Worten und Taten. In den Abendstunden beauftragte der Kaiser, der den Beamten des Polizeiministers mißtraute, Champagny, den ›Beschuldigten‹ durch d'Hauterive vernehmen zu lassen.

Am Morgen des 3. Juni waren alle Großwürdenträger und Minister, außer dem Herzog von Otranto, zum großen Lever in Saint-Cloud versammelt. Nach der Messe rief Napoleon den Ministerrat zusammen. Der Platz des Polizeiministers war leer. Obwohl abwesend, war er dennoch in den Gedanken eines jeden gegenwärtig. Ihm zu Ehren hielt der Kaiser diesen außergewöhnlichen Ministerrat mit Talleyrand und Cambacérès an der Spitze ab, er wollte ein Exempel statuieren. Unvermittelt richtete Napoleon die folgenden Worte, die alles ahnen ließen, an den Rat: ›Was würden Sie von einem Minister halten, der, unter Mißbrauch seiner Stellung, ohne Wissen seines Souveräns Verbindungen mit dem Ausland aufnimmt, diplomatische Verhandlungen in die Wege leitet auf Grundlagen, die er sich allein ausgedacht hat, und der somit die Staatspolitik bloßstellt? Welche Strafe ist in unseren Gesetzbüchern für eine solche Amtsverletzung festgesetzt?‹ Ein Zeichen für das große Ansehen, das der Abwesende genoß, ebenso für das Vertrauen, das man in seine Fähigkeiten setzte, war die Tatsache, daß in dieser Versammlung, die in der Mehrzahl aus Gegnern von ihm bestand, Cambacérès, Maret, Decrès, Clarke, Champagny, Gaudin, Mollien, Régnier, Bigot, sich keine Stimme erhob, um die Entlassung anzuraten. Talleyrand lächelte, Cambacérès plädierte für mildernde Umstände. Barsch unterbrach der Kaiser die Reden: der Polizeiminister solle abgesetzt werden. Man war bestürzt. Wer konnte Nachfolger dieses Mannes werden? Die Frage rief allgemeine Verlegenheit hervor, was letztlich für den Minister sprach. Ein Nachfolger für Fouché! Der Ehrgeiz Sémonvilles, die Überheblichkeit Dubois' wäre nötig gewesen, um sich für diesen Posten zu bewerben. Wie immer fand Talleyrand das treffende Wort, es war ein scherzhaftes Wort: ›Fraglos‹, sagte er halblaut zu seinem Nachbarn, ›hat Monsieur Fouché unrecht, und auch ich würde ihn ersetzen lassen, aber nur durch einen einzigen Mann: durch Monsieur Fouché selbst.‹ Obwohl die Versammlung aus Gegnern bestand, drückte Talleyrands Meinung die Meinung aller aus, und wie sich später erwies, stimmte ihr die große Masse ebenfalls zu. Gereizt über die unentschlossenen Männer erhob sich der Kaiser, verabschiedete sich kurz von den Ministern und verließ zusammen mit dem Erzkanzler den Raum. Ihm erklärte Napoleon, daß seine Entscheidung bereits gefallen sei, Savary, der Herzog von Rovigo, solle das Portefeuille übernehmen.

Savary wurde nach Saint-Cloud beordert und empfing im Lauf des Tages vom Kaiser die Ernennung, zum größten Mißvergnügen Sèmonvilles, der, von Maret darüber unterrichtet, daß der Posten vakant sei, eilends nach Saint-Cloud gekommen war. Er hatte sein Senatoren-Habit mitgebracht, um gegebenenfalls den Ministereid in Galakleidung ablegen zu können. Savary leistete ihn in Stiefeln, und das war symbolisch für die neue Ära.

Zur gleichen Stunde las Fouché zwei an ihn gerichtete Briefe, einen offenen und einen persönlichen. Der erste erschien im ›Moniteur‹ und war dazu bestimmt, die öffentliche Meinung irrezuführen. ›Die Dienste, die Sie mir bei verschiedenen Gelegenheiten erwiesen haben‹, schrieb der Kaiser, ›bestimmen uns dazu, Ihnen das Gouvernement von Rom anzuvertrauen, in Ausübung des Artikels 8 der Verfassungsakte vom 17. Februar 1810. Wir erwarten, daß Sie auch auf diesem neuen Posten uns weitere Beweise Ihrer Tatkraft in unserem Dienst und ihrer Ergebenheit an unsere Person geben werden.‹ Neben diesem offenen Brief bekam Fouché einen zweiten, viel längeren. Trotz des wirklich schweren Fehlers, den der Minister begangen hatte, und trotz der Szenen, die sich in Saint-Cloud abgespielt hatten, zeigte dieser Brief, daß Napoleon den gefährlichen Mann, den er so lange nicht zu verabschieden gewagt hatte, schonen wollte. Er schrieb: ›Ihren Brief vom 2. Juni habe ich bekommen. Ich bin mir der Dienste, die Sie mir erwiesen haben, bewußt, und ich glaube an Ihre Hingabe an meine Person und an Ihre Tatkraft in meinem Dienst; doch ohne mir selbst etwas zu vergeben, ist es mir unmöglich, Ihnen das Portefeuille zu belassen. Die Stellung des Polizeiministers verlangt völliges und uneingeschränktes Vertrauen, und dieses Vertrauen kann nicht mehr bestehen, da Sie bei wichtigen Gelegenheiten meine eigene Ruhe und die des Staates gestört haben, was selbst durch die Legitimität der Motive in meinen Augen nicht entschuldigt werden kann. Mit England sind Verhandlungen eingeleitet worden, Konferenzen mit Lord Wellesley haben stattgefunden. Dieser Minister wußte, daß in Ihrem Namen gesprochen wurde, er mußte daraus schließen, daß es in meinem geschah. Das ergäbe eine völlige Umwälzung in meinen gesamten politischen Beziehungen und, wenn ich es duldete, einen Flecken an meiner Person, den ich nicht dulden kann und will. Die merkwürdige Art und Weise, wie Sie die Pflichten des Polizeiministers auffassen, ist mit dem Wohl des Staates nicht vereinbar. Wenngleich ich in bezug auf Ihre Ergebenheit und Ihre Treue keinen Argwohn habe, bin ich doch zu einer immerwährenden Überwachung gezwungen, die mich anstrengt und die ich auf die Dauer nicht durchführen kann. Diese Überwachung ist notwendig wegen einer großen Zahl von Dingen, die Sie aus eigener Machtvollkommenheit unternehmen, ohne zu wissen, ob sie mit meinem Willen und meinen Plänen vereinbar sind und ob sie meiner allgemeinen Politik nicht entgegenstehen. Ich wollte Ihnen selber zur Kenntnis geben, was mich veranlaßt hat, Ihnen das Portefeuille der Polizei zu nehmen. Ich kann nicht hoffen, daß Sie die Art und Weise Ihres Tun und Handelns ändern, da deutliche Beispiele und wiederholte Beweise meiner Unzufriedenheit seit vielen Jahren Sie nicht haben ändern können, und da Sie, überzeugt von der Lauterkeit Ihrer Absichten, nicht haben begreifen wollen, daß man viel Schlimmes tun kann in der Absicht, viel Gutes zu tun. Im übrigen bleibt mein Vertrauen in Ihre Fähigkeiten und Ihre Treue uneingeschränkt, und ich hoffe Gelegenheit zu haben, es Ihnen zu beweisen und Sie in meinen Diensten weiterhin zu verwenden.‹

Man muß den ganzen Brief lesen, um einerseits zu erkennen, welche Gefühle der Wertschätzung, aber sicherlich auch des Argwohns den Kaiser beherrschten, andererseits aber auch, um die Gefühle zu ermessen, die das Schreiben bei dem in Ungnade gefallenen Minister auslöste. Er hatte sich angewöhnt, niemals die Hoffnung zu verlieren, und er hatte schwierige Stunden und sonderbare Umschwünge erlebt. Dieser eher strenge als zornige Brief ließ manche Hoffnung weiterleben.

Wichtig war es für Fouché, nicht eine einzige Stunde zu verlieren. Eines mußte vor allem getan werden: völlig überzeugt war der Kaiser ›von der Lauterkeit der Absichten‹ des Herzogs von Otranto nicht, er konnte seinen Sinn noch ändern, wenn ihm bestimmte Dokumente, die im Ministerium lagen, vor Augen kamen. Vermutlich sah Fouché der Übernahme des Ministeriums durch seinen Nachfolger mit einiger Besorgnis entgegen; es geschah alles so schnell, daß er seine Archive nicht säubern konnte. Am 3. Juni hatte er erfahren, daß die Ungnade endgültig war, am Abend kam Savary von Saint-Cloud ins Ministerium am Quai Voltaire. Er war verstört angesichts der Funktionen, die er übernehmen sollte. Er wußte nicht, wie sein Vorgänger sich ihm gegenüber verhalten würde, er hatte keine Ahnung vom Polizeibetrieb, dessen Räderwerk Fouché als einziger in Frankreich kannte und worin allein er Erfahrung besaß. Savary brauchte ihn. Der neue Minister stand vor einem lächelnden, etwas ironischen, doch sich herzlich gebenden Mann, der ihn mit einer Spur von Mitleid beglückwünschte. Fouché erklärte, der Kaiser habe die Ungnade so plötzlich über ihn verhängt, daß er, Fouché, seinem Nachfolger ein Ministerium übergebe, in dem zwangsläufig viel Unordnung herrsche, was die Einarbeitung in die an sich schon schwierigen Vorgänge noch kompliziere. Savary war betroffen. Fouché erbot sich, ›die Papiere zu ordnen‹, was der Herzog von Rovigo wie eine Gefälligkeit annahm. Der entlassene Minister konnte also am Quai Voltaire bleiben, solange es ihm nötig schien. Er versprach, sich zu beeilen, und der arme Savary war glücklich über die Art und Weise, wie der andere den Amtswechsel aufnahm.

Fouché machte sich an die Arbeit. Der getreue Gaillard war als Helfer hinzugekommen. Ein Raum neben dem Appartement des Ministers war vollgestopft mit Akten. Im Januar 1809, nach der alarmierenden Entlassung Talleyrands, hatte Fouché bereits vieles verbrannt, aber es waren noch Unmengen von Schriftstücken vorhanden. Mehrere Tage und Nächte verbrachte Gaillard damit, Briefe, Berichte, Dokumente zu sichten, zu ordnen, zu zerreißen und zu verbrennen. In jenen Junitagen wurde am Quai Voltaire Großfeuer gemacht. Gaillard betrieb die Arbeit mit Hingabe. Er war an den Schriftstücken interessiert, beschwor Fouché, vieles aufzubewahren, es in seinen persönlichen Besitz zu übernehmen. Schweigend warf der Minister Pakete von Dokumenten und Briefen ins Feuer; einige bewahrte er auf. Nach wenigen Tagen war der Raum mit den Sonderarchiven leer. Zuweilen ließ Fouché Gaillard allein, er mußte außerhalb des Ministeriums manches erledigen, Freunde empfangen und vor allem den armen Herzog von Rovigo bei Laune halten, der nicht wußte, daß er gefoppt wurde.

In Paris wurde die Entlassung am Abend des 3. Juni bekannt; obwohl man sich sechs Jahre lang mit öffentlichen Angelegenheiten kaum beschäftigt hatte, wurde dieses Ereignis überall leidenschaftlich diskutiert. Zwei Wochen lang wurde es als das bedeutendste Geschehnis im Kaiserreich angesehen.

Für bestimmte Leute war es ein Verhängnis. Ouvrard saß hinter Gittern, sein Freund Hinguerlot, der von Fouché ständig gegen Napoleon in Schutz genommen worden war, verschwand am 4. Juni auf geheimnisvolle Weise, General Sarrasin stach in See und segelte nach England. Andere, weniger kompromittiert, seufzten und klagten. Die Öffentlichkeit war ganz allgemein beunruhigt, selbst Kreise, in denen Fouché weder besonders geliebt, noch persönlich bekannt war. Er galt als der einzige, der sich unbedachten Entschlüssen des Kaisers zu widersetzen wagte. Was sollte jetzt werden? Der österreichische Botschafter, Fürst von Schwarzenberg, sprach aus, was viele dachten: ›Die Ungnade, die den Herzog von Otranto betroffen hat, wird hier als größte Sensation betrachtet. Die Öffentlichkeit ist in höchstem Maße konsterniert und sieht das Ereignis als Vorläufer eines Terrorsystems an, das niemand besser ins Werk zu setzen vermag als die Person, die der Kaiser aussah, um seine Nachfolge im Polizeiministerium anzutreten. Mit Fouché hat er den einzigen seiner Minister aus dem Weg geräumt, der nach dem Ausscheiden des Fürsten von Benevent in der Lage war, die Härte seiner Befehle zu mildern, deren Ausführung zu verzögern, sich ihnen manchmal zu widersetzen und die Kraft seines Verstandes dazu zu benutzen, ihn zu gemäßigteren Entscheidungen zu bewegen. Es ist wirklich ein Vorgang, der die ganze Absonderlichkeit des Jahrhunderts zeigt: eines der am meisten verabscheuten Mitglieder des Wohlfahrtsausschusses wird in seiner Ungnade vom allgemeinen Bedauern der ganzen Nation begleitet.‹

Damit ist die herrschende Meinung treffend ausgedrückt. Das Echo war so stark, daß es bald darauf auch in London zu hören war. Fauche-Borel sagte: ›Man war übrigens der Meinung, daß Bonaparte auf einen solchen Minister nicht verzichten konnte.‹ Und der Publizist Fiévée schrieb sogar an den Kaiser: ›Man begreift nicht, wie es möglich sein soll, den Herzog von Otranto, der die geheimsten Angelegenheiten seit langem bearbeitet, zu ersetzen, wenn man, um einen Nachfolger zu suchen, den Blick nie über den Kreis der zivilen Beamten hinausgehen läßt; der erste Versuch (im Jahre 1802) war schon unglücklich verlaufen.‹

Es stimmt, daß die Freunde des Kaisers mit Schrecken an das dachten, was nach der Ungnade 1802 geschehen war. Die Wahl des Herzogs von Rovigo trug nicht zur Beruhigung bei, er gibt es selbst zu. Die Gegner des Regimes bezeichneten ihn als brutal, wiesen darauf hin, daß er bei der Hinrichtung des Herzogs von Enghien mitgewirkt hatte, beim Sturz der spanischen Bourbonen und bei anderen Vorfällen. Die Freunde des Kaisers hielten ihn für unfähig, ungeschickt und dumm. ›Die Bestürzung war allgemein‹, schreibt später Madame de Châtenay, und der Herzog von Rovigo selbst: ›Ich glaube, daß die Nachricht vom Ausbruch einer Seuche keinen größeren Schrecken hervorgerufen hätte als meine Ernennung zum Minister.‹

Am 4. Juni stellte Monsieur de Girardin, der die Entlassung ebenfalls bedauerte, fest, daß die Verhandlungen mit England nur ein ›Vorwand‹ gewesen seien. Jeder wollte natürlich seine Meinung zu dem Vorgang zum Ausdruck bringen, und es ist bedeutsam, daß alle für den Minister waren. Die Freunde der Familie Bonaparte, zum Beispiel Decazes, meinten, Fouché sei gefallen, weil er sich in die Streitigkeiten zwischen dem Kaiser und den Seinen eingemischt habe; Napoleon beschuldigte ihn, ›mehr der Minister seiner Brüder als der seine zu sein‹. Andere, zum Beispiel Girardin, waren der Meinung, der frühere Prokonsul sei von der siegreichen Reaktion zu Fall gebracht worden. Hingegen schrieb der Faubourg Saint-Germain die Entlassung der Tatsache zu, daß Fouché der verbannten Madame de Chevreuse gestattet habe, nach Paris zu kommen, damit sie ihren Mann sehen konnte. Diese rührende Version machte sich der gestürzte Minister selbst zu eigen.

Anhänger Napoleons, die versuchten, die Stimmung zu beruhigen, versicherten, daß der Herrscher selbst seinen Diensten, seinen Verdiensten, seinen Fähigkeiten, seiner Ergebenheit Gerechtigkeit widerfahren lasse. Es liefen Äußerungen aus seinem Munde um, wie etwa: ›Es ist mir schwergefallen, Fouché zu entlassen, aber es war mir unmöglich, anders zu handeln. Er hat gute Absichten, das kann ich nicht bezweifeln, aber er nimmt sich zu viel heraus. Ohne mich zu befragen, unternimmt er zu wichtige Dinge. Halten Sie es für möglich, daß er über ein geheimes Budget verfügt, aus dem er Senatoren, Kammerherrn, frühere Tribunen der Opposition mit zwölftausend, mit achtzehntausend Francs bedachte? Der berühmte Brief an die Kaiserin Joséphine ist ohne meine Zustimmung und ohne mein Wissen geschrieben worden. Dieser Brief hat mich zwei Jahre lang innerlich unglücklich gemacht ... Einem Minister, der heute in meinem Bett und morgen in meinem Portefeuille herumwühlt, kann ich kein Vertrauen schenken.‹ Am Hofe herrschte echte Bestürzung. Die Kaiserin Marie-Louise soll eine überraschende Äußerung getan haben: sie war erstaunt über das Ereignis, weil ›der Herzog von Otranto der einzige Mann sei, dem sie auf Anraten des Kaisers von Österreich, ihres Vaters, Vertrauen schenken solle‹.

Ob wahr, ob falsch, viele solcher Äußerungen wurden herumgetragen und aufgebläht, alle zum Vorteil des gestürzten Ministers. Seine Ernennung zum Generalgouverneur der römischen Staaten, die schon am 3. Juni bekanntgegeben worden war, bestätigte Freunde und Gegner in der Annahme, daß es sich in Wirklichkeit nur um eine halbe Ungnade handele, die der Minister leicht überwinden würde. Würde dieser wendige Mann, wie gewöhnlich, durch einen Kraftakt seine unangenehme Lage wenden können? Man glaubte an eine ›Journée des Dupes‹, einen Tag der Geprellten, und deshalb wagten seine Gegner auch nicht, offen anzugreifen, noch sich zu freuen.

Alle Freunde kamen zu ihm ins Haus, um ihn zu besuchen. Als einer der ersten Talleyrand, danach Narbonne. Der Besuch dieses ehemaligen Ministers Ludwigs XVI. wurde sehr beachtet, vor allem, weil Narbonne Erklärungen abgab, die für Fouché sprachen. Man war überzeugt, daß er wieder in Erscheinung treten würde. Mit so viel Gnade war seit Choiseul kein Minister entlassen worden. Er selber behielt seine lächelnde Miene bei, war augenscheinlich ruhig und würdig, gab sich als Opfer eines Mißverständnisses aus. Manchmal war er sehr heiter, legte eine etwas forcierte Heiterkeit an den Tag und scherzte über die Mission, die ihn nach Rom führen sollte: ›Man kann sagen, daß jeder Weg nach Rom führt.‹ Im übrigen nahm er die hohe Mission sehr ernst, erbat außergewöhnliche Vollmachten, Geld und Instruktionen.

In Wirklichkeit wäre er lieber Zweiter in Paris geblieben als Erster in Rom zu sein. Er hatte seinen Plan: er dachte an die Zukunft, an die Möglichkeiten zurückzukehren, an Krisentage, an irgendeinen Titel im Rahmen der Institutionen der Nation. Er wollte Großwürdenträger werden wie Talleyrand oder wenigstens Staatsminister, wie Cretet es 1809 geworden war, als er sein Ministerium verließ. Das waren Titel, nach denen er trachtete. Das würde ihm, schrieb er am 3. Juni an den Kaiser, das Ansehen verschaffen, das er brauchte, um in Rom zu regieren. Er meinte bescheiden: ›Ich habe nicht die Eitelkeit, Fürst oder Großwürdenträger zu werden, außer wenn der Kaiser glaubt, daß ich solche Titel für neue Dienste verdiene. Aber ich würde Wert darauf legen, einen Ministertitel behalten zu können, weil das ein Vertrauenstitel ist ...‹ Er war hocherfreut, als er am 4. vom Staatssekretär die Ernennung zum Staatsminister erhielt. Seiner Erkenntlichkeit gab er in begeisterten Worten Ausdruck. In einem Brief an Maret schrieb er: ›Von allen Titeln werde ich diesen mit dem größten Stolz tragen, er tut meinem Herzen wohl. Durch ihn werden meine Kinder dem Gedächtnis aller Männer, die dem Kaiser ergeben sind, am stärksten empfohlen.‹ Napoleon hatte sich beeindrucken lassen von der Wirkung, die die Entlassung des Ministers in der Öffentlichkeit hervorgerufen hatte. Aber er wollte, daß er sich unverzüglich nach Rom auf den Weg mache.

Fouché brach aber nicht auf. Er war von dem Wunsch und der Hoffnung besessen, wieder Oberwasser zu bekommen und unter irgendwelchem Vorwand in Paris bleiben zu können. Noch immer wohnte er im Hôtel de Juigné, dem Polizeiministerium am Quai Voltaire. Man konnte ihn in den Büros sowohl wie in den Salons antreffen. Savary nahm es hin. Der Kaiser ließ weniger leicht mit sich handeln. Ohne zu wissen, welche merkwürdige Tätigkeit Gaillard in seinem schwarzen Kabinett ausübte, nahm Napoleon nicht ohne Mißvergnügen zur Kenntnis, daß der Herzog von Otranto drei Tage nach seiner Absetzung sich noch immer am Quai Voltaire aufhielt. Der Herzog besaß doch ein Privathaus in Paris, warum richtete er sich nicht dort ein? Der Herzog von Bassano wurde beauftragt, sogleich zu seinem früheren Kollegen zu gehen und ihm zu sagen, es wäre unumgänglich notwendig, daß er bis zum Ende der Woche das Polizeiministerium verlasse, ›was‹, erklärte der Kaiser, ›keinerlei Verlegenheit mit sich bringt, da er ein Haus besitzt‹ und ihm ›vorsichtig beizubringen (dieser Ausdruck ist seltsam bei dem sonst so barschen Stil des Kaisers), daß die Dinge in Rom weitergingen‹ und daß seine Abwesenheit nachteilig sein könnte. Der Herzog von Otranto müsse bis zum 15. Juni abgereist sein.

Napoleon wurde von Tag zu Tag mißmutiger. Er war verärgert über die Mißfallenskundgebungen, mit denen die Entlassung des Ministers begleitet wurde, und wirklich erregt über die Einzelheiten, die ihm jetzt nach und nach im Zusammenhang mit der berühmten englischen Verhandlung bekannt wurden.

Ouvrard war nacheinander erst von Desmarest, dann von Staatsrat d'Hauterive verhört worden und hatte ungefähr alles gestanden: die bei ihm beschlagnahmten Schriftstücke hätten zudem ausgereicht, alles zu enthüllen. Bis zum 2. Juni hatte Napoleon die wahren Zusammenhänge nur ahnen können. Er konnte Ouvrard nicht leiden, wußte, daß er gern intrigierte und durchaus imstande gewesen sein mochte, diese nicht genehmigte Verhandlung zum größten Teil vorangetrieben zu haben. Der Aufschub, den der Kaiser seit drei Tagen dem entlassenen Minister zubilligte, stimmte nicht recht überein mit der Anschuldigung der Amtsverletzung, die er am 2. Juni vorgebracht hatte. Angesichts der Aussagen und vor allem der Korrespondenz Ouvrards wurde allerdings klar, daß dieser auf eine Anweisung hin gehandelt hatte. So wurde teilweise die Rolle offenbar, die Fouché fünf Monate lang bei Lord Wellesley gespielt hatte. Am 5. Juni schrieb der Kaiser an Savary: ›Diese Affäre wird ernst. Es muß ihr auf den Grund gegangen werden.‹ Der Bankier saß in Untersuchungshaft in Vincennes, Napoleon ließ ihn durch seinen Kabinettssekretär Mounier verhören. Außerdem war er bei den beschlagnahmten Schriftstücken Ouvrards auf Spuren der Korrespondenz des Ministers gestoßen, er verlangte von ihm die Herausgabe aller Unterlagen, die sich auf diese Affäre bezogen.

Fouché, dem der Herzog von Bassano die Forderung des Kaisers überbrachte, war noch zwei Tage im Polizeiministerium geblieben. Er verließ es schließlich am 7. Juni und übergab Savary mit dem Hinweis auf die große Wichtigkeit ein umfangreiches, aber wertloses Aktenbündel, das, wie er sagte, alles Wesentliche der Geheimarchive enthalte. Dann fuhr er im Wagen in sein Landhaus nach Ferrières; er ahnte nichts von dem Gewitter, das sich über seinem Kopf zusammenzog, und war vermutlich sehr zufrieden, daß er seinen nicht sehr scharfsichtigen Nachfolger so völlig hatte täuschen können. Hat er wichtige Schriftstücke bei sich gehabt? Hat er sie vernichtet? Gaillard behauptet, er habe alles verbrannt, doch wird diese Feststellung durch die folgenden Geschehnisse widerlegt.

Im Augenblick schien sich der Kaiser um die fraglichen Briefe wenig zu kümmern, er nahm an, sie seien in den Archiven des Ministeriums wohl verwahrt. Aber Fouché gegenüber war er mehr als argwöhnisch, denn er stieß jetzt auf die Mission Fagan, deren Bekanntwerden Fouché mehr fürchten mußte als die Aufdeckung der Verhandlungen Ouvrards. Labouchère war nach Paris gerufen worden. Die Befragung ergab, daß er in gutem Glauben gehandelt hatte. Aber dabei war man auf die Fährte jener geheimnisvollen Mission gestoßen, auf die Lord Wellesley bei den ersten Gesprächen mit ihm angespielt hatte. Savary hatte sich unterdessen an die Durchsicht der Polizeiregister gemacht und dabei den Paß entdeckt, der am 30. November 1809 für Fagan ausgefertigt worden war. Der frühere Emigrant wurde sofort festgenommen und gestand alles. Er sagte aus, daß Fouché im Besitz der Note von Lord Wellesley sein müsse; am 18. Juni legte er selber die Kopie vor.

Am 17. hatte Fouché ein kurzes Billet bekommen, das ihn vermutlich in Aufregung versetzte: ›Herr Herzog von Otranto, ich bitte Sie, mir die Note zu schicken, die Ihnen der Sieur Fagan übermittelt hat, den Sie nach London gesandt haben, um bei Lord Wellesley vorzufühlen, und der Ihnen eine Antwort dieses Lords überbracht hat, von der ich nie Kenntnis erhalten habe.‹

Das war kühl, bestimmt, bedrohlich. Fouché überlegte noch, als er am anderen Morgen ein viel schlimmeres Schreiben erhielt. Napoleon hatte erfahren – Savary hatte es endlich bemerkt –, daß die Geheimarchive der Polizei nicht mehr vorhanden waren. Er verlangte von dem früheren Minister ›das ganze Portefeuille des Ministeriums‹.

Der Kabinettssekretär Mounier fuhr nach Ferrières mit dem Auftrag, die Schriftstücke zu holen, aber er kam mit leeren Händen zurück. Ungerührt hatte Fouché erklärt, er habe die Papiere vernichtet. Der Kaiser war außer sich. War der Mann verrückt geworden? Der Herzog von Bassano wurde beauftragt, noch einmal vorstellig zu werden, er erhielt die gleiche Antwort. Sie hatte etwa folgenden Inhalt: Das erste Mal, als er das Ministerium verlassen habe, hat der Erste Konsul die Sonderkorrespondenz nicht verlangt. Wie konnte er erwarten, daß ihm heute diese Forderung gestellt werden würde? Andererseits habe Seine Majestät ihn mit so großem Vertrauen beehrt, daß er, wenn einer der Prinzen, seiner Brüder, seine Unzufriedenheit erregte, beauftragt wurde, sie an ihre Pflichten zu erinnern. Die Brüder hätten ihm ihre Beschwerden anvertraut, er habe nicht geglaubt, die Briefe aufbewahren zu müssen, denn sie hätten eine nicht gewünschte Publizität erlangen können. Die Schwestern Seiner Majestät wären vor Verleumdung nicht sicher gewesen. Der Kaiser habe geruht, ihm, seinem Minister, die Gerüchte, die zu seiner Kenntnis kamen, mitzuteilen und ihn zu beauftragen, zu erkunden, ob etwa Unvorsichtigkeiten ihnen Nahrung gegeben hätten, und die Prinzessinnen auf jeden Fall wissen zu lassen, wie unzufrieden er darüber sei, daß ihr Benehmen so häufig in allen Salons Anlaß zu

Kritik gäbe. Seine Majestät habe mit der Diskretion des Ministers gerechnet, und dieser habe das Vertrauen rechtfertigen müssen, um so mehr, als die Ausdrucksweise und die Klagen des Kaisers so unverblümt gewesen wären, daß er, Fouché, hätte er die Prinzessinnen weniger gut gekannt, versucht gewesen wäre, an große Unklugheiten ihrerseits zu glauben. Er habe deshalb stets alle Briefe verbrannt, und um nichts auf der Welt würde er diesen Akt der Vorsicht bereuen.

Die in übertriebene Freundlichkeit gekleidete Perfidie der Antwort war nicht dazu angetan, den Kaiser zu beruhigen, da ihn gerade tausend andere Enthüllungen beschäftigten. Auf Grund der Aussagen Fagans wurde die Rolle Fouchés in der Englandaffäre, die der Regierung jetzt große Unannehmlichkeiten verursachte, von Tag zu Tag deutlicher. Napoleons Zorn wurde durch die Weigerung Fouchés, die Briefe herauszugeben, auf die Spitze getrieben. Er ließ ihm eine letzte Mahnung zukommen: der Herzog von Bassano bat seinen ehemaligen Kollegen noch einmal, ›alle Briefe, die er während seiner Amtszeit im Ministerium vom Kaiser erhalten habe, herauszugeben.‹

Am selben Tag wurde der Polizeipräfekt Dubois nach Saint-Cloud beordert. Er fand den Kaiser in höchster Erregung vor. Dieser ging in seinem Arbeitszimmer auf und ab, wandte sich dann an Dubois und erklärte barsch: ›Dubois: dieser Fouché ist ein Schurke!‹ Dann fügte er nach einigen weiteren Schritten hinzu: ›Er ist ein Schurke, ein großer Schurke!‹ Er ließ sich über dieses Verräterleben des längeren aus und sagte dann: ›Er soll nicht meinen, er könne mit mir machen, was er mit seinem Gott, seinem Nationalkonvent und seinem Direktorium gemacht hat, die er in gemeinster Weise verraten und verkauft hat. Ich besitze mehr Weitsicht als Barras, und mit mir ist das nicht so einfach, er soll sich das gesagt sein lassen. Aber er hat Aufzeichnungen, Instruktionen von mir, und ich möchte, daß er sie mir zurückgibt.‹ Darauf gab er Dubois den Befehl, sich nach Ferrières aufzumachen, um noch einmal die Schriftstücke zu verlangen: ›Wenn er sich weigert ... wenn er sich weigert, soll er zehn Gendarmen übergeben werden. Er soll in die Abbaye gebracht werden, und – bei Gott – ich werde ihm zeigen, daß ein Prozeß auf der Stelle eingeleitet werden kann.‹

Der Präfekt schien die Dinge nicht tragisch zu nehmen; seitdem Savary Minister war, hatten sich Dubois' Gefühle Fouché gegenüber gemildert. Er nahm die Einladung zum Mittagessen an und ließ beim Wein die Gegenbeschuldigungen und Proteste Fouchés und die Geschichte von den verbrannten Papieren über sich ergehen. Er wußte nicht, wie er sich verhalten sollte, und schlug folgenden Weg vor: ›Legen Sie einige Schriftstücke in eine Kommode. Lassen Sie an den Schubladen Siegel anbringen. Ich lege dem Kaiser ein Protokoll vor, das ihn einigermaßen beruhigen wird.‹ Dubois brachte selbst die Siegel an, aß noch zu Abend in Ferrières und machte sich dann auf den Rückweg. Allerdings hatte er seinem früheren Chef nicht verheimlicht, wie wütend der Kaiser war und welche Drohungen er ausgestoßen hatte. Im Schloß von Ferrières herrschte größte Besorgnis.

Nun wurde Réal, dessen gutes Verhältnis zu Fouché jeden Gedanken an zu starke Bedrohung ausschloß, beauftragt, die Siegel zu entfernen und die Schriftstücke zu beschlagnahmen. Der Staatsrat, begleitet von seiner Tochter, der Baronin Lacuée, war in Ferrières erschienen, hatte bis zum Einbruch der Nacht auf den nicht anwesenden Herzog von Otranto gewartet und war dann mit leeren Händen nach Paris zurückgekehrt. Fouché erhob beim Kaiser Einspruch gegen die Maßnahmen, die man ihm gegenüber ergriff. ›Seit einem Jahr‹, schrieb er an Réal, ›auf den Tag genau, spüre ich das Gewitter, dessen Opfer ich heute bin. Meine Gegner haben mich, sowohl durch ihre Lobreden wie durch ihre Verleumdungen, kompromittieren wollen. Ich glaubte, der Kaiser sei gefeit gegen diese doppelte Intrige; ich habe mich geirrt.‹ Er mache sich, fügte er hinzu, auf den Weg nach Rom, um den Befehlen des Kaisers Folge zu leisten. Man dürfe nicht daran zweifeln, daß er die Briefschaften verbrannt habe und daß er dies im Interesse Seiner Majestät getan habe. Und er schloß:

›Es gibt für mich keine andere Gewähr als das Herz des Kaisers und mein Gewissen.‹

In Wirklichkeit bekam Fouché allmählich Angst. Er sah ein, daß es besser wäre, sich vom Schauplatz zu entfernen. Über die Feinde, die er dort zurückließ, machte er sich wenig Sorgen. Zur allgemeinen Überraschung fuhr er nach Paris, vielleicht in der Absicht, auch in Saint-Cloud vorsprechen zu können. Der Mühe, sich dorthin zu begeben, wurde er enthoben. Kaum war er in Paris, erfuhr er, daß der Kaiser, dieses Streites überdrüssig, die halbe Amtsenthebung vom 3. Juni in eine vollständige Entlassung umgewandelt habe.

Zu viele Leute – Maret, Savary, Régnier, Dubois und Réal – waren Zeugen der Widersetzlichkeit des früheren Polizeiministers geworden, man fing an, sich zu empören oder zu amüsieren: der Kaiser hatte Könige entthront und ließ sich von diesem blassen und schmächtigen Minister in Schach halten. Allmählich wurde die Situation lächerlich. Eine exemplarische Strafe war angezeigt, keine Schonung mehr, keine Ehrentitel, keine Mission, kein vergoldetes Exil, sondern eindeutig Ungnade, ein fernes Exil, und ohne Ehrenbezeigungen. Am 1. Juli begab sich

Fouché in Paris zu Savary, der einen Brief für ihn bekommen hatte, der wie ein Kolbenschlag auf ihn wirkte: ›Herr Herzog von Otranto, Ihre Dienste sind mir nicht mehr angenehm. Es ist angezeigt, daß Sie binnen vierundzwanzig Stunden sich auf Ihren Senatorensitz [Aix] begeben. Ich habe in diesem Brief nichts anderes mehr zu sagen. Ich bitte Gott, er möge Sie beschützen ...‹ In einem Brief an Savary sagte Napoleon noch, er erlaube dem früheren Minister, entweder nach Italien zu reisen oder sich auf seinen Senatorensitz zurückzuziehen, nach Nizza oder nach Aix. Unerbittlich fügte er hinzu: ›Er darf sich dort nicht betätigen und keine Ehrenbezeigungen empfangen. Sie werden dafür Sorge tragen, daß mein Befehl ausgeführt wird und daß die nächsten vierundzwanzig Stunden nicht vergehen, ohne daß er sich auf den Weg begeben hat.‹

Fouché bedurfte dieser letzten Warnung nicht, Gottes Schutz schien ihm nicht zu genügen, auch Savarys Schutz nicht. Am gleichen Abend ließ er sich von Desmarest einen Paß ausfertigen für die Wegstrecke Simplon, Mailand, Bologna und Florenz. Er hatte Angst bekommen, er wollte die Alpen zwischen den Kaiser und sich bringen. Am folgenden Morgen befand er sich in einem überreizten Gemütszustand, was bei diesem Phlegmatiker selten vorkam. Er stieg mit seinem ältesten Sohn und dem Hauslehrer Antoine Jay in eine Kutsche, beauftragte seine Frau mit der Weiterverfolgung seiner Angelegenheiten und machte sich in Richtung Süden auf den Weg.

Er floh zunächst bis Livorno, wo er Anstalten machte, sich nach Amerika einzuschiffen. Er schien tatsächlich von Panik erfaßt zu sein, besann sich aber und begab sich von dort aus nach Lyon. Er hatte in Erfahrung gebracht, daß der Kaiser nun beruhigter war und nur noch eine Art herablassender Gleichgültigkeit an den Tag legte. Anscheinend hatte die von Angst diktierte und überstürzte Flucht sowohl seinen Argwohn wie seine Achtung Fouché gegenüber gemindert. Er ließ ihm am 27. August durch Savary die Genehmigung zukommen, sich in Aix niederzulassen. Am 28., nach dem Empfang des Briefes, kündigte der Herzog von Otranto, der die letzten zehn Tage in strikter Zurückgezogenheit verbracht hatte, an, daß er unverzüglich nach Aix reisen würde. Am 31. um fünf Uhr morgens verließ er Lyon in Richtung Avignon, wo er am 4. September eintraf. Seinem Freund Thibaudeau, dem Präfekten des Départements Bouches-du-Rhône, meldete er seinen baldigen Besuch. Wie stets bei solchen Gelegenheiten gab er den ausdrücklichen Wunsch nach Ruhe, Stille und Abgeschiedenheit zu erkennen.

Das war die Losung. Der Generalkommissar von Lyon, Mailloucheau, hatte bereits nach Paris vermeldet, daß der ehemalige Minister ihm

›in der Besorgnis, die notwendigerweise in einem Gemüt durch den plötzlichen Übergang von äußerster Betriebsamkeit zu völliger Untätigkeit hervorgerufen wird‹, erschienen sei, als wäre er ›vor allem von dem Wunsch beseelt, in Vergessenheit zu geraten.‹ Am 4. September schrieb Fouché an Thibaudeau, daß er sich darauf freue, anonym und ruhig leben zu können. Auch dem Unterpräfekten von Aix, d'Arbaud-Jouques, teilte er seine baldige Ankunft mit. Unterwegs war die Herzogin von Otranto mit den Kindern zu ihm gestoßen; so traf er mit der ganzen Familie am 5. September in Aix ein. Thibaudeau fand ihn ›blaß, aufgelöst und sichtlich tief im Gemüt getroffen, was seine unzusammenhängenden Gedanken und die Ungeordnetheit seiner Reden bewies‹. Er mußte seine ganze Gelassenheit aufwenden, um die Beamten zu empfangen, die ihn trotz des Begehrs des Kaisers und seiner eigenen Einsprüche mit großem Aufwand begrüßten. Er erklärte ihnen in ungezwungenem Ton, daß ihm der Aufenthalt in Italien nicht gefallen und er deshalb den Kaiser gebeten habe, sich an seinen Senatorensitz begeben zu dürfen, und daß Seine Majestät es ihm gestattet habe. Damit waren die äußeren Formen gewahrt. In Paris gab man sich allerdings wiederum der Illusion hin, Fouchés Weg sei ein für allemal beendet. Der Kaiser sprach nicht mehr über ihn, er schien jeglichen Argwohn, alle Befürchtungen und jeden früheren Zorn vergessen zu haben, aber auch die Fähigkeiten, Verdienste und Dienste seines Ministers.

Er irrte sich in mehrfacher Hinsicht. Einem Mann, der bereits drei Ungnaden hinter sich hatte und der wußte, wie man sie überwindet, einem solchen Mann gegenüber war es angeraten, stets und ständig Argwohn zu hegen.

DRITTER TEIL

Der Herzog von Otranto

17

Getarntes Exil

Ein großer Kenner politischer Vorgänge, der Kardinal Retz, hat gesagt, daß Gunst und Beliebtheit durch Untätigkeit sicherer zu erwerben sind als durch die Tat. So dachte auch Fouché, der sich nach einer Krise, in der er unterlegen war, schweigsam und anscheinend untätig verhielt und in einer Zurückgezogenheit lebte, die, wie früher schon, endgültig zu sein schien. Es war eine scheinbare Untätigkeit, denn eine unsichtbare Tätigkeit ging nebenher, und ungeachtet der Tatsache, ob man froh war über seinen Weggang oder ihn bedauerte, ließ der kluge Mann in dieser Welt hienieden keine Zeit verstreichen; er glaubte vielleicht, von der anderen nichts erhoffen zu können.

Nach seiner Rückkehr aus Italien verhielt er sich ähnlich wie nach der Entlassung 1802. Maillocheau in Lyon, Thibaudeau in Aix hatten einen müden und enttäuschten Mann vor sich, der sich nach Ruhe sehnte, nach einem stillen und sorgenlosen Leben. Auch erstrebte er Behaglichkeit und, ganz gegen seine sonstige Gewohnheit, Luxus. In Aix mietete er eines der schönsten Gebäude, das Hôtel Forbin. Der Unterpräfekt d'Arbaud-Jouques, aus guter provenzalischer Familie, verkehrte in der örtlichen Aristokratie und führte den Herzog von Otranto und seine Familie dort ein. Man war royalistisch geblieben, doch Fouché gefiel, man ließ sich erweichen. Er war entgegenkommend, geistreich, liebenswürdig, und er war ›ein Opfer Bonapartes‹. Das galt soviel wie ein Titel. Für einen Jakobiner fand man ihn sehr ehrenwert. Die Castellane-Majastres, von fürstlicher Herkunft, öffneten ihm ihr Haus, dort wurde er mit ihrer Tochter Gabrielle bekannt. Sie war einundzwanzig Jahre alt, und sie wurde später Herzogin von Otranto. Bei den Empfängen in seinem Haus schien er alle Sorgen der Vergangenheit, die Macht, aber auch die Zukunft mit ihren Möglichkeiten vergessen zu haben. Selbst den Unterpräfekten vermochte er zu täuschen; d'Arbaud-Jouques schrieb am 29. November 1810: ›Der Herzog von Otranto hält sich noch immer bei uns auf. Es scheint ihm in dieser Stadt sehr zu gefallen, und er trauert dem Tumult der Geschäfte und seiner verlorengegangenen Macht nicht nach.‹ Der Briefwechsel des Herzogs mit Paris und seinem Landhaus Ferrières betraf nur geschäftliche Fragen. Er korrespondierte mit Gaillard über den Zustand des Besitzes, über Abholzungen und über Ankäufe von Wiesenland. Savary konnte völlig beruhigt sein.

In Wirklichkeit verlor Fouché keine Stunde. Gewiß, er konnte nicht ahnen, wenn er Mademoiselle Gabrielle de Castellane in seinen Salons tanzen sah, daß er in ihr die Frau seines späteren Exils vor sich hatte, aber er schuf sich sicherlich einen nützlichen Freund, einen Helfer, indem er vertraulich den Arm eines jungen Advokaten nahm, der damals am Gericht in Aix durch sein Können und seine Gewandtheit glänzte. Der junge Mann hieß Jacques-Antoine Manuel. Man könnte ihn als spätgeborenen Girondisten bezeichnen, auf jeden Fall war er republikanisch gesinnt, zumindest liberal, und er machte kein Hehl daraus. Er gefiel Fouché, der mit seinem Scharfblick Manuels Fähigkeiten erkannte, seine Begeisterungsfähigkeit, seine Sprachgewandtheit. Vier Jahre später wird er Fouché sehr nützlich sein; 1815 ist er Abgeordneter und einer der tätigsten Agenten Fouchés, als dieser wieder Minister wird. Er hat die Zeit des Exils gut genutzt, indem er sich solche Freunde und Anhänger schuf. Aber das Exil lastete doch auf ihm.

Einige Monate später begannen seine Freunde, den Kaiser zu bedrängen; sie wollten die Genehmigung zur Rückkehr Fouchés nach Paris erlangen. Am 11. August 1811 teilte Napoleon Savary mit, er bewillige seinem Vorgänger den Aufenthalt in Ferrières. Nicht daß es sich bei Napoleon um ein Wiederaufleben des früheren Vertrauens zu seinem Minister handelte, aber der Zorn der ersten Monate war verflogen, und er hatte den Wunsch, den Herzog von Otranto zurückzurufen, um ihn in der Nähe zu haben. Denn Savary war äußerst ungeschickt. Das war kein Ratgeber, sondern ein Subalterner, und oftmals bewies er sich als nicht sehr intelligent. Fouché, auch wenn er noch in Ungnade stand, konnte nutzbringend befragt werden. Ein Jahr nach der Entlassung im Juni 1810 fand Napoleon, er sei zu weit weg von Paris, ihm schien es gut, ihn in Ferrières zu wissen, nur wenige Meilen von der Hauptstadt entfernt. Am 2. September verließ der Herzog von Otranto Aix, er ließ neben vielen Freunden, die ihm treu blieben, die spätere Gattin und den späteren Vertrauten zurück. Am 6. des Monats war er wieder bei sich zu Hause.

Er schien es allerdings nicht eilig zu haben, seinen Platz in den Gremien des Kaisers wieder einzunehmen. In den letzten Tagen des Monats September wurde mit der Vorbereitung des Feldzuges nach Rußland begonnen. Das war, wie Fouché im Juni 1808 zu Metternich gesagt hatte, der äußerste Wahnwitz. ›Wenn der Krieg mit Ihnen zu Ende ist, bleibt noch Rußland.‹ 1811 war Fouchés Scharfsinn und Skepsis nicht mehr nötig, um den verhängnisvollen Ausgang dieses unheimlichen Abenteuers vorauszusehen. Der Kaiser rief ihn Ende 1811 zu sich, Fouché riet vom Krieg ab, womit er Mißfallen erregte, und in der Folgezeit wurde er nicht wieder befragt. Er verharrte in jener Halbungnade, aus der er sich auch anscheinend gar nicht heraussehnte.

Das hinderte ihn jedoch nicht, aufmerksam die Ereignisse zu verfolgen. Die aus Rußland eintreffenden Nachrichten waren schon bald ganz ungünstig. Würde der von ihm vorausgesagte Fehlschlag sich tatsächlich ereignen? Sollte er der rettende Minister oder der Konkursverwalter werden? Andererseits schaute er lächelnd und ironisch zu, wie sein Nachfolger, der Herzog von Rovigo, sich mit den unentwirrbaren Schwierigkeiten seines Amtes herumschlug.

Savary verhielt sich wie ein Gendarm, der Minister geworden ist, seine Ungeschicklichkeiten häuften sich derart, daß große Verwirrung entstand. Der Kaiser stieß wütende, ungeduldige Schreie aus und machte ihm ernste Vorhaltungen. Alle höheren Beamten erwarteten seine baldige Abberufung. ›Ein Arbeiter ist notwendig‹, sagte man. ›Der Kaiser ist gezwungen, als Nachfolger für Savary einen Staatsmann zu gewinnen, der fähig ist, die Geschehnisse zu meistern.‹ Für viele Leute und besonders für den Urheber dieser Äußerung, Baron Louis, stand dieser ›Staatsmann‹ vor der Tür. Seit der Rückkehr Fouchés nach Ferrières brauchte man nicht lange Zeit und nicht weit von Paris zu suchen.

Ende 1812 war die Entlassung Savarys unausweichlich, und möglicherweise Fouchés Rückkehr in die Amtsgeschäfte ebenfalls. Ein ungewöhnlicher Vorgang sollte in der Tat die politische Laufbahn des Herzogs von Rovigo beenden. Es handelte sich um die berühmte ›Verschwörung Malet‹, die nur möglich wurde durch eine Reihe von Fehlern, die alle dem Polizeiminister zugeschrieben wurden und überdies den unglücklichen Savary der Lächerlichkeit preisgaben. Denn er wurde von verwegenen Abenteurern in seinem Bett festgenommen und einige Stunden lang von ihnen im Gefängnis La Force eingekerkert.

Hat Fouché bei dieser ›Verschwörung‹ mitgewirkt? Einige Zeitgenossen meinen, er wäre nicht unbeteiligt gewesen. Auf jeden Fall rechnete man mit ihm. Er stand auf der Liste der ›provisorischen Regierung‹, die General Malet im Hôtel de Ville errichten wollte. Hat er den Kaiser stürzen wollen? Oder träumte er davon, den Streich von 1804 wiederholen zu können? Warum versuchte er im Oktober nicht, die Umstände zu nützen, um die Macht an sich zu reißen? Die Antwort ist einfach: Am 21. Oktober war der Herzog von Otranto weder in der Lage noch in der Stimmung, irgend etwas zu unternehmen.

Ein schmerzlicher Trauerfall hatte ihn betroffen. Seine Frau war am 9. Oktober 1812 gestorben. Er hatte sie tief und zärtlich geliebt, und sie hatte es ihm vergolten, indem sie ihm überallhin folgte, in guten wie in schlechten Tagen. Er war sehr niedergeschlagen. ›Ich bin zutiefst zu beklagen‹, schrieb er einen Monat später an Thibaudeau, ›da ich das Unglück hatte, diejenige zu verlieren, die mein ganzes Leben mit mir teilte: meine Arbeit, meine Lektüre, meine Spaziergänge, mein Ausruhen, meinen Schlaf, alles hatten wir gemein. Diese schöne, glückliche Gemeinschaft ist durch den schrecklichsten Schmerz zu Ende gegangen. Wenn ich nicht befürchten müßte, des Kaisers Absichten zu durchkreuzen, würde ich, um mich zu zerstreuen, nach Aix gehen . . .‹

Erzwungene Untätigkeit oder vorübergehender Widerwille gegen jedes Tun, Fouché jedenfalls wollte das Mißgeschick seines Nachfolgers nicht ausnutzen. Obwohl der Kaiser äußerst erregt war, häufte er seinen ganzen Zorn auf das Haupt des Präfekten des Départements Seine, Frochot; Savary blieb Minister, wenngleich Fouchés häufige Anwesenheit in Paris vermuten ließ, daß er wieder die Amtsgeschäfte übernehmen würde.

Napoleon hatte ihn sehen wollen, er konnte ein wiederaufkommendes Gefühl der Achtung für einen Mann, der die Katastrophe vorausgesehen und vorausgesagt hatte, nicht unterdrücken. Die erste Phase der Katastrophe hatte sich zwischen Moskau und Wilna abgespielt, die zweite sollte in Sachsen vor sich gehen. Fouché legte weiterhin jeglicher Eitelkeit und jeder Amtsgewalt gegenüber eine Abneigung an den Tag, die nach dem Schicksalsschlag, der ihn getroffen hatte, oder infolge bestimmter, weniger vom Gefühl eingegebener Überlegungen im Augenblick vielleicht aufrichtig war. Er schrieb an Gaillard: ›Unser Freund möge überzeugt davon sein, daß jeder Parteigeist bei mir verflogen ist . . . Unser Freund irrt sich, wenn er meint, ich würde das Ministerium übernehmen. Die Macht hat keine Reize für mich. Die Zurückgezogenheit ist in meiner Lage nicht nur angebracht, sie ist notwendig für mich. Die öffentlichen Angelegenheiten bieten mir nur noch ein

Bild des Lärms, der Verwirrung und der Gefahr. Ich bin über mein bescheidenes und privates Leben glücklich, als Minister wäre es mir unmöglich, glücklich zu sein. Ich gehöre zu den Menschen, die, wenn sie auf einen Platz gestellt werden, ihre Pflicht mit Treue und Würde ausüben.‹ Zur gleichen Zeit (April 1813) teilte er Thibaudeau mit, er halte sich ›noch‹ nicht für fähig, wieder die Macht zu übernehmen, und er strebe auch nicht danach. ›Ein Ministerium kann nicht das Ziel meines Ehrgeizes sein. Das höchste aller Güter ist heute für mich die Ruhe, und ich genieße sie . . .‹

Diese deutliche Entsagung, aufrichtig oder nicht, flößte dem Kaiser indes unbezwinglichen Argwohn ein. Er hatte zwar Savary im Ministerium am Quai Voltaire behalten, es schien ihm jedoch sehr gefährlich, Fouché, der ein erklärter Gegner des Polizeiministers und vielleicht schon ein heimlicher Gegner des Regimes war, in Paris zu belassen. ›Für die Kaiserin sind Sie zu geschickt‹, hatte Napoleon wenige Tage vor seinem Aufbruch nach Deutschland zu Fouché gesagt. Er wollte zwei Fliegen mit einer Klappe schlagen und entschied sich dafür, Fouché zu beschäftigen – indem er ihn aus Paris entfernte.

Am 14. Mai erhielt der Herzog von Otranto einen Brief des Kaisers, der aus Dresden kam und das Datum vom 10. Mai 1813 trug. Der Anlaß war, wenn auch aus der Luft gegriffen, ihm die Regierung in Preußen zu übertragen. Fouché hielt diese nebulose, gespenstische Mission für eine Irreführung, er fand sich jedoch damit ab und war am 29. Mai in Dresden. Am 9. Juni traf der Kaiser dort ein und empfing ihn im Palais Marcolini. Sein Wohlwollen war gemischt mit Spott. ›Junot, der Generalgouverneur der Illyrischen Provinzen, ist verrückt geworden. Es war höchste Zeit, dem Unglücklichen seine Ämter abzunehmen, die von Tag zu Tag schwieriger wurden, denn Österreich war dabei, sich auf die Seite der Koalition zu schlagen und würde ganz sicher eine Armee in das Land schicken, das uneinheitlich war, schlecht unterworfen, schlecht verteidigt. Dort war ein energischer und wendiger Mann vonnöten, der unbegrenzte Vollmachten erhalten sollte. Der Herzog von Otranto war der richtige Mann für diese Aufgabe. Er sollte nach Laibach aufbrechen und sich beeilen. Es sei eine schöne Mission, ein Vorposten, ein Kampfposten, und seitens des Kaisers ein großer Vertrauensbeweis und so weiter.‹

Fouché war zu scharfsinnig, um nicht zu begreifen: es blieb ihm nichts anderes übrig; er fügte sich. Vielleicht hat ihm Napoleon bei dieser Gelegenheit den Titel eines Staatsministers verliehen, mit dem er sich von jetzt an schmückte. Bis zu seiner Abreise blieb er noch einen Monat in

Dresden. Er wurde stark in Anspruch genommen. Zu jenem Zeitpunkt befürchtete man einen Abfall Murats, der sich seit 1812 in Neapel verschanzte und eine herausfordernde, grollende und hochmütige Haltung einnahm. Fouché war sein Freund, er mußte ihm schreiben. Der Brief veranlaßte den König von Neapel, nach Dresden zu kommen.

Schließlich mußte noch ein anderer ›Freund‹ zurückerobert werden: Metternich.

Auf seiner Reise nach Süden machte Fouché am 19. Juli halt in Prag. Er hatte eine Unterredung mit Metternich, über die dieser seinem Herrscher am 30. Juli berichtete. Der Herzog von Otranto scheint, wie sich später herausstellen wird, ein sonderbares Mittel angewandt zu haben, um den Kanzler an die französische Allianz zu binden. Kaiser Napoleon befindet sich, so sagt er im wesentlichen, in einer wirklich kritischen Situation. Es sei klar, daß Österreich dadurch den Ausschlag geben würde, auf welche Seite es sich stellte. Jetzt sei Österreich verantwortlich für Krieg oder Frieden. Und noch immer von der Idee besessen, die ihn seit 1804 verfolgte, sagte Fouché noch, der Kaiser könne in irgendeinem Kampf umkommen, und dann wäre sofort ein Umschwung in Frankreich zu befürchten: die Republik oder die Bourbonen. Er meinte aber, daß der österreichische Kaiser, der Großvater des Königs von Rom, keineswegs daran interessiert sei, auf Kosten seines Enkels solche Ereignisse heraufzubeschwören. Fouché täuschte sich. Franz II. sah alles nur mit Metternichs Augen, und dieser kümmerte sich zu jener Zeit recht wenig um den König von Rom und um Marie-Louise. Auf jeden Fall sind in dem Brief des österreichischen Kanzlers an seinen Herrscher die von Fouché gemachten Vorschläge überhaupt nicht erwähnt. Sie sahen vor, daß um den König von Rom, man sagte bereits ›Napoleon II‹, ein Regentschaftsrat gebildet werden sollte.

Von Prag fuhr Fouché nach Wien, wo er während zweier Tage die Überzeugung gewann, ›daß ein Jakobinerkrieg gegen Frankreich vorbereitet würde‹. Von Wien ging er nach Graz, dort sollte er genaue Beobachtungen über die österreichische Mobilmachung anstellen. Am 29. Juli, nach dieser Reise ›mit vertraulichen Aufträgen‹, traf er in Laibach, seiner neuen Hauptstadt ein.

Der Bruch mit Österreich stand mit Sicherheit bevor. Die Folgen mußten besonders verhängnisvoll für die Franzosen in Illyrien sein. Der Herzog von Otranto hatte in Graz gesehen, daß eine Invasionsarmee aufgestellt wurde, die die illyrischen Provinzen besetzen sollte. Illyrien war auf jeden Fall für die Franzosen verloren. Von der See her wurde das Land, gerade als Fouché auf dem Weg nach Laibach war, von den Engländern bedroht. Die Feinde hatten sich das Interregnum zunutze gemacht, und am 3. Juli war es zu einer Landung in Fiume gekommen, die seitens der Bevölkerung mit Gleichgültigkeit vermerkt wurde; die Engländer hatten sogar Helfershelfer gefunden.

Das ganze Land befand sich, am Vorabend der Krise, in einem fieberhaften und mutlosen Wartezustand. Die Beamten hatten Angst, die Aristokratie verhielt sich feindlich reserviert, das Volk, dem Anschein nach gleichgültig, ließ zuweilen seinem Haß freien Lauf; die Geistlichkeit war unzufrieden, die Armee unzulänglich. Die Aufgabe des neuen Generalgouverneurs bestand darin, nach allen Seiten hin den Eindruck der Sicherheit und der Festigkeit der Regierung von Laibach zu verbreiten, zu beruhigen, zu mäßigen und zu stärken. Da Illyrien wohl oder übel unter österreichische Herrschaft kommen würde, mußte der Rückzug gesichert und vor der Evakuierung jeder Aufruhr und jeder Konflikt verhindert werden. Nie war Fouché, dessen Leben auch sonst mit Arbeit ausgefüllt war, mehr in Anspruch genommen als während der beiden Monate dieser merkwürdigen Regierungszeit.

Am 29. Juli traf der Herzog von Otranto in Laibach ein. Er wurde mit Fanfarenklängen von den zivilen und militärischen Behörden – alle waren in Gala erschienen – empfangen. Am gleichen Abend bezog er den Regierungspalast.

Zuvörderst wollte er sich genau über alle Gegebenheiten, Umstände, Dinge und Menschen unterrichten. Er konnte auf eine frühere Bekanntschaft zurückgreifen. Damals war der spätere Romancier Charles Nodier Bibliothekar in Laibach. Er leitete die Zeitung ›Télégraphe‹, die in vier Sprachen erschien. Nodier hat die Begegnung mit Fouché beschrieben. Der Gouverneur richtete ›seinen graugrünen Blick starr, neugierig und fordernd‹ auf ihn und sprach lange auf ihn ein. Er hatte vor, eine Politik der Mäßigung zu praktizieren, die Lage zu entspannen, die übertriebenen Forderungen des Fiskus und der Aushebungsbehörde zu dämpfen. Was er dafür brauchte, war eine Presse, die dem Anschein nach Opposition betrieb, in Wirklichkeit aber von ihm beeinflußt wurde, die seine Gedanken verbreitete, indem so getan wurde, als würden sie ihm aufgezwungen. Unentwegt wurde Nodier in den Palast beordert, meistens nachts. Der ›Télégraphe‹ sollte gegenseitige Zugeständnisse anraten, die Bauern beschwichtigen, die Unzufriedenen besänftigen. Und wenn er auch der französischen Herrschaft keine neue Grundlage zu geben vermochte, sollte er wenigstens einen günstigen Boden für den Rückzug der Franzosen schaffen.

Der Generalgouverneur wollte, um der Demoralisierung Einhalt zu gebieten, Exempel statuieren. So wurde Scarpa, der Bürgermeister von

Fiume, ganz einfach seines Postens enthoben, weil er bei der Landung der Engländer die Aushebung der Nationalgarde unterbunden hatte und geflohen war. Weitere energische Maßnahmen folgten. Die einzelnen Punkte der Erlasse ließen deutlich erkennen, daß der Herzog von Otranto eine Politik der Festigung erstrebte.

Die Erlasse vom 5. August hatten eine tiefe und erfreuliche Wirkung. Als die Feinde einige Tage später neue Landungsversuche unternahmen, wurden sie von der Bevölkerung selbst zurückgeschlagen.

Die Beamten in entfernteren Landstrichen wurden ebenfalls von der Politik des Generalgouverneurs unterrichtet: alle Bevölkerungsschichten sollten beruhigt und ermutigt werden. Und da die ausländischen Zeitungen Nachrichten verbreiteten, die im Lande nur Unruhe säten, wurde ihre Einfuhr amtlich verboten. Um die Durchführung seiner Anordnungen zu überwachen und um den Frieden im Innern zu bewahren, griff Fouché auf seine bewährten Konzeptionen zurück: er schuf in Illyrien vier Sonderkommissare der Polizei, in Laibach, Triest, Karlstadt und Villach. Nie zuvor hatte der Intendant Chabrol, der an sich sehr eifrig und arbeitsam war, eine solche Aktivität erlebt. Die Angehörigen des Adels empfing Fouché mit großem Aufwand, trieb aber eine Politik, die der Bevölkerung zugute kam: den Großgrundbesitzern wurde untersagt, sich der Soldaten gegen die Bauern zu bedienen, die Gefängnisstrafen, die die Bauern erhalten hatten, wurden aufgehoben, im ›Télégraphe‹ vom 12. August erschien ein aufsehenerregender Artikel, in dem der Generalgouverneur gebeten wurde, als Vermittler zwischen Herren und Bauern zu wirken. Den Großgrundbesitzern wurde zu Milde und Mäßigung geraten.

Andere Vorgänge hingegen, völlig anderer Art, erforderten die Aufmerksamkeit und das Eingreifen des Generalgouverneurs. Am 12. August wurde bekannt, daß Österreich Napoleon den Krieg erklärt hatte. Der Herzog von Otranto würde in Bälde die Truppen seines Freundes Metternich als Feinde vor sich haben. Und in der Tat rückten die Österreicher einige Tage danach in Illyrien ein. Die Wirkung konnte, selbst nach dreiwöchigen beruhigenden und vorbeugenden Maßnahmen, verheerend sein. Deshalb ließ Fouché unverzüglich durch den ›Osservatore Triestino‹ verkünden, daß die Italienarmee, siebzigtausend Mann stark, die Armee des Herzogs von Castiglione mit achtzigtausend, die Bayernarmee mit fünfzigtausend, und schließlich die Armee des Kaisers mit zweihunderttausend Mann Österreich einkreisen würden, ehe ein einziger kaiserlich österreichischer Soldat vor Laibach gesichtet werde.

Eine Armee mußte aufgestellt werden. Sie mußte schnell in Aktion treten. Bereits am 12. August begab sich der Herzog von Otranto unter strenger Geheimhaltung nach Udine, um sich mit dem Vizekönig Eugen zu treffen und mit ihm über Möglichkeiten und Wege zu konferieren, den Feind zurückzuschlagen. Ein Feldzugsplan wurde aufgestellt, auf dessen Einzelheiten nicht eingegangen zu werden braucht.

Unmittelbar nach dieser Vereinbarung verließ der Herzog Udine, machte halt in Görz und nahm von dort den feindlich gesinnten Adel zum Fest des 15. August mit nach Laibach. Ihm lag daran, aus dem ›Saint-Napoléon‹-Tag eine weithin sichtbare Kundgebung der Zuversicht und der Loyalität zu machen. In seiner Hauptstadt verbreitete er derart aufgebauschte Informationen über die Stärke des Vizekönigs, daß jedermann daran glaubte.

Beim Kontertanz in der Nacht vom 15. auf den 16. August erfuhr der Generalgouverneur, daß Laibach unmittelbar bedroht war. Die in Klagenfurt zusammengezogenen Österreicher schickten sich zum Vormarsch an. Bis zum Eintreffen der Soldaten des Vizekönigs sollte die Gendarmerie, vom Generalgouverneur beauftragt, die Stadt schützen. Von Karlstadt her trat der Feind bedrohlich auf, es bestand die Gefahr, daß man von Dalmatien abgeschnitten wurde und daß die Österreicher und Engländer sich in Fiume vereinigten.

Der Gouverneur jedoch blieb dem Anschein nach unerschüttert zuversichtlich. In seiner Umgebung herrschte fieberhafte Tätigkeit, was für ihn ein Grund mehr war, sich besonnen zu verhalten. Jeden Tag spazierte er durch die Straßen der Stadt, angetan mit grauem Gehrock, einem runden Hut auf dem Kopf, schlicht und gelassen. Seine kleine Tochter Joséphine führte er an der Hand und setzte sich leutselig auf eine Bank der Promenade. Seine freundlich lächelnde und selbstbewußte Haltung war so viel wert wie zehntausend Soldaten. Sie wirkte beruhigend, obwohl sie jedermann in Erstaunen setzte. Auf alle Fälle gestattete ihm die herrschende Ruhe, seine Vorbereitungen zu treffen: er ließ wertvolle Produkte aus den Bergwerken nach Italien bringen, wenn er sie nicht vermittels kluger Manipulationen verkaufen konnte, womit er die Einwohner zu den besten Verteidigern der Kassen und Vorratslager machte, die sie sonst geplündert hätten. ›Ich werde so lange wie möglich in Laibach bleiben‹, schrieb er an den Herzog von Bassano, ›um die Stimmung im Lot zu halten und Verwirrung zu verhindern.‹ Aber er brachte die wichtigsten Verwaltungsbehörden nach Triest auf den Weg: der Rückzug begann. Es war auch höchste Zeit. Der mutig gewordene Feind stand bereits wenige Meilen vor der Stadt. Dank der Gelassenheit des Generalgouverneurs verhielt sich die Bevölkerung so ruhig, daß die Österreicher Mißtrauen schöpften und das Fehlen jeglichen bewaffneten Widerstands für eine Falle hielten.

Als schließlich Generalleutnant Pino mit einer Handvoll italienischer Truppen in Laibach erschien, entschloß sich Fouché, die Stadt zu verlassen. Am 26. August begab er sich heimlich nach Triest und verlegte einige Tage später den Sitz der Regierung ebenfalls dorthin.

Als sein Rückzug jedoch allgemein bekannt wurde, ließ er verbreiten, es sei nur eine vorübergehende Maßnahme. Dem Oberst Léger hatte er eine kleine Garnison zur Verfügung gestellt. Sie sollte die Stadt verteidigen, vor allem aber verhindern, daß innere Unruhen den Gang der Ereignisse beschleunigten, denn einige Beamte waren von aufständischen Bauern gefangengesetzt worden. Es sollte dafür gesorgt werden, daß sich so etwas nicht wiederholte. Der Rückzug sollte geordnet und ohne Verluste vor sich gehen. Vom 2. September an bereitete der Intendant von Karniolien auf Fouchés Anordnung hin insgeheim den endgültigen Abzug der Franzosen aus Laibach vor, doch am 4. wurde die Stadt noch einmal zu Ehren ›der Siege des großen Napoleon in Deutschland‹ festlich illuminiert.

Die österreichische Armee setzte dessenungeachtet ihren Vormarsch fort und kreiste allmählich die unglückselige illyrische Regierung in Triest ein. Aus allen Richtungen eilten die aus Kroatien, Dalmatien, Karniolien verjagten Beamten in die Stadt. Hunderttausend Österreicher bedrohten Triest, nur siebenhundert Mann konnten ihnen entgegengestellt werden. Der Generalgouverneur berief sämtliche Nationalgarden der Provinz ein, wartete aber nicht auf ihr Eintreffen. Kaum war er in Triest eingetroffen, dachte er bereits wieder an Aufbruch, denn er war sicher, daß die Katastrophe über das ganze Kaiserreich hereinbrechen würde. Wie in Laibach mußte der Schein gewahrt bleiben. Als der italienische Konsul Buttura ihn am 3. September um Pferde für die Fahrt nach Venedig bat, ersuchte er den Konsul, die Abreise im Hinblick auf die Moral der Bevölkerung noch zu verschieben. Doch am 8. September war die Garnison noch mehr zusammengeschmolzen und im übrigen durch einen Mißerfolg entmutigt, so daß der Generalgouverneur um seine Sicherheit fürchtete, die Stadt verließ und sich nach Görz absetzte. Die wichtigsten Beamten der Regierung folgten ihm.

Zum gleichen Zeitpunkt zog sich der Vizekönig in das allerdings auch schon bedrohte Italien zurück. Jetzt entschloß sich der Herzog von Otranto, das Zeichen zum Rückzug zu geben ... Am 24. September wurden die letzten in Triest verbliebenen Beamten nach Görz gerufen;

am nächsten Tag umzingelten die Österreicher die Stadt zu Lande, die Engländer zur See. An diesem Tag stellte Fouché fest, daß vergessen worden war, Nodier aus Triest herauszuholen. Er ließ nach ihm suchen und brachte ihn, vermöge eines wohldurchdachten Plans, nach Görz. Ein Beweis für die ungewöhnliche und beharrliche Kaltblütigkeit des Generalgouverneurs im Augenblick höchster Gefahr.

Der vollständige Zusammenbruch war da: Laibach und Triest kapitulierten, die illyrischen Provinzen waren verloren. Auf Anweisung des Generalgouverneurs strömten die letzten Beamten aus allen Richtungen in Görz zusammen; sie kamen aus Laibach, Villach, Zara und Triest und waren verängstigt und bestürzt. Die Regierung war vollzählig beieinander und trat den Rückzug an: die Verwaltungsbeamten mit ihren Archiven, die Finanzbeamten mit ihren Kassen, auch Nodier, der seine Zeitung hatte aufgeben müssen. Alle folgten Fouché, sogar die Kranken aus den Spitälern, die Bergwerksprodukte, das Tabakmonopol. Das Quecksilber aus Idria wurde nach Venedig geschickt, der zunächst in Fiume gesammelte Tabak wurde verkauft und, wie das Salz, für die Löhnung der Soldaten und sonstigen ausstehenden Sold verwendet. Ein Rückzug in allen kriegerischen Ehren, mit Waffen und Troß. ›Ich mußte‹, schrieb Fouché, ›auch das Unvorhersehbare in Betracht ziehen, sonst wäre alles verlorengegangen, und ich mußte Überstürzung sowie unüberlegte Maßnahmen vermeiden, mit denen man dem Nutzen des Augenblicks die Möglichkeiten für die Zukunft opfert, und es wäre auch Zweifel aufgekommen, ob wir die Absicht oder die Hoffnung hätten, je wieder in diese Provinzen zurückzukehren.‹

Der armselige Haufen von Beamten ohne Amt scharte sich jetzt in sonderbarer und fast hinderlicher Treue um den Generalgouverneur, er war ihre einzige Hoffnung. Er verließ Görz am 3. Oktober und traf am gleichen Tag in Udine ein, blieb aber nur bis zum 7. des Monats und machte sich auf den Weg nach Venedig. Die Beamten setzte er nach Parma in Marsch, von wo aus sie, resigniert, aber in Sicherheit vor den Österreichern und der aufrührerischen Bevölkerung, weiter nach Frankreich reisen sollten.

Von der Lagunenstadt aus blickte der Herzog von Otranto hinüber zur anderen Seite der Adria. Er sprach von all dem, was hätte unternommen werden müssen. ›Das Aufbauschema, das in den illyrischen Provinzen angewendet worden ist, hat nicht ausgereicht, um der Polizei Kraft und Handlungsfreiheit zu geben, was in einem Land, das unendlich lange Meeres- und Landgrenzen hat, notwendig ist, in einem Land, das von Völkerstämmen bewohnt ist, die so unterschiedliche Sitten und Gebräuche und Verwaltungsbehörden haben.‹

Für seinen Rückzug bedurfte es keiner Entschuldigung, im Gegenteil, er machte ihm Ehre, und es ist durchaus nötig, etwas länger bei diesen Geschehnissen zu verweilen, die bei dem ungeheuren Zusammenbruch des napoleonischen Reichs so gut wie unbeachtet geblieben sind. Sie tragen in besonderer Weise dazu bei, Fouchés Physiognomie deutlich werden zu lassen. Die Vorgänge haben bewiesen, daß Untätigkeit und Zurückgezogenheit Fouchés ungewöhnliche Talente zum Regieren und Verwalten, die ihn stets auszeichneten, nicht gelähmt hatten. Diese Regierung von zweimonatiger Dauer bleibt eine der merkwürdigsten Episoden in Fouchés Leben. Aber der Flüchtling grübelt in Venedig bereits über andere Projekte nach.

18

Fouché in Italien

Am 9. Oktober kam der Herzog von Otranto in Venedig an. Er wollte aber ungesäumt nach Turin weiterreisen, von wo aus er schnell nach Frankreich gelangen konnte. Die Ereignisse überstürzten sich. Er verfolgte sie gespannt und fragte sich, welche Rolle er dabei spielen könne. Die allgemeine Auflösung begann: der Kaiser setzte in Leipzig seine letzte Karte aufs Spiel und verlor. Was würde in Paris geschehen? Revolution, Staatsstreich, Restauration? Jetzt schien es Fouché wichtiger denn je, in den Kulissen, in allernächster Nähe der Bühne zu stehen. Italien wankte und machte sich langsam los, der Vizekönig Eugène bewies bewundernswerte Treue, Mailand jedoch, schrieb der Herzog von Otranto, ›bezeigte schändlichen Kleinmut‹. Von Murat geschürte lokale Aufstände machten dem General Miollis Sorge; in der Toskana wußte die ängstliche, unentschlossene Großherzogin Elisa, die keinen Ratgeber und Helfer hatte, nicht, was sie tun sollte. Die größte Gefahr aber bestand in dem möglichen, von Tag zu Tag sich stärker abzeichnenden Abfall des Königs Murat.

Nach dem neuerlichen Zusammenbruch hatte sich Joachim Murat wieder auf den Weg nach Italien gemacht. Kaum war er in Neapel angelangt, bedrängten ihn Engländer und Österreicher: Sie wollten ihn für die Koalition gewinnen. Stärker noch war der Druck der italienischen Patrioten, die das napoleonische Joch abwerfen, aber nicht unter das österreichische kommen wollten. Murat war ein schwacher Charakter, war leicht zu beeinflussen. In Neapel hatte, um ihn herum, jede Partei ihre Anhänger, die sich um ihn rissen, ihn binnen einer Woche zu zehn verschiedenen Entscheidungen drängten und ihn letztlich zu der einzigen, zu der die Königin Caroline riet, zum Abwarten zwangen.

Fouché übersah die Situation sehr genau. Ganz Italien war vom Fieber der Auflehnung geschüttelt. Schnellstens verließ er also Venedig, eilte nach Mailand, schickte sich an, den Simplon zu überqueren, um als treuer Diener, der seine Fähigkeiten dem bedrohten Gebieter zur Verfügung stellt, Paris zu erreichen. Dazu benötigte er jedoch die Zustimmung des Kaisers. Die Wartezeit wollte er ausnützen und für eigene Zwecke bei Murat persönlich vorfühlen. Vielleicht dachte er daran, den verwegenen Reitergeneral wie 1808 in seine noch nicht völlig ausgegorenen Pläne einzuspannen. Zufällig traf er in Bologna La Vauguyon, den vertrauten Adjutanten Murats, der nach Neapel auf dem Weg war. Fouché benutzte die Gelegenheit, um dem König Ratschläge und Ermutigungen zukommen zu lassen. Er deutete an, daß Murat zu Großem berufen sein könne, wenn er die Unabhängigkeit Italiens proklamierte. Er beeindruckte La Vauguyon, der den König von Neapel über diese von der Vorsehung gewollte Begegnung und die interessante Unterhaltung unterrichtete. Fouché wollte am 20. von Bologna über Parma nach Mailand reisen, entschlossen, nach Frankreich zurückzukehren. Als er jedoch in Parma am 21. eintraf, erreichte ihn ein Brief des Kaisers, am 15. November in Saint-Cloud abgeschickt. Napoleon wollte ihn lieber fern von Frankreich wissen.

Das eigenartige Duell zwischen Napoleon und seinem Minister ging weiter. Unter keinen Umständen wollte der Kaiser Fouché in Paris haben, Talleyrand genügte ihm vollauf. Ihn leitete dieselbe Absicht wie damals, als er ihn von Dresden nach Laibach beorderte, jetzt schob er ihn unter dem Vorwand einer neuen ›vertraulichen Mission‹ von Mailand nach Rom und Neapel ab. Der Vizekönig brauchte einen Ratgeber, Elisa einen Vormund, Rom einen Kopf, und in Neapel war ein geschickter Agent nötig. Der Kaiser wollte, daß Fouché diese Rollen in Italien übernähme, auf die Gefahr hin, daß er, was tatsächlich eintrat, der Konkursverwalter des napoleonischen Zusammenbruchs jenseits der Alpen wurde.

In dem Brief vom 15. schrieb Napoleon seinem früheren Minister vor, sich eiligst nach Neapel zu begeben, ›um dem König klarzumachen, wie wichtig es sei, daß er mit fünfundzwanzigtausend Mann an den Po marschiere‹. Er setzte hinzu: ›Bringen Sie dies auch der Königin zur Kenntnis und tun Sie Ihr möglichstes, um zu verhindern, daß man sich dort durch trügerische Versprechungen Österreichs und durch Metternichs honigtriefendes Gerede in die Irre führen läßt. Der Marsch der neapolitanischen Armee an den Po ist von höchster Bedeutung ... Sie selber gehen mit der neapolitanischen Armee, wenn der König der Ehre und dem Vaterland treu bleibt, oder Sie begeben sich eilig nach Turin zurück, wo Sie neue Befehle vorfinden werden. Nehmen Sie den Weg über Florenz und Rom und erteilen Sie allen Leuten dort die Ratschläge, die die Umstände erfordern.‹

Es ist oft die Frage gestellt worden, ob der Bevollmächtigte des Kaisers ihm treu war oder ob er ihn verraten hat. Dieser Punkt bleibt im Leben des großen Abenteurers noch aufzuklären. Die Zeitgenossen sind geteilter Meinung. Von den verschiedenen Zeugnissen ist vor allem ein Dokument von überragender Bedeutung: die Korrespondenz des Herzogs von Otranto mit Napoleon und mit Murat. In gewisser Weise kann dieser Schriftwechsel als Beweis für beide Ansichten gelten. Es ist nicht möglich, Fouché mit einem einzigen Wort zu beurteilen: sein Gebaren ist niemals einfach, es ist komplex, und eine Handlung entwickelt sich aus der anderen. Es steht außer Zweifel, daß ihn im November 1813 eher Murats Fortüne am Herzen lag als der Dienst am Kaiser. Hierin kann die Tatsache des Verrats gesehen werden. Sicherlich hat er mit dem ihm eigenen Zynismus König Joachim die beiden völlig entgegengesetzten, in seinem Kopf aber dem gleichen Ziel dienenden Pläne vorgeschlagen: Murat an den Po zu bringen, über die Alpen und zugleich an die Rhône. Der eine Plan bestand darin, nach außen hin der Verbündete des Kaisers und sein einziger Statthalter auf der Halbinsel zu bleiben, ihm den Beistand eines geeinten, hinter dem König von Neapel stehenden Italiens zu verschaffen, demnach also die Annäherungsversuche der italienischen Patrioten nicht völlig zurückweisen. Der zweite Plan war der Plan des Verrats. Wenn der König den Bruch mit Napoleon herbeiführen will, darf er nicht zögern, er muß etwas wagen, von Österreich den Besitz Italiens fordern, sich nichtsdestoweniger zum Schutzherrn der französischen Behörden gegen eine Reaktion machen, die in diesem heißblütigen Land alle Menschen, die sich der Revolution und dem Kaiserreich angeschlossen haben, einer neuen ›Sizilianischen Vesper‹ aussetzen könnte: mit einem Wort, ein Übergangsregime zu schaffen. In beiden Fällen dient der König Frankreich und den Franzosen, mit oder gegen den Kaiser. In beiden Fällen kann Murat auch zu gegebener Zeit in Frankreich einmarschieren und schnell nach Lyon und Paris gelangen. Wer weiß, vielleicht zieht durch dieses Manöver zu gegebener Zeit ein neuer Herr in die Tuilerien ein?

Wie auch immer, im Moment, da er den Brief vom 15. November bekommt, scheint Fouché geneigt, ganz in dem Sinn zu handeln, der ihm vorgeschrieben worden ist. Gleich am 21. schreibt er einen Brief an Murat, in dem er mitteilt, daß der König von Neapel mit seinen Soldaten mit höchster Ungeduld in Bologna erwartet würde, um sich gegen die Österreicher zu stellen.

›Unser Schicksal, Sire‹, meinte der Herzog von Otranto, ›unabhängig vom Unterschied des Ranges, unser Schicksal hat eine und dieselbe Grundlage. Wir verdanken sie dem Kaiser. Es ist auf ihn gegründet, auf die Unverletzlichkeit seiner Macht.‹ Und angelegentlich läßt er sich über dieses Thema aus.

Der Brief blieb ohne Wirkung. Murat hatte schon geantwortet: am 23. November teilte er seinem Schwager mit, daß er seine Truppen in Marsch gesetzt habe, daß er nach Rom, Florenz und Mailand geschrieben und die Versicherung über den Fortbestand abgegeben habe. Wobei er sich außerdem darüber beklagte, daß die französische Allianz ihn zwinge, sein eigenes Königreich zu entblößen, das von allen Seiten durch die Engländer bedroht sei. In Wahrheit wurde dadurch Zweideutigkeit hervorgerufen. Wurden diese Truppen dem Vizekönig zur Verfügung gestellt oder waren sie gegen ihn gerichtet? Die Frage stellte sich für alle, wahrscheinlich sogar für König Joachim selbst.

Bei der Rückkehr Murats nach Neapel schien es, als wolle er mit dem Kaiser brechen. Am 28. begannen die ersten Truppen ihren Marsch in Richtung Norden, doch stellte sich der König nicht an die Spitze, wie man es erwartet hatte. Baron Durand, der französische Gesandte in Neapel, gab seinen Befürchtungen Ausdruck. Im alliierten Lager hingegen war man viel sicherer, daß Murat abfallen würde. Als die Mission des Herzogs von Otranto bekannt wurde, fragte man sich in Italien mit einer gewissen Skepsis, ob der Bevollmächtigte Napoleons rechtzeitig eintreffen, ob er deutlich genug sprechen, entschlossen, geschickt und selbst entschieden sein würde, um einen definitiven Akt zu verhindern.

Fouché hatte Mailand am 22. November in Begleitung seiner Familie verlassen, am 23. war er in Florenz eingetroffen, ohne jedoch die Großherzogin Elisa, die in Pisa war, anzutreffen. Ihrem Gemahl, dem Prinzen Felix, verhehlte er sein Erstaunen nicht, daß die Großherzogin sich zur Kur begeben hatte. Er hielt sich nur wenige Stunden in Florenz auf, nahm am 24. die Post nach Rom, wo er am 25. des Monats anlangte.

Sein Erscheinen erregte Aufsehen, zumal er so tat, als wolle er eine große Rolle spielen. Gern legte er selber sich den, wenn auch überholten, Titel eines Generalgouverneurs der Römischen Staaten oder eines Staatsministers bei. In Rom wußte man, daß er der Abgesandte des Kaisers war, und das genügte, um ihm Ehren zu erweisen. So empfing er, kaum eingerichtet an der Piazza di Spagna, den Besuch des Generals Miollis und anderer hoher Beamter. Am Abend des 26. November brach er auf nach Neapel, erklärte seiner Umgebung, er ginge dorthin, ›um Murat auf den Trab zu bringen‹. Nach außen hin für die Bevölkerung hieß es, er mache eine ›Vergnügungsreise‹ mit seinem Sohn. Vorausgeschickt hatte er einen langen Brief an den König von Neapel, in dem er ihn drängte, im Sinne des Briefes vom 21. November zu handeln. Durch die neapolitanischen Zeitungen ließ er gleich die Meldung verbreiten, er habe den Aufenthalt in Rom benutzt, um als einfacher Tourist die Schönheiten der unvergleichlichen Stadt zu besichtigen.

Am 1. Dezember erbat und erlangte dieser seltsame ›Tourist‹ eine Audienz beim König. Er verbrachte den ganzen Tag beim Herrscherpaar. Dem Brief des Herzogs von Otranto an den Kaiser zufolge hatte der König in ungestümen Worten seiner persönlichen Ergebenheit Napoleon gegenüber Ausdruck gegeben. ›Ich habe es nicht nötig, darauf hingewiesen zu werden, dem Kaiser zu dienen‹, hatte er gesagt, ›ihm gehört mein Herz. Aber unter den gegebenen Umständen kann ich nicht offen vorgehen, ohne die Sicherheit meiner Staaten zu gefährden. Die fünfundzwanzigtausend Mann, die ich dem Kaiser versprochen habe, sind auf dem Marsch. Der Kaiser kann auf mich zählen.‹ Der Herzog von Otranto sagte, er vertraue der Aufrichtigkeit des Königs. Ob seiner eigenen Aufrichtigkeit zu trauen war, ist die Frage, wenngleich er in demselben Brief seiner ›Zuneigung‹ zu Napoleon Ausdruck gab. Er wolle, sagte er, ihm ›zu diesem Zeitpunkt, da das Glück ihm untreu geworden ist‹, Beweise der Treue geben, ihn ›über allen Kummer hinwegtrösten, den er durch Kleinmut und feigen Verrat erlitten habe‹.

Der Herzog von Otranto konnte die Angelegenheit, die ihm anvertraut war, nach seinem Belieben behandeln. Der König traf sich jeden Tag mit ihm. Baron Durand schien sich allerdings von diesen Unterhaltungen nicht viel Gutes zu erwarten. Er schrieb am 4. Dezember: ›Die Anwesenheit des Herzogs von Otranto, seine langen Gespräche mit dem König, der Empfang, der ihm zuteil wird, bilden einen so starken Kontrast zu jenem Aufruf [ein franzosenfeindlicher Tagesbefehl des Königs], daß die Geister ganz verwirrt sind.‹ Der zu den Gesprächen nicht zugelassene französische Gesandte machte aus seinem Mißtrauen kein Hehl. Daß die Truppenentsendungen, die alle Welt – wie

Baron Durand bezeugt – als gegen den Vizekönig gerichtet glaubte, eingestellt worden waren, schrieb man Fouchés Vorstellungen zu.

Warum blieb der Herzog von Otranto so lange in Neapel, da er zuvor doch so eilig nach Frankreich zurückwollte? Hegte er bereits den Plan, zusammen mit dem kühnen Joachim Murat in Paris einzuziehen? Blieb er, um den König unter seiner Kontrolle und Vormundschaft im Gefolge der nach Norden entsandten Truppen nach Rom, Florenz, Mailand und vielleicht Lyon und Paris zu bringen, in einer Absicht, die fragwürdig blieb? Auf jeden Fall war er, wie König Joachim, anscheinend zornig auf die römischen Behörden, von denen die neapolitanischen Truppen mit berechtigtem Mißtrauen aufgenommen wurden. Als wolle er sich im voraus gegen jede Anschuldigung, gegen den Vorwurf der Komplicenschaft verteidigen, legte er dem Kaiser alles dar, pries die merkwürdige Politik, die er, wie er sagte, mit dem König trieb, den er in der Tat wie ein großes Kind behandelte: ›Selbst wenn ich den Beweis hätte, daß der König mit der Koalition verhandelt, würde ich ihn durch Vorwürfe nicht erzürnen und alle Mühe aufwenden, um sein Herz zu rühren. Sollte es kein anderes Mittel geben, ihm das Wohl des Vaterlandes vor Augen zu führen, muß ihm klargemacht werden, daß er selbst aus ihm hervorgegangen ist.‹

Er rühmte sich, daß sich der König durch seine Gegenwart beeindrucken ließ und daß er ihn im Zaum hielt, ›indem er ihm vor Augen hielt, welche ruhmvolle Rolle ihm durch die Verhältnisse zufiele‹. Auf jeden Fall hatte es den Anschein, als habe sich der Herzog von Otranto eher erobern lassen, als daß er erobert habe, denn er machte sich zum Sprachrohr der Beschwerden des Königs über die demütigende Behandlung, die dieser seitens des Kaisers erfuhr. Er ging noch weiter: er plädierte im voraus für mildernde Umstände wegen einer Abtrünnigkeit, die jetzt für wahrscheinlich galt. Damit gestand er ein, daß er auf die Abtrünnigkeit vorbereitet war und sie entschuldigte. Fouché gab zu, daß die Königin ihm am 1. Dezember folgende Worte hatte zukommen lassen: ›Herr Herzog, Sie kommen zu spät, das Herz des Königs gehört dem Kaiser, aber seine Phantasie hat ihn verleitet.‹ Warum blieb er, da er zu spät gekommen war? War der Platz eines Abgesandten des Kaisers an der Seite und im vertrauten Kreis eines Mannes, von dem er wußte, daß die Feinde ihn für sich gewonnen hatten? Nicht ohne Ironie schrieb Durand am 17. Dezember: ›Während seines Aufenthalts in Neapel hat der Herzog von Otranto Ihre Majestäten jeden Tag gesehen. So häufige und so lange Unterhaltungen können nicht ohne bedeutende Ergebnisse gewesen sein.‹

Am 18. Dezember verließ der Herzog schließlich Neapel, sei es, daß er die Hoffnung aufgegeben hatte, das zu erreichen, womit er beauftragt war, sei es, daß er das Ziel, das er sich gesetzt, erreicht hatte. In Rom traf er am folgenden Tag ein und blieb zwei Wochen. Hier wurde sein Vertrauen in die Festigkeit der französische Herrschaft in Italien vollends ins Wanken gebracht. Das Land wollte unabhängig sein. Das mußte erkannt werden. In seinen Briefen an den Kaiser gab er seiner Genugtuung Ausdruck darüber, daß die römische Nationalgarde ohne jede Schlagkraft sei, ›denn zum gegenwärtigen Zeitpunkt würde sie den Interessen Frankreichs nicht förderlich sein.‹ Die Leute, die Miollis an die Spitze dieser Nationalgarde gestellt habe, ›würden den Abtrünnigen nur Führer liefern‹. Mit den Verwaltungsbehörden war er nicht zufrieden. Er forderte die Obrigkeiten auf, Murat gegenüber die vorsichtige Haltung aufzugeben; einerseits betonte er, der König bleibe ein Freund Frankreichs, andererseits setzte er gegenüber dem Adjutanten von Miollis, namens Bellaire, ein geheimnisvolles, vielsagendes Gesicht auf.

Fouché zweifelte wohl nicht mehr an Murats Abtrünnigkeit, er wollte seine eigenen Absichten fördern, dabei aber, so gut es ging, jeden Bruch, jeden Konflikt vermeiden, bevor Murat den Po erreichte. Die Ereignisse gingen ihren Gang, Frankreich würde besetzt werden, vielleicht war es gut, daß der Schwager des Kaisers nicht so weit gebracht worden war, sich unwiderruflich gegen sein früheres Vaterland zu stellen. Fouché wußte allerdings, daß Joachim einen österreichischen Abgesandten erwartete, der in der Tat am 31. Dezember in Neapel eintraf. Am 25. hatte der König die Maske fallenlassen, als er von Napoleon verlangte, die Unabhängigkeit Italiens bis zum Po zu proklamieren. Nur unter dieser Bedingung könne er in der Allianz bleiben. Während auf die Antwort des Kaisers gewartet wurde, marschierten die neapolitanischen Truppen auf dem Weg nach Bologna, unter dem Vorwand der bedingten Freundschaft, in die Römischen Staaten ein und bedrohten die Toskana. Die Obrigkeiten von Rom verhielten sich argwöhnisch, da sie nicht wußten, woran sie waren. Man erwartete nichts Gutes von der ständigen Korrespondenz, die, wie alle wußten, zwischen dem König und dem früheren Minister geführt wurde.

Vermutlich übermittelte Fouché dem Kaiser nicht mehr alle Briefe, die er an Murat schickte. Er wollte die Zweideutigkeit fortbestehen lassen, er bestätigte, daß der König in seiner Entschlossenheit beharre, ›sein Charakter neige mehr zum Heroismus als zur Festigkeit‹. Vor allem müsse Murat sich an die Spitze seiner Armee stellen, sagte er noch. Das aber war eine Aufforderung zum Verrat, da jede entschiedene Unternehmung Murats von jetzt an gegen die Franzosen gerichtet sein mußte. Der Herzog blieb auch bei seiner Rolle als Advokat des Königs und beklagte sich in seinem Namen über die Schroffheit und das Mißtrauen des Kaisers. Der kaiserliche Bevollmächtigte schlug sich offenkundig auf die Seite des Gegners.

Am 5. Januar verließ er Rom. Vom 3. an schien es, als wolle er Murat dort nicht begegnen, denn welches Gesicht hätte er im Beisein von Miollis und Norvins dem König von Neapel zeigen sollen? Welche Rolle hätte er in einem möglichen Konflikt übernommen? Der König hatte es zum Bruch kommen lassen. Mit einem Schwall sentimentaler Phrasen hatte er dem Kaiser geschrieben, er sähe sich ›gezwungen‹, sich gegen ihn zu erklären. Am 31. Dezember war der österreichische Sonderbeauftragte, Graf von Lemberg, offiziell von Murat empfangen worden. Am 4. Januar war der Adjutant Lord Bentincks, Graham, mit einer englischen Fregatte gelandet. Schließlich hatte der neapolitanische Außenminister, Marquis del Gallo, im Lauf einer Unterhaltung dem französischen Gesandten erklärt, daß der König weder für den Kaiser noch für Frankreich irgend etwas tun könne. Am 11. Januar wurde ein Vertrag unterzeichnet, der aus dem Freiwilligen von 1792 einen Verbündeten von ›Pitt und Koburg‹ machte.

Fouché konnte nicht mehr so tun, als wisse er nichts. Die Königin hatte ihm eine Mitteilung zukommen lassen, in der zu lesen war, daß die Ankunft der auswärtigen Gesandten ›das Ergebnis der Unterhaltungen mit dem König und seiner Mission bei ihm‹ zunichte gemacht habe. Der Bevollmächtigte verließ daher Rom überstürzt am 5. Januar. Am 6. war er in Florenz, wo er seine alte Freundin Elisa Bonaparte in tausend Ängsten vorfand. Es hieß, Murat sei entschlossen, die Toskana zu besetzen und seine Schwägerin zugunsten des Großherzogs von Würzburg, dem von der Koalition Florenz versprochen worden war, zu stürzen. Fouché meldete Maret, dem Herzog von Bassano, am 12. Murats Verrat und versprach, noch einmal beim König zu intervenieren. Ihm war natürlich daran gelegen, jeden Verdacht einer Komplicenschaft auszuräumen, er klagte über ›den großen Kummer, den er darüber empfinde, daß seine Mission in Neapel so wenig Erfolg gehabt habe.‹

Merkwürdiger Kummer! Auf jeden Fall ein Kummer ohne Groll, denn in den Beziehungen Fouchés zu dem, der ihn dem Anschein nach betrogen und ihm übel mitgespielt hat, ist keine Abkühlung, keine Bitterkeit festzustellen. Im Gegenteil, die Herzlichkeit zwischen den beiden Männern wird größer, wie wenn von jetzt an gemeinsame Pläne und Ziele sie verbänden. Auf einmal ist der Abgesandte des Kaisers der Ratgeber des Verräters, der geistige Führer des Verrats.

Da der König den Bruch gewollt hat, soll er schnell handeln: der entscheidende Schritt muß Früchte tragen, es geht darum, soll Fouché gesagt haben, schneller in Lyon zu sein als Ludwig XVIII. in Calais. Joachim Murat soll kein benachteiligtes Mitglied der Koalition sein. ›Ich muß betonen‹, schreibt er ihm am 20. Januar aus Florenz, ›daß die Aufstellung einer guten Armee für Sie notwendig ist. Sie ist Ihr einziges Pfand. Sie ist das einzige Mittel, um Einfluß in der Koalition auszuüben.‹ Ein interessanter Satz aus der Feder von Napoleons Bevollmächtigtem! ›Sie fordern mich auf‹, schreibt er noch, ›Sie gegen jegliche Verleumdung zu verteidigen. Wer sollte Sie treffen in der Höhe, zu der Sie sich aufschwingen werden? ... Wie alle Dinge auf dieser Welt wird Ihr Verhalten in dieser Situation durch den Erfolg gerechtfertigt werden. Wenn Sie zur allgemeinen Befriedung beitragen können, wenn Ihr Name Gewicht genug erlangt auf der Waage der europäischen Angelegenheiten, um die Würde der Throne wiederherzustellen und die Unabhängigkeit der Nationen, wird man Sie auf Erden selig preisen. Lassen Sie eilig bekannt werden, daß Sie die Allianz mit der Koalition nur eingegangen sind, weil sie Ihnen bei dieser edlen Absicht Hilfe leiht.‹

Das ist der beschönigende Vorwand für die große Schonung, die dem König von Neapel zuteil wird, und für die Annäherungsversuche an ihn. Allen Franzosen, nicht nur der Großherzogin Elisa muß die Möglichkeit verbleiben, ›sich ruhig und ehrenhaft‹ zurückzuziehen, es muß jede Gewalttätigkeit gegen sie, jede Belästigung verhindert werden. Der Bevollmächtigte des Kaisers maßt sich aus eigener Befugnis das Recht an, das Kaiserreich in Italien zu liquidieren. Vor allem kommt es ihm darauf an – mit welchem Hintergedanken, ist nicht schwer zu erraten –, daß kein Konflikt zwischen dem König von Neapel und den Franzosen ausbricht, kein nicht wiedergutzumachender Akt geschieht, der zwischen Murat und die Tuilerien auch nur einen Tropfen französischen Bluts bringt. Der gleiche Gedanke wird zur gleichen Zeit von Bernadotte erwogen und hält ihn an der belgischen Grenze zurück. Alle diese von Ehrgeiz besessenen Leute stehen auf der Lauer, warten ab, und Fouché wacht darüber, daß der Kaiser – dem er, wie er noch schreibt, ›als loyaler Untertan‹ dient – einen möglichst guten Nachfolger bekommt.

Außer Miollis, dem aufrechten und argwöhnischen Soldaten, geben sich alle bereitwillig dieser Politik anheim. Elisa ist in Fouchés Hand. Die Fürstin geht so weit, daß es den Anschein hat, sie sei mit Murat und selbst mit den Engländern im Einvernehmen. Als Belohnung für diese Haltung läßt Fouché ihr die Hoffnung, sie könne Lucca behalten.

Miollis soll zu gegebener Zeit ausgeschaltet werden. Bleibt noch der Vizekönig. Fouché verhandelt mit Mailand. Vielleicht macht er Eugen in tückischer Absicht auf jenen Satz eines Briefes Metternichs an Caroline aufmerksam, in dem es heißt, daß Napoleon bereit ist, Italien herzugeben, dieses Königreich, das Eugène seit zehn Jahren versprochen worden ist und das die Koalition ihm als Preis für den Abfall anbietet, den er noblerweise von sich gewiesen hatte. Endlich wendet sich Fouché an den Kaiser selbst, um ihm die völlige Räumung Italiens anzuraten. Seine Argumente sind stichhaltig: am 8. Februar gibt Napoleon Clarke den Befehl, an die Großherzogin und an Miollis zu schreiben, daß Murats Verrat es unmöglich gemacht habe, die Toskana und die Römischen Staaten zu halten; sie sollten diese Provinzen dem König von Neapel übergeben ›und die Bedingung stellen, daß alle Beamten sich über die Alpen zurückziehen können‹. Der Herzog von Otranto wird offiziell beauftragt, diese Kapitulation mit Joachim zu verhandeln.

Was beabsichtigt Napoleon? Opfert er ganz Italien, nur weil er Fouché noch einige Tage jenseits der Alpen festhalten, ihn in eine Verhandlung einspannen will, von der er meint, sie würde lange dauern? Oder setzt er tatsächlich noch Vertrauen in seine Ergebenheit, in seine Treue? Jedenfalls hat Fouché gewonnenes Spiel: mit Murat fällt jeglicher Widerstand in Italien in sich selbst zusammen. Die überschwengliche Dankbarkeit des Königs von Neapel ist erklärlich. ›Ich bin Ihnen unendlich dankbar für Ihre freundliche Fürsorge‹, schreibt der König, der das Kaiserreich verrät, dem offiziellen Vertreter des Kaisers. ›Nie werde ich die richtigen Worte finden, um auszudrücken, wie sehr ich Ihr edles und großherziges Vorgehen anerkenne. Ich bin nicht überrascht gewesen: ich habe Sie immer für einen Ehrenmann gehalten, für einen treuen und mutigen Freund. Nehmen Sie meinen aufrichtigsten Dank entgegen.‹ Das mußte den früheren Minister dazu ermutigen, Murat in die Tuilerien zu bringen.

Aus weiter Ferne machte der König sich auf den Weg. Am 19. Januar hatte La Vauguyon, im Namen seines Herrn, des Königs Joachim, von den Römischen Staaten Besitz ergriffen. General Miollis hatte sich in der Engelsburg verschanzt. Dann waren die Neapolitaner in die Toskana eingerückt. Elisa verließ Florenz am 1. Februar mit den französischen Truppen; nur eine kleine Garnison blieb in den Forts zurück. Fast ungehindert besetzten die neapolitanischen Truppen die Stadt der Mediceer. Am Abend des 2. Februar verließen auch Fürst Felix Bacciochi, der Präfekt Fauchet, der Polizeidirektor Lagarde und andere hohe Beamte die besetzte Stadt. Der Herzog von Otranto befand sich in dem Geleitzug.

Er war nach Lucca zur Großherzogin gegangen, seine Kinder hatte er mit dem Hauslehrer Sarchi dem Fürsten Felix anvertraut, der sich mit den toskanischen Beamten nach Genua begab. Fouché hatte versprochen, sich in Bälde mit ihnen dort in Ligurien zu treffen. In Genua bekam er einen Brief des Kaisers, durch den ihm befohlen wurde – neuer Meinungsumschwung! – nach Frankreich zu kommen, über Marseille und Lyon, wo Fouché einige Wochen danach feststellen muß, daß Befehl gegeben worden war, ihm die Fahrt nach Paris zu verwehren. Bereute Napoleon die neuen Vollmachten, die er seinem sonderbaren Diener gegeben hatte? Es ist ein durchaus erklärlicher Widerspruch, daß jetzt Fouché nicht nach Frankreich zurück wollte. Er wurde in Genua gesucht, wo er aber zur großen Überraschung der Agenten Savarys, die in Bewegung gesetzt worden waren, um ihn zu finden, gar nicht auftauchte. Er war ein Nomade und unauffindbar geworden. Er hatte versucht, Murat zu treffen, am 2. März war er in Florenz gesehen worden. Dann ließ er seine Absicht laut werden, er wolle über Bologna nach Parma reisen, er habe von den Österreichern freies Geleit zugesichert bekommen.

In Wirklichkeit hatte Fouché die letzten Februartage dazu verwendet, in Lucca mit General Lecchi, dem Vertreter des Königs von Neapel, ein Abkommen zu besprechen und abzuschließen, das die Räumung Italiens zum Inhalt hatte. Das Abkommen wurde am 24. Februar unterzeichnet, am 27. übergab Miollis, davon unterrichtet, die alte päpstliche Festung in Rom.

Bis zum Po war Italien jetzt Murat untertan. Der Herzog von Otranto wollte die Halbinsel nicht verlassen, ohne den Mann gesehen und gesprochen zu haben, dem er diesen ungeheuren Dienst erwiesen hatte. Das Zusammentreffen fand in Modena statt. Der kaiserliche ›Vertreter‹ wohnte mit der Heiterkeit dessen, der gegen alle Überraschungen des Lebens gefeit ist, der Ankunft und dem Empfang des österreichischen Emissärs in Modena bei, der gekommen war, um im Namen des Hauses Habsburg dem Schwager Napoleons die Investitur des Königreichs Neapel zu überbringen. Überschwenglich nahm Fouché Abschied vom König von Neapel, er empfahl ihm, vor allem jeden Konflikt mit Eugène zu vermeiden. Dann machte er sich nicht nach Genua auf, wo des Kaisers Polizei nach ihm fahndete, sondern nach Turin. Am 11. März überschritt er die Alpen.

Mit dem Gefühl innerer Genugtuung, eine ›Pflicht erfüllt‹ zu haben, eilte er nach Frankreich, wo zu dieser Stunde die schwerwiegendsten Ereignisse vor sich gingen.

19

Die Brüder Ludwigs XVI.

In den Monaten Februar und März 1814 hatten sich die Ereignisse in Frankreich überstürzt. Der Kaiser kämpfte um jeden Fußbreit Boden. Der glänzende Feldzug in Frankreich hielt die Dinge noch in der Schwebe. In Turin hatte Fouché von den großen Erfolgen gehört, die im Tal der Seine gegen Schwarzenberg errungen worden waren, und im Tal der Marne gegen Blücher: Champaubert am 10. Februar, Montmirail am 11., die Russen nach Château-Thierry zurückgeworfen, die Preußen am 14. bei Vauchamps geschlagen, der Sieg von Montereau über die Österreicher am 18., Schwarzenbergs Rückzug. Aber der Herzog von Otranto gehörte nicht zu den Enthusiasten, die sich von brillanten, doch zermürbenden Siegen blenden lassen, für diesen kühlen und skeptischen Politiker waren verwegene Bajonettangriffe, Salven und Kartätschen von geringerer Bedeutung angesichts eines Protokolls, das ganz Europa gegen Napoleon zu einem Krieg auf Leben und Tod zusammenschloß.

Dieses Protokoll war am 1. März in Chaumont unterzeichnet worden. Es war ein Todesurteil für Napoleon und vielleicht auch für das Kaiserreich. Es war höchste Zeit, sich nach Paris zu begeben, die Jagdbeute wurde bereits verteilt. Fouchés Name war schon in Chaumont genannt worden, genauer gesagt, auf der Konferenz in Bar-sur-Seine, im Gespräch zwischen den Mitgliedern der Koalition und den royalistischen Agenten, und zwar in Verbindung mit Talleyrands Namen, der als möglicher Teilnehmer an einer geplanten Umwälzung galt. Man fragte sich, welches Geschick die Bourbonen Fouché zugedacht hatten; auf jeden Fall fühlte er sich aufgerufen oder glaubte, aufgerufen zu sein, eine große Rolle zu spielen.

Am 11. März hatte er die Alpen überquert und war nach Lyon geeilt. Hier mußte er, da er durch die alliierten Armeen von Paris abgeschnitten war, dreizehn Tage bleiben, dann aber wegen der ausgesprochenen und zweifellos befohlenen Feindseligkeit einiger Beamter die Stadt verlassen. Auftragsgemäß ging er nach Valence, dann nach Avignon und versuchte – er war nervös und aufgeregt, noch so weit entfernt zu sein –, über Toulouse, Limoges und das Loire Tal nach Paris zu gelangen. An der Loire traf er auf einige Überbleibsel des kaiserlichen Hofes, die durch den Zusammenbruch des Regimes aus Paris vertrieben worden waren. Unter anderen begegnete ihm die junge Herzogin von Reggio; sie fand ihn besorgt und geschäftig, begierig, Nachrichten zu bekommen, und ärgerlich darüber, daß er sie nicht erhielt. Das war am 4. April, am 8. endlich traf er in Paris ein, doch die großen Intrigen waren schon abgeschlossen: der Verrat hatte ohne ihn stattgefunden.

Paris hatte am 31. März kapituliert. Am 1. April hatte der Senat, unter dem Einfluß Talleyrands, die provisorische Regierung aufgestellt, an deren Spitze Talleyrand selbst stand. Dann hatte der Senat am 3. April Ludwig XVIII. zum König ausgerufen, der sich in Paris von seinem Bruder, dem Grafen von Artois, vertreten ließ. Schließlich hatten die Marschälle dem Kaiser in Fontainebleau die Abdankung abgenötigt. Der Bruder Ludwigs XVI. war somit zur Herrschaft gelangt. Für Fouché bedeutete das nichts weniger als eine Katastrophe.

Möglicherweise war sie zu vermeiden. Gleich nach seiner Ankunft ging er zu Talleyrand; er berief sich auf seinen mehr oder weniger imaginären Titel eines Staatsministers, den er seit einem Jahr trug, und wurde vom Fürsten von Benevent zu den Beratungen der provisorischen Regierung zugelassen. Zur großen Überraschung der Minister saß der ewig wiederkehrende Schattenmann plötzlich von neuem an dem grünen Tisch, an dem er zuletzt vor vier Jahren gesehen worden war. Pasquier, einer der Minister, berichtet, er habe sich ›so am Platze gefühlt, als sei er eine der Hauptsäulen des Gebäudes, das man aufrichten wollte‹. Gelassen und schweigsam ließ er die herben Anschuldigungen über sich ergehen, die während dieser Sitzung erhoben wurden. Anscheinend hatte er eine Lehre daraus gezogen. Er wurde seitdem in den Tuilerien nicht mehr gesehen. Hingegen nahm er seinen Sitz im Palais Luxembourg im letzten Moment ein und blieb nicht untätig. Hier schien sich seit einigen Tagen die gesamte Politik abzuspielen. Eine schwerwiegende Frage stand im Vordergrund: Welche Gewalten sollten dem Grafen von Artois übertragen werden, der von Ludwig XVIII. zum Generalstatthalter ernannt worden war? Auf die Wahrung seiner Rechte bedacht, lag dem Senat daran, daß die Machtbefugnisse dem Grafen durch die Nationalversammlung übertragen würden, die seit kurzem die nationale Vertretung und die gesetzgebende Körperschaft darstellte. Die Legitimität stand zur Debatte, und der Senat war eine Macht, die von Talleyrand unterstützt wurde. Die Anhänger des Grafen von Artois waren beunruhigt über diese Opposition. Man beschloß, eine Konferenz abzuhalten.

Am 14. traf Baron von Vitrolles als Vertreter des Grafen von Artois im Pavillon de Marsan mit einigen Regierungsmitgliedern und einflußreichen Senatoren zusammen. Es kam sogleich zu einer äußerst lebhaften Diskussion. Vitrolles forderte, der Senat solle auf den Generalstatthalter zugehen und ihn bitten, die Zügel des Staates in die Hand zu nehmen. Dies wäre die einzige Konzession, die man der Nationalversammlung machen könne; über ›Bedingungen‹ könne überhaupt nicht gesprochen werden. Talleyrand hüllte sich in mißmutiges Schweigen, andere Mitglieder der Regierung machten Zeichen der Ablehnung, doch plötzlich erhob sich aus einer Fensternische eine spitze, lebhaft protestierende Stimme. Es war Fouché. Er ging in die Mitte des Saales und erklärte, man könne sich auf einen solchen Vorschlag nicht einlassen. ›Es gibt nur eine Möglichkeit, die Schwierigkeit zu beheben. Der Senat selbst muß dem Herrn Grafen von Artois die Statthalterschaft übertragen.‹ Sein Vorschlag fand die Zustimmung der Regierungsmitglieder, mit diesem kühnen Satz wurde die Restauration auf ein anderes Gleis gebracht: aus den Prinzen der königlichen Familie wurden Gewählte des Senats, zu dessen besten Köpfen frühere Konventsmitglieder und frühere Angehörige der Verfassunggebenden Versammlung gehörten wie Sieyès, Garat, Grégoire, Fouché, Roederer, Lanjuinais ...

Vitrolles protestierte laut. Allein durch diese kühne Intervention wurde Fouché wieder zu einer wichtigen Persönlichkeit. Man war sich sofort klar, daß er ein Mann sei, der beachtet werden müsse, daß er der einzige sei, der im Senat die Gruppe der Männer der Revolution zusammenhalten könne. Einstimmigkeit war vonnöten. Der Vertreter des Grafen von Artois ging auf Fouché zu und begann ein Gespräch mit ihm. Das hatte der Herzog von Otranto gewollt. Er erklärte, die Zustimmung aller zur Einsetzung des Generalstatthalters garantieren zu können, und zwar durch eine einfache Deklaration, die er, wie Vitrolles sagt, ›mit seiner schlechten Handschrift unverzüglich hinkritzelte‹. Diese Deklaration besagte insbesondere, daß der Prinz ›Kenntnis genommen habe von dem Verfassungsakt, der seinen erlauchten Bruder zurückberufe; daß er, da er seine Gefühle und seine Grundsätze kenne, nicht fürchte, desavouiert zu werden. Er schwöre, in seinem Namen die Grundlagen der Verfassung zu beachten und beachten zu lassen‹.

Ein verblüffendes Schauspiel: der Königsmörder, der Exprokonsul, diktiert dem Bruder Ludwig XVI. eine Deklaration! Der bestürzte Baron nahm sie entgegen, legte sie dem Prinzen vor, riet ihm aber, sie abzuändern. In der Tat strich dieser in der Deklaration alles, was Bezug hatte auf die Erbfolge und die Dotation der Senatoren, denn sie hatten sich selber nicht vergessen. Vitrolles war nicht ohne Sorge. Es mußte versucht werden, Fouché zu gewinnen. Er traf ihn am folgenden Tag und brachte ihm vorsichtig bei, daß in der Deklaration Striche vorgenommen worden seien. Fouché drehte sich abrupt um und sagte mit gelassener Miene: ›Das haben Sie verteufelt gut gemacht.‹ Vitrolles war ganz verwirrt, daß er so leichtes Spiel hatte. Dem Herzog von Otranto ging es augenscheinlich schon darum, sich mit der Anhängerschaft des Grafen von Artois gutzustellen. Es gelang ihm durch seine Zurückhaltung, die auf seine anfängliche Verwegenheit, dann auf sein Wohlwollen gefolgt war. Es sei vorweggenommen, daß Fouché de Nantes ein Jahr später, im Juli 1815, mit Unterstützung des Grafen von Artois Minister Ludwigs XVIII. wird.

Ganz offensichtlich beginnt Fouché schon im April 1814 mit seiner Belagerung der gegnerischen Stellung. Er machte kein Hehl daraus. Am 25. April ließ er dem Bruder des Königs ein bemerkenswertes Dokument zukommen, dessen Inhalt erstaunlich ist. Es handelte sich um einen von ihm an den abgesetzten Kaiser gerichteten Brief, der vor allem aber dazu bestimmt war, dem Grafen von Artois vor Augen zu führen, über welche Scharfsichtigkeit, welchen Weitblick, welche Autorität und Ergebenheit er, Fouché, verfügte. Er schrieb Napoleon, daß sein Aufenthalt auf der Insel Elba weder würdig wäre noch dauerhaft sein könnte. ›Nirgendwo gibt es heute Beständigkeit. Man wird sagen, daß Sie auf allen Ihren Ansprüchen beharren, man wird sagen, daß der Felsen von Elba der Punkt ist, von dem aus Sie die Hebel ansetzen werden, um noch einmal die Welt aus den Angeln zu heben.‹ Er schloß den Brief mit dem Rat, der Kaiser solle Zuflucht in den Vereinigten Staaten suchen.

Ob dieser Brief wirklich an den Adressaten abgeschickt wurde? Es ist zweifelhaft. Einige Jahre später behauptet Fouché allerdings König Jérôme gegenüber, er sei nur für den Kaiser bestimmt gewesen, denn ›er habe zwischen seine Feinde und ihn die Hälfte der Welt bringen wollen‹. Im Grunde seines Herzens wäre er sicherlich froh gewesen, wenn Napoleon mit der Insel Elba jeglichen Anspruch auf das Kaiserreich aufgegeben hätte. Als Nachbar war er nicht nur für die Royalisten störend, sondern auch für alle jene, Republikaner, Liberale oder Anhänger Napoleons II., die befürchteten, der Kaiser könne ihre Pläne durchkreuzen oder die Früchte ihres Widerstands einheimsen. In Wirklichkeit, es sei wiederholt, war der Brief vor allem für den Grafen von Artois bestimmt, dem er vom Verfasser am gleichen Tag, zusammen mit einem anderen respektvollen Brief, zugeleitet wurde. ›Ich wollte dem Kaiser, dessen Minister ich zehn Jahre gewesen bin, einen letzten Dienst erweisen. Seine Angelegenheiten können mir nicht gleichgültig sein, da sie sogar das großherzige Mitleid der Mächte, die ihn besiegt haben, erregen. Aber das höchste Interesse für Frankreich und Europa, dem man alles aufopfern muß, ist die Ruhe der Völker und Mächte nach so viel Ruhelosigkeit und so vielem Unglück ... Napoleon würde für Italien, Frankreich, für ganz Europa das sein, was der Vesuv für Neapel ist.‹

Wenn dieser doppelte Brief wirklich abgeschickt worden ist, mußte er dem Grafen von Artois in mehrfacher Hinsicht gefallen. Er kam einer Sorge entgegen, die die neue Regierung am stärksten bedrückte; aber er richtete auch die Aufmerksamkeit auf den Mann, der sich ermächtigt glaubte, so von oben herab mit dem ›Menschenfresser von Korsika‹ sprechen zu können.

Möglicherweise wäre dieser Eindruck schnell verflogen, wenn nicht andererseits der Graf von Artois von Personen umgeben gewesen wäre, denen im Kaiserreich der Polizeiminister große Zuvorkommenheit bezeigt hatte. Die vornehme Gesellschaft des Faubourg Saint-Germain war ihm, wie erinnerlich, seit 1810 zugetan. Madame de Vaudémont bedachte ihn weiterhin mit ihrer innigen Freundschaft; bei ihr und bei vielen anderen traf ihn Vitrolles. Schon zu Beginn der Restauration war seine Beliebtheit so groß, daß man meinte, bei Ludwig XVIII. einen bemerkenswerten Schritt unternehmen zu können. Die Regierung des noch isoliert lebenden, unerfahrenen, unorientierten Königs konnte sich nur behaupten, wenn das vor kurzem abgeschaffte Polizeiministerium wieder errichtet werden würde. Minister mußte der Herzog von Otranto werden. Das war der Inhalt einer geheimen Aufzeichnung, die Ludwig XVIII. in den ersten Wochen seiner Herrschaft vorgelegen haben muß und die Napoleon später unter den Papieren des Königs entdeckte. Höchstwahrscheinlich war diese Aufzeichnung von Fouché selbst aufgesetzt worden, sie enthielt Entschuldigungsgründe für den Königsmord, brachte die Dienste in Erinnerung, die er im Kaiserreich dem Adel erwiesen hatte, und hob vor allem seine große Erfahrung hervor. ›Wenn das Polizeiministerium‹, hieß es in der Aufzeichnung, ›einem alten und getreuen Diener des Königs anvertraut wird, wäre dies fraglos gerecht, aber nicht vernünftig. Es wäre sogar gefährlich, denn dieser ehrenwerte Mann könnte der Meinung sein, er wäre in der Lage, eine Polizei, wie sie jetzt in Frankreich besteht, zu verwalten, eine schwierige Sache, denn die Anhänger der Regierung Bonapartes würden sich gegen einen Mann des Hofes stellen, sie würden großes Geschrei erheben über Unterdrückung und wegen Tyrannei, wohingegen Fouché niemand in Schrecken versetzen würde, weil sein Charakter und seine Redlichkeit bekannt sind. Seine Treue zum König kann nicht in Zweifel gezogen werden, wenn er ein Versprechen abgibt. Er ist der einzige

Mann, der fähig ist, die Polizei in den Stand zu versetzen, der den Umständen angemessen ist ... Und schließlich ist dieser Mann, wenn er nicht Polizeiminister ist, nicht zu überwachen, denn er weiß alles, was man wissen kann, er ist durchaus nicht unwichtig.‹

Im April und Mai 1814 stellte sich vor allem folgendes Problem: Würde die Säuberung des Senats, der in ein Oberhaus umgewandelt worden war, den ausnahmslosen Ausschluß der Königsmörder mit sich bringen? Vitrolles war beauftragt worden, mit jedem der Senatoren zu verhandeln, und schrieb am 30. April an den Grafen von Blacas, daß die fast unüberbrückbare Schwierigkeit ›im Fall Fouché‹ läge. Es hieß, Blacas habe Fouché um einen Bericht über die Polizeispitze gebeten, auch wurde allgemein angenommen, daß die Abreise des ehemaligen Ministers nach Ferrières hinausgeschoben worden war.

Blacas hatte im Juni 1814 eine lange Unterhaltung mit Fouché. Am 2. Juni hatte Pozzo di Borgo die Ergebnisse eines Gesprächs, das er mit Fouché gehabt und das ihn sehr beeindruckt hatte, Montesquiou und Blacas zur Kenntnis gebracht. Die beiden Männer waren Vertraute des Königs. Blacas hatte daraufhin eine Zusammenkunft arrangiert, die am 20. beim Herzog von Dalberg stattfand. Fouché war ungeheuer redselig gewesen, und der Minister hatte ihn gebeten, einen schriftlichen Bericht über ihre Unterhaltung aufzusetzen, der dem König vorgelegt werden sollte. Ohne sich weiter bitten zu lassen, hatte der Herzog von Otranto drei Tage später einen langen Brief an den Minister gerichtet, der als Motto die bezeichnende Maxime aufwies: ›Man regiert nicht mit Abneigungen, sondern mit Zuneigungen.‹ In unglaublich hochfahrendem Ton ging er so weit, dem König ein Programm aufzudrängen, durch das seiner Meinung nach allein das ›bedrohte‹ Regime zu retten sei. Er schloß: ›So wird jeglicher Reaktion eine Grenze gesetzt, und diese Grenze wird zum Frieden und zum Glück aller ausschlagen.‹

Nach der Lektüre dieses Schreibens, das dem König durch Blacas übermittelt wurde, hatte er, der unendlich viel klüger war als seine Umgebung, von Fouché einen sehr günstigen Eindruck. Das brachte Fouché später große Vorteile ein, denn er war der Mann, der 1814 alles vorausgesehen und angekündigt hatte. Er war ein Staatsmann, der sich bei der Prüfung aller Schwierigkeiten als klarblickend erwies, als unparteiisch bei der Beurteilung der Vergangenheit, der vorausschauend war und schnell praktische Lösungen oder vernünftige Konzessionen vorschlug, der mit Genauigkeit und Deutlichkeit seine Ansichten und Schlußfolgerungen auszudrücken imstande war. Viel mehr als durch gewisse Intrigen wird damit erklärt, warum ein Jahr später der Bruder Ludwigs XVI. nicht lange zögerte, den Königsmörder von 1793 in den Ministerrat zu berufen.

Fouché versuchte, sich in den Vordergrund zu bringen. Die alliierten Herrscher hatten ihn wohlwollend empfangen. Er glaubte sogar ermächtigt zu sein, dem Zaren von Rußland, von dem er wußte, daß er der Errichtung einer konstitutionellen Regierung in Frankreich günstig gesinnt war, eine Note vorlegen zu können, in der in geraffter Form die Ideen enthalten waren, die er im Memorandum für den Grafen von Blacas ausgeführt hatte. Vor allem wies er darauf hin, wie notwendig es für die Bourbonen sei, bei allen Klassen und Schichten Vertrauen zu erlangen. Sie müßten deswegen alle Erinnerungen an die vergangenen fünfundzwanzig Jahre nationalen Ruhms in Ehren halten. Er sprach sich entschieden gegen die Abschaffung der Trikolore aus, wollte wenigstens die Adler auf den Fahnen erhalten wissen. Zudem solle der König das Zeichen der Ehrenlegion tragen, und die ruhmvollen Gedenktage sollten gefeiert werden. Die vom Senat durch Abstimmung angenommene Verfassung sollte vom König akzeptiert werden, und schließlich sollte jede gehässige und unkluge Beleidigung Bonapartes verhindert werden. ›Will man ihm die Rückkehr nach Frankreich unmöglich machen? Dann muß man dafür sorgen, daß er in Vergessenheit gerät‹, schrieb dieser Mann, der es zur Zeit Bonapartes mit großem Erfolg verstanden hatte, gegenüber den Bourbonen ein ähnliches Verfahren anzuwenden. Jeder Bruch, jede Schmähung, jeder Rückschlag müsse vermieden werden. So wie er aus Bonaparte den Fortsetzer der Revolution hatte machen wollen, träumte Fouché davon, aus Ludwig XVIII. den Erben Napoleons zu machen.

Allerdings schien Ludwig XVIII. diese Vorstellung nicht angenehm zu sein. Fouché wußte, daß für den Widerstand der Klüngel verantwortlich war, der den Herzog und die Herzogin von Angoulême umgab. Er wandte sich deswegen mit einem Brief im Juli 1814 an den Grafen von Artois. Dieser Brief versetzte die königliche Polizei in große Aufregung, denn Fouché forderte darin die wahren Freunde Ludwigs XVIII. zur Wachsamkeit auf gegenüber der Clique, die den König umgab und ihn beeinflußte, es seien ›Royalisten, tausendmal gefährlicher als die Verräter wegen der Übergriffe, die sie vorhaben, um die Anhängerschaft Seiner Majestät zu unterstützen‹. Er sprach sogar Drohungen aus und warnte die Bourbonen vor dem Schicksal der Stuarts, ›die, nachdem sie auf den Thron gestiegen waren, wegen mangelnder Voraussicht wieder heruntersteigen mußten‹.

Doch wurden Fouchés Aussichten immer geringer. Die Bourbonen glaubten, fest im Sattel zu sitzen, und die Reaktion triumphierte. Fouché mußte sich damit abfinden, er wickelte sich in den berühmten Mantel des Cincinnatus und zog sich endlich auf sein Landschloß nach Ferrières zurück. Wiederum gab er stolz seiner Gleichgültigkeit den Staatsaffären gegenüber Ausdruck und verkündete, daß die Bourbonen, da sie nicht auf ihn gehört hätten, ›noch höchstens sechs Monate bleiben würden‹. Er irrte sich um kaum mehr als einige Wochen.

Er wurde wieder zum friedlichen Bürger, der nichts anderes ersehnt, als seinen Garten bestellen zu können. Es begann die gleiche Komödie wie 1802 und 1810. Er kümmerte sich um seine eigenen Angelegenheiten, er mußte seine mutterlosen Kinder beaufsichtigen, erziehen, unterrichten. Aus seinen Briefen an die Marquise von Custine gewinnt man den Eindruck, daß er nur noch ein guter Familienvater ist, der von den Spielen seiner Kinder erzählt, von ihren Arbeiten, von der Bibliothek, in der studiert wird, von den Lastern, vor denen die Jugend bewahrt werden muß. Und dieses häusliche, friedliche und patriarchalische Leben begeistert ihn. Er weiß, daß Madame de Custine enge Beziehungen zum Hof hat, sie wird den gedämpften Ehrgeiz des Herzogs von Otranto überall zur Sprache bringen. Doch in allen Briefen kommt auch heftiger, bitterer Groll zum Ausdruck. Er hat an allem etwas auszusetzen und zu tadeln. Seiner Meinung nach ist der Gesetzentwurf über das Vermögen der Emigranten ›ein Anlaß zum Bürgerkrieg‹. Er hätte das Gesetz anders abgefaßt. Und ständig ist ein Seufzer des Bedauerns zu vernehmen, die Sehnsucht nach einem Ministeramt. Er schrieb an Madame de Custine: ›Anstelle von Monsieur Ferrand hätte ich die Rede halten sollen. Es hätte genügt, die Prinzipien zu wiederholen, die ich als Polizeiminister seinerzeit laut verkündet habe.‹ An anderer Stelle protestiert er: als Anhänger Ludwigs XVIII. bedauere er den Einfluß der Höflinge, die ›ein notwendiges Übel‹ sind und Menschen, ›in denen die allgemeinen und nützlichen Ideen nicht keimen‹. Madame de Vaudémont gegenüber ergeht er sich in schärferen Worten: ›Wenn der König nicht sofort Maßnahmen trifft, um die Gemüter zu beruhigen, werden Haß und Neid ausbrechen. Warum unternimmt man nichts, um sie zu versöhnen?‹ Vor allem aber teilt er Talleyrand, der Minister geblieben ist, seine Befürchtungen mit: man übergehe gewisse Franzosen, man stoße sie vor den Kopf, ›man zwinge sie dazu, Frankreich zu verlassen‹. Am 28. September schrieb er: ›Vor zwei Wochen ist Garat bereits nach Bayonne gegangen; es gibt aber Männer, die nicht so zaghaft sind und in ihrem Vaterland bleiben, um sich zu verteidigen.‹ Doch sprach er selber auch davon, mit seinen Kindern nach London zu gehen, nur aus Sorge um seine Besitzungen bliebe er im

Lande. Dieser kummervolle Brief an Talleyrand sprach Absichten aus, die der Polizei bekannt waren. Einige Wochen später bestätigt eine Aufzeichnung des Polizeipräfekten Anglès, daß der Herzog von Otranto von Angst ergriffen sei, er habe die Absicht bekundet, seine Güter zu verkaufen und sich mit seinen Kindern nach England zurückzuziehen.

Im Grunde stimmte das alles gar nicht. Diese großen Pläne vom freiwilligen Exil, diese vorgeblichen Befürchtungen, diese Klagen eines Mannes, ›dessen Leben beendet ist‹, verschleierten nur eine aufreibende geistige Tätigkeit mit tausend Plänen und tausend Intrigen. Er betrieb so viele Dinge, daß seine Biographen es schwer haben, sich zurechtzufinden.

Mit Talleyrand, der zu der Zeit am Wiener Kongreß teilnahm, blieb er in Verbindung. Er hatte ihn beauftragt, die verschiedenen Dotationen, die ihm, Fouché, während des Kaiserreichs in Hannover und Westfalen zugefallen waren, so vorteilhaft wie möglich zu liquidieren. Neben dieser Angelegenheit wurden in der Korrespondenz zwischen den beiden Männern viele andere Fragen berührt. Fouché kritisierte von oben herab den Kongreß, er rügte, daß man Belgien nicht an Österreich zurückgegeben habe, er berief sich auf die ›Legitimität‹, was ihn jedoch nicht hinderte, die Entthronung Murats als ein Unrecht hinzustellen. Es ging ihm nicht nur um das europäische Gleichgewicht, möglicherweise sah er in seinem alten Freund Murat einen etwaigen Anwärter auf den Thron, er blieb brieflich mit ihm in Verbindung und erwies ihm Dienste, die ihm selber später die rückhaltlose Dankbarkeit Carolines eintrugen. Noch im Februar 1815 verkehrte er mit dem Marquis de Saint-Idria, dem Geheimagenten des Königs von Neapel in Paris.

Schon im September glaubte er ernsthaft an einen Wechsel des Regimes, in Briefen an Talleyrand ließ er es durchblicken. Und dieser sprach vermutlich mit Metternich darüber, der Anfang 1815 dem Herzog von Otranto folgende merkwürdige politische Frage stellte: ›Gesetzt den Fall, die Bourbonen werden unmöglich, welche Regierung hätte die meisten Aussichten, sich zu behaupten: der Kaiser, sein Sohn, die Republik oder der Herzog von Orléans?‹ Fouché antwortete darauf mit der Preisgabe aller seiner Gedanken. Was die Rückkehr Napoleons angehe, stellte er fest (und die Zukunft gab ihm recht), würde alles vom Verhalten des ersten Regiments abhängen. Und was Napoleon II. betreffe, ›er würde von jedermann akzeptiert werden, käme er auch auf einem von einem Bauern geführten Esel geritten‹. Sollte es zu einer Bewegung der Patrioten im Innern kommen, sollte die Republik unmöglich werden, würde allein der Herzog von Orléans einen Vorteil davon haben.

Rechnete er mit dem König von Rom, den er aus Wien holen lassen wollte? Besuchte er die Salons von Cambacérès und der Königin Hortense des Vaters oder des Sohnes wegen? Alle Parteien bauten auf ihn.

Er tastete wirklich im dunkeln, er wußte nicht, wozu er sich entschließen sollte. Er hatte die Hoffnung nicht aufgegeben, den König beeinflussen zu können; er wollte, ehe er gegen die Bourbonen auftrat, warten, bis die Abneigung und das Mißtrauen gegen die Brüder Ludwigs XVI. sowie ihre menschliche Abwertung heillos geworden waren.

Mit Ludwig XVIII. führte er eine geheime Korrespondenz, er schickte ihm offiziöse Berichte zu, die seinen intakt gebliebenen Polizeigeist widerspiegeln. Unter dem Vorwand, den König über alles zu unterrichten, was in Paris geredet wurde, schürte er dessen Groll, versuchte, dem Herrscher Mißtrauen gegen den Herzog und Herzogin von Angoulême einzuflößen, die seine großen Gegner waren, und gegen die Partei der Reaktion. Diese Aufzeichnungen wurden von Gaillard abgeschrieben und dem König vom Großalmosenier vorgelegt. Ludwig XVIII. las sie mit größtem Interesse. Er schrieb an den Direktor der offiziellen Polizei: ›Sie und Ihre Agenten verstehen von der Polizei gar nichts. Es gibt nur eine Polizei, die gut ist, die des Großalmoseniers.‹ Und das war die von Fouché, der ähnliche Aufzeichnungen auch dem Grafen von Artois schickte. Die Minister des Königs behandelte er sehr von oben herab. Der Kanzler Dambray hörte sich bei einer Zusammenkunft im Justizministerium Fouchés heftige Auslassungen gegen die Bourbonen mit beunruhigtem und fast achtungsvollem Gesichtsausdruck an. Er gab Ratschläge, d'André, der Polizeidirektor, kam zu ihm, um sich Rat zu holen, und war stark beeindruckt von den unheilschwangeren Voraussagen seines Gesprächpartners: die Insel Elba sei ungenügend bewacht, es wäre kein Vergleich möglich zwischen der jetzigen Überwachung und der, die er, Fouché, von 1799 bis 1810 den Prinzen hatte angedeihen lassen. (Er scheute sich nicht, an jene Zeit zu erinnern.) Als er sich verabschiedete, sagte er: ›Gehen Sie noch heute abend zu Monsieur de Blacas und sagen Sie ihm folgendes: Wenn unsere Küsten noch einige Monate lang so vernachlässigt werden, bringt uns der Frühling mit den Schwalben und den Veilchen auch Bonaparte zurück.‹

Mit diesen Unterredungen verfolgte er drei Ziele: einmal, die Minister des Königs zu informieren, in Erstaunen und Bewunderung zu versetzen. Vielleicht wollte er den Kreis der Männer vergrößern, die, wie der Abbé de Montesquiou, sich für seine Rückkehr in die Staatsgeschäfte einsetzten. Zum anderen, jeden Argwohn der Machthaber Fouché gegenüber auszuräumen, im Gegenteil und zum dritten, vor Napoleon zu warnen, dessen Rückkehr Anfang 1815 ihn allerdings sehr in Verlegenheit brachte.

In Wirklichkeit hatte der Gedanke an eine Regentschaft bei ihm den Vorrang. Sie sollte für Napoleon II. im Prinzip der Kaiserin Marie-Louise übertragen werden, tatsächlich jedoch einem Regentschaftsrat. Dieser sollte sich zusammensetzen aus Eugène, Talleyrand, Fouché und Davout. Napoleon I. würde, nachdem die Bourbonen beseitigt waren, ein großes Hindernis für die Regentschaft darstellen. Sollte er landen, würde alles zum Scheitern verurteilt sein, eine Niederlage würde für immer die Sache seines Sohnes gefährden, die gegnerische Dynastie stärken und der Reaktion neuen Vorschub leisten. Sollte er siegreich bleiben, würde er niemandem seinen Platz abtreten. Ob er bereit wäre, Fouché wieder zu übernehmen? Er selber bezweifelte es, es war für ihn eine lebenswichtige Frage. Wenn der wiedergekehrte Kaiser ihn nicht zum Minister machte, war ihm, Fouché, klar, daß er ihn überhaupt und völlig ausschalten würde. Angesichts dieser Alternative zog Fouché es vor, Herr über das Geschehen zu bleiben. Auf alle Fälle unterhielt er herzliche Beziehungen zu den Murats, zu Elisa Bonaparte und zu Eugène. Wenngleich er ein bonapartistisches Komplott ohne Bonaparte in der Tasche hatte, gab er die Hoffnung nicht auf, Minister unter Ludwig XVIII. zu werden. So wie die Dinge aber lagen, irrte er sich.

Die Reaktion rückte mehr und mehr in den Vordergrund. Es herrschte allgemeine Besorgnis. Fouchés Alarmrufe, die mit übertriebenen Hoffnungen abwechselten, waren nicht immer aus der Luft gegriffen. Sie wurden auch von anderen geteilt. Die allgemeine Sorge schloß die Männer zusammen, die in irgendeiner Weise von dieser Reaktion etwas zu befürchten hatten. Fouché konnte seine Rolle spielen, die ewige und nützliche Rolle zwischen der Revolution und dem Kaiserreich, er war der Verwalter der antibourbonischen Interessen. Anscheinend war die Konspiration zugunsten der Regentschaft zu jenem Zeitpunkt auf bestem Wege. Man flüsterte sich zu, daß Carnot, Fouché und Thibaudeau bei Tallien zusammenkämen, daß diese Männer aber als erste Bedingung für jede Umwälzung den Ausschluß Napoleons ansahen. Thibaudeau hatte Fouché und Savary, die beiden Feinde, miteinander versöhnt, Savary war von Fouché jetzt so eingenommen, daß er die Bedenken des mißtrauisch gebliebenen La Valette beiseite schob. ›Er ist mit einem solchen Eifer bei der Sache, er steht so schlecht mit den Bourbonen, daß ich sicher bin, er wird nicht Verrat üben.‹ Aber dennoch, er übte Verrat, er verriet alle, zumindest im Geiste, wenn nicht tatsächlich. Auf der einen Seite versuchte er, Einfluß auf die Bourbonen zu gewinnen, andererseits konspirierte er gegen sie. Außerdem nahm er an einem Komplott teil, durch das Savary, Maret, La Valette, Exelmans, Regnault de Saint-Jean d'Angely die Rückkehr des Kaisers vorbereiten wollten, er tat es aber nur, um dieses Komplott von seinem eigentlichen Ziel abzubringen und es zugunsten Napoleons II. und der Regentschaft zu benutzen.

Während er den Sturz der Bourbonen vorbereitete, warnte er zugleich vor der Rückkehr des Kaisers; sie stand nach Fouchés Meinung kurz bevor. Er warnte d'André, machte ihn dringlich darauf aufmerksam, daß die Küsten – für den König – bewacht werden müßten, und auf der anderen Seite verabredete er mit General Drouet d'Erlon eine Aktion in der Armee – gegen den König. Der General wollte an die Spitze der Bewegung treten. Er war der Befehlshaber der 16. Division im Norden und sollte auf Fouchés Zeichen hin nach Paris marschieren, in die Stadt eindringen und die Tuilerien besetzen. Fouché meinte so viel Autorität bei der Nationalgarde zu haben, daß er sich für deren Neutralität verbürgen könnte.

Es war Februar 1815. Der Herzog von Otranto hielt die Fäden sämtlicher Komplotte in der Hand. Mit wachsamem Auge verfolgte er den Gang der Ereignisse. Die Regierung war zu bestimmten Reaktionen fähig, nicht aber zum Regieren; es handelte sich um eine Mischung von Despotismus und Anarchie, die allen Angst einjagte und das Land in Unbehagen und Zorn versetzte, es handelte sich auch um eine Folge von Mißgriffen ohnegleichen, die auf einem irren Vertrauen in die Festigkeit des Throns beruhten. Besonders dieses Vertrauen beunruhigte Fouché; es schloß jeden Gedanken an einen notwendig zu berufenden Mann, an einen Beschützer und Retter aus. Darüber war er zutiefst verärgert. Deshalb versuchte er Alarm zu schlagen, er, der Anführer aller Konspirationen. Eine unglaubliche Kühnheit! ›Man stützt sich zu sehr‹, schrieb er, ›auf die Vorstellung, es hänge vom König, wie von Gott, ab, daß nichts verändert werden kann‹, und er gab dazu noch Ratschläge zur Mäßigung und Vorsicht.

So stand es, als er am 5. März vor allen anderen eine Nachricht erhielt, die ihn zwar nicht überraschen konnte, die aber seine Pläne durchkreuzte. Napoleon war am 1. März im Golf Juan mit einer Handvoll Männer gelandet, er befand sich auf dem Marsch nach Grenoble. Das war alles, und es war sehr viel. Mit Gelingen oder Scheitern, der Kaiser machte die Pläne seines früheren Ministers zunichte. Was war zu tun? Es mußte gehandelt werden, und zwar schnell. Bonaparte war noch nicht in Grenoble, aber Drouet d'Erlon war in Lille, Fouché in Paris. Einem Triumph des lästigen Rückkehrers mußte man zuvorkommen.

Eine durch einen militärischen Staatsstreich eingesetzte provisorische Regierung sollte die Kammern einberufen und die Nationalgarde mobilmachen; dann würde Fouché als Herr der Lage sich dem Kaiser zur Verfügung stellen, ihm seine Politik diktieren, ihm Minister vorschlagen, er, der Herzog von Otranto würde an der Spitze stehen.

Wenige Stunden, nachdem er die aufregende Nachricht bekommen hatte, war sein Plan fertig. Fouché ließ General Lallemand in sein Haus in der Rue Cérutti kommen, einen der eifrigsten Komplicen der Militärverschwörung im Norden. Er verschwieg ihm die Nachricht von der Landung, gab ihm nur bekannt, die Regierung des Königs habe die Pläne Drouet d'Erlons aufgedeckt und schicke sich an, einen Gegenschlag zu führen.

Das hieß die Lunte ans Pulverfaß legen. Lallemand brach sofort nach Lille auf, wo er am 7. März eintraf. General Drouet d'Erlon gab vor, einen Befehl des Marschalls Soult, des Kriegsministers, auszuführen, und setzte die Regimenter seiner Division nach Paris in Marsch. Als Marschall Mortier nach Lille kam, war Drouet d'Erlon beunruhigt, er bekam Angst und rief die Regimenter zurück. Allein die Jäger, an ihrer Spitze Lefebvre-Desnouettes, setzten ihren Marsch fort, gelangten nach Laon und unternahmen dort lautstarke antibourbonische Demonstrationen. Sie konnten ihren Marsch bis Compiègne fortsetzen, mußten sich dann aber gegenüber dem allgemeinen Mißtrauen und Argwohn geschlagen geben.

Fouché hatte das Ende dieses Unternehmens nicht abgewartet. Am 10. erfuhr er, daß General Drouet d'Erlon zum Rückzug geblasen hatte, und war nun an diesem Scharmützel nicht mehr interessiert. Er blickte nach Süden, gespannt auf das, was sich jetzt ereignen würde, und unerschütterlich entschlossen, vor Ablauf zweier Wochen im Ministerium am Quai Voltaire zu sitzen, als Minister entweder des Allerchristlichen Königs oder des Kaisers der Franzosen.

20

Das liberale Kaiserreich

Die Monarchie stand vor dem Untergang, die königliche Regierung fiel nach dem 10. März aus dem mißlichen Vertrauen in ihren nicht zu erschütternden Nimbus in eine noch mißlichere Verwirrung. Auf diesen Augenblick hatte der Herzog von Otranto seit vielen Wochen gewartet.

Am 12. März rief ihn Blacas zu einer Beratung zu sich, ohne allerdings daran zu denken, ihm ein Portefeuille zu übertragen. Und am 13. forderte ihn der Kanzler Dambray zu einer weiteren Konferenz auf. Anscheinend wollte Fouché den gutgläubigen Minister in äußerste Besorgnis versetzen, er malte die Lage ganz in Schwarz, ließ aber doch einen Hoffnungsschimmer durchscheinen für den Fall, daß der König ›ein Ministerium schaffen würde, das der Nation Vertrauen einflößt‹. Die Anspielung war deutlich, aber noch war sie zu gewagt, denn der Abend verging, ohne daß der Herzog von Otranto in die Tuilerien gerufen wurde. Ganz sicher war er enttäuscht; der Marquise de Custine gegenüber machte er kein Hehl daraus.

Am folgenden Tag, dem 14. März, war die Situation noch schlimmer geworden. Die Nachricht vom Einzug des ›Menschenfressers von Korsika‹ war bekanntgeworden. Der Kanzler begab sich, wahrscheinlich mit einem Angebot, zu Fouché. War er willens, ein Ministerium aufzubauen mit der Zusicherung, er könne seine Mitarbeiter frei wählen? Ging das Angebot so weit? Wie dem auch sei, Fouché witterte die Falle oder war auf dem laufenden über die unzweifelhaften Erfolge Napoleons und entzog sich einer Antwort mit allen möglichen Einwänden und Skrupeln. Doch einige Stunden später erhielt er vom Polizeidirektor d'André die Aufforderung, sein Haus nicht zu verlassen, weil der rastlose Kanzler ein drittes Mal mit ihm sprechen wollte. Der Kanzler schien entschlossen, seinen Gesprächspartner zu einer Entscheidung zu zwingen. Ob Fouché bereit wäre, in ein Ministerium einzutreten, das vom Herzog von Richelieu präsidiert würde? Wiederum sagte Fouché nein: der König solle, erklärte er dazu, in seiner Weigerung einen Beweis seiner Ergebenheit sehen. Den Nachrichten aus Lyon war zu entnehmen, daß Napoleon die jakobinische Partei auf seine Seite gebracht hatte. Was sollte er, Fouché, jetzt in einem Ministerium des Königs? ›Sein Beitritt zum Rat des Königs würde in den Augen der Männer, auf die er einen Monat zuvor vielleicht einen nützlichen Einfluß ausgeübt hätte, wie ein Verrat wirken; nähme er jetzt, zu dieser Stunde, an, würde er den Interessen des Königs nur schaden.‹

Man gab jedoch die Hoffnung nicht auf, ihn noch zu gewinnen. Paradoxerweise waren es die ›Reinen‹, die Ludwig XVIII. drängten, den Jakobiner als Retter in der Not zu berufen. So erhielt Fouché am 15. März vom Herzog Des Cars die Benachrichtigung, daß der Bruder des Königs ihn gern treffen würde. Für diese bemerkenswerte Zusammenkunft wurde im gegenseitigen Einvernehmen das Palais der Prinzessin de Vaudémont bestimmt. Um zehn Uhr abends führte Monsieur de Malartic den Grafen von Artois dorthin. Zwei volle Stunden sprach

der Bruder Ludwigs XVI. mit dem Königsmörder und zog sich erst um Mitternacht zurück. Was wurde bei dieser Begegnung besprochen? Es wird behauptet, Fouché habe zum Schluß gesagt: ›Monseigneur, retten Sie den König, ich nehme es auf mich, die Monarchie zu retten.‹ Es kam vor allen Dingen darauf an, jeglichen Konflikt zu vermeiden, durch den die Gefolgsleute Ludwigs XVIII. und die Anhänger Bonapartes aneinandergeraten wären. Denn dann wäre der Herzog von Otranto in die Zwangslage geraten, unwiderruflich Partei ergreifen zu müssen. Auch wäre die Vermittlung, die er für die Zukunft im Auge hatte, durch den Sieg einer der beiden Parteien unmöglich geworden. Seit Napoleon in Lyon war, war Ludwig XVIII. in Paris lästig, Widerstandspläne schienen ihm unsinnig, gefährlich und verhängnisvoll. ›Retten Sie den König‹ war ein glücklich gefundenes Wort, um anzudeuten, daß er es war, der ihn retten wollte. Jedenfalls hatte der Graf von Artois nach der Unterredung einen günstigen Eindruck von dem früheren Konventsmitglied. Wahrscheinlich hatte Fouché seine Ergebenheit zum Ausdruck gebracht. Er sagte zu Vitrolles, einen Monat zuvor hätte er sich dem Auftrag nicht entzogen, er wäre glücklich gewesen, in der Umgebung Ludwigs XVIII. ›der Verteidiger der Prinzipien und Interessen der Revolution‹ zu sein. In einer etwas zynischen Aufzeichnung, die er dem Vertrauten des Grafen von Artois übergab, gestand er, er habe mit dem Gedanken geliebäugelt, ›sich in die Deichsel spannen zu lassen, um nicht unter die Räder des Wagens zu kommen‹.
Obwohl seine Ablehnung, das Ministeramt zu übernehmen, gemildert war durch schmeichelhafte Wendungen und bewegende Bekenntnisse, verdichtete sich bei der Regierung die Meinung, daß Fouché zu jenen gehöre, die in Krisenzeiten entweder in ein Ministerium oder in die Festung von Vincennes gehörten. Zwar hatte Fouché in der Regierung Freunde und Anhänger, aber auch entschiedene Feinde, und einer von ihnen, Bourrienne, wurde in dem Augenblick Polizeipräfekt, als der Herzog von Otranto mit dem Bruder des Königs konferierte.

Bourrienne war noch nicht richtig in der Präfektur eingerichtet, als er den Befehl bekam, zusammen mit einigen ›Bonapartisten‹ von Rang, wie Davout, Savary, La Valette und Maret, auch den Herzog von Otranto festzunehmen, der jetzt als ausgesprochen gefährlich galt. Ohne Verzug beauftragte Bourrienne mit der Ausführung des Befehls den Polizisten Foudras, der schon der Polizei Fouchés angehört hatte.

Fouché war ohne jeden Argwohn. Auf die Zusammenkunft mit dem Bruder des Königs war eine weitere mit dem Generaldirektor der Polizei selbst gefolgt, dem Vorgesetzten des neuen Präfekten. Um elf Uhr morgens verließ er sein Haus in der Rue Cérutti; er war aber noch nicht einmal bis zum Boulevard gelangt, als die Polizisten, die ihm gefolgt waren, den Wagen anhielten und einen vom Polizeipräfekten Bourrienne unterzeichneten Verhaftungsbefehl vorwiesen. Der Herzog von Otranto ließ sich nicht einschüchtern. Mit einem Schulterzucken sagte er laut: ›Einen ehemaligen Minister, einen ehemaligen Senator verhaftet man nicht mitten auf der Straße.‹ Dann wandte er sich an seinen Kutscher und rief: ›Zurück ins Haus!‹ Die Polizisten folgten dem Wagen und drangen zugleich mit ihm in sein Haus ein.

Jetzt protestierte der Herzog von Otranto mit äußerstem Nachdruck. Es läge augenscheinlich ein grobes Mißverständnis vor, außerdem sei der Verhaftungsbefehl nicht ordnungsgemäß ausgestellt. Er verlangte, daß die Nationalgarde benachrichtigt und geholt würde. Um sie hatte er sich immer bemüht. Die nächste Wache befand sich in der Rue Lepelletier, wo die beiden Kommandanten Gilbert des Voisins und Tourton-Havel Dienst taten; sie erschienen mit fünfundzwanzig Mann. Wieder mußte Foudras den Verhaftungsbefehl vorzeigen, wiederum erklärte Fouché: ›Dieser Befehl ist falsch.‹

Einer der Offiziere der Nationalgarde, Jurist von Beruf, bestätigte, daß in der Tat eine Unregelmäßigkeit vorliege. Kurzerhand schickte Tourton einen Mann zum Pavillon de Marsan, wo der Graf von Artois residierte, und einen anderen ins königliche Kabinett. Der Bruder des Königs war überrascht und sagte, er habe keine Kenntnis von einem Verhaftungsbefehl, doch Ludwig XVIII. schien anderen Sinnes zu sein und erklärte: ›Ich habe Kenntnis von dem Verhaftungsbefehl, er soll ausgeführt werden!‹

Als der Bote zurückkam, waren alle Anwesenden, Polizisten und Nationalgarden, in äußerster Verlegenheit. Auf unbeschreiblich kühne Art und Weise hatte der Herzog von Otranto den Kommandanten Tourton getäuscht und ihm einen Streich gespielt. Er gab sich absolut selbstsicher, behauptete, die Antworten aus den Tuilerien würden bestimmt positiv ausfallen, und machte mit dem Kommandanten einen Gang durch sein Haus. Plötzlich lehnte er sich gegen eine Wand. Sie gab nach: Fouché war durch eine Tapetentür entschwunden.

Tatsächlich war Fouché entflohen. Er war durch ein Fenster in seinen Garten gesprungen, zur Mauer des angrenzenden Parks der Königin Hortense gelaufen; dort hatte er als vorausschauender oder gewarnter Mann vor kurzem eine Leiter anstellen lassen. Mit einer Behendigkeit, die von der Angst eingegeben war, kletterte der alte Polizeimann über die Mauer, durchquerte den Park und das Haus der Königin von Holland und erreichte die Rue Taitbout. Hier hatte er sich in einen Wagen geworfen und zu seinem alten Freund Lombard, Ex-Generalsekretär der

Polizei, fahren lassen. Bei ihm versteckte er sich. Diese possenhafte Szene mitten in einem Drama erheiterte tagelang den königlichen Hof und die ganze Stadt.

Aus Sicherheitsgründen verließ Fouché das Haus nicht. In seinem Versteck, das ihn an die Zeiten des Thermidor im Jahre II erinnerte, erfuhr er am 18. und 19. März die bedeutenden, sich überstürzenden Ereignisse. Marschall Ney, der als letzte Hoffnung der in höchsten Nöten schwebenden Dynastie galt, war mit seiner ganzen Armee am 17. in Auxerre ›zum Feind‹ übergegangen. Die liberale Bourgeoisie hatte sich zu spät zum Thron bekannt und war nicht in der Lage, ihn zu stützen. Am 17. und 18. März hatten aufgeregte Beratungen in den Tuilerien stattgefunden; die Prinzen machten sich vergeblich auf, um den Widerstand in der Provinz zu organisieren, und schließlich war der König am 19. März in sein zweites Exil abgereist. Zur gleichen Stunde befand sich Napoleon in Fontainebleau, er war sicher, am nächsten Tag in den vom königlichen Gefolge verlassenen Tuilerien schlafen zu können.

Am 20. März 1815 um neun Uhr morgens ergriff Exelmans Besitz von den Tuilerien. Gleich danach erschien, zaghaft zunächst, dann ungeniert, das Gefolge des früheren kaiserlichen Hofes. Aus aller Munde war, fast ebenso häufig wie der Name des Kaisers, der Fouchés zu hören. In diesen Salons war einige Tage zuvor noch in ähnlich besorgtem, ängstlichem, zweifelhaftem, hoffnungsvollem Ton dieser berühmt-berüchtigte Name von Männern wie Des Cars und Vitrolles ausgesprochen worden. Wo war der Herzog von Otranto? Den Anhängern des Kaisers schien er unentbehrlich zu sein, sowohl denen, die Parteigänger eines autoritären oder eines liberalen Reiches waren; denen, die ein revolutionäres Reich wollten, die Allianz mit den Jakobinern, wie auch andererseits denen, die gegenüber den besiegten Royalisten Mäßigung anrieten. Man erzählte sich die kuriose und vergnügliche Geschichte von seiner Verhaftung. Aus dem entlassenen Minister des Kaiserreichs, dem geheimen Ratgeber des Grafen von Artois und Blacas' wurde so etwas wie ein Märtyrer der bonapartistischen Sache. Man bewunderte seine Geistesgegenwart, man lachte über das Zauberkunststück des Verschwindens seiner eigenen Person, über den tollen Streich, den er den Polizisten des Königs und des elenden Bourrienne gespielt hatte.

Der Name, den der Kaiser als ersten hörte, als er nach seinem triumphalen Einzug in die Tuilerien seine Getreuen zur Beratung in sein Kabinett rief, war der des Herzogs von Otranto. Alle, der Herzog von Bassano, Réal, Regnault, der Fouché früher feindlich gesinnt war, sprachen sich für seine Rückberufung aus. Davout, gewöhnlich dem Herzog von Otranto nicht sehr zugetan, sagte, ›er habe einen ungeheuer guten Ruf seiner Fähigkeiten wegen, hingegen höre man über den Herzog von Rovigo nur Schlechtes. Zwischen den beiden ehemaligen Polizeiministern mußte sich der zögernde Kaiser entscheiden.

Napoleon war nicht allzu geneigt, Fouché zurückzurufen. Ein Bote, den der Herzog von Otranto ihm nach Burgund entgegengeschickt hatte, berichtet, der Kaiser habe sich seinem früheren Mitarbeiter gegenüber ablehnend gezeigt. Bei dem Bericht über den Verhaftungsversuch am 16. hatte der Kaiser ›aus vollem Herzen gelacht‹ und gesagt: ›Er ist wirklich viel schlauer als sie alle zusammen.‹ Am Abend des 20. März war Napoleon, wie Réal, Regnault und Davout fanden, noch sehr mißtrauisch.

Doch rückte Fouché immer mehr in den Vordergrund. Napoleon, stets bereit, sich richtig informieren zu lassen, mußte es bald erkennen. Die öffentliche Meinung war für Fouché, sie setzte ihn eher ins Ministerium am Quai Voltaire als der Kaiser. Unter diesen Umständen wäre die Tatsache, ihn nicht zu nehmen, fast gleichbedeutend gewesen mit einem Abschieben, und das hätte geheißen, sich einen gefährlichen Feind schaffen. Außerdem, wen sollte er denn berufen? Réal wollte nicht, er nahm nur die Polizeipräfektur an und sprach sich für seinen früheren Minister aus. Savary hatte während der letzten Krise Fehler über Fehler gemacht. La Valette, an sich gegen Fouché eingestellt, gab selber zu, der Herzog von Rovigo sei verbraucht, und ›man benötige jetzt mehr denn je bei der Polizei einen wendigen und entschlossenen Mann‹. Bei vielen Gelegenheiten hatte Fouché seit seiner Entlassung 1810 wie auch zuvor Beweise seiner Fähigkeiten und seiner Entschlußkraft abgelegt. Außerdem war die Politik, die der Ex-Citoyen Fouché de Nantes stets und ständig vertreten hatte – das erbliche Kaisertum, als Garantie der Fortsetzung und Bewahrung der Revolution –, durch die Dekrete von Lyon zum Durchbruch gekommen und schien sich auch in Paris durchzusetzen. Wer hätte die Ideen, die er stets vertreten hatte, besser als er verwirklichen können?

Auf welche Seite man sich auch stellte, alles sprach dafür, ihn zurückzuberufen, und da seine Abwesenheit nur Unruhe verbreitete, mußte sein Wiedererscheinen um so wünschenswerter sein.

Es herrschte also große Aufregung, als wenige Stunden nach des Kaisers Rückkunft in die Tuilerien bekannt wurde, daß der Herzog von Otranto eingetroffen sei. Die Salons waren noch voller Menschen, und es erhob sich allgemein der Ruf: ›Fouché! Lassen Sie Monsieur Fouché vor. Er ist der Mann, den der Kaiser in diesem Augenblick vor allen anderen sehen muß!‹ Er erschien, durchquerte die Vorzimmer und wurde in das Kabinett des Gebieters geführt. Napoleon hatte sich klarmachen müssen, daß die Verwendung Fouchés jetzt unumgänglich war, er schien willens, alles zu vergessen und für den Augenblick jeden Groll, jedes Mißtrauen und jeden Zorn zu unterdrücken. Der Herzog andererseits war jemand, der sich in einer schwierigen Situation nicht in Verlegenheit bringen ließ. Nach außen hin war die Zusammenkunft mithin herzlich verlaufen. Fouché stellte die militärische Konspiration im Norden als sein Werk hin, fügte aber, was der Wahrheit nicht entsprach, hinzu, mit ihr habe die Proklamation des im Golf Juan gelandeten Kaisers beschleunigt werden sollen. Als Beweis dafür erwähnte er seine Verhaftung. Schließlich bot er sich ganz gelassen für das Portefeuille der Auswärtigen Angelegenheiten an, oder, wenn das nicht möglich war, für den Posten als Polizeiminister. Die Konferenz mit dem Kaiser berührte die verschiedensten Dinge, und erst spät in der Nacht verließ Fouché die Tuilerien als Minister. Zum viertenmal stand er an der Spitze der allgemeinen Polizei.

An seiner Wiederberufung war so wenig gezweifelt worden, daß am anderen Morgen um fünf Uhr Gaillard sich vertrauensvoll im Gebäude des Ministeriums einfand. Um zwei Uhr in der Nacht hatte Fouché tatsächlich begonnen, sich dort wiedereinzurichten, um am 21. März schon in der Lage zu sein, agieren zu können. Bereits im Morgengrauen mußte der getreue Gaillard sich einen Weg durch die Menge der Bittsteller bahnen. Er drang in die Privatgemächer ein, gelangte ins Schlafzimmer des Ministers, wo er ihn erschöpft auf dem Bett liegend vorfand.

Gaillard war 1814 ein glühender Royalist geworden und zeigte sich betrübt darüber, daß sein Freund sich der Sache des ›Usurpators‹ anheimgab, und er war entschlossen, ihn, wenn möglich, vor dieser Gefahr zu bewahren. Er sagte, er wisse aus sicherer Quelle, daß der ›Korse‹ sich, wenn nötig auf dramatische Art und Weise, eines Ministers zu entledigen gedenke, den er als seinen gefährlichsten Feind betrachte. Gaillard wollte Fouché erschrecken, ihn aufklären und brachte deshalb sogleich seine Befürchtungen vor: ganz sicher befinde er sich in der gleichen Gefahr wie damals im Thermidor, und er fügte hinzu: ›Erinnern Sie sich an das Wort Robespierres bei den Jakobinern: Bevor zwei Wochen zu Ende sind, wird der Kopf Fouchés oder der meine auf dem Schafott fallen?‹ Worauf der Herzog von Otranto schnell erwiderte: ›Gewiß, Sie dürfen aber nicht vergessen, was ich darauf geantwortet habe: Ich nehme den Handschuh auf. Und zwei Wochen später war Robespierre tot.‹ Und anfangs kühl, dann immer lebhafter werdend, sprach Fouché mit Gaillard lange über seine Pläne. Fraglos sei Bonaparte despotischer denn je, er sei gegen die Anhänger der königlichen Familie sehr aufgebracht und schnaube nur Haß und Rache. Am liebsten würde er Terror säen, und gerade deshalb halte er es für nötig, daß er, Fouché, an der Seite dieses ›wilden Verrückten‹ als ausgleichendes und mäßigendes Element tätig sei, was er immer habe sein wollen. Es würde sicher gelingen, ihn zu besänftigen. Und er schloß: ›Vor Ablauf von drei Monaten werde ich mächtiger sein als er, und wenn er mich nicht umbringen läßt, wird er vor mir auf den Knien liegen.‹

Der ›Moniteur‹ bestätigte die Neuigkeit, die sich mit Windeseile herumgesprochen hatte: durch ein Dekret vom 20. März war der Herzog von Otranto zum Minister der allgemeinen Polizei ernannt worden. Am 21. nahm er neben Maret, Davout, Decrès, Caulaincourt, Gaudin, Mollien und Cambacérès wieder an dem grünen Tisch Platz, von dem er fünf Jahre zuvor durch den Zorn des Kaisers, der sich damals auf die feindliche Gesinnung fast aller seiner jetzigen Kollegen stützte, vertrieben worden war. Um jegliches Mißtrauen seitens des Herrschers auszuräumen, hatte Fouché ihm bereits morgens einen langen Brief überbringen lassen, in dem er das Gespräch der Nacht zuvor zusammenfaßte und noch einmal seine Ergebenheit dem Kaiserreich gegenüber unterstrich. Die ›Verfolgung‹, der er seitens der Bourbonen ausgesetzt war, bürge dafür.

Es war nicht falsch, daß er so beharrlich darauf verwies, denn Napoleon blieb im Grunde sehr mißtrauisch und hegte, wie Gaillard meinte, noch immer unterdrückten Groll gegen den 1810 abgesetzten Minister. Während der folgenden drei Monate läßt sich der Kaiser nicht von der plausiblen Vermutung, die er manchmal sogar als unbestreitbare Tatsache hinnimmt, abbringen, daß Fouché nur darauf aus sei, ihn zu verraten. Er wußte, daß allein der Erfolg diesen Mann an seine Sache band und daß er sich bei der ersten Niederlage losmachen würde. Wer weiß, vielleicht arbeitete der Herzog von Otranto im dunkeln, im Dienst irgendeines obskuren Planes, auf die endgültige Katastrophe hin?

Seltsamerweise schien sich dieser Despot, der häufig so gewalttätig gewesen war, mit der schmählichen Situation abzufinden. Zuweilen äußerte er sich scherzend, dann wieder ließ er sich zu unbeschreiblichen Szenen hinreißen, immer aber läßt er durchblicken, daß er seinen Minister in Verdacht hat, ja ihn für fähig hält, jeden möglichen Verrat zu begehen. Vielleicht hat er sich bereits schuldig gemacht. Doch er schlägt nicht zu. Nur manchmal machen sich sein Haß und sein Zorn in übertriebenen Ausdrücken Luft, vor allem, wenn ihm Fouché angesichts eines Vergehens mit scheinheiligen Beteuerungen oder mit aufreizendem Phlegma begegnet. Dann kommt es mitten im Ministerrat zu irren Ausbrüchen: ›Sie haben mich verraten, Herr Herzog von Otranto, ich habe Beweise dafür.‹ Dann ergreift er ein bronzenes Messer: ›Nehmen Sie lieber dieses Messer und stechen Sie es mir in die Brust, das ist loyaler als das, was Sie tun. Es hängt nur von mir ab, Sie erschießen zu lassen. Alle Welt würde einem solchen Akt der Gerechtigkeit Beifall zollen. Sie fragen mich vielleicht, warum ich es nicht tue: Weil ich Sie verachte, weil Sie auf meiner Waage nur eine Unze wiegen!‹

Diese ungezügelten Worte rufen bei dem kühlen Politiker nur ein Achselzucken hervor. Ein Herrscher, der sich einem Minister gegenüber zu solchen Szenen hinreißen läßt, gesteht damit nur seine Schwäche ein oder seine Abhängigkeit, da er ihn auf seinem Posten läßt. Und der Kaiser braucht ihn wirklich. Er sieht die klugen, ausgleichenden Maßnahmen seines Ministers als Verrat an, doch diese Maßnahmen stehen in Verbindung mit der allgemeinen politischen Zielsetzung, die sich der wiederhergestellten kaiserlichen Regierung unabwendbar aufdrängt. ›Bevor ich mich mit ihm befassen kann‹, sagt der Kaiser zu Carnot, mit einem drohenden Ton in der Stimme, ›brauche ich einen Sieg.‹ Es steht jetzt offenkundig fest, daß, wenn der Minister nur auf einen Mißerfolg wartet, um den Herrscher wirklich zu verraten, dieser vielleicht nur auf einen Sieg wartet, um den Minister zu Fall zu bringen.

Fouché ist sich darüber völlig im klaren. Er hat Vorsichtsmaßnahmen getroffen. Er ist noch keinen Monat Minister, da bittet er Wellington schon, ihm gegebenenfalls Asyl in England zu gewähren. Von jetzt an werden alle Verrätereien durch die Situation entschuldigt, wenn Fouché es überhaupt für nötig hält. Die Situation treibt ihn zu äußerster Verwegenheit, denn es handelt sich um einen Kampf um Leben und Tod. Er verheimlicht nicht, daß er das Ende des Regimes, dem er dient, voraussieht, daß er es sogar wünscht. Guizot sagt: ›Mit allen möglichen Nachfolgern spricht er mit leiser Stimme über das Ende des Regimes, gelassen wie ein Arzt am Bett eines hoffnungslos Kranken.‹

Um seine Intrigen zu bemänteln, verbreitet er vom Monat Mai an überall, Bonaparte habe ihn getäuscht, denn er habe ihm am 20. März mitgeteilt, er stehe seit dem Exil auf Elba mit bestimmten Mächten in Verbindung. Er behauptet weiter, er habe, als er besser informiert gewesen sei, Bonaparte geraten, abzudanken und nach Amerika zu gehen. Der Despot habe die Ratschläge sehr ungnädig aufgenommen. Jetzt wasche er seine Hände in Unschuld angesichts dessen, was dem Kaiser widerfahren könne. Er spricht mit allen darüber, mit Anhängern Ludwigs XVIII., wie Pasquier, mit den Getreuen Napoleons, wie Méneval, und mit vielen anderen. Er bezeichnet den Kaiser als einen gefährlichen Irren, dessen Ausbrüche man dämpfen müsse, bis zu dem Zeitpunkt, da er interniert werden könne. Nur weil er, Fouché, sich dem allgemeinen Wohl verpflichtet fühle, bleibe er sein Minister. Er setzt Talleyrand in Gent von dieser Auffassung in Kenntnis, Metternich in Wien, Wellington in London. Doch will er den Kaiser nicht bis zum äußersten reizen. Ihm gegenüber benutzt er den übrigens ausgezeichneten Vorwand, er stoße die Türen Europas auf, er schlage in die undurchdringliche Mauer, die die Koalition um Frankreich gezogen hat, eine Bresche. Napoleon gibt nach, er verschließt die Augen, ermächtigt Fouché zu Verhandlungen, ja, er zieht ihn sogar zu Verhandlungen hinzu, denn im gegenwärtigen Zeitpunkt ist er gezwungen, zu jedem Mittel zu greifen, jeden Weg zu gehen.

Wahrscheinlich war der Herzog von Otranto, dem der Kaiser am 20. März das Portefeuille der Auswärtigen Angelegenheiten verweigert hatte, von Stolz erfüllt, als er schon am 21. die Genehmigung erhielt, mit dem Ausland zu verhandeln. Er hatte die kaiserliche Erlaubnis vorausgesehen und bereits am 20. März einen der Pariser Agenten des britischen Kabinetts namens Marshall zu sich kommen lassen. Er hatte ihm dargelegt, welche Aussichten Napoleon habe, sich zu behaupten, und versucht zu ergründen, welche Einstellung England dem restaurierten Kaiserreich gegenüber einnehme. Anfangs hatte sich Marshall zögernd verhalten, dann hatte er es ›übernommen, jeder Verhandlung, die den beiden Ländern zur Ehre gereiche, zum Erfolg zu verhelfen, vorausgesetzt, daß ihm jemand Vollmacht und Kredit verschaffe‹. Vermutlich hatte diese Zusage am Abend des 20. März die rasche Entscheidung gefördert, in die Regierung einzutreten, die letztlich vielleicht doch von dem erschöpften Europa anerkannt werden würde. Vielleicht hatte er am Abend dem Kaiser bereits über sein Gespräch mit dem Engländer berichtet, denn er wurde offiziell beauftragt, ein zweites Treffen am 21. herbeizuführen. Das war zweifellos eine erste und folgenschwere Unklugheit des Herrschers, der den Polizeiminister von Anfang an strikt auf seine innenpolitische Aufgabe hätte festlegen müssen. Auf Napoleons Befehl hatte der Herzog von Otranto dann dem englischen Agenten eine Note übermittelt, in der es hieß, daß der Kaiser unter dem Beifall der gesamten Bevölkerung der Départements, durch die er gekommen war, in Paris eingetroffen sei, daß die Bourbonen dem neuen Frankreich nicht recht wären, daß allein der Kaiser die ungeheure Fülle der nationalen Interessen auf sich vereinigen könne und bürgen für alle vorhandenen Einrichtungen, alle Gegebenheiten, die aus der Revolution stammten. Niemals war Fouché so offen gewesen: er fühlte sich befugt, dem Agenten zu erklären, daß ›Napoleon geneigt sei, von der englischen Regierung jeden Vorschlag anzunehmen, der den beiden Ländern zur Ehre gereiche und ihnen einen festen und dauerhaften Frieden gewährleiste‹. Anscheinend hat er auf diese Eröffnungen hin keine Antwort bekommen.

Schon während der ersten Tage hatte er sich vor den Vertretern Europas in Paris in Szene setzen können. Aus den Akten des Außenministeriums geht hervor, daß sich die Botschafter an ihn wandten, um ihre Pässe zu bekommen. Fouché schickte sie zwar weiter an den Herzog von Vicenza, wahrscheinlich aber hat er sie über die Situation ins Bild gesetzt.

Diese Umstände brachten ihn jedoch keineswegs von den Aufgaben ab, die ihm offiziell übertragen worden waren. Wie im Jahre 1804 mußte er ein Ministerium von Grund auf wiederaufbauen. Es war niemand vorhanden, dem er nachfolgte, die Restauration der Monarchie hatte die allgemeine Polizei in Unordnung gebracht, zerstückelt und entnervt. Er ging unverzüglich wieder daran, sie aufzubauen.

Indem er alles, was man als die technische Seite der Polizei bezeichnete, auf zuverlässige Mitarbeiter ablud, war er in der Lage, seine Aufmerksamkeit der Innenpolitik des Kaiserreichs zu widmen. Das Land war aufgewühlt, verwirrt, geteilt, es herrschte ein schlimmes Durcheinander aufgeregter Parteien, die nach elf Monaten ungeschickter reaktionärer Regierung verbittert waren. Der auf dieser Seite angehäufte Groll und Grimm wartete nur auf ein Zeichen, um sich gegen die Royalisten zu entladen, die Frankreich nicht verlassen hatten. Jede strenge Maßnahme seitens der Regierung oder deren Vertreter in der Provinz hätte fraglos und unverzüglich eine furchtbare revolutionäre Bewegung ins Rollen gebracht. Davor hatte Fouché Furcht, denn damit wäre im voraus jeder Rückschlag der gegnerischen Partei gerechtfertigt gewesen an dem Tag, an dem Ludwig XVIII. durch den wahrscheinlich eintretenden Mißerfolg des Kaisers wieder auf den Thron steigen würde. Die getreuesten Gefolgsleute Napoleons teilten in dieser Hinsicht die Gedanken Fouchés. Es bedurfte der festen Entschlossenheit des Polizeiministers, um den Herrscher sowie das Volk zu einer Politik der Mäßigung und Nachsicht zu bekehren, die seiner Ansicht nach unbedingt notwendig war. Eine andere Tendenz wurde in den offiziellen Kreisen spürbar: das neue Regime sollte nicht mehr ein Regime des Absolutismus und der Willkür werden. Einem ›liberalen Kaiserreich‹ schrieb Benjamin Constant, den Fouché dem Kaiser zugeführt hatte, eine parlamentarische Verfassung. Seitens des Polizeiministers wurde dem Geist der neuen Regierung und der gegebenen Situation Rechnung getragen, wenn er öffentlich die Willkürakte anprangerte, die die allgemeine Polizei in Verruf gebracht hatten, und wenn er, mehr noch als in der Vergangenheit, die Polizei als Beschützerin hinstellte, als Wächterin, als die Vorsehung der Bürger, die ›Wahrerin ihrer Freiheit‹.

Am 31. März richtete der Herzog von Otranto ein Schreiben an alle Präfekten, das sozusagen die Charta der ›liberalen Polizei‹ darstellte. Die Überwachungstätigkeit der Polizisten ›sollte sich nicht über das hinaus erstrecken, was die öffentliche oder individuelle Sicherheit erforderte, und sich nicht mit einer Neugier ohne sinnvolles Ziel in kleinliche Einzelheiten verlieren, auch nicht die freie Ausübung der menschlichen Beschäftigungen und der Bürgerrechte durch ein starres System von Vorsichtsmaßregeln, die die Gesetze nicht gestatten, behindern, sie sollte sich auch nicht durch vage Besorgnisse oder zufällige Vermutungen zur Verfolgung von Hirngespinsten hinreißen lassen, die sich in der Aufregung, die sie hervorrufen, in Luft auflösen‹. Das war das richtige Wort zur richtigen Zeit.

Das Rundschreiben beruhigte die Royalisten hinsichtlich der Großmut der neuen Regierung, die Liberalen hinsichtlich des Freisinns, alle zusammen hinsichtlich der maßvollen Haltung. Fouché vervollständigte das Werk dadurch, daß er ein neues Gesetz vorlegte, welches die Pressefreiheit und die Abschaffung der Zensur festlegte. In einer Aufzeichnung, die noch heute unter seinen Papieren zu finden ist und von der eine Kopie wahrscheinlich dem Kaiser zugeleitet worden war, legte Fouché dar, in welcher Weise und in welchem Umfang der Presse Freiheit gewährt werden könne. Es war für ihn wie für Napoleon ein großes Opfer an die zeitlichen Verhältnisse, denn damit wurde eine Mündigkeitserklärung abgegeben, die nachteilige Folgen haben konnte. Er riet deshalb zu einer ›Toleranz, die nicht übertrieben werden sollte‹, und weiter dazu, ›etwas Korrektes zu machen‹. ›Ein einziger willkürlicher Akt würde seiner Ansicht nach die Versprechungen des Kaisers in Frage stellen.‹ Es schien ihm nötig, um die Anschuldigungen, es werde eine Diktatur errichtet, auszuräumen, ›die politische und bürgerliche Freiheit auszudehnen und zu verbürgen, besser als es in England geschieht‹. Deshalb mußte die Pressefreiheit etabliert werden. Da er noch immer ein Freund persönlicher Maßnahmen und geheimer Verhandlungen war, ließ er das Dekret über die Abschaffung der Zensur erst erscheinen, nachdem er mit den Zeitungen selbst ein Abkommen getroffen hatte, das für jedes Blatt einen Zensor-Redakteur vorsah, der von der Regierung bestellt werden sollte: dieser hatte die Funktion eines Blitzableiters. Mit Zufriedenheit nahm die Presse das an, was alles in allem wie eine vorbeugende Maßnahme aussah. Fouché schlug zwei Fliegen mit einer Klappe, in den Augen der Journalisten, die er nicht leiden konnte, war er so etwas wie ein Beschützer, in den Augen des Kaisers, den er in dieser Angelegenheit überspielte, war er ein äußerst nützlicher Bewacher. Die vom Herzog von Otranto ernannten Zensoren erwiesen sich als sehr tolerant, sowohl hinsichtlich polemischer Artikel, als auch des Abdrucks von Proklamationen des nach Gent emigrierten Ludwig XVIII. Sie wurden als ›Informationen‹ ausgegeben. Fouché stellte es so dar: durch ein solches Vorgehen werde diesen Dokumenten jegliche Bedeutung genommen; denen, die sie jedoch erhalten hätten, wären sie klandestin erschienen. Man erlebte es mithin, daß die Zeitungen unter der Aufsicht des Ministers die Protokolle des Königs verbreiteten, sie allerdings mit ironischen und boshaften Kommentaren versahen. Die Zeitung, die zu Recht als das offiziöse Organ Fouchés galt, veröffentlichte sogar lange Auszüge aus der ›Gazette universelle‹, die in Gent herauskam. Außerdem war den Zeitungen aller Schattierungen gestattet, ziemlich scharfe Opposition gegen die kaiserliche Regierung und ihren Chef zu treiben.

Solche Zugeständnisse brachten dem Herzog von Otranto gute Beziehungen zur Presse ein. Er gehörte zu denen, die behutsam mit ihrer Macht umgehen, und das trug gute Früchte. Er ging noch weiter, er wollte ein Organ ganz für sich. In seiner neuen Rolle als parlamentarischer Minister faßte er den Plan, sich ein persönliches Blatt zu schaffen. Es war der ›Indépendant‹, der am 1. Mai 1815 zum erstenmal erschien. Die Zeitung gab sich den Bourbonen gegenüber genauso feindlich wie dem früheren cäsarischen Regime und nannte sich ›die Verteidigerin des Vaterlands und der Freiheit‹. Fast alle Journalisten waren persönliche Freunde des Polizeiministers: Antoine Jay, Jullien de Paris, Lanjuinais und Fouchés Alter ego während der Hundert Tage, der spätere Abgeordnete Manuel. Die Zeitung ließ keine Gelegenheit aus, die Ansprüche des Hofes von Gent anzugreifen und genauso die Absichten des Kaisers, die auf geheimnisvolle Weise zur Kenntnis gelangten und somit bereits abgeschwächt waren, ehe sie öffentlich kundgegeben wurden. Daß der Polizeichef diese Zeitung besonders protegierte, zog niemand in Zweifel. Sie predigte Haß gegen jeglichen Despotismus und Mäßigung gegenüber den Besiegten.

Diese Politik betrieb Fouché allenthalben. Vor allem wollte er den Herrscher selbst dafür gewinnen. Am 3. April hatte er ihm einen Brief geschickt, in dem er, wie so oft, harte Wahrheiten mit respektvollen Wendungen vermischte, die manchmal bis zur Lobhudelei gingen. Er plädierte für Milde, Nachsicht und Vergessen und unterschob bei dieser

Gelegenheit seine Lieblingsthese: die Nichtverantwortlichkeit der Menschen in Revolutionszeiten. Zuweilen neigte er dazu, eine Art von historischem Fatalismus zur Schau zu stellen, der als Entschuldigung für jene Leute, und für ihn zuallererst, dienen konnte, die sich während der seit 1789 aufeinanderfolgenden Krisen kompromittiert hatten.

Von der Theorie zur Praxis übergehend, war der Polizeiminister willens, alle, die der abgesetzten Regierung nahegestanden hatten, bis zur letzten Möglichkeit zu schonen. Über diesen Punkt sind sich die Zeitgenossen einig, und die Korrespondenz mit dem Kaiser liefert unbestreitbare Beweise dafür. Napoleon hatte für die ›Schwäche‹ des Polizeiministers nur Worte der Ungeduld und des Zorns.

Fouché rühmte sich seiner Ungebührlichkeit, seines Ungehorsams. Jede strenge Anweisung des Kaisers, jeder Gnadenakt des Ministers wurde sofort bekannt und lebhaft kommentiert. Es ist erklärlich, daß ein solches Verhalten, welches Tag für Tag deutlicher wurde, Fouché unter den Gegnern des Regimes große Beliebtheit verschaffte. Die royalistische Partei, in der Fouché bereits vor dem 20. März viele Anhänger hatte, ließ sich völlig von ihm überzeugen. Madame de Châtenay schreibt: ›Man beobachtete sein Vorgehen wie die Arbeit der Bienen in einem Bienenkorb. Man wagt jedoch nicht, zu nahe hinzuschauen aus Furcht, einen Stich zu bekommen.‹ Sogar Napoleon schien den Stachel zu fürchten und verschloß lieber die Augen. Er meinte, sich diese Beliebtheit zunutze machen zu können, indem jeder royalistische Aufstand zu dem Zeitpunkt unterblieb, da er sich anschickte, seine gesamte Armee nach Belgien zu werfen. Übrigens ging die eigennützige Nachsicht des Ministers nur selten – was der Kaiser auch sagen mochte – bis zur Schwäche. Er prangerte alle Aufstandsversuche, die im Westen und im Süden unternommen wurden, rücksichtslos an; um aber die Verantwortung für die Unterdrückung nicht tragen zu müssen, beschränkte er sich darauf, den Gerichtshöfen mehr Strenge anzuempfehlen.

Diese Politik der Festigkeit und der Mäßigung zugleich wandte der Herzog von Otranto vor allem bei der Befriedung der wiederaufgewühlten Vendée an. Und diese Politik sollte Früchte tragen. Ende März hatte der Herzog von Bourbon einen Aufstandsversuch im Westen unternommen, war gescheitert und daraufhin geflohen. Zurückgelassen hatte er allerdings Gärstoffe einer Revolte. Unaufhörlich kreisten Gerüchte über eine bevorstehende Erhebung im Land und brachten Bretagne, Anjou und Maine in Verwirrung. Der Kaiser wollte das Gros seiner Streitkräfte an der Nordgrenze zusammenziehen und mußte den

Westen, trotz der aus Nantes, Rennes und Angers eintreffenden Warnungen, entblößen. Die Anführer der Bewegung in der Vendée, die eine Weile gezögert hatten, hielten jetzt den Zeitpunkt zum Handeln für gekommen. Am 11. Mai hatte der Stab, bestehend aus d'Autichamp, Suzannet und Auguste de La Rochejaquelein, bei einer Zusammenkunft in La Chapelle-Basse-Mer das Datum für den allgemeinen Aufstand auf den 15. festgesetzt. Der Befehl dazu wurde aus Gent von Louis de La Rochejaquelein überbracht, er war zum Generalissimus ernannt worden.

Schon im März hatte Fouché den Aufstand vorausgesehen und vorausgesagt. Er war für ihn genauso ärgerlich wie für den Kaiser, wenn auch aus anderen Gründen. Für Napoleon war er ein störender Angriff im Hinterland, der ihn dazu zwang, eine oder zwei Brigaden seiner Nordarmee freizumachen, für Fouché stellten diese Ereignisse eine ganz andere Gefahr dar. Dieser Konflikt, den er im März 1815 auf diplomatische Art und Weise hatte verhindern wollen, würde, wenn er ausbrach, das so mühsam aufrechterhaltene Gleichgewicht zerstören. Es stand außer Zweifel, daß die Vendée mit den zehntausend von der Nordarmee abgezogenen Soldaten zermalmt werden würde. Fouché würde danach harte Verfolgungen und Unterdrückungen nicht verhindern können, und als Polizeiminister würde er damit beauftragt werden, er würde sich dem nicht entziehen können. Sollte durch einen unwahrscheinlichen Zufall die Vendée siegreich bleiben, trat für ihn eine ganz andere Ungelegenheit ein. Der wiedereingesetzte König würde in Nantes, in Rennes oder in Le Mans residieren und diese Restauration seinen getreuen Chouans ganz allein zuschreiben. Die beiden La Rochejaquelein konnten Fouché nicht leiden, das war übel für ihn. In jedem Fall lief der Aufstand seinen Plänen zuwider. Er hätte sich gern in den Dienst Ludwigs XVIII. gestellt, doch ohne daß die Chouans sich einmischten. Andererseits bemerkte er, daß der Kaiser den drohenden Ausbruch mit Besorgnis betrachtete: es bestand also eine glänzende Gelegenheit, das Tag für Tag schwächer werdende Vertrauen Napoleons dadurch zurückzugewinnen, daß er den Aufstand ohne Schwertstreich erstickte. Er unterbreitete Napoleon einen Plan zur Befriedung, bevor der Aufstand sich ausbreiten konnte. Am 15. Mai hatte er freie Hand, der Kaiser ermächtigte ihn zur Verhandlung mit den Anführern in der Vendée.

Seit langem wußte der Herzog von Otranto, mit wem er bei solchen Gelegenheiten sprechen mußte. So wie er über eine Gruppe ergebener Jakobiner verfügte, hatte er ein Häuflein gebändigter Chouans an der Hand. Zu ihnen gehörte der Graf von Malartic. Er war 1793 und 1794

Stabschef der Maine-Armee gewesen und gehörte jetzt, 1815, zu einer ultraroyalistischen Gruppe, zu jener, die im März 1815 den Herzog von Otranto an die Seite des Königs stellen wollten. Er war es auch, der, wie erinnerlich, den Grafen von Artois zu Fouché gebracht hatte. Als Dank für dieses Wohlwollen hatte ihm Fouché – und nicht ohne bestimmte Absicht – erlaubt, nach dem 20. März in Paris zu bleiben. Im Mai jedoch schickte der einstige Aufrührer der Vendée sich an, ins Anjou zu gehen, um sich mit den anderen zusammenzutun. Fouché ließ ihn unverzüglich ins Ministerium kommen und machte ihm in langer Rede klar, daß dieser Aufstand verfrüht wäre, er sprach verächtlich davon und sagte dann, er würde der Sache, der man dienlich sein wolle, schaden, da jeder Aufstandsversuch in kurzer Frist durch bedeutende militärische Kräfte niedergeworfen werden könne; er würde nur den Verlust der hervorragendsten Diener des Königs verursachen und Napoleon zu harten Maßnahmen veranlassen. ›Im Norden wird sich Frankreichs Schicksal entscheiden‹, soll er ihm erklärt haben. ›Die Feindseligkeiten fangen nicht vor dem 15. Juni an. Bis dahin ist die Vendée zerschlagen. Helfen Sie mir also, unnützes Vergießen französischen Bluts zu verhindern. Die Anführer in der Vendée sollen ihre Bauern freigeben und sie ruhig nach Hause schicken. Ich verbürge mich für ihre Sicherheit ... Nehmen Sie die Mission an, die ich Ihnen anbiete. Es ist der einzige Weg, den Aufbruch der Truppen und die Erklärung der Gesetzlosigkeit der aufständischen Départements zu verhindern.‹

Nach kurzem Zögern willigte Malartic ein, zog zwei weitere royalistische Chefs auf seine Seite und verließ mit ihnen am 26. Mai Paris. Sie waren versehen mit Pässen und Briefen von Fouché.

Die Umstände waren ihrem Vorhaben günstig, wie der Minister richtig vorausgesehen hatte. Der Aufstand war verfrüht geplant gewesen, es fehlte an Waffen und Munition. General Travot hatte am 19. Mai in Aizenay leicht zu einem Erfolg kommen können und damit die Kühnsten entmutigt. Zudem waren die Chefs eifersüchtig auf den Generalissimustitel, mit dem La Rochejaquelein von Gent aus belehnt worden war, sie wollten sich seiner Führung nicht unterordnen. Nachdem Malartic eine erste Zusammenkunft mit d'Autichamp in Mortagne-sur-Sèvre gehabt und ihn für die Idee eines Waffenstillstands gewonnen hatte, überzeugte er die anderen Chefs, die trotz des Einspruchs des Generalissimus am 31. Mai ihren Entschluß bekanntgaben, die Waffen vorläufig niederzulegen. La Rochejaquelein hatte sich geweigert, die feige Kapitulation, wie er es nannte, mitzumachen, er wollte den Kampf ohne seine Offiziere fortsetzen und wurde dabei am

3. Juni getötet. Sein Tod brachte den Aufstand endgültig zu Fall, er war, dank der Diplomatie des Herzogs von Otranto, ein Fehlschlag geworden.

Fouché aber gehörte zu jenen, die nichts außer acht lassen und sich nie mit nur einem Weg zufriedengeben. Vom Kaiser dazu angestachelt, erteilte er den Präfekten im Westen strikte Anweisungen, er warnte sie vor Sorglosigkeit, aber auch vor übertriebener Angst.

Zum Zeitpunkt, als Fouché diese Vorsichtsmaßnahmen ergriff, war der Aufstand erstickt. Die Anführer akzeptierten eine Waffenruhe. Am 7. Juni übermittelte Fouché General Lamarque die Ermächtigung, ein Abkommen über diesen provisorischen Frieden zu treffen. Für Fouché war dies eine ungeheure Erleichterung und ein glänzender Erfolg seiner Politik. Beide Seiten waren ihm Dankbarkeit schuldig, die er weidlich ausnutzte. Es ist nicht ganz einfach festzustellen, wem er bei dieser Gelegenheit mehr und besser gedient hat: Ludwig XVIII. oder Napoleon.

In mehrfacher Hinsicht brauchte der Kaiser seinem Minister nicht sofort Dankbarkeit zu erweisen, denn gerade in dem Augenblick, als er ihm ein störendes Hindernis aus dem Weg geräumt hatte, schuf er ihm ein anderes gefährlicheres, das er mit seinen eigenen Händen aufgebaut hatte. Fouché hatte die Wahl für die Kammer 1815 durchführen lassen. Er war reif für eine neue Rolle, die des ›schneidigen Ministers‹, ›der die Wahlen macht‹. Dem parlamentarischen Regime begegnete er mit grenzenloser Verachtung und hatte infolgedessen nicht die geringsten Skrupel, die Stimmabgabe der Wähler und das Verhalten der Gewählten zu beeinflussen. Während sich Carnot als Innenminister, zu dessen Ressort die Überwachung der Wahlen gehörte, neutral verhielt, arbeitete Fouché, der weniger vom Liberalismus angekränkelt war, auf eine Kammer hin, die seinen Vorstellungen am besten entsprach, wenn nicht in der gegenwärtigen Situation, so doch in einer Situation, die er voraussah und die er für die nahe Zukunft erstrebte. In dem Augenblick, da er, ein Minister des Kaisers, die Freundschaft mit den Royalisten kultivierte, fand er es nützlich und amüsant, die Wahlen in eine ultraliberalistische Bahn zu leiten und ins Palais Bourbon ein buntes Durcheinander von Jakobinern, Liberalen, Orleanisten, Republikanern und Anhängern der konstitutionellen Monarchie zu bringen: Alles zusammen war das eine gesetzgebende Körperschaft, die sich als höchst ungünstig für den Kaiser erwies. Am Vorabend der Wahlen brüstete er sich damit und sagte: ›Wir schaffen ihm eine Abgeordnetenkammer, in der er wahrlich alles beieinander hat. Ich erspare ihm weder Barère und Cambon noch, wie Sie sich denken können, La Fayette. Das ist das Eigentliche. Die Zeit der Ausschlüsse ist vorüber, heute sind solche

Männer für uns, die wir die Fortschrittlichen der Revolution sind, eine Garantie.‹

Getreu seinem Vorhaben hatte er den seit 1804 stets gehegten Traum, der Minister der Opposition zu sein, verwirklicht. Indem er so tat, als folge er dem Kaiser auf dem Wege der unklugerweise erlassenen Proklamation von Lyon, leitete der Polizeiminister die bürgerlichen Wähler, auf die er großen Einfluß hatte, auf die Bahn der revolutionären Konzentration, wenn dieser Neologismus erlaubt ist: 1789 verband sich mit 1793 unter den Auspizien des Citoyen Fouché de Nantes, jetzt Minister eines Cäsaren und morgen des Allerchristlichen Königs.

Auf Grund der Tätigkeit des alten revolutionären Prokonsuls zogen Konventsmitglieder ins Palais Bourbon ein, die seit zwanzig Jahren in Vergessenheit gelebt und von denen viele sich nie dem Kaiserreich angeschlossen hatten. Er selber mochte sich einen Augenblick in jene längst verflossene Zeit versetzt fühlen, da er im Gebäude der Reitbahn seinen Sitz hatte. Er sah voraus, daß seine Ministertätigkeit ihn am Rande beließ, er dachte auch nicht daran, eine aktive Rolle auf der Rednertribüne zu spielen, aber er hatte, immer als kluger parlamentarischer Minister, dafür gesorgt, daß in die neue Versammlung nur Komparsen kamen, Kreaturen, die ihm persönlich verpflichtet waren: sein früherer Schüler Antoine Jay, der lange sein Alter ego gewesen war, ein Publizist, der in der Krise im Juni 1815 eine bedeutende Rolle gespielt hatte, war in Bordeaux gewählt worden; in Aix, das er wie ein Lehen betrachtete, hatte er seinen Sekretär Fabri vorgeschoben. Schließlich und vor allem verschaffte er dem jungen redegewandten, intelligenten und sympathischen Manuel Eingang in die Kammer, auf den er schon damals in Aix unbegrenzten Einfluß gehabt hatte. Zusammen mit Barère, der ein ›Werkzeug Fouchés‹ geworden war, standen weniger bekannte Abgeordnete wie Lacoste, Gourlay und Clément du Doubs in enger Verbindung mit ihm. Er hielt sich für sehr stark und behauptete gegenüber La Valette, die ›Meinung‹ für sich zu haben. Mit der Verwegenheit und Allmacht eines Staatsmannes ohne Vorgesetzten ging er andererseits in London, Gent und Wien vor, überall dort, wo er einen Emissär unterbringen konnte, überall dort, wo er die Lösung des schwerwiegenden und einzigartigen Problems erhoffen konnte: Wer würde nach zwei Monaten der Nachfolger des Gebieters sein, dem er diente, der Herrscher von morgen?

21

Vor und nach Waterloo

Drei Monate lang hatte der Herzog von Otranto seine ganze Sorgfalt darauf verwendet, sich in Frankreich eine starke Position zu schaffen; er hoffte, die bevorstehenden Ereignisse lenken und sich genügend Geltung verschaffen zu können, um durch seine Beziehungen mit dem Ausland in der Lage zu sein, alles vorzubereiten.

Von Anfang an hatte er, wie erinnerlich, Verhandlungen mit England angebahnt, die allerdings für die Regierung, deren Minister er war, ergebnislos blieben. Indem der Kaiser den Polizeiminister zu diesem ersten Übergriff in die Domäne seines Kollegen vom Außenministerium ermächtigte, hatte er ihm die Möglichkeit verschafft, sich jedesmal, wenn er in flagranti bei geheimen Beziehungen zu europäischen Staaten ertappt wurde, hinter dieser Ermächtigung zu verschanzen. Nur Fouchés Sendboten vermochten die Mauer zu durchbrechen, die Europa um Napoleon aufgerichtet hatte. Der Kaiser mußte sich damit abfinden, Fouchés gefährliche Dienste in Anspruch zu nehmen. Er erlaubte ihm deshalb zwei weitere Unternehmungen: die Entsendung Ginguenés nach Zürich, in der Hoffnung, Zar Alexander durch seinen Freund Laharpe gewinnen zu können, und die Entsendung Montronds, de Bressons und de Saint-Léons nach Wien, um zu versuchen, Marie-Louises Vater aus der Koalition herauszulösen.

Für die Züricher Mission hatte Fouché Ginguené ausersehen, einen früheren Republikaner. Am 24. April stellte er ihn Caulaincourt vor, diktierte eine Aufzeichnung, die Ginguené Laharpe übergeben und die dieser dem Zaren weiterleiten sollte. In dieser Note sind genau dieselben Ideen enthalten, die Fouché zur gleichen Stunde Metternich mitteilte.

Der Kaiser hatte zugelassen, daß die beiden Männer in Verbindung blieben; nur der Herzog von Otranto war imstande, ein kaiserliches Wort nach Wien gelangen zu lassen. Er hatte Napoleon Saint-Léon, Montrond und Bresson, Männer seines Vertrauens, vorgestellt, die einzigen Emissäre, die Aussicht hatten, in Österreich empfangen zu werden. Höchstwahrscheinlich hatten sie seitens des Ministers noch andere Aufträge; ein Abgesandter Metternichs machte später eine aufschlußreiche Andeutung über den eigentlichen Charakter, den diese Drei-Männer-Mission für Fouché persönlich hatte.

Sicherlich sollte Saint-Léon bei dieser Gelegenheit den Wunsch des

Herzogs von Otranto vorbringen, eine Geheimkonferenz zusammenzurufen, bei der die Emissäre der beiden Minister die in Frage stehenden Dinge miteinander diskutieren sollten. Jedenfalls erhielt der Polizeiminister Ende April ein kurzes Schreiben des österreichischen Kanzlers, das zu einem der ungewöhnlichsten Zwischenfälle seines abenteuerlichen Lebens und dieser merkwürdigen Epoche führte.

Ein angeblicher Vertreter der Bank von Wien fand sich beim Herzog von Otranto ein und übergab ihm ein Billet mit dem Datum vom 9. April. Es wurde ihm empfohlen, jemand nach Basel zu entsenden, der ›sein ausschließliches Vertrauen besitze und der dort eine Person treffen werde, mit der er sprechen könne‹. Noch war Fouché dabei, einen geeigneten Emissär ausfindig zu machen, da wurde der Bote aus Wien heimlich dem Kaiser gemeldet. Er wurde festgenommen und in die Tuilerien gebracht, ohne daß Fouché etwas davon erfuhr. Napoleon verhörte ihn persönlich, der Bote gestand, welchen Auftrag er erhalten hatte, und verriet das verabredete Erkennungszeichen sowie den Ort des Zusammentreffens. Der Kaiser wollte sich Beweise verschaffen; unter irgendeinem Vorwand ließ er den Polizeiminister kommen und führte ein langes Gespräch mit ihm. Da er von Fouché keinen Hinweis auf die fragliche Angelegenheit bekam, entließ er ihn und war jetzt hinreichend informiert über das Verhalten des ›Verräters‹. Zunächst wollte Napoleon ihn schnurstracks festnehmen lassen, beschloß jedoch, weiter in die Intrige einzusteigen und statt des Emissärs des Ministers, der noch nicht feststand, einen seiner eigenen Agenten zu schicken. Mit dieser Aufgabe betraute er seinen Sekretär Fleury de Chaboulon.

Am 3. Mai traf Fleury in Basel Metternichs Vertreter, der sich Werner nannte, in Wirklichkeit aber der Hofrat Baron von Ottenfels war. Ottenfels erklärte dem vorgeblichen Agenten Fouchés, daß Österreich und seine Alliierten nur gegen den Kaiser Krieg führen wollten, nicht gegen Frankreich; man würde mit Wohlwollen der Restauration der Bourbonen zustimmen, wenn Garantien geboten würden, ›daß Ludwig XVIII. nur nach Abschluß eines neuen Paktes nach Frankreich zurückkehren würde und daß er eine liberale Regierung annehmen würde, zu der der Herzog von Otranto und Carnot gehören sollten‹. Sollte Frankreich den Herzog von Orléans vorziehen, würden die alliierten Mächte Ludwig XVIII. zur Abdankung zwingen, und sollte das Land sich möglicherweise zugunsten Napoleons II. und einer Regentschaft entschließen, würde man sich dem nicht widersetzen. Das einzig Wichtige sei, ›Bonaparte‹ loszuwerden, man rechne in dieser Angelegenheit mit dem Herzog von Otranto. Fleury spielte seine Rolle voll und ganz.

Er versicherte, das läge nicht in Fouchés Absicht, er sei dem kaiserlichen Thron aufrichtig ergeben. Der österreichische Abgesandte war höchst erstaunt und begnügte sich mit der Erklärung, er wolle in Wien darüber berichten. Er schlug dem vorgeblichen Agenten Fouchés ein neues Treffen in Basel, acht Tage später, vor. Fleury kehrte nach Paris zurück; der Kaiser hatte sich hinsichtlich des Verhaltens Fouchés beruhigt.

Wie so oft war es dem schlauen Fuchs gelungen, sich aus der Schlinge zu ziehen. Am 28., dem Tag, an dem Fleury nach Basel reiste, war der Minister von Réal vor der gegen ihn angezettelten Intrige gewarnt worden. Äußerlich ruhig und unter irgendeinem Vorwand hatte er sich in die Tuilerien begeben und im Lauf einer Unterhaltung mit dem Kaiser beiläufig gesagt: ›Ach, Majestät, ich hatte vergessen, Ihnen zu sagen, daß ich von Herrn von Metternich ein Billet bekommen habe. Ich habe so viele andere wichtige Dinge im Kopf. Außerdem hatte mir der Überbringer nicht das Pulver gegeben, um die Schrift lesbar zu machen, so daß ich an eine Irreführung glaubte. Hier bringe ich es Ihnen endlich.‹ Kurzum, es gelang ihm, sich reinzuwaschen, und der Kaiser schien beruhigt zu sein. Als Fleury zurück war, sagte er zu ihm: ›Während Ihrer Abwesenheit hat mir Fouché die Angelegenheit erzählt. Er hat mir alles zu meiner Zufriedenheit erklärt. Es hat nicht in seiner Absicht gelegen, mich zu täuschen. Intrigiert hat er immer gern, man kann ihn nicht davon abhalten. Gehen Sie zu ihm, erzählen Sie ihm alles, was sich mit Monsieur Werner ereignet hat, zeigen Sie ihm, wenn er Sie über mich befragt, Gelassenheit und Unbefangenheit, wiederholen Sie ihm, daß ich beruhigt bin und an seiner Ergebenheit und seiner Treue nicht zweifele.‹

Daraus ist ersichtlich, daß Napoleon nicht nur Fouchés Dienste brauchte, sondern daß ihm an seiner Freundschaft gelegen war. Der Herzog von Otranto machte sich diesen Rückzieher zunutze und setzte sich aufs hohe Roß. Er erklärte Fleury: ›Eine schöne Mission! Da sieht man, wie der Kaiser ist. Stets mißtraut er denen, die ihm am treuesten dienen. Die hervorragendsten Dienste, die lauterste Ergebenheit schützen nicht vor seinen Verdächtigungen ...‹ Und nach weiteren Vorwürfen sagte er, er wolle Fleury einen Brief für diesen Werner anvertrauen. Er gab ihm zwei Briefe, beide enthielten günstige Äußerungen über den Kaiser. Dieser bemerkte einige Wendungen nicht, die, wie Fleury angibt, darauf hindeuteten, ›daß Fouché meinte, der Herzog von Orléans wäre der einzige Prinz, der fähig wäre, das Glück Frankreichs und die Sicherheit des Auslands zu gewährleisten‹.

Fleury fuhr also wieder nach Basel, traf dort Ottenfels, der höchst erstaunt war. Er sagte: ›Monsieur Fouchés Ausdrucksweise wird Herrn von Metternich sehr überraschen. Noch am Tag vor meiner Abreise wiederholte er mir, daß der Herzog von Otranto ihm bei jeder Gelegenheit gezeigt habe, wie tief eingewurzelt sein Haß gegen Napoleon sei, und 1814 habe er ihm sogar vorgeworfen, daß er ihn nicht in eine Festung gebracht habe; er sagte voraus, daß Napoleon von der Insel Elba zurückkehren und ganz Europa verwüsten würde. Um an das Heil des Kaisers zu glauben, müsse Monsieur Fouché völlig in Unwissenheit darüber sein, was in Wien geschieht, und was die Herren Montrond und Bresson berichten werden, wird ihn zweifellos auf andere Gedanken bringen, und er wird merken, daß er in seinem persönlichen Interesse und im Interesse Frankreichs die Bemühungen der Alliierten unterstützen muß.‹ Fleury tat so, als verstünde er, und erklärte, der Herzog von Otranto habe dem, was die Herren berichtet hatten, wenig Bedeutung beigemessen. Er wäre außerdem unfähig, sich eines verräterischen Verbrechens gegen Napoleon schuldig zu machen. Metternichs Vertrauensmann fühlte sich völlig genarrt. Fleury vermeldete dem Kaiser alles, was er gehört hatte, inbegriffen die Andeutung auf die Mission von Montrond und Bresson. Napoleon wurde wieder argwöhnisch: ›Ich bin überzeugt, daß er mich verrät‹, sagte er zu Fleury. ›Ich bin fast sicher, daß er in London und Gent Intrigen spinnt, und ich bedaure, daß ich ihn nicht weggejagt habe, bevor er mir Metternichs Intrige aufdeckte. Gegenwärtig fehlt mir die Gelegenheit dazu. Er würde überall ausposaunen, daß ich ein mißtrauischer Tyrann bin und ihn grundlos opfere. Gehen Sie zu ihm, sprechen Sie nicht über Montrond und Bresson, lassen Sie ihn nach seinem Belieben schwatzen, und berichten Sie mir, was er gesagt hat.‹

Unbeschadet ging Fouché also aus dieser heiklen Affäre hervor. Im geheimen hielt er Metternich auf dem laufenden über die Aussichten einer künftigen Regierung in Frankreich. Montrond und Bresson hatte er in der Versenkung verschwinden lassen. Er hatte seine ganze Verwegenheit zurückgewonnen und tadelte Caulaincourt lauthals wegen der Außenpolitik.

Obwohl er in einem neuen Rundschreiben an die Präfekten in aller Schärfe feststellte, daß niemand in Europa das Recht habe, Frankreich eine Regierung aufzuzwingen und ihm seinen Kaiser zu nehmen, tat er alles, um einen Nachfolger für ihn ausfindig zu machen. Er sondierte jedes Terrain und alle Gemüter. Unzählige Intrigen wurden in den Monaten April und Mai angezettelt. Pasquier zufolge hatte Montronds Mission in Wien den Zweck, die Rückkehr Marie-Louises und des Königs von Rom nach Frankreich zu erwirken, denn die Regentschaft war nach wie vor der Lieblingsplan des Herzogs von Otranto. Metternich hingegen schien die Thronbesteigung Napoleons II. als die am wenigsten annehmbare Möglichkeit anzusehen, denn er fürchtete, im Hintergrund würde der Vater für den Sohn regieren. Unermüdlich spann Fouché seine Fäden, hatte auch bei seinem alten Feind Lucien vorfühlen lassen – vielleicht im Hinblick auf eine Regentschaft ohne Napoleon II. Sein Augenmerk richtete er aber vor allem auf Louis-Philippe, den Herzog von Orléans. Da Europa einen Bourbonen wollte, würde dieser vielleicht genehm sein. Saint-Léon hatte einen Brief unter dem Sattel eines Pferdes versteckt, wie gesagt wird, nach Wien gebracht. Er enthielt Vorschläge hinsichtlich einer Nachfolge Napoleons durch den Herzog von Orléans. Fouché ließ auch in Gent sondieren, wo sich Pozzo di Borgo als Vertrauensmann des Zaren Alexander aufhielt, der anscheinend mehr als jeder andere über Fouchés Projekte mit der Seitenlinie unterrichtet war. Aber weder Metternich noch Pozzo di Borgo haben die Vorschläge des Ministers befürwortet.

Wohl oder übel mußte man sich einstweilen mit Ludwig XVIII. abfinden. Der Herzog von Otranto konnte mit ihm in Verbindung treten, da er in Gent bekanntlich viele persönliche Freunde hatte. Am 4. April war Baron de Vitrolles – er hatte im März von Ludwig XVIII. den Auftrag erhalten, den Widerstand gegen Napoleon im Südwesten zu organisieren – in Toulouse gefangengenommen worden. Er war früher schon einer der tätigsten Agenten zur Vorbereitung des Umsturzes gewesen, und er war auch einer der kommenden Führer der royalistischen Partei, ein Freund des Grafen von Artois. In Gent, wo Napoleon wie je der ›Menschenfresser von Korsika‹ genannt wurde, befürchtete man, der Baron könne in den Händen Napoleons eine Geisel, in Kürze sogar ein Opfer werden. In der Tat hatte der Kaiser zuerst ein Exempel statuieren wollen; jetzt hielt er ihn hinter Schloß und Riegel in Vincennes, wo Vitrolles um sein Leben bangte. Die Baronin war nach Gent geeilt und hatte sicherlich die Gefahr, in der ihr Mann schwebte, übertrieben. Der Graf von Artois war sehr beeindruckt und gab der Baronin einen Brief mit, der voller Versprechungen und, ohne den Namen zu nennen, an Fouché gerichtet war. ›Nie werde ich vergessen, welche Dankbarkeit ich jenen schulde, die den Baron de Vitrolles retten und sich für sein Leben verbürgen können.‹ Jaucourt riet der verzweifelten Baronin, sich durch Vermittlung Madame de Vaudémonts, der Marquise de Custine oder Gaillards an Fouché zu wenden; für Gaillard gab er ihr ein Einführungsschreiben mit.

Schwebte Vitrolles wirklich in Lebensgefahr? Es ist nicht sehr wahrscheinlich. Hätte Napoleon ihn wirklich erschießen lassen wollen, wäre er vom Herzog von Otranto auch ohne Bitten und Versprechungen gerettet worden. Denn diese Hinrichtung hätte seine ganze politische Zielsetzung durchkreuzt. Als nun die von Angst und Verzweiflung eingegebene Demarche bei ihm unternommen wurde, kam ihm augenblicklich die Idee, die Besorgnis der Freunde Vitrolles zu steigern, um später ihre desto größere Dankbarkeit in Anspruch nehmen und sie ausnutzen zu können. Dem Schritt seiner beiden adligen Freundinnen setzte er ein drittes non possumus entgegen. Der Kaiser sei außer sich, sagte er, und spreche tatsächlich nur davon, den Baron erschießen zu lassen; er, Fouché, sei nicht in der Lage, gegen einen so heftigen Zorn etwas zu unternehmen. Die Baronin war in tausend Ängsten und bat nun Gaillard um Hilfe. Jetzt ließ sich Fouché erweichen, versprach, das Unmögliche zu versuchen, und erlangte oder gab vor, von Napoleon einen Aufschub erlangt zu haben. Um den Baron aus düsteren Gedanken zu reißen, ließ er ihm aus Vincennes nach Abbaye-aux-Bois überführen unter dem Vorwand, ihn dort besser verhören zu können. Madame de Vitrolles durfte ihren Mann besuchen. Sie ging zum Minister, um sich zu bedanken, und wurde von ihm mit etwas hochmütigem Wohlwollen empfangen. ›Ihr Mann ist gerettet, Madame, ich habe dem Kaiser dieses Versprechen abgerungen. Er untersteht bereits mir, und Sie können über sein Schicksal beruhigt sein. Sie müssen nach Gent reisen, ich habe einen Wagen für Sie bereitstellen lassen und werde Sie von einem Mann meines Vertrauens begleiten lassen.‹

Der geheimnisvolle Begleiter wurde Ludwig XVIII. von der Baronin vorgestellt; er gab die Erklärung ab, der Herzog von Otranto sei bereit, die Rückkehr des Königs nach Paris zu beschleunigen, wenn dieser sich verpflichte, ihn im Ministerium zu belassen und Talleyrand, der sich in einer halben Ungnade befand, an die Spitze des Außenministeriums zu stellen. Der König schien der Auffassung zu sein, daß die Hilfe Fouchés zwar nicht gänzlich belanglos, aber nur halb so vorteilhaft wäre, wie einige Personen seiner Umgebung meinten. Er beschränkte sich darauf zu antworten, er würde das Verhalten des Herzogs von Otranto nicht vergessen, und fügte hinzu, er würde ›stets bereit sein, dankbar die Dienste anzuerkennen, die dieser ihm sowie Frankreich in der kritischen und gefährlichen Zeit, die das Land durchmache, leiste‹. Mit diesen recht vagen Zusicherungen ging Madame de Vitrolles nach Paris zurück; die Umgebung des Königs wurde optimistischer, wie Chateaubriand feststellt. Wie dem auch sei, in Paris, in der Vendée und in Gent waren von Fouché alle Vorbereitungen getroffen worden, damit das große Drama, das bald beginnen sollte, sich nicht zu seinem Nachteil wendete.

Den Prolog zu diesem Drama bildete die Eröffnung der Kammern. Das Abgeordnetenhaus versammelte sich am 3. Juni. Seit dem 13. Mai wußten die neuen Abgeordneten durch die offiziöse Zeitung des Herzogs von Otranto, welche Politik er von ihnen erwartete. Der ›Indépendant‹ lobte Napoleon als ›Mann der Nation, der öffentlichen Meinung und der allgemeinen Freiheit‹, behauptete aber, daß ›weder Europa noch Frankreich wünschten, daß ein einziger Mann willkürlich über ihre Geschicke verfüge‹.

In der neuen Kammer hatte der Herzog von Otranto keinen Sitz. Am 2. Juni war er durch das Vertrauen oder, genauer gesagt, durch das Mißtrauen des Kaisers ins Palais Luxembourg gerufen worden, wodurch er vom Palais Bourbon ausgeschaltet blieb. Da Fouché zweifellos im Halbrund des Plenarsaals zu erscheinen hoffte, zumindest in seiner Eigenschaft als Minister, hatte Napoleon die Entscheidung getroffen, daß nur die Staatsminister dort die Mitteilungen der Regierung bekanntmachen dürften. Hierdurch blieb Fouché gänzlich aus dieser Kammer ausgeschlossen, in die er mit großer Mühe und Sorgfalt seine Freunde gebracht hatte und in der, wie die Zeitgenossen sagten, ›der einzige wirksame Einfluß‹ der seine war. Doch durch seine Männer übte er diesen Einfluß in stärkstem Maße aus.

Er machte sich sofort bemerkbar, und zwar durch einen gegen den Regierungschef gerichteten Akt: zum Präsidenten der Versammlung wurde Lanjuinais, ein Gegner des Kaisers und ein Verbündeter Fouchés, gewählt.

Der Minister wußte genau, wie verhaßt er Napoleon zu jener Zeit war, und wollte sich gegen ihn auf das Parlament stützen. Seit Anfang Mai war der Kaiser fraglos über alles im Bilde und verhehlte nicht die Furcht, den Argwohn und den Haß, den er gegen seinen Polizeiminister hegte. Fouché weiß, daß er bei diesem Spiel nicht nur sein Portefeuille riskiert, sondern seinen Kopf. Aber er ist sich seines Sieges sicher. Je aufgeregter und nervöser Napoleon wird – er wechselt von Schwäche über zu Heftigkeit, von Drohungen zu Beschimpfungen –, desto größere Gelassenheit legt der Minister an den Tag. Pasquier gegenüber äußert er: ›Noch vor Ende Mai muß er sich zur Armee begeben. Ist er fort, sind wir Herren der Lage. Er soll eine oder zwei Schlachten gewinnen, die dritte wird er verlieren, und dann beginnt unsere Rolle.‹ Einige Tage vor seinem Aufbruch ruft Napoleon Carnot zu sich und sagt: ›Der Herzog von Otranto verrät mich. Ich will ihn loswerden. Ich denke sogar daran, das Polizeiministerium aufzulösen, um eine einfache Abteilung Ihres Büros daraus zu machen.‹ Carnot stimmt zu, denn er liebt Fouché nicht. Den Herzog von Otranto jedoch am Vorabend ernster Ereignisse zu entlassen, scheint ihm unmöglich. ›Sie haben recht‹, antwortet der Kaiser. ›Wir werden das später machen, wenn ich wieder zurück bin.‹ Das ist das Gegenstück zur Äußerung Fouchés Pasquier gegenüber, sehr charakteristisch für das merkwürdige Verhältnis von Herrscher zu Minister. Ganz offensichtlich wird in Belgien die Entscheidung fallen und sich mit dem Geschick der Welt vielleicht das Schicksal Fouchés entscheiden.

Am 12. Juni bricht Napoleon auf, am 16. erhebt sich die bis dahin im Zaum gehaltene Vendée von neuem, wie auf ein von Paris gegebenes Signal hin. Am selben Tag sprechen in der Kammer Jay und Manuel gegen die Entscheidung des Kaisers, die Minister eines Portefeuilles aus dem Palais Bourbon fernzuhalten. Mit dieser Entscheidung hatte Napoleon allein Fouché treffen wollen. Nach einer von Staatsminister Boulay abgegebenen Erklärung wendet sich Antoine Jay, rechte Hand des Herzogs von Otranto, in heftigen Worten gegen die Abwesenheit der kompetenten Minister; Manuel, der andere Komparse, unterstützt seinen Kollegen und hebt hervor, daß zwischen der Kammer und der Regierung neue Verbindungen geschaffen werden müssen. Und Fabri, der persönliche Sekretär des Polizeiministers, bringt mit lauten Zwischenrufen Boulay und Regnault in Verwirrung. Barère schließlich, ein weiterer Freund des Herzogs von Otranto, verteidigt eine Vorlage, durch die die Minister in die Versammlung gerufen werden sollen. Der Gruppe gelingt es, die Vorlage einem Sonderausschuß überweisen zu lassen, womit ein erster Sieg errungen wurde, denn in dieser Angelegenheit war des Kaisers Entscheidung unerbittlich gewesen. Unsichtbar im Hintergrund leitet der Herzog von Otranto die Schlacht.

Am nächsten Tag wird ihm ein persönlicher Erfolg zuteil. Regnault steigt auf die Rednertribüne und verliest einen bedeutsamen, erschreckend pessimistischen Bericht des Polizeiministers über die Lage des Kaiserreichs. Er gibt bekannt, daß der Westen und der Süden dabei sind, sich zu einer gemeinsamen Erhebung zusammenzuschließen, und fordert besondere Maßnahmen und die Verkündung des Belagerungszustands. Er schließt mit den Worten: ›Die gesamte Nation wird Richter darüber sein, ob ich nicht alle Möglichkeiten meiner Verantwortung als Minister anwenden mußte, damit das Wohl des Staates nicht gefährdet werde.‹ Der Bericht wurde auf einigen Bänken der Kammer mit übertriebenem Enthusiasmus aufgenommen. ›Nichts ist glänzender und wichtiger!‹ ruft der Abgeordnete Desmousseaux, und mit Bezug auf den Bericht greift Barère in verschleierter Form den Antrag vom Vortag wieder auf: er fordert die Bildung einer großen parlamentarischen Kommission, die zusammen mit den Ministern beraten und sich vor allem mit dem Polizeiminister verständigen soll über die zu treffenden gesetzgeberischen Maßnahmen, die sich nach diesem ›glänzenden‹ Bericht als notwendig erweisen. Es versteht sich von selbst, daß in dieser Kommission sowohl La Fayette wie Barère, Manuel und Jay sitzen werden. Was wird aus der kaiserlichen Regierung gegenüber diesem Gremium, das ein Abgeordneter zu Recht ›einen neuen Sicherheitsausschuß‹ nennt? Der Antrag aber wird abgelehnt, die Freunde des Ministers haben eine Niederlage erlitten.

In den Abendstunden war in Paris bekanntgeworden, daß Napoleon die Preußen bei Fleurus und Ligny geschlagen hatte. Vermutlich hat Fouché den 18. Juni in höchster Sorge und mit Beklemmung verbracht. Doch an jenem Tag ging der Stern seines illustren Herrn und Feindes im schrecklichen Desaster von Waterloo unter.

In Paris gab es am 19. Juni keine offiziellen Nachrichten. Selbst die Minister waren ohne jede Information. Man argwöhnte, der Polizeiminister halte die Depeschen zurück, um sie für sich auszunutzen und sich eine gute Basis zu schaffen. Auch der Abend des 19. verstrich, ohne daß irgend etwas durchsickerte.

Fouché war natürlich informiert. Er begann, seine Maßnahmen zu treffen. Sein Plan war sehr einfach. Das Ereignis selbst hatte er vorausgesehen; er hatte, wie erinnerlich, mit Pasquier darüber gesprochen. Binnen einer Woche konnten die Alliierten vor Paris stehen, und ehe zwei Wochen verstrichen waren, konnte Ludwig XVIII. wieder in den Tuilerien sein. Wenn Napoleon sich in sinnlosem Widerstand gegen die Koalition versteifte, wenn das Volk mit der großen Begeisterung, von der Carnot träumte, dabei half, wenn es zu einer nationalen Verteidigung unter der uneingeschränkten Führung des Kaisers kam, wäre Fouché verloren. Napoleon würde die Kammer auflösen und seinen Polizeiminister noch vor dem Ende der Ereignisse entlassen. Sollte er ihn in einem Anfall unbegreiflicher Schwäche nicht hinter Schloß und Riegel nach Vincennes bringen, wäre dies doch nur ein Aufschub. Als Sieger würde Napoleon sich rächen, und als Besiegter ...

Das war es, was den Horizont für Fouché verdüsterte. Besiegt und in der Niederlage zusammenbrechend, würde der Kaiser den Polizeiminister bei seinem Sturz mitreißen. Wenn Wellington und Blücher in

Paris einzögen und Ludwig XVIII. einsetzten, welches Schicksal würde dem Minister beschert sein, der bis zum bitteren Ende dem Usurpator offiziell gedient hatte? Und angenommen, es würde ihm Gnade gewährt, würde man den Königsmörder benötigen? Wie sollte er Einfluß gewinnen auf Ludwig XVIII., der sich in Gent den Abgesandten des Herzogs von Otranto gegenüber so kühl und so abweisend verhalten hatte? Wenn die Alliierten vor Paris standen, durfte es keinen Kaiser mehr geben, aber Fouché mußte vorhanden sein; es mußte ein Umschwung eintreten. Wie konnte er bewerkstelligt werden? Der Geschlagene von Waterloo würde trotz allem, wenn er es wollte, die Armee und die Straße auf seiner Seite haben. Vielleicht war das Parlament in der Lage, der Diktatur Widerstand zu leisten, aber würde es Kraft und Zeit genug dazu haben? Eine weitere Sorge: Napoleon durch die Kammer stürzen zu lassen, hieß die Diktatur des Palais Bourbon an die Stelle der Diktatur der Tuilerien setzen, La Fayette an die Stelle von Bonaparte. Und die Kammer war, das wußte Fouché besser als irgend jemand, den Bourbonen tausendmal feindlicher gesinnt als dem Kaiser. Würden diese ganzen Jakobiner, diese ganzen Liberalen, wenn die Diktatur ausgelöscht war, sich in die Hände Fouchés begeben und die Rolle der Genarrten und Komparsen spielen, die er ihnen zugedacht hatte? Napoleon konnte die Kammer nicht auflösen, wenn aber die Kammer ihn stürzte, war es besser, ihr keine Zeit zu lassen, eine ausschlaggebende Rolle zu übernehmen. Unter diesen Umständen durfte es weder Besiegte noch Sieger geben, Napoleon mußte spontan abdanken und der Herzog von Otranto vor der Kammer und den Alliierten den Eindruck erwecken, ihm falle das Verdienst für diese Lösung zu. Er mußte die Versammlung überzeugen und ihr Führer werden, ihr Bevollmächtigter gegenüber der Koalition und den Bourbonen. Die Aufgabe würde einfacher, sogar bequem werden. Wie aber sollte die Abdankung des Kaisers bewerkstelligt werden?

Er mußte, durch Ratschläge seiner Umgebung bearbeitet, von Anfang an durch die energische Haltung der Kammern entmutigt werden. Die Aufgabe, das Terrain bis zur Rückkehr des Kaisers vorzubereiten, übernahm der Minister selbst: die ergebensten Diener waren zu demoralisieren, ebenso die Ratgeber, denen der Gebieter am meisten Gehör schenkte; sie mußten für die Idee einer freiwilligen Abdankung gewonnen werden, wodurch der Nation eine Regierung nach seinem Wunsch und Willen beschert werden und vielleicht die Dynastie Bonaparte auf dem Thron bleiben würde. Andererseits mußte der Unabhängigkeitsdrang und der Oppositionsgeist der Kammer angestachelt werden, indem man ihr Furcht einjagte vor dem Cäsar, der am Abgrund stand.

Am Morgen des 20. rief Prinz Joseph die Minister zu sich und teilte ihnen die schreckliche Nachricht mit. Sogleich wurden alle Möglichkeiten geprüft und leidenschaftlich besprochen. Für das größte Hindernis bei der Ausführung seiner Pläne hielt Fouché jetzt Carnot. Dieser wollte eine Verteidigung bis zum äußersten anraten, als guter Patriot zeigte er sich bereit, seine Treue, seine Fähigkeiten und seine Erfahrung in den Dienst des Kaisers zu stellen. Fouché konnte von Glück sagen, daß der ›Organisator des Sieges‹, der sich 1793 so energisch erwiesen hatte, in mancher Hinsicht eher ein Mann der Pflicht als ein Mann des Handelns oder ein Politiker war. Wurde seine Pflicht ihm gebieterisch vorgeschrieben, so erfüllte er sie voll und ganz, folgte er seinem Gewissen, so handelte er seiner Eingebung gemäß und setzte sich mit großer Tatkraft und Autorität durch; fand er aber niemanden, der ihm Hilfe und Beistand leistete, so nahm er es hin, daß seine Pläne scheiterten – ohne mutlos zu werden, aber auch ohne zu versuchen, durch kluge Kombinationen oder Konzessionen seine Kollegen von dem ersehnten Ziel zu überzeugen – und hüllte sich in seine unverstandene Ehrlichkeit und Aufrichtigkeit. Fouché kannte diesen Mann, der ihm so wenig ähnlich war, seit langem und rechnete damit, daß er in eine geistige Verfassung geriet, in der er ihn leicht bezwingen konnte. Am 20. Juni äußerte Carnot, man müsse sich hinter den Kaiser stellen, und beharrte starrköpfig auf dieser Idee. Er machte aber keine großen Anstrengungen, um den Ministerrat und das Parlament zu seiner Auffassung zu bekehren, obwohl er auf diese Gremien mehr Einfluß als der Herzog von Otranto hätte nehmen können. Da man seiner Meinung nicht gefolgt war, ließ er sich mehr oder weniger von den Umständen leiten. Er stimmte der Abdankung des Kaisers notgedrungen zu und nahm einen Posten in der Regierung an, die den Kaiser vorübergehend ersetzte. Er ließ sich ohne weiteres von dem Mann, dem er zu Recht am meisten mißtraute, aus der Führung dieser Regierung verdrängen und fiel in eine dumpfe Apathie, womit er seinen Vorstellungen, seinen Prinzipien wieder einmal und unwiderruflich zu einer Niederlage verhalf. Merkwürdigerweise wurde Davout Kriegsminister, der charakterlich völlig anders beschaffen war und neben Carnot und Fouché am weitesten vorn stand, durch eine ähnliche Haltung wie die Carnots eine Beute des Herzogs von Otranto. Auch er war für den Widerstand, und dieser große Soldat besaß viel Autorität. Er gab seine Meinung kund und verteidigte sie kraftvoll. Doch war er mit der Taktik der Schlachtfelder mehr vertraut als mit der, die in politischen Krisenzeiten nötig ist, und warf, wurde seine Meinung abgelehnt, leicht die Flinte ins Korn. Er schimpfte und fluchte auf die Politiker und gab, da er schon ein bißchen nachgegeben hatte, völlig nach.

Für Fouché ist es ein unbestreitbarer Triumph, diese beiden Männer, die ihn verabscheuten, für das Werk einspannen zu können, über das er nachgegrübelt hatte und das diese beiden am 20. Juni ablehnten. Es stellt sich die Frage, ob es schwieriger war, der Kammer glaubhaft zu machen, daß er sich mit Carnot im Einvernehmen befand; der Armee, daß er Davout um Rat fragte; seinen Kollegen, den Innenminister, so weit zu bringen, ihm fast aus Höflichkeit die Leitung des Amtes zu überlassen; seinen Kollegen, den Kriegsminister, der den Bourbonen feindlich gesinnt ist, acht Tage später anzuraten, sie zurückzurufen, oder aus Napoleon den unentschlossenen Herrscher zu machen, der angesichts des Drängens seiner Minister und seines Parlaments sich bereit erklärt, die Waffen niederzulegen; die engsten Mitarbeiter des Kaisers, Maret und Regnault so weit zu bringen, daß sie zu Helfershelfern bei seinem Sturz werden und die fast republikanische Kammer vom 2. Mai 1815 zu bestimmen, unbewußt zum Werkzeug für eine neue bourbonische Restauration zu werden. Das aber bewerkstelligt der Herzog von Otranto während der achtundvierzig Stunden nach der Rückkehr des Kaisers in die Tuilerien.

Er war zu vorausschauend, zu sehr daran gewöhnt, den Realitäten, selbst wenn sie seine Pläne durchkreuzten, ins Auge zu sehen, um nicht zu wissen, daß über kurz oder lang, so oder so, Ludwig XVIII. wieder in die Tuilerien einziehen würde. Wichtig allein war, daß der König durch ihn und durch seine tätige Mithilfe dort wieder eingesetzt wurde, denn der Bruder Ludwigs XVI. würde wiederum der König der Reaktion sein, wenn er durch einen royalistischen Umschwung oder durch das Wohlwollen der Koalition wieder auf den Thron kam. Besser war es, jede Reaktion und jede Revanche zu verhindern, indem er, der Königsmörder und Minister ›Bonapartes‹, sich zum Wortführer der Restauration machte. Er mußte Bedingungen stellen, den König veranlassen, die Prinzipien von 1789 und auch die Männer der Revolution und des Kaiserreichs zu akzeptieren, und schließlich und endlich Mitglied der Ministerräte Ludwigs XVIII. werden, und zwar als Vertreter dieser Prinzipien und dieser Interessen.

Am 20. Juni war solch ein Plan eine unbeschreibliche Kühnheit. Ganz sicher hätte er es weder gewagt, ihn dem Ministerrat, der in seiner großen Mehrheit mit Leib und Seele der Person Napoleons und seiner Dynastie ergeben war, vorzulegen, noch der Kammer, die der

Hauptlinie der Bourbonen, unter welchen Bedingungen sie auch wieder auf den Thron kam, ausgesprochen feindselig gegenüberstand. Augenblicklich war das Wichtigste, den Kaiser loszuwerden und reinen Tisch zu machen. Bevor genäht wurde, mußte zugeschnitten werden. Darüber grübelte er höchstwahrscheinlich nach, während Paris am 19. auf Depeschen wartete, und daran arbeitete er, sobald die erschütternde Nachricht bekanntwurde.

Der am wenigsten schwierige Teil des vielfältigen Programms war wohl die Aufwiegelung der Kammer gegen den Herrscher. Fouché hatte Erfahrung im Umgang mit den Versammlungen. Er wußte, daß sie wenig Initiative und ebenso wenig Mut hatten, außer wenn sie in Angst versetzt wurden. Er hatte es erlebt, als er am Vorabend des Thermidor die Angst als hervorragendes Mittel anwendete, um den Konvent gegen seinen Tyrannen aufzuwiegeln. Die Taktik war und blieb gut. Am 20. ging im Palais Bourbon das Gerücht um, Napoleon käme mit Plänen einer unkontrollierten Diktatur zurück: Neben der drohenden Auflösung der Kammer war dies ein Schreckgespenst für diejenigen Abgeordneten, die den Kaiser haßten.

Die Gerüchte über die Auflösung und die Pläne zum Widerstand kamen aus dem Kabinett des Polizeiministers: Jay, Manuel und andere streuten sie im Palais Bourbon aus. Noch manches andere wurde gesagt: der Herzog von Otranto habe sich durch seine Beziehungen zu den europäischen Mächten (jetzt wurde die Tatsache zugegeben) die Versicherung verschafft, daß die Mächte tatsächlich nur gegen den Kaiser eingestellt seien und daß, wenn Napoleon beseitigt war, die Nation (das heißt die Kammer ihrer Vertreter) die Freiheit habe, eine Regierung nach ihrem Willen und Gutdünken zu wählen. In den Wandelgängen der Kammer herrschte zunächst eine unbestimmte Besorgnis, dann großer Zorn. Diese Gefühle nahmen bald konkrete Form an. Fouché war es gelungen, La Fayette für sich zu gewinnen. Dieser illustre Citoyen hatte eine recht hohe Meinung von sich selber. Er erkannte, und der Herzog von Otranto bestärkte ihn darin, daß sich ihm eine großartige Aufgabe biete: er wollte wieder einmal der Vorkämpfer der Freiheit, der nationalen Volksvertretung gegen den Despotismus sein. Er war der Mann der Stunde, wie 1789 und später 1830. Nie bemerkte er, daß die gerissenen Schlauköpfe sich über ihn lustig machten, nachdem sie ihn nach vorn geschoben hatten. Und La Fayette glaubte wirklich, sich Fouchés, den er wenig schätzte, bedienen zu können. Nach einer Besprechung mit Fouché begab sich der noble Freiheitskämpfer ins Palais Bourbon, wo er mit wenigen Worten schlimmste Angst verbreitete und wilden Zorn entfesselte. Da diese beliebte und bekannte

Stimme sprach, geriet die Kammer außer sich. Der Herzog von Otranto hatte so vorzüglich manövriert, daß am 21. morgens in der Kammer tatsächlich die Meinung herrschte, man habe nur noch zu wählen zwischen Usurpation und Auflösung, und es wäre besser, den Herrscher abzusetzen, als sich von ihm schlagen zu lassen.

Indes war der Polizeiminister noch mit anderem beschäftigt. Er stand dem Parlamentarismus und seinen Schwächen mit Mißtrauen gegenüber und wollte es auch nicht zu einer Diktatur La Fayettes kommen lassen. Seinem Plan gemäß durfte es zu keinem Konflikt und zu keinem ausgesprochenen Sieg kommen. Notwendig war, daß der in Waterloo Besiegte in den Tuilerien selbst mutlose Anhänger vorfand oder Leute, die den Ideen des Herzogs von Otranto zustimmten. Caulaincourt, Cambacérès und Davout sahen die Situation des Kaisers bereits so pessimistisch, daß ihr Kollege es nicht schwer hatte, weitere Depression zu verbreiten. Vor allem aber mußte Staatsminister Regnault als Helfer gewonnen werden, ein überzeugter ›Bonapartist‹ und deswegen dem Kaiser nicht verdächtig. Er und Fouché hatten sich früher sehr schlecht verstanden, doch seit einigen Monaten hatte der Herzog von Otranto durch seine unbestreitbare Gewandtheit wenn nicht das Vertrauen, so zumindest die Achtung seiner Kollegen wiedererobert. Da der Staatsminister in täglicher Verbindung mit der Abgeordnetenkammer stand, zu der er auch gehörte, war er reif für die Depression; er hatte zwei Wochen lang in eigener Person erfahren müssen, wie bitter und hartnäckig die Abneigung der Versammlung der Regierung des Kaisers gegenüber war. Das nutzte Fouché aus: als Kammermitglied und ergebener Diener der Dynastie war Regnault dazu berufen, jeden Konflikt zwischen dem Herrscher und der Versammlung abzuwenden – zum größten Vorteil und Nutzen der Familie Bonaparte. Gelang es Regnault, dem Kaiser eine nach außen hin spontan wirkende und augenblickliche Abdankung abzuringen, würde er den Sohn des großen Mannes und die Dynastie Bonaparte retten können. Fouché ging also so weit, daß er den Loyalismus ebenso ins Spiel brachte wie den vagen Liberalismus La Fayettes. Regnault tappte in die Falle und redete nachdrücklich überall von Abdankung. Am Morgen des 21. war alles bereit, die engste Umgebung des Kaisers fast gänzlich für Fouchés Idee gewonnen, und die Kammer andererseits entschlossen, dieser Idee, wenn nötig, zum Siege zu verhelfen. Der Kaiser konnte kommen.

Am 21. frühmorgens traf er ein. Er war erschöpft und ließ sich in die Badewanne fallen, während der Ministerrat eine Stunde lang ohne ihn beriet. Zu spät entschloß er sich endlich, den Vorsitz zu übernehmen.

Napoleon Bonaparte als erster Konsul; Gemälde von Dominique Ingres

Talleyrand; Gemälde von Pierre-Paul Prud'hon

Kaiserin Joséphine in Malmaison; Gemälde von Pierre-Paul Prud'hon

Der Herzog von Otranto; Gemälde von Claude-Marie Dubufe

Das Verhalten des Herzogs von Otranto während dieser Sitzung war sehr klug und vorsichtig. Angesichts seiner Kollegen, die alle seine Auffassung kannten, schien er Vergnügen daran zu finden, seine Pläne zu verschleiern. Er ließ Carnot sich für den Widerstand bis zum Äußersten einsetzen, wobei man sich auf die Kammern stützen wollte, er ließ Davout und Lucien Bonaparte andererseits für die Auflösung der Kammern sprechen, er ließ Decrès und Regnault schüchtern die Abdankung zur Sprache bringen. Er selber sagte nur ein paar Worte und bezeigte, wie Thiers schreibt, ›hinsichtlich des Unglücks, das Napoleon betroffen hatte, eine Betrübnis, die er gar nicht verspürte, und hinsichtlich der Kammern ein Vertrauen, das er gar nicht besaß‹. Heimtückisch riet er, genau wie Carnot, Zuflucht zur Kammer zu nehmen; es war noch heimtückischer deswegen, weil er – beunruhigt über die entschlossene Haltung, die der Herrscher anfänglich einnahm, und das offensichtliche Zaudern des Ministerrats, auch über die nicht enden wollende Sitzung – La Fayette heimlich mitteilen ließ, man diskutiere im Elysée den Plan, die Kammer aufzulösen oder zu vertagen.

Die Versammlung war zusammengetreten, La Fayette stieg auf die Tribüne und legte, nach einer kurzen Einführung, den Antrag vor, der so schwerwiegende Folgen haben sollte. Er forderte, ›es solle der Vaterlandsnotstand ausgerufen werden, die beiden Kammern sollten in Permanenz tagen, und jeder sollte des Verrats für schuldig befunden werden, der die Kammern auflösen oder sie vertagen wolle‹. Es sei auch notwendig, die Minister der Ressorts Krieg, Auswärtige Angelegenheiten, Inneres und Polizei unverzüglich zur Berichterstattung über die Lage in die Versammlung zu berufen. Schließlich schlug General La Fayette vor, die Nationalgarden im ganzen Kaiserreich zu mobilisieren. Ein Vertrauensmann Fouchés, Lacoste, unterstützte diese Anträge, die durch Abstimmung angenommen wurden, bis auf den letzten, der, wäre er ebenfalls angenommen worden, die Pläne Fouchés durchkreuzt hätte, denn diese Maßnahme hätte die bürgerliche Diktatur des alten Kommandanten der Nationalgarde von 1789 bedeuten können. Nichts konnte also Fouché größere Genugtuung verschaffen als diese Abstimmung, durch die er den Besiegten von Waterloo loswurde, ohne daß er durch den lästigen General auf weißem Roß behindert wurde.

Unterdessen ging die Beratung im Elysée weiter. Während des Prodomo-Plädoyers Napoleons und gegenüber den immer schärfer werdenden Einwänden Regnaults bewahrte der Herzog von Otranto ein unbewegtes Gesicht. Die Nachricht von den Vorgängen im Palais Bourbon schlug wie eine Bombe ein. Mit einem so gewagten Vorstoß hatte niemand gerechnet, außer vielleicht der Machiavelli von der Polizei. Napoleon war zuerst außer sich, machte, wie immer, seinem Ärger in wütenden Ausbrüchen Luft und wollte dann über die Sache hinweggehen. Die Minister versuchten, ihn zu beruhigen; da traf zum allgemeinen Erstaunen die weitere Nachricht ein, daß das Oberhaus, das dem Herrscher sehr viel günstiger gesinnt war, die Resolution der Abgeordneten angenommen und dafür gestimmt habe. Napoleon war niedergeschmettert; nachdem er etwas kaltblütiger die Lage geprüft hatte, beruhigte er sich und erklärte sich plötzlich zur Abdankung bereit. Er fügte jedoch hinzu, er wolle es aus freien Stücken tun, ohne von den ›aufsässigen‹ Kammern dazu aufgefordert zu werden. Unterstützt von Lucien, der seine Energie aus den Tagen des Brumaire wiedergefunden hatte, wollte Napoleon sich zuvor jedoch der Kollegen La Fayettes und Lanjuinais' entledigen. Doch Regnault, Davout, Maret und alle anderen Getreuen, die im Lauf der letzten vierundzwanzig Stunden zu stark erschüttert worden waren, zeigten wenig Neigung, einem solchen, schwere Konflikte in sich bergenden Entschluß zuzustimmen; allerdings mußte so oder so eine Lösung gefunden werden. Sie stellten sich dagegen, während der immer noch schweigsame Herzog von Otranto mit besorgtem, aber undurchdringlichem Gesicht alle Wechselfälle des Dramas verfolgte, dessen Ausgang für ihn von immenser Bedeutung war.

Vielleicht drängte er insgeheim seine Freunde im Palais Bourbon zu raschem Handeln. Als die Kammer Boten in den Elysée-Palast schickte, die eine Antwort auf die Botschaft forderten, brach Regnault schließlich auf, um zwar nicht einen klaren Bescheid, zu dem der Kaiser sich nicht entschließen konnte, doch zumindest einige vage Versprechungen zu überbringen. Das war eine Unklugheit. Durch den Tumult, die Äußerungen, die Reden wurde der bereits wankende Staatsminister in seiner Auffassung bestärkt, die Dynastie sei nur noch zu retten, wenn Napoleon sich ohne Verzug opferte. Die Abdankung wurde gefordert, der Herzog von Otranto sollte im Plenarsaal erscheinen. Jay führte bittere Klage über die Schmach, die der Versammlung durch die Minister angetan werde: sie seien aufgefordert zu kommen, wären aber den Weisungen mit Ungehorsam begegnet. Er verlangte, sie sollten erneut herbeigerufen werden. Manuel beantragte die Bildung einer ›Regierungskommission‹. Bestürzt eilte Regnault in den Elysée zurück und stellte allen die unabdingliche Notwendigkeit vor Augen, der Aufforderung der Kammer zu folgen. Lucien bekam den Auftrag, sich in die Kammer zu begeben. Um sechs Uhr abends traf er im Palais Bourbon ein; in seiner Begleitung befanden sich sämtliche Minister. Alle Blicke suchten in deren Reihen nach dem unbewegten Gesicht der Hauptfigur in diesem politischen Drama. Lucien wurde zunächst wohlwollend empfangen, weil man glaubte, er überbringe die Abdankungserklärung. Als man jedoch merkte, daß er nur Maßnahmen vorschlug, um Übereinstimmung zwischen der Versammlung und dem Herrscher herbeizuführen, lieh man ihm weniger gern Gehör.

Bestand die Möglichkeit, daß die in Verwirrung geratene Kammer nachgab? Dann wäre der Schlag danebengegangen, Napoleon bliebe auf dem Thron. Bei diesem Gedanken zitterte der Herzog von Otranto. Die ganze Versammlung blickte auf ihn, der reglos und stumm auf der Ministerbank saß, von der ihn bis jetzt das Mißtrauen des Herrn ferngehalten hatte. Unter welchem Vorwand konnte er, der Minister, das Wort ergreifen und die Sinnlosigkeit der von der Regierung vorgeschlagenen Maßnahmen anprangern? Aber er hatte seine Leute, man kannte sie, und als der beste von ihnen, Jay, auf die Tribüne stieg, herrschte allgemeine Aufregung. Niemand zweifelte daran, daß der frühere Lehrer der Otranto-Kinder das Sprachrohr Fouchés war. Jay stellte folgende Fragen: War es möglich, den Krieg weiterzuführen, wenn Napoleon an der Spitze der Armeen verblieb? War der Frieden möglich mit Napoleon an der Spitze des Staates? Während die Minister sich in theatralisches Schweigen hüllten, sah man, wie der Herzog von Otranto sich unter allgemeinem neugierigem Gemurmel erhob. Die Antwort, die Fouché gab, war vielleicht die größte Treulosigkeit, die er je beging: dem Anschein nach stellte er sich hinter seine Ministerkollegen – man wußte indes, wie wenig er sich sonst um solche Solidarität kümmerte –, und scheinheilig sagte er, da die Minister an der Erklärung mitgearbeitet hätten, könnten sie jetzt nichts hinzufügen. Man kann sich vorstellen, wie groß die Enttäuschung der Versammlung über diese hinterhältige und ausweichende Antwort auf die beiden gestellten Fragen war, welcher Ironie er ausgesetzt war. Die Feinde des Kaisers, der so schlecht verteidigt wurde, hatten jetzt ein leichtes Spiel. Jay verlegte sich darauf, seine Fragen zu kommentieren: der Kaiser war unmöglich geworden, alle Parteien waren gegen ihn, die Armee war zweifellos tapfer, aber durch die Niederlage von Waterloo geschwächt. Der Herrscher sei jetzt das einzige Hindernis, das der Einigkeit im Innern und dem Frieden mit dem Feind entgegenstehe. Er müsse sich zurückziehen, die Kammer müsse die Abdankung annehmen und, wenn nötig, erzwingen. Vergeblich bemühte sich Lucien, durch eine aufgeregte Verteidigungsrede diese beredte Anklage zu widerlegen. Er erhielt die berühmt gewordene heftige Antwort des Generals La Fayette. Der Herzog von Otranto war auf der Hut. Im Anschluß an Jay hatte die ganze Kamarilla gesprochen, dann stiegen Lacoste und Manuel auf die Bühne und forderten nachdrücklich die unumgängliche Abdankung. Da es jedoch unklug gewesen wäre, den verwundeten Löwen in die Enge zu treiben, sprachen Fouchés Freunde schonend über Napoleon. Es wurde nicht die Absetzung gefordert, er wurde gebeten, ›aus freien Stücken abzudanken‹. Man behandelte ihn aber doch wie einen abgesetzten Herrscher, da eine Kommission ernannt wurde, die ›mit den Ministern‹ über das Wohl des Staates beraten sollte. Dieser ›Wohlfahrtsausschuß‹, den Barère schon am 17. gefordert hatte, war tatsächlich gebildet worden. Fouché spielte darin neben seinen unterwürfigen Kollegen und den Mitgliedern, die unter seinem Einfluß gewählt worden waren, eine beherrschende Rolle.

Die Zeit drängte, sein Spiel wurde im Elysée allmählich durchschaut, denn der schlaue Fuchs übertrieb seine Maskerade. Dem Kaiser gegenüber verhielt er sich zerknirscht und bezeigte achtungsvolles Mitgefühl, wodurch La Fayette und Savary außer sich gerieten. Die beiden hatten sich Fouché nie angeschlossen, wie etwa Maret und Regnault, sie redeten laut über seine Treulosigkeit. Sie rieten Napoleon, der weiterhin zwischen den verschiedensten Entschlüssen schwankte, sich über alles und alle hinwegzusetzen. Fouché selbst durfte nicht mehr zaudern, ihm war klar, daß er, blieb der Kaiser an der Macht, gestellt und kompromittiert werden würde; er wäre verloren gewesen. Wie am Vorabend des Thermidor war er fest entschlossen, die Ereignisse zu beschleunigen.

Welche Erinnerungen mögen ihn überfallen haben in jener Nacht vom 21. auf den 22., als in den Tuilerien die parlamentarische Kommission mit den Ministern verhandelte? Am gleichen Ort hatte er am 9. Thermidor mit Collot d'Herbois, Billaud-Varenne und den anderen zu der Stunde konferiert, als Tallien auf die Tribüne stieg, um den großen Schlag gegen Robespierre zu führen. Fast auf den Tag genau neunzehn Jahre später spielte sich im gleichen Rahmen, in der gleichen Umgebung der gleiche bittere, mitleidlose Kampf ums Leben ab, bei dem die geringste Schwäche zur endgültigen Katastrophe werden kann.

Die Beratungen der Kommission dauerten die ganze Nacht vom 21. auf den 22. an. La Fayette setzte alles daran, die Absetzung zu erzwingen, es gelang ihm nicht. Aber kam es nicht einer De-facto-Absetzung gleich, wenn die Kommissare aus ihrer Mitte Mitglieder bestimmten, die direkt mit dem Feind verhandeln sollten, was doch ein souveränes Vorrecht des Staatsoberhaupts war?

Napoleon begriff es, er kämpfte noch und bezeichnete alle diejenigen, die wie Maret und Regnault für eine Abdankung waren, als Genarrte Fouchés. Aber er fühlte, daß der Boden unter seinen Füßen überall wankte.

Im Elysée wie in den Tuilerien wurde in der Morgendämmerung des 22. Juni noch fieberhaft beraten. Mit dieser Morgendämmerung erhob sich auch der Tag Fouchés. Morgens um neun trat die Kammer zusammen, kopfloser denn je, denn wenn Napoleon nicht abdankte, glaubte man sich verloren. Es wurde gesagt, Grouchy befände sich mit sechzigtausend Mann auf dem Marsch nach Paris, er sei bereit, dem Kaiser beim Widerstand gegen die Forderungen der Versammlung beizustehen. Davout selbst bestätigte offiziell diese Nachricht. Die Besorgnis war auf dem Höhepunkt, der große Schlag mußte geführt werden. Die Absetzung wurde gefordert. General Solignacs Intervention schob die letzte Entscheidung nur um weniges auf. Dem Kaiser wurde eine Stunde zugebilligt, um zwischen der freiwilligen Abdankung und der Absetzung zu wählen. Der General wurde damit beauftragt, dem Herrscher dieses Ultimatum zu überbringen.

Die Unterredung dauerte lange. Schließlich unterzeichnete der Kaiser vor versammeltem Ministerrat und ohne die Bitterkeit zu verschleiern, die er bei diesem demütigenden Zwang verspürte, die geforderte Abdankung. Während er den Text verfaßte, sah er, daß Fouché mit Schreiben beschäftigt war. Er wandte sich brüsk um und sagte höhnisch zu ihm: ›Schreiben Sie den Herren, sie mögen ruhig sein, sie werden zufriedengestellt werden.‹ Fouché tat, als bemerke er die Ironie dieser Worte nicht, er schrieb weiter an den Abgeordneten Manuel, wahrscheinlich, um ihm den einzuschlagenden Weg anzugeben. Als sei dem Kaiser alles gleichgültig, was von jetzt an geschah, beauftragte er den Polizeiminister selbst, die Abdankungserklärung im Palais Bourbon zu verlesen. Welche Freude mag diesen Mann ergriffen haben, als er das Papier in seinen Händen hielt, auf dem in unvergänglichen Lettern sein Sieg aufgezeichnet war. Wie am 9. Thermidor hatte er jemanden besiegt, der mächtiger war als er. Doch jetzt besaß er größere politische Erfahrung und wollte dafür sorgen, daß sein Sieg von langer Dauer war. Es war alles zugeschnitten worden, jetzt konnte genäht werden.

Um ein Uhr nachmittags erfolgte der aufsehenerregende Auftritt des Herzogs von Otranto im Palais Bourbon. Die Versammlung hatte sich von den Sitzen erhoben, als er auf die Tribüne stieg. Die Kammern nahmen die feierliche Erklärung mit großem, bisher nicht bezeigtem Respekt entgegen, so daß er meinte, auch seinen Gefühlen Ausdruck geben zu müssen. Er sprach langsam und bedächtig. ›Meine Herren, in diesem Augenblick braucht die Kammer gegenüber der Nation und Europa sich nicht zu bekennen zur Freiheit, Unabhängigkeit und dem Sieg der Grundsätze, für die die Nation seit fünfundzwanzig Jahren sich verausgabt und ihr Blut vergießt. Vor einer Versammlung von Franzosen halte ich es nicht für nötig, auf die Achtung hinzuweisen, die Kaiser Napoleon gebührt, und an die Gefühle zu appellieren, die er uns in seinem Unglück einflößt. In den Verhandlungen, die eingeleitet werden müssen, werden die Vertreter der Nation nicht vergessen, die Interessen jenes Mannes zu stipulieren, der während vieler Jahre die Geschicke des Vaterlands geleitet hat. Ich schlage vor, die Kammer möge ohne Verzug eine Kommission von fünf Mitgliedern ernennen und sie beauftragen, den alliierten Mächten gegenüber die Interessen Frankreichs, den Umständen und der neuen Situation entsprechend, zu vertreten sowie die Rechte und die Unabhängigkeit des französischen Volkes zu unterstreichen. Ich bitte, die Kommission heute zu ernennen, damit sie sich morgen auf den Weg machen kann.‹

Während er den abgesetzten Herrscher unter traurigen Huldigungen begrub, entstand in seinem immer tätigen Kopf bereits ein weiterer Plan: unter dem Vorwand, sie hätten eine patriotische Mission zu erfüllen, wollte er einige Abgeordnete, die er jetzt als störend empfand, aus dem Wege räumen.

Auf jeden Fall war seine Rede geschickt. Bonapartisten wie Republikaner und Liberale kamen auf ihre Kosten. Festzustellen war indes, daß ein Name nicht genannt wurde, der Napoleons II., zu dessen Gunsten der Kaiser abgedankt hatte. Fouché rechnete nicht mehr mit ihm, er war der Auffassung, die Alliierten würden seiner Thronbesteigung nicht zustimmen. Selbst die Kammer, die am Tag zuvor dem kleinen Prinzen noch zugejubelt hätte, war jetzt schwankend geworden. Der Herzog von Otranto ließ verlauten, dieses weitere Opfer würde den Feind zufriedenstellen, und viele Liberale, die gegen Ludwig XVIII. waren, glaubten, damit den Thron für Louis-Philippe von Orléans zu sichern. Da der Herzog von Otranto andererseits verhindern wollte, daß die von La Fayette und Lanjuinais geleitete Versammlung eine Diktatur ausübe, hielt er es für klug, den Antrag, der nun gestellt wurde und der darauf abzielte, die Kammer zur ›Nationalversammlung‹ zu machen, zur Ablehnung zu bringen. Hingegen ließ er über die Errichtung einer Regierungskommission abstimmen, nachdem er sich im voraus davon überzeugt hatte, daß La Fayette, Lanjuinais und Flaugergue, die drei Köpfe der liberalen Partei, nicht gewählt würden. Tatsächlich wurden im ersten Wahlgang für Carnot 324 Stimmen abgegeben und für Fouché 293, während La Fayette nur 142 erhielt. Offensichtlich zogen die Bonapartisten und Revolutionäre ihm den Herzog von Otranto vor. Der arme General, dem von Fouché so mitgespielt wurde, wie es ihm stets seitens der Schlauen und Wendigen geschah, mußte am folgenden Tag sogar auf den Oberbefehl über die Nationalgarde, der ihm versprochen worden war, verzichten. Er wurde von Fouché aus Paris weggeschickt, der sich auf diese Weise am 22. seines lästigen, genarrten Verbündeten entledigte, obwohl dieser ihm am 21. und 22. geholfen hatte, Bonaparte zur Abdankung zu bewegen. Mit Recht konnte Fouché zu Pasquier sagen: ›Sie müssen zugeben, daß ich viel erledigt habe in weniger als zweimal vierundzwanzig Stunden.‹

Nachdem die Kammer als dritten Kommissar General Grenier gewählt hatte, vervollständigte das Oberhaus die Kommission durch Caulaincourt und Quinette. In Fouchés Augen sollte die Kommission nicht ein Regentschaftsrat, sondern eine provisorische Regierung sein. Deshalb wehrte er in der Nacht vom 22. auf den 23. den letzten Angriff ab, den die Anhänger der Dynastie auf die Kammer unternahmen. Manuel wurde eiligst zu Fouché gerufen, und dieser vertraute Pasquier an, daß er Manuel damit ›beauftragt habe, die Versammlung umzustimmen‹. In dem Augenblick, als die Kammer möglicherweise Napoleon II. zum Kaiser proklamiert hätte, war es der Freund von Fouché, der den Antrag durch eine eher geschickte als großmütige Rede zu Fall brachte. Er gebrauchte den Vorwand, daß die Thronbesteigung Napoleons II. sich von selbst verstehe, daß es aber der Verfassung zuwiderlaufe, ihn zum Kaiser zu proklamieren.

Am 22. etablierte sich die Kommission in den Tuilerien. Diesmal war Fouché wirklich Sieger geblieben.

22

Die Regierungskommission

Die von den Kammern am 22. Juni gewählte Kommission war, wie schon gesagt, zusammengesetzt aus Carnot, Caulaincourt, Herzog von Vicenza, dem General Grenier, dem Ex-Senator Quinette und dem Herzog von Otranto. Dem letzteren verursachte diese Zusammensetzung einige Besorgnis. Im Oberhaus hatte er die Kanditatur des Herzogs von Vicenza unterstützt, wie auch die von Quinette, den er für nicht sehr gefährlich hielt. Allerdings hatte Caulaincourt das Amt nur auf Drängen des Kaisers, den er sozusagen repräsentieren sollte, angenommen, und Quinette, früher königsmörderisches Konventsmitglied, war sicherlich jeder Verhandlung mit den Bourbonen abgeneigt. General Grenier galt als Anhänger der Familie Bonaparte. Zu fürchten war aber vor allem Carnot. Er wurde als völlig integer angesehen. Er war seit drei Monaten mehr als jeder andere auf der Hut vor Fouchés Intrigen, er war der Revolution treu geblieben – sein Name war verbunden mit den größten Taten –, aber ebenso dem Kaiser, den er regelmäßig sah. Er war auch die einzige Persönlichkeit, die Fouché entgegengestellt werden konnte, und die Abstimmung in der Kammer, bei der er einunddreißig Stimmen mehr als der Herzog von Otranto bekommen hatte, verschaffte ihm eine moralische Überlegenheit, die er gegebenenfalls einsetzen konnte, um an die Spitze der Regierung zu gelangen. Wie aber sollte Fouché als einfaches Mitglied der Kommission sie so lenken, wie er es im Sinn hatte? Carnot war anfangs ganz gewiß der Meinung, daß durch die im Palais Bourbon erzielte Mehrheit ihm die Präsidentschaft ohne weiteres zufalle.

Man kann sich vorstellen, wie groß Fouchés Aufregung war, als er am Abend des 22. ein Rundschreiben empfing, mit dem Carnot sich rechtmäßig die Präsidentschaft zuschrieb und ihn, zusammen mit den drei Kollegen, in sein Innenministerium berief. Ohne ihm eine Antwort zu erteilen – er tat so, als habe er das Schreiben gar nicht bekommen –, griff der Herzog von Otranto zur Feder und setzte seinerseits ein ganz ähnliches Rundschreiben auf. Er lud die vier Kommissare ein, sich am folgenden Morgen um acht Uhr in den Tuilerien einzufinden, ›um sich zu konstituieren‹.

Wie stets gab Carnot nach. Er ging in die Tuilerien und fand dort den Herzog von Otranto und die anderen Kollegen vor. ›Was nennen Sie konstituieren?‹ fragte der Innenminister als erstes. Fouché antwortete: ›Nun, unseren Präsidenten und unseren Sekretär wählen.‹ Um diesen für Carnot kränkenden Vorschlag etwas abzuschwächen und vielleicht in der geheimen Hoffnung, dessen Antwort zu beeinflussen, fügte er rasch hinzu: ›Ich gebe Ihnen meine Stimme für die Präsidentschaft.‹ – ›Ich gebe Ihnen die meine‹, antwortete Carnot mit einer Höflichkeit, die hier eine nicht wiedergutzumachende Schwäche darstellte. Die anderen folgten seinem Beispiel. Als wäre es völlig natürlich, sprach sich Grenier sofort für die Einsetzung des Herzogs von Otranto aus. Caulaincourt und Quinette gaben ihre Zustimmung durch ein Kopfnikken, und ohne sich weiter bitten zu lassen, setzte sich der schlaue Fouché auf den Präsidentensessel.

Für Carnot stand es fest: er war hereingelegt worden. Bei diesem etwas rauhen, aber noblen und unvergleichlich aufrechten Mann gab es keinen niedrigen Neid, keinen Groll darüber, daß er so geschickt beiseite geschoben worden war, doch der Argwohn gegenüber dem Präsidenten der Kommission wuchs in ihm von Tag zu Tag. Von nun an bezeigte er gegenüber den lässigen oder zynischen Ausfällen Fouchés kühle Strenge, die diesen zwar genierte, ihn aber nicht ernstlich behinderte. Um die Rolle des Präsidenten zu mindern, versuchte er nun, die Rolle der Kommission zu verkleinern. Sie sei nur eine Art Ausschuß der Kammern, bemerkte er, und keine Regierung mit Exekutivgewalt. Der Herzog von Otranto zuckte nur mit den Schultern.

Die Rolle, die Carnot der Kommission absprach, schrieb sie sich unter der Leitung ihres Präsidenten jedoch in der ersten Sitzung bereits zu. Man ernannte Minister und einen Staatssekretär, den Grafen Berlier.

Den Charakter einer Regierung hatte Manuel der Kommission verschafft, indem er an jenem Tag die feierliche Ausrufung Napoleons II. vereitelte. Fouché stützte sich auf diese Tatsache und verfaßte anstelle der Proklamation des Grafen Berlier, die er als zu günstig für die Dynastie hielt, ein anderes Schriftstück, in dem Napoleon II. nicht erwähnt wurde.

Der erste Akt des Dramas war die Abdankung des Kaisers gewesen, die Fouché mit Hilfe bonapartistischer Minister unter dem Vorwand erreicht hatte, den Thron für seinen Sohn zu sichern. Der zweite Akt war die Einsetzung des Herzogs von Otranto als Repräsentant der Gegner der Bourbonen in den Tuilerien, aus denen sogar der Schatten des kleinen Kaisers verscheucht wurde.

Es begann der dritte Akt: das ehemalige Konventsmitglied, der Königsmörder, der ehemalige Minister zweier Kaiserreiche, der Sachwalter der Barère und Cambon, setzte sich am 24. mit dem offiziellen Vertreter der Brüder Ludwigs XVI., Baron de Vitrolles, in Verbindung.

Wie erinnerlich, befand sich der Baron in der Abbaye-aux-Bois in seiner Obhut. Am 23. hatte der royalistische Bevollmächtigte den Sturz des ›Tyrannen‹ erfahren, Fouchés Machtergreifung und seine eigene Freilassung. Er war voller Dankbarkeit dem früheren Polizeiminister gegenüber. Ihm wurde mitgeteilt, er solle sich am 24. um sieben Uhr morgens im Haus des Herzogs von Otranto einfinden. Er erschien und sprach lange mit ihm. ›Sie werden zum König gehen‹, erklärte ihm Fouché, ›Sie werden ihm sagen, daß wir für ihn arbeiten, und wenn wir auch nicht auf geradem Weg vorgehen können, wir werden schließlich zu ihm gelangen. Jetzt müssen wir erst Napoleon II. hinter uns bringen und wahrscheinlich danach den Herzog von Orléans, aber schließlich werden wir zu ihm gelangen.‹

Vitrolles war nicht angetan von diesen Aufschubfristen, worauf Fouché antwortete: ›Ich sage nicht, daß es genau das ist, was ich möchte, aber ich sehe voraus, daß es so kommen wird. In gewisser Weise habe ich die Herrschaft Napoleons II. bereits ausgeschaltet.‹ Man diskutierte hin und her: Fouché hätte es gern gesehen, daß der Baron sich gleich auf den Weg zu Ludwig XVIII. machte, um diesem seine Ergebenheit zum Ausdruck zu bringen. Vitrolles wollte lieber in Paris bleiben und erhielt die Genehmigung. Damit hatten die Royalisten in der Hauptstadt einen Chef, es konnte schon eine bourbonische Regierung aufgestellt werden, bevor die Zeit reif dafür war. Richtig besehen war es für den Herzog von Otranto recht angenehm, mit dieser Gruppe zu verhandeln, da er sie in einem für ihn günstigen Sinne beeinflussen konnte.

Wahrscheinlich ereignete sich an jenem Tag zwischen Fouché und Carnot jene Szene, von der Berlier berichtet. Die Kommission war für elf Uhr zu einer Sitzung einberufen worden. Die Mitglieder warteten in den Tuilerien auf ihren Präsidenten, sie waren schlechter Stimmung, weil beobachtet worden war, daß Baron de Vitrolles sich zum Herzog von Otranto begeben hatte. Die Kommissare waren schockiert über die Ungeniertheit ihres Kollegen und über den Grund seiner Verspätung; sie ließen ihn holen. Als er erschien, kam es zu einer heftigen Auseinandersetzung. Carnot beschwerte sich über die Verspätung und sagte grob: ›Wir haben gehört, daß Sie Ihren Posten im Stich gelassen haben, um mit den Agenten Ludwigs XVIII. zu konferieren.‹

Der Herzog von Otranto hatte schon schlimmeren Ausbrüchen getrotzt, er gab sich eher erstaunt als aus der Fassung gebracht. ›Der Baron de Vitrolles ist keineswegs ein Agent des Königs‹, antwortete er gelassen. ›Die Besprechungen mit ihm hatten einzig und allein das Ziel, dem Land und vor allem den Patrioten günstige Bedingungen zu verschaffen für den bald möglichen und sogar wahrscheinlichen Fall, daß mit den auswärtigen Mächten, die die Bourbonen unterstützen, eine Vereinbarung getroffen werden muß.‹ Carnot erwiderte: ›Und von wem haben Sie einen solchen Auftrag bekommen? Glauben Sie, Sie allein sind die Regierungskommission? Haben Sie es so eilig, Frankreich den Bourbonen auszuliefern, und haben Sie es ihnen versprochen?‹ – ›Und Sie‹, entgegnete Fouché kühl, ›glauben Sie, dem Land einen Dienst zu erweisen durch vergebliche Widerstandsgelüste?‹ Caulaincourt, der auf Fouchés Seite stand, und Quinette schalteten sich ein. Es wurde beschlossen, Vitrolles auf der Stelle festzunehmen. Der Polizeipräfekt erhielt den Befehl zur Ausführung. Fouché schien diese Entscheidung gleichgültig zu sein. Unterderhand ließ er Vitrolles durch Fabri warnen und konnte jetzt die zu offen begonnenen Beziehungen heimlich weiter pflegen. Außerdem machte er sich den Widerstand der Kommission zunutze. Natürlich hätte er, Fouché, es lieber gesehen, so sagte er des öfteren zu Vitrolles, nicht auf die Zustimmung des Auslands warten zu müssen, um Ludwig XVIII. zu proklamieren, aber ganz allein könne er es nicht. Nach und nach müßten alle für diese Lösung gewonnen werden, man müsse Ereignisse, die sie beschleunigten, herbeiführen. Man würde alles zunichte machen, wollte man alles im ersten Ansturm erledigen. Denn noch befand sich Napoleon im Elysée-Palast, er, Fouché, wäre in der Kommission in der Minderheit, in den Kammern stoße er zur Stunde auf eine unbezwingliche Opposition. Man müsse abwarten, alles genau berechnen und Umwege einschlagen. ›Dieser große Spieler‹, hat Vitrolles geschrieben, ›befand sich in einem Spiel, das in Anbetracht seiner Bedeutung, der Gefahren und der Höhe des Einsatzes seiner würdig war.‹

Vor allem empfand er den Kaiser im Elysée als hinderlich. Er wußte, wie argwöhnisch und mißtrauisch er war, er bestürmte ihn mit gutgemeinten Ratschlägen, mit Warnungen. Der Ex-Kaiser setze sich, so sagte er, schlimmsten Gefahren aus. Napoleon begriff oder ließ sich narren, er zog sich nach Malmaison zurück. Fouché atmete auf, er war Alleinherrscher in Paris, er stand zwischen dem abgesetzten Kaiser in Malmaison und dem abgesetzten König, der noch in Cambrai war.

Tatsächlich war er der alleinige Staatschef, oder schien es wenigstens zu sein, er war der Mann, dessen Unterschrift allein unter den Dokumenten der Kommission stand, die zwei Wochen lang den ›Moniteur‹ mit ihren Beschlüssen, Ernennungen und Proklamationen anfüllte. Immerhin beauftragte die Kommission, die jetzt regelmäßig zweimal am Tag zusammentrat, Davout, Paris mit allen Mitteln in den Verteidigungszustand zu versetzen. Wie ein Fouché übelgesinnter Zeitgenosse berichtet, trieb Fouché die Alliierten zur Eile an. ›Kommen Sie‹, soll er an Wellington geschrieben haben, ›und wenn es nur Ihre Vorhuten sind, kommen Sie! Die provisorische Regierung verbürgt sich dafür, daß Sie keinen Kampf zu bestehen haben.‹

In der Kommission bekam der Herzog von Otranto immer mehr Gewicht. Er war der einzige, der ein Ziel im Auge hatte und vorsichtig, aber entschlossen auf dieses Ziel zuging. Vitrolles gegenüber rühmte er sich, ihm sei der Beschluß zu verdanken, daß die Entscheidungen der Kommission ›im Namen des französischen Volkes‹ gefällt würden, womit Napoleon II. ausgeschaltet blieb, der im Prinzip der legale Herrscher war. Auf seine Weisung hin bekam der Kaiser in Malmaison einen Bewacher, und am 26. ließ er sich durch seine Kollegen beauftragen, den Prinzen der kaiserlichen Familie klarzumachen, daß es für die Ruhe im Staat und für ihre eigene Sicherheit notwendig wäre, wenn sie sich entfernten.

An diesem Tag richtete der Herzog von Otranto an die Kammern eine Note, in der er die unermüdliche Aktivität der Kommission und ihren Patriotismus herausstrich. In Hinsicht auf die Verteidigung gab er eine beruhigende Erklärung ab und fügte hinzu, daß die Kommission ›die Gefahren weder übertreibe noch verschleiere und daß sie dem Vaterland treu bleiben würde‹.

Er hatte das Gefühl, er müsse das Parlament, in dessen Mitte jetzt dumpfe und geballte Gereiztheit gegen ihn schwelte, beruhigen. Vergeblich beschäftigte er die Volksvertreter mit der Diskussion eines Verfassungsentwurfs, von dem er besser als jeder andere wußte, daß er ein totgeborenes Kind war. Die Kammer war in Unruhe, sie schwankte zwischen den widersprüchlichsten Meinungen und Entschlüssen hin und her. Doch wurden Äußerungen des Mißtrauens und des Zorns laut.

Einige eigenwillige Personen waren indessen vorläufig aus dem Weg geräumt worden. Am 23. hatten sich La Fayette, Sebastiani, d'Argenson, Pontécoulant, de La Forest und Benjamin Constant auf den Weg ins Feldlager der Koalition gemacht mit dem Auftrag, die Unversehrtheit des Territoriums, die Unabhängigkeit der Nation, die Souveränität Napoleons II. und anderes zu fordern. Bevor sich die Bevollmächtigten zu den verschiedenen Herrschern begaben, sollten sie bei den alliierten Generalen einen vorherigen Waffenstillstand erwirken, der für die Verhandlungen notwendig war. Doch bis zum 26. war man ohne jede Nachricht von ihnen.

Fouché war deshalb skeptisch hinsichtlich des Erfolgs ihrer Mission, und vermutlich wollte er gar nicht, daß ein Erfolg erzielt wurde; denn ihm lag daran – so hat es Pasquier, sein Vertrauter, ausgedrückt –, daß ›alles nur mit ihm und durch ihn geschähe‹. Warum sollten die Staatsoberhäupter La Fayette und Constant nach Waterloo etwas bewilligen, das er, Fouché, vor Waterloo nicht erreicht hatte: die Einsetzung Napoleons II. an die Spitze seines lieben Volkes?

In Paris wurde die royalistische Partei allmählich unruhig. Auf Bitten Fouchés versuchte Vitrolles die Ungeduld zu beschwichtigen, aber er mußte gegen eine aktive Gruppe ankämpfen, die ohne Fouchés Hilfe den König am liebsten gleich eingesetzt hätte und eine Aktion in dieser Richtung unternehmen wollte. Der Herzog von Otranto schwebte wahrscheinlich in tausend Ängsten, denn das hätte bedeutet, im fast erreichten Hafen Schiffbruch zu erleiden. Doch rasch hatte er einen anderen Plan zur Hand und flößte den Royalisten die Idee ein, Davout dazu zu gewinnen, der Kommission das vorzuschlagen, was Fouché ihr nicht ohne weiteres beibringen konnte. Auf sein Anraten sondierte der Herzog von Reggio beim Marschall und gewann ihn für die Sache.

Um dem Theatercoup größere Feierlichkeit und Wirkung zu verleihen, um die Mehrheit der Kommission zu gewinnen, rief er für den 27. die Präsidenten der beiden Kammern in die Kommission und ließ in das derart vergrößerte Gremium den Kriegsminister einführen. Dieser gab zunächst einen ziemlich beunruhigenden Bericht über den Vormarsch der Alliierten und erklärte plötzlich, es dürfe nicht eine Minute gezaudert werden. Es müßten alsbald Bevollmächtigte zu Ludwig XVIII. gesandt werden, um ihn zu bitten, ohne fremde Begleitung in Paris einzuziehen, die Nationalflagge zu respektieren, die Sicherheit der Person und des Besitzes zu garantieren, die Kammern beizubehalten, sowie die Beamten auf ihren Posten und die Offiziere in ihrem Dienstgrad zu belassen. Der stets loyale Marschall Davout verheimlichte seine Zusammenkunft mit dem Herzog von Reggio nicht und fügte hinzu, daß dieser es auf sich genommen habe, den Royalisten diese ausdrücklichen Bedingungen mitzuteilen. Davouts Loyalität – er führte den Titel eines Fürsten von Eckmühl – beeindruckte die Anwesenden. Vielleicht konnte er die Kommission zur Annahme eines so gewagten Vorschlags bewegen, den Fouché nicht vorzubringen wagte aus Furcht, er könne abgelehnt werden.

Schon war er dabei, die beiden Präsidenten mit Erklärungen für die beiden Kammern zu entlassen, als sich ein Zwischenfall ereignete, der alles zum Scheitern brachte. Es traf der erste Bericht der Bevollmächtigten ein, die auf dem Weg nach Hagenau waren, um dort die alliierten Staatsoberhäupter zu treffen. In Saint-Quentin hatten sie mit den preußischen Offizieren gesprochen und in Erfahrung gebracht, daß die Abdankung Napoleons I. von den Alliierten mit Befriedigung zur Kenntnis genommen worden sei. Sie machten, so fügten sie hinzu, jedoch die Wiedereinsetzung der Bourbonen keineswegs zur conditio sine qua non des Friedens, noch der notwendigen Weiterführung des Krieges. La Fayette und die anderen Bevollmächtigten, die jeden Hoffnungsschimmer begrüßten – möglicherweise gaben sie sich dem Glauben hin, Fouché einen Riegel vorschieben zu können –, hatten die schwachen Beteuerungen zum Gegenstand ihres Berichts gemacht; sie übertrieben die Bedeutung der Angelegenheit, ohne dem Gehörten wirklich auf den Grund zu gehen.

Wie dem auch sei, der Bericht verlieh der Situation ein völlig neues Gesicht und bewirkte als erstes das Scheitern der von Fouché erdachten Manipulation. Äußerst mißgestimmt mußte er den Auftrag, den er den Präsidenten der Kammern gegeben hatte, widerrufen und sich andere Verhandlungen ausdenken. Fünf weitere Bevollmächtigte wurden ins Feldlager Wellingtons geschickt. Sie sollten dem englischen Generalissimus einen Brief des Herzogs von Otranto überbringen.

Irgend etwas war fehlgelaufen, worüber Fouché sehr in Sorge war. Er hatte seine Absichten preisgegeben, obwohl er sie durch Davout hatte ausführen lassen wollen. Sofort verbreitete sich das Gerücht, der Chef der Exekutivgewalt sähe ohne Widerspruch zu, wie die Bourbonen zurückgeholt wurden.

Seit acht Tagen fühlte sich die Kammer von Fouché hintergangen; man war erregt, man wollte sich nicht der Komplicenschaft schuldig machen. Besonders stark war die Erregung auf der äußersten Linken der Versammlung, wo ehemalige Angehörige der Bergpartei sich jetzt mit überzeugten Bonapartisten in gemeinsamem Haß und gemeinsamer Furcht vor den Bourbonen verbrüderten. Am 27. unternahmen die Volksvertreter bei Carnot einen bedrohlichen Schritt. Sie kündigten an, am gleichen Abend eine Anklageerhebung gegen Fouché zu fordern, die ihn den Kopf kosten könne. ›Keinen Kopf, meine Herren‹, soll der frühere Kollege Robespierres geantwortet haben; ›wenn einer fällt, werden tausend fallen, und niemand wird es verhindern können.‹ Das Ex-Konventsmitglied Felix Desportes, der Fouché nicht leiden konnte, und der Republikaner Durbach kamen zu ihm, machten ihm heftige Vorwürfe, beschuldigten ihn, das Vertrauen der Kammern, der Patrioten und der Anhänger der Revolution zugunsten der Bourbonen mißbraucht zu haben. Verwegen wie Fouché war, reichte er ihnen seinen Brief an Wellington. Dieser Brief war sehr doppeldeutig gehalten, und die beiden Männer, die fest an seinen tatsächlichen und völligen Verrat geglaubt hatten, schienen angesichts dieses Schreibens, das zu einem anderen Zeitpunkt ihren Argwohn erregt hätte, befriedigt zu sein. Sie waren derart verdutzt, daß sie ihn, um vor ihren Kollegen nicht dazustehen, als hätten sie sich durch trügerische Worte foppen lassen, baten, ihnen eine Kopie des Briefes zu überlassen, damit sie ihn der Versammlung vorlegen könnten. Vermutlich hat diese Bitte dem Verfasser des Briefes ein Lächeln entlockt. Die Verlesung rief in den Wandelgängen des Palais Bourbon die gleiche paradoxe Wirkung hervor, so daß der Herzog von Otranto, der am Tag zuvor noch angegriffen, beschimpft und des Verrats angeklagt wurde, in aller Augen nur noch als ein geschickter Lotse dastand, der das im Sinken begriffene Schiff durch tausend Klippen steuerte.

Und am gleichen Tag versicherten Pasquier und Vitrolles, von Fouché kommend, dem Marschall Macdonald, daß der Herzog von Otranto ›im Interesse des Königs handele‹, und daß er als Regierungschef ›nichts unternähme, ohne sie zu fragen oder sie zu warnen‹. Diese Mitteilung sollte jede royalistische Unternehmung, die Fouché seinem Plan gemäß als verfrüht ansah, unterbinden.

Er mußte wirklich seine ganze Aufmerksamkeit auf die Ereignisse konzentrieren, die sich vor den Mauern von Paris abspielten. Ein Teil der Truppen Grouchys, unter dem Befehl von Vandamme, war herangerückt und wurde von den Alliierten bedrängt. Es sah aus, als würde eine große Schlacht stattfinden. Die Regierungskommission richtete am 28. unaufhörlich Erklärungen und Berichte an die Kammer, alle sehr pessimistisch gehalten. Eine Botschaft an die beiden Kammern enthielt den Vorschlag, den Belagerungszustand zu verkünden, der dann tatsächlich ausgerufen wurde. Vorkehrungen zur Verteidigung des Pariser Vorfelds und ›zur Sicherung der inneren Ruhe und Ordnung‹ wurden getroffen.

Mit diesem großen Durcheinander wollte Fouché nur alle Welt täuschen, er war zu allem entschlossen, außer, es zu einer Schlacht kommen zu lassen. Und wer wollte ihm unter diesen Umständen einen Vorwurf daraus machen? Menschlichkeit und Patriotismus fielen in diesem Punkt zusammen mit seinen persönlichen Berechnungen und Interessen, und er empfing am 28. einen Brief von Davout, in dem der mutige Soldat erklärte, ›es dürfe nicht ein Augenblick verloren werden, die Vorschläge, die er am Tage zuvor gemacht hatte, anzunehmen‹. Der Kriegsminister schrieb: ›Ich wiederhole, Ludwig XVIII. muß zum König proklamiert werden, es muß von ihm gefordert werden, daß er ohne fremde Truppen einzieht. Sie dürfen Paris nicht betreten! Ludwig XVIII. muß mit der Nation regieren. Das ist der einzige Weg, auf dem unser unglückliches Vaterland gerettet werden kann.‹ Diese Stellungnahme hätte eigentlich Fouchés Beifall finden müssen. Anscheinend hatte er es jedoch nicht eilig, sie zu befolgen. Wahrscheinlich hatte er alles genau überlegt und befürchtete, die Proklamation Ludwigs XVIII. würde zu jener Stunde in den Kammern und in ganz Paris noch auf zu großen Widerstand stoßen. Außerdem wollte er Marschall Davout nicht die Rolle, die der Engländer Monk gespielt hatte, überlassen; er behielt sie sich selber vor. Bisher hatte er allerdings von Vitrolles außer vagen Versprechungen und ›Dankbarkeits‹-Bezeigungen seitens des Königs nichts erhalten. Was ihm Davouts Brief klarmachte, war die Notwendigkeit eines sofortigen Waffenstillstands. In jeder Hinsicht war es nützlich, ihn abzuschließen; indes wies er den

Marschall darauf hin, daß ›man in Erfahrung bringen müsse, was der Feind wolle‹; eine ›nicht genau durchdachte Maßnahme‹ könne Ludwig XVIII. in den Stand setzen, jegliche Bedingung abzulehnen. Deshalb ermächtigte Fouché Davout nur zur Verhandlung über einen Waffenstillstand, ›der alle Opfer umfassen könne, die mit den Pflichten der Regierung und der Würde Frankreichs zu vereinbaren wären‹. Zur selben Stunde wies er mit einer bei ihm seltenen Heftigkeit das Angebot zurück, das der abgedankte Kaiser der Kommission machte: er wollte sich als einfacher General an die Spitze der Truppen stellen. Fouché drängte darauf, daß der Exsouverän sofort abreise, was noch am gleichen Tag den Kammern durch eine vom Herzog von Otranto unterzeichnete Botschaft verkündet wurde.

Die Lage blieb äußerst heikel, sie wurde sogar von Stunde zu Stunde heikler. Die Kommission hielt sich weiterhin zurück, beobachtete aber mit argwöhnischen Blicken alle Schritte ihres Präsidenten. Hinter diesen von den beiden Kammern gewählten Kommissaren stand, wie Fouché wußte, das Parlament, das wie sie eine Restauration des Königstums unter Ludwig XVIII. ablehnte, und hinter den Kammern stand eine Rotte erregter verbündeter Patrioten, die in der Stadt grobe und gewalttätige Drohungen gegen die Bourbonen ausstieß – und gegen die Verräter, zu denen der Regierungschef gerechnet wurde.

Auf der einen Seite ertrugen die Royalisten Fouchés Aufforderung, Geduld zu üben, nur noch mit Mühe, da sie fürchteten, schließlich hereingelegt zu werden, auf der anderen Seite verbündeten sich die Vertreter des Jakobinertums und des Bonapartismus erneut gegen ihren früheren Gesinnungsgenossen, der damit zu weiteren Winkelzügen gezwungen war. Vom 27. Juni bis zum 3. Juli vergeht kein Tag, an dem er nicht Gefahr läuft, von der Tribüne herunter angeklagt und an den Pranger gestellt zu werden.

Jedem Angriff bot er gelassen die Stirn. Gerade in solchen Krisen bewies dieser sonst immer wendige Mann eine seltene Entschlossenheit. Gaillard, sein ständiger Begleiter, war nicht der einzige, der ihn bewunderte, wie er den Rufen trotzte, mit denen sein Kopf gefordert wurde. Mit der einen Hand mußte er die zu eiligen Royalisten aufhalten, mit der anderen den Abgeordneten Einhalt gebieten, die sich von ihm nicht mehr leiten lassen wollten. Da er befürchten mußte, in Haft genommen zu werden, ließ er vom 29. an sein Haus von der Nationalgarde bewachen. An die royalistische Marquise de Custine schrieb er: ›Sie haben nichts zu befürchten, verlassen Sie sich auf mich. Ich allein werde dem Sturm Trotz bieten. Seien Sie sicher, daß ich in der Lage, in der ich mich befinde, nur an das Vaterland denke. Die Schwierigkeiten, mit denen ich zu kämpfen habe, rühren nicht her von den Hürden, die die Umstände schaffen, sondern von denen, die die Menschen errichten, an die ich gebunden bin.‹

Er hatte recht: in dieser Lage war er gezwungen, heimliche Beziehungen zu den Alliierten zu unterhalten. Er schickte an Wellington nicht nur den doppeldeutigen Brief, den er den Anhängern der linken Opposition in der Kammer zu lesen gab, sondern einen weiteren, eine Botschaft, die er einem recht windigen Agenten, dem Römer Macirone, anvertraute, der damals in seinen Diensten stand. Früher hatte dieser für Murat gearbeitet. Er verließ Paris am 29., hatte in seinem Strumpf das Papier versteckt, mit dem Fouché den edlen Lord anflehte, sich zu beeilen. Macirone sollte vor allem die Pläne des englischen Heerführers ergründen, mit denen Fouché sich auf jeden Fall identifizieren wollte. Er wußte, daß der Sieger von Waterloo großen Einfluß auf Ludwig XVIII. hatte, und wollte ihn deshalb für den Gedanken gewinnen, der bei ihm selbst jetzt feste Gestalt angenommen hatte: Minister des Allerchristlichen Königs zu werden.

Er wußte auch, daß er jetzt alles erstreben konnte. Der Graf von Artois, der ihn seit 1814 protegiert hatte, trug es ihm nicht nach, daß er Ämter von dem Usurpator übernommen hatte, durch die er seinen teuren Freund Vitrolles retten konnte. Seine Umgebung verhielt sich demgemäß. Vitrolles selbst ließ ohne Umschweife verlauten, Fouché sei der Mann der Stunde, er allein sei in der Lage, den Weg der Rückkehr des Königs vorzubereiten. Allgemein wurde gesagt, er würde, da die alliierten Heerführer ihm günstig gesinnt seien, Frankreich die Regierung bescheren, die ihm beliebte.

Seine wichtigste Stütze war in der Tat Wellington. Der Lord hatte dem Agenten Macirone Dinge gesagt, die für Fouché persönlich angenehm waren und ihn hinsichtlich der Zukunft völlig beruhigen konnten. Weniger beruhigt war er hinsichtlich der Gegenwart, da sowohl in den Kammern wie in der Kommission die Mißstimmung gegen ihn wuchs. Nur durch Kaltblütigkeit, die zuweilen bis zur Unverschämtheit ging, setzte er seinen Willen durch. Dieser Zustand konnte nicht mehr lange andauern. Deshalb nahm er von neuem Zuflucht zu Marschall Davout, den er durch Vitrolles beeinflussen ließ, damit er den Vorstellungen, die er im Ministerrat am 27. und in seinem Brief vom 28. dargelegt hatte, zur Verwirklichung verhalf. Davout sollte der Wortführer bei der Kapitulation von Paris und der Restauration der Bourbonen sein.

Vitrolles als Vertrauensmann von Fouché hatte sich ins Hauptquartier begeben. Zum Unglück traf er dort auf Abgeordnete, die von der Kammer zu Davout geschickt worden waren. Es kam zu äußerst heftigen Auftritten. Die Kammer war derart mißtrauisch geworden, daß sie Fouché stürzen wollte; sie schien mehr denn je entschlossen, Napoleon II. auf den Thron zu heben. Die Kommission war über den Zwischenfall erregt; vergeblich hatte Carnot Fouché darüber befragt, weshalb Vitrolles, trotz der gegenteiligen Beschlüsse der Regierung, so große Freiheiten zugebilligt wurden. Scharf hatte Fouché erwidert, er habe über die Beziehungen Vitrolles zum Marschall nichts zu sagen; was ihn selber anginge, so solle man ihn vor den Kammern anklagen, dort würde er sich verteidigen. Der Mann, der Robespierre und Bonaparte Trotz geboten hatte, konnte sich von Carnot nicht einschüchtern lassen. Dieser schwieg. Er hatte auch keine Anhänger hinter sich, die er denen Fouchés entgegenstellen konnte.

Unglücklicherweise traf der Regierungschef auf anderem Gebiet, dem militärischen, auf entschlossenere Gegner. Die unsinnige Idee, Paris zu verteidigen, sich unter den Ruinen der Hauptstadt begraben zu lassen, schien schnell an Boden zu gewinnen, seitdem die Soldaten Exelmans' und Vandammes zwischen Paris und Versailles einige Gefechte mit der preußischen Kavallerie siegreich bestanden hatten. Davout selbst, der als aufgeklärter Bürger seinen Prinzipien treu blieb, schwankte zwischen den Möglichkeiten, er wußte nicht, welche Folgen früher oder später eine selbst glücklich verlaufende Unternehmung vor den Toren von Paris haben könnte. In dieser Lage befand er sich, als er am 1. Juli von Fouché, dann von der Kommission die Aufforderung erhielt, sich zu einer entscheidenden Beratung in Paris einzufinden.

Am Tag zuvor hatte die Kommission viel Arbeit geleistet. Wie stets hatte Fouché ihr zwei Entschließungen diktiert, die er als Maßnahmen für die öffentliche Sicherheit ausgab, die aber seinen Zielen Vorschub leisteten.

Am Abend des 30. Juni waren die zu Wellington geschickten Bevollmächtigten nach Paris zurückgekehrt. Der Herzog von Otranto hatte dem Bericht über ihre Mission mit geheucheltem Interesse zugehört, da er im geheimen durch Macirone von dem Ergebnis schon unterrichtet war. Er hatte Zeit gehabt, seine Vorkehrungen zu treffen, und hatte verkünden lassen, der Waffenstillstand sei verweigert worden. Außer den fünf Mitgliedern der Kommission waren die Minister und die Kabinettschefs der Kammern in einer Sitzung anwesend, die der vom 27. Juni ähnelte. Hinzugezogen wurden die Marschälle Soult, Lefebvre, Masséna und Davouts höhere Offiziere. Fouché übernahm es, die seit dem 21. Juni bestehenden Verhältnisse darzulegen und beschränkte sich auf eine Frage: ›Soll die Armee sich dem Feind stellen und ihm eine Schlacht liefern?‹ Ein Sekretär der Kammer, Clément du Doubs, ein Freund Fouchés, wandte sich an die Marschälle und bat sie um eine kategorische Stellungnahme. Masséna nahm das Wort, drückte sich aber unverständlich aus und kam zu keiner Schlußfolgerung. Die anderen schwiegen. Die Sekretäre des Oberhauses hingegen, Forbin-Janson und Thibaudeau – der letztere entfernte sich mehr und mehr von seinem alten Freund Fouché, weil er die Bourbonen haßte – stimmten für den Widerstand. Thibaudeau wandte sich an Davout selbst, der sich plötzlich, gegen jede Erwartung Fouchés, für den Kampf entschied, da er hinter den mutigen Parlamentariern nicht zurückstehen wollte. Das Gremium war unentschlossen und schwankte. Selbst Carnot, der Fouchés Spiel keinesfalls mitspielen wollte, war angesichts der ungeheuren Verantwortung, die man auf sich lud, in Schrecken versetzt. Man entschied sich zu einem neuen Aufschub: Davout sollte einen Kriegsrat einberufen und sich mit seinen Offizieren beraten.

Der Mißerfolg, den Fouché erlitten hatte, war also zu beheben. Der Fragebogen, der den Generalen vorgelegt werden sollte, mußte so abgefaßt werden, daß die Antworten nur in einem bestimmten Sinn erfolgen konnten. In der Tat waren sie so niederschmetternd, wie der Herzog von Otranto es nicht besser wünschen konnte. Ohne Erstaunen, hingegen mit Freude nahm er die Antworten in der Nacht vom 1. auf den 2. Juli entgegen und übermittelte sie am Morgen seinen Kollegen. Sie fügten sich. Wieder einmal waren sie von ihrem Präsidenten hintergangen worden. Sie überließen ihm die alleinige Führung bei den künftigen Ereignissen, sie stimmten zu, daß den beiden persönlichen Agenten Fouchés, Macirone und Tromelin, offiziell der Auftrag anvertraut wurde, Wellington und Blücher die Bedingungen der Kommission zu überbringen. Die geheimen Mitteilungen des Präsidenten trugen sie ebenfalls bei sich.

Natürlich waren diese ereignisreichen Tage äußerst anstrengend. Fouché spürte, daß die Opposition auf allen Seiten stärker wurde und alle Gruppen von fiebriger Unruhe gepackt wurden. Länger als fünf Tage würde er seine Stellung kaum noch halten können. Er wurde mit Gesuchen, Beschwerden und Drohungen überhäuft. Die Kammer zeigte offene Feindseligkeit gegen ihn, zugunsten Napoleons II. Demgegenüber bestürmten ihn die Anhänger des Herzogs von Orléans mit ihren Wünschen. Und die Royalisten verursachten ihm ebenfalls große Sorge. Das royalistische Aktionskomitee wurde ungeduldig und beklagte sich über die Abhängigkeit von Fouché, in der es durch Vitrolles und

Pasquier gehalten wurde. Man sprach offen von Schwindel, das Wort ›Königsmörder‹ war oft zu hören. Bitter beschwerte sich Fouché bei der Marquise de Custine über ›diese Schwachköpfe, die der öffentlichen Meinung schaden‹, und bei Pasquier über ›diese Tölpel in Gent‹, die ihn zur Eile drängten und damit die Gefahr heraufbeschworen, daß er gestürzt würde.

Doch das war nicht alles: Trotz der getroffenen Maßnahmen zogen politische Gruppen und Soldaten durch die Straßen und schrien ihre Forderungen heraus. Eine Armee ohne Führer, zu den schlimmsten Exzessen bereit! Zumindest einen kleinen Vorteil verschafften sie Fouché, da sie den Kammern und der Kommission Angst einjagten; die beiden Gremien hätten nicht gewagt, ihnen den Herzog von Otranto zu opfern. Und gegenüber den Royalisten bestand der Vorteil darin, daß er in ihren Augen der einzige Mann war, der Ludwig XVIII., nachdem er den Mitgliedern der Kommission, des Parlaments und des Generalstabs die Restauration schmackhaft gemacht hatte, einen sicheren, würdigen und ruhigen Einzug in die aufgewühlte Stadt Paris sichern konnte. Diese Umstände nützte er aus, um dem König endlich Versprechungen abzuringen. Macdonald, einen der royalistischen Führer, nahm er mit in die Salons der Tuilerien, um ihn zum Zeugen zu machen für die Beschimpfungen und Drohungen, denen jeder ausgesetzt war, der für die Monarchie eintrat, wenigstens für die Monarchie ohne die blauweißrote Kokarde. ›Es sind Verrückte‹, sagte Fouché; aber er nahm diese Szenen doch zum Anlaß, vermittels der Ratgeber des Königs notwendige Konzessionen von ihm zu erlangen. Die wichtigste – er sprach noch nicht offen davon – war seine Teilnahme am Ministerrat. Zur Zeit sprach er nur von der blau-weiß-roten Kokarde.

Paris war also gegen jede Restauration, und zu allem Unglück waren auch die Alliierten nicht einstimmig dafür, von ihr den Frieden abhängig zu machen. Blücher marschierte auf die Hauptstadt zu. Ihm lag viel weniger als Wellington daran, eine Schlacht zu vermeiden. Dem franzosenfeindlichen Preußen war es ziemlich gleichgültig, ob Ludwig XVIII. auf den Thron kam, ob Fouché in den Ministerrat des Königs gerufen wurde, ob die weiße oder die blauweißrote Fahne aufgezogen wurde. General Tromelin war von Fouché zu Blücher geschickt worden und nach einem völligen Mißerfolg seiner Mission am Abend des 2. nach Paris zurückgekehrt. Blücher hatte erklärt, daß er den Kammern und der Kommission legale Macht nicht zuerkenne und nicht mit Obrigkeiten verhandeln würde, die von der Koalition nicht anerkannt seien. Die Preußen hatten sich auf den Höhen von Meudon und Sèvres verschanzt, während die Engländer sich Saint-Cloud näherten. Davout hatte feste Stellungen bezogen, die Schlacht schien unvermeidlich zu sein. Wer wollte und konnte die Folgen voraussehen!

Noch immer war Fouché entschlossen, diesen Zusammenstoß zu vermeiden. Am 3. Juli wurde beschlossen, noch einmal drei Bevollmächtigte zu den preußischen Vorposten zu schicken. Fouché gab die Hoffnung nicht auf, den Feldmarschall besänftigen zu können. Bignon, General Guillemot und Präfekt de Bondy waren die Überbringer dreier Kapitulationsangebote, von denen das ungünstigste, das nur im äußersten Fall vorgelegt werden sollte, die Übergabe von Paris an die Alliierten, den Rückzug der französischen Armee hinter die Loire und den Schutz der Hauptstadt allein durch die Nationalgarde als Bedingungen enthielt. Um gegenüber der Nation gedeckt zu sein, wies Fouché die Unterhändler an, zunächst bei Davout vorstellig zu werden. Dieser mußte in Hinsicht auf die vom Feind bezogenen Stellungen zugeben, daß nur ein Weg möglich war: um jeden Preis zu verhandeln. Er hatte recht, wie Fouché, obwohl Davout in seinen Beweggründen uneigennütziger war.

Die Unterhändler hatten unter der Gehässigkeit der Preußen zu leiden. Obwohl sie als Parlamentäre Immunität genossen, wurden die drei Männer in den vorderen Stellungen von General Ziethen schlecht behandelt. Blücher hingegen fühlte sich geschmeichelt, daß eine Demarche direkt bei ihm, ohne Wellington als Vermittler, unternommen wurde, und behandelte die Bevollmächtigten höflich. Doch stimmte er nur dem dritten Projekt zu und befand sich dabei in Übereinstimmung mit dem englischen Generalissimus, der im Verlauf der Verhandlungen herbeigekommen war. Die Diskussion ging also nur um sekundäre Fragen: die Alliierten waren einverstanden, daß Paris in den Händen der Nationalgarde verblieb, und zeigten sich dem politischen Problem gegenüber desinteressiert, was gar nicht in den Plan des Herzogs von Otranto paßte. Außerdem wurde in einer anscheinend definitiven Fassung festgelegt, daß die Achtung von Besitz und Person gewährleistet sei, ›mit Ausnahme dessen, was Bezug auf den Krieg hat‹; eine zweideutige Wendung, die von den französischen Unterhändlern so aufgefaßt wurde, als beziehe sie sich nur auf Kriegsmaterial. Der Herzog von Otranto glaubte, vor allem auf folgendem besonderen Punkt bestehen zu müssen: Artikel 12 setzte fest, daß keine Person ›verfolgt oder beunruhigt werden dürfe in Dingen, die Bezug hatten auf die Ämter, die sie ausübte oder ausgeübt hatte, auf ihre Haltung oder auf ihre politische Überzeugung‹. Dieser Artikel war für den Regierungschef offenkundig sehr wichtig, er sollte die Annahme der Kapitulation sicherstellen, und zwar seitens der Kommission, der Kammern und des

Generalstabs, seitens der großen Zahl früherer Mitglieder des Nationalkonvents, der früheren Beamten und Generale Bonapartes, die bei den Bourbonen in schlechtem Ansehen standen. Sie sollten durch den Artikel unter den Schutz der Alliierten gestellt werden.

Alles in allem war diese Kapitulation annehmbar. Unter der Bezeichnung ›Convention‹, als ›Übereinkunft‹, wurde sie den Kammern vorgelegt und mit Erleichterung aufgenommen. Die französische Armee sollte in Richtung Loire in Marsch gesetzt werden, und die Alliierten würden friedlich in Paris einziehen.

Für Fouché war es wichtig, daß die Convention von allen akzeptiert wurde, denn er wollte und mußte allen Parteien die Waffen aus der Hand nehmen. Die Bonapartisten beschuldigten ihn unaufhörlich, er habe Napoleon den Alliierten ausliefern wollen. Die Kommission antwortete am 4. auf diese grundlose Beschuldigung, indem der Kaiser gedrängt wurde, sich einzuschiffen, um jedem Handstreich gegen ihn zuvorzukommen. Tatsächlich machte sich der abgedankte Herrscher auf den Weg ins Exil, er schleuderte den Bannstrahl gegen Fouché: ›Ich hätte ihn hängen lassen sollen, jetzt überlasse ich es den Bourbonen.‹

Fouché war der einzige, der fähig war zu handeln. Die Kommission lag in den letzten Zügen. Fouché wußte, daß sie den Einzug der Alliierten in Paris nicht überleben würde. Sie befand sich in einem Durcheinander; sie wurde von allen Seiten angegriffen. In einer Botschaft an die Kammern verteidigte Fouché die Kommission, rechtfertigte sie, pries ihre Leistungen und ihre ›ohnmächtigen‹ Anstrengungen. In einem Aufruf an die Franzosen sprach er in noch höheren Tönen. ›In der schwierigen Lage, in der uns die Zügel des Staates anvertraut waren, stand es nicht in unserer Macht, den Lauf des Geschehens zu meistern und alle Gefahren abzuwenden; aber wir haben die Interessen des Volkes und der Armee verteidigt, die beide gefährdet waren durch die Angelegenheiten eines Herrschers, den das Glück verlassen hatte und den der nationale Wille nicht mehr trug.‹

Er legte Rechenschaft ab über den Auftrag, den er als Regierungschef erhalten hatte, und erklärte, er habe Paris und die Armee gerettet, den Westen befriedet, und habe sich ständig mit der nationalen Vertretung in Übereinstimmung befunden. Er fügte hinzu: ›Endlich erhalten wir die Garantien, die den wechselnden und kurzlebigen Siegen der Parteien, die uns seit fünfundzwanzig Jahren in Unruhe gehalten haben, ein Ende machen werden; sie sollen alle Parteien, die während seiner Herrschaft entstanden sind und alle, die er bekämpft hat, unter ein Dach bringen.‹

Fouché wollte sich auch den Vorwürfen seiner Kollegen nicht mehr aussetzen, er erschien nicht mehr in den Tuilerien, wo jetzt Carnot einer Kommission ohne Daseinsberechtigung präsidierte. Den Kammern wurden unklare Versprechungen hinsichtlich der Aufrechterhaltung der Ordnung gemacht. Doch der ›Moniteur‹ vom 7. brachte bereits, neben einer Botschaft von Carnot, zwei Aufrufe Ludwigs XVIII. An diesem 7. war Fouché noch der Kollege von Carnot und Caulaincourt in der Regierungskommission, aber er führte schon einen anderen Titel: er war, seit dem Vortag, Minister-Staatssekretär des Allerchristlichsten Königs.

Er war es nach äußerst geschickt geführten Verhandlungen geworden. Zugleich mit dem Abschluß der Kapitulation am 4., die das Schicksal von Paris entschied und das Ende der Feindseligkeiten herbeiführte, hatte er Besprechungen über die künftige Regierung eingeleitet und geführt. Am 4. war der emsige Agent Macirone als Überbringer einer Botschaft Fouchés wiederum zu Wellington geschickt worden. Bei ihm in Gonesse traf er auch verschiedene Minister der Alliierten und Talleyrand. Der Lord erklärte dem Geheimagenten, daß eine Regierung unter Ludwig XVIII. die einzig mögliche sei, die einzig annehmbare. Der König müsse also wieder in die Tuilerien einziehen. Talleyrand verbürgte sich dafür, daß der König von den besten Absichten geleitet sei. Macirone wurde beauftragt, seinen Chef zu einer Konferenz einzuladen, die am nächsten Tag in Neuilly stattfinden sollte. Wellington würde sich dort mit dem Herzog von Otranto unterhalten, ›dem man die Dienste, die er geleistet hat, zugute halten würde‹.

Fouché durfte nicht zaudern, doch handelte es sich um einen Schritt von äußerster Kühnheit, der, wenn er entdeckt und gemeldet wurde, bei den Zuständen, die in Paris herrschten, schlecht für ihn ausgehen konnte. Es fiel ihm nichts Besseres ein, als sich mit einem offiziellen Auftrag betrauen zu lassen. Am 5. morgens hatte er die unglückliche Kommission über die politische Lage ins Bild gesetzt und sich von seinen Kollegen die Genehmigung verschafft, sich nach Neuilly begeben zu können, um mit den Bourbonen, deren Vermittler Wellington sei, die Bedingungen für ihre Rückkehr festzulegen. Zur weiteren Deckung ließ er sich den jungen Politiker Molé beiordnen und ein Mitglied der Kammer, das natürlich nur Manuel sein konnte. In Neuilly war Fouché außer mit Wellington und Talleyrand mit Pozzo di Borgo zusammengetroffen, die alle überzeugt waren, daß sie vermittels einer unklaren Versprechung und einiger Schmeicheleien mit dem Mann, den sie in allen Nöten wähnten, leichtes Spiel haben würden. Sie wurden sogleich eines anderen belehrt. Fouché saß auf dem hohen Roß, er übertrieb in allem und stellte die enormen Schwierigkeiten dar, denen die Bourbonen in der Hauptstadt begegnen würden; er ließ sich lange über diesen Punkt aus und wies auf mögliche Unruhen hin. Die Armee zöge sich zwar zurück, was aber nicht ohne Komplikationen vor sich ginge. Sie wäre bereit, beim ersten Alarmzeichen umzukehren. Die Pariser Bevölkerung fühlte sich gedemütigt, sie war verärgert und der Dynastie der Bourbonen nicht gut gesinnt. Auch die Nationalgarde würde das, was man von ihr erwartete, nicht ohne weiteres ausführen, und die Kammern waren widerspenstiger denn je.

Über jedes Maß hinaus zeigte sich der Herzog von Otranto besorgt. Er versicherte, Ludwig XVIII. könne nicht eher in Paris einziehen, als bis er durch eine erneute Erklärung gewährleistet habe, daß allen kompromittierten Personen nichts geschehe und er die nationale Flagge, die Trikolore, anerkenne. Anderenfalls müßte man ihm mit Bajonetten den Weg zu den Tuilerien bahnen. Die Unterredung dauerte bis vier Uhr morgens. Wellington sagt, Fouché sei erst im Morgengrauen aufgebrochen und habe zugesagt, sich am Vormittag darüber zu unterrichten, was zugunsten Ludwigs XVIII. unternommen werden könne, und dann zum Diner mit ihm und Talleyrand wieder zu erscheinen. Pozzo di Borgo behauptet, die Hartnäckigkeit, die Fouché an den Tag gelegt habe, die Art und Weise, wie er die Desiderata der Kammer, der Kommission und der Liberalen vortrug, als wären es Bedingungen sine qua non, müsse auf die Gegenwart Manuels und Molés zurückgeführt werden. Es lagen aber andere Gründe vor für dieses ganz unerwartet starre Verhalten. Er enttäuschte seine Gesprächspartner, sie waren unzufrieden, aber er wollte ihnen zeigen, daß er persönlich gewonnen werden mußte, daß man ihn nicht mit vagen Versprechungen und schönen Worten kaufen konnte.

Am Morgen des 6. Juli, unmittelbar nach der Rückkehr, berichtete Fouché seinen Kollegen in Paris, was sich begeben hatte. Er stellte sich als Musterbürger hin, der die Entschlossenheit eines Patrioten mit dem Gewissen des integren Staatsmanns zu verbinden wußte. Angesichts des Widerspruchs der Anhänger des Königs schien die Mehrheit der Kommission jetzt geneigt, einen von Verzweiflung diktierten Entschluß zu fassen. Quinette, Grenier und Carnot forderten, die Regierung solle sich mit den Kammern der Armee anschließen und den Sitz des Widerstands in das Gebiet jenseits der Loire verlegen. Diese Reise in die Touraine war aber keineswegs nach dem Sinn des Herzogs von Otranto. Unterstützt von Caulaincourt brachte er einen Beschluß zur

Fortführung der Verhandlungen zustande. Um den Politikern in Neuilly die Schwierigkeiten der Lage deutlich vor Augen zu führen, ließ er die Nationalgarde zugunsten der blauweißroten Kokarde abstimmen und von den Kammern erneut die Prinzipien von 1789 feierlich verkünden.

Der listige Fouché bemühte sich also, in Paris Hindernisse zu schaffen, um sich seitens der Anhänger des Königs den Auftrag zu verschaffen, sie wegzuräumen. In der Umgebung Ludwigs XVIII. wurde er von Tag zu Tag beliebter oder galt als unumgänglich notwendiger Mann. Seine feste Haltung in der Besprechung mit Wellington hatte zwar Mißfallen erregt, aber auch Eindruck gemacht; weder Talleyrand noch Wellington dachten daran, den König mit Hilfe von Kanonen in die Tuilerien einziehen zu lassen. In Arnouville, wo Ludwig XVIII. sich jetzt aufhielt, war man fast allgemein gewillt, alle persönlichen Forderungen Fouchés zu befriedigen. Wellington unterstützte ihn nun voll und ganz. Er riet dazu, den Herzog von Otranto zu gewinnen, und unterhielt sich am 4. bereits mit Talleyrand darüber, welches Portefeuille man ihm übertragen könne.

Der Name des Herzogs von Otranto war in der unmittelbaren Umgebung des Königs bereits in Gent murmelnd genannt und dann laut ausgesprochen worden. Man sagte, der ehemalige Minister könne Ludwig XVIII. eine gewichtige Gruppe zuführen und die Restauration erleichtern. Als der kleine Hofstaat die Grenze überschritten hatte und von Tag zu Tag durch Neuankömmlinge, die während der Hundert Tage in Frankreich geblieben waren, größer wurde, sprach man sich allenthalben immer klarer für den Herzog von Otranto aus. Jeder konnte einen von ihm geleisteten Dienst angeben, einen Gnadenakt, eine Lebensrettung. Seltsamerweise stießen alle in dasselbe Horn. ›Alles war durcheinandergemischt‹, schrieb Chateaubriand, ›Religion und Gottlosigkeit, Tugend und Laster, Royalisten und Revolutionäre, Ausländer und Franzosen. Niemals habe ich einen seltsameren Wirbel gesehen. Auf allen Seiten hieß es, ohne den in Frage stehenden Minister könne es weder Sicherheit für den König noch ein Heil für Frankreich geben.‹

Allerdings wurde erst in Arnouville und Saint-Denis deutlich, welch sonderbare und paradoxe Gunst der ehemalige Prokonsul bei den Anhängern der konterrevolutionären Partei genoß. Wenige Tage vor der Ankunft in Arnouville hatte Clarke Rochechouart gegenüber noch erklärt, er hoffe, der König werde einen solchen Minister zurückweisen. Auch hatte Fouché seinen Vertrauten gegenüber von seinen wagehalsigen Absichten nichts verlauten lassen. Über sein Verhalten sind sich Gaillard wie Vitrolles und Pasquier, die an den Verhandlungen im

Juni und Juli 1815 beteiligt waren, einig: Fouché hat sie, wie gewöhnlich, getäuscht, indem er den öffentlichen Angelegenheiten gegenüber große Gelassenheit an den Tag legte. Er ließ verlauten, er erwarte vom König nichts anderes als Vergessen und Verzeihung. Vitrolles und Pasquier geben zu, daß sie ihm geglaubt und sich mit ihm verbündet hätten, ohne einen Augenblick daran zu denken, daß die Dankbarkeit des Königs so weit gehen könne, ihn in ein Ministerium zu berufen.

Doch die ultra-royalistische Partei geriet in Begeisterung für ihn. ›Der gesamte Faubourg schwor nur noch auf Monsieur Fouché‹, sagte Talleyrand zu Pasquier. ›Alle Briefe und Emissäre, die der König oder die Prinzen empfangen, sprechen seit zwei Wochen nur noch von ihm und von den großen Diensten, die er der Sache des Königs geleistet hat.‹ Pasquier war völlig verblüfft, Vitrolles ebenfalls; sie stellten fest, ›daß alle nur danach riefen, Fouché zum Minister zu machen‹. Feindlich- wie Günstiggesinnte, Chateaubriand wie Wellington, Beugnot wie Barante, Guizot, Pasquier, Rochechouart, Pozzo di Borgo, Vitrolles und Gaillard, alle, die irgendwie in die Vorgänge verwickelt waren, bezeugen einstimmig die merkwürdige Eingenommenheit für Fouché. Auch die Damen nahmen teil. Madame de Custine blieb im Hintergrund (vergeblich versuchte sie, Chateaubriand zu gewinnen), doch die Prinzessin de Vaudémont griff tatkräftig ein. Ihr folgte die Herzogin von Duras, und bald darauf die Gräfin von Narbonne. Alle wollten Fouché im Ministerium am Quai Voltaire sehen, der König sollte ihn unverzüglich zum Minister ernennen.

Das allergrößte Erstaunen jedoch verursachte der Komtur von Crussol, der sich laut und begeistert für den Königsmörder einsetzte. Kürzlich noch stand er in der Umgebung des Grafen von Artois auf jener Seite, auf der sich aller Groll, alle Vorurteile und der ganze Haß gegen die Revolution gesammelt hatten. Der alte Edelmann eilte von Paris zum König, um ihn zu bitten, Fouché zum Minister zu machen, und als Beugnot, der dieser Kandidatur ablehnend gegenüberstand, sein schmerzliches Erstaunen ausdrückte, antwortete er: ›Was wollen Sie, Fouché hat uns alle geschützt, seitdem der König vertrieben wurde. Ihm allein ist es zu verdanken, daß Vitrolles nicht erschossen worden ist. Und wer sind denn in Frankreich eigentlich die Feinde der königlichen Familie? Die Jakobiner, ja, er hat sie in der Hand, und wenn er vom König berufen sein wird, können wir beruhigt schlafen. Mein lieber Beugnot, wir sind alt geworden im Faubourg Saint-Germain, wir haben alle zu leiden gehabt, wir brauchen Ruhe.‹ Auch andere, die großen Einfluß und großes Gewicht hatten, bestätigten die absolute Notwendigkeit, diesen Mann der Vorsehung einzusetzen. Alle waren der Meinung, daß ›der König die Schranken von Paris nicht überschreiten kann, ehe er Fouché nicht ernannt hat‹. Schließlich unternahm der Graf von Artois eine Demarche zugunsten des Königsmörders bei seinem Bruder, dem König. Natürlich gab sich die Partei der konstitutionellen Monarchie, die weniger begeistert von Fouché war, nicht leicht dazu her, aus den Händen der ultra-royalistischen Clique dieses merkwürdige Geschenk entgegenzunehmen. Und was wollten diese Gemäßigten? Garantien für die Männer der Revolution, die Zusicherung, daß es weder zu einer Reaktion noch zu einer Konterrevolution käme. Fouchés Aufnahme in den Rat schien in jeder Hinsicht ein Pfand für die Zukunft. Baron Louis, der während des Kaiserreichs den Herzog von Otranto oft gesehen hatte, Pasquier, der sich ein bißchen vor ihm fürchtete, und Talleyrand, der sich seiner bedienen wollte, waren für ihn und unterstützten ihn.

Bei so vielfältigen Einwirkungen vermochte der König nicht länger zu zögern, vor allem, als nach den Besprechungen von Neuilly Wellington das Schwert von Waterloo in die Waagschale warf. Wenn Ludwig XVIII. noch zögerte, geschah es sicherlich mehr aus Opportunität als aus Moralität. Er war ein Mann, bei dem der Familiensinn nur eine ganz unwichtige Rolle spielte. Leichten Herzens hat er vermutlich die Notwendigkeit eingesehen, den Königsmörder vom Januar 1793 zum Minister zu ernennen, als diese Notwendigkeit ihm klargemacht wurde. Der Bruder Ludwigs XVI. stimmte dem Wunsch aller zu, da Wellington im Namen Europas, Crussol mit den Witwen des Faubourg Saint-Germain als Fürsprechern, der Graf von Artois als Thronnachfolger und Talleyrand als Vertreter der Politik diesen Mann zum Minister haben wollten. Die erste Besprechung in Neuilly hatte deutlich gemacht, daß Fouché allein imstande war, wirksam zu handeln, und daß eine feindliche Einstellung seinerseits auf jeden Fall alles in Frage stellen würde.

Als Talleyrand am Abend des 6. Juli sich von Arnouville nach Neuilly auf den Weg machte, wohin ihn Wellington zum Abendessen mit Fouché gebeten hatte, stand Ludwigs XVIII. Entscheidung fest. Fouché traf pünktlich zur vereinbarten Stunde ein. Wie immer, um seine Leistungen ins Licht zu rücken, malte er die Lage schwarz, er gab die Resolution der Nationalgarde zur Kenntnis, die feierliche Erklärung der Kammer, die Widerstände seitens der Kommission, die große Erregung der Bevölkerung von Paris. Er setzte hinzu, daß La Fayettes Rückkehr von der Mission die Schwierigkeiten noch vergrößert habe. Dessen Begleiter und er selbst behaupteten, die alliierten Mächte hätten an der

Restauration Ludwigs XVIII. kein besonderes Interesse. Fouché las ihren Bericht darüber vor. Wellington bestritt die Tatsache, und als man gerade über die möglichen Folgerungen sprach, erschienen Talleyrand, Pozzo di Borgo und Lord Stuart. Bei Tisch wurde die Unterredung fortgeführt. Als danach Castlereagh sich einfand, gab Fouché zu, daß La Fayette und seine Kollegen sich getäuscht haben könnten, daß aber ihr Bericht die Regierung nichtsdestoweniger beeindrucke, was in Verbindung mit den vielen anderen Gegebenheiten schlechte Aussichten für Ludwig XVIII. schaffe. Eine Schlußfolgerung zog er selber nicht daraus. Die Dinge stellten sich aber so dar, daß diese Situation nur geändert werden und zu einem guten Ende geführt werden könne, wenn ein entschlossener, wendiger, einflußreicher und uneigennütziger Mann berufen werde, der keinen zu hohen Preis verlange. Diese Schlußfolgerung ergab sich so deutlich, daß Talleyrand sich auf der Stelle entschloß, seinem früheren Kollegen ein festes Angebot zu machen. Ohne auf Fragen einzugehen, die dem Gefühlsbereich angehören – Erklärung der Menschenrechte, Nationalfahne und andere Nichtigkeiten –, schlug er ihm eine umfassende Amnestie für seine Freunde und Anhänger vor und für ihn selbst das Portefeuille der Polizei in einem Kabinett, das unter seinem, Talleyrands, Vorsitz gebildet werden sollte. Der Herzog von Otranto führte keine Komödie mit Zweifeln, Zögern und Geringschätzung auf, er verlangte nicht, wie es bei Ministerkrisen heißt, Zeit zum Überlegen und zur Beratung mit seinen Freunden, denn er hatte seine Überlegungen schon lange zuvor angestellt, und was seine Freunde anging, die er in drei oder vier verschiedenen politischen Lagern hatte, so brauchte er sie nicht zu befragen. Ohne Umschweife nahm er an. Als Mann, der stets und überall der Ausschlaggebende sein wollte, griff er sofort zur Feder und schrieb ein Programm nieder als Richtlinie für das Kabinett, und dazu einen Brief, den eigentlich die gesamte Kommission an den König hätte schreiben müssen, um die Erklärung der Selbstauflösung abzugeben. Darauf wird noch zurückzukommen sein.

Abends um neun Uhr, als alle Vereinbarungen getroffen waren, stieg der neue Minister der Allerchristlichsten Monarchie in den Wagen des Herzogs von Talleyrand und begab sich mit ihm nach Arnouville. Dort rief ihre Ankunft lebhafte Überraschung hervor. Bei den einen mischte sich wirkliche Entrüstung und Traurigkeit in die Verblüffung, bei den anderen echte Freude und schrankenlose Erleichterung. Der Herzog von Otranto wurde dann zum Bruder Ludwigs XVI. geführt. Die Begegnung verlief fast herzlich. Fouché stotterte verwirrt, wie Pasquier bezeugt, einige Dankesworte und verhielt sich bescheiden. Der König tat so, als habe er alles vergessen oder als wisse er von nichts: den 21. Januar, Lyon und den 20. März. Nach kurzer Zeit nahm Fouché den Weg zurück nach Paris.

Nicht ohne Besorgnis dachte er an den Empfang, den seine Kollegen von der Kommission ihm und der merkwürdigen Entwicklung, die die Dinge genommen hatten, bereiten würden. Er rief sie für den folgenden Tag zusammen und erklärte ihnen, er habe das Ministerium übernommen, um die Männer der Revolution und des Kaiserreichs zu retten, womit er aber den Zorn Carnots nicht zu beschwichtigen vermochte. Angesichts der heftigen Ausbrüche seines Kollegen ergab sich eine schwierige Situation, Fouché dachte daran, die Auflösung der Kommission vorzuschlagen, als sich ein Zwischenfall ereignete, den er wahrscheinlich vorausgesehen, sofern er ihn nicht gar hervorgerufen hatte und der der zweideutigen Lage, in der er sich befand, ein Ende machte. Es wurde gemeldet, die fremden Truppen seien in den Garten der Tuilerien eingedrungen und versuchten, das Schloß zu besetzen.

Fouché ergriff die Gelegenheit: auf seinen Vorschlag hin beschloß die Kommission, sie könne nicht länger tagen. Bevor man auseinanderging, wurde beschlossen, eine Botschaft an den Fürsten von Eßling und die Nationalgarde, an die Kammern und die Minister zu richten. Sie hatte folgenden Wortlaut: ›Bisher haben wir annehmen müssen, die Auffassung der alliierten Oberhäupter über die Wahl des Herrschers, der über Frankreich regieren soll, sei nicht einheitlich. Unsere bevollmächtigten Unterhändler haben es uns bestätigt. Indes haben gestern die Minister und Generale der alliierten Mächte bei den Konferenzen, die mit dem Präsidenten der Kommission abgehalten wurden, erklärt, daß alle Oberhäupter übereingekommen wären, Ludwig XVIII. wieder auf den Thron zu heben, und daß er heute abend in die Hauptstadt einziehen solle. Die fremden Truppen sind im Begriff, die Tuilerien zu besetzen, wo die Regierung tagt. Angesichts dieser Tatsachen können wir nur noch Wünsche zum Wohl des Vaterlandes aussprechen, und da unsere Beratungen nicht mehr in Freiheit erfolgen können, glauben wir, auseinandergehen zu müssen.‹

Diese Botschaft, die als einzige Unterschrift die des Herzogs von Otranto trug, betrachteten viele Royalisten als einen Akt der Heimtücke gegenüber den Bourbonen. Chateaubriand behauptet sogar, daß auf diesem gedruckten und in Unmengen verteilten Papier sehr schwerwiegende Sätze gestanden hätten, die später ausgelassen wurden, so zum Beispiel, daß aufrechte Menschen, ›die gezwungen waren, in den Hintergrund zu treten, ihre guten Vorsätze für bessere Tage aufbewahren sollten‹. Allein die Tatsache, daß die Dynastie als vom Ausland eingesetzt dargestellt wurde, war für einen Mann, der am Tag zuvor ein Portefeuille in ihren Diensten übernommen hatte, ein Akt der Taktlosigkeit, der fast an Verrat grenzte. Es hat wirklich den Anschein, als habe dieser unermüdliche Anzettler von Verschwörungen, kaum daß er im Dienst der Bourbonen stand, daran gedacht, der Opposition von morgen Pfänder und Argumente in die Hand zu geben und den Gegnern des restaurierten Regimes Waffen.

Vor allem aber mußte der berühmte Brief vom 7. Juli, den der Herzog von Otranto als Präsident der Kommission und in ihrem Namen sprechend an Ludwig XVIII. richtete, bei zwei ganz verschiedenen Gruppen äußerste Entrüstung hervorrufen. Dieser Brief müßte eigentlich in vollem Umfang zitiert werden. Der Präsident der Kommission schrieb:

›Die Rückkehr Eurer Majestät erlegt den Mitgliedern der Regierung keine andere Pflicht auf als die, auseinanderzugehen. Ich will, um mein eigenes Gewissen zu beruhigen, getreulich die Meinung und die Gefühle Frankreichs darlegen.‹ Und eingehüllt in Schmeicheleien an die Adresse des Königs bringt er harte Wahrheiten über die erste Restauration zum Ausdruck, über die ›Machenschaften‹ des Hofes, über die ›Ansprüche jener, die dem König ins Unglück gefolgt waren‹, über die Mißachtung der ›Rechte des Volkes‹. Daneben unheilvolle Prophezeiungen für den Fall der Wiederholung ähnlicher Verirrungen. ›Eure Majestät haben erkannt, daß diejenigen, die die Macht im Übermaß gebrauchen, wenig geeignet sind, sie zu stützen, wenn sie ins Schwanken gekommen ist, daß die Autorität sich verbraucht in dem unaufhörlichen Kampf, der sie zwingt, Maßnahmen wieder zurückzunehmen, daß, je weniger Rechte man einem Volk läßt, der Argwohn um so stärker und das Volk dazu bewogen wird, die Rechte, die man ihm nicht nehmen kann, zu verteidigen, und daß so die Liebe schwächer wird und daß Umschwünge sich vorbereiten ... Eure Majestät können nicht warten, bis ärgerliche Ereignisse eintreten, um Konzessionen zu machen. Denn dann werden sie Ihren Interessen schaden und vielleicht sogar umfassender sein müssen als jetzt. Heute sind Konzessionen dazu angetan, die Gemüter zu beruhigen, und sie verschaffen der königlichen Autorität Macht. Später würden Konzessionen ein Eingeständnis der Schwäche sein, durch Unruhe würden sie erzwungen werden, und die Gemüter in Verbitterung geraten.‹

Die Anhänger Ludwigs XVIII. waren wie vor den Kopf gestoßen, als dieser Brief bekanntwurde. Die Mitglieder der Kommission hingegen wollten sich nicht, auch nicht durch ihr Schweigen, zu Komplicen dieses ungeheuren Meinungsumschwungs machen. Am 8. richteten sie an ihren ehemaligen Präsidenten gemeinsam einen Brief und erklärten, daß sie ihn nicht ermächtigt hätten, in ihrem Namen zu sprechen. Sie baten den Herzog von Otranto, im ›Moniteur‹ nur die Botschaft zu veröffentlichen, in der die Meinungen der Kommission ausgedrückt waren. Fouché stellte fest – denn er wollte es nicht zu einem Bruch kommen lassen –, daß es sich um ein reines Mißverständnis handele, denn er habe in seinem eigenen Namen gesprochen, und er sicherte ihnen zu, die Botschaft abdrucken zu lassen. Allerdings untersagte Vitrolles den Druck; er war am 8. mit der Aufsicht über die amtliche Zeitung beauftragt worden. Auf diese Weise umging Fouché jegliche Berichtigung.

Die Minister der Koalition waren sowohl durch die Botschaft wie durch den Brief in Aufregung versetzt worden. Sie betrachteten sich und den König als von dem Intriganten genasführt. Pozzo di Borgo brachte Castlereagh und Wellington zu Talleyrand und protestierte gegen ›die unverschämteste Lüge, die Fouché sich je ausgedacht habe‹. Talleyrand war nicht der Mann, der an solchen Kleinigkeiten Anstoß nahm. Ihm war es ganz recht, daß die Bourbonen, die er im Grunde nicht mochte, eine Lehre erhielten. Er antwortete ausweichend und stimmte anscheinend dem zu, was Pozzo di Borgo in seinem Bericht an den russischen Diplomaten Nesselrode schrieb; er sprach von ›der schwarzen und verbrecherischen Haltung des Herzogs von Otranto‹.

Für jedwede Rache war es aber zu spät. Mehr als je stand Fouché im Vordergrund. Mit seinen Intrigen hatte er alles verwickelt und kompliziert, denn durch die Botschaft wurden die Bourbonen kompromittiert, und in seinem Brief bedrängte er sie mit Bedingungen. Aber er war bereits Minister; er hätte abberufen werden müssen. Am 7., gleich nach der Auflösung der Kommission, hatte Fouché die Tuilerien verlassen und war nach Saint-Denis gefahren, wo der König die Nacht verbracht hatte. Zuvor hatte er aber eine Vorsichtsmaßnahme getroffen, denn er war ein kluger Mann. Um nichts außer acht zu lassen, hatte er General Henry, seinen alten Freund, gebeten, einen Gendarmerieposten vor das Tor seines Hauses in der Rue Cérutti aufzustellen, um einem Handstreich der Alliierten und möglicherweise einer unerwünschten Durchsuchung zuvorzukommen.

In Saint-Denis wurde er triumphal empfangen, als Sieger, als Retter. Zuvor hatte der König einen Erlaß unterzeichnet, durch den der Herzog von Otranto zum Staatssekretär des Ministeriums der allgemeinen Polizei ernannt wurde. Beugnot, der beim König die Funktion eines vorläufigen Staatssekretärs innehatte, nahm den handschriftlichen Erlaß von Talleyrand entgegen und legte ihn dem König vor. Ludwig XVIII. soll sehr bewegt gewesen sein und nach einem Zögern gemurmelt haben: ›Unglücklicher Bruder, wenn Sie mich jetzt sähen, aber Sie haben mir verziehen!‹ Er vergoß eine Träne und setzte seinen Namenszug unter das Dokument.

Fouché brauchte also nur noch den Treueid zu leisten: den achten in seinem Leben. In Saint-Denis war er umgeben von freundschaftlicher oder spöttischer Neugier, der sich als einziger der melancholische Chateaubriand verschloß. Er sah, wie Talleyrand im Vorzimmer des Königs Arm in Arm mit Fouché stand, ›das Laster gestützt auf das Verbrechen‹. Zusammen betraten die beiden Männer das königliche Kabinett, wo ›der getreue Königsmörder kniend die Hände, die den Kopf Ludwigs XVI. zu Fall gebracht hatten, in die Hände des Märtyrer-Königs legte, wobei der abtrünnige Bischof als Schwurzeuge fungierte ...‹ Der Herzog von Broglie schrieb damals: ›Welche Figur machte der Allerchristlichste König zwischen den beiden entlaufenen Priestern!‹ Und eine witzige Bemerkung machte Pozzo di Borgo, als er Talleyrand und Fouché lächelnd zusammen in den Wagen steigen sah: ›Ich möchte gern hören, was diese beiden Lämmer sagen.‹

Der Herzog von Otranto hatte den König über die zu verfolgende Politik ins Bild gesetzt, hatte über seinen Brief mit ihm gesprochen, hatte versucht, ihn für ein maßvolles Vorgehen zu gewinnen, zum Widerstand gegen jegliche Reaktion. Er nehme, erklärte er, das Ministerium nur an, ›um allen Ereignissen die Stirn zu bieten‹. Er sprach von den Vorbereitungen für den Empfang des Königs in Paris, er stellte den Einzug in Worten dar, bei denen man hätte glauben können, Ludwig XVIII. müsse in die Löwengrube hinabsteigen. Doch Fouché verbürgte sich für die Sicherheit des Herrschers und für das ruhige Verhalten des erregten Volkes.

Aus Gründen der Sicherheit, sagte er, und um jeden Zusammenstoß zu vermeiden, um die Anhänger des Königs daran zu hindern, in Massen von Saint-Denis nach Paris zu eilen, in Wirklichkeit aber, um jede organisierte Ovation zu verhindern, hatte er die Schranken an den Stadtgrenzen von Paris schließen lassen. Erst wenige Minuten vor der Ankunft des Königs sollten sie wieder geöffnet werden.

Der Einzug sollte sich in Ruhe abspielen. Am meisten aber lag ihm daran, daß kein Triumphzug daraus wurde. Es war der strikte Befehl ausgegeben worden, unter keinem Vorwand wen auch immer an jenem Abend nach Paris hereinzulassen. Als der Herzog von Otranto in der Nacht vom 7. auf den 8. von Saint-Denis zurückkam und vor der Schranke haltmachte, lehnte es der Wachhabende der Nationalgarde ab, ihn durchzulassen, und konnte nur mit Mühe überzeugt werden. ›Es ist der Herzog von Otranto!‹ schrie der Kutscher. ›Das ist mir gleich‹, antwortete der Wachtposten. ›Er braucht ja nicht draußen zu sein.‹

Ohne es zu ahnen, gab damit dieser Mann die Meinung aller aufrechten Leute von sich, und was er sagte, gilt noch heute. Von allen Verrätereien, die auf das Konto Fouchés gehen, war diese die niederträchtigste. Chateaubriand charakterisierte sein Verhalten mit einem harten Wort: er habe ›das Verbrechen von 1793 entehrt‹.

23

Der Minister des Allerchristlichsten Königs

Am 8. Juli 1815 zog König Ludwig XVIII. in seine gute Stadt Paris ein, unter dem Schutz des Ex-Citoyen Fouché de Nantes, von Napoleon Bonapartes Gnaden Herzog von Otranto und nunmehr Wächter der legitimen Dynastie. Dank der Vorkehrungen dieses loyalen Dieners verlief der Einzug in Ruhe; es zeigte sich kaum Begeisterung, so daß die Royalisten in dem Glauben bestärkt wurden, es hätte ohne die gestrenge Polizei des Ministers und seine weise Diplomatie zu unangenehmen Zwischenfällen kommen können. Die Bevölkerung zeigte große Zurückhaltung; das war das Beste, was man erhoffen konnte. Das Verdienst daran kam dem großen Steuermann zu. Mit einem Seufzer der Erleichterung nahm Ludwig XVIII. wieder von den Tuilerien Besitz.

Die Menge der Höflinge drängte sich in den Salons wie damals am 20. März, aber es war eine andere Gesellschaft, Alles, was es an adligen Namen der Emigration von 1790 und der von 1815 gab, war gekommen. Indes, wie am 20. März, lief ein Name durch die gedrängten Reihen der Hofleute, der gleiche: Fouché. Er war zugegen und machte einen etwas verlegenen Eindruck, trotz der seltsamen Sympathie, deren Echo schon von Cambrai, Arnouville und Saint-Denis nach Paris gedrungen war, trotz der Leistung, die er vollbracht hatte, trotz seines angeborenen Phlegmas. Manche seiner Gegner, wie Beugnot, freuten sich insgeheim über diese Verlegenheit. Möglicherweise fanden auch Freunde von gestern sein Gesicht, das wirklich recht unangenehme Erinnerungen heraufbeschwor, schon störend. Man stellte sich bereits die Frage, wie lange, wie viele Tage, wie viele Stunden der König und seine Familie den unheilvollen Diener behalten würden. Auf einmal ging die Tür des königlichen Kabinetts auf, heraus trat der Graf von Artois. Er schien sehr bewegt zu sein, durchquerte den Salon und ging auf den Herzog von Otranto zu. Er ergriff seine Hand und drückte sie herzlich. ›Sie sehen, ich bin glücklich, Herzog‹, sagte er überschwenglich, ›sehr glücklich, sehr zufrieden. Der Einzug des Königs ist wunderbar vor sich gegangen, und dafür schulden wir Ihnen große Dankbarkeit.‹ Als der Bruder Ludwigs XVI. mit nochmaligem Lächeln und inmitten allgemeiner Bewegung sich von Fouché abwandte, verkündete ein Kammerherr, daß Seine Majestät die anwesenden treuen Diener verabschiede, sich aber noch allein mit dem Herzog von Otranto zu unterhalten wünsche. Er blieb sehr lange bei ihm.

Man kann sich vorstellen, in welch trunkener Stimmung oder zumindest mit welcher stolzen Genugtuung Fouché die Tuilerien verließ, um sich ins Gebäude des Polizeiministeriums zu begeben, die Tuilerien, wo er 1794 vor dem Wohlfahrtsausschuß sein Leben verteidigen mußte, wo er viele Jahre lang mit Bonaparte, als Erstem Konsul und als Kaiser, konferiert hatte, wo er am 20. März erschienen war und am gleichen Abend als Minister Ludwigs XVIII. wieder fortging. Er sah die Terrasse vor sich liegen, wo sich einst der Sitzungsraum des Nationalkonvents befand. Vielleicht erinnerte er sich auch in diesem Augenblick an die Szene, die ihn seit dreiundzwanzig Jahren bedrückte, er sah die Tribüne vor sich, von der herab Fouché de Nantes das verhängnisvolle Wort: ›La mort!‹ gegen den abgesetzten Bourbonen ausgesprochen hatte. Und jetzt verließ er das Schloß; seine Hand war noch warm vom Druck der Hand des Grafen von Artois, des Bruders Ludwigs XVI. Endlich schien der Alpdruck, der ihn diese dreiundzwanzig Jahre lang verfolgt hatte, zu weichen; er brauchte keine Repressalien mehr zu befürchten, er glaubte sich im sicheren Hafen.

Dieser Händedruck wurde zum Ereignis des Tages. Er spürte es, als er das Ministerium betrat, wo Barras ihn damals eingesetzt hatte, wo Bonaparte ihn dreimal bestätigt und abberufen hatte. Die Salons waren schon voller Menschen. Vitrolles, der etwas später kam – er war am Tag zuvor ebenfalls Minister geworden –, um seinen Kollegen zu begrüßen, mußte sich seinen Weg durch eine Menge von fünfhundert Personen bahnen, unter denen sich in einem großen Durcheinander Männer der Revolution und Anhänger von Thron und Altar befanden, ein merkwürdiges Durcheinander, doch vielleicht weniger merkwürdig als die Laufbahn des Mannes, den zu begrüßen sie erschienen waren. Vitrolles kam nur mühsam voran; da erblickte ihn mit strahlendem Gesicht – so sah er nur selten aus – der Herzog von Otranto, ging auf ihn zu, um ihn teilhaben zu lassen an einem Triumph, über den dieser

Mann, der Vertraute des Grafen von Artois, vielleicht schon Gewissensbisse empfand.

Fouché tat gut daran, Männer wie Vitrolles mit Rücksicht zu behandeln, denn er brauchte noch Verbündete, und einflußreiche, um den Kampf aufnehmen und bestehen zu können, einen Kampf, an dessen Ende der endgültige Sieg seiner Interessen und seiner politischen Zielsetzung stehen sollte. Als er in Neuilly bei der Unterredung mit Talleyrand dem Vorschlag der Übernahme des Ministeriums zugestimmt hatte, war er überzeugt, daß, wie Talleyrand meinte, allein seine Teilnahme im Ministerrat des Königs für die Männer der Revolution und des Kaiserreichs einen Sieg und die sicherste Garantie darstellen würde. Die Verteidigung der Interessen dieser Männer wäre zugleich die Verteidigung der seinen. Aber das war eine schwere, eine unmögliche Aufgabe.

Letztlich verziehen ihm die Revolutionäre, Bonapartisten und Liberalen den großen Verrat der vergangenen Woche nicht. Man wartete auf Taten und war bereit, ihn unerbittlich zu verdammen, wenn sie den Erwartungen nicht entsprachen. Doch trotz bester Vorsätze war Fouché nicht Meister dieser Taten. Er konnte Ratschläge erteilen und abraten, Mäßigung predigen und Gewalt tadeln, getroffene Entscheidungen mildern oder verhindern, doch so geschickt und entschlossen er auch war, eine Barriere gegen den Strom der Konterrevolution, die sich bereits ankündigte, konnte er nicht errichten, wenn er nicht selbst augenblicklich weggeschwemmt werden wollte. Zuweilen war er, von manchen Erinnerungen befallen, wie gelähmt. Im Rat, in seiner Gegenwart, forderte man, als handle es sich um eine kaum ausreichende Sühne, dreißig, vierzig, fünfzig Köpfe, Hunderte von Verbannungen, und auf den Listen standen durcheinander Namen von Republikanern und Kaisertreuen, Ney und Thibaudeau, Labédoyère und Tallien, Drouet d'Erlon und Réal, Maret und Barère, Savary und Carnot, La Valette und Boulay und viele andere. Im Untergrund wühlte der royalistische Pöbel, und schlimmer war es, daß in den ersten Julitagen Sonderkommissare, die in die wichtigsten Städte geschickt worden waren, aller Gewalt freien Lauf ließen. Auch die Präfekten bewiesen eine zu prononziert royalistische Einstellung, auf sie war, als sichere und treue Anhänger der konterreaktionären Politik, die die Regierung Talleyrand-Fouché durchführen wollte, nicht zu zählen.

Nicht lange gab sich der Herzog von Otranto der Illusion hin, alles verhindern zu können. Höchstens konnte es ihm gelingen, den Strom zu bändigen, ihn zu kanalisieren, indem einige Schleusen geöffnet wurden: im Prinzip einige Köpfe preiszugeben, sie aber durch vorherige Warnung zu retten, einige unwichtigere Männer zu opfern und damit das große Ganze zu retten. Das waren zwar keine ehrenwerten Mittel und Wege, aber sie konnten durchaus wirksam sein. Dann mußte verkündet werden, daß jede Reaktion von unten, die jetzt ohne Berechtigung und Anlaß war, streng bestraft werden würde. Aus der Politik der Mäßigung mußte Achtung vor dem Willen des Königs werden, der, nachdem er gestraft hatte, nun zu vergeben verstand. Die hitzigen Royalisten mußten in ihrem eigenen Bereich, dem monarchischen Royalismus, geschlagen werden. In Paris und in der Provinz mußte jeder Anflug von Reaktion unterdrückt werden, Ermutigungen von oben durften nicht geduldet werden, ebensowenig wie jede von unten kommende Unruhe. Das war der Plan, den Fouché im Hinblick auf seine eigenen Interessen aufgestellt hatte.

Das erste Bemühen bestand darin, die gefährdeten Leute unter der Hand zu warnen. Am 1. Juli veröffentlichte der ›Indépendant‹, der weiterhin die Zeitung des Polizeiministers war, eine Reihe von Artikeln, durch die jene Männer, die am 20. März Ämter von Bonaparte angenommen hatten, von Schuld freigesprochen, womöglich gerechtfertigt werden sollten. Die von Jay geleitete Zeitung führte diese Kampagne drei Wochen lang durch bis zu dem Tag, an dem sie wegen eines Artikels zugunsten Labédoyères verboten wurde. Die ganz aus persönlichen Freunden Fouchés bestehende Redaktion setzte den Kampf im ›Echo du soir‹ fort, dann im ›Courrier‹ und endlich im ›Constitutionnel‹.

Während Fouché auf diese Weise das Augenmerk der öffentlichen Meinung auf das Schicksal jener zu lenken versuchte, die in der Umgebung Ludwigs XVIII. ›die großen Schuldigen‹ hießen, unternahm er es, sie der Justiz zu entziehen oder, um genauer zu sein, der Rache des Hofes. Er warnte sie heimlich, obwohl er ihre Ächtung unterschrieb.

Er hatte sich damit abfinden müssen, auf gesetzmäßigem Wege Ächtungen zu verkünden, schon um willkürlichen Verhaftungen und spektakulären Hinrichtungen Einhalt zu gebieten. Mit der Aufstellung einer offiziellen Liste von ›Schuldigen‹ sollte, wie Fouché selber sagte, ›dem reaktionären Furor jeglicher Vorwand genommen werden, Selbstjustiz zu üben‹. Fouché hatte allerdings großes persönliches Interesse daran, unverzüglich und ein für allemal die Liste der Verdächtigten veröffentlichen zu lassen und abzuschließen. Sein Ministeramt schützte ihn davor, selber auf diese Liste zu kommen. Er befand sich in einer Lage, in der er nur noch zwischen der Rolle des Ächters oder der des Geächteten wählen konnte. Später macht er geltend, daß er nur den Anhängern seiner Ideen und dem Land habe dienen wollen, indem er so handelte. Hätte er die Verfügung vom 24. Juli, die ihm zu Recht lange Zeit hindurch vorgeworfen wird, nicht unterzeichnet, hätte er das Ministerium aufgeben müssen. Wer aber wäre dann als Protektor der Politik der Mäßigung dagewesen, die er infolge der Opferung von etwa dreißig Menschen vertreten und vielleicht weiter durchführen konnte?

Aber brutal bleibt dieses Vorgehen doch. Der jakobinische Minister ächtete Revolutionäre und Bonapartisten unter dem Vorwand, daß er damit als Protektor beider Parteien im Ministerium verblieb. Die Verfügung erschien also am 26. Juli im ›Moniteur‹, sie war vom König unterzeichnet und vom Herzog von Otranto gegengezeichnet. Hier waren aufgeführt: neben seinen Kollegen von gestern und vorgestern, wie Maret, Boulay, Regnault, La Valette, Savary, Defermont und anderen, ehemalige Genossen aus dem Nationalkonvent, Lepelletier, Arnault, Desportes, Garnier de Saintes, Barère, einer seiner besten Helfer, Réal, sein treuester Mitarbeiter während zwanzig Jahren, sein intimer Freund Thibaudeau und Carnot, sein Kampfgefährte aus der Zeit des Thermidor, der zweimal sein Kollege in der Regierung gewesen war und kürzlich noch der Zehn-Tage-Kommission angehört hatte. Von ihm geächtet, verfolgten ihn diese Männer von ihrem gemeinsamen Exil aus und bis ins Grab mit ihrem Groll. Vergeblich sagte er ihnen immer wieder, daß er zu diesem Schritt gezwungen worden sei. Nicht alle glaubten es ihm oder waren so überzeugt wie Arnault oder Barère. Carnot stellte Fouché ein allerletztes Mal an den Pranger.

Hätte der Polizeiminister nur diese eine Aufgabe gesehen, würde er ganz gewiß die schweren Vorwürfe verdienen, die ihm in Hinsicht auf die Verfügung vom 24. Juni gemacht wurden, jene Verfügung, die die Entrüstung aller aufrechten Menschen hervorrief. Man darf diesen Vorgang nicht isoliert betrachten, sondern muß ihn in den Zusammenhang einer politischen Zielsetzung stellen, die sich für den Geschichtsschreiber dieser Epoche deutlich heraushebt. Die Verfügung sollte dem Minister, der sich mit der Unterzeichnung kompromittiert hatte, die Möglichkeit verschaffen, mit größter Autorität gegen die starke Reaktion zu kämpfen, die sich ohne Sinn und Verstand breitmachte. Diese Politik verfocht er zu jener Zeit mit bemerkenswerter Zähigkeit.

Er war dazu in der Lage, weil Ludwig XVIII. die von seinem Polizeiminister eingenommene Haltung wirklich billigte. Fouchés Politik war jetzt genau abgesteckt: sie bestand darin, den Willen des Königs noch zu übertreffen, sich dem Willen der ›Ultras‹ (Fouché hat damals diese Bezeichnung eingeführt) entgegenzustellen und gegenüber dem Land laut und deutlich die Achtung, die ›dem Gesetz und dem König‹ geschuldet werden, zu predigen. Es ist paradox zu sehen, wie der frühere Revolutionär sich in den eifrigsten Loyalismus gegenüber dem Herrscher hüllte, um die emsigsten Verteidiger des Throns der Bourbonen zu bekämpfen.

Schwierig war es vor allem in der Provinz, die Reaktion aufzuhalten, da ihr seit zwei Wochen die Sonderkommissare amtlichen Charakter verliehen. Die erste zu treffende Maßnahme war, diese ›missi dominici‹ der ersten Stunde zurückzuberufen; eine gewagte Maßnahme, denn die meisten waren einflußreiche Chefs der Ultrapartei. Anscheinend hielt sich Fouché hierbei mit Überlegungen nicht auf. Offenkundig war er entschlossen, mit diesem Klüngel zu brechen. Am 18. Juli erwirkte er die sofortige Zurückberufung der unseligen Kommissare. Von jetzt an waren die Präfekten die einzigen Statthalter der Macht in den Departements. Am 28. schickte er ein Rundschreiben an sie, in dem er seine Auffassung klar ausdrückte. ›Es ist der Wunsch und Wille des Königs, einen Schleier über die begangenen Verbrechen und Fehler zu werfen. Seine Majestät hat die Aufgabe, die Attentate und Verrätereien zu bestrafen, der Justiz überantwortet, und damit sich kein Argwohn verbreitet, hat Sie geruht, die Zahl der Angeklagten festzusetzen und zu begrenzen. Es besteht also Sicherheit für alle; kein Anlaß, kein Grund zur Beunruhigung und Verbitterung ist gegeben, nichts der Böswilligkeit überlassen. Die Existenz aller steht unter der Bürgschaft des Gesetzes und unter der schützenden Hand des Monarchen, der der Vater aller Franzosen sein will ... Jede Reaktion wäre ein politisches Verbrechen, sie würde die Stabilität ins Wanken bringen und die Ruhe im Staat stören, weil jedes Vertrauen damit zerstört wird ... Wer kann angesichts des großen allgemeinen Unglücks an persönliche Racheakte denken? Wer kann vom Sieg einer Partei sprechen, wenn die gleichen Leiden alle treffen oder bedrohen? Nur in unserer Einigkeit besteht noch Hoffnung auf Heil; ohne sie gibt es auch keine wirkliche Ehre mehr.‹

An die Präfekten im Süden richtete er entweder Vorwürfe oder Ermutigungen. ›Was in Nîmes geschieht und in einigen anderen Städten des Südens‹, schrieb er, ›erfüllt die Seele des Königs mit Schmerz, es erstaunt und entrüstet die alliierten Herrscher, die aufmerksam verfolgen, was sich unter uns begibt. Die aufgeklärteste und gemäßigteste Gerechtigkeit sitzt auf dem Thron. Ludwig XVIII. regiert, und Haß, den keine Macht, keine Partei billigt, will sein Wüten an die Stelle des Gesetzes setzen. Allein dem Monarchen obliegt die Ausübung der öffentlichen Gewalt, aber Männer, die durch ihre Leidenschaften zusammengeführt werden, schaffen an mehreren Orten eine Gewalt, der gegenüber die Obrigkeiten ohnmächtig sind. Ihre gräßlichsten Racheakte bezeichnen sie als Bestrafungen. Wenn man ihnen Glauben schenkt, ist die unerträglichste Anarchie das notwendige Werkzeug zur Wiederherstellung der Ordnung.‹ Er lobte die Präfekten wegen der Entschlossenheit, mit der sie ihre Maßnahmen durchführten, tadelte hingegen die Haltung der Sonderkommissare und betonte die Notwendigkeit, in Krisenzeiten ›nicht zu weit zu gehen, selbst wenn die Regierung es sich herausnimmt, weiter zu gehen als das Gesetz‹. Seiner Meinung nach müsse die Polizei der Justiz nur voraufgehen und ihr die Wege bahnen; plötzlich predigte er unbeugsame Achtung vor der persönlichen Freiheit. Dann ging er auf die Ausschreitungen der Menge ein und brandmarkte die Vorgänge, deren Schauplätze Nîmes, Avignon, Montpellier und Toulouse gewesen waren. Er erklärte, eine Aufwallung könne zuweilen entschuldigt, sie könne aber nicht gebilligt werden ›unter einem legitimen und zugleich konstitutionellen Herrscher‹. Und er fügte hinzu: ›Der Thron, den Seine Majestät von den Vätern ererbt hat und der getragen wird von der Liebe der Nation, steht so fest, daß alles sich unter die Gesetze beugen muß, die Sie allein verfügt oder sanktioniert und die allein die Minister durchführen. Und man möge nicht sagen, daß die Maximen in einer Revolution nicht mehr gelten. Es gibt überhaupt keine Revolution: es gibt einen Monarchen, eine Regierung, verantwortliche Minister, Gerichtshöfe, die vom Vertrauen des Herrschers getragen sind . . .‹ Nach diesen energischen Worten, die nicht ohne Größe waren und aus denen, wie man sagte, Manuels Stimme klang, gab der Minister den Präfekten weise Ratschläge und wies ihnen den Weg zu einer Politik der Mäßigung, ›dieser Mäßigung, die weniger eine Tugend als ein Mittel der Politik sein kann‹, und zu einer Politik der Gerechtigkeit, denn zum Schluß hob er noch einmal den notwendigen Respekt vor der Justiz, dem Gesetz und dem König hervor.

Nicht nur der Süden, von Bordeaux bis Marseille, verursachte dem Minister Besorgnis; auch der Westen erhob sich gegen eine Regierung, in der ›der abtrünnige Bischof und der Königsmörder des Konvents‹ saßen. Die Chouans wurden wieder aufsässig, sie bedrängten die Partrioten, die Beamten und die Besitzer von Nationalgütern. Überall kam es zu Zusammenstößen. Am 3. September geißelte der Polizeiminister in einem Brief an die Präfekten des Westens Übergriffe, die nicht mehr zu entschuldigen waren. Er sei geneigt, erklärte er, die Führer in der Vendée durch den König belohnen zu lassen (man denke: der Prokonsul von Nantes des Jahres 1793, der Mann, der die Aufstände in der Vendée unterdrückt hatte, spricht davon, die Führer der

Vendée durch Ludwig XVIII. belohnen zu lassen!), doch verlangte er, daß ihre Soldaten sich ruhig verhielten. ›Ist es möglich, daß einige hundert in einigen Dörfern zusammengedrängte Männer glauben, sie könnten sich beständig über die Gesetze stellen, sie könnten Frankreich ihre Meinung aufzwingen, ihre Irrtümer, ihre Ansprüche, die ganz Frankreich seit fünfundzwanzig Jahren bekämpft, und das Regime, das von unseren Sitten und der Charta geächtet wird?‹

Das war die deutliche Sprache eines wirklichen Politikers. Überall war diese Entschlossenheit zu spüren. Auch die Beamten der Polizei wurden darüber informiert, daß ihr Minister von ihnen eine energische Haltung gegenüber den Ausschreitungen der Reaktion und der Anarchie verlangte. ›Jeder einzelne ist persönlich verantwortlich für die Fehler, die auf einen Mangel an Eifer, Aktivität und Wachsamkeit zurückzuführen sind.‹ Er ging zu Taten über, ließ in Paris die Verbreitung des ›Censeur‹ untersagen, da die Zeitung einen für die Nationalgarde beleidigenden Artikel gebracht hatte; er verbot die ›Gazette de France‹, die nur verlangt hatte, den Eigentümern nationaler Güter solle eine höhere Steuer auferlegt werden; auch den ›Indépendant‹ ließ er büßen, er durfte aber am nächsten Tag wieder erscheinen. Fouché blieb in enger Verbindung mit Jay, den er auch 1816 noch in der Redaktion des ›Constitutionnel‹ unterstützte, und mit Manuel, der der Redakteur seiner Rundschreiben geworden war.

Die Ultras waren erstaunt über die Natter, die sie an ihrem Busen genährt hatten. Der Einfluß des Herzogs von Otranto in den Tuilerien wuchs, ohne auf Widerstand zu stoßen, immer mehr. Die Verfügung vom 24. Juli galt als ausreichender Beweis für seine ›Ergebenheit‹. Auch andere Leistungen konnte der Minister aufweisen: er hatte durch die Vermittlung des Grafen von Tournon unter großer Mühe von Davout die Entwaffnung der Loire-Armee erreicht. In seinen Rundschreiben hatte er die Achtung vor dem König zum obersten Gesetz der Mäßigung erhoben, und mit geschickten Schmeicheleien dämpfte er, was die Anweisungen an Aufreizendem für die reaktionäre Partei haben konnten. Zuweilen gab er sich hart. So schrieb er an die Marquise de Custine: ›Wenn ich den Leidenschaften nachgäbe, würde ich mich beliebt machen, es sähe so aus, als wäre ich ergeben. Aber ich würde meine Pflicht verraten, mein Gewissen, die Nation und den König.‹ Dank solcher Äußerungen und Vorsichtsmaßnahmen stieg seine Gunst in Paris während der Monate Juli und August 1815.

Wahrscheinlich aber verdankte er seinem Einfluß auf die obere Bourgeoisie und auch der dauernden Protektion des Grafen von Artois einen ansehnlichen Erfolg. Am 10. August wurde der Polizeiminister als Abgeordneter des Départements Seine in die neue Kammer gewählt. An der Spitze des Wahlkollegiums stand als Präsident der Bruder des Königs, und es bedarf kaum der Zeugenschaft von Barras, um festzustellen, daß der Graf von Artois bei diesem Vorgang zumindest eine wohlwollende Neutralität an den Tag gelegt hat. Für Fouché war es ein äußerst schmeichelhafter Erfolg, denn er wurde als ein Akt der Dankbarkeit gewertet für den ungeheuren Dienst, den er der Stadt Paris während der letzten Krise geleistet hatte. Seine Wahlerfolge gingen noch weiter. Durch eine dreifache Wahl kam er ins Palais Bourbon, denn außerhalb von Paris wurde er als Abgeordneter gewählt für das Département Seine-et-Marne und, wer weiß weshalb, für das Département Corrèze. Er optierte für das Département Seine. Dieser persönliche Triumph, den Fouché mit großer Genugtuung hinnahm, wurde durch den Wahlausgang im allgemeinen überschattet.

Eine noch größere Genugtuung wurde ihm zuteil. Er war als Herzog von Otranto mächtig und reich und wollte seine Position durch eine Heirat untermauern. Mit der Familie Castellane-Majastres, die er 1810 in Aix kennengelernt hatte, war er ständig in Verbindung geblieben. Die Tochter Gabrielle, jetzt sechsundzwanzig Jahre alt, war hübsch, aber nicht begütert. Der ältliche Minister bat um ihre Hand und erhielt sie mühelos. Die Hochzeit fand am 1. August 1815 statt. Der ehemalige Gesinnungsgenosse der Zeitung ›Père Duchesne‹ verband sich mit einer Familie, deren Vorfahren einst als souveräne Fürsten im Rhône-Tal regiert hatten, mit einer Familie, die, wie gesagt wurde, mit den Bourbonen selbst verwandt war. Ehre über Ehre: der Graf von Artois, einer der Brüder Ludwigs XVI., hatte dazu beigetragen, daß er Minister wurde und daß er als Abgeordneter auftreten konnte; der andere Bruder, der König selbst, war Mitunterzeichner seines Heiratsvertrages. Natürlich verbreitete er diesen augenfälligen Beweis des höchsten Wohlwollens, durch den, mehr noch als durch die Heirat, sein Stolz und seine Hoffnung im Übermaß befriedigt wurden. Am 1. August veröffentlichte der offiziöse ›Indépendant‹ die Nachricht: ›Wie verlautet, hat der König den Heiratsvertrag des Herzogs von Otranto mit Mademoiselle de Castellane, aus einer der ältesten Familien der Provence, unterzeichnet. Wie man hört, haben die beiden Gatten sich in Aix kennengelernt, wo der Herzog während seiner Verbannung durch Bonaparte gelebt und wo er Erinnerungen hinterlassen hat, die der ganzen Provence teuer sind.‹ Und zehn Tage nach der Heirat wurde der Herzog durch eine dreifache Wahl in die Kammer berufen.

Fouché stand wirklich auf dem Gipfel. Alles war ihm geglückt. Jetzt, im August 1815, hat er alle Wünsche und Sehnsüchte verwirklicht, an die der bescheidene Prinzipal der Priesterschule in Nantes im Jahre 1792 wahrscheinlich nicht einmal zu denken gewagt hatte. Obwohl er ein Abtrünniger von der Kirche ist, wird er von der Geistlichkeit geehrt. Er beschützt die Angehörigen der Geistlichkeit, seien sie niederen oder illustren Standes; er ist ein Freund jener Oratorianer, die er einst im Stich gelassen hat. Obwohl er die Aristokratie in Nantes und Nevers verfolgt und die Adligen in Lyon umgebracht hat, ist er, ohne große Zugeständnisse von seiner Seite, der Günstling, der stets willkommene Freund des Faubourg Saint-Germain geworden, der Vertraute der Prinzessin de Vaudémont aus der Familie Montmorency, der Marquise de Custine, einer der geachtetsten Frauen des französischen Adels. Obwohl er in Nantes der Gegner des ›Händlergeistes‹ war, ein Kommunist vor der Zeit, der Schrecken der Kapitalisten in Moulins, Nevers und Lyon, ist er nun ihre Hoffnung, ihre große Stütze; Bankiers, Geschäftsleute und Juristen haben in Paris dafür gesorgt, daß er gewählt wurde. Sein Familienvermögen war bescheiden. 1793 war er wahrscheinlich ohne jeden Pfennig; jetzt ist er mehrfacher Millionär (zwischen fünfzehn und zwanzig Millionen im Jahre 1815) und einer der reichsten Großgrundbesitzer des Königreichs. Er besaß ein Schloß, ein Stadtpalais, Jagdreviere, Weideland, Parks, Güter und war ein geschickter Spekulant auf dem Markt, der sein fürstliches Vermögen Tag für Tag vergrößerte. Er ist Herzog von Otranto. Sein Titel wird, wie alle Titel des kaiserlichen Adels, von Ludwig XVIII. bestätigt, und somit ist er am Hof einem Richelieu, einem Rochefoucauld gleichgestellt. Darüber hinaus verbindet sich dieser Adel neueren Datums mit einem anderen von äußerster Gediegenheit. Er heiratet ein ›sehr aristokratisches Fräulein‹, das außerdem jung ist, liebenswürdig, gutherzig, und man sagt, er sei in sie verliebt. Er hat drei Söhne, die sein ganzer Stolz sind, eine reizende Tochter, die er anbetet. Er war Minister Napoleons, und nicht der unwichtigste, er ist bekannt in ganz Europa. Das Haupt der englischen Tory-Partei, Lord Wellington, hat diesen ›Jakobiner‹ in den Ministerrat des Königs gebracht, und Metternich, der Kanzler der Gegenrevolution, der Fürst von Hardenberg sowie der Kardinal Consalvi beehren den früheren Prokonsul der ›integralen Revolution‹ mit ihrem Wohlwollen. Gleich drei Départements wählen ihn zum Abgeordneten, und während seine früheren Gefährten von der Bergpartei geächtet sind, ist er Staatssekretär des Allerchristlichsten Königs, der seinen Namen unter die Heiratsurkunde setzt.

Jetzt ist er stolz, jetzt kann er es sein. Den Freunden schüttet er sein

Herz aus. ›Sie finden‹, schrieb er an Madame de Custine, ›daß ich einen Vorgriff auf das Glück leiste. Ich aber finde, ich habe zu lange darauf gewartet.‹ Auf jeden Fall meint er es nun zu besitzen. Ansehen und Beliebtheit, Macht und Vermögen, Geltung nach außen, innige Freude im Haus. Alles war so, daß er zuversichtlich an die Laufbahn denken konnte, die sich dem verjüngten Staatsmann eröffnete.

Es gibt im Leben mancher Menschen einen Höhepunkt, einen so hohen Punkt, daß nur noch ein Abstieg erfolgen kann. Zuweilen kommt es zu schnellen und tiefen Stürzen. Fouché war auf dem Gipfel seiner Existenz angekommen, er war so hoch gestiegen, daß er ganz tief fallen mußte. Einige Monate später war er durch Intrigen seiner vormaligen Verbündeten gestürzt, bei den königlichen Prinzen in Ungnade, von allen Parteien verachtet, geächtet von der Kammer, in die er dreifach gewählt worden war, von den Ministern Europas desavouiert, Zielscheibe des heftigen Grolls seiner früheren Freunde aus der Revolution und Objekt der Verachtung der Politiker des neuen Regimes. Er muß von Stadt zu Stadt irren; sein Lebensende ist unglücklich. Seine Feinde freuen sich darüber, sie sagen: Die Gerechtigkeit hat lange gebraucht, aber sie hat in kurzer Frist über ein zu unverschämtes Glück gesiegt.

Konnte das Kunststück lange Dauer haben, durch das der ehemalige Jakobiner unter der paradoxen Schutzherrschaft des Grafen von Artois in den Ministerrat des Königs gelangt war? Konnte der Herzog von Otranto sich lange Zeit auf seinem Platz behaupten, da er in seiner antireaktionären Haltung verharrte und den Haß der Ultras auf sich zog? Hätten die königlichen Prinzen ihm lange die Gunst zuteil werden lassen, mit der sie den ›Königsmörder‹ vom Januar 1793 bedachten? Alles das ist recht unwahrscheinlich. Der Schlag aber, der bald gegen ihn geführt wurde und ihn in seinen Grundfesten erschütterte, kam nicht von den Prinzen, nicht von der Gruppe des Grafen von Artois, nicht von denen, die ihm im Juli geholfen hatten. Dieser Schlag wurde ihm durch die Wahlen im August 1815 zugefügt.

Anfang August fanden diese Wahlen statt, sie endeten mit dem Zusammentritt der ›Chambre introuvable‹ jener einzigartigen Kammer, in der die äußerste Rechte eine so überwältigende und übertriebene Mehrheit besaß, daß Leute wie Decazes, Molé und Richelieu im Gegensatz dazu fast wie Jakobiner wirkten. Die Minister, die 1815 die Wahlen durchführten, vertraten, obwohl sie untereinander nicht der gleichen Ansicht waren, eine ganz entgegengesetzte Haltung: es waren der Ministerpräsident in der Person des Ex-Bischofs Talleyrand, die Minister des Inneren und der Polizei in den Personen des liberalen Pasquier wie des Jakobiners Fouché. Warum verstanden die drei Politiker es nicht, diese Meinungsäußerung der Wähler, die ihnen zum Verhängnis wurde, zu verhindern oder wenigstens abzuschwächen?

Bei Fouché resultierte diese an ihm sonst unübliche Unbekümmertheit zu einem großen Teil aus der ungeheuren Verachtung dem Parlamentarismus gegenüber. Er hatte die Wandelgänge des Palais Bourbon erlebt; er sagte, man könne sich ›über die Kammern nur lustig machen‹, in seinen Augen seien sie ›Automaten, die man nach Belieben aufziehen und auseinandernehmen kann‹. Man solle die Leute nur reden lassen, er würde ohne sie regieren, nötigenfalls gegen sie.

Das Ergebnis dieses leichtfertigen Optimismus war das Zustandekommen dieser Kammer, die in ihrem Haß zu stark und in ihren Grundsätzen zu rigoros war, um einen königsmörderischen Minister auch nur einen einzigen Tag zu dulden. Barère, Carnot, La Fayette hatten sich von Fouché Ludwig XVIII. aufhalsen lassen; Corbière, Lainé und andere dagegen weigerten sich, sich von Ludwig XVIII. Fouché aufhalsen zu lassen.

Kaum war das Resultat der Wahlen bekanntgeworden, kam es zu heftigen Ausfällen gegen die gesamte Regierung und insbesondere gegen Talleyrand und Fouché. Der letztere wurde vor allem in der Provinz angegriffen, wo die Dienste, die er der Stadt Paris geleistet hatte, unbekannt waren. In der Hauptstadt selbst schrien die Demonstranten: ›Es lebe der König! Nieder mit den Ministern!‹ Auch waren hohe royalistische Persönlichkeiten, Ultras sowohl wie Liberale, dem Königsmörder feindlich gesinnt geblieben. So hatte die Marquise de Custine Ende Juli vergeblich versucht, ihren Freund Fouché mit Chateaubriand auszusöhnen. Dieser war, wie er schrieb, entsetzt über das Geschwätz Fouchés und hatte die schlechteste Meinung über diesen Mann, der ›ihm nicht geschickt und nicht groß genug schien, um den Strick für die Laterne mit dem Band der Ehrenlegion zu umwickeln‹. Der Dichter Chateaubriand verließ die Zusammenkunft und ›zuckte die Schultern vor dem Verbrechen‹.

Er stand nicht allein mit seiner Meinung. Die royalistischen Zeitungen begannen ganz deutlich Anspielungen auf den notwendigen Abgang des Ministers zu bringen. Eine Flugschrift nach der anderen wurde herausgebracht. Die erste erschien Anfang September, es war die Schrift eines ›Monsieur de Massacré‹ unter dem Titel ›Über die Regierung . . .‹, die vor allem gegen den Polizeiminister gerichtet war. Eine Kostprobe: ›Als der König den Mörder seines Bruders, und eines der abscheulichsten Überbleibsel unserer Revolution, in die Regierung berief, hat er sicherlich geglaubt, diese Berufung sei der Nation angenehm oder zumindest nicht unangenehm.‹ Aber die Nation spucke auf diese Regierung, die Nation solidarisiere sich nicht mit dem Verbrecher. Sie fordere trotz des königlichen Pardons seine Bestrafung. Zwar habe er im Juli die Rückkehr der Bourbonen betrieben, aber im März zuvor alles getan, um sie zu vereiteln, ›er habe ihnen Arme und Beine gebrochen, um das Vergnügen zu haben, sie recht und schlecht wieder zusammenzuflicken‹. Es stimmt, Bonaparte hat er verraten, aber ›dieser Verräter hat nur ein Anrecht auf Geld und auf Verachtung‹. Und zum Schluß fordert der Verfasser, ›man solle das Land befreien von Talleyrand und Fouché, von ihren Tücken und ihren Schandtaten‹.

Im August lief das Gerücht um, im Kabinett herrsche größte Uneinigkeit. Pasquier und Talleyrand waren Ende August entschlossen, sich des belastend gewordenen Fouché zu entledigen. Pasquier konnte ihm nicht vergessen, daß er allein durch seine Gegenwart den Herzog von Richelieu daran gehindert hatte, ein Portefeuille zu übernehmen. Talleyrand hatte Angst vor der Kammer und war bereit, den Minister zu opfern.

Fouché behandelte alle diese Feindseligkeiten mit großer Geringschätzung. Die leidenschaftlichen Aufwallungen der Ultrapartei und alle Angriffe verdienten seiner Meinung nach nur Verachtung. Er schrieb an die Marquise de Custine: ›Ihrer Ansicht nach heißt regieren: arriviert sein, sich seinen Leidenschaften hingeben und die Augen vor der Zukunft verschließen. Meiner Ansicht nach heißt es: alle Parteien miteinander versöhnen und alle Auffassungen mit dem König versöhnen. Es heißt: alle ehrgeizigen Bestrebungen in Zucht halten, es heißt: alles dem Thron zu Füßen legen.‹ In voller Absicht macht er solche Äußerungen den Royalisten gegenüber. Er trotzt den Angriffen, er droht fast der gegnerischen Partei und geht plötzlich von der Defensive zur Offensive über. Was nun folgt, wird die ›Affäre der Berichte‹ genannt.

Als der Ministerrat am 12. August zusammentrat, holte der Herzog von Otranto ein dickes Bündel von Papieren aus seiner Aktenmappe und bat um die Erlaubnis, seinen Kollegen einen Bericht vorlegen zu dürfen, den er dem König überreichen wollte. Dieser Bericht war eine Schmähschrift gegen die Alliierten und die häßliche Art und Weise, wie sie sich in dem besetzten Land aufführten, wodurch der König und die Monarchie kompromittiert würden. Das war erstaunlich, denn bisher hatte es so ausgesehen, als pflegte der Polizeiminister sorgfältig die Freundschaft zu den Fremden. Wollte er sich durch diese Wendung eine Popularität verschaffen, die auch das feindseligste Parlament zum Schweigen brächte? Es ist durchaus glaubhaft, denn der Bericht, der von Manuel verfaßt worden war, wie es hieß, zeigte ungeheure Entrüstung und blutige Ironie, er war eher im Stil eines Volkstribuns als eines besonnenen Staatsmannes gehalten, was auf die Absicht hinwies, im Lande, das tatsächlich über die fremde Unterdrückung empört war, eine folgenschwere Explosion hervorzurufen. Damit hätte Fouché sich eine neue Plattform geschaffen.

Der aufpeitschende Bericht schlug wie eine Bombe in die Sitzung der Politiker ein, die den volksrednerischen Ton Manuels nicht sehr schätzten. Talleyrand, Pasquier und Vitrolles verhielten sich sehr kühl während der Verlesung. Talleyrand zuckte nur die Schultern über die schönen Phrasen, Vitrolles lehnte es ab, den Text im ›Moniteur‹ zu veröffentlichen. Der König selber las den Bericht und behielt ihn in seinem Besitz. Aber diesem Bericht, in dem Fouché die extreme Partei, die die Alliierten unterstützte, nur beiläufig angriff, folgte ein weiterer, nicht weniger heftiger, der diesmal die royalistischen Ausschreitungen behandelte und in dem die jubelnde Partei der äußersten Rechten mitleidlos gegeißelt wurde.

Sicherlich wären diese Berichte nicht sehr beachtet worden, aber die zunächst verborgene, dann offene Publizität verlieh der Intervention Fouchés besonderes Gewicht. Durch die Veröffentlichung und weite Verbreitung wurden die Berichte zu einer Art nationalen Manifests; aller vorhandene, gegen Fouché gerichtete Haß ballte sich zusammen. Aber es war immerhin möglich, daß die beiden Texte, wenn noch weitere Zeit zur Verbreitung blieb, dem Minister eine Popularität verschafften, die an höchster Stelle Befürchtungen erregte.

Einige Tage nach der Verlesung im Ministerrat zirkulierten Kopien heimlich in der Stadt, im Laufe einer Woche wurden sie in großer Zahl vervielfältigt, drangen über Paris hinaus und überschwemmten die Provinz. Der Tenor der Schriften machte, da er von einem Minister des Königs angewendet wurde, einen so merkwürdigen Eindruck, daß man zunächst an eine Irreführung glaubte.

Überall herrschte große Aufregung und in gewissen Kreisen ungeheure Entrüstung. Die von den Royalisten als ›gräßliche Schmähschriften‹ bezeichneten Berichte wurden von einer anderen Partei, die sie trotz des Verbots der Präfekten verbreitete, wie ein Manifest behandelt. Der oppositionelle Charakter schien daraus hervorzugehen, daß man Fouché kompromittierende Mitarbeiter zuschrieb, und zwar die ganze liberale Gruppe, Jay, Manuel, Benjamin Constant und andere.

Die Alliierten erhoben Protest. Justus Gruner, das Haupt der preußischen Polizei in Paris, richtete am 31. August einen scharfen Brief an den Herzog von Otranto und forderte, die Schrift müsse desavouiert werden, ›den schlimmen Auswirkungen des Rapports auf die öffentliche Ruhe‹ müsse ein Dementi entgegengesetzt werden. Fouché antwortete am 2. September. Ohne die Authentizität des Textes abzustreiten, erklärte er, man habe den Text verändert. Er bedauere die Veröffentlichung und würde die dafür Verantwortlichen zur Rechenschaft ziehen; er habe stets die Großmut der Alliierten gepriesen, es wäre aber seine Pflicht als Polizeiminister gewesen, seinem Herrscher die Unregelmäßigkeiten, unvermeidliche Folgen des Krieges, zu melden. Allen Anwürfen gegenüber setzte er jetzt diese höfliche aber feste Antwort entgegen. Er behauptete dazu, die gewünschte Wirkung erzielt zu haben, denn seit einiger Zeit hätten die Generale überall jene Unregelmäßigkeiten abgestellt. ›Er habe erwartet, daß alles, was nicht französisch sei, sich gegen ihn auflehnen würde, deshalb sei die Auflehnung für ihn nicht erstaunlich.‹ Allerdings schrieb er die Verbreitung des Berichts, der eine simple Huldigung an den König sei, einer Böswilligkeit zu. Und er schloß: ›Es gehört einiger Mut zu dem Wagnis, angesichts von vierhunderttausend Bajonetten französische Gefühle laut werden zu lassen.‹

Die Feinde des Ministers hielten jedoch den Zwischenfall für entscheidend. ›Jetzt hat man ihn‹, wurde gesagt. Es mußte gehandelt werden, denn die Alliierten schienen, nachdem der erste Zorn vorüber war, die Angelegenheit in Vergessen geraten zu lassen. Wellington blieb dem Herzog von Otranto treu, er tadelte die gegen ihn gerichteten Intrigen der Ultrapartei: ihr Wankelmut sei schuld daran. Noch zwei Monate zuvor hätten sie Fouché zu Füßen gelegen. Er schrieb: ›Fouché hat sich vielleicht bei manchen Gelegenheiten schlecht verhalten, aber nicht halb so schlecht wie man sagt und glaubt; im Gegenteil, meiner Meinung nach haben die Höflinge seinen letzten Bericht an den König veröffentlicht.‹ Er bedauerte die wahrscheinliche Abberufung des Herzogs von Otranto, da sie die Auflösung eines Ministeriums zur Folge haben würde, ›das mit Zustimmung aller europäischen Mächte gebildet worden ist‹.

Die Ultrapartei tobte weiter. Seit den Wahlen war man einstimmig gegen den wieder ›gefährlich‹ gewordenen Königsmörder eingestellt. Die Berichte an den König hatten den Bruch endgültig herbeigeführt. Auf einmal entdeckte der Graf von Artois, daß Fouché seinen Bruder aufs Schafott gebracht hatte. Es wäre gewiß nobler gewesen, sich daran zu erinnern, als er noch stark war. Doch die Prinzen haben ihren eigenen Opportunismus. Möglicherweise hätte der mäßige Einfluß, den der Graf von Artois auf den König hatte, nicht ausgereicht, Fouché in Ungnade zu bringen, jetzt aber strömten seit zwei Wochen von allen Seiten die Abgeordneten der neuen Kammer nach Paris und brachten ihre Beschwerden in den Tuilerien, im Palais Bourbon und in einigen Ministerien gegen Fouché vor. Offensichtlich wollte man ihn zu Fall bringen, und bald danach auch Talleyrand und Pasquier. Verschiedene Wahlkollegien forderten in pathetischen Gesuchen die Bestrafung der ›gräßlichen Königsmörder‹. Aber die nachhaltigsten Anwürfe brachte Lainé vor, der Abgeordnete der Gironde, der zu einem der einflußreichsten Männer der neuen Kammer geworden war. Seiner Meinung nach konnte die Kammer auf der Ministerbank des Königs den mit Verbrechen und Schande bedeckten Unglückseligen nicht einen Tag dulden. Auch die Vorstellung, dieser Politiker, der doch seit zwei Monaten vom ›Vertrauen‹ des Königs getragen wurde und dem drei Wahlkollegien ins Palais Bourbon verholfen hatten, könne als einfacher Abgeordneter seinen Sitz einnehmen, schien unerträglich. ›Wie hätte er‹, rief Chateaubriand aus, ›an Debatten über den 21. Januar teilnehmen können, wobei er den harten Anschuldigungen eines Deputierten von Lyon ausgesetzt wäre und bedroht von der schrecklichen Frage: Bist du jener Mensch?‹ Die royalistische Presse schloß sich ihren Anführern an. Die weißen Publizisten griffen zur Feder, um den berühmten Bericht zu widerlegen, um mit harten Kritiken diese Streitschrift, diese Schmähschrift zu zerfetzen. Dem widmete sich die gesamte Partei von Anfang September an.

Zur gleichen Zeit wurde Fouché von seinem Ministerpräsidenten desavouiert und im geheimen von seinem nächsten Mitarbeiter, dem Polizeipräfekten Decazes, unterminiert.

Am 2. September stellte Graf von Castellane fest, daß das Kabinett gespalten sei. Talleyrand hatte den Zwischenfall mit dem Bericht für entscheidend gehalten und den Minister mitten in einer Kabinettssitzung fallenlassen. Fouché hatte aber gesehen, daß die Mehrheit sich für ihn aussprach, sie bestand aus Baron Louis, Jaucourt und Gouvion-Saint-Cyr. Seitdem war das Verhältnis zwischen ihm und Talleyrand äußerst schlecht. Talleyrand gab nicht nach. Er war zu allem entschlossen, um vor den Kammern nicht in Begleitung des Königsmörders zu erscheinen, er wollte dieses faulende Glied der Regierung amputieren. Pasquier stand auf seiner Seite, ja, er trieb ihn noch weiter. Er hatte dem König die Abberufung des Jakobiners angeraten, hatte Erfolg gehabt, und so wurde Anglès für das Amt des Polizeiministers vorgesehen. ›Gott sei gelobt‹, hatte der König ausgerufen, ›die arme Herzogin (von Angoulême) braucht jetzt diesem gräßlichen Gesicht nicht mehr zu begegnen.‹ Als Fouché von den Vorgängen hörte, bat er Wellington um Vermittlung. Dieser begab sich zum König, überzeugte ihn davon, daß er im Begriff sei, eine Dummheit zu begehen, und machte die Intrige zunichte. Ludwig XVIII. mußte nachgeben, und Pasquier nahm die nicht unterzeichnete Verfügung der Ernennung von Anglès zum Polizeiminister mit sich.

Bei diesem ersten Scharmützel war also Fouché noch einmal Sieger geblieben. Einen Augenblick dachte er daran, seine Gegner diesen gescheiterten Versuch teuer bezahlen zu lassen. Robespierre hatte die Absicht, Fouchés Kopf rollen zu sehen, mit dem seinen bezahlen müssen, und Bonaparte hatte er zum Straucheln gebracht, um nicht von ihm gestürzt zu werden. Gegenüber diesen Gefahren, denen er getrotzt und die er überwunden hatte, wogen die Intrigen eines Talleyrand nicht schwer. In der Tat, eine Zeitlang schien er mächtiger zu sein denn je, da die Mittelklasse ihm nach wie vor offensichtlich günstig gesinnt war. ›Ich hoffe‹, schrieb er am 7. September an Madame de Custine, ›daß alle Intrigen zertrümmert worden sind ... Ich befinde mich noch über den Fluten und inmitten der Stürme.‹ Er triumphierte, behandelte seine Gegner mit Geringschätzung, überhäufte den Polizeipräfekten Decazes mit Sarkasmen und wandte sich direkt an den König, um sich von jedem Vorwurf reinzuwaschen. ›Ich habe nichts unternehmen wollen‹, schrieb er am 13. an Ludwig XVIII., ›um eine Ungnade abzuwenden, weil es Zeiten der Wirren gibt, in denen ein Minister derart von Leidenschaften und eigennützigen Interessen angegriffen wird, daß er eine Stütze nur in den noch größeren gemeinnützigen Interessen finden kann, die die Richtschnur seiner Pflichten sind.‹ Er stritt nicht ab, die Berichte geschrieben zu haben, da er sich im Recht glaubte, ›dem König seine ureigensten Gedanken auszudrücken und, da er nur von ihm gerichtet werden könne, schonungslos über alle Parteien zu sprechen, ihm ihre augenblicklichen Illusionen und ihre früheren Irrtümer aufzuzeigen, sich hineinzuwerfen in alle Leidenschaften, in der Absicht, sie zu zügeln‹. Aber nicht einen Augenblick wollte er zugeben, daß er in irgendeiner Weise an der Verbreitung dieser Berichte beteiligt gewesen sei.

Doch Ludwig XVIII. war nicht mehr für Fouché eingenommen. Graf Decazes, der augenscheinlich Blacas in der Gunst und bald in der Zuneigung des Königs ersetzte, wollte Polizeiminister werden – und noch mehr. Er war ehrgeizig, allerdings von einem anderen Ehrgeiz als Fouché, ein gutaussehender junger Mann, der den Frauen gefiel und Glück hatte. Der Erfolg hält es mit der Jugend. Fouché war alt, der hübsche

Elie Decazes sehr jung. Aus dem Kampf, der sich gleich nach der Rückkehr des Königs entsponnen hatte, ging Decazes als Sieger hervor. Die schwelende Rivalität trat zutage, kaum daß der neue Präfekt in der Präfektur saß. Zu einem weiteren Konflikt zwischen den beiden Männern kam es anläßlich der Verfügung vom 24. Juli. Decazes verdächtigte Fouché, er habe die Absicht gehabt, La Valette entwischen zu lassen, um die Verantwortung dafür der Präfektur zuzuschieben. Er fühlte sich offensichtlich durch die feindselige Haltung seines Ministers auf seinem Posten bedroht und begann, wo es ging, ihm Schaden zuzufügen. Konflikt folgte auf Konflikt, sie wurden immer ernster. Der junge Beamte wurde von Tag zu Tag mehr der Günstling des Herrschers. Wie gesagt wird, brachte er den König gegen Fouché auf, so daß in dem Augenblick, als dieser einen höchsten Beistand ›im Herzen des Königs‹ gegen alle zu erhalten hoffte, dieses Herz nicht mehr für ihn schlug. Das Eintreffen der Herzogin von Angoulême sollte als Vorwand dienen. Die Tochter Ludwigs XVI. hatte deutlich verlauten lassen, sie würde den Königsmörder nicht empfangen, ob er Minister des Königs sei oder nicht. Ludwig XVIII. besprach mit Vitrolles, ob der Minister der Herzogin geopfert werden solle. ›Fouchés Abberufung wäre ein schönes Bukett, das ihr überreicht werden könnte.‹ Vitrolles, der Talleyrand und Decazes noch mehr haßte als Fouché, antwortete brüsk: ›Wohin kämen wir, Sire, wenn sich die Politik auf Festgeschenke beschränken wollte?‹

Am nächsten Tag traf die Herzogin ein. Fouché wurde ihre Ankunft verheimlicht, damit er nicht auf den Gedanken käme, sie zu begrüßen, was fraglos zu einer schrecklichen Szene geführt hätte. Doch konnte diese komplizierte Situation nicht lange andauern. Während Ludwig XVIII. Decazes zum Minister machen wollte und die Anhänger der königlichen Familie der Tochter Ludwigs XVI. den Auftritt des königsmörderischen Ministers ersparen wollten, dachte der weniger gefühlvolle Talleyrand an den baldigen Zusammentritt der Kammern und zitterte. Die Entlassung Fouchés brachte zweifellos Schwierigkeiten mit sich: man hatte Erfahrungen mit ihm und wußte, daß er in Zeiten der Ungnade zu fürchten war, und daß die Zeiten der Muße stets schlecht ausgingen für diejenigen, die sie ihm verschafft hatten. Man wollte ihn weder in Paris noch in Ferrières haben, da er sich dann hinter Jay, Manuel, Constant oder andere hätte stecken können. Einem Wort Vitrolles' zufolge durfte man ihn nicht ›wie eine Trikolore über der Place de la Bastille wehen‹ lassen.

Talleyrand dachte daran, ihn weit in die Ferne zu schicken, ihn zur Übernahme der Vertretung in den Vereinigten Staaten von Amerika zu bewegen. Am folgenden Morgen kam es zu einer höchst komischen

Szene, die Pasquier und Vitrolles beschreiben. Da der Ministerpräsident fürchtete, seitens Fouchés eine glatte Weigerung und vielleicht eine grobe Antwort einstecken zu müssen, verlegte er sich auf Anspielungen und Winke: nacheinander pries er die Vorteile eines Aufenthalts in Washington, die malerische Landschaft Amerikas, ›den Zauber des Flusses Potomac ... Merrimac ... Potomac ...‹ Fouché, der ahnte, worauf er hinauswollte, sah ihn unverwandt und starr an, brachte ihn in Verwirrung, zum Stottern, und war, als er sich verabschiedete, noch immer Polizeiminister, unempfänglich für die Reize des überseeischen Landes und des Flusses Potomac.

Es mußte energisch vorgegangen werden. Am Abend des gleichen Tages, des 14. September, lud Jaucourt auf Talleyrands Anraten alle Minister zum Abendessen ein, außer dem Herzog von Otranto. Der Ministerpräsident erklärte frei heraus, das Kabinett sei verloren, wenn es bei der Kammer nicht auf den Beistand des Herzogs und der Herzogin von Angoulême rechnen könne. Er fügte hinzu: ›Ich weiß einen Weg, um ihn zu erhalten.‹ Damit überließ er es seinen Kollegen, dieses leichte Rätsel zu lösen.

Am folgenden Tag wurde der Herzog von Otranto durch eine Verfügung zum Gesandten des Königs in Dresden ernannt. Unverzüglich richtete er ein Abschiedsgesuch an Ludwig XVIII., in dem neben der Bitterkeit über die Ungnade deutlich der erfahrene Politiker zu spüren ist. ›... Ich habe meine ganze Kraft darauf verwendet, die einzige Doktrin obsiegen zu lassen, die mir geeignet erscheint, die königliche Autorität zu stärken. Die Zukunft wird lehren, ob ich mich getäuscht habe.‹

Ein anderer, am gleichen Tag geschriebener Brief, der an seine Kollegen gerichtet war, enthielt dieselben Vorwürfe: ›Ich verlasse Frankreich, aber was hier geschieht, wird mir nie gleichgültig sein. Ich werde über die Leiden meines Vaterlandes seufzen, ohne am Verlauf etwas ändern zu können. Ich hoffe, mit den letzten Blicken, die ich auf Frankreich werfe, werde ich nicht wahrnehmen, wie sich die ersten Flammen des fast unausweichlichen Bürgerkriegs entzünden.‹

Mit dieser Prophezeiung, die sehr stark einem Wunsch ähnelte, verließ er das Gebäude am Quai Voltaire und zog sich in sein Haus zurück. In der Öffentlichkeit ließ er große Zufriedenheit über sein neues Amt erkennen und empfand im geheimen sicherlich noch größere Zufriedenheit über den Sturz des Kabinetts Talleyrand-Pasquier, das nach ihm zusammenbrach.

In Wahrheit konnte er sich nicht entschließen abzureisen. Er hoffte, wie 1810, gegen jede mögliche Hoffnung. Wie 1810 wurde ihm auch

Angst gemacht. Zur Stunde, da er die Post nach Brüssel nahm, sandte er an die getreue Marquise de Custine ein Billet mit Abschiedsworten, in denen sein ganzer Unwille zum Ausdruck kam. ›Mit Männern, die nur die Sprache der Leidenschaften hören wollten, habe ich die Sprache der Vernunft geredet. Vielleicht waren meine Gedanken zu weitreichend für die Köpfe, in die ich sie bringen wollte.‹

Fast auf den Tag genau vor dreiundzwanzig Jahren war der junge Abgeordnete aus Nantes in Paris eingetroffen, gleich nach der Ausrufung der Republik. Er war noch unbefangen, aber voller Energie, er träumte gewiß von einer großen Laufbahn, von großem Glück, aber sicherlich war er weit entfernt von der Vorstellung, daß so viele Mühen, nachdem er alle Regime überdauert hatte, damit enden sollten, daß er Frankreich verlassen müsse, um in ein nur leicht bemänteltes Exil zu gehen. Das Schlimme war, daß noch nicht alles zu Ende war: hinter dieser Flucht grollte ein Gewitter, das noch verstärkt wurde durch diesen letzten Rückzug. Indem er seinen Feinden das Feld überließ, hatte er, so schien es seinen Freunden, den letzten Verrat begangen. Allen erschien der Rückzug als der endgültige Zusammenbruch einer ungeheuren Unverfrorenheit, die zu lange angedauert hatte und durch die jeder sich genarrt, gedemütigt fühlte.

Fouché sollte Frankreich nicht wiedersehen.

24

Letztes Exil

Ob der Herzog von Otranto, zum französischen Gesandten am sächsischen Hof ernannt, sich klarmachte, daß er sich auf dem Weg über Belgien nach Deutschland endgültig ins Exil begab? Es ist zweifelhaft. Er konnte der Meinung sein, daß die Liste der Geächteten durch seine Mithilfe abgeschlossen war. Andererseits ließ er die Hoffnung nicht sinken, noch einmal an die Macht zurückkehren zu können. Er meinte, der König könne bald der Forderungen jener ›einzigartigen‹ Kammer überdrüssig werden, möglicherweise zu einer liberalen Politik übergehen und den Minister zurückrufen, der für diese Politik eingetreten war. Das Beglaubigungsschreiben, das er für den König von Sachsen bei sich trug, enthielt Wendungen, die nicht alltäglich waren. Sie spielten schmeichelhaft auf die persönliche ›Hochachtung‹ an, die dieser König einst (im Jahre 1813) dem Herzog von Otranto entgegengebracht hatte. Fouché war so oft gestürzt und hatte sich so oft wieder erhoben, daß es völlig entschuldbar war, wenn er auch jetzt trotz allem und ständig nach Gründen suchte, weiterhin hoffen zu können.

Solche Überlegungen brachten ihn auch dazu, daß er von Brüssel aus, wo er sich längere Zeit aufhielt, an den neuen Ministerpräsidenten, der zugleich Minister des Auswärtigen war, den Herzog von Richelieu, Briefe in einem recht hochmütigen Ton schrieb und sich erlaubte, Ratschläge hinsichtlich des Widerstands zu geben, der den unzumutbaren Ansprüchen der Ultrapartei entgegengesetzt werden mußte. Schließlich machte er sich auf den Weg nach Dresden, wo er erst am 28. Oktober eintraf.

Wenngleich er in seinem Kopf vor allem die Fragen bewegte, die sich auf Frankreich bezogen, tat er so, als nähme er seine diplomatische Mission sehr ernst.

Bei Lichte besehen war sie nichtig, und Richelieu mußte sich anstrengen, um Stoff für Erlasse an ihn zu finden. Um den fleißigen Mann zu beschäftigen, fiel ihm nur ›die Überwachung der Geheimbünde in Deutschland‹ ein, eine Aufgabe, die seinem in polizeilichen Dingen geschulten Geist entgegenkam. ›Der Herzog von Otranto‹, schrieb ernsthaft der Ministerpräsident, ›wird sein Augenmerk auf diese Dinge richten, die für die Politik Frankreichs von großer Wichtigkeit und des Scharfsinns, der ihn auszeichnet, würdig sind.‹

Fouché hat die Nichtigkeit seiner Mission wahrscheinlich eingesehen. Seine Gedanken richteten sich auch nur auf Paris. Dort nahmen die Ereignisse eine für ihn sehr beunruhigende Wendung. Die Kammer war zusammengetreten, und in den Wandelgängen war sofort von Anträgen und Projekten der Ächtung die Rede. Da er in der Kammer keine persönlichen Freunde mehr hatte, konnte er nur noch in das Wohlwollen und die Aufrichtigkeit Richelieus Hoffnungen setzen. Am 3. Dezember appellierte er an ihn: ›Ihre Regierung wird geehrt und gesegnet werden, wenn es ihr gelingt, alle Parteien versöhnt um den Thron zu scharen und zu verhindern, daß eine Partei als Sieger erscheint. Keinen anderen Gedanken habe ich während meiner Regierungszeit gehabt ...‹ Schließlich versuchte er, zwischen Richelieu und sich eine Gemeinsamkeit in Hinsicht auf das Werk der Befreiung zu schaffen, er stellte ihm drohend vor Augen, die Reaktion würde ihn hinwegschwemmen, wenn er sie nicht bändigte. ›Wenn die gegenwärtige Regierung sich mitreißen ließe, würde die Maßlosigkeit ausschlaggebend werden, die der Leidenschaft anheimgefallenen Menschen ermessen die Tragweite der Absichten nicht, die ihnen vorschweben . . .‹

Es war kein aus der Luft gegriffener Wunsch, sich zur Geltung zu bringen, der Fouché zu so hochfliegenden Maximen inspirierte; es war die Furcht, in Vergessenheit zu geraten, ohne zurückkehren zu können. Die Gefahr, die ihm seit dem 21. Januar 1793 drohte, die er seit dreiundzwanzig Jahren so oft und mit großen Mühen abgewendet hatte –, dieser Gefahr war er jetzt ausgesetzt.

In der Kammer schien man entschlossen zu sein, die parlamentarischen Arbeiten mit der Ächtung der Königsmörder zu beginnen. Heuchlerisch mit der Bezeichnung ›Amnestiegesetz‹ maskiert, sollte die Maßnahme alle diejenigen treffen, die im Januar 1793 für den Tod des Königs gestimmt hatten, sie sollten von der umfassenden Amnestie ausgenommen werden, die ganz loyal von den Ministern des Königs vorgeschlagen wurde. Aber was Fouché vor allem zur Verzweiflung bringen mußte, war die Tatsache, daß das Gesetz anscheinend dazu bestimmt war, ihn persönlich zu treffen. Sein Name war in der Tat sofort in den leidenschaftlich geführten Diskussionen aufgetaucht, die der Antrag ausgelöst hatte. Die Verärgerung darüber, von Fouché im Juli genasführt worden zu sein, die Schmach, die man empfand, weil man sich seiner bedient und ihn unterstützt hatte, bewirkten zusammen mit alten Empörungen und Entrüstungen, daß sich um Lainé eine Gruppe bildete, eine Mehrheit, die Fouché feindlicher gesinnt war als jedem anderen. Die Pamphletisten der Ultrapartei attackierten ihn wütend. Die berühmten ›Berichte‹ wurden kommentiert, entstellt, sie gaben Stoff her für heftige Ausbrüche. Es wurde gesagt, die Berichte entbänden den König von jeder Dankbarkeit, die Abgeordneten von jedem Skrupel. Und in weiteren Schmähschriften wurden bereits die alten fürchterlichen Erinnerungen wachgerufen: die Stimmabgabe im Januar 1793, die jakobinischen Untaten in Nevers und Moulins, die Salven von Lyon, ›die Gefängnisse Bonapartes‹ und die Machtanmaßung ›des Sejanus dieses modernen Tiberius‹.

Diese Äußerungen und Ansichten der Zeitungen machten sich die Ultras unter den Abgeordneten zu eigen, und sie entschlossen sich, dem von Richelieu vorgelegten Gesetzentwurf zuzustimmen. Nur die Königsmörder, die durch die Verfügung vom 24. Juli betroffen waren, die der Herzog von Otranto selbst unterzeichnet hatte, wurden von der Amnestie ausgenommen. In der Kammer wurde gesagt, dieser Mann dürfe nicht ausgelassen werden, denn ›er war in der Vergangenheit der Schuldigste und ist für die Zukunft der Gefährlichste‹. Der Ausschuß, der zur Prüfung des Ministerentwurfs im November 1815 ernannt wurde, hatte sofort beschlossen, dem Entwurf Richelieus einen anderen entgegenzustellen. Richelieu hatte sich loyal für Fouché eingesetzt, er sei ›schockiert‹, erklärte er, ihn in die Ächtung mit einbezogen zu sehen. ›Es wäre ein Mangel an Respekt dem König gegenüber, wollte man einen Mann, der von Seiner Majestät in die Regierung berufen worden sei, für Taten verurteilen, die lange vorher geschehen sind und derentwegen der Ausschuß ihn jetzt von der Amnestie ausschließen will.‹

Das Argument hatte Gewicht, es stützte sich auf die Loyalität. Der Ausschuß antwortete darauf mit einer Grundsatzerklärung: ›Er könne nur dem Gesetz gemäß handeln, er dürfe nur die Taten und nicht die Personen beurteilen.‹ Die Ausschußmitglieder fügten hinzu, daß vor allem Fouché vom Ächtungsgesetz getroffen werden müßte, und Villèle erklärte: ›Unsere Pflicht und unser Gewissen befahlen uns gleicherweise, ihn unter diejenigen einzureihen, die bestraft werden mußten. Die Bedeutung der Ämter, die der König ihm nach den Hundert Tagen anvertraut hatte, konnte uns nicht hindern, da auch die öffentliche Meinung die skandalöse Regierung, der er angehörte, gezwungen hatte, sich schleunigst aufzulösen, bevor die Kammern zusammentraten.‹

Fouché wurde über alles auf dem laufenden gehalten. Er hatte dafür gesorgt, daß sein Vertrauter Fabri als Sekretär bei Richelieu verblieb, wie einst Jay bei Savary. Pozzo di Borgo behauptet, daß Fouché von Fabri informiert wurde. Er kannte also die beiden Strömungen, die parallel laufend gegen ihn waren, er versuchte, ihnen Einhalt zu gebieten, indem er Richelieu Rechtfertigungsbriefe über sein Verhalten im Sommer 1815 und über die Politik der Mäßigung schrieb.

In Paris ging die Hetze gegen ihn weiter, es boten sich Angriffspunkte genug, und man ging auch zu Verleumdungen über: er habe im Sommer 1815 die Thronbesteigung des Herzogs von Orléans vorbereitet. Weitere Schriften wurden in Umlauf gebracht: es wurde die Legende vom ›abtrünnigen Priester‹ aufgebracht, die alten Anschuldigungen wurden wieder aufgegriffen.

Aus der Ferne wehrte er sich nach wie vor. Jetzt wollte er seine Rolle während der Revolution rechtfertigen. Am 24. Dezember schrieb er an Richelieu: ›Nur der Ungebildete vermag zu glauben, daß politische Umschwünge das Ergebnis von Machenschaften und das Werk von Einzelpersonen sind. Oft sind es die Urheber, die von ihnen dann getroffen werden. Diejenigen, die sie zu leiten scheinen, werden nur von den Bewegungen getragen ... Wer kann sich zum Richter aufschwingen über das Verhalten der Menschen inmitten unserer Krisen und unserer Stürme? ... Möge sich bei solchen Gelegenheiten jeder an die eigenen

Fehler erinnern und die der anderen vergessen. Das ist der breite Weg zur allgemeinen Versöhnung ... Jene, welche mich heute verleumden, müßten sich wenigstens daran erinnern, daß ich ihrem Unglück stets Respekt erwiesen habe, daß ich häufig ihr Eigentum geschützt habe, ihre Freiheit, unter Bonaparte zuweilen ihr Leben, daß ich dem König ihre Schwächen und ihre Vergeßlichkeit nie offenbart habe.‹

Er wäre nicht der Mann der Tat und der Intrigen gewesen – als der er bekannt ist –, wenn er sich damit begnügt hätte zu jammern, zu protestieren und seine Sache in einem teils larmoyanten, teils hochmütigen Stil zu verteidigen. Zur selben Zeit intrigierte er in jeder Weise, er wandte sich an die auswärtigen Mächte, vor allem an England und Preußen, um Beistand in Paris zu erlangen.

Doch das alles war vergeblich. Die Aussprache über den Gesetzentwurf war niederschmetternd für Fouché. Am 27. Dezember hatte Corbière seinen Bericht vorgelegt. Der Gesetzentwurf war natürlich in dem vom Ausschuß gewünschten Sinn abgefaßt. Der Artikel 7 verfügte den Ausschluß von der Amnestie für ›diejenigen Königsmörder, die, ungeachtet einer sonst fast schrankenlosen Milde, für Bonapartes Zusatzakte gestimmt oder Ämter und Stellungen bei dem Usurpator angenommen und sich damit als unheilbare Feinde Frankreichs und der legitimen Regierung erwiesen haben‹. Die Debatte im Palais Bourbon wurde leidenschaftlich geführt. Einige Redner setzten sich für Gnade ein, aber heftige Anschuldigungen von seiten La Bourdonnayes und de Castellanes machten die Wirkung dieser Reden zunichte. Vergeblich plädierten in den Sitzungen vom 4. und 5. de Serre und Pasquier für ›Vergessen‹. Am 5. wurde über das gesamte Gesetz mit Einschluß des Artikels 7 abgestimmt, es erhielt eine überwältigende Mehrheit mit 334 gegen 32 Stimmen.

Mit Rücksicht auf die fast völlige Einstimmigkeit mußte Richelieu nachgeben. Ludwig XVIII. hatte außerdem die Abstimmung gar nicht abgewartet. Am 4. hatte er die Entlassung seines Gesandten in Sachsen unterschrieben. Das Abberufungsschreiben wurde unverzüglich nach Dresden abgeschickt. Die royalistischen Zeitungen, die ihn bislang mit seinem Herzogstitel bedacht hatten, verkündeten im Ton des Triumphs, daß ›Monsieur Fouché aus seinen Ämtern entlassen sei und vom Minister für Auswärtige Angelegenheiten einen Brief empfangen habe, durch den ihm die Rückkehr nach Frankreich untersagt wurde‹.

Am 9. Januar erhielt Fouché das Abberufungsschreiben zugleich mit der Nachricht von der Abstimmung über seine Verbannung. Entrüstet über den Vertrauensbruch des Königs, wie er es nannte, und mit der Behauptung, dieses Gesetz könne auf ihn nicht angewendet werden, schob er die Übergabe des Abberufungsschreibens auf; erst am 23. entschloß er sich dazu. Wie immer in solchen Situationen griff er auf seine alte Taktik zurück: er verzichte auf jeden weiteren Ehrgeiz, er habe sich schon seit langem nach der Ruhe gesehnt, die ihm jetzt gewährt werde und die es ihm ermögliche, sich völlig den Seinen zu widmen. Eine von seiner Hand stammende Notiz wurde als Information in den ›Zeitgenossen‹ veröffentlicht, sie besagte: ›Dem Herzog von Otranto scheint es in Sachsen zu gefallen ... Er spricht über die Ungnade, von der er betroffen ist, mit der gleichen Mäßigung wie über die anderen Krisenzeiten der Revolution. Zuweilen vergleicht er die Dienste, die die Ultraroyalisten dem König und der Monarchie zu leisten glauben, mit jenen, die die Ultrarevolutionäre der Freiheit und der Republik geleistet haben.‹

Dieser Vergleich wirkt leicht komisch, wenn man bedenkt, daß es sich um den Gesinnungsgenossen von Hébert und Chaumette handelt. Diese große Gelassenheit, die Haltung eines Sokrates, ›der den Schierlingsbecher austrinkt‹, schien ihm sehr passend, er nimmt sie auch, manchmal vergeblich, seinen Briefpartnern gegenüber ein. Liest man seine Briefe an Gaillard, der sie, wie er genau wußte, an die Tuilerien weitergab, und jene an Madame de Vaudémont, an Madame de Custine, an Richelieu, an Decazes, an Molé, an Metternich, an Wellington, könnte man meinen, er gliche einem jener Staatsmänner wie L'Hôpital oder Sully am Ende ihres Lebens, deren stolzes Bewußtsein, ein makelloses Leben im Dienst des Staates hinter sich zu haben, sie gegenüber Angriffen und Verleumdungen unbekümmert läßt. ›Ich möchte mich über die Elemente der Unordnung, die das Vaterland in Erregung halten, nicht auslassen‹, schrieb er im Februar 1816. ›Sagen Sie nur, daß ich die Ruhe, zu der sie mich verurteilen, sehr gern annehme. Wie sollte mir die Ruhe nicht angenehm sein? Sie mögen erkennen, was es mir eingebracht hat, daß ich meinem Vaterland im Augenblick der Krise gedient habe.‹

Zuweilen jedoch stieg er aus diesem heiteren Himmel herab, um doch noch Einspruch dagegen zu erheben, daß das Gesetz vom 12. Januar auch auf ihn angewandt wurde. ›Ich kann mir nicht vorstellen, daß die gleiche Hand, die meine Ernennung zum Polizeiminister und einen Dankesbrief für meine Dienste unterzeichnet hat, sich dazu hergeben kann, einen Verbannungsbefehl gegen mich zu unterschreiben. Eine solche Unterschrift könnte aus einem anderen Herrschaftsbereich stammen.‹

Anscheinend meinte der Verfasser der berühmten ›Berichte‹, auch die europäischen Regierungen hätten ein Wort mitzureden, denn er, der sich nur noch der Erziehung seiner Kinder widmen wollte, ließ seine Klagen in ganz Europa ertönen. In einem ungewöhnlich langen Brief an Wellington, der auch gedruckt wurde, stellte er seine Laufbahn eher im Ton einer Verherrlichung als einer Rechtfertigung dar und appellierte an die Erinnerungen des Lords, der ihn geschätzt hatte. Er schloß: ›Mein politisches Leben ist beendet, und mein Ehrgeiz ist befriedigt, da ich mir bei den Franzosen eine Hochachtung erworben habe, die meinem Namen und meiner Person stets anhängen wird. Die Gerechtigkeit und die Nachwelt werden darüber entscheiden, ob alle Parteien gleich schuldig waren an dem Unheil, das mein Vaterland betroffen hat, und welche am meisten dazu beigetragen hat.‹

Am 1. März schickte er dem Fürsten Metternich eine Kopie dieses umfangreichen Memorandums und fügte einen langen Brief bei, in dem er wiederum jenen Ton heiterer Gelassenheit anschlug, der jeden Argwohn und Haß dämpfen sollte. ›Ich hatte mit Menschen zu tun: sie haben mir den Schierlingsbecher gereicht, und ich habe großes Glück gehabt, daß sie ihre Rache auf das Scherbengericht der Verbannung beschränkt haben. Gern nehme ich die Ruhe an, zu der sie mich verurteilen. Ich werde die Mußestunden benutzen, um zu schreiben und mit meinen Kindern zu reisen. Der König läßt mir Freiheit; nur vorübergehend nimmt er Frankreich aus, er konnte einen Verbannungsbefehl gegen mich nicht unterzeichnen, nachdem er mir mündlich und schriftlich Zusicherungen gegeben hatte.‹ Er schloß den Brief mit der Bitte an den Kanzler, ihm ein Treffen in München zu gewähren. Er gedächte, von dort aus mit seinen Reisen zu beginnen.

In Wirklichkeit hatte er es gar nicht eilig, Dresden zu verlassen, denn er fand sich keineswegs mit dem Exil ab. Er setzte seine Hoffnung in einen Umschwung als Ergebnis einer Gegenbewegung, die in seiner Vorstellung noch stärker sein sollte als die vorherige. ›Es wird, so hoffe ich, aus dem Zusammenstoß bei den Debatten zwischen den Ultraroyalisten und den Ultrarevolutionären‹, schrieb er an Gaillard, ›eine dauerhafte Ordnung entstehen, mit der der König friedlich wird regieren und jedermann Gerechtigkeit widerfahren lassen können.‹

Wenn er nach Paris schrieb, legte er in seine Worte einen gezierten Ton, in der Absicht, Ludwig XVIII., dessen geheime Gedanken er zu kennen glaubte, von seiner Regierung und der royalistischen Partei zu trennen. Er brachte also eine betonte Ergebenheit dem König gegenüber zum Ausdruck. Dieser neuerliche Versuch, den König zu beeinflussen, schlug fehl. Der Herrscher war in den Händen von Decazes, der seinen Vorgänger über alles fürchtete und verabscheute. Da sich offenkundig weder eine Änderung in der öffentlichen Meinung noch ein politischer Umschwung noch eine Rückkehr in die Gunst des Souveräns anbahnte, mußte er sich an den Gedanken des Exils gewöhnen. ›Ich bin nicht in Verlegenheit, ein Asyl zu finden‹, schrieb Fouché am 14. Juni an Gaillard. ›Ich werde überall gut aufgenommen werden.‹ Der ihn am liebsten aufgenommen hätte, war Metternich. Um die Überbleibsel der Revolution und des Kaiserreichs aus nächster Nähe überwachen zu können, vertraute der Kanzler der Heiligen Allianz eher seiner eigenen Polizei als jeder anderen. Er hatte sein möglichstes getan, um nicht nur die Angehörigen des kaiserlichen Hauses, Louis, Jérôme, Elisa, Caroline, nach Österreich zu bekommen, sondern auch ehemalige Anhänger Bonapartes wie Maret, Savary und Thibaudeau. Schon gleich nachdem der Herzog von Otranto in Ungnade gefallen war, hatte sich der Kanzler um ihn bemüht: mit Vergnügen würde man es sehen, wenn er sich in Prag niederließe. Nach kurzen Verhandlungen wurde am 17. April Prag tatsächlich als künftiger Wohnort gewählt.

Als die Dinge geregelt waren, verabschiedete sich der Herzog von Otranto am Hof von Sachsen und verließ Dresden. Am 7. August berichtete Caraman, der französische Botschafter in Wien, daß der ehemalige Minister und seine Familie in Prag eingetroffen seien. Er war dort am 4. angekommen und hatte es Metternich unverzüglich mitgeteilt. Da er immer stolz auf die vergangenen großen Zeiten war, erinnerte er den Kanzler an die Stunden, die er mit ihm im Juli 1813 in Prag verbracht hatte. Doch die Erinnerungen daran, schrieb er, berauschten ihn nicht. Er bedauere nichts, er begehre nichts; es war stets die gleiche Melodie: ›Meine innere Ruhe ist mein ganzes Glück.‹ Er ist stets ›der Gerechte‹, er spricht von ›seinem reinen Gewissen‹, er vergibt seinen Feinden, mit einem Tremolieren in der Stimme. ›Ich habe ihnen immer nur Verirrungen aus einem Übermaß an Eifer und eine große Unkenntnis der Dinge zugeschrieben, entweder aus einer Regung der Seele oder aus dem Bewußtsein meiner Überlegenheit heraus, oder in Erinnerung an die Lehre der Oratorianer, die die Lehre des Evangeliums ist.‹ Er scheint eine Parole ausgegeben zu haben. Die Gouvernante seiner Kinder spricht von ihm wie von einem adligen Verbannten, der Größe zeigt in seiner Entsagung: ›Der Herzog lebt hier wie in Dresden, allen Eitelkeiten dieses Lebens zieht er die Ruhe vor. Es hinge von ihm ab, wollte er sich in Gesellschaft begeben, denn die höchsten Autoritäten erweisen ihm viel Höflichkeiten, doch er lebt lieber im Familienkreis.‹ Die Briefe, die er im Herbst 1816 an Gaillard schreibt, strömen diese gelassene Lebensanschauung aus, mit der er die Menschen rühren oder beruhigen will.

Es war vergeblich. In Paris blieb man äußerst argwöhnisch. Ob wahr oder falsch, diese schönen Beteuerungen trafen auf unbezwinglichen Unglauben. Dieses Mittel hatte er schon zu oft angewendet. Der Brief an Wellington schien der Ausgangspunkt für neue Intrigen zu sein, und die Veröffentlichung hatte die Gemüter erregt. Die verschiedenen Parteien hatten die Herausforderung, die Fouché ihnen hinwarf, angenommen. Die Männer der Revolution sprachen von dem großen Verrat im Juni und Juli 1815, die Bonapartisten von der ›niederträchtigen Verfügung‹ vom 24. Juli, die Ultraroyalisten kamen immer wieder auf seine ›Verbrechen‹ zurück. Ohne einer Partei anzugehören, zeigten sich auch die Minister des Königs äußerst mißtrauisch. Decazes deckte sogar einen Annäherungsversuch an die Ultrapartei auf, er sprach von einem neuen Wechsel in der Haltung des Königsmörders. In einem Brief von Decazes an Metternich steht zu lesen: ›Die Partei verlangt einen Widerruf und eine authentische und förmliche, angemessene Buße für seine Irrtümer, die Verpflichtung, ebenso jakobinisch konterrevolutionär zu sein wie er jakobinisch blutdürstig in Nevers und Lyon gewesen ist. Dann könnte man ihm zum vierten Mal das unglückselige Polizeiministerium übergeben, dem er so nachtrauert.‹ Der junge Polizeiminister war weniger sicher als es den Anschein hatte; er warnte den österreichischen Kanzler vor den Intrigen des Mannes, er machte ihn darauf aufmerksam, daß er sich fraglos der Macht anschließen würde, die ihm am vorteilhaftesten erschiene. Am liebsten würde er sich wohl der preußischen Politik (sie war Metternich verhaßt), vertreten durch Justus Grüner, zur Verfügung stellen. Um den widerspenstigen Politiker in den Augen des Kanzlers noch stärker in Mißkredit zu bringen, fügte er hinzu, daß Fouchés Hoffnungen völlig vergeblich seien, daß er in Frankreich nie an die Macht zurückkehren würde, da alle Parteien ihn verachteten. Der Regierung Richelieu erschien es richtig, den Eindruck zu verwischen, den der Herzog von Otranto durch seine unerschütterliche Zuversicht, bald wieder Minister zu werden, in Wien hervorrief: Minister unter Ludwig XVIII., Louis-Philippe von Orléans, Napoleon II. oder sogar unter dem Prinzen Eugène Beauharnais, auf den er, wie man versicherte, jetzt seinen Blick richtete.

Ob Fouché wirklich intrigierte oder ob er versuchte, in Verbindung mit der Ultrapartei zu kommen, hart getroffen wurde er auf jeden Fall von dem Schlag, den Chateaubriand ihm in seinem Buch ›De la monarchie suivant la Charte‹ versetzte. Hier wurde Fouché buchstäblich an den Pranger gestellt, seine amtliche Tätigkeit unter Ludwig XVIII. schonungslos beleuchtet und die Kühnheit gegeißelt, mit der er sich 1815 dem Bruder Ludwigs XVI. als Ratgeber und Minister anbot. Durch dieses Buch fühlte er sich sehr viel ernster getroffen als durch die mittelmäßigen Pamphlete, die seit einem Jahr gegen ihn im Umlauf waren. Er beschwerte sich, beklagte sich und versuchte, die ›Widersprüche‹ des Verfassers aufzudecken. ›Ich weiß, wie groß sein Ehrgeiz war‹, schrieb er an Metternich. ›Er reicht über die Regierungszeit Ludwigs XVIII. hinaus und geht zurück auf den Anfang der Regierung Bonapartes. Chateaubriand hatte für Bonaparte eine ritterliche Bewunderung und tat alles, um ihm zu Diensten zu sein.‹ Einige Monate später verzeiht Fouché mit großer Geste seinem illustren Feind: ›Die Dichter besitzen mehr Vorstellungskraft als Urteilsvermögen und mehr Leidenschaft als Erleuchtung.‹ Aber noch im März 1817 denkt er verbittert an ›diese verfluchte Schmähschrift‹.

Um diesen Attacken ein Ende zu machen, sie zu widerlegen und weiteren zuvorzukommen, beschloß der Herzog von Otranto jetzt, eine Reihe von ›Traktaten‹ in ganz Europa kursieren zu lassen, deren Abfassung ihn bis zu seinem Tod beschäftigte. Es sind selbstgefällige Autobiographien, anonym oder unter einem Pseudonym erscheinend, in denen er in cäsarischer Art von sich in der dritten Person spricht. So kann er sich selbst mit Lob überschütten, wovor er auch nicht zurückschreckt, wenn er ein Traktat mit seinem Namen zeichnet. Er stellt sich als fleißiger Schüler dar, beliebter Lehrer, weiser Professor, als aufgeklärter Liberaler, begeisterter Patriot, großherziger Republikaner, als Politiker mit großzügigen Ideen, unwandelbaren Grundsätzen treu; als Besänftiger der Gemüter, Mäßiger der Mächtigen, Beschützer der Unterdrückten, ewiges Opfer der Heißsporne, ob sie sich Robespierre, Bonaparte oder Chateaubriand nennen – ein sehr widersprüchlicher Fouché!

Die erste ›Notiz über den Herzog von Otranto‹ wurde im Januar 1816 verfaßt. In einem Brief an Gaillard gab Fouché zu, daß er der Autor sei. Zur gleichen Zeit wurde die ›Korrespondenz des Herzogs von Otranto mit dem Herzog von X‹ herausgegeben, eine genaue Wiederauflage seines langen Briefes an Wellington. Er beklagte sich, daß dieser Brief allenthalben verzerrt wiedergegeben worden sei. Aber es handelt sich nicht nur um Rechtfertigungen und Verteidigungen, mit denen er sich rächen und durch die er sich ins rechte Licht setzen will: seine Absicht ist es, Furcht zu verbreiten, er läßt verlauten, dies wären nur Skizzen seiner berühmten ›Memoiren‹.

Er droht der politischen Welt, er werde Enthüllungen bringen, die überaus peinlich für diejenigen seien, die an den politischen Krisen von 1789 bis 1816 beteiligt waren – und die nicht das Glück haben, in seiner Gunst zu stehen. Im Oktober 1816 beginnt er, seinen Briefpartnern die bevorstehende Veröffentlichung seiner ›Memoiren‹ anzukündigen. Er hat ein Damokles-Schwert aufgehängt, tut unaufhörlich so, als wolle er den Faden durchhauen – macht es aber niemals wahr. Noch immer meint er, Ludwig XVIII. von den royalistischen Kreisen trennen zu können. Er erklärt, daß er dem König treu gedient und ihm seine Bewunderung, Dankbarkeit und Zuneigung bewahrt habe und daß er ihm seine ›Memoiren‹ widmen wolle.

Ein erstaunliches Vorhaben: ob die Vorgänge im Januar 93 auch in einem Kapitel abgehandelt werden? Es ist durchaus möglich, denn immer wieder will er sich von Schuld reinwaschen, er vergießt Tränen über die Stimmabgabe am 17. Januar und schlägt sich an die Brust. Er zeigt Demut und Reue. In der Tat waren zahlreiche Leute beunruhigt über das eventuelle Erscheinen dieser ›Memoiren‹. Deswegen ließ Graf Kolovrat in Prag ihn streng überwachen; am 24. Oktober schrieb er, Fouché ›gebe sich von sechs Uhr morgens bis zehn Uhr abends seiner schriftstellerischen Arbeit hin‹. Es wurde sogar schon von einem Verleger gesprochen: Brockhaus in Leipzig sollte es sein, dem Fouchés Sekretär, Demarteau, am 1. November mitteilte, ›daß die ‚Memoiren' voankämen‹. Einige Tage später sprach Fouché selbst von der unmittelbar bevorstehenden Absendung des Manuskripts nach Leipzig. Er wollte Furcht erregen, und es gelang ihm. Sein Gefährte im Exil, Thibaudeau, war der einzige, der wußte, wie die Dinge standen. ›Was die ‚Memoiren' angeht‹, schrieb er, ›so wird manchmal davon gesprochen, aber ich bezweifle, daß in absehbarer Zeit etwas erscheinen wird. Wie sollten sie auch gedruckt werden? Er will es mit niemandem verderben und einige erst angreifen, wenn sie am Boden liegen oder kurz vor dem Fall stehen.‹ Diese Worte zeigen, daß er Fouché gut kannte. Tatsächlich gestand dieser einige Zeit später einem seiner Briefpartner, er wäre noch nicht in der Lage, seine ›Memoiren‹ zu veröffentlichen. Erst 1819 erklärt er endlich, er werde sie nicht veröffentlichen, er wolle sie seinen Kindern als Rechtfertigung seiner Vergangenheit hinterlassen. Erst drei Jahre nach seinem Tod werden die ›Memoiren‹ herausgebracht.

Wie auch immer, die Drohung wurde nicht ausgeführt, hingegen schrieb der Herzog weitere ›Traktate‹, er war ungeheuer redselig und gab sich teils arrogant, teils larmoyant. Das war übrigens die große ›schriftstellerische Arbeit‹, ein Ausgleich für die Langeweile, die der sonst so tätige Mann empfand. Das Exil in dieser unbekannten Stadt, deren Gesellschaft ihm eher mit Neugier als mit Wohlwollen begegnete, behagte ihm nicht. Während der ersten Wochen hatte Kolovrat Besuch bei ihm, wie die Herzogin sagte, ›ihn in der Stadt in den Geruch der Heiligkeit gebracht‹. In Wahrheit gehorchten die hohen Beamten nur einem aus Wien gekommenen Befehl, sie waren auch von der Fama des Gastes beeindruckt und hatten ihn sehr freundlich aufgenommen. Der französische Gesandte in Wien, Artaud, ein Gegner Fouchés, berichtete, daß ›es Monsieur Fouché gelungen sei, sich die Gunst der Obrigkeiten der Stadt Prag zu verschaffen ... Wenn wir von ihm sprechen, antwortet man uns in Wendungen, die Wertschätzung und Hochachtung zum Ausdruck bringen‹. Die aristokratische und ›zugeknöpfte‹ Gesellschaft von Prag verhielt sich anders. Die übrigen französischen Verbannten zeigten sich zurückhaltend. Für den Urheber der Verfügung vom 24. Juli waren die Beziehungen zu ihnen schwierig. Die Herzogin selbst, eine geborene Castellane, sah die Verbindung ihres Mannes mit den Männern der Revolution nicht gern. Verächtlich sprach sie von ihnen als ›seinen Brutussen‹. Thibaudeau tat so, als habe er erlittenes Unrecht vergessen, empfand im Grunde aber Groll und war voll böswilliger Ironie. Die Situation war unerfreulich, der Aufenthalt in Prag für Fouché nicht angenehm. Ende 1816 hatte er Metternich seine Absicht, sich endgültig in Österreich niederzulassen, mitgeteilt. Er wollte seine Besitztümer verkaufen, das Landschloß Ferrières, das Palais in Paris, das er dem Herzog von Orléans überlassen wollte. Er kündigte dem Kanzler an, er würde ›Kredite in Österreich aufnehmen‹. Und er fügte hinzu: ›Natürlich trauere ich meinem Vaterland nach, aber dort gibt es keine Ruhe für mich.‹

Der Verdruß Fouchés war groß. Alle Welt ließ ihn fallen, seine Eitelkeit war verletzt, sein Ehrgeiz angeschlagen, eine gewisse Erschöpfung machte sich bemerkbar. Mit nicht zu überhörender Bitterkeit und mit fast gebrochener Stimme verteidigte er sich gegen unüberwindliche und empörende Böswilligkeiten. Royalisten, Bonapartisten und Jakobiner griffen ihn an. In Paris rächte sich die Ultrapartei, mit der er sich fast eingelassen hätte, für den gescheiterten Versuch, die Gemäßigten verachteten ihn, Decazes blieb der Schmeichelei gegenüber ebenso unempfindlich wie der König. Die fremden Mächte ließen ihn im Stich, Wellington kannte ihn nicht mehr; von Hardenberg bekam er kein Lebenszeichen mehr, und Metternich, honigsüß und wohlwollend zu gewissen Zeiten, war im nächsten Augenblick ablehnend und verhinderte sämtliche Reiseprojekte. Fouché war sehr unglücklich, er verwandte seine ganze Kraft darauf, sein Verhalten in der Vergangenheit zu rechtfertigen: er hatte Paris gerettet, die Revolution gerettet, die Bourbonen gerettet, Frankreich gerettet, Europa gerettet. Alle seine Dienste, alle seine Verdienste, alle seine Fähigkeiten würden verkannt, vergessen, verachtet – alles ›wegen eines alten Irrtums‹.

Sein Sekretär Demarteau war unermüdlich. Unter dem Einfluß, vielleicht unter dem Diktat seines Herrn schrieb er Briefe und Gegenartikel und stachelte Fouché zu noch beißenderen Formulierungen an. Die seltsamsten Pseudonyme mußten herhalten, um verwegene Verteidigungsschriften zu decken. Fouché schlief nicht mehr, er arbeitete bis zur Erschöpfung und gab mit einem gequälten Lächeln auf den Lippen seiner Geringschätzung für die niedrigen Angriffe Ausdruck. Prag wurde ihm widerlich. ›Was soll hier aus mir werden?‹ fragte er einen Vertreter Metternichs. ›Die Adligen wollen mich nicht sehen, und ich kann den Schurken Durbach und den Jakobiner Thibaudeau nicht sehen.‹

Im Februar 1818 ersuchte er Metternich um die Genehmigung, nach Italien oder nach Linz gehen zu können. Der Fürst war mit einem letzten Wechsel des Wohnorts einverstanden, und am 25. März teilte Fouché Gaillard mit, er müsse die Hauptstadt Böhmens verlassen.

Am 23. April reiste er mit seinem Sohn Joseph nach Linz und war von der Schönheit der Landschaft so entzückt, daß er sich dort häuslich einrichten wollte. Begeistert dankte er Metternich und versicherte, er würde auf jeden Fall in Österreich ansässig bleiben.

Aber er dachte gar nicht daran. Wie stets, wenn das Unwetter vorüber war, fand er zu dem unerschütterlichen Vertrauen in eine glückliche Fügung zurück, faßte neue Hoffnung und war nötigenfalls zu neuen Intrigen bereit. Es sah zuweilen wirklich so aus, als könne ein Umschwung zu seinen Gunsten eintreten. Im Juni 1818 erklärte der russische Gesandte Wintzingerode der Königin Katharina von Westfalen, daß Fouché noch immer der wichtigste Mann in Europa sei und daß ihm früher oder später Gerechtigkeit widerfahren werde. Das gab ihm neuen Mut, ihm, der 1816 geschrieben hatte: ›In der Zeit, in der wir leben, kann niemand das Schicksal voraussehen, das ihm vorgezeichnet ist.‹ Doch auch mit der Linkspartei ist der unermüdliche Intrigant im Einvernehmen. Seine Beziehungen zu Manuel, der wieder als Abgeordneter ins Palais Bourbon eingezogen ist, sind unauffällig aber eng. Manuel ist einer der ›Führer‹ der äußersten Linken geworden. Hätte er keine politischen Absichten mit ihm gehabt, dann hätte er dem glänzenden Redner, als er wieder auf der Bühne erschien, wohl nicht ein großes Geschenk gemacht, ›ein schwaches Zeichen seiner tiefen Zuneigung‹. Und er schreibt Briefe an alle Minister: an Richelieu, der nach seiner Amtsniederlegung der Chef der gemäßigten Rechten bleibt, an Dessoles, den neuen Ministerpräsidenten in einer Regierung, deren eigentlicher Chef Decazes ist, an Molé, ebenfalls einflußreicher Minister, er schreibt an sie alle, unter dem Vorwand, Zeugnis abzulegen von den Ereignissen im Juli 1815. Doch dabei läßt er es nicht bewenden.

Zur selben Zeit nimmt er die Beziehungen zu Jérôme Bonaparte wieder auf. Er sichert sich nach allen Seiten ab, er will alles voraussehen, nur das jetzt unausrottbar gewordene Mißtrauen gegenüber dem ewigen Proteus kann er nicht ausräumen. Doch das will er nicht wahrhaben, er glaubt noch an eine Wende des Schicksals, ›das sich durchaus über seine Feinde mokieren könnte, wie es sich über alle Welt mokiert‹.

Der Herzog von Otranto richtet sich also in Linz ein. In seiner Vorstellung war es die letzte Etappe seines Exils. Seine Selbstgefälligkeit zeigte sich in einem bei ihm sonst nicht gewohnten Begehr nach Luxus und Aufsehen. Es wird großer Aufwand bei ihm getrieben, man veranstaltet Empfänge, man gibt Galadiners, man tanzt. Die Wirkung trat unmittelbar ein, die Linzer Aristokratie zeigte sich geneigter als die Prager. Der Herzog war ja auch reich, großzügig, liebenswürdig, geistreich; seine Frau stammte aus gutem Hause, war charmant, seine Tochter war hübsch und klug, seine Söhne waren gut erzogen und gesellig, für eine Provinzstadt war das ein Anziehungspunkt. Es wurde bereits gemurmelt, daß er sich für eine neue Rolle in Frankreich vorbereite. Und der französische Botschafter war erstaunt darüber, daß die offiziellen Persönlichkeiten Order bekamen, sich Fouché gegenüber zurückhaltend aufzuführen, während in Prag die kaiserlichen Beamten seinerzeit den verbannten Minister mit Wohlwollen aufgenommen hatten. Das Verhalten der offiziellen Kreise wurde so kühl, daß auch die übrige Gesellschaft in der Stadt davon beeindruckt wurde. Für die junge Herzogin war es eine große Enttäuschung, denn ihr lag daran, Menschen ›von gutem Stande‹ zu treffen.

Der Herzog schien sich von jetzt an um die feindselige Einstellung der Stadt nicht zu kümmern. Er lebte in Träumen, er war so davon überzeugt, in Kürze nach Frankreich zurückkehren zu können, daß er bereits Bedingungen stellte. ›Ich würde es nicht ablehnen, nach Ferrières zu gehen und dort meinen Garten zu bestellen, wenn ich sicher wäre, daß man nicht zu große Steine hineinwirft.‹ Seine Träume gingen noch weiter. Seldnitzky schrieb an Metternich, daß der Herzog von Otranto ›an eine Rückkehr in die Staatsgeschäfte denke, sei es unter den Bourbonen, sei es unter einem anderen Regime‹. Die Regierung Dessoles-Decazes hatte den Ultras den Krieg angesagt; davon verhoffte er sich viel. Aber das schreckliche ›Auf immer‹ des Grafen von Serre machte alle Hoffnungen zunichte.

Der Vorgang, der sich am 17. Mai 1819 in der Kammer abspielte, wurde einige Tage danach in Linz durch das ›Frankfurter Journal‹ bekannt. Die kategorische und entscheidende Erklärung des Justizministers, der ein Gemäßigter, ein Liberaler war und sich seinerzeit gegen das Scherbengericht gestellt hatte, und der jetzt die ›Königsmörder‹ in ein lebenslanges Exil verbannte, traf Fouché mehr als jeden anderen, denn niemand hatte mehr gehofft als er. Obwohl einige Verbannte, frühere Konventsmitglieder, zurückgerufen wurden, fand sich der Name Fouché nicht darunter. Und in der folgenden Debatte geschah etwas, das schlimmer war als alle Beleidigungen und Drohungen, schlimmer als Zorn und Haß: es herrschte eisige Gleichgültigkeit. Von Fouché wurde wie von einem Toten gesprochen, wie von irgendeiner politischen Figur, die seit langem beerdigt und fast vergessen war. Am Tage, als das Wort des Grafen von Serre bekannt wurde, hatte er das alles geahnt. Umdüstert schloß er sich den ganzen Tag lang in sein Zimmer ein, und als er wieder erschien, machte sich seine Wut in heftigen Äußerungen Luft, was ganz gegen seine sonstige Gewohnheit war. Noch eine Woche danach hatte er sich nicht erholt. ›Ich habe von allen Parteien, rechts und links, Ohrfeigen bekommen‹, schrieb er verbittert am 30. Mai an Gaillard. ›Eure Minister wollten auch einmal an die Reihe kommen.‹ Mit einem Schlag war sein Optimismus verflogen. Die kleinen Schikanen der österreichischen Verwaltung, die er zunächst kaum beachtet hatte, regten ihn jetzt auf. Linz war für seine Kinder ein Aufenthaltsort, der weder Annehmlichkeit noch Nützlichkeit bot. Er wollte sich dort nicht einsperren lassen.

Er war und blieb ein ewiger Wanderer, er hatte beschlossen, die Stadt zu verlassen, in die er noch voller Zuversicht und Hoffnung eingezogen war. Österreich war ihm zuwider geworden. Er hatte um Gastfreundschaft in Bayern nachgesucht, doch am 12. April 1819 überbrachte ihm Eugène Beauharnais, den er um Vermittlung gebeten hatte, die förmliche Ablehnung des Königs, seines Schwiegervaters. Die Heilige Allianz war sehr mißtrauisch geworden und betrachtete die Verbindung Fouchés mit der Königin Hortense, die in Augsburg residierte, als gefährlich, aber vor allen Dingen die Annäherung an den Prinzen Eugène, der von einer bestimmten Partei als möglicher Thronprätendent angesehen wurde. Über diese Begründungen zuckte Fouché nur mit den Schultern, sie schienen aber doch so schwerwiegend zu sein, daß die Regierung in Paris sich der Entscheidung des Kabinetts in Wien anschloß, um den Plan einer neuen Auswanderung zum Scheitern zu bringen. Metternichs Doppelzüngigkeit wurde offenbar, was aber Fouché am meisten aufbrachte, war das Verhalten der französischen Minister. ›Mokieren Sie sich bitte nicht über mich‹, schrieb er am 3. Juli an Gaillard. Er beklagte sich darüber, daß man ihm in Paris, von wo Serre ihn ›auf immer‹ verbannt hatte, zwar die Genehmigung erteilt hatte, hinzugehen, wo es ihm beliebte, im geheimen aber seinen Aufenthaltsplänen Hindernisse in den Weg legte. Jetzt dachte er an Brüssel. Doch war seine Gesundheit gefährdet, er brauchte ein anderes Klima, und deshalb bat er um die Erlaubnis, nach Triest gehen zu dürfen. Metternich erteilte sie ihm, war sogar geneigt, mit dem altgewordenen Staatsmann in Wien zusammenzutreffen. Stets voll neuer Hoffnung, wollte Fouché dort auch den Grafen von Gentz sprechen, mit dem er einige Pläne hatte. Aber die Eile, mit der er auf das Treffen einging, machte Metternich argwöhnisch. Der Kanzler sagte seine Einladung plötzlich ab. Fouché war tief enttäuscht und gekränkt. ›Das Schicksal eines Verbannten‹, schrieb er, ›scheint eine ansteckende Krankheit zu sein, keiner wagt sich in die Nähe.‹ Mit diesen bitteren Gedanken machte er sich auf den Weg nach Triest. Als Geächteter, gemartert und krank, kam er in diese Stadt zurück, die ihn im Jahre 1813 wie einen Souverän mit Glocken und Fanfaren empfangen hatte.

Es war die letzte Etappe dieses abenteuerlichen Lebens. Sie verschaffte dem Verbannten einen letzten Sonnenstrahl und jenen heiteren Frieden, der ihm bislang, was er auch darüber äußern mag, versagt geblieben war. Er fand einen kleinen gesellschaftlichen Kreis, der geneigt war, ihn freundschaftlich aufzunehmen. Nahe der Stadt residierte der Exkönig von Westfalen, der lustige Jérôme Bonaparte. Eine Nachbarin war auch die alte Freundin aus guten und schlechten Tagen, Prinzessin Elisa, jetzt Gräfin von Compignano. Der Bruder und die Schwester Napoleons verdankten dem Herzog von Otranto sehr viel. Sie schienen ihm nicht nachzutragen, was Maret und Savary, die sich bonapartistischer gaben als Bonaparte selbst, seinen letzten Verrat nannten.

Ehe er nach Triest aufbrach, hatte der Herzog sich gegenüber König Jérôme hinsichtlich aller Anschuldigungen, die der Herzog von Bassano gegen ihn vorbrachte, gerechtfertigt. Im Gegenteil, die Umgebung der in der Verbannung lebenden Prinzen freute sich über die Ankunft der Familie Otranto. ›Eine junge Herzogin und ein alter Politiker kommen hierher, zu unserer Erleichterung‹, schrieb der Adjutant Jérômes, Oberst Planat de la Faye. ›Wir werden öfter bei ihnen sein als in Campo Marzo.‹ Der französische Konsul runzelte bereits die Stirn. Ob die Beziehungen der Prinzen zu Fouché auch in den Grenzen der privaten Freundschaft blieben? Würde der ewige Intrigant nicht vielleicht neue Hoffnung schöpfen und darauf neue politische Pläne aufbauen? Decazes' Polizei in Paris war beunruhigt.

Man brauchte es nicht zu sein. Der alternde Fouché war gebrochen. Ein zu häufiges Hinauf und Hinab, zu viele Aufregungen, Intrigen, Pläne, zu große Mißerfolge und Enttäuschungen hatten sein Herz müde gemacht, das früher keiner Entmutigung zugänglich gewesen war, und auch den Körper, der stets anfällig gewesen und seit dreißig Jahren durch zu intensives Leben überbeansprucht war. Ungeheure Erschöpfung, die diesmal nicht gespielt war, hatte sich des zähen politischen Kämpfers bemächtigt. Schwermütig betrachtete er sein jetzt ganz weißes Haar, und offenherzig schrieb er an Eugène: ›Ich bin nun in einem Alter, um Einsiedler zu werden, zumindest sollte ich ernsthaft daran denken, mir ein wenig Kredit in der anderen Welt zu verschaffen.‹

Beim Lesen dieses erbaulichen Satzes mochte Eugène Beauharnais meinen, der gewandte Politiker schicke sich an, die Rolle des Teufels zu spielen, nachdem er alle anderen gespielt hatte. Dieses geistreiche Wort wird später auf Talleyrand angewendet. Eine schöne Rolle. Vielleicht dachte er manchmal an das Seminar in der Rue Saint-Honoré. Von 1816 an verfiel er öfter in fromme, von melancholischer Dankbarkeit geprägte Gefühle, und häufig überkamen ihn religiöse Erinnerungen. Oft wurde er in der Kirche San Giusto gesehen.

Auf jeden Fall führte er ein friedliches, ein patriarchalisches Leben. Im November 1819 schrieb er: ›Nichts macht mir mehr Freude, als meiner Frau und meinen Kindern das Leben angenehm zu gestalten.‹ Zeitunglesen, einsame Spaziergänge in der wunderbaren Umgebung der großen Stadt, dann und wann Besuche bei den Bonapartes, manchmal Theater, Musik, die er sehr liebte, Unterhaltungen mit seinen Kindern, häusliches Leben – so verlief das Dasein dieses Mannes, den man mit Neugier betrachtete, wenn er durch die Straßen ging, einfach gekleidet, mit derben Schuhen an den Füßen und mit allen Leuten vertraulich plaudernd. Sein Geist war klar bis zum Ende, mit großem Scharfsinn verwaltete er sein ungeheures Vermögen und verfolgte von fern die politischen Ereignisse. Sie interessierten ihn nur noch wie einen alten Hauptmann, der resigniert in den Ruhestand getreten ist. Guizot, Casimir Périer, Decazes, Manuel, Villèle, Molé und Broglie, das alles sind junge Leute, das ist eine andere Generation, die sich herumschlägt, sie vergessen den alten Politiker der Revolution und des Kaiserreichs. Er ist nicht verärgert darüber, nur zuweilen noch ein wehmütiges Erinnern: ›Als ich Polizeiminister war ... Wenn ich Minister wäre ...‹ Er will nur aus historischer Sicht über die Dinge sprechen, ferne Erinnerungen heraufbeschwören. Damit interessiert er seine Zuhörer, begeistert sie auch. Die Angehörigen der Familie Bonaparte sind ihm sehr zugetan, wenngleich man versucht hatte, sie mit ihm zu entzweien, indem das Gerücht ausgestreut wurde, er spioniere sie aus, zugunsten Ludwigs XVIII. Er ist ›ein ausgezeichneter und würdiger Mann‹, schrieb die Königin Katherina.

Im Sommer 1820 scheint große Vertrautheit zwischen ihnen zu herrschen. Zwischen der Villa Vicentina, die Elisa bewohnt, dem Campo Marzo, wo der König und die Königin von Westfalen Fouché familiär empfangen, und dem Palais Vico, wo der ehemalige Minister wohnt, findet ein Austausch von Briefen voller Scherze, geistreicher Späße und liebenswürdigen Schabernacks statt. Elisa neckt den Herzog von Otranto wegen der großen Bewunderung, die er für sie empfindet. Er lacht darüber, überhäuft das junge Paar in Campo Marzo mit netten Witzen, bespöttelt ihre innige Liebe; in späten Tagen ist er ebenso gallisch geworden wie galant. Diese guten Beziehungen bestehen auch zu anderen Mitgliedern des kaiserlichen Hauses. Am 12. August schreibt ihm die Witwe Murats aus Frohsdorf, um ihm ›ihre Dankbarkeit zu bezeigen für alles Gute, das er demjenigen angetan hat, den sie beweint ...‹ Die Exkönigin von Neapel fügt hinzu: ›Seien Sie versichert, daß wir die Erinnerung daran immer bewahren werden und daß es für mich angenehm ist, wohin das Schicksal uns auch stellt, uns Ihres großmütigen Verhaltens dem König gegenüber zu erinnern.‹ Das wenigstens war eine Stimme, die aus der Vergangenheit herüberhallte, die Stimme des in Pizzo gefallenen Reitergenerals. Und sie war angetan, die letzten Tage des alten Staatsmanns zu verklären, den die meisten Zeitgenossen verachteten.

Alles das schuf um ihn herum eine Atmosphäre von Ausgeglichenheit, in der dieser früher stets verkrampfte, vom Kampf, von den Intrigen und den Diskussionen angespannte Mann sich endlich ausruhen konnte. Er fühlte sich wohl in Triest, wo ›der Winter mild ist und die Sonne belebend‹, wo der Sommer sehr heiß wird, aber durch die Bäder im Meer gelindert, so daß er daran denkt, das Palais Vico zu erwerben, seinen ältesten Sohn in ein Bankhaus nach Wien zu schicken, den zweiten in die kaiserliche Armee und den dritten in die Verwaltung. Denn er will, daß sie arbeiten. Diese Kinder waren sein Stolz und seine Freude, er ist ständig um sie gewesen, er hat sie erzogen und gehütet. Es freut ihn, daß sie ›von der Triestiner Gesellschaft gelitten sind und geliebt werden‹, und da seine Frau charmant ist, da er gute Freunde und einen heiteren Himmel über sich hat, kann er von sich sagen, er sei ›so glücklich, wie man es nur sein kann, außerhalb seines Vaterlandes und fern von seinen alten Freunden‹.

Die Stunde der Ruhe schien für diesen gehetzten Mann geschlagen zu haben. Er war jetzt einundsechzig Jahre alt. Konnte er hoffen, selbst im Falle eines Umschwungs, noch einmal auf der Bühne zu erscheinen? Hätte die Julimonarchie nach 1830 ihn noch einmal in Dienst gestellt, wie es für Savary, Maret und Talleyrand der Fall war, für Talleyrand, diesen anderen gespenstischen Siebziger, der 1815 davon geträumt hatte, Minister unter Louis-Philippe von Orléans zu werden?

Die Frage braucht nicht gestellt zu werden. Joseph Fouché legte sich bald zum Sterben nieder.

Seine Gesundheit war immer gefährdet gewesen. Schon in der Kindheit mußte er, wie erinnerlich, seiner zarten Konstitution wegen auf den rauhen Seemannsberuf verzichten. Es ist ein Wunder, daß dieser hagere, magere, stets von einem nervösen Husten geschüttelte Mann einen so langen und so arbeitsreichen Lebensweg zu gehen vermochte. Seine angeborene Energie, sein Wille, nach oben zu kommen und sich zu behaupten, sein lebhaftes Wesen, das ganz auf Kampf eingestellt war, hatten ihn bis zum Jahr zuvor aufrechterhalten. Doch für solche Gemüter ist völlige Ruhe tödlich. An jenem Tag, als er von den Worten des Grafen von Serre hörte, wurde ihm klar, daß er für immer auf Macht, auf öffentliches Wirken, auf das Vaterland verzichten mußte. Er war mit einem Schlag gealtert, war zusammengesunken und gebrochen. Mit sechzig Jahren war er ein verbrauchter Greis wie von achtzig und am Ende seiner Kräfte. Er atmete mit Genuß die balsamische und belebende Luft jener herrlichen Küste ein, er wußte und fühlte, daß er sie sehr nötig hatte. Das war wie ein unlöschbarer Durst, der unbewußte Trieb des Kranken, der sich nicht täuscht.

Es kam der Winter des Jahres 1820. Er war kälter als der Winter zuvor, er war häßlich, und es schneite. Als er am 15. Dezember heimkehrte von einem seiner einsamen Spaziergänge, die er seit einem Jahr täglich unternahm, allein mit unvergeßlichen Erinnerungen und seltsamen Gedanken, spürte er einen stechenden Schmerz in der Brust und legte sich zu Bett. Einige Stunden später brach eine Rippenfellentzündung aus, bald schwand jede Hoffnung. Sein ältester Sohn, Graf Athanase, befand sich in Venedig, er wurde in aller Eile herbeigeholt.

Der kleinen Kolonie verbannter Franzosen bemächtigte sich große Trauer. Oberst Planat de la Faye, ein begeisterter Bonapartist, der seinerzeit den Polizeiminister mit seinem Groll und seiner Verachtung überschüttet und ihn als Verräter am Kaiserreich bezeichnet hatte, fand sich an seinem Krankenbett ein. Ein merkwürdiges Treffen: der fanatische Soldat Napoleons und der sterbende Minister.

›Ich habe ihn gestern besucht‹, schrieb der Oberst am 19. Dezember 1820, ›und trotz seiner Verrätereien und trotz seines bösen Verhaltens uns gegenüber konnte ich nicht umhin, gerührt und sogar bewegt zu sein, als ich ihn sah. Seine gegenwärtige Lage und die bedeutende Rolle, die er gespielt hat, der berühmte Name und der hagere

Körper, der in einigen Tagen nur noch ein Leichnam sein wird, alles das hat mich erschüttert und mein Herz mit Traurigkeit erfüllt.‹ Als der Oberst aufstand, ergriff Fouché seine Hand, dankte ihm mit herzlichen Worten, daß er gekommen sei. ›Ich bin so glücklich‹, sagte er, ›noch einmal einen guten Franzosen zu sehen!‹ Ohne ein Wort zu sagen, zog sich der alte Soldat zurück. Aber – so schrieb er – als er die Treppe im Palais Vico herunterging, spürte er zu seiner großen Überraschung, daß ihm die Tränen kamen. Er weinte um Fouché!

Am 20. Dezember vermochte der Kranke nur noch mit äußerster Anstrengung zu sprechen. An jenem Tag war König Jérôme gekommen, um ihn zu besuchen. Es war, als sei in der Person dieses Bonaparte der Mann, der zur gleichen Stunde in Sankt Helena im Sterben lag, erschienen, um ihm zu vergeben. Vielleicht wäre es den alten Konventsmitgliedern weniger leicht gefallen, dem Prokonsul des Jahres 1793, der Napoleon geholfen hatte, wieder einen Thron zu errichten, und Ludwig XVIII., sich darauf zu setzen, Pardon zu gewähren. Einige Monate zuvor war, ebenfalls im Exil, der Ex-Confrater Fouchés aus dem Oratorium, sein alter Kollege im Nationalkonvent, der ›redliche‹ Billaud-Varenne, gestorben. Er war unerbittlich in seinem Haß, in seinen Grundsätzen und in seinen Erinnerungen. In seiner letzten Stunde hatte dieser andere Königsmörder ausgerufen: ›Ich höre die Stimme der Nachwelt, die mich anklagt, das Blut der Tyrannen zu sehr geschont zu haben.‹ Fouché hatte einen bürgerlicheren Tod. Er gehörte zu einer anderen revolutionären Gattung.

Sein ältester Sohn traf am 25. Dezember ein; der Herzog lag im Sterben. Am Abend zuvor hatte er seinem zweiten Sohn mit einer Handbewegung zu verstehen gegeben, er solle seinen Schreibtisch öffnen, die Papiere herausnehmen und sie verbrennen. Was mögen diese Papiere, Briefe, Aufzeichnungen, Memoranden und Dokumente, die er aus dem Ministerium mitgenommen hatte, enthalten haben? Auf jeden Fall waren es augenscheinlich kompromittierende Überbleibsel, die ihn und andere aus seiner ereignisreichen Vergangenheit belastet hätten.

Am 26. Dezember 1820, um fünf Uhr morgens, tat Fouché in den Armen der Seinen den letzten Atemzug. Er hatte, so wird gesagt, die Sakramente der katholischen Kirche empfangen.

Bei einem fürchterlichen Schneesturm wurden die sterblichen Überreste des Herzogs von Otranto am 28. auf den Friedhof gebracht, der, wie man glaubte, seine letzte Ruhestätte sein würde. Unterwegs wurde der Sturm so gewaltig, daß der Leichenwagen, auf dem der Sarg ruhte, umgeworfen wurde. Als wolle selbst die Natur dem Mann die letzte

Ruhe nicht gewähren, der einst so hin- und hergerissen worden war, so vielen Gewittern getrotzt und so viele Stürme bestanden hatte.

In der byzantinischen Basilika, der Kirche San Giusto, die die Altstadt überragt, wurden die Trauerfeierlichkeiten abgehalten. Auf dem Vorplatz, auf der baumbestandenen Terrasse, von der der Blick über das unendliche blaue Meer schweift, wurde der Leichnam Joseph Fouchés in eine Gruft gesenkt, die mit Blei versiegelt wurde. Dort hat der Staatsmann fünfundsechzig Jahre geruht. Im Juni 1885 ließ sein Enkel, auch ein Herzog von Otranto, die sterblichen Überreste seines Ahnen nach Frankreich überführen.

Seine Familie wartete im Grunde nur darauf, nach Frankreich zurückzukehren. Ziemlich kühl wurde Gaillard von dem Verlust, den man erlitten hatte, unterrichtet. Zu dieser Zeit schrieb die Königin Katharina an ihren Schwager, König Joseph: ›Sie haben wahrscheinlich vom Ableben des Herzogs von Otranto gehört. Da er das letzte Jahr seines Lebens bei uns verbracht hat, möchte ich Ihnen ein Wort darüber sagen. Er war geächtet und daher unglücklich; wir haben ihn in unseren Kreis aufgenommen. Wir bedauern sein Hinscheiden. Als Privatmann war er unübertroffen an Liebenswürdigkeit, und im Umgang mit der Gesellschaft vertrauenswürdig. Nach dem Tod des Herzogs von Otranto sind wir in die allergrößte Einsamkeit zurückgesunken.‹ So kam der letzte Gruß am Sarg des Mannes, der bei den Ereignissen des Jahres 1815 eine so große Rolle gespielt hatte, von einer Prinzessin des Hauses Bonaparte, einer Schwägerin des großen Kaisers. Der letzte Gedanke, der dem königsmörderischen Konventsmitglied gewidmet wurde, kam von einer Königin, der Tochter und Schwester legitimer Könige.

Vielleicht vermag diese Geste der Nachwelt ein wenig Milde für Fouché einzugeben, denn die Königin urteilte über ihn auf Grund eines langen, vertrauten Umgangs. Vermutlich hätte sie auch Nodiers Urteil über ihn unterschreiben können, der gesagt hat: ›Ich gebe vieles zu, ehe ich zugebe, daß Fouché gerecht beurteilt worden ist. Die Geschichte und Gott werden über ihn urteilen.‹

Fouché selbst baute auf die Nachwelt: ›Mein politisches Leben ist beendet, mein Ehrgeiz ist befriedigt, da ich unter den Franzosen allerorten eine Hochachtung erlangt habe, die meinem Namen und meiner Person immer anhängen wird. Die Gerechtigkeit und die Nachwelt werden darüber entscheiden, ob alle Parteien gleich schuldig waren an dem Unheil, das mein Vaterland betroffen hat, und welche am meisten dazu beigetragen hat.‹

Es ist bekannt, wie grausam die Geschichte mit ihm verfahren ist. Hat man sein Leben von Anbeginn bis zum Ende verfolgt, ist man imstande, über ihn zu urteilen.

In seinem privaten Leben ist er ein ehrenwerter Mann gewesen, im öffentlichen Leben war er es sicherlich nicht. Sein Geist war zu scharf und sein moralischer Sinn zu schwach ... Ein geschichtlicher Wendepunkt ohnegleichen, der redlichere Gewissen auf die Probe stellte und sie auf Abwege brachte, hob diesen schmächtigen Priesterlehrer aus seinem Klassenzimmer und seinem Laboratorium und erweckte einen Ehrgeiz ohne Glauben und ohne Maß. Er meinte dienen zu müssen, täuschte aber schließlich alle Parteien, keine fühlte sich aufgerufen, sein Andenken zu verteidigen. Für alle ist er weniger ein ›Staatsmann‹ als ein ungeheurer und, man kann sagen, genialer Intrigant: ein überragender Politiker seines Jahrhunderts – und von allen der markanteste.

Zeittafel

1759	*21. Mai: Joseph Fouché (de Rouzerolle) als Sohn des Kapitäns Joseph Fouché in Le Pellerin/Nantes an der Loire geboren.*
	27. Juli: Maupertius, Physiker und Mathematiker, gestorben.
	28. Oktober: Georges Danton geboren.
	Voltaires »Candide« erschienen.
Seit 1760	Industrielle Revolution in England.
1760	17. Oktober: Claude Henri de Saint-Simon geboren.
	25. Oktober: Georg II. von England gestorben. Auf dem Königsthron folgt ihm sein Enkel Georg III.
1761	15. August: Dritter Borbonischer Familienvertrag. Spanien unter Karl III. tritt der Koalition zwischen Frankreich und Österreich gegen England und Preußen bei.
1762	5. Januar: Kaiserin Elisabeth von Rußland gestorben. Ihr Nachfolger, Peter III., wird nach sechsmonatiger Herrschaft ermordet. Katharina II. zur russischen Zarin gekrönt.
	Verbot des Jesuitenordens in Frankreich (1764 Aufhebung des Ordens).
1763	10. Februar: Friede von Paris. Frankreich verliert den größten Teil seiner nordamerikanischen Gebiete. England führende Kolonialmacht.
	15. Februar: Friede von Hubertusburg zwischen Österreich, Preußen und Sachsen.
	Rousseaus »Contrat social« veröffentlicht.
1764	12. September: Jean Philippe Rameau gestorben.
1765	18. April: Kaiser Franz I. gestorben. Joseph II. folgt ihm auf dem Thron.
	James Watt baut die erste Dampfmaschine.
1766	23. Februar: Stanislas Leszynski, einstiger König von Polen, gestorben. Die Herzogtümer Lothringen und Bar kommen an Frankreich.
1768–1774	Russisch-türkischer Krieg.

1768 4. September: Chateaubriand geboren.
Frankreich erwirbt Korsika von Genua.

1769 2. Februar: Papst Clemens XIII. gestorben.
19. Mai: Clemens XIV. wird Nachfolger auf dem Stuhl Petri.

1770 19. April/16. Mai: Ludwig Dauphin und Marie Antoinette von Österreich heiraten. Hochzeitsfeierlichkeiten in Wien und Versailles.
30. Mai: François Boucher gestorben.
James Cook entdeckt die australische Ostküste bis zur Torresstraße.

1772 5. August: Erste Teilung Polens.

1774 10. Mai: Ludwig XV. gestorben. Sein Enkel, Ludwig XVI., wird französischer König. Turgot Finanzminister.
22. September: Papst Clemens XIV. gestorben.

1775–1783 Nordamerikanischer Unabhängigkeitskrieg.

1775 15. Februar: Pius VI. zum Papst gewählt.

1776 4. Juli: Unabhängigkeitserklärung der 13 nordamerikanischen Kolonien.
Jacques Necker wird Finanzminister.
Gründung der Caisse d'Escompte, der späteren französischen Staatsbank.

1778 6. Februar: Handels- und Bündnisverträge von Versailles zwischen Frankreich und den Vereinigten Staaten. Frankreich tritt in den Krieg gegen England ein.
30. Mai: Voltaire in Paris gestorben.
2. Juli: Rousseau gestorben.
19. Dezember: Madame Royale, Marie Therese Charlotte, spätere Herzogin von Angoulême, geboren.

1778/79 Bayerischer Erbfolgekrieg.

1779 13. Mai: Friede von Teschen. Ende des Bayerischen Erbfolgekriegs.
8. August: Abschaffung der Leibeigenschaft auf den königlichen Besitzungen in Frankreich.

1780 29. August: Jean Auguste Dominique Ingres geboren.
29. November: Maria Theresia gestorben. Ihr Sohn, Joseph II., folgt auf dem Kaiserthron.

1781 19. Oktober: Washingtons Sieg bei Yorktown.
22. Oktober: Ludwig Joseph, Dauphin, geboren. (Gestorben am 3. Juni 1789.)
Necker als Finanzminister abgesetzt.

11. November: Fouché tritt als »clerc tonsuré« in das Seminar der Oratorianer in Paris ein.

1782–90 *Fouché als Lehrer in Niort, Saumur, Vendôme, Juilly, Arras und Nantes.*

1783 Die Verfassung der Vereinigten Staaten von Amerika wird verkündet.

23. Januar: Stendhal (Henry Beyle) geboren.

3. September: Friede zu Versailles. England erkennt die Unabhängigkeit der USA an.

21. Oktober: Erster Ballonflug von Jacques und Joseph Montgolfier.

29. Oktober: Jean le Rond d'Alembert gestorben.

1784 31. Juli: Denis Diderot gestorben.

1785 27. März: Der zweite Dauphin Ludwig, späterer Ludwig XVII., geboren.

Vertrag von Fontainebleau zwischen dem deutschen Reich und den Niederlanden.

Halsbandaffäre um Marie Antoinette, Königin von Frankreich.

1786 Englisch-französischer Handelsvertrag.

17. August: Friedrich II., der Große, gestorben. Sein Neffe, Friedrich Wilhelm II., wird König von Preußen.

Edmund Cartwright erfindet den mechanischen Webstuhl.

1787–92 Letzter Krieg Österreichs und Rußlands gegen die Türken.

1787/88 Adelsrevolution in Frankreich. Wirtschaftskrise.

1787 22. Februar bis 25. Mai: Notabelnversammlung in Versailles, erstmals seit 1626.

6. August: Das Parlament von Paris verweigert die Einregistrierung der königlichen Steuergesetze und fordert die Einberufung der Generalstände.

14. August: Brienne, Generalkontrolleur der Finanzen, verbannt das Parlament nach Troyes. Aufruhr in Paris.

September: Englisch-preußische Intervention in Holland. Österreichisch-russischer Krieg.

1788 8. Mai: Ludwig XVI. erzwingt eine Reform des Justizwesens und entmachtet die Parlamente. Unruhen.

7. Juni: Aufstand in Grenoble.

August: Aufstand in der Dauphiné. Die Generalstände werden einberufen.

Agrarkrise in Frankreich. Mißernte. Teuerung.

Necker wieder zum Finanzminister berufen.
6. November bis 12. Dezember: Notabelnversammlung.

1789 4. März: Proklamation der amerikanischen Verfassung.
5. Mai: In Versailles wird die Versammlung der Generalstände eröffnet – erstmals seit 1614.
17 Juni: Der Dritte Stand konstituiert sich als Nationalversammlung (1789–1791 Verfassunggebende Versammlung).
20. Juni: Ballhaus-Schwur.
12. Juli: Das Gesetz über die Zivilkonstitution des Klerus wird erlassen.
14. Juli: Sturm auf die Bastille.
Juli: Beginn der Emigration.
4. August: Abschaffung der Feudalordnung und der Standesprivilegien durch die Nationalversammlung.
26./27. August: Erklärung der Menschen- und Bürgerrechte.
5.–6. Oktober: Zug der Pariser Marktfrauen nach Versailles. Die königliche Familie wird zur Rückkehr nach Paris gezwungen.
10. Oktober: Einziehung der Kirchen-, Kron- und Emigrantengüter.
Dezember: Gründung der Jakobinerklubs in Paris, dann in ganz Frankreich.

1790 20. Februar: Kaiser Joseph II. gestorben. Leopold II., seit 1765 Großherzog von Toskana, wird Nachfolger.
19. Juni: Die französische Nationalversammlung schafft den erblichen Adel ab.
12. Juli: Zivilverfassung des Klerus. Verstaatlichung der französischen Kirche, Priesterwahl, Aufhebung der Klöster.
27. November: Der König billigt das Gesetz über die Zivilverfassung des französischen Klerus.

1791 2. April: Mirabeau gestorben.
3. Mai: Polnische Verfassung.
20.–25. Juni: Der Fluchtversuch der königlichen Familie scheitert in Varennes. Erzwungene Rückkehr in die Tuilerien.
17. Juli: Gemetzel auf dem Marsfeld.
27. August: Pillnitzer Deklaration. König Friedrich Wilhelm II. von Preußen und Kaiser Leopold II. beschließen, die französische Monarchie zu stützen.
3. September: Die französische Verfassung tritt in Kraft.
14. September: Der König leistet den Eid auf die Verfassung.

30. September: Die Nationalversammlung wird aufgelöst.
1. Oktober: Einberufung der Legislative (Gesetzgebende Versammlung).
9. November: Emigranten-Gesetz.

1792–97 Erster Koalitionskrieg Frankreichs gegen Österreich und Preußen.

1792 (Jahr I) 1. März: Leopold II. gestorben. Sein Sohn folgt als Franz II. auf dem Kaiserthron.
20. April: Frankreich erklärt Österreich und Preußen den Krieg.
19. Juni: Veto Ludwigs XVI.
20. Juni: Erster Sturm auf die Tuilerien.
10. August: Erstürmung der Tuilerien. Aufstand in Paris. Die königliche Familie begibt sich in die Nationalversammlung.
13. August: Suspendierung der königlichen Gewalt.
Ludwig XVI. und seine Familie werden in den Temple gebracht.
2.–6. September: Massaker in den Gefängnissen (»Septembermorde«). Zweite Welle der Adelsemigration.
16. September: Fouché heiratet Bonne Jeanne Coiquaud.
18. September: Übersiedlung nach Paris.
20. September: Kanonade von Valmy. Rückzug der preußischen Truppen. Die Revolutionsheere besetzen das linke Rheinufer.
Erste Sitzung des Konvents. Fouché wird Abgeordneter für Nantes.
21. September: Abschaffung der Monarchie; die Republik wird ausgerufen. Das Jahr I der Französischen Revolution beginnt.
6. November: Französischer Sieg bei Jemappes. Besetzung Belgiens.
11. Dezember: Der Prozeß gegen König Ludwig XVI. wird eröffnet.

1793 17. Januar: Ludwig XVI. zum Tode verurteilt.
21. Januar: Hinrichtung des Königs. Das deutsche Reich, England, Holland, Spanien, Portugal, Sardinien und Neapel schließen sich daraufhin der antifranzösischen Koalition an.
1. Februar: Frankreich erklärt England und den Niederlanden den Krieg.
10. März: Das Revolutionstribunal wird eingerichtet.

6. April: Einsetzung des Wohlfahrtsausschusses. Danton erhält den Vorsitz.

31. Mai bis 2. Juni: Unruhen in Paris. Die Girondisten werden gestürzt.

13. Juli: Jean Paul Marat ermordet.

17. Juli: Abschaffung aller grundherrlichen Rechte.

27. Juli: Robespierre wird in den Wohlfahrtsausschuß gewählt.

10. August: Das erste Kind der Familie Fouché, die Tochter Nièvе, wird geboren.

23. August: Dekret über die allgemeine Wehrpflicht erlassen; der Nationalkonvent beschließt die »Levée en masse«.

27. August: Toulon von den Engländern besetzt.

September: Beginn der Schreckensherrschaft.

1. Oktober: Rückwirkend zum 22. September 1792 wird der neue Kalender eingeführt.

9. Oktober: Gesetz über die Ausübung der Kulte. Fouché hat am Zustandekommen dieses Gesetzes mitgewirkt.

Lyon von den Revolutionstruppen eingenommen.

16. Oktober: Königin Marie Antoinette wird hingerichtet.

30. Oktober (9. Brumaire): Ankunft Fouchés in Lyon.

10. November: Kultfeiern zu Ehren Chaliers, des Bürgermeisters von Lyon.

4. Dezember (14. Frimaire): Das Massaker von Lyon beginnt. Massenhinrichtungen unter Fouché und Collot.

19. Dezember: Toulon von den Revolutionstruppen eingenommen. Bonaparte Hauptmann der Artillerie.

21. Dezember (1. Nivôse): Der Konvent billigt Collots Vorgehen in Lyon.

Zweite Teilung Polens.

1794 (Jahr II) 6. Februar: Ende des Massakers von Lyon.

24. März: Hinrichtung Héberts und seiner Anhänger.

2. April (12. Germinal): Fouché kehrt nach Paris zurück.

5. April: Danton und Desmoulins hingerichtet.

8. April: Fouché vor dem Konvent.

4. Juni (16. Prairial): Robespierre wird Präsident des Konvents.

8. Juni (20. Prairial): Fest des Höchsten Wesens.

14. Juli (26. Messidor): Fouché aus dem Jakobinerklub ausgeschlossen.

25. Juli: André Chenier hingerichtet.
27. Juli (9. Thermidor): Sturz Robespierres.
28. Juli (10. Thermidor): Saint-Just und Robespierre hingerichtet.
November: Schließung der Jakobinerklubs.

1795 *Fouchés Tochter Niève gestorben.*
Januar: Dritte Teilung Polens.
1.–4. April (12.–15. Germinal): Volksaufstand in Paris. Tumulte der Bergpartei im Konvent.
5. April: Friede von Basel zwischen Frankreich und Preußen.
20.–22. Mai (1.–3. Prairial): Erneut Unruhen in Paris
28. Mai: Direktorialregierung (Barras, Sieyès, Talleyrand).
31. Mai (12. Prairial): Das Revolutionstribunal wird aufgelöst.
8. Juni: Tod Ludwigs XVII. im Temple.
9. August (22. Thermidor): Der Konvent veranlaßt Fouchés Verhaftung.
22. August (5. Fructidor): Die neue Verfassung wird angenommen (Verfassung des Jahres III).
4. Oktober (12. Vendémiaire): Fouché verläßt sein Versteck. Beratung mit Barras.
5. Oktober (13. Vendémiaire): Barras putscht gegen die Rechten. Militärische Mitwirkung Bonapartes.
27./28. Oktober (5./6. Brumaire): Bildung der neuen Nationalversammlung.

1796 27. Februar (8. Ventôse): Bonaparte läßt den Pantheonklub schließen.
2. März (12. Ventôse): Napoleon Bonaparte Befehlshaber der Italienarmee.
9. März: Heirat mit Joséphine Beauharnais.
26. März: Napoleon in Nizza. Beginn des Italien-Feldzugs.
27. März (7. Germinal): Fouchés Sohn Joseph-Liberté geboren.
16. April (27. Germinal): Aufstand der Babouvisten (Anhänger Babeufs) niedergeschlagen.
18. April: Vorfriede von Leoben.
26. Juli: Fouchés Sohn gestorben.
17. November: Tod Katharina der Großen. Paul I. wird russischer Zar.

1797–99 Rastätter Kongreß.

1797 *Fouchés Sohn Joseph geboren.*
27. März: Alfred de Vigny geboren.
9. Juli: Edmund Burke gestorben.
3./4. September (17./18. Fructidor): Barras' Staatsstreich gegen das Direktorium.
17. Oktober: Friede von Campoformio zwischen Frankreich und Österreich. Belgien und das linke Rheinufer gehen an Frankreich, Österreich erhält Venedig.
16. November: Friedrich Wilhelm II. gestorben. Sein Sohn Friedrich Wilhelm III. besteigt den preußischen Königsthron.

1798 19. Januar: Auguste Comte geboren.
24. April: Eugène Delacroix geboren.
19. Mai (30. Floréal): Die französische Flotte läuft von Toulon nach Malta und Ägypten aus. Beginn des Ägypten-Feldzugs unter Napoleon.
5. Oktober (13. Vendémiaire): Fouché als Gesandter in Mailand.
25. November (5. Frimaire): Abberufung. Fouché geht für einen Monat nach Den Haag.

1799–1802 Zweiter Koalitionskrieg gegen Frankreich.

1799 Eroberung von Jaffa.
Syrien-Feldzug.
12. März (22. Ventôse): Frankreich erklärt Österreich den Krieg. Beginn des Zweiten Koalitionskriegs.
20. Mai: Honoré de Balzac geboren.
20. Juli (2. Thermidor): Fouché wird Minister der allgemeinen Polizei in Frankreich.
23. Juli: Schlacht von Abukir.
13. August (27. Thermidor): Fouché läßt den Jakobinerklub schließen.
23. August: Napoleon kehrt nach Frankreich zurück.
29. August: Papst Pius VI. gestorben.
9. Oktober (17. Vendémiaire): Napoleon landet in Frejus.
9. November (18. Brumaire): Staatsstreich Napoleon Bonapartes.
Dezember: Napoleon Erster Konsul auf zehn Jahre.

1799–1804 Konsularregierung Napoleons.

1800 14. März: Pius VII. wird Papst.
Zweiter Italien-Feldzug Napoleons.
14. Juni: Schlacht bei Marengo.

10. Oktober (19. Vendémiaire): Aufdeckung eines angeblichen republikanischen Komplotts.
24. Dezember (3. Nivôse): Attentat in der Rue St. Nicaise.
Fouchés Sohn Armand geboren.

1801 Januar (Pluviôse): Die royalistische Verschwörung unter Chevalier de Coigny bzw. »Chevalier Joubert« wird bekannt.
9. Februar: Friede von Lunéville zwischen Frankreich und Österreich. Frankreich behält das linke Rheinufer.
23. März: Zar Paul I. ermordet. Alexander I. wird sein Nachfolger auf dem russischen Thron.
9. November (18. Brumaire): Verhaftung des Jakobiners Chevalier.

1802 26. Februar: Victor Hugo geboren.
27. März: Friede von Amiens zwischen Frankreich und England.
Fouchés Sohn Athanase geboren.
16. Juli: Konkordat mit dem Heiligen Stuhl.
24. Juli: Alexandre Dumas d. Ä. geboren.
2. August: Napoleon Konsul auf Lebenszeit.
15. September (28. Fructidor): Fouché in Ungnade. Er zieht sich für zwei Jahre ins Privatleben zurück.

1803 25. Februar: Der Reichsdeputationshauptschluß zu Regensburg bringt das Ende des alten deutschen Reiches.
25. Juni: Fouchés Tochter Joséphine geboren.
28. September: Prosper Mérimée geboren.
3. Dezember (13. Frimiaire): Fouché als Gesandter in der Schweiz.
11. Dezember: Hector Berlioz geboren.

1804 Februar: Verschwörung zwischen Moreau, Pichegru und Geotges gegen Napoleon aufgedeckt. Die Anführer werden zum Tode verurteilt.
12. Februar: Immanuel Kant gestorben.
9. März: Verhaftung des Herzogs von Enghien.
20. März: Hinrichtung.
März: Code Civil (»Code Napoléon«) veröffentlicht.
16. Mai: Napoleon Kaiser. Verkündung der erblichen Monarchie Bonaparte.
1. Juli: George Sand geboren.
2. Dezember: Kaiserkrönung Napoleons.
23. Dezember: Charles-Augustin Sainte-Beuve geboren.

1805 Dritter Koalitionskrieg gegen Frankreich.

11. Februar (23. Pluviôse): Fouché wird mit dem Goldenen Adler der Ehrenlegion ausgezeichnet.

Oktober: Französische Truppen besetzen Wien.

17. Oktober: Die Feste Ulm kapituliert.

21. Oktober: Admiral Nelson besiegt bei Trafalgar die französisch-spanischen Seestreitkräfte und fällt im Gefecht.

2. Dezember: Dreikaiserschlacht bei Austerlitz. Sieg Napoleons über die russischen und österreichischen Truppen.

15. Dezember: Vertrag zu Schönbrunn zwischen Preußen und Frankreich.

26. Dezember: Friede von Preßburg. Gebietsverluste für Österreich. Napoleon König der Langobarden. Bayern und Württemberg werden Königreiche.

1806/07 Krieg Frankreichs gegen Preußen und Rußland (Vierter Koalitionskrieg).

1806 1. Januar: Abschaffung des Revolutionskalenders.

12. Juli: Bildung des Rheinbundes unter Führung Frankreichs.

6. August: Franz II. dankt als römisch-deutscher Kaiser ab (als Franz I. bleibt er wie schon seit 1804 Kaiser von Österreich). Ende des Heiligen Römischen Reiches Deutscher Nation.

22. August: Jean-Honoré Fragonard gestorben.

14. Oktober: Schlacht bei Jena und Auerstedt. Frankreich siegt über die preußischen Armeen.

21. November: Napoleon in Berlin.

Kontinentalsperre gegen England.

1807 7.–9. Juli: Friede von Tilsit zwischen Frankreich, Rußland und Preußen. Das Königreich Westfalen und das Großherzogtum Warschau entstehen; Danzig wird Freie Stadt, Rußland erhält ostpreußische Gebiete.

Oktober-Edikt: Beginn der Bauernbefreiung in Preußen.

1808–14 Krieg Napoleons gegen Spanien und Portugal.

1808 26. Februar: Honoré Daumier geboren.

2. Mai: Aufstand in Madrid.

Juni: Joachim Murat wird König von Neapel.

2. November: Barbey d'Aurevilly geboren.

4. November: Beginn des Feldzuges gegen Spanien. Murat erobert Madrid. Joseph Bonaparte wird König von Spanien.

Gerard de Nerval geboren.

1809	Krieg Österreichs gegen Frankreich (Fünfter Koalitionskrieg). Tiroler Aufstand unter Andreas Hofer.
	21./22. Mai: Schlacht bei Aspern (Eßling). Niederlage Napoleons.
	5./6. Juli: Schlacht bei Wagram. Napoleon siegt über die österreichischen Truppen.
	6. Juli: Pius VII. in Rom verhaftet und nach Fontainebleau gebracht. Annektion des Kirchenstaates durch Frankreich.
	14. Oktober: Friede von Schönbrunn.
	15. Dezember: Napoleons Ehe mit Joséphine gelöst.
	Fouché wird Herzog von Otranto.
1810	20. Februar: Andreas Hofer in Mantua hingerichtet.
	1. März: Frédéric Chopin geboren.
	27. März: Kaiser Napoleon heiratet Marie-Louise, die Tochter des österreichischen Kaisers Franz I.
	1. April: Marie-Louise zieht in St. Cloud ein.
	Ende April: Napoleon reist nach Vlissingen.
	2. Juni: Fouché als Polizeiminister entlassen.
	3. Juni: Ernennung zum Generalgouverneur von Rom.
	14. Oktober: Dubois wird durch den Polizeipräfekten Pasquier abgelöst.
	11. Dezember: Alfred de Musset geboren.
1811	Napoleons Sohn, der König von Rom, geboren.
1812	14. März: Französisch-österreichische Allianz.
	Mai: Fürstentag zu Erfurt.
	9. Mai: Kaiser Napoleon reist nach Deutschland zur Großen Armee.
	24. Juni: Beginn des Rußland-Feldzuges.
	15.–20. September: Brand von Moskau.
	9. Oktober: Bonne Jeanne Fouché gestorben.
	ab 19. Oktober: Rückzug der Großen Armee.
	23. Oktober: Die Verschwörung des Generals Malet wird entdeckt.
	26.–28. November: Übergang über die Beresina.
	3. Dezember: Napoleon kehrt allein nach Paris zurück.
	30. Dezember: Russisch-preußische Konvention von Tauroggen.
1813/14	Deutsche Befreiungskriege.
1813	16. März: Preußen erklärt Frankreich den Krieg.

17. März: Aufruf König Friedrich Wilhelms III. »An mein Volk«.
15. April: Abreise Napoleons von Paris.
Mai: Fouché Generalgouverneur Illyriens.
20./21. Mai: Schlacht bei Bautzen.
22. Mai: Richard Wagner geboren.
11./12. August: Österreich tritt dem Bündnis gegen Napoleon bei.
16.–19. Oktober: Völkerschlacht von Leipzig. Napoleon unterliegt den Alliierten.
31. Oktober: Auflösung des Rheinbundes.
10. Dezember: Landungsversuch der Engländer bei Livorno.
Mitte Dezember: Fouché in Neapel.

1814 1. Januar: Blücher überschreitet bei Kaub den Rhein.
23. Januar: Urat aus Neapel abgereist.
Fouché in Rom und Florenz.
1. Februar: Blücher siegt bei La Rothière.
März/April: Fouché in Lyon und Paris.
31. März: Die Alliierten ziehen in Paris ein.
1. April: Sturz Napoleons.
6. April: Abdankung. Napoleon wird nach Elba verbannt.
10. April: Rückkehr der Bourbonen; Ludwig XVIII. wird König von Frankreich.
20. Mai: Pius VII. kann nach Rom zurückkehren.
Ende Mai: Napoleon auf Elba.
30. Mai: Erster Pariser Friede.
4. Juni: »Charte constitutionelle« vom König erlassen.
Ende Juni: Beratungen Fouchés mit Blacas. Fouché geht nach Ferrières.
George Stephenson baut die erste Dampflokomotive.

1815 1. März: Napoleon landet bei Cannes. Die »Herrschaft der Hundert Tage« beginnt.
20. März: Napoleon zieht in Paris ein.
1. April: Bismarck geboren.
8. Juni: Wiener Kongreß-Akte. Gleichgewicht der europäischen Großmächte wiederhergestellt.
Bundesakte. Gründung des Deutschen Bundes.
18. Juni: Schlacht von Waterloo. Blücher und Wellington siegen über Napoleon.

22. Juni: Napoleon dankt zum zweitenmal ab. Verbannung nach Sankt Helena.

23. Juli: Fouché Polizeiminister unter Ludwig XVIII.

Die Verhandlungen mit den Alliierten beginnen.

Juli: Zweite Restauration in Frankreich. Weißer Terror gegen Jakobiner und Anhänger Napoleons.

17. Juli: Zweite Einnahme von Paris durch die Alliierten.

1. August: Fouché heiratet die Gräfin Gabrielle Castellane-Majastres.

10. August: Fouché zum Abgeordneten des Departements Seine gewählt.

15. September: Ernennung zum Gesandten in Dresden.

Seit 24. September: Erstes Ministerium Richelieu.

26. September: Heilige Allianz zwischen Zar Alexander I., Kaiser Franz I. von Österreich und König Friedrich Wilhelm III. von Preußen.

13. Oktober: Joachim Murat in Kalabrien erschossen.

20. November: Zweiter Pariser Friede zwischen Frankreich und den Alliierten. Frankreich muß Gebiete abtreten und Reparationen zahlen.

1816 *4. Januar: Entlassung Fouchés.*

5. Januar. Amnestiegesetz beschlossen. Fouché wird verbannt.

7. August: Fouché in Prag.

1817 14. Juli: Madame de Staël gestorben.

18. Oktober: Wartburgfest der deutschen Burschenschaftler.

1818 Karlsbader Beschlüsse.

23. April: Fouché in Linz.

5. Mai: Karl Marx geboren.

17. Juni: Charles Gounod geboren.

Herbst: Kongreß von Aachen. Vorzeitiger Abzug der Besatzungstruppen aus Frankreich.

1819 20. Juni: Jacques Offenbach geboren.

1820 Ausbruch der Revolution in Spanien und Portugal.

29. Januar: Georg III. von England gestorben. Sein Sohn Georg IV. wird englischer König.

13. Februar: Duc de Berry, bourbonischer Thronfolger, ermordet.

15. Mai: Wiener Schlußakte.

26. Dezember: Fouché in Triest gestorben.

Bibliographie*

1. *Dokumente*

Les mémoires de Fouché. Introduction et notes par L. Madelin. Paris 1945. Neuaufl. 1947. Weitere Ausg. 1958.

Hauterive, E. d', La police secrète du Premier Empire. Bulletins quotidiens adressés par Fouché à l'Empereur. 3 Bde. 1804/1805, 1805/1806, 1807/1808. Paris 1908/1913/1923.

Hauterive, E. d', La police secrète du Premier Empire. Bulletins quotidiens adressés par Fouché à l'Empereur. Nouvelle série. Publiée par J. Grassion. 2 Bde. 1808/1809, 1809/1810. Paris 1963/1964.

Materiaux pour servir à la vie publique et privée de Joseph Fouché dit le duc d'Otrante. Paris 1821.

2. *Literatur*

Arnold, E. A. jr., Administrative Leadership in a Dictatorship. The Position of Joseph Fouché in the Napoleonic Police, 1800–1810. Diss. Ann Arbor 1972.

Audubert, E., Un député de la Corrèze en 1815: Fouché. In: Bulletin de la Société des lettres, sciences et arts de la Corrèze (Tulle) (1957), Lfg. 1–2, S. 51–53.

Brébisson, J. de, Fouché, Duc d'Otrante, républicain, impérialiste, royaliste, 1759–1820. Paris 1906.

Buisson, H., Les »papiers« de Fouché. In: Aux carrefours de l'histoire (Paris) (1960), Nr. 32, S. 821–823.

Buisson, H., Qui était Fouché, Duc d'Otrante? Avant-propos de B. Pregel. Préface de J. Savant. Paris 1968.

Caignard, H., Saint-Leu-la-Forêt (Val-d'Oise): Jean de Nivelle, Joseph Fouché, Philippe-Egalité, le prince de Condé, Louis Bonaparte, la reine Hortense. Paris 1970.

---

* Weitere Titel bringt unter anderem:
– Forssell, N., Fouché, the Man Napoleon Feared. New York 1970, S. 248–253 (Chapter XXV).
Die laufenden Neuerscheinungen werden verzeichnet in der
– Bibliographie annuelle de l'histoire de France du cinquième siècle à 1958. Bd. 1 (für 1953/54) ff. Paris 1964 ff.
Die in den Bänden 1953/54–1976 genannten Veröffentlichungen sind hier vollständig aufgeführt.

Catalogue de l'exposition, Napoléon au pays de Cambronne et de Fouché, organisée à la bibliothèque municipale de Nantes, mai–septembre 1969. Nantes 1969.

Cole, H., Fouché. The Unprincipled Patriot. London/New York 1971.

Cubberly, R. E., The Role of Fouché during the Hundred Days. Madison, Wisc. 1969.

Daniek, E., Joseph Fouché als Emigrant in Österreich. In: Historisches Jahrbuch der Stadt Linz (1961), S. 139–162.

Edes, M., Trois ennemis de Napoléon. In: Aux carrefours de l'histoire (Paris) (1959), Nr. 22, S. 673–677.

Escaich, R., Fouché a-t-il laissé des »Mémoires«? In: Aux carrefours de l'histoire (Paris) (1960), Nr. 29, S. 206–208.

Forgues, E., Le dossier secret de Fouché, juillet–septembre 1815. Paris 1908.

Forssell, N., Fouché, the Man Napoleon Feared. Translated from the Swedish by A. Barwell. New York 1970.

Un franc-maçon réprouvé: Joseph Fouché, Duc d'Otrante. In: Bulletin du Centre de documentation du Grand Orient de France (Paris) (1962), Nr. 36, S. 65–69.

Gamichon, M., Fouché, Duc d'Otrante. Essai de psychologie. In: Annales de la Société des lettres, sciences et arts des Alpes-Maritimes (Nice) 62 (1970/71), S. 106–115.

Guerre, J., Les exilés de Trieste. In: Aux carrefours de l'histoire (Paris) (1958), Nr. 11, S. 1043–1047.

Hartmann, W., Joseph Fouché. Polizeiminister Napoléons I. Lübeck 1937.

Hentig, H. v., Fouché. Ein Beitrag zur Technik der politischen Polizei in nachrevolutionären Zeiten. Tübingen 1919.

Hentig, H. v., Terror. Zur Psychologie der Machtergreifung. Berlin 1970.

Incontrera, O. de, La morte di Fouché nell' ospitale esilio di Trieste. In: Porta orientale (Trieste) (1965), Nr. 7/8, S. 190–193.

Kammacher, L., Joseph Fouché. Du révolutionnaire au ministre de la police. Paris 1962.

Labougle, J., La mission de Fouché en l'an IV dans les Hautes-Pyrénées. In: Petites affiches des Hautes-Pyrénées (Tarbes) 8 (1953), Nr. 345, S. 1–3; Nr. 346, S. 1–3.

Linden, J., Fouché, traître ou homme d'Etat? In: Souvenir napoléonien (Nice) 21 (1959), Nr. 128, S. 2–4.

Lumbroso, A., Le »Portefeuille« inédit de Fouché de Nantes, Duc d'Otrante, ministre de Napoléon Ier, ambassadeur de Louis XVIII. Roma 1900.

Madelin, L., Fouché devant les mitraillades de Lyon. In: Miroir de l'histoire (Paris) (1955), Nr. 69, S. 411–417.
Madelin, L., Qui était Fouché? In: Historia (Paris) (1959), Nr. 156, S. 528–532.
Martel, de, Etude sur Fouché et sur le communisme dans la pratique en 1973. 2 Bde. Paris 1873/79.
Medrin, R., Le ménage Fouché, la seconde duchesse d'Otrante. In: Aux carrefours de l'histoire (Paris) (1960), Nr. 30, S. 415–425.
Melchior-Bonnet, B., Savary remplace Fouché. In: La Revue des Deux Mondes (Paris) (1962), Nr. 5, S. 98–112.
Ménabréa, H., Fouché et le département du Mont-Blanc de l'an VII à l'an X. In: Actes du 85e Congrès national des Sociétés savantes, Chambéry-Annecy 1960. Section d'histoire moderne et contemporaine. Paris 1961, S. 67–76.
Patrick, A., Regicides and Antiregicides in January 1793: the Significance of Fouché's Vote. In: Historical Studies (Melbourne) 14 (1970), Nr. 55, S. 341–360.
Proudhon, P. J., Commentaires sur les Mémoirs de Fouché, suivis du parallèle entre Napoléon et Wellington. Ed. par C. Rochel. Paris 1900.
Savant, J., Tel fut Fouché, l'homme qui »gouverna« Bonaparte (= Tels qu'ils furent). Paris 1955.
Sèze, C. de, Une méprise de Fouché. In: Aux carrefours de l'histoire (Paris) (1958), Nr. 16, S. 1735–1738.
Suratteau, J., Correspondance de Fouché à la veille du 9 Thermidor de l'an II. In: Annales historiques de la Révolution française (Paris) 34 (1962), Nr. 169, S. 366–369.
Tulard, J., Fouché en exil. In: Annales historiques de la Révolution française (Paris) 35 (1963), Nr. 173, S. 364–366.
Tulard, J., Un ministre de la police en exil. Fouché à Trieste. In: Revue de l'Institut Napoléon (Paris) (1962), Nr. 85, S. 177 f.
Wertheimer, E., Die Verbannten des Ersten Kaiserreichs. Leipzig 1897.
Zaghi, C., Due studi napoleonici. Giuseppe, re d'Italia, Fouché in Italia. In: Rivista italiana di studi napoleonici (Portoferraio) 4 (1965), Nr. 10/11, S. 15–21.
Zweig, St., Fouché contre Robespierre (= Ecrivains contemporains. 85). Paris 1963.
Zweig, St., Joseph Fouché. Bildnis eines politischen Menschen (= Fischer-Bücherei. 4). Frankfurt a. M. 1952.

Kurzes Stichwort-Verzeichnis

Aspern: Schlacht vom 21./22. Mai 1809, Niederlage Napoleons. In der französischen Literatur: Eßling.

Augereau, Pierre-François, geboren 1757, Maurerssohn aus Paris, zum Militärdienst gepreßt und desertiert. 1792 Kommandeur eines Freiwilligenbataillons, ein Jahr später General. Beteiligt auf Befehl Bonapartes am Staatsstreich vom 17.–18. Fructidor (3.–4. September 1797). Später berüchtigt für seine Plünderungen. Herzog von Castiglione, Marschall von Frankreich, 1816 gestorben.

Babeuf, François Noël (gen. Grachus), geb. 1760, von Beruf Feldmesser, forderte in seinem Blatt *Tribun du peuple* die Abschaffung des Privateigentums, allgemeine Gütergemeinschaft und gelenkte Arbeitsverteilung (*Babouvismus*). Er wurde wegen Verschwörung gegen das Direktorium 1797 hingerichtet.

Barère de Vieuzac, Bertrand (1755–1841) aus Tarbes, Revolutionsmann, Mitglied des Wohlfahrtsausschusses, trug den Beinamen ›Anakreon der Guillotine‹.

Barras, Paul, geb. 1755 in Fox-Amphoux (Var.), Mitglied des Konvents, später des Direktoriums, sammelte als Kommandant der Nationalgarde und sämtlicher Streitkräfte des Konvents in der Nacht des 9. Thermidor die Bürger zum Widerstand gegen die Gruppe Robespierres, ließ das Rathaus abriegeln und brach den Widerstand der Truppen des Stadtkommandanten Henriot. Später mehrfach mit diktatorischer Gewalt ausgestattet, wich er 1799 der Konsulatsregierung. Von Bonaparte am 9. November 1799 aus Paris verwiesen, starb er – als Graf – 1829.

Beauharnais, die Familie: Alexandre, Vicomte de B., geb. 1760 auf Martinique, französischer General, wurde 1794 hingerichtet, seine Witwe, Joséphine de B. geb. Tascher de la Pagerie geb 23. Juni 1763, gest. 29. Mai 1814, heiratete den 27jährigen General Bonaparte auf Anraten von Barras am 9. März 1796. Ihre Kinder aus erster Ehe (von N. adoptiert): 1. Eugen (1781–1824), 2. Hortense (1783–1837).
1. Eugen, Herzog von Leuchtenberg, kämpfte 1796 in Italien, war 1798 in Ägypten, 1805 Vizekönig von Italien, heiratete 1806 Amalie Auguste,

Tochter des Königs Max I. von Bayern. Er wurde 1812 Führer eines Korps in Rußland, dort wie 1813 in Deutschland mit Auszeichnung, hielt bis zum Ende zu Napoleon. Er wurde 1817 durch den König von Bayern mit der Herrschaft von Leuchtenberg und Eichstätt belehnt.
2. Hortense, 1806–1810 Königin von Holland, heiratete auf Wunsch Napoleons dessen Bruder Louis, 1807 getrennt; Mutter Napoleons III. Von Ludwig XVIII. zur Herzogin von St. Leu ernannt, lebte auf Schloß Arenenberg (Schweiz) und in Bayern.

Bergpartei, franz. *Montagne,* deren Mitglieder: *Montagnards,* nach ihrem Platz in den oberen Reihen des Sitzungssaals im Konvent benannte Gruppe der Radikalen (im Gegensatz zu den Gemäßigten der ›Ebene‹. Danton, Marat, Robespierre, Saint-Just, Collot d'Herbois gehörten zu ihren Führern.

Billaud-Varenne, Jean-Nicolas (1756–1819), aus La Rochelle, zuerst Sänger und Schauspieler, trat dann in den Orden der Oratorianer ein und wurde Studieninspektor, 1785 Advokat beim Parlament, radikaler Jakobiner. Er gehörte zu den Urhebern der Septembermorde, forderte die Hinrichtung des Königs binnen 24 Stunden, war als Präsident des Konvents auch für die Hinrichtung Marie-Antoinettes und des Herzogs von Orléans verantwortlich. 1795 wurde er nach Cayenne deportiert, lehnte eine Begnadigung durch Napoleon nach dem 18. Brumaire ab und starb auf Haiti.

Bonaparte, die Familie: Eltern Carlo Bonaparte (1746–1786) und Letizia Ramolino, ›Mme Mère‹ (1750–1836). Letizias Bruder: Kardinal Jos. Fesch (1763–1839). Kinder: 1. Joseph (1768–1844), König von Spanien, 2. Napoleon (1769–1821), 3. Lucien (1755–1840), Fürst von Canino, 4. Elisa (1777–1820), Großherzogin von Toskana, 5. Louis (1778–1846), König von Holland, 6. Pauline (1780–1825), Fürstin Borghese, 7. Caroline (1782–1839), Königin von Neapel, 8. Jérôme (1784–1860), König von Westfalen.

Cambacérès, Jean-Jacques de (1753–1824), aus Montpellier, war Mitglied des Konvents, einer der Schöpfer des Code civil; Erzkanzler des Kaiserreichs, Justizminister (1799).

Carnot, Lazare Nicolas Marguerite, entschiedener Republikaner, Organisator des französischen Heeres, besonders der *levée en masse.* Geb. 1753 in Nolay, gest. 1823 in Magdeburg; 1791 Hauptmann der Genietruppen und Mitglied der Gesetzgebenden Versammlung, des Konvents, des Wohlfahrtsausschusses und des Direktoriums; 1800 für kurze Zeit Kriegsminister unter Napoleon; 1815 während der ›Hundert Tage‹ Innenminister; 1816 verbannt.

Caulaincourt, Louis, Marquis, später Herzog von Vicenza (1772–1827), General, Napoleons Vertreter beim Kongreß von Châtillon, den erfolglosen Verhandlungen zwischen den Verbündeten und Napoleon (17. Februar bis 19. März 1814). Sein jüngerer Bruder, Auguste, fiel 1812 in der Schlacht von Borodino.

Chaumette, Pierre-Gaspard (Anaxagoras), geboren 1763 in Nevers; Syndikus der Kommune von Paris im Prozeß gegen Ludwig XVI. Er beherrschte den Generalrat von Paris fast uneingeschränkt und griff über ihn wiederholt in die Befugnisse des Konvents ein; Angehöriger der Cordeliers, betrieb eine Politik des extremen Terrors. Am 13. April 1794 hingerichtet.

Chouans, Name für die royalistischen Aufständischen in der Vendée und der Bretagne. Zusammenschluß der Bauern, die nach 1793 nicht in den republikanischen Armeen dienen wollten.

Collot d'Herbois, Jean-Marie, geboren 1751 in Paris; von Beruf Schauspieler, einer der brutalsten und enthemmtesten Führer der radikalen Jakobiner-Linken. Verantwortlich – mit Fouché – für die Massaker von Lyon; Mitglied der Pariser Kommune, seit den Septembermorden im Konvent, dann Mitglied des Wohlfahrtsausschusses. Er war am Sturz Robespierres beteiligt. Einen Monat später wurde er aus dem Konvent ausgeschlossen und nach Cayenne verbannt, wo er 1796 starb.

Constant de Rebecque, Benjamin (1767–1830), aus Lausanne, Abkömmling einer in die Schweiz geflüchteten Hugenottenfamilie, Verfasser des Romans *Adolphe,* befreundet mit Mme de Staël. Theoretiker des konstitutionellen Systems und in der Restaurationszeit einer der Führer der Liberalen Partei.

Cordeliers, Mitglieder des 1790 von Danton, Marat und Camille Desmoulins im ehemaligen Kloster der Franziskaner (die einen Strick um den Leib trugen) gegründeten Clubs. Ihre politischen Ideen gingen über die der Jakobiner hinaus.

Couthon, Georges, geboren 1756 in Orcet (Puy de Dôme), Anwalt in Clermont, Mitglied des Triumvirats mit Robespierre und Saint-Just, unterdrückte die antirevolutionäre Bewegung in Lyon und wurde dort von Collot d'Herbois und Fouché abgelöst. Nach dem 9. Thermidor hingerichtet.

Daunou, Pierre Claude François, geb. 1761 in Boulogne; Jurist und Schriftsteller, Priester und Professor am Oratoire, 1791 konstitutioneller Generalvikar des Bischofs von Arras, Mitglied des Konvents. Im Prozeß gegen den König erklärte er die Nationalversammlung für nicht befugt, über den König zu richten und sprach sich für die Verbannung aus. Mitbegründer des Institut de France, 1807–1815 und seit 1830 Direktor des Staatsarchivs. Starb 1840 als Pair von Frankreich.

Davout, Louis Nicolas, Herzog von Auerstaedt, Fürst von Eckmühl (1770 bis 1832), aus Annoux (Yonne), berühmter Heerführer, Marschall von Frankreich, Teilnehmer am Ägyptenfeldzug sowie an fast allen Schlachten Napoleons.

Der Dritte Stand: Frankreichs wirtschaftliches Wachstum in den Jahren zwischen 1715 und 1789 führt zwar zu einer Vervierfachung des Außenhandels, aber auch zu einem Absinken des Lebensstandards der breiten kleinbürgerlichen Schichten; die Löhne wachsen nicht entsprechend dem Ansteigen der Lebenshaltungskosten. Die wohlhabende bürgerliche Schicht, die ›oberen Dritten‹, aus Kaufleuten, Unternehmern, Steuerpächtern usw. empfindet die starke Privilegierung des Adels als unangemessen. Zu Ende der achtziger Jahre steigert eine Agrar- und Finanzkrise die allgemeine Unzufriedenheit. Eine Flut von Broschüren und Pamphleten überschwemmt die französische Nation. Eine davon wird später zur Weltliteratur zählen: In den ersten Tagen des Jahres 1789 erscheint, in den ersten drei Auflagen anonym, in der vierten mit dem Namen des Verfassers gezeichnet, die Schrift des Joseph-Emmanuel Sieyès *Qu'est – ce que le Tiers-État?* – Was ist der Dritte Stand? Auf 127 Seiten, in sechs Kapiteln, entwickelt der Verfasser seine Thesen: Was ist der Dritte Stand? Alles! Was ist er bisher in der politischen Ordnung gewesen? Nichts! Was fordert er? Etwas zu werden!

Direktorium, franz. *Directoire,* die fünfköpfige Regierungsspitze der Verfassung vom 22. September 1795. Durch Napoleon am 9. November 1799 (18. Brumaire VIII) gestürzt und durch das Konsulat ersetzt. Der 1. Direktorialregierung gehörten an: La Révellière–Lépéaux, Barras, Carnot, Rewbell und Letourneur.

Dumouriez, Charles François, geb. 1739 in Cambrai als Sohn eines königl. Kriegskommissars, General der Revolutionstruppen, der Sieger von Valmy und Jemappes (1792); 1792 Außenminister; später auf die österreichische Seite übergegangen.

Generalstände: von Ludwig XVI. auf den 1. Mai 1789 nach Versailles einberufen, zum ersten Mal wieder seit 1614.

Girondisten, franz. *Girondins,* so benannt nach den Abgeordneten der Gironde: die gemäßigten Republikaner in der Gesetzgebenden Versammlung.

Gregoire, Abbé, geb. 1750 in Vého bei Lunéville, Geistlicher; als Vertreter des Klerus bei der Gesetzgebenden Versammlung Anhänger der Girondisten, später (konstitutioneller) Bischof von Blois. Mitglied des Konvents und des Rates der Fünfhundert nach dem 18. Brumaire; 1801 Senator. Gegner Napoleons, der ihn zum Grafen gemacht hatte. Gest. 1831.

Hébert, Jacques René, geb. 1757 in Alençon, Substitut des Prokurators der Pariser Kommune, seit 1789 Redakteur des berüchtigten Revolutionsblattes ›Père Duchesne‹, einer der gewalttätigsten der Revolutionäre. An den Septembermorden sowie an der Bekämpfung der Girondisten maßgeblich beteiligt. Auf Betreiben Robespierres 1794 hingerichtet.

Jakobiner, Mitglieder des berühmten revolutionären Clubs, der seine Sitzungen im ehemaligen Kloster der Jakobiner in Paris, Rue Saint-Honoré, abhielt. Vertraten von Oktober 1789 an fortschrittliche Ideen und unterstützten den Wohlfahrtsausschuß sowie Robespierre bis zum Schluß. 1799 am 27. Thermidor aufgelöst.

Kalender: Der Konvent setzte eine Kommission ein, die einen neuen Kalender ausarbeitete. Am 5. Oktober 1793 wurde der Entwurf genehmigt und trat im gleichen Jahr, rückwirkend mit dem 22. September 1792 in Kraft: auf diesen Tag, dem der Herbst-Tagundnachtgleiche (9 Uhr vormittags, 18 Minuten, 30 Sekunden nach dem Pariser Meridian), wurde zugleich die Verkündung der Französischen Republik zurückverlegt, gleichzeitig mit dem Beginn der neuen Zeitrechnung. Ihr lag der gleiche vierjährige Zyklus zugrunde wie dem Gregorianischen K.; das *Jahr* enthielt 12 Monate zu jeweils 30 Tagen, jedoch diese mit jeweils 3 Dekaden (statt der Wochen); hiernach wurde der Kalender mit

Décadrier bezeichnet. Am Jahresende kamen fünf Ergänzungstage *(jours complémentaires)* dazu, in jedem vierten Jahr noch ein besonderer Schalttag (*La sansculottide;* seit 1799 *jour de la république* bezeichnet). Die fünf Ergänzungstage wurden Nationalfesten zugeordnet (Fest der Arbeit, der Tugend usw.).

Die Tage erhielten Zahlenbezeichnungen: Primidi, Duodi usw. bis Décadi.

Die Monate erhielten Eigennamen, die in ihrer Ableitung auf die Jahreszeit hinwiesen und in den Endungen jeweils in Dreiergruppen Übereinstimmungen anklingen ließen:

Vendémiaire:	(22. September bis 21. Oktober)
Brumaire:	(22. Oktober bis 20. November)
Frimaire:	(21. November bis 30. Dezember)
Nivôse:	(21. Dezember bis 19. Januar)
Ventôse:	(20. Januar bis 18. Februar)
Pluviôse:	(19. Februar bis 19. März)
Germinal:	(20. März bis 18. April)
Floréal:	(19. April bis 18. Mai)
Prairial:	(19. Mai bis 17. Juni)
Messidor:	(18. Juni bis 17. Juli)
Thermidor:	(18. Juli bis 16. August)
Fructidor:	(17. August bis 15. September)

Für die Umrechnung auf den Gregorianischen Kalender gilt die nachstehende Regel. Läßt man Schaltjahre außer acht, verhalten sie sich zu unseren Monaten etwa wie folgt:

Vendémiaire:	man füge 21 zum entsprechenden Tag im September,
Brumaire:	man füge 21 zum entsprechenden Tag im Oktober,
Frimaire:	man füge 20 zum entsprechenden Tag im November,
Nivôse:	man füge 20 zum entsprechenden Tag im Dezember,
Pluviôse:	man füge 19 zum entsprechenden Tag im Januar,
Ventôse:	man füge 18 zum entsprechenden Tag im Februar,
Germinal:	man füge 20 zum entsprechenden Tag im März,
Floréal:	man füge 19 zum entsprechenden Tag im April,
Prairial:	man füge 19 zum entsprechenden Tag im Mai,
Messidor:	man füge 18 zum entsprechenden Tag im Juni,
Thermidor:	man füge 18 zum entsprechenden Tag im Juli,
Fructidor:	man füge 17 zum entsprechenden Tag im August.

Diese Ordnung wurde durch Staatsdekret vom 9. September 1805 durch Napoleon wieder aufgehoben, und mit dem 11. Nivôse des Jahres XIV (= 1. Januar 1806) der Gregorianische Kalender wieder eingeführt.

Konvent, franz. *Convention nationale,* die Volksvertretung vom 21. September 1792 bis 26. Oktober 1795.

Konsulat: das höchste Staatsamt von 1799 bis 18. Mai 1804. Napoleon, Erster Konsul (neben Cambacérès und Lebrun) bis zur Kaiserwahl am 18. Mai 1804, am 25. Dezember 1799 auf Lebenszeit ernannt.

Kult: Am 25. Germinal 1794 (14. April) wurde vom Konvent beschlossen, Jean-Jacques Rousseau in das Pantheon zu überführen. Als Ersatz für die verbotenen Kirchenfeste sollten Feierlichkeiten zu Ehren der neuen Moral veranstaltet werden. Maximilien Robespierre versuchte in einer Rede am 18. Floréal, dem neuen Staatsdeismus eine Grundlage zu verschaffen, überzeugt davon, wie sehr eine idealistische Weltanschauung den Prinzipien der Revolution entspricht, und wie wenig der blanke Atheismus eines Hébert und eines Chaumette in der Bevölkerung an Resonanz findet. ›Das Szepter und das Weihrauchfaß haben sich verschworen, den Himmel zu schänden und die Erde an sich zu reißen. Lassen wir die Priester und wenden wir uns dem Göttlichen zu ... Das französische Volk erkennt das Dasein des Höchsten Wesens und die Unsterblichkeit der Seele an. Feiertage sollen den Menschen an die Poesie der Gottheit und an die Würde seines Wesens mahnen.‹ Jeder zehnte Tag (Décadi) war Ruhetag und der Feier der öffentlichen und persönlichen Tugenden geweiht. Zu Ehren des Höchsten Wesens fand am 8. Juni 1794 (20. Prairial) ein erstes Fest statt, dem Robespierre als eine Art Pontifex präsidiert hat.

Lafayette, Marie Joseph Mortier, Marquis de, geb. 6. September 1757, gest. 20. Mai 1830. Teilnehmer am amerikanischen Unabhängigkeitskrieg 1777–1778 und 1780–1781. Als Abgeordneter des Adels in der Nationalversammlung ging er zum Dritten Stand über, beantragte am 11. Juli 1789 die Erklärung der Menschenrechte. Nach dem 14. Juli bis 1791 Kommandant der Nationalgarde, Führer der Moselarmee 1792, Bruch mit den Jakobinern, Flucht und Gefangennahme durch die Österreicher, bis 1797 in Olmütz in Haft. 1818–1830 in der Kammer (Opposition), ebenso unter Louis-Philippe, dem er in der Juli-Revolution als Kommandant der Nationalgarde zum Thron verholfen hatte.

Ludwig XVI. (1774–1792), verh. 1770 mit Marie-Antoinette, Erzherzogin von Österreich; berief am 5. Mai 1789 die Generalstände ein; wurde am 5. Oktober 1789 gezwungen, von Versailles nach Paris überzusiedeln. Gescheiterter Fluchtversuch in Varennes am 22. Juni 1791. Am 21. September 1792 von der Nationalversammlung abgesetzt, im Temple gefangengehalten und am 16.–17. Januar 1793 mit einer Stimme Mehrheit vom Konvent zum Tode verurteilt. Hingerichtet am 21. Januar 1793 auf der Guillotine.

Moderantismus, Bezeichnung der Politik der ›Gemäßigten‹.

Moniteur universel: Das offizielle Blatt der französischen Regierung von 1789 (Gründer der Buchhändler Panckoucke) bis 1869.

Murat, Joachim, Reitergeneral, König von Neapel. Geb. 25. März 1767 in La Bastide bei Cahors, Sohn eines Gastwirts, gest. 13. Oktober 1815 in Pizzo, Kalabrien. Begleitete Napoleon auf allen Feldzügen, 1799 Divisionsgeneral, unterstützte ihn am 18. Brumaire, heiratete 1800 dessen Schwester Karoline, 1804 Marschall und Prinz, 1806 mit dem Großherzogtum Berg belehnt, 1808 König von Neapel, 1812 Führer der französischen Kavallerie in Rußland, verließ aber nach der Schlacht bei Leipzig die Armee, ging nach Italien und schloß 1814 mit den Österreichern ein Bündnis. Während des Wiener Kongresses versuchte er nach Oberitalien vorzudringen, wurde aber bei Tolentino geschlagen. Murat versuchte 1815 von Korsika aus erfolglos, Neapel wieder zu erobern und wurde standrechtlich erschossen.

Nationalversammlung, franz. *Assemblée nationale*; 1787 in Versailles.

Oratorianer: Priestervereinigung (ohne Gelübde) mit der Aufgabe der Akademiker-Seelsorge, die in selbständigen Häusern nach dem Vorbild des hl. Philipp Neri wirken. Das Französische Oratorium wurde 1605 von P. de Bérulle gegründet, wurde 1792 aufgelöst und 1864 wiedererrichtet.

Pichegru, Charles, geb. 1761, kommandierte als General 1794–1795 die französische Nordarmee, dann am Rhein und an der Mosel; 1796 vom Direktorium als Monarchist verdächtigt und 1796 abberufen, 1797 nach Cayenne verbannt, flüchtete und konspirierte mit den Bourbonen und mit Cadoudal, 1804 in Paris verhaftet und im Gefängnis gestorben.

Rat der Alten: 250 Mitglieder; der *Große Rat:* 500 Mitglieder, die ›Fünfhundert‹.

Schreckensherrschaft:
Über die Zahl der Opfer der Schreckensherrschaft sind je nach den poli-

tischen Ansichten die phantastischsten Angaben gemacht worden. Bei objektiver Schätzung nach den zeitgenössischen Quellen, sowohl revolutionärer wie royalistischer Herkunft, kann man folgende Berechnungen für vertrauenswürdig halten:

Vom Juli 1792 bis Juli 1794 durch Revolutionstribunale und Revolutionsausschüsse in Paris und in der Provinz zum Tode Verurteilte (nach Prudhomme)	13 816
Septembermorde	1 614
Gefangene von Orléans und Versailles	64
Massenertränkungen in Nantes	4 860
Gemetzel in Lyon	1 684
Gemetzel in Toulon	900
	22 938

Diese Ziffer ist zwangsläufig etwas zu niedrig, man kann sie auf 24 000 aufrunden, aber das ist das Maximum. (Nach Octave Aubry, Die Französische Revolution.)

Sieyès, Joseph Emmanuel, geb. 3. Mai 1748 in Fréjus, gest. 20. Juni 1836 in Paris, war Generalvikar des Bischofs von Chartres und wurde in dieser Eigenschaft in die Souveräne Kammer des französischen Klerus berufen; 1787 Vertreter des Klerus bei den Provinzialständen von Orleans. ›Hier in Orleans erfuhr sein politisches Denken die entscheidende feindselige Wendung gegen die Privilegierten‹ (J. J. Chevallier). 1789 Abgeordneter der Nationalversammlung, 1799 Mitglied des Direktoriums und Helfer Napoleons beim Staatsstreich; dann von ihm als Präsident des Senats kaltgestellt. 1808 Graf; von 1816–1830 verbannt.

Talleyrand, Charles-Maurice, Herzog de T.-Périgord, geb. 13. Februar 1754 in Paris, gest. 17. Mai 1838; wegen seines hinkenden Beines für den geistlichen Stand bestimmt, 1779 Priester, 1788–1799 Bischof von Autun, 1789 Mitglied der Nationalversammlung, beantragte die Säkularisation der Kirchengüter, 1802 laisiert, während der Schreckenszeit in England und Amerika, 1797–1799 Minister des Auswärtigen unter dem Direktorium, ebenso unter Napoleon nach dem 18. Brumaire bis 1807, seither in Verbindung mit den Gegnern Napoleons; trat 1814 für die Rückkehr der Bourbonen ein; 1814–1815 französischer Vertreter beim Wiener Kongreß, 1830–1834 Gesandter in London.

Tallien, Jean-Lambert (1767–1820), Konventskommissar in Bordeaux, Freund Dantons, unter dem Einfluß seiner Geliebten Theresa de Fontenay mäßigte sich sein Schreckensregiment; maßgeblich beteiligt an dem Sturz Robespierres, den er durch eine leidenschaftliche Rede am 9. Thermidor ausschaltete.

Vergniaud, Pierre-Victurnien, geb. 1753 in Limoges, gest. 31. Oktober 1793 in Paris; Advokat in Bordeaux, einer der glänzendsten Redner der Girondisten in der Gesetzgebenden Versammlung und im Konvent, stimmte für den Tod des Königs.

Westfalen, Katharina, Königin von, geb. Prinzessin von Württemberg (1783–1835), 2. Gemahlin König Jérômes (seit 1807).

Wohlfahrtsausschuß (Comité de Salut public), vom Nationalkonvent 1793 geschaffen, übernahm die Exekutivgewalt. Schreckensherrschaft im Inneren, organisierte nach außen, mit Carnot, die Armeen, die Frankreich von der Invasion befreiten. Wurde 1795 vom Direktorium abgelöst.

Namenverzeichnis

HEYNE BIOGRAPHIEN

Eine systematische Sammlung großer Biographien in einer preiswerten Taschenbuch-Reihe. Jeder Band ergänzt durch Chronologie und Register.

44 / DM 7,80

45 / DM 10,80

46 / DM 9,80

47 / DM 9,80

48 / DM 11,80

49 / DM 7,80

50 / DM 7,80

51 / DM 7,80

52 / DM 6,80